westermann

Gerd Baumann, Michael Baumgart, Werena Busker, Bernhard Engelhardt, Volker Kähler, Werner Michler, Rudolf Neuhierl, Christine Noori, Konrad Ohlwerter

Wirtschafts- und Sozialprozesse

Berufe der Lagerlogistik

13. Auflage

Bestellnummer 31660

Die in diesem Produkt gemachten Angaben zu Unternehmen (Namen, Internet- und E-Mail-Adressen, Handelsregistereintragungen, Bankverbindungen, Steuer-, Telefon- und Faxnummern und alle weiteren Angaben) sind i. d. R. fiktiv, d. h., sie stehen in keinem Zusammenhang mit einem real existierenden Unternehmen in der dargestellten oder einer ähnlichen Form. Dies gilt auch für alle Kunden, Lieferanten und sonstigen Geschäftspartner der Unternehmen wie z. B. Kreditinstitute, Versicherungsunternehmen und andere Dienstleistungsunternehmen. Ausschließlich zum Zwecke der Authentizität werden die Namen real existierender Unternehmen und z. B. im Fall von Kreditinstituten auch deren IBANs und BICs verwendet.

Die in diesem Werk aufgeführten Internetadressen sind auf dem Stand zum Zeitpunkt der Drucklegung. Die ständige Aktualität der Adressen kann vonseiten des Verlages nicht gewährleistet werden. Darüber hinaus übernimmt der Verlag keine Verantwortung für die Inhalte dieser Seiten.

service@westermann.de
www.westermann.de

Bildungsverlag EINS GmbH
Ettore-Bugatti-Straße 6-14, 51149 Köln

ISBN 978-3-427-**31660**-2

westermann GRUPPE

© Copyright 2020: Bildungsverlag EINS GmbH, Köln

Das Werk und seine Teile sind urheberrechtlich geschützt. Jede Nutzung in anderen als den gesetzlich zugelassenen Fällen bedarf der vorherigen schriftlichen Einwilligung des Verlages.

Vorwort

Dieses Lehrbuch wendet sich an alle Auszubildenden und Umschüler, die den Beruf der Fachkraft für Lagerlogistik oder des Fachlageristen ausüben wollen.

Es orientiert sich an den KMK-Rahmenlehrplänen und deckt die wirtschafts- und sozialpolitischen sowie rechtlichen Inhalte der Lernfelder 1 bis 11 sowie die Elemente für den Unterricht der Berufsschule im Bereich Wirtschafts- und Sozialkunde gewerblichtechnischer Ausbildungsberufe ab. Bei den einzelnen Kapiteln ist angegeben, wo sich die Inhalte der Lernfelder wiederfinden. Damit vermittelt das Lehrbuch das gesamte prüfungsrelevante Wissen für das Prüfungsfach Wirtschafts- und Sozialkunde.

Das Lernfeld 12 „Kennzahlen ermitteln und auswerten" wird durch das Lehrbuch „Betriebliche Werteprozesse", Best.-Nr. 31653, abgedeckt. Eine systematische Darstellung der Lagerlogistik mit den Teilbereichen Beschaffungs-, Transport- und Versandlogistik finden Sie im Lehrbuch „Logistische Prozesse", Best.-Nr. 31542 oder in der neuen Lehrbuchreihe Gut-Güter-Logistik, Best.-Nr. 31706 und 00341. Die mathematischen Inhalte der Lernfelder 1–11 werden im Lehrbuch „Fachrechnen", Best.-Nr. 31656. behandelt. Querverweise in den Büchern zeigen dem Leser die fachlichen Verbindungen auf:

LOP → Logistische Prozesse, **FR** → Fachrechnen, **BWP** → Betriebliche Werteprozesse.

Darüber hinaus werden Hinweise, Tipps und Anregungen geboten, die den Lernenden über die Schulzeit hinaus behilflich sein können. So ist das Buch auch bei Weiterbildungsmaßnahmen in den logistischen Berufen sinnvoll einsetzbar.

Die Neuauflage des Lehrbuches ist auf die Entwicklung von Handlungskompetenz gerichtet. Die den einzelnen Kapiteln vorangestellten Situationen und Handlungsaufträge führen den Leser in das Thema ein und verlangen sachgerechte, selbstständige Lösungsmöglichkeiten. Der Darstellung des Stoffes folgen eine Zusammenfassung sowie Übungen zur Lernzielsicherung. Diese Übungen stärken zum einen die Fach- und Lernkompetenz und zum anderen fördern sie über unterschiedliche Fragetechniken und Bearbeitungsformen die Methoden- und Sozialkompetenz.

Das Autorenteam hofft, den Auszubildenden, Umschülern, Ausbildern, Lehrkräften und Dozenten ein Fachbuch an die Hand zu geben, das zum einen den Unterricht intensivieren und zum anderen die Vorbereitungen auf die Abschlussprüfungen erleichtern wird. Weitergehend soll das Lehrbuch dem Lernenden über seine Ausbildungs- und Umschulungszeit hinaus Wissen und Anregungen vermitteln und ihn bei Weiterbildungsmaßnahmen unterstützen.

Wir wünschen allen Lernenden und Lehrenden ein erfolgreiches Arbeiten mit diesem Buch.

Die Verfasser

inkl. E-Book

Dieses Lehrwerk ist auch als BiBox erhältlich. In unserem Webshop unter www.westermann.de finden Sie hierzu unter der Bestellnummer des Ihnen vorliegenden Bandes weiterführende Informationen zum passenden digitalen Schulbuch.

Inhaltsverzeichnis

Vorwort...		3
1	**Grundlagen des Arbeits- und Sozialrechts**..........................	**7**
1.1	**Berufsausbildung**..	**7**
1.1.1	Das duale Ausbildungssystem...	8
1.1.2	Das Berufsbildungsgesetz (BBiG).......................................	10
1.1.3	Verordnung über die Berufsausbildung im Lagerbereich.................	11
1.1.4	Der Berufsausbildungsvertrag...	12
1.1.5	Technischer und sozialer Wandel.......................................	17
1.2	**Der Einzelarbeitsvertrag (Individualvertrag)**.......................	**23**
1.2.1	Wesen des Arbeitsvertrages...	23
1.2.2	Einstellungsgespräch...	23
1.2.3	Inhalt und Form des Arbeitsvertrages.................................	24
1.2.4	Befristung von Arbeitsverträgen..	24
1.2.5	Rechte und Pflichten des Arbeitnehmers.............................	25
1.2.6	Beendigung des Arbeitsverhältnisses..................................	30
1.2.7	Allgemeiner Kündigungsschutz...	30
1.3	**Arbeitsschutzgesetze (Lernfelder 1, 2 und 4)**......................	**34**
1.3.1	Jugendarbeitsschutzgesetz..	34
1.3.2	Kündigungsschutzgesetz...	36
1.3.3	Besonderer Kündigungsschutz..	37
1.3.4	Mutterschutzgesetz...	37
1.4	**Arbeitsgerichtsbarkeit**...	**42**
1.5	**Betriebsverfassungsgesetz (Lernfeld 4)**.............................	**47**
1.5.1	Betriebsrat..	48
1.5.2	Jugend- und Auszubildendenvertretung..............................	52
1.5.3	Betriebsvereinbarung...	53
1.6	**Tarifvertrag**...	**57**
1.6.1	Sozialpartner...	57
1.6.2	Wesen des Tarifvertrages..	59
1.6.3	Tarifvertragsarten...	60
1.6.4	Geltungsbereich des Tarifvertrages....................................	62
1.6.5	Entstehen eines Tarifvertrages..	62
1.7	**Vergütung der Arbeitsleistung**...	**68**
1.7.1	Mindestlohn..	69
1.7.2	Lohnformen..	70
1.7.3	Betriebliche Sozialleistungen...	72
1.7.4	Berechnung des Monatseinkommens.................................	75
1.7.5	Die Einkommensteuererklärung..	82
1.7.6	Gibt es eine „gerechte" Entlohnung?..................................	86
1.8	**Gesetzliche Sozialversicherung**..	**91**
1.8.1	Sozialversicherungen...	92
1.8.2	Zweige der Sozialversicherung..	95
1.8.3	Sozialgerichtsbarkeit...	110

1.9	**Datenschutz im Betrieb**	**116**
1.9.1	Notwendigkeit des Datenschutzes	116
1.9.2	Gesetzliche Vorschriften	117
2	**Grundlagen des Wirtschaftens**	**124**
2.1	**Wirtschaftliche Grundbegriffe** (Lernfelder 3, 10)	**124**
2.1.1	Bedürfnisse, Bedarf und Nachfrage	124
2.1.2	Güter und Dienstleistungen	126
2.1.3	Das ökonomische Prinzip	128
2.2	**Produktionsfaktoren** (Lernfeld 10)	**133**
2.2.1	Volkswirtschaftliche Produktionsfaktoren	133
2.2.2	Kombination und Substitution der Produktionsfaktoren	135
2.3	**Die Arbeitsteilung** (Lernfelder 2, 10)	**139**
2.4	**Wirtschaftskreislauf** (Lernfeld 10)	**144**
2.5	**Markt und Preisbildung** (Lernfeld 11)	**148**
2.5.1	Funktion des Marktes	149
2.5.2	Marktarten	149
2.5.3	Die Bildung des Marktpreises im Modell des vollkommenen Marktes	150
2.5.4	Marktformen	154
2.6	**Soziale Marktwirtschaft in Deutschland**	**159**
2.6.1	Gesellschaftsordnung und Modelle einer Wirtschaftsordnung	160
2.6.2	Begriff der sozialen Marktwirtschaft	162
2.6.3	Merkmale der sozialen Marktwirtschaft	163
2.6.4	Wirtschafts- und sozialpolitische Ziele	165
2.6.5	Wirtschafts- und sozialpolitische Maßnahmen des Staates	169
2.6.6	Das Europäische System der Zentralbanken (ESZB)	172
2.7	**Der Betrieb in der Gesamtwirtschaft** (Lernfelder 2, 3, 7, 10)	**180**
2.7.1	Betriebliche Zielsetzungen	180
2.7.2	Betriebswirtschaftliche Produktionsfaktoren	181
2.7.3	Arten der Betriebe	183
2.7.4	Grundfunktionen eines Betriebes	184
2.7.5	Betriebliche Kennzahlen	186
2.7.6	Kriterien der Standortauswahl eines Betriebes	187
3	**Grundlagen des Wirtschaftsrechts**	**194**
3.1	**Die Rechtsordnung**	**194**
3.1.1	Rechtsquellen	194
3.1.2	Rechtsgebiete	195
3.2	**Möglichkeiten rechtlicher Bindung**	**197**
3.2.1	Rechtssubjekte	197
3.2.2	Rechtsobjekte	199
3.2.3	Besitz und Eigentum	199
3.2.4	Rechtsgeschäfte	201
3.2.5	Wichtige Vertragsarten	204
3.3	**Der Kaufvertrag** (Lernfelder 1, 11)	**207**
3.3.1	Antrag und Annahme	207
3.3.2	Informationen vor Kaufabschluss	208

3.3.3	Angebot	208
3.3.4	Widerspruchsrecht des Verbrauchers	211
3.3.5	Abschluss	211
3.3.6	Arten des Kaufvertrages	212
3.3.7	Störungen bei der Erfüllung des Kaufvertrages	214
3.4	**Unternehmungsformen**	**226**
3.4.1	Überlegungen auf dem Weg zur Selbstständigkeit	226
3.4.2	Überlegungen bei der Wahl der Rechtsform der Unternehmung	228
3.4.3	Einzelunternehmung	230
3.4.4	Personengesellschaften	231
3.4.5	Kapitalgesellschaften	241
3.4.6	Sonstige Unternehmungsformen	253
3.5	**Unternehmenszusammenschlüsse**	**256**
3.5.1	Arten der Unternehmenszusammenschlüsse	258
3.5.2	Ziele der Unternehmenszusammenschlüsse	258
3.5.3	Formen der Kooperation	259
3.5.4	Formen der Konzentration	263
3.6	**Maßnahmen zur Erhaltung des Wettbewerbs**	**266**
3.6.1	Gesetz gegen Wettbewerbsbeschränkungen	267
3.6.2	Gesetz gegen den unlauteren Wettbewerb (UWG)	268
3.6.3	Verbraucherschutz nach dem Gesetz zur Modernisierung des Schuldrechts im BGB	271
3.6.4	Preisangabenverordnung	273
3.6.5	Produkthaftungsgesetz	274
3.6.6	Verbraucherberatung	274
4	**Zahlungen im logistischen Prozess**	**278**
4.1	**Aufgaben des Geldes**	**278**
4.2	**Die verschiedenen Erscheinungsformen des Geldes**	**279**
4.3	**Der Euro**	**280**
4.3.1	Euro-Banknoten	280
4.3.2	Euro-Münzen	282
4.4	**Zahlungsmittel und Zahlungsformen (Lernfelder 1, 11)**	**283**
4.4.1	Barzahlung	284
4.4.2	Halbbare Zahlung	287
4.4.3	Bargeldlose Zahlung	289
4.4.4	Electronic-Banking-Systeme und Kreditkarten	299
4.4.5	Zahlungsverkehr in Europa	306
Sachwortverzeichnis		**311**
Bildquellenverzeichnis		**317**

1 Grundlagen des Arbeits- und Sozialrechts

1.1 Berufsausbildung

Situation

Die Auszubildende Susanne Aich wird an ihrem ersten Arbeitstag vom Personalchef der Firma Lausser zu einem Informationsgespräch gebeten. Auf die Frage, wie sie sich ihre Ausbildung vorstelle, schwärmt sie nur von den praktischen Tätigkeiten im Betrieb und „Nie mehr Schule"!

Handlungsaufträge

1. Überlegen Sie, ob es sinnvoll sein könnte, die Berufsausbildung ausschließlich den Betrieben zu überlassen.

2. Versuchen Sie, Erklärungen für den Zusammenhang von Bildungsstand und Arbeitslosigkeit zu finden.

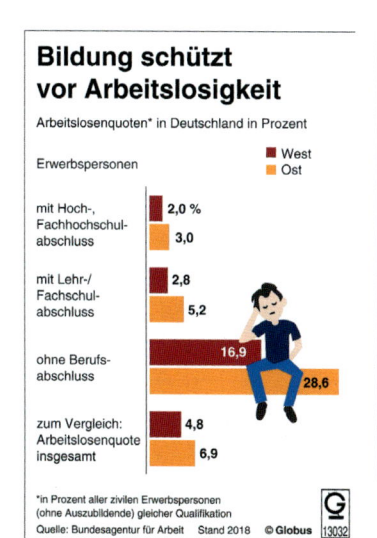

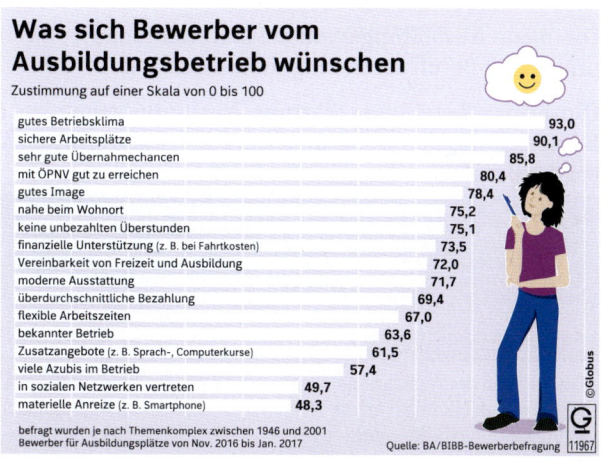

Bildung schützt vor Arbeitslosigkeit

Arbeitslosenquoten* in Deutschland in Prozent

Erwerbspersonen	West	Ost
mit Hoch-, Fachhochschulabschluss	2,0 %	3,0
mit Lehr-/Fachschulabschluss	2,8	5,2
ohne Berufsabschluss	16,9	28,6
zum Vergleich: Arbeitslosenquote insgesamt	4,8	6,9

*in Prozent aller zivilen Erwerbspersonen (ohne Auszubildende) gleicher Qualifikation
Quelle: Bundesagentur für Arbeit Stand 2018 © Globus 13032

Was sich Bewerber vom Ausbildungsbetrieb wünschen

Zustimmung auf einer Skala von 0 bis 100

gutes Betriebsklima	93,0
sichere Arbeitsplätze	90,1
sehr gute Übernahmechancen	85,8
mit ÖPNV gut zu erreichen	80,4
gutes Image	78,4
nahe beim Wohnort	75,2
keine unbezahlten Überstunden	75,1
finanzielle Unterstützung (z. B. bei Fahrtkosten)	73,5
Vereinbarkeit von Freizeit und Ausbildung	72,0
moderne Ausstattung	71,7
überdurchschnittliche Bezahlung	69,4
flexible Arbeitszeiten	67,0
bekannter Betrieb	63,6
Zusatzangebote (z. B. Sprach-, Computerkurse)	61,5
viele Azubis im Betrieb	57,4
in sozialen Netzwerken vertreten	49,7
materielle Anreize (z. B. Smartphone)	48,3

befragt wurden je nach Themenkomplex zwischen 1946 und 2001 Bewerber für Ausbildungsplätze von Nov. 2016 bis Jan. 2017
Quelle: BA/BIBB-Bewerberbefragung 11967

Was Betriebe von angehenden Azubis erwarten

So viel Prozent ausbildungsbereiter Unternehmen in Deutschland fordern in ihren Ausschreibungen:

Anforderung	Prozent
Teamfähigkeit	69 %
Motivation, Engagement	63
Zuverlässigkeit, Pünktlichkeit	63
Schulabschluss, gute Noten	61
Kommunikationsfähigkeit	54

Umfrage unter 2 200 Ausbildungsbetrieben aus zehn Berufsgruppen, Stand Anfang 2016
Quelle: Bundesinstitut für Berufsbildung © Globus 11388

Eine möglichst gute berufliche Leistungsfähigkeit des Arbeitnehmers ist nicht nur für die Erstellung hochwertiger, international wettbewerbsfähiger Güter und Dienstleistungen wichtig. Für den einzelnen Arbeitnehmer ist sie die Voraussetzung für sein Einkommen und damit für die Sicherung seines Lebensunterhaltes. Ein Arbeitsplatz ist zudem von Bedeutung für das Selbstwertgefühl, die Freude an interessanter Arbeit, für Aufstiegsmöglichkeiten und soziale Kontakte.

Auch für Staat und Gesellschaft ist eine gute berufliche Bildung von großer Bedeutung. Die Zukunftsfähigkeit einer Volkswirtschaft in einer globalisierten Welt hängt hiervon ab. Dies gilt insbesondere für Deutschland, das über keine wesentlichen Rohstoffe verfügt.

Arbeitnehmer leisten einen großen Anteil an den Steuereinnahmen des Staates. Eine gute Beschäftigungslage sichert zudem den sozialen Frieden im Land.

Um diese grundlegende Berufsausbildung für den Einzelnen, den Staat und die Gesellschaft durchführen zu können, muss neben den üblichen schulischen Zweigen auch eine qualifizierte und effiziente betriebliche Berufsausbildung durchgeführt werden.

1.1.1 Das duale Ausbildungssystem

Das **duale Ausbildungssystem** (lateinisch: „duo" = zwei) ist das grundlegende Ordnungsprinzip der Berufsausbildung in Deutschland.

Die beiden beteiligten Partner **Ausbildungsbetrieb** (Unterweisung im Betrieb) und **Berufsschule** (Unterricht in der Berufsschule) arbeiten **arbeitsteilig** und **gleichberechtigt** bei der Berufsausbildung zusammen:

Das duale System Berufsausbildung in Deutschland	
Lernort Betrieb	**Lernort Berufsschule**
Auszubildende/-r (Lehrling)	Berufsschüler/-in
Grundlagen der Ausbildung: ■ Berufsausbildungsvertrag ■ Ausbildungsordnungen ■ Berufsbildungsgesetz des Bundes	Grundlagen der Ausbildung: ■ Berufsschulpflicht ■ Lehrpläne ■ Schulgesetze der Länder

Für den Ausbildungsberuf **Fachlagerist** ist eine Ausbildungszeit von zwei Jahren, für den Ausbildungsberuf **Fachkraft für Lagerlogistik** eine **dreijährige Ausbildungszeit** vorgegeben.

Neben der fachlichen Qualifikation muss in Zukunft in Betrieb und Berufsschule auf eine breit verwertbare „**Schlüsselqualifikation**" geachtet werden. Die Auszubildenden sollen deshalb lernen die ihnen übertragenen Aufgaben in **Eigenverantwortung** und auf den speziellen Auftrag bezogen zu lösen.

Durch neue, z. B. handlungsorientierte, fächerübergreifende Unterrichtsmethoden, Planspiele, Projektunterricht u. v. m. versucht die Berufsschule den wachsenden Anforderungen gerecht zu werden. Die Betriebe werden durch die zuständigen Industrie- und Handwerkskammern in der fachlichen Ausbildung unterstützt.

Die Zusammenarbeit bzw. die Arbeitsteilung zwischen den Ausbildungsbetrieben und den Berufsschulen wird in der folgenden Tabelle verdeutlicht:

Lernorte	Betrieb	Berufsschule
Rechtliche Grundlagen	<ul><li>Berufsausbildungsvertrag</li><li>Ausbildungsordnung</li><li>Berufsbildungsgesetz</li></ul>	<ul><li>Schulpflicht</li><li>Rahmenlehrplan</li><li>Schulgesetze der Länder</li></ul>
Aufgaben	<ul><li>Heranführung an die Arbeit und Eingliederung in das soziale System des Betriebes</li><li>Vermittlung praktischer Kenntnisse und Fähigkeiten</li><li>Ausübung beruflicher Fertigkeiten</li></ul>	<ul><li>Vermittlung theoretischer Fachkenntnisse</li><li>Erweiterung und Vertiefung allgemeiner Bildung</li><li>Erziehung zum kritischen und verantwortungsbewussten Bürger</li></ul>

Grundsätzlich besteht in Deutschland für Auszubildende **Berufsschulpflicht**. Die Berufsschule kann in Teilzeitform (ein oder zwei Tage pro Woche) oder als Blockunterricht (z. B. sechs Wochen ununterbrochen Schule – $1/4$ Jahr betriebliche Praxis usw.) organisiert sein.

Das Jahreszeugnis der Berufschule am Ende des ersten Ausbildungsjahres (Fachlagerist) bzw. des ersten und zweiten Ausbildungsjahres (Fachkraft für Lagerlogistik) dokumentiert die schriftlich und mündlich erbrachten Leistungen in den Fächern und Lernfeldern. Eine Wiederholung bei mangelhaften Leistungen ist nicht vorgesehen.

Am Ende der Ausbildung erteilt die Berufsschule ein Abschlusszeugnis. Werden keine ausreichenden Leistungen erbracht, erhält der Auszubildende ein Abgangs- oder Entlassungszeugnis.

Mit Bestehen der Prüfung vor dem Prüfungsausschuss der Industrie- und Handelskammer und dem erfolgreichen Abschluss der Berufsschule kann (wenn nicht schon vorhanden) ein mittlerer Bildungsabschluss (Sekundarabschluss I – Realschulabschluss), unter bestimmten Bedingungen auch der erweiterte Sekundarabschluss I erworben werden.

Tipp

Informieren Sie sich bei Ihrem Lehrer/Ihrer Lehrerin über die genauen Bedingungen zum Erwerb weiterer schulischer Abschlüsse an Ihrer Berufsschule.

1.1.2 Das Berufsbildungsgesetz (BBiG)

Die rechtlichen Grundlagen für die Berufsausbildung zum Fachlageristen/Fachkraft für Lagerlogistik sind:

- das **Berufsbildungsgesetz** vom 23. März 2005
- die **Verordnung über die Berufsausbildung** im Lagerbereich vom 26. Juli 2004
- der **Rahmenlehrplan** auf Bundesebene und die **Lehrpläne** der Länder
- die Regelung der **berufsständischen Einrichtungen** (z. B. Prüfungsordnungen der einzelnen IHKs)
- der **Berufsausbildungsvertrag**
- sonstige **Schutzvorschriften** (z. B. Jugendarbeitsschutzgesetz)

> **Tipp**
>
> Der Berufsausbildungsvertrag und das Jugendarbeitsschutzgesetz werden Ihnen ausführlich in den Kapiteln 1.1.4 und 1.3.1 erklärt.

Das **Berufsbildungsgesetz** (BBiG) ist die Grundlage für die berufliche Bildung. In § 1 werden die Ziele und Begriffe der Berufsbildung dargestellt. Dabei werden drei Begriffe erläutert:

Berufsausbildung	breit angelegte Grundbildung in einem anerkannten Ausbildungsberuf, z. B. Fachlagerist oder Fachkraft für Lagerlogistik
Berufliche Fortbildung	Erhalten, Erweitern und Aktualisieren von Kenntnissen und Fertigkeiten in einem bereits ausgeübten Beruf
Berufliche Umschulung	Befähigung zu einer anderen beruflichen Tätigkeit, weil der ursprüngliche Beruf nicht mehr ausgeübt werden kann (z. B. aus gesundheitlichen Gründen)

Weitere **wesentliche Inhalte** des Berufsbildungsgesetzes sind:

- Berufsausbildungsvertrag (u. a. Rechte und Pflichten von Ausbildenden und Auszubildenden)
- Eignung von Ausbildungsbetrieben und Ausbildern
- Verzeichnis der Berufsausbildungsverhältnisse
- Prüfungswesen sowie
- Organisation der Berufsbildung

Für die Berufe der Lagerlogistik ist die **Industrie- und Handelskammer (IHK)** die sog. zuständige Stelle (§ 71 BBiG). Sie hat die Eignung von Ausbildungsbetrieben und Ausbildern zu überprüfen und die abgeschlossenen Verträge ins Verzeichnis der Berufsausbildungsverhältnisse zu übernehmen. Schließlich ist es ihre Aufgabe, die Prüfungen durchzuführen.

1.1.3 Verordnung über die Berufsausbildung im Lagerbereich

Die Bestimmungen des BBiG zum Prüfungswesen werden für die Berufe der Lagerlogistik durch die Verordnung über die Berufsausbildung im Lagerbereich konkretisiert. Nach § 5 BBiG ist in einer Ausbildungsordnung mindestens Folgendes festzulegen:

Ausbildungsordnung		
Ausbildungsrahmenplan	**Ausbildungsberufsbild**	**Prüfungsanforderungen**
Anleitung zur sachlichen und zeitlichen Gliederung der Fertigkeiten und Kenntnisse (= Erläuterungen zum Berufsbild)	Bezeichnung des Ausbildungsberufes, der Ausbildungsdauer sowie die Kenntnisse und Fertigkeiten, die Gegenstand der Berufsausbildung sind	Umfang der in den Prüfungsbereichen zu beherrschenden Kenntnisse und Fertigkeiten

Zur **Zwischenprüfung und Abschlussprüfung** gelten folgende Regelungen:

Für Fachlageristen

Eine **praktische** Zwischenprüfung (Dauer ca. 20 Minuten) wird zu Beginn des zweiten Ausbildungsjahres (meist in einem Betrieb) abgelegt.

Die **Abschlussprüfung** besteht aus vier Prüfungsbereichen:

1. Praktische Arbeitsaufgaben (findet meist in einem Betrieb statt)

   schriftlich:

2. Lagerprozesse (90 Min. – offene Fragestellungen)
3. Güterbewegung (60 Min. – Multiple-Choice-Verfahren)
4. Wirtschafts- und Sozialkunde (60 Min. – Multiple-Choice-Verfahren)

Die Prüfung ist bestanden, wenn die Leistungen in der praktischen Prüfung und in zwei der schriftlichen Prüfungsbereiche mindestens ausreichend sind. Ungenügende Leistungen dürfen in keinem Prüfungsbereich erbracht werden. Das Gesamtergebnis (je 50 % praktische und schriftliche Prüfung) muss ebenfalls ausreichend sein.

Für Fachkräfte für Lagerlogistik

Die **Zwischenprüfung** umfasst einen schriftlichen Teil (90 Min.) und einen praktischen Teil (Dauer ca. 20 Minuten – meist in einem Betrieb). Sie wird in der Mitte des zweiten Ausbildungsjahres abgelegt.

Die **Abschlussprüfung** besteht aus vier Prüfungsbereichen:

1. Praktische Arbeitsaufgaben (findet meist in einem Betrieb statt)

   schriftlich:

2. Prozesse der Lagerlogistik (150 Min. – offene Fragestellungen)
3. Rationeller und qualitätssichernder Güterumschlag (90 Min. – Multiple-Choice-Verfahren)
4. Wirtschafts- und Sozialkunde (60 Min. – Multiple-Choice-Verfahren)

Die Prüfung ist bestanden, wenn

1. im Gesamtergebnis,
2. im Prüfungsbereich Praktische Arbeitsaufgaben,
3. im gewogenen Durchschnitt der schriftlichen Prüfungsbereiche und
4. in mindestens zwei der schriftlichen Prüfungsbereiche

jeweils mindestens ausreichende Leistungen erbracht worden sind. Ungenügende Leistungen dürfen in keinem Prüfungsbereich erbracht werden.

Die Prüfungen werden vor dem entsprechenden **Prüfungsausschuss der IHK** abgelegt.

1.1.4 Der Berufsausbildungsvertrag

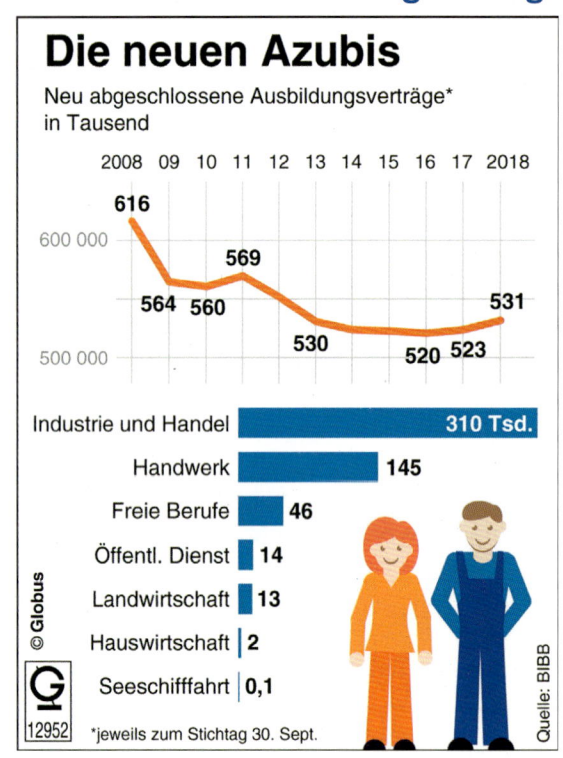

Die neuen Azubis
Neu abgeschlossene Ausbildungsverträge*
in Tausend

Jahr	2008	09	10	11	12	13	14	15	16	17	2018
Tsd.	616	564	560	569		530		520	523		531

Bereich	Tsd.
Industrie und Handel	310
Handwerk	145
Freie Berufe	46
Öffentl. Dienst	14
Landwirtschaft	13
Hauswirtschaft	2
Seeschifffahrt	0,1

© Globus 12952 *jeweils zum Stichtag 30. Sept. Quelle: BIBB

Die Berufsausbildung stellt eine besondere Art eines Arbeitsverhältnisses dar. Die berufliche Ausbildung steht hier im Vordergrund.

Vertragspartner beim Berufsausbildungsvertrag

Vor Beginn der Berufsausbildung muss ein Berufsausbildungsvertrag zwischen dem **Ausbildenden** und dem **Auszubildenden** abgeschlossen werden. Dieser Ausbildungsvertrag kann formlos, muss aber spätestens vor Beginn der Berufsausbildung schriftlich niedergelegt werden; die elektronische Form ist ausgeschlossen.

Die Niederschrift ist von den Ausbildenden und den Auszubildenden zu unterzeichnen. Ist der Auszubildende noch minderjährig (unter 18 Jahre), muss der Berufsausbildungsvertrag zusätzlich vom **gesetzlichen Vertreter** (Mutter, Vater, Vormund) unterschrieben werden. Ausbildende haben den Auszubildenden und deren gesetzlichen Vertretern eine Ausfertigung der unterzeichneten Niederschrift sofort nach der Unterzeichnung des Vertrages auszuhändigen.

Der ausbildende Betrieb hat unverzüglich nach Abschluss des Berufsausbildungsvertrages die Eintragung in das Verzeichnis der Berufsausbildungsverhältnisse bei der IHK zu beantragen.

Der schriftliche Berufsausbildungsvertrag muss Angaben enthalten über (§ 11 BBiG):

Ausbildungsvertrag
= privatrechtlicher Vertrag über ein Berufsausbildungsverhältnis

Folgende Elemente müssen darin enthalten sein:

- der Ausbildungsberuf
- die sachliche und zeitliche Gliederung der Ausbildung
- Beginn und Dauer der Ausbildung
- ergänzende Ausbildungsmaßnahmen
- die tägliche Ausbildungszeit
- die Dauer der Probezeit
- Zahlung und Höhe der Ausbildungsvergütung
- die Dauer des Urlaubs
- Kündigungsbestimmungen

Unterschrift Ausbildende/r

Unterschrift Auszubildende/r (bei Minderjährigen auch Unterschrift der Erziehungsberechtigten)

© Erich Schmidt Verlag

Die Rechte und Pflichten der Vertragspartner

Tipp

Sehen Sie in Ihrem Ausbildungsvertrag nach. Besorgen Sie sich die kostenlose Broschüre „Ausbildung & Beruf", herausgegeben vom Bundesministerium für Bildung und Forschung, Kapelle-Ufer 1, 10117 Berlin.

Die Pflichten des Ausbildenden – Rechte des Auszubildenden (§ 14 ff. BBiG)

Der **Ausbildende** verpflichtet sich,

1. Ausbildungsziel

- dafür zu sorgen, dass dem Auszubildenden die berufliche Handlungsfähigkeit vermittelt wird, die zum Erreichen des Ausbildungszieles nach der Ausbildungsordnung erforderlich ist, und die Berufsausbildung nach den Angaben zur sachlichen und zeitlichen Gliederung des Ausbildungsablaufs so durchzuführen, dass das Ausbildungsziel erreicht werden kann.

2. Ausbilder

- selbst auszubilden oder einen persönlich und fachlich geeigneten Ausbilder ausdrücklich damit zu beauftragen und diesen dem Auszubildenden jeweils bekannt zu geben.

3. Ausbildungsmittel

- dem Auszubildenden kostenlos die Ausbildungsmittel, insbesondere Werkzeuge, Werkstoffe und Fachliteratur zur Verfügung zu stellen, die für die Ausbildung in den betrieblichen und überbetrieblichen Ausbildungsstätten und zum Ablegen der Zwischen- und Abschlussprüfung erforderlich sind.

4. Besuch der Berufsschule und überbetriebliche Unterweisungen

- den Auszubildenden zum Besuch der Berufsschule und zum Besuch von Ausbildungsmaßnahmen außerhalb der Ausbildungsstätte anzuhalten und freizustellen.

5. Schriftlicher Ausbildungsnachweis (Berichtsheft)

- dem Auszubildenden vor Ausbildungsbeginn das Berichtsheft, das für die Berufsausbildung verlangt wird, kostenfrei auszuhändigen und die ordnungsgemäße Führung durch regelmäßige Abzeichnung zu verlangen.

6. Sorgepflicht

- dafür zu sorgen, dass der Auszubildende charakterlich gefördert wird sowie sittlich und körperlich nicht gefährdet wird.

7. Ausbildungsbezogene Tätigkeiten

- dem Auszubildenden nur Aufgaben zu übertragen, die ausschließlich dem Ausbildungszweck dienen und seinen körperlichen Kräften angemessen sind.

8. Vergütungspflicht (§ 17 BBiG)

- Zahlung einer angemessenen, jährlich ansteigenden Vergütung spätestens am letzten Arbeitstag des Monats.

9. Zeugnispflicht (§ 16 BBiG)

- Der Ausbildende hat dem Auszubildenden bei Beendigung des Berufsausbildungsverhältnisses ein Zeugnis auszustellen. Es muss Angaben enthalten über Art, Dauer und Ziel der Berufsausbildung sowie über die erworbenen Fertigkeiten, Kenntnisse und Fähigkeiten des Auszubildenden (= einfaches Zeugnis). Auf Verlangen des Auszubildenden sind Angaben über Verhalten und Leistung aufzunehmen (= qualifiziertes Zeugnis).

Weitere Pflichten des Ausbildenden ergeben sich aus anderen arbeitsrechtlichen Bestimmungen. Siehe hierzu die Pflichten des Arbeitgebers aus dem Arbeitsvertrag.

Pflichten des Auszubildenden – Rechte des Ausbildenden (§ 13 BBiG)

Auszubildende haben sich zu bemühen, die berufliche Handlungsfähigkeit zu erwerben, die zum Erreichen des Ausbildungsziels erforderlich ist.

Sie verpflichten sich insbesondere,

1. **Lernpflicht**
- die im Rahmen ihrer Berufsausbildung übertragenen Verrichtungen und Aufgaben ordnungsgemäß und sorgfältig auszuführen.

2. **Berufsschulunterricht, Prüfungen und sonstige Maßnahmen**
- am Berufsschulunterricht und an Prüfungen sowie an Abordnungsmaßnahmen außerhalb der Ausbildungsstätte teilzunehmen, für die sie vom Ausbildungsbetrieb freigestellt werden.

3. **Weisungsgebundenheit**
- den Weisungen zu folgen, die im Rahmen der Berufsausbildung vom Ausbildenden oder von anderen weisungsberechtigten Personen erteilt werden.

4. **Betriebliche Ordnung**
- die für die Ausbildungsstätte geltende Ordnung zu beachten.

5. **Sorgfaltspflicht**
- Werkzeug, Maschinen und sonstige Einrichtungen pfleglich zu behandeln und sie nur zu den ihnen übertragenen Arbeiten zu verwenden.

6. **Betriebsgeheimnisse**
- über Betriebs- und Geschäftsgeheimnisse Stillschweigen zu wahren.

Außerdem sind Auszubildende verpflichtet,

7. **Schriftlicher Ausbildungsnachweis – Berichtsheft**
- einen vorgeschriebenen schriftlichen Ausbildungsnachweis (Berichtsheft) zu führen und regelmäßig vorzulegen.

8. **Benachrichtigung**
- bei Fernbleiben von der betrieblichen Ausbildung, vom Berufsschulunterricht oder von sonstigen Ausbildungsveranstaltungen dem Ausbildenden unter Angabe von Gründen und der voraussichtlichen Dauer unverzüglich Mitteilung zu erstatten. Dauert die Arbeitsunfähigkeit länger als drei Kalendertage, hat der Auszubildende eine ärztliche Bescheinigung über die voraussichtliche Arbeitsunfähigkeit am darauffolgenden Arbeitstag vorzulegen.

> **Tipp**
>
> *Sehen Sie sich die Paragrafen auf der Rückseite Ihres Ausbildungsvertages an, die Bestandteil Ihres Berufsausbildungsvertrages sind.*

Beendigung des Berufsausbildungsverhältnisses

Grundsätzlich endet die Ausbildung mit dem **Bestehen der Abschlussprüfung**. Eine nicht bestandene Prüfung kann bis zu zweimal wiederholt werden. Der Ausbildende muss den Auszubildenden so lange im Betrieb weiter ausbilden.

Vorzeitig kann ein Ausbildungsverhältnis entweder in **gegenseitigem Einvernehmen** (zweiseitiges Rechtsgeschäft, sog. **Aufhebungsvertrag**) beendet werden oder durch Kündigung (einseitiges Rechtsgeschäft). Nach § 22 BBiG gibt es folgende **schriftliche** Kündigungsmöglichkeiten

- **Kündigung während der Probezeit** ist von beiden Seiten ohne Einhaltung einer Kündigungsfrist und ohne Angabe von Gründen möglich.

- **Kündigung nach Ablauf der Probezeit**

    a) aus **wichtigem Grund** ohne Einhaltung einer Kündigungsfrist **(fristlose Kündigung)** von beiden Seiten (Die der Kündigung zugrunde liegenden Tatsachen dürfen nicht länger als 14 Tage bekannt sein.)

    b) vom Auszubildenden mit einer Kündigungsfrist von **vier** Wochen, wenn er die Berufsausbildung aufgeben oder sich für eine andere Berufstätigkeit ausbilden lassen will.
    Wird ein Ausbildungsverhältnis vorzeitig beendet, so besteht grundsätzlich ein **Anspruch auf Schadenersatz** gegenüber demjenigen, der die vorzeitige Aufhebung zu vertreten (verschuldet) hat. Das kann sowohl der Auszubildende als auch der Ausbildende sein. Eine Ausnahme ist allerdings die vorzeitige Beendigung wegen Berufsaufgabe oder -wechsel durch den Auszubildenden. Wenn die Kündigungsfrist eingehalten wurde, sind keine Schadenersatzforderungen zu befürchten (§ 23 BBiG). Grundsätzlich können Schadenersatzansprüche nur innerhalb von drei Monaten nach Beendigung des Berufsausbildungsverhältnisses geltend gemacht werden.

Weiterbeschäftigung des Auszubildenden nach bestandener Prüfung

Das Ausbildungsverhältnis endet als befristetes Vertragsverhältnis im Normalfall mit bestandener Abschlussprüfung. Üblicherweise wird schon vorher geklärt, ob der Auszubildende übernommen werden soll. In manchen Tarifverträgen ist sogar festgelegt, dass der Ausbildende den Auszubildenden mindestens drei Monate vor Beendigung der Ausbildung informieren muss, wenn er ihn nicht übernehmen will.

Werden Auszubildende nach Beendigung der Ausbildung weiter beschäftigt, ohne dass darüber ausdrücklich etwas vereinbart wurde, gilt ein unbefristetes Arbeitsverhältnis als begründet (§ 24 BBiG).

Grundsätzlich sollen Auszubildende nicht zu frühzeitig auf ein Arbeitsverhältnis nach der Ausbildung festgelegt werden. Nach § 12 BBiG ist es möglich, dass bis zu sechs Monate vor Beendigung des Ausbildungsverhältnisses zwischen dem Ausbildungsbetrieb und dem Auszubildenden eine Weiterbeschäftigung vereinbart wird.

1.1.5 Technischer und sozialer Wandel

Im Verlauf seiner Entwicklung hat der Mensch stets versucht, seine Arbeit durch technische Hilfsmittel und organisatorische Maßnahmen produktiver zu gestalten. Seit dem Ende des 18. Jahrhunderts hat es in der Industrie vier technische Revolutionen gegeben.

Die vier Stufen der industriellen Revolution

Die vier Stufen der Industriellen Revolution

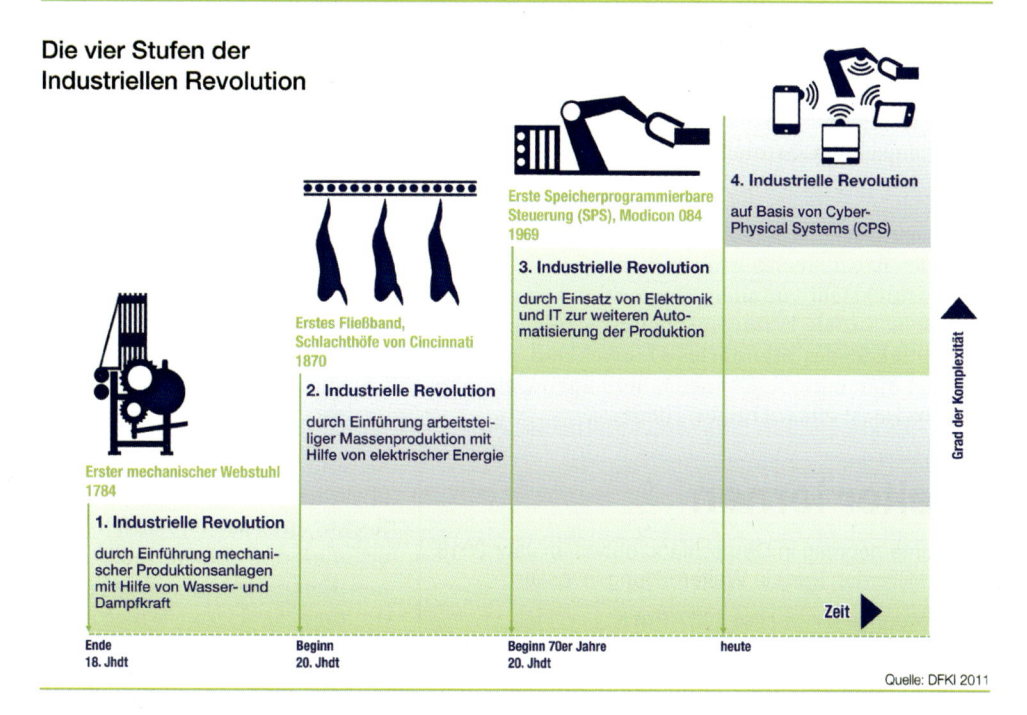

4. Industrielle Revolution auf Basis von Cyber-Physical Systems (CPS)

Erste Speicherprogrammierbare Steuerung (SPS), Modicon 084 1969

3. Industrielle Revolution durch Einsatz von Elektronik und IT zur weiteren Automatisierung der Produktion

Erstes Fließband, Schlachthöfe von Cincinnati 1870

2. Industrielle Revolution durch Einführung arbeitsteiliger Massenproduktion mit Hilfe von elektrischer Energie

Erster mechanischer Webstuhl 1784

1. Industrielle Revolution durch Einführung mechanischer Produktionsanlagen mit Hilfe von Wasser- und Dampfkraft

Ende 18. Jhdt | Beginn 20. Jhdt | Beginn 70er Jahre 20. Jhdt | heute

Grad der Komplexität — Zeit

Quelle: DFKI 2011

Wie die obige Grafik zeigt, erleben wir zurzeit die vierte Stufe der industriellen Revolution. „**Industrie 4.0**" lautet der Begriff hierfür. Diese Stufe ist gekennzeichnet durch zunehmende Digitalisierung und moderne Kommunikationsformen, wie sie etwa das Internet ermöglicht. Es handelt sich um eine umfassende Veränderung der Produktions- und Arbeitswelt.

Heute ist es beispielsweise möglich, auf Bedürfnisse des Absatzmarktes schneller und exakter zu reagieren. Viele Produkte werden auf Nachfrage produziert und nicht mehr auf Lager. Dadurch werden Überproduktionen und Ressourcenverschwendung vermieden. Auch die Lagerhaltung kann mithilfe moderner Lagerverwaltungssysteme optimal gesteuert werden.

Der Wandel in der Arbeitswelt blieb und bleibt nicht ohne Folgen für die soziale Situation des Menschen. Das anfängliche Fehlen sozialen Schutzes führte im 19. Jahrhundert zu gesellschaftlichen Missständen:

- mangelnde Fürsorge bei Krankheit, Unfällen und Arbeitslosigkeit
- keine Alterssicherung
- niedrige Masseneinkommen
- Kinderarbeit
- unzureichende Ernährung
- schlechte Wohnverhältnisse

> **Tipp**
>
> *Mehr zum Thema Sozialversicherung erfahren Sie im Kapitel 1.8.*

Ausgehend von Zusammenschlüssen der Arbeiterschaft bildeten sich Mitte des 19. Jahrhunderts die **Gewerkschaften** und **politischen Parteien**, die eine **Verbesserung der Arbeits- und Lebensbedingungen** forderten.

Mithilfe einer entsprechenden Gesetzgebung gelang es nach und nach, die negativen Begleiterscheinungen und Fehlentwicklungen der Industrialisierung zu korrigieren. Heute ist der einzelne Arbeitnehmer durch eine umfangreiche **Arbeits- und Sozialgesetzgebung** geschützt.

Die dynamische Entwicklung der Wirtschaft und Gesellschaft macht eine ständige Anpassung des Arbeitsrechts erforderlich. Die sog. Globalisierung (internationale Verflechtung der Märkte) stellt vor allem Deutschland als exportorientiertes Land vor neue Herausforderungen. Soziale Errungenschaften werden auf den Prüfstand gestellt, weil die Konkurrenzfähigkeit des Standortes Deutschland gefährdet erscheint. Die Möglichkeiten des Internet bieten große Chancen, aber auch Gefahren. Der Schutz persönlicher Daten beispielsweise ist ein wichtiges Thema.

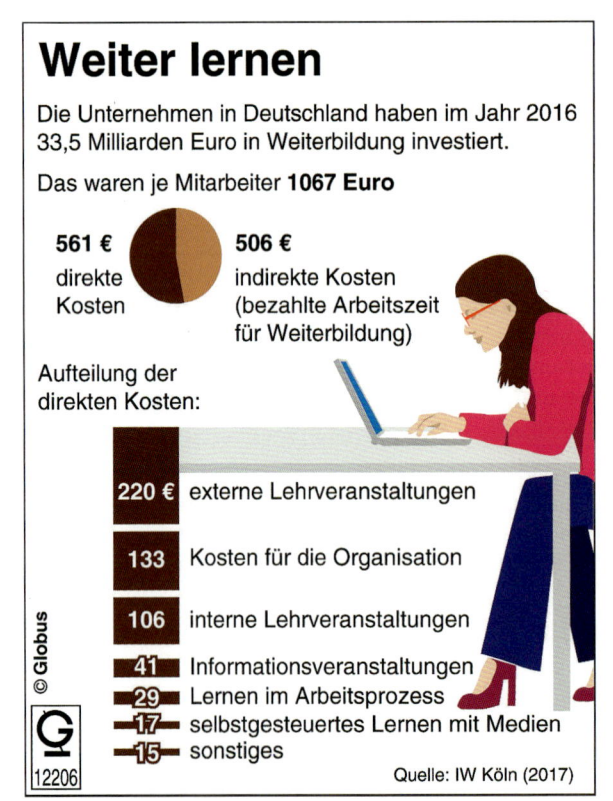

Weiter lernen

Die Unternehmen in Deutschland haben im Jahr 2016 33,5 Milliarden Euro in Weiterbildung investiert.

Das waren je Mitarbeiter **1067 Euro**

- **561 €** direkte Kosten
- **506 €** indirekte Kosten (bezahlte Arbeitszeit für Weiterbildung)

Aufteilung der direkten Kosten:
- 220 € externe Lehrveranstaltungen
- 133 Kosten für die Organisation
- 106 interne Lehrveranstaltungen
- 41 Informationsveranstaltungen
- 29 Lernen im Arbeitsprozess
- 17 selbstgesteuertes Lernen mit Medien
- 15 sonstiges

Quelle: IW Köln (2017)

So sind Arbeitnehmer aufgerufen, sich für den Erhalt ihrer Rechte einzusetzen. Gleichzeitig erfordert dies aber auch, die eigenen Kompetenzen zu erweitern, um für neue Herausforderungen gerüstet zu sein.

„Fortbildung" und „Weiterbildung"

Ohne berufliche Fortbildung werden die Fachlageristen bzw. Fachkräfte für Lagerlogistik ihren Beruf auf Dauer mit Erfolg nicht ausüben können. Deshalb bieten viele Institutionen Fortbildungskurse an. Dazu zählen die Gewerkschaften, IHK und andere Kammern sowie private Bildungseinrichtungen. Der Blick in die Fachzeitschriften und Publikationen der Verbände/Institutionen gibt Ihnen einen ersten Überblick.

Zum Nachweis von Kenntnissen, Fertigkeiten und Erfahrungen, die durch berufliche Fortbildung erworben werden, bieten die IHKs/HWKs auch Fortbildungsprüfungen mit der Abschlussbezeichnung „Meister für Lager-, Vorrats- und Materialwirtschaft". Zulassungsvoraussetzungen zur Prüfung sind der Abschluss einer erfolgreich beendeten kaufmännischen Ausbildung bzw. einer Prüfung für Lager-, Transport- oder Versandwesen sowie eine umfassende Tätigkeit im jeweiligen betrieblichen Aufgabenbereich von drei Jahren nach Abschluss der Ausbildung. Diese Fortbildungsprüfung kann ebenfalls ablegen, wer mindestens acht Jahre im Lager-, Transport- oder Versandwesen praxisbezogen gearbeitet hat.

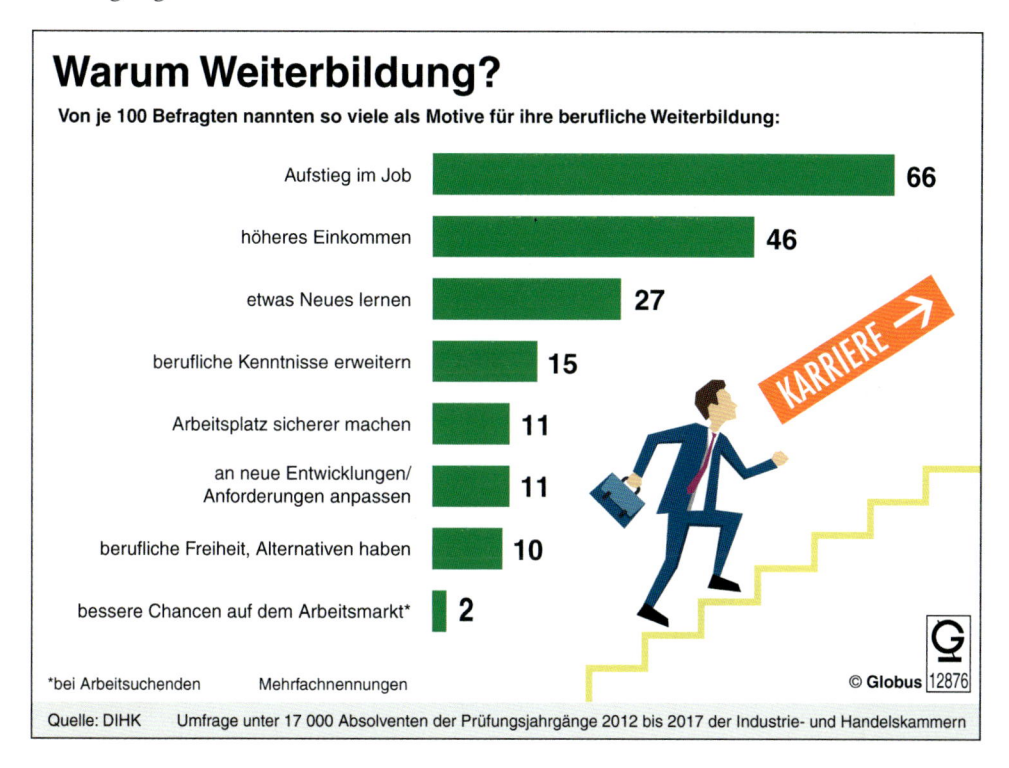

Warum Weiterbildung?

Von je 100 Befragten nannten so viele als Motive für ihre berufliche Weiterbildung:

Aufstieg im Job	66
höheres Einkommen	46
etwas Neues lernen	27
berufliche Kenntnisse erweitern	15
Arbeitsplatz sicherer machen	11
an neue Entwicklungen/Anforderungen anpassen	11
berufliche Freiheit, Alternativen haben	10
bessere Chancen auf dem Arbeitsmarkt*	2

*bei Arbeitsuchenden   Mehrfachnennungen

© Globus 12876

Quelle: DIHK   Umfrage unter 17 000 Absolventen der Prüfungsjahrgänge 2012 bis 2017 der Industrie- und Handelskammern

Kernwissen

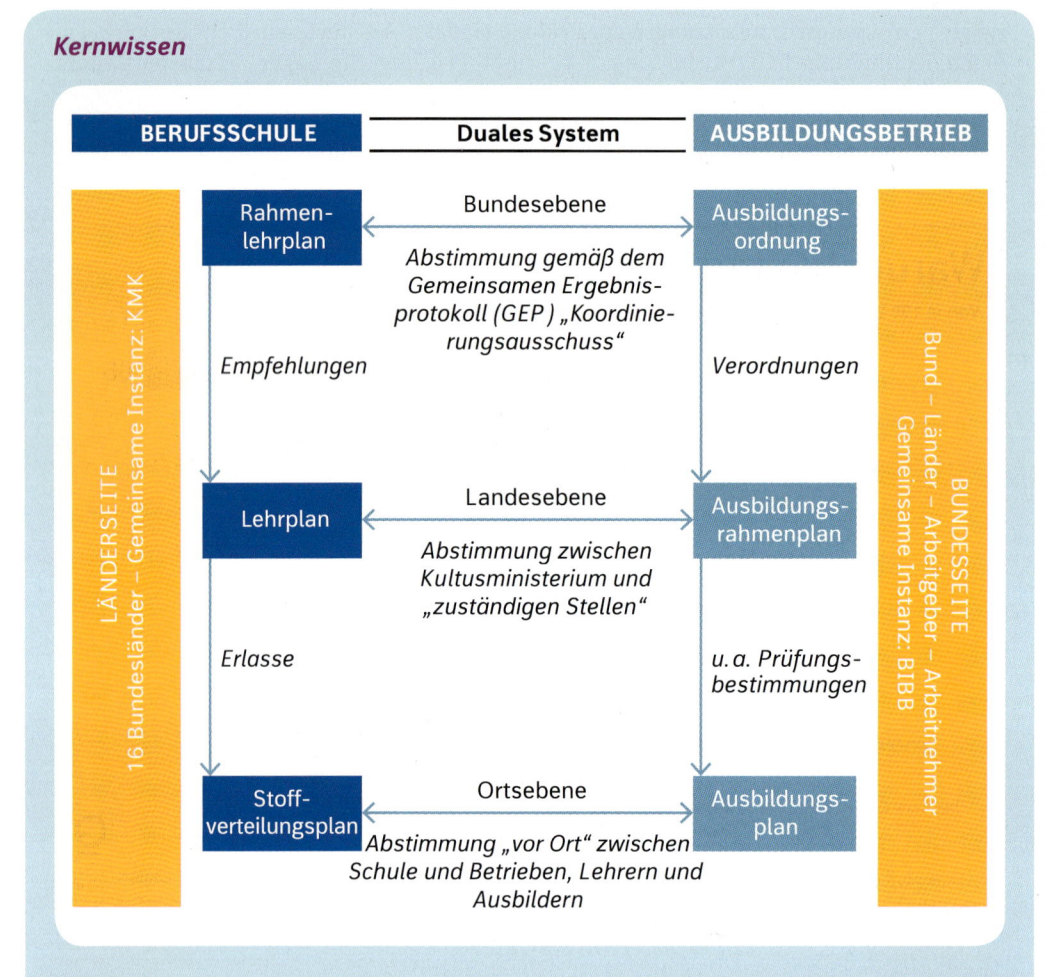

BERUFSSCHULE	Duales System	AUSBILDUNGSBETRIEB
Rahmenlehrplan	**Bundesebene** — Abstimmung gemäß dem Gemeinsamen Ergebnisprotokoll (GEP) „Koordinierungsausschuss"	Ausbildungsordnung
Empfehlungen		*Verordnungen*
Lehrplan	**Landesebene** — Abstimmung zwischen Kultusministerium und „zuständigen Stellen"	Ausbildungsrahmenplan
Erlasse		*u. a. Prüfungsbestimmungen*
Stoffverteilungsplan	**Ortsebene** — Abstimmung „vor Ort" zwischen Schule und Betrieben, Lehrern und Ausbildern	Ausbildungsplan

LÄNDERSEITE — 16 Bundesländer – Gemeinsame Instanz: KMK

BUNDESSEITE — Bund – Länder – Arbeitgeber – Arbeitnehmer – Gemeinsame Instanz: BIBB

Rahmenlehrplan und Ausbildungsordnung werden gemeinsam im Bundesanzeiger veröffentlicht.

Das **Berufsbildungsgesetz** ist die Grundlage für die berufliche Bildung, die in Berufsausbildung, berufliche Fortbildung und berufliche Umschulung unterteilt wird.

Die **Industrie und Handelskammer (IHK)** ist als „zuständige Stelle" verantwortlich für die Durchführung der Berufsausbildung, die Überprüfung der Eignung der Ausbildungsbetriebe und Ausbilder sowie die Durchführung der Prüfungen.

Die **Ausbildungsordnung** umfasst den Ausbildungsrahmenplan, das Ausbildungsberufsbild und die Prüfungsanforderungen.

Vertragspartner beim Berufsausbildungsvertrag sind der Ausbildende (Betrieb) und der Auszubildende. Bei Minderjährigkeit des Auszubildenden muss der Vertrag zusätzlich vom gesetzlichen Vertreter unterschrieben werden.

- **Inhalt des Berufsausbildungsvertrages**
  - Art, sachliche und zeitliche Gliederung sowie das Ziel der Berufsausbildung
  - Beginn und Dauer der Berufsausbildung

- Ausbildungsmaßnahmen außerhalb der Ausbildungsstätte
- Dauer der regelmäßigen täglichen Ausbildungszeit
- Dauer der Probezeit
- Zahlung und Höhe der Vergütung
- Dauer des Urlaubs
- Kündigungsvoraussetzungen
- allgemeiner Hinweis auf anzuwendende Tarifverträge

- **Pflichten des Ausbildenden**

  Der Ausbildende hat dafür zu sorgen, dass der Auszubildende das Ausbildungsziel erreichen kann. Darüber hinaus

  - kann er selbst ausbilden oder Ausbilder beauftragen,
  - muss er die Ausbildungsmittel kostenlos zur Verfügung stellen,
  - muss er den Auszubildenden zur Berufsschule freistellen und zum Führen des Berichtsheftes anhalten,
  - dürfen dem Auszubildenden nur ausbildungsbezogene Tätigkeiten übertragen werden,
  - muss er dafür sorgen, dass der Auszubildende charakterlich gefördert und körperlich nicht überfordert wird,
  - muss er rechtzeitig die Ausbildungsvergütung zahlen und
  - nach Beendigung des Berufsausbildungsverhältnisses ein Zeugnis schreiben.

- **Pflichten des Auszubildenden**

  Der Auszubildende hat sich zu bemühen, das Ausbildungsziel zu erreichen. Insbesondere hat er folgende Pflichten:

  - Lernpflicht und Befolgung von Weisungen im Rahmen der Ausbildung
  - Besuch der Berufsschule und Führen des Berichtshefts
  - Beachtung der betrieblichen Ordnung und pfleglicher Umgang mit betrieblicher Einrichtung
  - Beachtung der Schweigepflicht
  - unverzügliche Benachrichtigung bei Fernbleiben (Betrieb und Berufsschule)

- Die **Beendigung des Berufsausbildungsverhältnisses** ist möglich durch einen Aufhebungsvertrag oder durch Kündigung. In der Probezeit ist die Kündigung von beiden Seiten jederzeit möglich. Danach ist nur noch eine fristlose Kündigung möglich oder eine fristgerechte Kündigung durch den Auszubildenden bei Berufswechsel oder -aufgabe.

- Der **technische Fortschritt** macht es notwendig, dass Arbeitnehmer ständig ihr Wissen aktualisieren und erweitern.

Übungsaufgaben

1. **Das duale Ausbildungssystem in Deutschland ist weltweit einzigartig.**
   a) Erklären Sie kurz mit Ihren Worten das duale Ausbildungssystem.
   b) Welche Vor- bzw. Nachteile finden Sie hierzu in Ihrer Ausbildung?

2. Werten Sie die nebenstehende Grafik aus.
   a) Begründen und konkretisieren Sie Auflösungsursachen von Ausbildungsverträgen.
   b) Diskutieren Sie eventuelle Probleme in Ihrer Ausbildung.

Gründe für den Abbruch der Ausbildung (in Prozent)

Grund	Prozent
Schwierigkeiten mit Ausbildern/Vorgesetzten	44
Ausbildung entspricht nicht den Vorstellungen	42
Finanzielle Gründe	33
Anderer Ausbildungswunsch	29
Andere Gründe	17
Ausbildung zu schwierig/anstrengend	16
Gesundheitliche Gründe	15
Private Gründe	15
Schule/Hochschule besuchen	12
Arbeit annehmen	10
Keine Angaben	4

Vgl. Bundesinstitut für Berufsbildung

3. Welche Lehrinhalte werden am Lernort Ausbildungsbetrieb, welche am Lernort Berufsschule vermittelt?

4. Wie können Sie am Ende Ihrer Ausbildung den „mittleren Bildungsabschluss" (Sekundarabschluss – Realschulabschluss) erreichen?

5. Erklären Sie die Begriffe „Berufsausbildung", „Berufliche Fortbildung" und „Berufliche Umschulung" jeweils anhand eines Beispiels.

6. Erklären Sie:
   a) Ausbildungsberufsbild   b) Ausbildungsrahmenplan

7. Der Ausbildungsbetrieb muss Ihnen laut § 17 BBiG eine Ausbildungsvergütung bezahlen.
   a) Wie ändert sich die Ausbildungsvergütung in Ihrer Ausbildungszeit (vgl. Ausbildungsvertrag)?
   b) Vergleichen Sie die Höhe der Ausbildungsvergütung mit Ihren Klassenkameraden/-innen. Führen Sie Gründe an, warum die Ausbildungsvergütung der gleichen Berufsausbildung unterschiedlich hoch sein kann.
   c) Dürfen Auszubildende Mehrarbeit leisten und werden diese Überstunden bezahlt?
   d) Zu welchem Zeitpunkt muss der Arbeitgeber spätestens Ihre Ausbildungsvergütung überweisen?
   e) Unter welchen Voraussetzungen muss Ihre Vergütung weiter bezahlt werden?

8. Zählen Sie die Inhalte eines Ausbildungsvertrages auf.

9. Nehmen Sie Stellung zu folgenden Fällen. Wie ist die Rechtslage?
   a) Gerhard hat die Abschlussprüfung zur Fachkraft für Lagerwirtschaft nicht bestanden. Sein Chef ist nicht bereit, ihn bis zur Wiederholungsprüfung weiter im Betrieb auszubilden, weil er der Meinung ist, dass Gerhard seine Pflicht zu lernen nicht erfüllt hat.
   b) Jens ist in einem Lebensmittelgroßhandel im zweiten Jahr in der Ausbildung als Fachlagerist. Er hat bisher nur Waren kommissioniert. Als er den Lagermeister fragt, wann er in die Warenannahme käme, sagte dieser, dass dies nicht vorgesehen sei, weil dort der andere Auszubildende eingesetzt sei.
   c) Barbara lernt als Fachkraft für Lagerlogistik in einer Sanitärgroßhandlung. Beim Fußballspielen hat sie sich einen komplizierten Beinbruch zugezogen und wird voraussichtlich noch längere Zeit krank sein. Ihre Chefin verweigert ihr daraufhin die Ausbildungsvergütung, weil sie auf dem Standpunkt steht, Barbara habe diese Verletzung selbst verschuldet, sie habe ja nicht Fußball spielen müssen.
   d) Arnold stellt nach acht Monaten Ausbildungszeit als Fachlagerist fest, dass ihm der Beruf doch nicht gefällt. Er möchte die Ausbildung möglichst sofort abbrechen.
   e) Werner lernt als Fachlagerist in einem Kfz-Betrieb. Bis zur Abschlussprüfung sind es nur noch drei Monate. Als er ein repariertes Auto an einen Kunden ausgeliefert

hat, fand er auf dem Beifahrersitz einen 10-Euro-Schein, den er einsteckte. Der Kunde bemerkte dies und beschwerte sich bei Werners Chef.

10. Unter welchen Bedingungen kann ein Ausbildungsverhältnis
    a) vom Auszubildenden
       - während der Probezeit und
       - nach der Probezeit,
    b) vom Ausbildenden
       - während der Probezeit und
       - nach der Probezeit
    vorzeitig beendet werden?

11. Welche sozialen bzw. gesellschaftlichen Missstände traten im 19. Jahrhundert auf und leiteten den Wandel der Arbeitsbedingungen ein?

12. Beschreiben Sie kurz die zwei Möglichkeiten, wie man sich in Ihrem Beruf weiterbilden kann.

1.2 Der Einzelarbeitsvertrag (Individualvertrag)

Situation

Nach Beendigung seiner Ausbildung konnte Holger Schwarz in seinem Ausbildungsbetrieb aus innerbetrieblichen Gründen nicht übernommen werden. Er bewirbt sich bei der Firma Schneider. Aufgrund seines guten Abschlusses als Fachkraft für Lagerlogistik wird er zum Einstellungsgespräch eingeladen. Am Ende des Gesprächs mit dem Personalchef, Herrn Müller, sind sich beide einig, dass Holger ab dem nächsten Ersten bei der Firma Schneider als Lagerfachkraft im Wareneingang anfangen soll.

Handlungsaufträge

1. Ist ein (Einzel-)Arbeitsvertrag zwischen Holger und der Firma Schneider zustande gekommen?
2. In welcher Form muss der Einzelarbeitsvertrag geschlossen werden?
3. Auf welche wesentlichen Vertragsbestimmungen werden die beiden Arbeitsvertragspartner achten?

1.2.1 Wesen des Arbeitsvertrages

Der **Arbeitsvertrag** ist ein schuldrechtlicher Vertrag, durch den der Arbeitnehmer unter bestimmten Bedingungen zur Leistung von Arbeit im Dienst des Arbeitgebers verpflichtet wird. Der Arbeitgeber hat im Gegenzug seine Pflichten, insbesondere zum Entgelt der geleisteten Dienste, zu erfüllen.

1.2.2 Einstellungsgespräch

Nach einem Auswahlverfahren der Bewerber (aufgrund eingereichter Bewerbungsunterlagen, Einstellungstests) kommt es zumeist zu Einstellungs- bzw. Vorstellungsgesprächen mit den verbliebenen aussichtsreichen Bewerbern. Seitens des Betriebes nehmen neben dem Personalchef häufig (zuständige) Abteilungsleiter und ein Mitglied des Betriebsrats teil, die sich einen persönlichen Eindruck von den Bewerbern machen wollen. Bewerber sollten sich zuvor über den Betrieb informieren, pünktlich und angemessen gekleidet zum Gespräch erscheinen. Die bei diesen Gesprächen gestellten Fragen können unzulässig sein, wie z. B. die Frage nach einer bestehenden Schwangerschaft. Grundsätzlich sind Fragen unzulässig, wenn sie in die Intimsphäre des Bewerbers eindringen oder überhaupt keinen Zusammenhang zu der angestrebten Stelle haben. Unzulässige Fragen dürfen bzw. können falsch beantwortet werden, ohne dass dies rechtliche Konsequenzen für den Bewerber hat. Zulässige Fragen hingegen müssen korrekt beantwortet werden.

> **Tipp**
>
> *Informieren Sie sich im Internet über Ratschläge zum Verhalten bei Vorstellungsgesprächen.*

1.2.3 Inhalt und Form des Arbeitsvertrages

Grundsätzlich steht es Arbeitnehmer und Arbeitgeber frei, was sie im Arbeitsvertrag vereinbaren wollen (Vertragsfreiheit). Allerdings dürfen die Vereinbarungen nicht gegen die guten Sitten oder gegen Gesetze verstoßen.

Für das Zustandekommen des Arbeitsvertrages spielt die Form keine Rolle. Allerdings wurde durch das sog. Nachweisgesetz vom 20. Juli 1995, mit dem eine EU-Richtlinie umgesetzt wurde, der Arbeitgeber verpflichtet, spätestens einen Monat nach Arbeitsbeginn die wesentlichen Vertragsbedingungen schriftlich niederzulegen, die Niederschrift zu unterzeichnen und dem Arbeitnehmer auszuhändigen.

In § 2 des Nachweisgesetzes (NachwG) ist außerdem ein Katalog von Vereinbarungen aufgeführt, der im schriftlichen Arbeitsvertrag geregelt sein muss:

- Name und Anschrift der Vertragsparteien
- Zeitpunkt und Beginn der Tätigkeit
- Bei Befristung: vereinbarte Dauer des Vertrages
- Arbeitsort
- Tätigkeitsbeschreibung in kurzer Form
- Zusammensetzung und Höhe des Arbeitsentgelts
- Vereinbarte Arbeitszeit
- Urlaubsdauer
- Kündigungsfristen
- Hinweis auf anwendbare Tarifverträge und Betriebsvereinbarungen

1.2.4 Befristung von Arbeitsverträgen

Während früher unbefristete Arbeitsverträge der Normalfall waren, wird heute die Befristung von Arbeitsverträgen immer mehr zur Regel. Für Arbeitnehmer geht damit der Verlust an Arbeitsplatzsicherheit einher, für Unternehmer eröffnet dies die Möglichkeit zu flexiblerem Personaleinsatz. Allerdings ist es Unternehmen nicht ohne weiteres möglich, Arbeitnehmer befristet einzustellen. Im § 14 des **Teilzeit- und Befristungsgesetzes** (TzBfG) sind zwei Möglichkeiten der Befristung festgelegt:

- **Zeitliche Befristung**
  Grundsätzlich kann ein Arbeitsvertrag ohne Sachgrund maximal zwei Jahre befristet werden und darf innerhalb dieser Zeit nur dreimal verlängert werden. Ausnahmen gibt es bei älteren Arbeitnehmern (fünf Jahre) und neu gegründeten Unternehmen (vier Jahre).

- **Sachliche Befristung**
  Liegt ein sachlicher Grund für eine Befristung vor, gibt es keine zeitliche Obergrenze. Dies kann der Fall bei Saisonarbeiten, wie beispielsweise die Spargelernte, sein. Häufig werden Mitarbeiter für Schwangerschaftsvertretungen befristet eingestellt. Da es bei sachlich begründeten Befristungen **keine zeitliche Grenze** gibt, kommt es häufig zu sog. **Kettenarbeitsverträgen**. Diese sind jedoch bei rechtsmissbräuchlichem Verhalten unzulässig. Ein Rechtsmissbrauch wird z.B. angenommen, wenn ein Arbeitnehmer bereits vier Jahre bei einem Arbeitgeber beschäftigt ist und in dieser Zeit mehr als sechs Verlängerungen bekommen hat. Arbeitnehmer, die den Verdacht haben, dass die Befristung nicht rechtens ist, können innerhalb von drei Wochen nach Ende des Arbeitsverhältnisses eine **Entfristungsklage** beim Arbeitsgericht einreichen.

Befristete Arbeitsverträge müssen **schriftlich** abgeschlossen werden. Auch bei befristeten Arbeitsverträgen können Probezeiten und Kündigungsfristen vereinbart werden. Grundsätzlich dürfen befristet angestellte Mitarbeiter gegenüber den Festangestellten nicht benachteiligt werden. Dies kann aber der Fall sein, wenn Sonderzahlungen (Weihnachts- oder Urlaubsgeld) von der Dauer der Betriebszugehörigkeit abhängen.

1.2.5 Rechte und Pflichten des Arbeitnehmers

In einer Büroordnung des Jahres 1853 finden sich folgende Regelungen:

> „... Während der Bürostunden darf nicht gesprochen werden.
>
> Das Personal bringt seine eigenen Schreibfedern mit. Ein neuer Anspitzer steht auf Antrag zur Benützung zur Verfügung. Es wird ein Senior bestimmt, der für die Sauberkeit des Hauptbüros und des Privatbüros verantwortlich ist. Alle Jungens und Junioren melden sich bei ihm 40 Minuten vor dem Gebet und bleiben nach Arbeitsschluss zur Verfügung.
>
> Unsere Firma hat die Arbeitsstunden verkürzt. Das Personal braucht jetzt nur noch an den Wochentagen zwischen 07:00 Uhr vormittags und 07:00 Uhr nachmittags anwesend zu sein. Der Sonntag dient dem Kirchendienst. Sollte es jedoch erforderlich sein, wird auch am Sonntag gearbeitet.
>
> Nachdem nun die Arbeitsstunden so drastisch vermindert wurden, ist die Einnahme von Nahrung zwischen 12:30 Uhr und Mittag erlaubt. Die Arbeit darf dafür nicht eingestellt werden ..."

Man kann es kaum noch glauben, dass Arbeitnehmer unter derartigen Bedingungen arbeiten mussten. Heute sind Rechte und Pflichten des Arbeitsvertrages in verschiedenen Gesetzen festgelegt. Im Bürgerlichen Gesetzbuch (BGB) ist der Dienstvertrag (§ 611 ff.) geregelt, und im Handelsgesetzbuch (HGB) finden sich Bestimmungen zum Handlungsgehilfen (§ 59 HGB). Es kommen weitere Gesetze wie Schutzgesetze oder dass Bundesurlaubsgesetz hinzu. Ergänzt werden diese gesetzlichen Bestimmungen durch Betriebsvereinbarungen (z.B. eine Betriebsordnung – siehe Kapitel 1.5.3) oder tarifliche Bestimmungen (siehe Kapitel 1.6).

Pflichten des Arbeitnehmers

Arbeitspflicht
Die Hauptpflicht des Arbeitnehmers ist es zu arbeiten. Er hat die Arbeit entsprechend den arbeitsvertraglichen Vereinbarungen und den Weisungen von Vorgesetzten bzw. Stellenbeschreibungen gewissenhaft zu erledigen.

Schweigepflicht
Der Arbeitnehmer darf Betriebs- und Geschäftsgeheimnisse, z.B. Kenntnisse über Einkaufspreise, Umsätze, Gewinne oder Bezugsquellen, nicht weitergeben.

Wettbewerbsverbot
Der Arbeitnehmer darf seinem Betrieb keine Konkurrenz machen. Es ist sogar möglich, dieses Verbot vertraglich auf bis zu zwei Jahre nach dem Ausscheiden aus dem Betrieb auszudehnen. So könnte ein Inhaber eines Elektroinstallationsbetriebes mit einem Mitarbeiter, der bereits eine Meisterprüfung bestanden hat, vereinbaren, dass der Mitarbeiter bis zu zwei Jahre nach Ausscheiden aus dem Betrieb keinen eigenen Betrieb im Kammerbezirk eröffnet. Als Gegenleistung erhält er beim Ausscheiden eine sog. Karenzentschädigung von z.B. 40 000,00 €.

Treuepflicht
Der Arbeitgeber kann erwarten, dass der Arbeitnehmer im Interesse des Unternehmens tätig ist. Dazu zählt z.B., dass keine Schmiergelder angenommen werden dürfen. Grundsätzlich hat der Arbeitnehmer alles zu unterlassen, was seinem Betrieb wirtschaftlich schaden könnte.

Pflichten des Arbeitgebers

Entgeltpflicht
Das Arbeitsentgelt ist die Gegenleistung für die Arbeitsleistung des Arbeitnehmers. Es richtet sich nach den arbeitsvertraglichen Vereinbarungen bzw. den entsprechenden tariflichen Bestimmungen. Bekommt der Arbeitnehmer ein Gehalt (siehe Kapitel 1.7 „Vergütung der Arbeitsleistung"), so muss dieses spätestens am letzten Arbeitstag des Monats dem Arbeitnehmer zur Verfügung stehen.

Arbeitnehmer, die durch unverschuldete Krankheit oder einen Unfall nicht arbeiten können, haben einen Anspruch auf Lohnfortzahlung bis zu sechs Wochen.

Fürsorgepflicht

Sie ist das rechtliche Gegenstück zur Treuepflicht des Arbeitnehmers. Der Arbeitgeber hat dafür zu sorgen, dass

- die Gesundheit des Arbeitnehmers geschützt wird,
- der Arbeitnehmer bei den Trägern der gesetzlichen Sozialversicherung angemeldet wird und die entsprechenden Beträge geleistet werden,
- die zum Schutz der Arbeitnehmer erlassenen Gesetze und Verordnungen eingehalten werden,
- bestimmte Arbeitnehmergruppen (Schwangere, Behinderte, Ausländer, Auszubildende) den nötigen Schutz erhalten,
- der Gleichbehandlungsgrundsatz (Gleichbehandlung von Männern und Frauen am Arbeitsplatz) eingehalten wird,
- personenbezogene Daten geschützt werden.

Urlaubsgewährungspflicht

Entsprechend den Vereinbarungen des Arbeitsvertrages oder den tariflichen Bestimmungen hat der Arbeitgeber dem Arbeitnehmer einen Erholungsurlaub zu gewähren. In Betriebsvereinbarungen können z. B. konkrete Regelungen zum Urlaub getroffen werden, wie z. B. Urlaubssperren oder Übertragungsmöglichkeiten auf das kommende Kalenderjahr.

Während des Urlaubs darf keine entgeltliche Tätigkeit ausgeübt werden. Ist der Urlaub bei Auflösung des Arbeitsverhältnisses noch nicht vollständig gewährt worden, so kann er in Geld abgegolten werden oder auf das neue Arbeitsverhältnis übertragen werden.

Zeugnispflicht

Arbeitnehmer haben bei Beendigung des Arbeitsverhältnisses einen Anspruch auf ein schriftliches Arbeitszeugnis. Die elektronische Form ist ausgeschlossen. Ein einfaches Zeugnis enthält Angaben über Art und Dauer der verrichteten Tätigkeiten ohne eine Bewertung, wie gut die Arbeit erledigt wurde. Auf Verlangen des Arbeitnehmers muss der Arbeitgeber ein sog. qualifiziertes Zeugnis schreiben, in dem die Leistung und das Verhalten beurteilt werden. Das Zeugnis soll verständlich und wahr sein, ohne das berufliche Fortkommen des Arbeitnehmers ungerechtfertigt zu erschweren. Dies hat dazu geführt, dass Arbeitgeber standardisierte Formulierungen verwenden, deren tatsächliche Bedeutung von der vordergründigen Aussage abweicht. Die folgende Übersicht ordnet den Zeugnisformulierungen entsprechende Bedeutungen in Form von Schulzensuren zu.

Notenskala der Zeugnissprache				
Noten	Arbeitsleistung	Arbeitsweise	Verhalten	Schlusssatz
Sehr gut	Die Arbeiten wurden stets zu unserer vollsten Zufriedenheit erledigt.	Die Aufgaben wurden stets mit äußerster Sorgfalt und größter Genauigkeit erledigt.	Das Verhalten gegenüber Vorgesetzten, Kollegen und Kunden war stets vorbildlich.	Wir bedauern das Ausscheiden außerordentlich und wünschen ihm/ihr für seinen/ihren beruflichen und privaten Werdegang alles Gute, viel Glück und Erfolg.
Gut	Die Arbeiten wurden stets zu unserer vollen Zufriedenheit erledigt.	Die Aufgaben wurden stets mit größter Sorgfalt und Genauigkeit erledigt.	Das Verhalten gegenüber Vorgesetzten, Kollegen und Kunden war vorbildlich.	Wir bedauern sein/ihr Ausscheiden sehr und verbinden mit dem Dank für die bei uns geleistete Arbeit die besten Wünsche für seine/ihre berufliche und private Zukunft.
Befriedigend	Die Arbeiten wurden zu unserer vollen Zufriedenheit erledigt.	Die Aufgaben wurden stets mit Sorgfalt und Genauigkeit erledigt.	Das Verhalten gegenüber Vorgesetzten, Kollegen und Kunden war gut.	Wir bedauern sein/ihr Ausscheiden und wünschen ihm/ihr für die Zukunft alles Gute.
Ausreichend	Die Arbeiten wurden zu unserer Zufriedenheit erledigt.	Die Aufgaben wurden mit Sorgfalt und Genauigkeit erledigt.	Das Verhalten gegenüber Vorgesetzten, Kollegen und Kunden gab zu Beanstandungen keinen Anlass.	Wir danken für die Mitarbeit.
Mangelhaft	Die Aufgaben wurden im Großen und Ganzen zu unserer Zufriedenheit erledigt.	Die Aufgaben wurden im Allgemeinen mit Sorgfalt und Genauigkeit erledigt.	Das Verhalten war insgesamt angemessen.	Wir danken für das Streben nach einer guten Leistung.
Ungenügend	Er/Sie hat sich bemüht, die Aufgaben zu unserer Zufriedenheit zu erledigen.	Er/Sie bemühte sich, die Aufgaben sorgfältig zu erledigen.	Er/Sie bemühte sich um ein gutes Verhältnis zu Vorgesetzten, Kollegen und Kunden.	Wir danken bei dieser Gelegenheit.

Quelle: Hamm, Margaretha: Notenskala der Zeugnissprache. In: bankfachklasse 07-2002, Springer Fachmedien Wiesbaden GmbH, Wiesbaden, 2002, S. 3

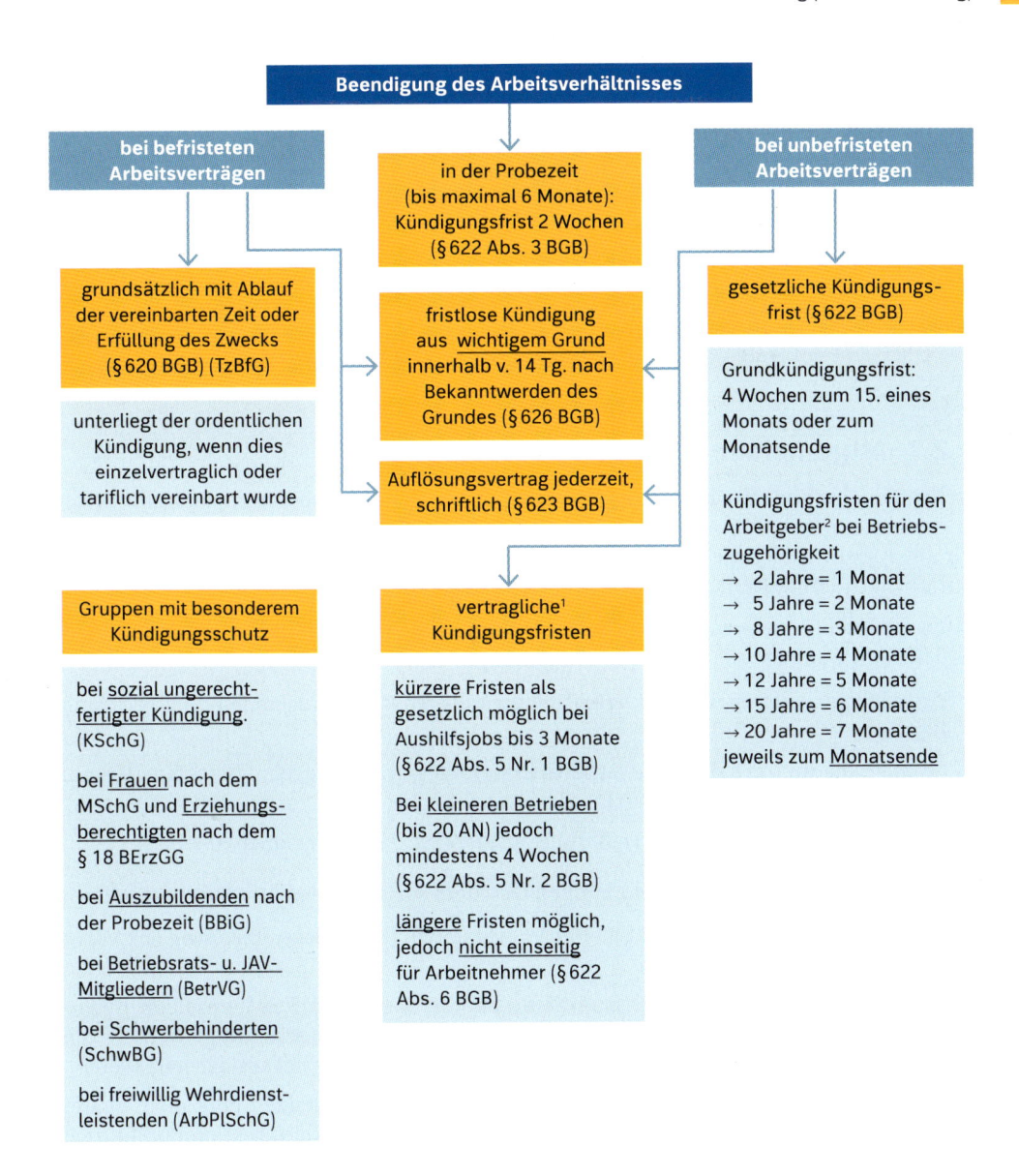

Der Einzelarbeitsvertrag (Individualvertrag)

Beendigung des Arbeitsverhältnisses

bei befristeten Arbeitsverträgen

- grundsätzlich mit Ablauf der vereinbarten Zeit oder Erfüllung des Zwecks (§ 620 BGB) (TzBfG)
- unterliegt der ordentlichen Kündigung, wenn dies einzelvertraglich oder tariflich vereinbart wurde

Gruppen mit besonderem Kündigungsschutz

- bei sozial ungerechtfertigter Kündigung. (KSchG)
- bei Frauen nach dem MSchG und Erziehungsberechtigten nach dem § 18 BErzGG
- bei Auszubildenden nach der Probezeit (BBiG)
- bei Betriebsrats- u. JAV-Mitgliedern (BetrVG)
- bei Schwerbehinderten (SchwBG)
- bei freiwillig Wehrdienstleistenden (ArbPlSchG)

Mittlere Spalte

- in der Probezeit (bis maximal 6 Monate): Kündigungsfrist 2 Wochen (§ 622 Abs. 3 BGB)
- fristlose Kündigung aus **wichtigem Grund** innerhalb v. 14 Tg. nach Bekanntwerden des Grundes (§ 626 BGB)
- Auflösungsvertrag jederzeit, schriftlich (§ 623 BGB)

vertragliche[1] Kündigungsfristen

- kürzere Fristen als gesetzlich möglich bei Aushilfsjobs bis 3 Monate (§ 622 Abs. 5 Nr. 1 BGB)
- Bei kleineren Betrieben (bis 20 AN) jedoch mindestens 4 Wochen (§ 622 Abs. 5 Nr. 2 BGB)
- längere Fristen möglich, jedoch nicht einseitig für Arbeitnehmer (§ 622 Abs. 6 BGB)

bei unbefristeten Arbeitsverträgen

gesetzliche Kündigungsfrist (§ 622 BGB)

Grundkündigungsfrist: 4 Wochen zum 15. eines Monats oder zum Monatsende

Kündigungsfristen für den Arbeitgeber[2] bei Betriebszugehörigkeit
- → 2 Jahre = 1 Monat
- → 5 Jahre = 2 Monate
- → 8 Jahre = 3 Monate
- → 10 Jahre = 4 Monate
- → 12 Jahre = 5 Monate
- → 15 Jahre = 6 Monate
- → 20 Jahre = 7 Monate

jeweils zum Monatsende

Die Kündigung muss schriftlich erfolgen, eine elektronische Form ist ausgeschlossen (§ 623 BGB). Damit der zu Kündigende das Kündigungsschreiben rechtzeitig erhält, ist eine persönliche Übergabe am sichersten. Bei Zustellung durch die Post oder Boten ist darauf zu achten, dass das Schreiben rechtzeitig in den Briefkasten gelangt. Eine Zustellung am Sonntag wird wie eine Zustellung am Montag angesehen. Es besteht keine Verpflichtung, am Sonntag den Briefkasten zu leeren.

---

[1] einzelvertraglich oder tariflich

[2] **Arbeitnehmer** können unabhängig von ihrer Betriebszugehörigkeit unter Einhaltung der Grundkündigungsfrist das Arbeitsverhältnis beenden.

1.2.6 Beendigung des Arbeitsverhältnisses

Grundsätzlich sind folgende Formen der Beendigung von Arbeitsverhältnissen möglich:

- Zeitablauf bei befristeten Arbeitsverträgen
- Aufhebungsvertrag (zweiseitiges Rechtsgeschäft)
- Kündigung (einseitiges Rechtsgeschäft)
- Tod des Arbeitnehmers (Der Tod eines Arbeitgebers bedeutet nicht automatisch die Beendigung des Arbeitsverhältnisses.)

Die Übersicht auf Seite 29 soll die Bedingungen zur Beendigung verdeutlichen.

1.2.7 Allgemeiner Kündigungsschutz

Neben dem **besonderen Kündigungsschutz** für bestimmte Personengruppen gibt es den allgemeinen Kündigungsschutz nach dem Kündigungsschutzgesetz (KSchG). Dieses gilt für alle Arbeitnehmer, die in einem Betrieb mit mindestens zehn regelmäßig beschäftigten Mitarbeitern **mindestens sechs Monate** beschäftigt waren.

Nach §1 KSchG sind grundsätzlich **drei Gründe für eine ordentliche Kündigung des Arbeitsverhältnisses** zulässig:

- Gründe, die in der **Person des Arbeitnehmers** liegen (z.B. mangelnde Eignung, Krankheiten)
- Gründe, die im **Verhalten des Arbeitnehmers** liegen (z.B. regelmäßiges Zuspätkommen, mangelnder Arbeitseinsatz)
- **betrieblich bedingte Gründe** (z.B. Auftragsmangel, Stilllegung einer Abteilung)

Betrieblich bedingte Kündigungen können trotzdem sozial ungerechtfertigt sein, wenn

- sie gegen eine Richtlinie nach §95 BetrVG verstoßen (Betriebsvereinbarung zur Vorgehensweise bei Kündigungen),
- der gekündigte Arbeitnehmer an einem anderen Arbeitsplatz in demselben Betrieb oder einem anderen Betrieb des Unternehmens hätte weiter beschäftigt werden können; dies gilt auch, wenn hierzu eine zumutbare Umschulung notwendig sein sollte,
- bei der Auswahl der zu Kündigenden soziale Gesichtspunkte nicht oder nicht ausreichend berücksichtigt wurden. (**Ausnahme**: Der Arbeitgeber kann bestimmte Mitarbeiter, die für seine Zukunftsplanung wichtig sind, von der Sozialauswahl ausnehmen),
- der gekündigte Arbeitnehmer zuvor mit einer Änderungskündigung einverstanden gewesen war.

Grundsätzlich ist der **Betriebsrat** vor allen (also auch außerordentlichen) Kündigungen **anzuhören**. Eine ohne Anhörung des Betriebsrates ausgesprochene Kündigung ist unwirksam.

Der Betriebsrat kann einer (ordentlichen) Kündigung **widersprechen,** wenn er sie für sozial ungerechtfertigt hält (siehe o. a. Gründe). Er muss dies schriftlich innerhalb einer Woche tun.

Will ein Arbeitnehmer erreichen, dass durch die Kündigung das Arbeitsverhältnis nicht beendet ist, muss er das Arbeitsgericht innerhalb von drei Wochen nach Zugang der

Kündigung anrufen. Die Stellungnahme des Betriebsrates soll er seiner Klage beifügen. Welche Wirkung der Widerspruch des Betriebsrates bei einer sog. Kündigungsschutzklage hat, zeigt die nachfolgende Übersicht.

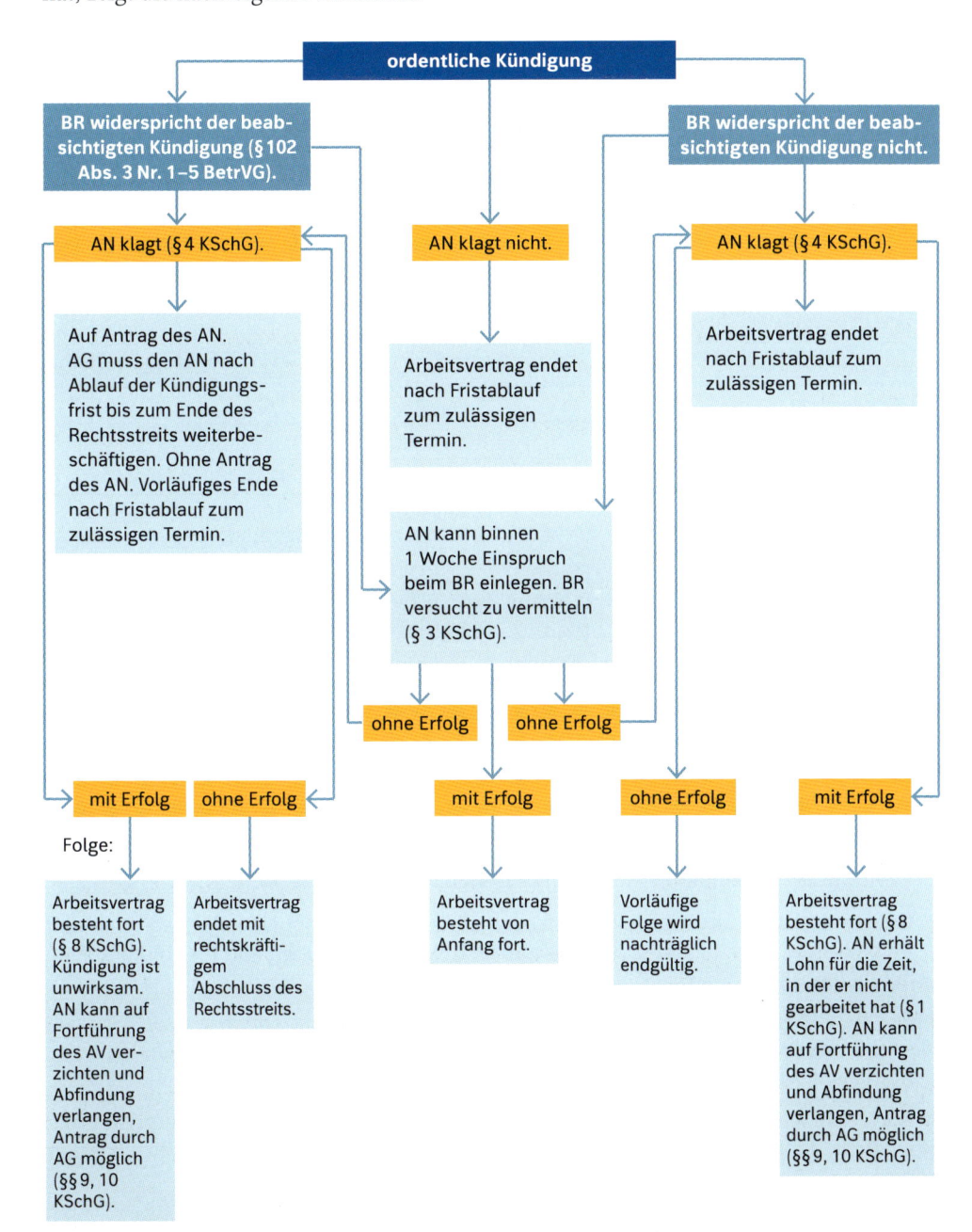

```
                              ordentliche Kündigung
                                       │
        ┌──────────────────────────────┴──────────────────────────────┐
        ▼                                                             ▼
BR widerspricht der beab-                                   BR widerspricht der beab-
sichtigten Kündigung (§ 102                                 sichtigten Kündigung nicht.
Abs. 3 Nr. 1–5 BetrVG).
```

BR widerspricht der beabsichtigten Kündigung (§ 102 Abs. 3 Nr. 1–5 BetrVG).
- AN klagt (§ 4 KSchG).
  - Auf Antrag des AN. AG muss den AN nach Ablauf der Kündigungsfrist bis zum Ende des Rechtsstreits weiterbeschäftigen. Ohne Antrag des AN. Vorläufiges Ende nach Fristablauf zum zulässigen Termin.
    - **mit Erfolg**
      - Folge: Arbeitsvertrag besteht fort (§ 8 KSchG). Kündigung ist unwirksam. AN kann auf Fortführung des AV verzichten und Abfindung verlangen, Antrag durch AG möglich (§§ 9, 10 KSchG).
    - **ohne Erfolg**
      - Arbeitsvertrag endet mit rechtskräftigem Abschluss des Rechtsstreits.

BR widerspricht der beabsichtigten Kündigung nicht.
- AN klagt nicht.
  - Arbeitsvertrag endet nach Fristablauf zum zulässigen Termin.
  - AN kann binnen 1 Woche Einspruch beim BR einlegen. BR versucht zu vermitteln (§ 3 KSchG).
    - **ohne Erfolg**
      - **mit Erfolg**: Arbeitsvertrag besteht von Anfang fort.
    - **ohne Erfolg**
      - Vorläufige Folge wird nachträglich endgültig.
- AN klagt (§ 4 KSchG).
  - Arbeitsvertrag endet nach Fristablauf zum zulässigen Termin.
    - **mit Erfolg**
      - Arbeitsvertrag besteht fort (§ 8 KSchG). AN erhält Lohn für die Zeit, in der er nicht gearbeitet hat (§ 1 KSchG). AN kann auf Fortführung des AV verzichten und Abfindung verlangen, Antrag durch AG möglich (§§ 9, 10 KSchG).

Abfindung statt Arbeitsplatzerhalt

In der Praxis hat sich gezeigt, dass das Arbeitsverhältnis häufig trotz gewonnener Kündigungsschutzklage beendet wird, weil das Vertrauensverhältnis zwischen Arbeitgeber und Arbeitnehmer durch die Kündigung und die Klage derart zerrüttet ist, dass beide an der

Verlängerung des Arbeitsverhältnisses kein Interesse haben. Vielmehr strebt der Arbeitnehmer im Falle einer für ihn positiven Entscheidung des Gerichts eine Abfindung an. Die Abfindung beträgt je nach Betriebszugehörigkeit mehrere Monatsgehälter.

Kernwissen

- Der **Abschluss eines Arbeitsvertrages** ist an keine Form gebunden. Im Nachweisgesetz ist aber vorgeschrieben, dass der Arbeitgeber spätestens einen Monat nach Arbeitsbeginn die wesentlichen Inhalte schriftlich niederlegen, unterzeichnen und dem Arbeitnehmer aushändigen muss.

- Arbeitsverträge können **ohne Sachgrund bis zu zwei Jahre befristet** werden. Bei Befristungen aus **sachlichen Gründen** gibt es keine zeitliche Grenze. Die hierdurch möglichen **Kettenarbeitsverträge** dürfen nicht rechtsmissbräuchlich sein.

- Die **Pflichten aus dem Arbeitsvertrag** für:

Arbeitnehmer	Arbeitgeber
Arbeitspflicht	Entgeltpflicht
Schweigepflicht	Fürsorgepflicht
Wettbewerbsverbot	Urlaubsgewährungspflicht
Treuepflicht	Zeugnispflicht

- Es gibt zwei **Arten von Arbeitszeugnissen**:

Einfaches Zeugnis	Qualifiziertes Zeugnis
enthält neben den Namen und Anschriften der Vertragspartner nur Angaben über Art und Dauer der Beschäftigung	enthält über den Inhalt des einfachen Arbeitszeugnisses hinaus auch Angaben über Führung und Leistungen des Arbeitnehmers

- **Arbeitsverhältnisse** können **enden** durch
  - den Tod des Arbeitnehmers,
  - einen Aufhebungsvertrag,
  - Kündigung von Arbeitnehmer oder Arbeitgeber oder
  - Ablauf der vereinbarten Zeit (bei befristeten Arbeitsverträgen).

- Die **gesetzliche Kündigungsfrist** beträgt vier Wochen zum 15. eines Monats oder zum Monatsende. Für langjährig Beschäftigte verlängern sich die Fristen für Kündigungen durch den Arbeitgeber.

- Der **Betriebsrat** ist vor jeder Kündigung zu hören. Eine ohne Anhörung des Betriebsrats ausgesprochene Kündigung ist unwirksam. Ordentlichen Kündigungen kann der Betriebsrat widersprechen, wenn er sie für sozial ungerechtfertigt hält.

- Nach dem **Kündigungsschutzgesetz** sind drei Gründe für eine ordentliche Kündigung möglich, die in der Person, dem Verhalten des Arbeitnehmers oder betrieblich bedingt sind.

- Betrieblich bedingte Kündigungen können **sozial ungerechtfertigt** sein, wenn
  - der Arbeitnehmer an einem anderen Arbeitsplatz hätte weiter beschäftigt werden können,
  - sie gegen Richtlinien verstoßen, die mit dem Betriebsrat für Kündigungen vereinbart wurden,

- bei der Auswahl der zu Kündigenden soziale Gesichtspunkte nicht ausreichend berücksichtigt worden sind,
- der gekündigte Arbeitnehmer zuvor einer Änderungskündigung zugestimmt hat.

- Der Arbeitnehmer muss innerhalb von drei Wochen nach Zugang der Kündigung **Klage beim Arbeitsgericht** erheben, wenn er feststellen lassen will, dass die Kündigung ungerechtfertigt ist. Hat der Betriebsrat der Kündigung widersprochen, so muss der Arbeitnehmer grundsätzlich bis zum Ende des Rechtsstreits weiter beschäftigt werden.

Übungsaufgaben

1. Welche ist jeweils die Hauptpflicht des Arbeitnehmers und Arbeitgebers aus dem Arbeitsvertrag?
2. Erläutern Sie, was damit gemeint sein könnte, wenn von Unterlassungspflichten des Arbeitnehmers gesprochen wird.
3. Wie lässt sich die Fürsorgepflicht des Arbeitgebers erklären?
4. Erklären Sie den Unterschied zwischen dem einfachen und dem qualifizierten Zeugnis.
5. Zählen Sie die Möglichkeiten der Beendigung eines Arbeitsverhältnisses auf.
6. Beurteilen Sie folgende Fälle zur Beendigung von Arbeitsverhältnissen:
    a) Frau M. ist seit zehn Monaten arbeitsunfähig, weil sie ein chronisches Nierenleiden hat. Es ist nicht abzusehen, wann sie wieder arbeitsfähig sein wird. Der Arbeitgeber ist der Meinung, dass dadurch der Betriebsablauf gestört ist und kündigt ihr fristgerecht.
    b) Herr S. ist seit fast einem Jahr in einem Textilgeschäft als Verkäufer tätig. Seine Verkaufsergebnisse liegen weit unter denen der Kollegen. Herr M., sein Arbeitgeber, kündigt ihm fristgerecht, weil er der Meinung ist, dass Herr S. als Verkäufer ungeeignet ist.
    c) August K. kündigt mehreren seiner Arbeitnehmer aus betriebsbedingten Gründen. In einer aus acht Arbeitnehmern bestehenden Abteilung muss er vier entlassen. Alle verrichten die gleiche Arbeit. Er entlässt die älteren Arbeitnehmer, die alle Familie haben. Die jüngeren Arbeitnehmer, die alle ledig sind, behält er.
    d) Eine Möbelfabrik gibt die Produktion von Stühlen auf. Hierdurch werden fünf Arbeiter „freigesetzt", die daraufhin entlassen werden. 14 Tage später sucht die Möbelfabrik für ihre Polstermöbelherstellung in einer Zeitungsanzeige Arbeitskräfte.
    e) Die Inhaberin eines Schuhgeschäftes möchte die Kassiererin Alma F. fristlos entlassen, weil sie 10,00 € in die eigene Tasche gesteckt hatte. Den Betriebsrat informiert sie in diesem Fall nicht, weil sie der Meinung ist, dass Diebstahl eine fristlose Kündigung rechtfertigt, selbst wenn der Betriebsrat anderer Meinung sein sollte.
    f) Die 29-jährige Angestellte Maria P. ist seit acht Jahren bei der Maklerfirma Martens & Co. beschäftigt. Die Abteilung, in der sie arbeitet, wird geschlossen und P. kann anderweitig nicht eingesetzt werden. Ihr wird mit vierwöchiger Kündigungsfrist zum Monatsende gekündigt.
    g) Wilhelm K. ist 36 Jahre alt und arbeitet seit zwölf Jahren in seinem Betrieb. Am 1. Mai erhält er ein interessantes Angebot für eine neue Arbeitsstelle. Wann kann er unter Einhaltung der Kündigungsfrist frühestens an seinem neuen Arbeitsplatz beginnen?
7. Welche Schritte sollte ein Arbeitnehmer unternehmen, dem gekündigt wurde und der mit der Kündigung nicht einverstanden ist?

1.3 Arbeitsschutzgesetze

Situation

Zwei jugendliche Auszubildende unterhalten sich am Berufsschultag in der Pause.

Stefan: „Mein Gott, jeden Tag müssen wir schuften bis zum Umfallen. Unser Meister gönnt uns keine Minute Pause. Zehn, zwölf Stunden am Tag, das ist unser Pensum."

Wils: „Das kann ich nicht verstehen. Wir arbeiten von 07:30 Uhr bis 16:00 Uhr. Die Mittagspause beträgt 30 Minuten."

Stefan: „Und wie sieht es in eurer Firma am Samstag aus?"

Wils: „Das weiß ich nicht, wir arbeiten am Samstag nicht."

Stefan: „Du hast es wirklich gut, ich muss jeden zweiten Samstag Autos waschen."

Handlungsaufträge

1. Durch welches Gesetz wird Stefan geschützt?
2. Begründen Sie, warum Stefans Arbeitgeber gegen dieses Gesetz verstößt. Stellen Sie dabei die gesetzlichen Regelungen gegenüber.

1.3.1 Jugendarbeitsschutzgesetz

Kinder und Jugendliche befinden sich noch im Wachstum. Sie sind nicht so belastbar und weniger widerstandsfähig als erwachsene Menschen. Damit wird Arbeitsschutz für Kinder und Jugendliche noch wichtiger als Arbeitsschutz für Erwachsene. Das Gesetz zum Schutze der arbeitenden Jugend, abgekürzt **Jugendarbeitsschutzgesetz (JArbSchG)**, beinhaltet zahlreiche Vorschriften, welche die Jugendlichen vor Überbeanspruchung und Überforderung schützen sollen.

Das Jugendarbeitsschutzgesetz schützt junge Menschen unter 18 Jahren. Dabei ist es gleichgültig, ob sich diese in der Ausbildung oder in einem Arbeitsverhältnis befinden.

Dieses Gesetz unterscheidet zwischen Kindern und Jugendlichen:

- Personen, die noch keine 15 Jahre alt sind oder noch vollzeitschulpflichtig sind, gelten vor dem Gesetz als **Kinder**.
  Kinderarbeit ist grundsätzlich verboten. Allerdings lassen das Jugendarbeitsschutzgesetz in Verbindung mit der Kinderarbeitsschutzverordnung gewisse Ausnahmen für die Beschäftigung von Kindern über 13 Jahren zu. Es handelt sich dabei um kurzzeitige, leichte und für Kinder geeignete Arbeiten.
  Kinder, die der Vollzeitschulpflicht nicht mehr unterliegen, d. h. bei Schulentlassung noch nicht 15 Jahre alt sind, dürfen im Rahmen eines Berufsausbildungsverhältnisses oder (außerhalb eines Berufsausbildungsverhältnisses) nur mit leichten und für sie geeigneten Tätigkeiten beschäftigt werden.

  ### Beispiele
  „Jobs" wie Babysitten, Nachhilfe, das Austragen von Zeitungen oder Hilfsdienste in der Landwirtschaft

> **Tipp**
>
> Wer Genaueres wissen möchte, der kann beim Bundesministerium für Arbeit und Soziales, Wilhelmstr. 49, 10117 Berlin, kostenlos die Broschüre „Klare Sache – Jugendarbeitsschutz und Kinderarbeitsschutzverordnung" bestellen oder direkt im Internet herunterladen.

- **Jugendliche** sind die übrigen noch nicht 18 Jahre alten Personen. Für sie regelt das Jugendarbeitsschutzgesetz:
  - die **Arbeitszeit**. Als tägliche Arbeitszeit gilt die Zeit vom Beginn bis zum Ende der täglichen Beschäftigung ohne die Ruhepausen. Jugendliche dürfen nur an **fünf Tagen in der Woche**, nicht mehr als **acht Stunden täglich** und nicht mehr als **40 Stunden wöchentlich** beschäftigt werden. Wenn an einzelnen Werktagen die Arbeitszeit auf weniger als acht Stunden verkürzt ist, können Jugendliche an den übrigen Werktagen derselben Woche achteinhalb Stunden arbeiten. Jugendliche können so die Vorteile der gleitenden Arbeitszeit nutzen. Weitere Ausnahmen, z. B. das Vor- und Nacharbeiten in Verbindung mit Feiertagen, sind zulässig.
  - die **Ruhepausen**. Damit die Jugendlichen sich erholen können, haben sie ein Recht auf geregelte, im Voraus feststehende Pausen von angemessener Dauer. Die Ruhepausen betragen mindestens **30 Minuten** bei einer Arbeitszeit von mehr als viereinhalb Stunden bis zu sechs Stunden, **60 Minuten** bei einer Arbeitszeit von mehr als sechs Stunden. Dabei gelten als Ruhepausen nur **Unterbrechungen von mindestens 15 Minuten**. Der Jugendliche darf während der Ruhepausen weder Arbeit leisten noch sich für Arbeiten bereithalten.
  Die Ruhepausen müssen in angemessener zeitlicher Lage gewährt werden, und zwar frühestens eine Stunde nach Beginn und spätestens eine Stunde vor Ende der Arbeitszeit. Jugendliche dürfen nicht länger als viereinhalb Stunden ohne Ruhepausen beschäftigt werden.
  - die **Freizeit**. Zwischen Feierabend und Arbeitsbeginn am nächsten Tag müssen mindestens **zwölf beschäftigungsfreie Stunden** liegen. Die Freizeit muss i. d. R. spätestens um 20:00 Uhr beginnen. Dies ergibt sich daraus, dass Jugendliche während der Nachtzeit zwischen 20:00 bis 06:00 Uhr nicht beschäftigt werden dürfen (in bestimmten Branchen, z. B. im Hotel- und Gaststättengewerbe, gibt es Sonderregelungen).
  - den **Urlaub**. Jugendliche haben Anspruch auf Jahresurlaub, der länger ist als der gesetzliche Mindesturlaub für erwachsene Arbeitnehmer. Der **Jahresurlaub richtet sich nach dem Alter des Jugendlichen**. Ein 15-Jähriger hat Anspruch auf mindestens 30 Werktage, ein 16-Jähriger auf 27 Werktage und ein 17-Jähriger auf 25 Werktage. Entscheidend dabei ist das Alter des Jugendlichen zu Beginn des Kalenderjahres.
  Als Werktage gelten alle Kalendertage, die nicht Sonn- oder gesetzliche Feiertage sind, also grundsätzlich auch die arbeitsfreien Samstage. Der Urlaub ist möglichst zusammenhängend in der berufsschulfreien Zeit zu gewähren.
  - den **Berufsschulbesuch**. Der Jugendliche ist für die Teilnahme am Berufsschulunterricht freizustellen. Beginnt der Unterricht vor 09:00 Uhr, darf der Jugendliche vorher nicht beschäftigt werden. Diese Bestimmung gilt auch für Personen, die über 18 Jahre alt und noch berufsschulpflichtig sind. Beträgt die Schulzeit an einem Tag mehr als fünf Unterrichtsstunden zu je 45 Minuten, so ist der restliche Tag arbeitsfrei. Dies gilt nur an **einem** Tag pro Woche.
  In **Berufsschulwochen** mit einem planmäßigen Blockunterricht von mindestens 25 Stunden an mindestens fünf Tagen darf der Jugendliche nicht beschäftigt werden. Für die Prüfungen (einschließlich Pausen) und den unmittelbaren Arbeitstag vor der schriftlichen Abschlussprüfung sind die Jugendlichen ebenfalls von der Arbeit freizustellen.

Auszubildende über 18 Jahre haben nach dem **Berufsbildungsgesetz** einen bezahlten Freistellungsanspruch für die Teilnahme an Prüfungen und Ausbildungsmaßnahmen außerhalb der Ausbildungsstätte.
- die **Beschäftigungsbeschränkungen**. Jugendliche dürfen nicht mit gefährlichen Arbeiten beschäftigt werden. Vor allem nicht mit Arbeiten, die ihre Leistungsfähigkeit übersteigen oder mit besonderen Unfallgefahren verbunden sind. Das Gleiche gilt für Tätigkeiten, bei denen Jugendliche außergewöhnlicher Hitze, Kälte und Nässe oder gesundheitsschädlichem Lärm, gefährlichen Strahlen und gefährlichen Arbeitsstoffen ausgesetzt sind. Ausnahmen sind nur zulässig, wenn sie für die Ausbildung unumgänglich sind. Darüber hinaus ist **Akkordarbeit** und andere **tempoabhängige Arbeit für Jugendliche** grundsätzlich **verboten**. An Sonn- und Feiertagen sowie an Samstagen dürfen Jugendliche nicht beschäftigt werden. Hier gibt es Sonderregelungen für bestimmte Branchen und Einrichtungen, z.B. für den Einzelhandel, für Krankenanstalten oder für das Gaststättengewerbe. Werden Jugendliche an einem dieser Tage beschäftigt, ist die Fünftagewoche durch Freistellung an einem anderen berufsschulfreien Arbeitstag derselben Woche sicherzustellen.
- den **Gesundheitsschutz**. Kein Arbeitgeber darf Jugendliche ohne ein ärztliches **Gesundheitszeugnis** beschäftigen. Daher müssen Jugendliche vor Eintritt in das Berufsleben sowie ein Jahr nach Beginn der Beschäftigung von einem Arzt untersucht werden. Die **Erstuntersuchung** muss innerhalb der letzten **14 Monate vor Beginn der Tätigkeit** erfolgen, die Nachuntersuchung soll vor Ablauf des ersten Jahres durchgeführt werden. Liegt dem Arbeitgeber nach Ablauf von 14 Monaten keine Bescheinigung vor, darf der Auszubildende nicht weiterbeschäftigt werden, solange er die Bescheinigung nicht vorgelegt hat. Der Jugendliche kann sich darüber hinaus jedes weitere Jahr freiwillig nachuntersuchen lassen. Die Untersuchungen sollen gewährleisten, dass Jugendliche nicht mit Arbeiten beschäftigt werden, denen sie gesundheitlich oder entwicklungsmäßig nicht gewachsen sind.
Da alle Untersuchungen vom jeweiligen Bundesland bezahlt werden, entstehen weder dem Jugendlichen noch dem Arbeitgeber Kosten.

1.3.2 Kündigungsschutzgesetz

Eine **Kündigung** ist eine **einseitige, empfangsbedürftige Willenserklärung**. Sie muss dem Vertragspartner zugegangen sein, um wirksam werden zu können. Eine Kündigung kann fristgemäß (= ordentlich) oder fristlos (= außerordentlich) ausgesprochen werden. Die ordentliche Kündigung des Arbeitsverhältnisses durch den Arbeitnehmer setzt keinen Kündigungsgrund voraus.

Dagegen erfordert die Kündigung durch den Arbeitgeber triftige Gründe, da der Arbeitnehmer nach dem Kündigungsschutzgesetz einen allgemeinen Kündigungsschutz genießt.

Das Kündigungsschutzgesetz beschränkt damit die grundsätzliche Kündigungsfreiheit des Arbeitgebers. Eine Kündigung ist daher nur rechtswirksam, wenn sie **sozial gerechtfertigt** ist. Dies ist dann der Fall, wenn die Gründe in der **Person**, im **Verhalten** oder **betrieblichen Erfordernissen** liegen.

Darüber hinaus hat der Arbeitgeber im Falle betriebsbedingter Kündigungen bei der Auswahl der zu kündigenden Arbeitnehmer **soziale Gesichtspunkte** zu berücksichtigen.

Er muss dabei die Dauer der Betriebszugehörigkeit, das Lebensalter und die Unterhaltspflichten des Arbeitnehmers, z.B. für Ehegatten und Kinder, ausreichend berücksichtigen.

Dem Arbeitgeber steht es allerdings frei, weitere Gesichtspunkte, z. B. Arbeitsmarktchancen oder Vermögensverhältnisse, bei der Sozialauswahl mit einzubeziehen.

Hält der Arbeitnehmer seine Kündigung für sozial ungerechtfertigt, so kann er beim Betriebsrat innerhalb einer Woche Einspruch oder beim Arbeitsgericht binnen drei Wochen Klage erheben.

> **Tipp**
>
> Mehr Informationen zur Kündigung finden Sie im Kapitel 1.2.7 „Allgemeiner Kündigungsschutz".

1.3.3 Besonderer Kündigungsschutz

Für bestimmte Arbeitnehmergruppen gilt ein besonderer Kündigungsschutz, weil sie besonders schutzbedürftig sind:

Personenkreis	Gesetz	Kündigungsschutzvorschriften für ordentliche Kündigungen (außerordentliche Kündigungen sind möglich)
Auszubildende	Berufsbildungsgesetz (BBiG)	Kündigungsverbot nach der Probezeit bis zur Beendigung der Ausbildung
Betriebsratsmitglieder/Jugend- und Auszubildendenvertreter	Kündigungsschutzgesetz (KSchG)	Kündigung ab Beginn der Amtszeit und innerhalb eines Jahres nach Ende der Amtszeit nicht möglich. Die in Berufsausbildung stehenden Betriebsratsmitglieder bzw. Jugend- und Auszubildendenvertreter sind in ein unbefristetes Arbeitsverhältnis zu übernehmen, wenn der Ausbildungsbetrieb nicht drei Monate vor Ausbildungsende schriftlich kündigt.
Werdende/ junge Mütter	Mutterschutzgesetz (MuSchG) bzw. Bundeselterngeld- und Elternzeitgesetz (BEEG)	Kündigungsverbot ab Beginn der Schwangerschaft bis zum Ablauf von vier Monaten nach der Entbindung (gilt i. d. R. auch für außerordentliche Kündigungen) bzw. ab dem Zeitpunkt, von dem an Elternzeit verlangt worden ist: ■ bis zum dritten Geburtstag des Kindes acht Wochen vor Beginn der Elternzeit ■ zwischen dem dritten und achten Geburtstag: frühestens 14 Wochen vor Beginn der Elternzeit und während der Elternzeit
Schwerbehinderte (mindestens 50 % Erwerbsminderung)	Schwerbehindertengesetz (SchwbG)	Kündigung ist nur mit Zustimmung des Integrationsamts möglich.
Langjährig Beschäftigte	Bürgerliches Gesetzbuch (BGB)	Es gelten besondere Kündigungsfristen je nach Beschäftigungsdauer.
Freiwillig Wehrdienstleistende	Arbeitsplatzschutzgesetz (ArbPlSchG)	Kündigung ab der Zustellung des Bescheides bis zum Ende der Dienstzeit nicht zulässig, das Beschäftigungsverhältnis ruht nur.

1.3.4 Mutterschutzgesetz

Rechtsgrundlage des heutigen Mutterschutzes ist vor allem das **Mutterschutzgesetz** (MuSchG), das vom 1. Januar 1986 an durch die Einführung eines Erziehungsurlaubs im

Bundeserziehungsgeldgesetz (seit 2001: Elternzeit) erheblich ergänzt wurde. Das Bundeserziehungsgeldgesetz wurde zum 1. Januar 2007 vom **Bundeselterngeld- und Elternzeitgesetz** (BEEG) abgelöst. Das Mutterschutzgesetz erfasst alle Frauen, die in einem Arbeitsverhältnis stehen. Es gewährt diesen **Frauen** einen **besonderen Schutz für die Zeit der Schwangerschaft** und für einen bestimmten **Zeitraum nach der Entbindung**. Das Mutterschutzgesetz gilt nicht für Hausfrauen, selbstständig Tätige und Beamtinnen (hier gelten besondere Regelungen, die aber inhaltlich mit den allgemeinen Vorschriften übereinstimmen).

Werdende Mütter sollen ihren Arbeitgeber über ihre Schwangerschaft und den voraussichtlichen Termin ihrer Entbindung informieren. Dies ist umso wichtiger, da der Arbeitgeber vom Zeitpunkt der Mitteilung an die Schutzbestimmungen beachten muss.

Die wesentlichen Bestimmungen des Mutterschutzgesetzes sind:

Kündigungsschutz	keine Kündigung während der Schwangerschaft und vier Monate nach der Geburt
Beschäftigungsverbot	■ Werdende Mütter dürfen nicht beschäftigt werden, soweit **nach ärztlichem Zeugnis** Leben und Gesundheit von Mutter oder Kind bei Fortdauer der Beschäftigung gefährdet sind. ■ **Ohne Vorlage eines ärztlichen Zeugnisses** besteht ein Beschäftigungsverbot für sechs Wochen vor (es sei denn, die Schwangere erklärt sich in einer jederzeit widerruflichen Erklärung ausdrücklich mit der Beschäftigung einverstanden) und acht Wochen nach der Geburt (sog. Schutzfristen). Diese Frist verlängert sich bei Früh- oder Mehrlingsgeburten auf zwölf Wochen. ■ Verbot schwerer körperlicher Arbeit ■ grundsätzliches Verbot der Mehrarbeit, Sonntags- und Nachtarbeit
Mutterschaftshilfe	■ Anspruch auf ärztliche Betreuung und Hebammenhilfe ■ Anspruch auf Mutterschaftsgeld während der Schutzfristen in Höhe des bisherigen Nettoeinkommens (die Lohn- bzw. Gehaltszahlung erfolgt dabei durch Krankenkasse und Arbeitgeber)

> *Tipp*
>
> *Wenn Sie Ausnahmen und nähere Einzelheiten zum Beschäftigungsverbot wissen wollen, informieren Sie sich im § 8 MuSchG.*

Darüber hinaus besteht nach dem Bundeselterngeld- und Elternzeitgesetz (BEEG) für einen Zeitraum von maximal 36 Monaten nach der Entbindung ein Anspruch auf Elternzeit für beide Elternteile. Für Geburten bis zum 30.06.2015 kann ein Anteil der Elternzeit von bis zu zwölf Monaten mit Zustimmung des Arbeitgebers auf die Zeit bis zur Vollendung des achten Lebensjahres übertragen werden. Für Geburten ab dem 01.07.2015 können jetzt 24 statt bisher zwölf Monate zwischen dem dritten und achten Geburtstag des Kindes eingesetzt werden. Eine Zustimmung des Arbeitgebers ist nicht mehr erforderlich. Außerdem kann die Elternzeit nun in drei Zeitabschnitte (bisher zwei Abschnitte) pro Elternteil aufgeteilt werden.

Nur wenn beide Elternteile gleichzeitig Elternzeit nehmen, werden sie **jeweils für bis zu drei Jahre** von der Arbeit freigestellt. Wird die Elternzeit getrennt, abwechselnd oder nacheinander genommen, bleibt es bei der Begrenzung der maximal dreijährigen Elternzeit für jedes Kind und nicht etwa für jeden Elternteil. Elternzeit, die die Mutter nimmt, verbraucht die Elternzeit für den Vater und umgekehrt.

Das Elterngeld beträgt mindestens 65 % des Nettoeinkommens, welches der betreuende Elternteil im Jahr vor der Geburt hatte.

Ein Elterngeld-Berechtigter mit einem Voreinkommen zwischen 1 000,00 und 1 200,00 € erhält z. B. 67 %. Das Elterngeld beläuft sich auf mindestens 300,00 €, höchstens jedoch 1 800,00 € pro Monat. Nicht erwerbstätige Elternteile erhalten den Mindestbetrag zusätzlich zum bisherigen Familieneinkommen. Empfänger von Arbeitslosengeld II sowie Spitzenverdiener mit einem Jahreseinkommen von über 250 000,00 € (Ehepaare 500 000,00 €) erhalten i. d. R. kein Elterngeld. Das Elterngeld wird an Vater und Mutter für maximal 14 Monate gezahlt; beide können den Zeitraum frei untereinander aufteilen. Ein Elternteil kann dabei höchstens zwölf Monate für sich in Anspruch nehmen. Zwei weitere Monate (Partnermonate) gibt es, wenn auch der andere Elternteil keine oder keine volle Erwerbstätigkeit ausübt und sich für mindestens zwei Monate das Einkommen mindert. Alleinerziehende haben ebenfalls Anspruch auf 14 Monate.

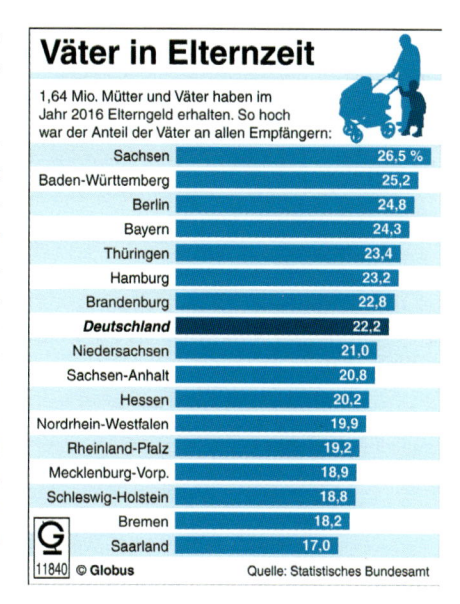

Väter in Elternzeit

1,64 Mio. Mütter und Väter haben im Jahr 2016 Elterngeld erhalten. So hoch war der Anteil der Väter an allen Empfängern:

Bundesland	Anteil in %
Sachsen	26,5
Baden-Württemberg	25,2
Berlin	24,8
Bayern	24,3
Thüringen	23,4
Hamburg	23,2
Brandenburg	22,8
Deutschland	**22,2**
Niedersachsen	21,0
Sachsen-Anhalt	20,8
Hessen	20,2
Nordrhein-Westfalen	19,9
Rheinland-Pfalz	19,2
Mecklenburg-Vorp.	18,9
Schleswig-Holstein	18,8
Bremen	18,2
Saarland	17,0

Quelle: Statistisches Bundesamt

Mit dem ElterngeldPlus wird es künftig für Mütter und Väter einfacher, Elterngeldbezug und Teilzeitarbeit miteinander zu kombinieren. Die Regelungen zum ElterngeldPlus, zum Partnerschaftsbonus sowie zur flexibleren Elternzeit gelten für Eltern, deren Kinder ab 01.07.2015 geboren werden. Das Gesetz ist am 01.01.2015 in Kraft getreten.

Der Bezug des bisherigen Elterngeldes ist weiterhin möglich. Dabei darf ein Teilzeitumfang von bis zu 30 Wochenstunden nicht überschritten werden. Entsprechend können Eltern sich nun zwischen dem Bezug von Elterngeld oder von ElterngeldPlus entscheiden.

Mütter und Väter können mit den Neuregelungen länger Elterngeld beziehen, wenn sie nach der Geburt eines Kindes Teilzeit arbeiten. Künftig ist es für diese Eltern möglich, das ElterngeldPlus doppelt so lange zu erhalten. Aus einem Elterngeldmonat werden so zwei ElterngeldPlus-Monate. Damit können Eltern ihr Elterngeldbudget besser ausschöpfen, und sie haben die Möglichkeit, über den 14. Lebensmonat des Kindes hinaus die Bedürfnisse des Kindes mit den Anforderungen im Beruf zu verbinden.

Teilen sich Vater und Mutter die Betreuung ihres Kindes und arbeiten parallel für vier Monate zwischen 25 und 30 Wochenstunden, erhalten sie zudem den Partnerschaftsbonus in Form von jeweils vier zusätzlichen ElterngeldPlus-Monaten.

Im Anschluss an das Elterngeld wird in einigen Bundesländern (Baden-Württemberg, Bayern, Thüringen und Sachsen) Landeserziehungsgeld gewährt, um Familien mit Kindern zu fördern.

Die Zahlung eines monatlichen Elterngeldes sowie der Anspruch auf unbezahlte Elternzeit soll dazu beitragen, dass sich ein Elternteil intensiv der Betreuung und Erziehung des Kindes widmen kann.

Tipp

Informieren Sie sich über nähere Einzelheiten bei den zuständigen Behörden (z. B. Bayern: Zentrum Bayern Familie und Soziales, Hessen: Versorgungsämter).

Kernwissen

Das Jugendarbeitsschutzgesetz fasst die Vorschriften zusammen, die zum Schutz des jugendlichen Arbeitnehmers (bis zum 18. Lebensjahr) notwendig sind.

Schutzbestimmungen des Jugendarbeitsschutzgesetzes	
Arbeitszeit	- tägliche Arbeitszeit höchstens acht Stunden, wöchentliche Arbeitszeit maximal 40 Stunden (Ausnahmen möglich) - Beschäftigung nur an fünf Tagen pro Woche
Ruhepausen	- bei einer Arbeitszeit von mehr als 4,5 bis 6 Stunden: mindestens 30 Minuten Pause - bei mehr als 6 Arbeitsstunden mindestens 60 Minuten Pause
Freizeit	- mindestens zwölf beschäftigungsfreie Stunden zwischen Arbeitsende und Arbeitsbeginn - grundsätzliches Beschäftigungsverbot zwischen 20:00 Uhr und 06:00 Uhr

Urlaub	- richtet sich nach dem Alter des Jugendlichen zu Beginn des Kalenderjahres:
	  – 15 Jahre: 30 Werktage
	  – 16 Jahre: 27 Werktage
	  – 17 Jahre: 25 Werktage

Berufsschulbesuch	- Freistellung für den Berufsschulunterricht - Freistellung für die Prüfungen und den unmittelbaren Arbeitstag vor der schriftlichen Abschlussprüfung
Beschäftigungsbeschränkungen	- bei gefährlichen Arbeiten - bei Überforderung der Leistungsfähigkeit - Beschäftigungsverbote an Sonn- und Feiertagen sowie an Samstagen (einige wenige Ausnahmen)
Gesundheitsschutz	- Erstuntersuchung vor Aufnahme der Tätigkeit - Nachuntersuchung vor Ablauf des ersten Jahres

Das Kündigungsschutzgesetz soll Arbeitnehmer vor willkürlichen Kündigungen durch den Arbeitgeber schützen (**allgemeiner Kündigungsschutz**). Kündigungen sind daher nur rechtswirksam, wenn sie **sozial gerechtfertigt** sind. Als sozial gerechtfertigt gelten Kündigungen, wenn die Gründe in der **Person**, im **Verhalten** oder in **betrieblichen Erfordernissen** liegen.

Bei **betriebsbedingten Kündigungen** muss der Arbeitgeber darüber hinaus **soziale Gesichtspunkte** bei der Auswahl der zu kündigenden Mitarbeiter berücksichtigen.

Der Gesetzgeber hat für **bestimmte Arbeitnehmergruppen** (Auszubildende, Betriebsräte, JAV-Mitglieder, werdende Mütter, Schwerbehinderte, freiwillig Wehrdienstleistende, langjährig Beschäftigte) einen über den allgemeinen Kündigungsschutz hinausgehenden Kündigungsschutz vorgesehen, weil sie besonders schutzbedürftig sind (**besonderer Kündigungsschutz**).

Übungsaufgaben

1. *Vier jugendliche Auszubildende streiten sich über Inhalte ihres Ausbildungsvertrages. Unter anderem geht es um den Urlaub.*
   Bei Giovanna, 15 Jahre, sind 25 Arbeitstage eingetragen.
   Bei Paul, 17 Jahre, sind 20 Werktage eingetragen.
   Bei Mehmet, 16 Jahre, sind 27 Werktage eingetragen.
   Bei Tanja, 17 Jahre, sind 30 Werktage eingetragen.

Stellen Sie mithilfe des Jugendarbeitsschutzgesetzes fest, welche Eintragung in den einzelnen Ausbildungsverträgen möglich ist.

2. Ein Berufsschüler, der im Blockunterricht unterrichtet wird, hat ausnahmsweise am Dienstagnachmittag keinen Berufsschulunterricht, da eine Lehrkraft erkrankt ist. Er geht deshalb an diesem Nachmittag in der Stadt spazieren. Dort sieht ihn sein Meister. Als der Auszubildende in der nächsten Woche im Betrieb erscheint, stellt ihn sein Meister zur Rede und möchte ihm einen halben Tag vom Urlaub abziehen. Nehmen Sie dazu Stellung.

3. Spielen Sie Prüfer und erstellen Sie in Arbeitsgruppen programmierte Prüfungsaufgaben (eine richtige und vier falsche Antworten) zu folgenden Fragen:
   a) Wie ist die Pausenregelung für Jugendliche im Jugendarbeitsschutzgesetz festgelegt?
   b) Die Auszubildende Silke Maier ist im zweiten Ausbildungsjahr und wird am 14. Januar des laufenden Kalenderjahres 17 Jahre alt. Wie viele Urlaubstage hat sie zu beanspruchen?
   c) Welche der folgenden Aussagen steht nicht im Jugendarbeitsschutzgesetz?
   d) Wann dürfen Jugendliche nicht beschäftigt werden?
   Tauschen Sie die Aufgaben aus und lassen Sie die anderen Gruppen Ihre Aufgaben lösen.

4. Aufgrund zurückgehender Auftragseingänge wird eine Abteilung eines Unternehmens stillgelegt. Es muss eine Fachkraft für Lagerlogistik entlassen werden. Der Arbeitgeber hat sich nun zwischen zwei gleich gut qualifizierten Mitarbeiterinnen zu entscheiden. Eine Fachkraft ist seit acht Jahren im Betrieb und mit einem Prokuristen verheiratet. Die andere ist seit sechs Jahren im Betrieb und alleinerziehende Mutter.
   Nach langem Zögern entlässt der Arbeitgeber die Mitarbeiterin mit der geringeren Betriebszugehörigkeit. Sie ist mit der Kündigung nicht einverstanden.
   Begründen Sie, warum die entlassene Fachkraft berechtigte Hoffnung hat, mit einem Einspruch vor dem Arbeitsgericht Erfolg zu haben?

5. Neben dem allgemeinen Kündigungsschutz gibt es noch den besonderen Kündigungsschutz.
   a) Inwiefern unterliegen Auszubildende einem besonderen Kündigungsschutz?
   b) Wie lange unterliegen Betriebsratsmitglieder einem besonderen Kündigungsschutz?
   c) Nennen Sie drei weitere Personengruppen, die einem besonderen Kündigungsschutz unterliegen.

6. Bestimmen Sie aufgrund der nachstehenden Personalstatistik der LuxElektro KG die Gesamtzahl der Personen, die einen besonderen gesetzlichen Kündigungsschutz genießen.

Personalstatistik (Auszug) der LuxElektro KG			
		Männlich	Weiblich
Einkauf/Verkauf/kfm. Verwaltung	Vollzeit	56	62
	Teilzeit	4	16
Produktion	Vollzeit	503	108
	Teilzeit	113	123
Schwerbehinderte		61	21
Außendienstmitarbeiter	-	21	9
Praktikanten/Aushilfen		3	5
Mitarbeiter der Hausverwaltung		11	23
Mitarbeiter der Kantinenverwaltung		2	4
Freiwillig Wehrdienstleistende		3	0
Arbeitnehmer/-innen (Mutterschutz bzw. Elternzeit)		0	8

7. Sabine Maier ist 31 Jahre alt und seit zwölf Jahren als Fachkraft für Lagerlogistik im selben Betrieb beschäftigt. Sie erhält am 18. Juli eine ordentliche Kündigung. Verlängerte Kündigungsfristen des Arbeitgebers bei langjährig Beschäftigten nach § 622 Abs. 2 BGB:

Beschäftigungszeit ab	2 Jahre	5 Jahre	8 Jahre	10 Jahre	12 Jahre	15 Jahre	20 Jahre
Kündigungsfrist jeweils zum Monatsende	1 Monat	2 Monate	3 Monate	4 Monate	5 Monate	6 Monate	7 Monate

Wann ist ihr Arbeitsverhältnis beendet? Hinweis: Aufgrund eines EuGH-Urteils vom 19.01.2010 werden bei der Berechnung der Beschäftigungsdauer auch Zeiten, die vor der Vollendung des 25. Lebensjahres des Arbeitnehmers liegen, berücksichtigt.

8. Geben Sie zu folgenden Arbeitsschutzgesetzen jeweils ein Beispiel für eine bedeutsame Regelung:
   a) Arbeitsplatzschutzgesetz
   b) Schwerbehindertengesetz
   c) Berufsbildungsgesetz
   d) Mutterschutzgesetz
   e) Kündigungsschutzgesetz

1.4 Arbeitsgerichtsbarkeit

Situation

Der Auszubildende Dennis Braun besteht seine Abschlussprüfung nicht. Daraufhin kündigt ihm sein Arbeitgeber sein Ausbildungsverhältnis mit Ablauf des Ausbildungsvertrags.

Dennis aber will seine Ausbildung abschließen und verlangt, dass sein Ausbildungsverhältnis verlängert wird. Der Betrieb weigert sich jedoch beharrlich. Als letzten Ausweg sieht Dennis nur noch den Gang zum Gericht.

Handlungsaufträge

1. An welches Gericht könnte sich Dennis wenden?
2. Begründen Sie, welches Verfahren dabei eingeleitet wird.
3. Wie beurteilen Sie die Erfolgsaussichten von Dennis?
4. Welche weiteren Rechtsmittel könnte Dennis einlegen, wenn er wider Erwarten das Gerichtsverfahren verlieren würde?

Streitigkeiten im Arbeitsleben werden häufig durch Gespräche zwischen den Beteiligten gelöst. Ist eine gütliche Beilegung nicht möglich, kann der Konflikt vor dem Arbeitsgericht geklärt werden.

Die **Arbeitsgerichte** sind die **besonderen Gerichte für Arbeitssachen**.

Örtlich zuständig ist das Arbeitsgericht, das sich

- am **Wohnsitz des Beklagten** oder
- am **Ort des Betriebssitzes**

befindet.

Nach dem Arbeitsgerichtsgesetz (ArbGG) sind sie sachlich zuständig für

- alle **privatrechtlichen** (bürgerlichen) Streitigkeiten, z. B. aus Tarif- und Arbeitsvertrag. Die Entscheidung über diese Streitigkeiten erfolgt durch ein **Urteil**.
- alle **Angelegenheiten** nach dem Betriebsverfassungsgesetz, des Mitbestimmungsgesetzes und Entscheidungen über Tariffähigkeit und -zuständigkeit. Diese Angelegenheiten werden durch einen Beschluss entschieden.

Der Aufbau der Arbeitsgerichtsbarkeit ist dreistufig. Man spricht auch von **drei Instanzen**.

Das **Arbeitsgericht** ist zunächst für beide Verfahren (Urteils- und Beschlussverfahren) zuständig. Vor den Arbeitsgerichten in erster Instanz besteht **kein Anwaltszwang**. Die gegnerischen Parteien können sich daher selbst vertreten oder durch Anwälte, Gewerkschaften oder Arbeitgeberverbände vertreten lassen.

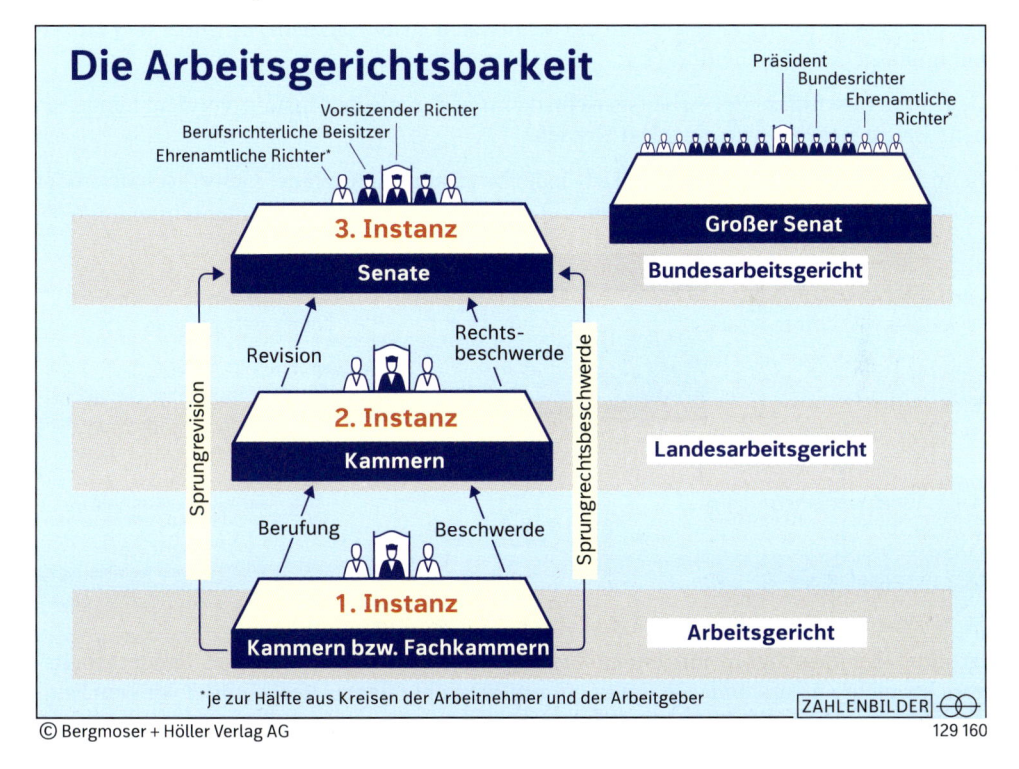

Die Arbeitsgerichtsbarkeit

3. Instanz – Senate – **Bundesarbeitsgericht** (Großer Senat; Präsident, Bundesrichter, Ehrenamtliche Richter*; Vorsitzender Richter, Berufsrichterliche Beisitzer, Ehrenamtliche Richter*)

2. Instanz – Kammern – **Landesarbeitsgericht** (Revision, Rechtsbeschwerde)

1. Instanz – Kammern bzw. Fachkammern – **Arbeitsgericht** (Berufung, Beschwerde; Sprungrevision, Sprungrechtsbeschwerde)

*je zur Hälfte aus Kreisen der Arbeitnehmer und der Arbeitgeber

© Bergmoser + Höller Verlag AG — ZAHLENBILDER 129 160

Die **Kosten** sind **verhältnismäßig gering**. Im Urteilsverfahren entsteht eine einmalige Gebühr nach dem Wert des Rechtsgegenstandes, diese beginnt mit 35,00 € bei einem Streitwert bis zu 500,00 €. Das Beschlussverfahren ist gerichtskostenfrei. **Jede Partei** muss die entstandenen **Kosten** (Gerichtsgebühren, Anwaltskosten) **selbst tragen** (dies gilt nur in der ersten Instanz). Damit soll erreicht werden, dass besonders Arbeitnehmer, die über 95 % der Urteilsverfahren einleiten, nicht davon abgeschreckt werden, ein Verfahren einzuleiten, mit der Gefahr im Falle des Unterliegens die häufig sehr hohen Rechtsanwaltsgebühren der Gegenseite tragen zu müssen.

Im **Urteilsverfahren** müssen die Parteien alle Tatsachen vorbringen und Beweismittel beibringen, auf deren Grundlage das Gericht ohne eigene Nachforschungen einen Vergleich herbeiführt oder ein Urteil verkündet (sog. **Verhandlungsgrundsatz**). Dagegen gilt im **Beschlussverfahren der Untersuchungsgrundsatz**, d. h., das Gericht stellt von sich aus Ermittlungen an und klärt den Sachverhalt.

Nach erfolgter Klageerhebung des Klägers im Urteilsverfahren ist in erster Instanz die Durchführung einer **Güteverhandlung** zwingend vorgeschrieben. Scheitert der Versuch einer gütlichen Einigung, so folgt die streitige Verhandlung, die mit einem Urteil oder einem Vergleich endet.

Das **Beschlussverfahren** beginnt durch Antrag eines der am Verfahren Beteiligten.

Grundsätzlich können gegen Entscheidungen von Gerichten sog. **Rechtsmittel** eingelegt werden.

Gegen die **Urteile** der Arbeitsgerichte (erste Instanz) kann in der zweiten Instanz vor dem Landesarbeitsgericht **Berufung** eingelegt werden, wenn der Wert des Beschwerdegegenstandes 600,00 € übersteigt oder das Arbeitsgericht in seinem Urteil die Berufung zugelassen hat. Dies ist dann der Fall, wenn die Rechtssache grundsätzliche, d. h. über den Einzelfall hinausgehende, Bedeutung hat.

Gegen die **Beschlüsse** der Arbeitsgerichte kann in der zweiten Instanz vor dem Landesarbeitsgericht **Beschwerde** eingelegt werden.

Beim Landesarbeitsgericht muss sich jede Partei durch Anwälte, Gewerkschafts- oder Arbeitgeberverbände vertreten lassen.

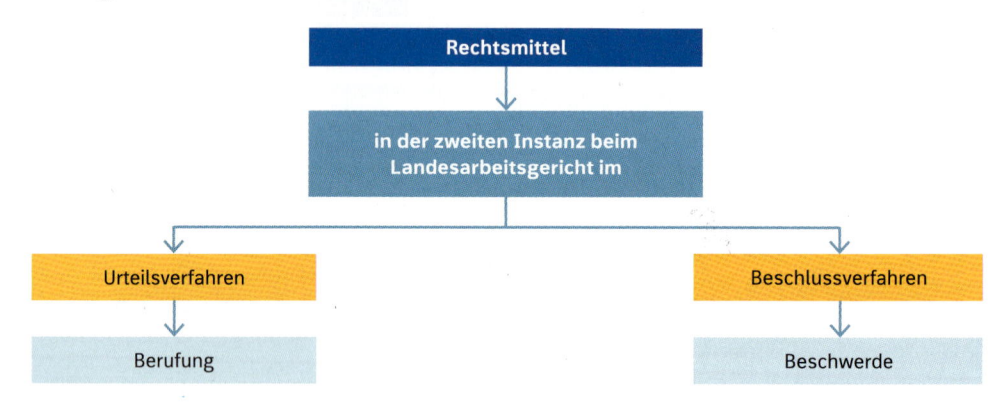

```
                    Rechtsmittel
                         │
                         ▼
           in der zweiten Instanz beim
              Landesarbeitsgericht im
              ┌──────────┴──────────┐
              ▼                     ▼
       Urteilsverfahren       Beschlussverfahren
              │                     │
              ▼                     ▼
          Berufung              Beschwerde
```

Ist einer der Beteiligten mit einem Urteil oder einem Beschluss eines Landesarbeitsgerichts nicht einverstanden, kann er ein weiteres, aber letztes Rechtsmittel vor dem Bundesarbeitsgericht mit Sitz in Erfurt einlegen.

Beim Bundesarbeitsgericht muss sich jede Partei durch einen Rechtsanwalt vertreten lassen (Anwaltszwang).

Auch in der zweiten und dritten Instanz sind die Gebühren niedriger als in der ordentlichen Gerichtsbarkeit.

Die Urteile bzw. Beschlüsse werden in den Kammern des Arbeitsgerichts und der Landesarbeitsgerichte und in den Senaten des Bundesarbeitsgerichts durch Berufsrichter und ehrenamtliche Arbeitsrichter (je zur Hälfte aus Arbeitnehmer- und Arbeitgebervertretern) gefällt.

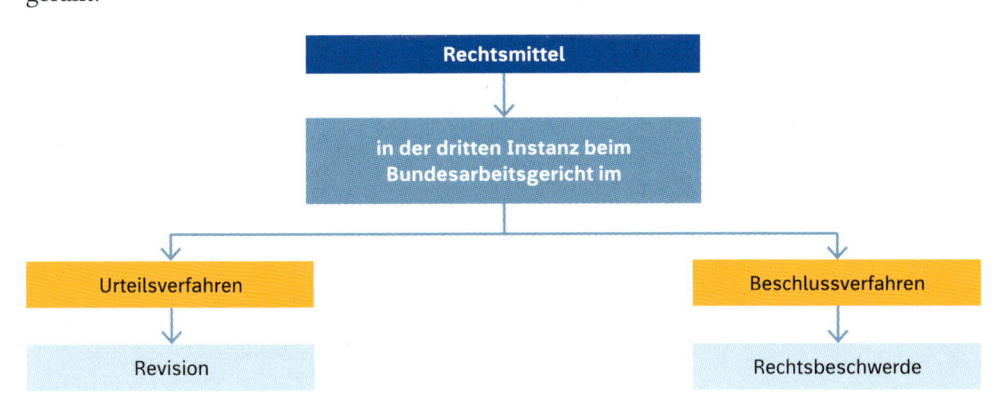

```
                        Rechtsmittel
                             ↓
              in der dritten Instanz beim
              Bundesarbeitsgericht im
              ↙                              ↘
      Urteilsverfahren                   Beschlussverfahren
              ↓                                 ↓
         Revision                         Rechtsbeschwerde
```

Kernwissen

- **Urteilsverfahren** (verhandelt werden Streitigkeiten aus dem privatrechtlichen Arbeitsrecht):

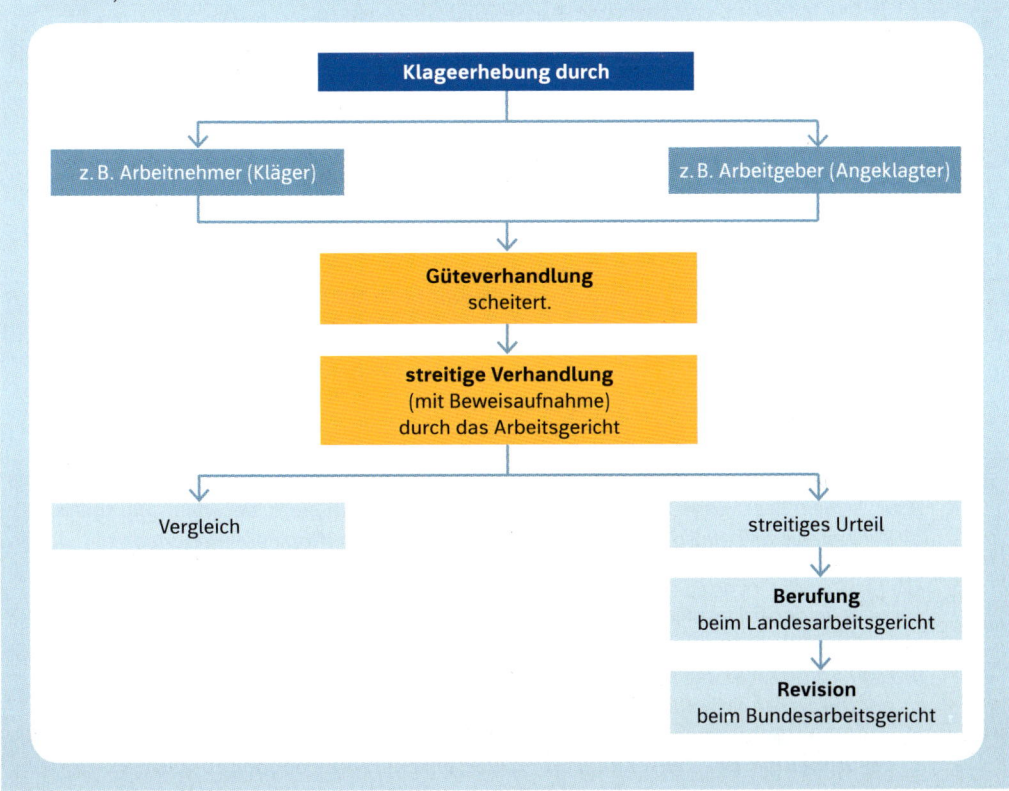

```
                      Klageerhebung durch
                    ↙                    ↘
    z. B. Arbeitnehmer (Kläger)    z. B. Arbeitgeber (Angeklagter)
                             ↓
                      Güteverhandlung
                        scheitert.
                             ↓
                   streitige Verhandlung
                    (mit Beweisaufnahme)
                    durch das Arbeitsgericht
                    ↙                    ↘
             Vergleich                streitiges Urteil
                                              ↓
                                          Berufung
                                   beim Landesarbeitsgericht
                                              ↓
                                          Revision
                                   beim Bundesarbeitsgericht
```

- **Beschlussverfahren** (verhandelt werden Streitigkeiten aus dem kollektiven Arbeitsrecht):

```
                        Beteiligte
                   ↙              ↘
        z. B. Arbeitgeber      z. B. Betriebsratsmitglied
                   ↘              ↙
                         Antrag
                           ↓
              Aufklärung des Sachverhalts
                 durch das Arbeitsgericht
                           ↓
                        Beschluss
                           ↓
                       Beschwerde
                beim Landesarbeitsgericht
                           ↓
                    Rechtsbeschwerde
               durch das Bundesarbeitsgericht
```

Übungsaufgaben

1. Welche Verfahren werden in folgenden Situationen vor dem Arbeitsgericht jeweils eingeleitet?
   a) Ein Arbeitnehmer klagt seinen Anspruch auf Urlaub ein.
   b) Herrn Braun wird von seinem Arbeitgeber gekündigt. Er hält diese für ungerechtfertigt und legt Kündigungsschutzklage ein.
   c) Die Arbeitnehmer der Ostbayerischen Metallbau GmbH möchten einen Betriebsrat wählen. Der Arbeitgeber weigert sich.

2. Welche Rechtsmittel der zweiten und dritten Instanz können bei Streitigkeiten aus dem Tarif- und Arbeitsrecht angewendet werden?

3. In einem Betrieb mit 14 Angestellten und Arbeitern soll ein Betriebsrat eingerichtet werden. Herr Alt, der Inhaber des Betriebs, weigert sich mit den Worten: „Hier bin ich der Herr im Haus, in mein Geschäft redet mir keiner hinein. Wem das nicht passt, der kann sofort gehen."
   a) Bei welcher Instanz der Arbeitsgerichtsbarkeit ist die Klage einzureichen?
   b) Welches Verfahren wird dadurch eingeleitet?

4. Für welche der folgenden Rechtsstreitigkeiten ist das Arbeitsgericht zuständig?
   a) Der Anspruch eines Arbeitslosen auf Arbeitslosengeld wird vom Finanzamt abgelehnt.
   b) Frau Sonja Klein, Fachkraft für Lagerlogistik, ist nach einem Arbeitsunfall mit dem festgesetzten Erwerbsminderungssatz von 30 % nicht einverstanden.
   c) Herr Sven Schmitt, Auszubildender der Metallbau GmbH, ist der Ansicht, dass bei der Abnahme der Zwischenprüfung Verfahrensfehler begangen wurden. Daher möchte er gegen das Ergebnis der Zwischenprüfung Widerspruch einlegen.

d) Eine Angestellte ist mit der Höhe des von der Betriebskrankenkasse gewährten Zuschusses für Zahnersatz nicht einverstanden.
e) Betriebsrat und Arbeitgeber können sich über die betriebliche Pausenregelung nicht einigen.

5. In welchem der folgenden Streitfälle ist das Arbeitsgericht zuständig?
   a) Für die Entscheidung über die Eignung einer Ausbildungsstätte für die Berufsausbildung.
   b) Für die Entscheidung über die Gewerbeuntersagung wegen Unzuverlässigkeit des Gewerbetreibenden.
   c) Für die Entscheidung über die Tariffähigkeit einer Vereinigung.
   d) Für die Entscheidung über die vorzeitige Zulassung zur Abschlussprüfung.
   e) Für die Entscheidung über die persönliche und fachliche Eignung des Ausbildenden.

1.5 Betriebsverfassungsgesetz

Situation

Der Auszubildende Jens Schröder hört zufällig das Ende eines Streitgesprächs zwischen seinem Arbeitgeber und dem Betriebsratsvorsitzenden:

Arbeitgeber: „... hier bin noch immer ich der Herr im Haus, in mein Geschäft redet mir keiner hinein. Wem das nicht passt, der kann sofort gehen."

Betriebsratsvorsitzender: „Das werden wir ja sehen, ich als gewähltes Betriebsratsmitglied habe mehr Einflussmöglichkeiten, als Sie glauben!"

Handlungsaufträge

1. Welche Stellung nimmt der Betriebsrat in einem Unternehmen ein?
2. Welche Voraussetzungen muss man erfüllen, um zum Betriebsrat gewählt werden zu können?
3. Welche allgemeinen Aufgaben hat ein Betriebsrat zu erledigen?
4. Geben Sie dem Betriebsratsvorsitzenden recht? Begründen Sie Ihre Entscheidung, indem Sie die verschiedenen Rechte des Betriebsrats anhand eines Beispiels aufzeigen.

In Betrieben und Unternehmen hat die Arbeit neben dem Produktionsfaktor Kapital entscheidenden Einfluss auf die Erstellung von Sachgütern und Dienstleistungen.

Daher entstand die Forderung, die **Arbeitnehmer** verstärkt an den **Entscheidungen**, die für sie von wesentlicher Bedeutung sind, mit zu **beteiligen** und einzubeziehen.

Die Demokratisierung der Gesellschaft darf also nicht vor der Berufs- und Arbeitswelt Halt machen. Deshalb erließ der Gesetzgeber das **Betriebsverfassungsgesetz (BetrVG)**, das die **Beziehungen** zwischen den **Arbeitnehmervertretungen** (Betriebsrat, Gesamtbetriebsrat, Konzernbetriebsrat) und dem **Arbeitgeber** in den Betrieben der privaten Wirtschaft **regelt**.

Das Betriebsverfassungsgesetz prägt den Arbeitsalltag in der weitaus größten Zahl der Unternehmen in der privaten Wirtschaft. Für Betriebe des öffentlichen Dienstes gelten anstelle des Betriebsverfassungsgesetzes die Vorschriften der Personalvertretungsgesetze.

Betriebsverfassungsrechtliche Vorschriften schränken die Entscheidungsmacht des Arbeitgebers mehr oder weniger weitreichend ein und erlegen jedenfalls dem Arbeitgeber umfangreiche Informationspflichten auf. Der Arbeitsalltag in den Betrieben wird von diesen Vorschriften stark geprägt. Durch die Art der Anwendung wird das Betriebsklima (Atmosphäre innerhalb eines Betriebs), in dem sich die Hauptbeteiligten, Arbeitgeber und Betriebsrat, begegnen und ihre Beziehungen gestalten, maßgeblich beeinflusst.

> *Tipp*
>
> *Neben dem Betriebsverfassungsgesetz gibt es noch weitere Gesetze, die dem Arbeitnehmer die Möglichkeit geben, die Entscheidungen des Unternehmens zu beeinflussen. Ein wichtiges Gesetz ist dabei das Mitbestimmungsgesetz. Weitere Informationen finden Sie im Kapitel 3.4 „Unternehmungsformen".*

1.5.1 Betriebsrat

Der Grundgedanke des Betriebsverfassungsgesetzes ist es also, die **Arbeitnehmer** an betrieblichen **Entscheidungen des Arbeitgebers** zu beteiligen.

Die Belegschaft wird dabei vorrangig durch den **Betriebsrat** vertreten.

Die **Beschäftigten wählen ihre Vertreter** in den Betriebsrat. Sie können einzeln oder gemeinsam Kandidaten vorschlagen. Auch die im Betrieb vertretenen Gewerkschaften sind vorschlagsberechtigt.

Arbeitgeber und Betriebsrat haben die Pflicht zur vertrauensvollen Zusammenarbeit. Mindestens einmal im Monat sollen Arbeitgeber und Betriebsrat eine Besprechung abhalten.

Wahl und Zusammensetzung des Betriebsrats

Voraussetzung für die Errichtung	Betrieb beschäftigt i. d. R. mindestens fünf ständig wahlberechtigte Arbeitnehmer, von denen drei wählbar sind.
Wahlberechtigung (aktives Wahlrecht)	alle Arbeitnehmer (auch Auszubildende), die das 18. Lebensjahr am Wahltag vollendet haben
Wählbarkeit (passives Wahlrecht)	alle wahlberechtigten Personen, die dem Betrieb mindestens sechs Monate angehören
Wahltermin	alle vier Jahre in der Zeit vom 1. März bis 31. Mai
Wahlvorstand	Die Wahl wird organisiert und durchgeführt durch den Wahlvorstand (besteht i. d. R. aus drei wahlberechtigten Arbeitnehmern); *hierbei* müssen in Betrieben mit Arbeitern und Angestellten beide Gruppen im Wahlvorstand vertreten sein; er soll sich aus Frauen und Männern zusammensetzen.

Zusammensetzung des Betriebsrates	Die Zahl der Betriebsratsmitglieder richtet sich nach der Zahl der wahlberechtigten Arbeitnehmer. Der Betriebsrat besteht bei
	    5 bis 20 Arbeitnehmern aus einer Person,
	  21 bis 50 Arbeitnehmern aus 3 Mitgliedern,
	  51 bis 100 Arbeitnehmern aus 5 Mitgliedern,
	101 bis 200 Arbeitnehmern aus 7 Mitgliedern,
	201 bis 400 Arbeitnehmern aus 9 Mitgliedern,
	    . .
	    . .
	    . .
	7001 bis 9000 Arbeitnehmern aus 35 Mitgliedern.
	
	Bei über 9000 Wahlberechtigten erhöht sich die Zahl der Betriebsratsmitglieder für je angefangene 3000 Arbeitnehmer um zwei Mitglieder.
	
	Hat ein Betriebsrat neun oder mehr Mitglieder, so wird ein Betriebsausschuss gebildet, der die laufenden Geschäfte des Betriebsrats führt.

Umfasst ein Unternehmen mehrere Niederlassungen, wird auf Unternehmensebene ein Gesamtbetriebsrat gebildet.

Beispiel
Die BMW AG hat viele Produktionsstätten bzw. Betriebe, in denen jeweils ein Betriebsrat gewählt werden kann. Die Betriebsräte entsenden Mitglieder in den Gesamtbetriebsrat. Für einen Konzern kann ein Konzernbetriebsrat errichtet werden.

Betriebsratswahlen 2018: So groß wird der Betriebsrat

In Unternehmen mit so vielen Mitarbeitern	beträgt die Zahl der Betriebsratsmitglieder
5 – 20	1
21 – 50	3
51 – 100	5
101 – 200	7
201 – 400	9
401 – 700	11
701 – 1000	13
1001 – 1500	15
1501 – 2000	17
2001 – 2500	19
2501 – 3000	21
3001 – 3500	23
3501 – 4000	25
4001 – 4500	27
4501 – 5000	29
5001 – 6000	31
6001 – 7000	33
7001 – 9000	35
je angefangene weitere 3000	+2 Mitglieder

freigestellt

In Unternehmen mit so vielen Mitarbeitern	werden so viele Betriebsratsmitglieder von ihrer beruflichen Tätigkeit freigestellt*
200 – 500	1
501 – 900	2
901 – 1500	3
1501 – 2000	4
2001 – 3000	5
3001 – 4000	6
4001 – 5000	7
5001 – 6000	8
6001 – 7000	9
7001 – 8000	10
8001 – 9000	11
9001 – 10 000	12
je angefangene weitere 2000	+1

*Teilfreistellungen möglich   Stand 2018   Quelle: Betriebsverfassungsgesetz   © Globus 12283

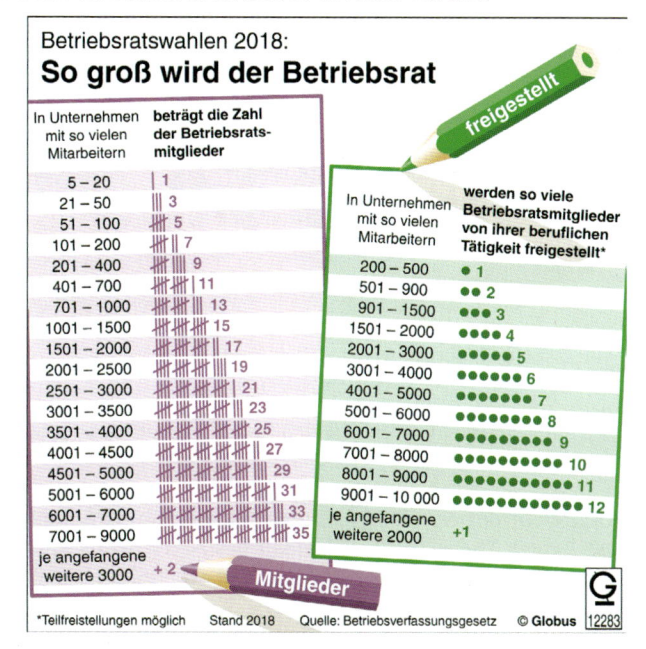

Aufgaben und Rechte des Betriebsrats

Nach dem Betriebsverfassungsgesetz hat der Betriebsrat

- **allgemeine Aufgaben** zu erledigen, sowie
- Mitbestimmungs- und Mitwirkungsrechte in sozialen, personellen und wirtschaftlichen Angelegenheiten wahrzunehmen (**Beteiligungsrechte**).

Der Betriebsrat ist u. a. für folgende allgemeine Aufgaben zuständig:

- Er beantragt Maßnahmen, die dem Betrieb und der Belegschaft dienen.
- Er überwacht die Einhaltung von Gesetzen, Verordnungen, Tarifverträgen und Betriebsvereinbarungen, die zugunsten der Arbeitnehmer gelten.
- Er leitet berechtigte Beschwerden an den Unternehmer weiter.
- Er sorgt für die Eingliederung der Schwerbehinderten und sonstigen Schutzbedürftigen.

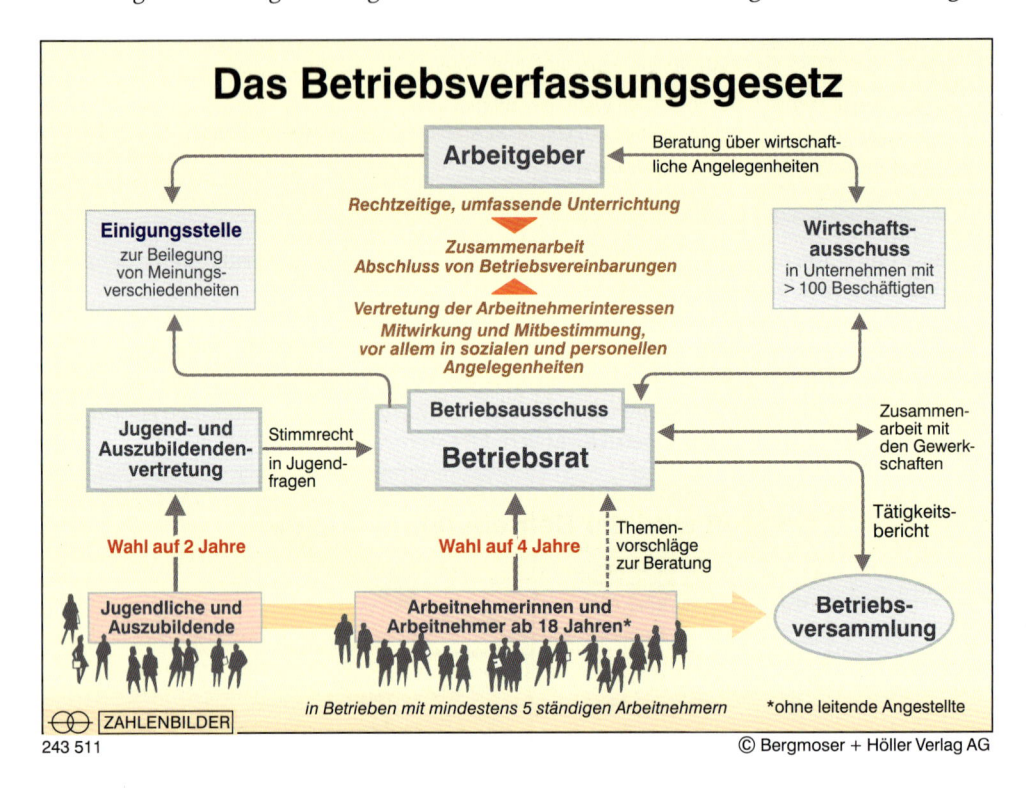

Das Betriebsverfassungsgesetz

- **Arbeitgeber** — Beratung über wirtschaftliche Angelegenheiten
- **Einigungsstelle** zur Beilegung von Meinungsverschiedenheiten
- **Wirtschaftsausschuss** in Unternehmen mit > 100 Beschäftigten
- Rechtzeitige, umfassende Unterrichtung
- Zusammenarbeit, Abschluss von Betriebsvereinbarungen
- Vertretung der Arbeitnehmerinteressen, Mitwirkung und Mitbestimmung, vor allem in sozialen und personellen Angelegenheiten
- **Jugend- und Auszubildendenvertretung** — Stimmrecht in Jugendfragen
- **Betriebsausschuss / Betriebsrat**
- Zusammenarbeit mit den Gewerkschaften
- Tätigkeitsbericht
- Themenvorschläge zur Beratung
- **Betriebsversammlung**
- Wahl auf 2 Jahre — **Jugendliche und Auszubildende**
- Wahl auf 4 Jahre — **Arbeitnehmerinnen und Arbeitnehmer ab 18 Jahren*** in Betrieben mit mindestens 5 ständigen Arbeitnehmern
- *ohne leitende Angestellte

ZAHLENBILDER 243 511 © Bergmoser + Höller Verlag AG

> **Tipp**
> Über weitere allgemeine Aufgaben können Sie sich im § 80 Betriebsverfassungsgesetz informieren.

Der Betriebsrat berichtet in der mindestens vierteljährlich stattfindenden Betriebsversammlung über seine Arbeit. Die vom Vorsitzenden des Betriebsrats geleitete Versammlung besteht aus den Beschäftigten des Betriebs. Die Zeit der Teilnahme einschließlich der zusätzlichen Wegezeiten ist den Arbeitnehmern wie Arbeitszeit zu vergüten. Auch der Arbeitgeber wird dazu eingeladen und kann, wie auch alle anderen Betriebsangehörigen, das Wort ergreifen. Mindestens einmal in jedem Kalenderjahr hat der Arbeitgeber oder sein Vertreter in einer Betriebsversammlung über das Personal- und Sozialwesen und über die wirtschaftliche Lage des Betriebs zu berichten.

Die zahlreichen gesetzlichen Beteiligungsrechte des Betriebsrats unterscheiden sich in **Mitwirkungsrechte** (Informations-, Vorschlags-, Anhörungs- und Beratungsrechte) und in **Mitbestimmungsrechte**.

Rechte des Betriebsrates

soziale Angelegenheiten (§§ 87–91 BetrVG)

Beispiele
- Betriebsordnung
- Urlaubsregelung
- Beginn und Ende der täglichen Arbeitszeit
- soziale Einrichtungen
- Ausschreibung von Arbeitsplätzen
- Sozialplan bei Betriebsveränderung

↓

„echtes" Mitbestimmungsrecht (Mitentscheidungsrecht)

Beispiele
- Entscheidung nur mit Zustimmung des Betriebsrates (Arbeitgeber und Betriebsrat sind gleichberechtigt.)
- Betriebsrat hat ein Initiativrecht, d. h., er kann von sich aus aktiv werden, um bestimmte Angelegenheiten zu regeln.
- Entscheidung notfalls durch eine betriebliche Einigungsstelle (Sie ist mit einer gleichen Anzahl von Vertretern der Arbeitgeberseite und Betriebsratsmitgliedern und einem unparteiischen Vorsitzenden besetzt.)
- Spruch der Einigungsstelle grundsätzlich bindend für Arbeitgeber und Betriebsrat

personelle Einzelmaßnahmen (§§ 92–105 BetrVG)

Beispiele
- Einstellung
- Versetzungen
- Ein- und Umgruppierungen (Ausnahme: Kündigung → nur Anhörungsrecht)

↓

Mitbestimmungsrecht (Widerspruchsrecht)

Beispiele
- Betriebsrat kann Maßnahmen des Arbeitgebers blockieren; Ablehnung ist aber nur aus ganz bestimmten im Gesetz einzeln aufgeführten Gründen gestattet.
- Betriebsrat hat kein Initiativrecht.
- Nicht erfolgte Zustimmung muss durch das Arbeitsgericht ersetzt werden.

wirtschaftliche Einzelmaßnahmen (§ 106 BetrVG)

Beispiele
- Betriebsänderungen, Stilllegungen
- Personalplanung
- Planung technischer Anlagen, von Arbeitsabläufen und -verfahren

Mitwirkungsrecht (nur Informations- und Beratungsrecht)

Beispiele
- Information des Betriebsrates
- Vorschläge des Betriebsrates sind möglich.
- Beratung mit dem Betriebsrat

Die Mitbestimmungsrechte sind durch Zustimmungserfordernisse („echte" Mitbestimmungsrechte) oder Widerspruchsrechte des Betriebsrats gekennzeichnet; d.h., dass eine Maßnahme des Arbeitgebers ohne Beteiligung des Betriebsrats nicht durchgeführt werden kann. Die Begriffe **Mitbestimmung** und **Mitwirkung** verdeutlichen, dass die **Rechte des Betriebsrats** eine **unterschiedliche Qualität** aufweisen. Informationsrechte sind dabei zwar die schwächste Form der Beteiligung, zugleich aber auch Voraussetzung dafür, dass der Betriebsrat seine Beteiligungsrechte auch wirksam wahrnehmen kann.

Die Befugnisse des Betriebsrats sind bei sozialen und personellen Angelegenheiten am größten, dagegen hat er bei wirtschaftlichen Angelegenheiten nur Informations- und Beratungsrechte.

> **Tipp**
>
> *Die gesetzliche Grundlage für Mitbestimmungs- und Mitwirkungsrechte finden Sie im Betriebsverfassungsgesetz:*
>
> - *soziale Angelegenheiten §§ 87–91*
> - *personelle Angelegenheiten §§ 92–105*
> - *wirtschaftliche Angelegenheiten §§ 106–113*

1.5.2 Jugend- und Auszubildendenvertretung

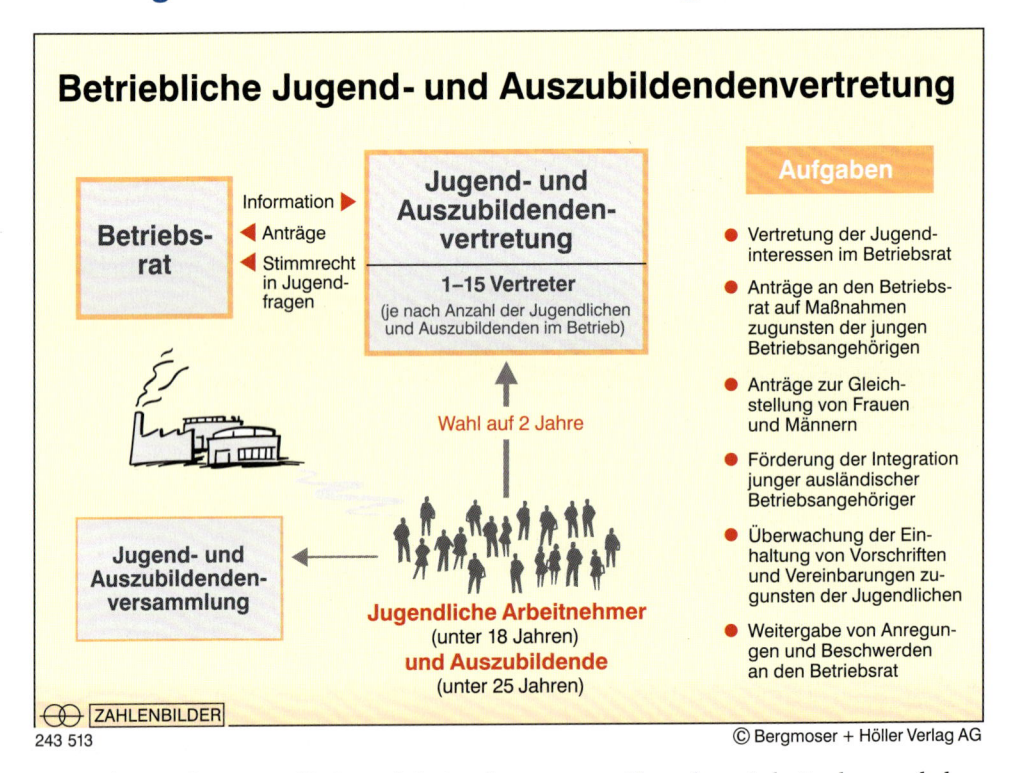

Betriebliche Jugend- und Auszubildendenvertretung

- Betriebsrat
  - Information ▶
  - ◀ Anträge
  - ◀ Stimmrecht in Jugendfragen
- Jugend- und Auszubildendenvertretung
  - 1–15 Vertreter
  - (je nach Anzahl der Jugendlichen und Auszubildenden im Betrieb)
- Wahl auf 2 Jahre
- Jugendliche Arbeitnehmer (unter 18 Jahren) und Auszubildende (unter 25 Jahren)
- Jugend- und Auszubildendenversammlung

Aufgaben
- Vertretung der Jugendinteressen im Betriebsrat
- Anträge an den Betriebsrat auf Maßnahmen zugunsten der jungen Betriebsangehörigen
- Anträge zur Gleichstellung von Frauen und Männern
- Förderung der Integration junger ausländischer Betriebsangehöriger
- Überwachung der Einhaltung von Vorschriften und Vereinbarungen zugunsten der Jugendlichen
- Weitergabe von Anregungen und Beschwerden an den Betriebsrat

ZAHLENBILDER 243 513 © Bergmoser + Höller Verlag AG

Die **Belange** der **jugendlichen Arbeitnehmer** gegenüber dem Arbeitgeber und dem Betriebsrat werden von der **Jugend- und Auszubildendenvertretung (JAV)** wahrgenommen. Dies betrifft besonders Fragen der Berufsausbildung sowie die Einhaltung der Vorschriften und Gesetze, welche die jugendlichen Arbeitnehmer betreffen.

> **Tipp**
>
> *Befragen Sie doch Betriebsratsmitglieder und Vertreter der Jugend- und Auszubildendenvertretung über ihre Aktivitäten im letzten Monat.*

Falls in einem Unternehmen mehrere betriebliche Jugend- und Auszubildendenvertretungen bestehen, so ist eine Gesamtjugend- und Auszubildendenvertretung zu errichten.

Diese hat beim Gesamtbetriebsrat die überbetrieblichen Interessen der jugendlichen Arbeitnehmer und der Auszubildenden des Unternehmens geltend zu machen.

Wahl, Zusammensetzung und Aufgaben der Jugend- und Auszubildendenvertretung	
Voraussetzung für die Errichtung	Der Betrieb beschäftigt mindestens **fünf** nicht volljährige Arbeitnehmer oder Auszubildende unter 25 Jahre (= fünf Wahlberechtigte).
Wahlberechtigung (aktives Wahlrecht)	■ alle Arbeitnehmer, die das 18. Lebensjahr am Wahltag noch nicht vollendet haben, sowie ■ alle Auszubildenden, die am Wahltag das 25. Lebensjahr noch nicht vollendet haben (Sie haben damit ein doppeltes Wahlrecht, sie wählen sowohl den Betriebsrat als auch die Jugend- und Auszubildendenvertretung.)
Wählbarkeit (passives Wahlrecht)	alle Arbeitnehmer des Betriebes, die das 25. Lebensjahr noch nicht vollendet haben
Wahltermin	alle zwei Jahre in der Zeit vom 1. Oktober bis 30. November
Wahlvorstand	Die Wahl wird organisiert und durchgeführt durch den Wahlvorstand (besteht i. d. R. aus drei wahlberechtigten Arbeitnehmern).
Zusammensetzung der Jugend- und Auszubildendenvertretung	Die Zahl der Jugend- und Auszubildendenvertreter richtet sich nach der Zahl der wahlberechtigten Jugendlichen und Auszubildenden im Betrieb (1–15 Vertreter).
Aufgaben	■ kann zu allen Sitzungen des Betriebsrats einen Vertreter entsenden ■ Teilnahmerecht der **gesamten** Jugend- und Auszubildendenvertretung bei Betriebsratssitzungen, die besonders jugendliche Arbeitnehmer und Auszubildende betreffen ■ Stimmrecht in Sitzungen des Betriebsrats, soweit die zu fassenden Beschlüsse überwiegend jugendliche Arbeitnehmer und Auszubildende betreffen ■ beantragt beim Betriebsrat Maßnahmen, die der Berufsbildung dienen ■ überwacht die Einhaltung aller Gesetze und Vereinbarungen für Jugendliche und Auszubildende

1.5.3 Betriebsvereinbarung

In **Betriebsvereinbarungen** werden vom Betriebsrat und dem einzelnen Arbeitgeber für das jeweilige Unternehmen **betriebsinterne Regelungen** beschlossen. Betriebsvereinbarungen sind schriftlich abzufassen, von beiden Seiten zu unterzeichnen und im Betrieb an geeigneter Stelle, z. B. durch Aushang in Form einer Betriebsordnung, öffentlich zugänglich zu machen. Sie ist damit die klarste Form der Einigung zwischen Arbeitgeber und Betriebsrat.

Neben den notwendigen Einigungen in Mitbestimmungsfällen (z. B. Arbeitszeitregelung, betriebliche Ordnung) können in Betriebsvereinbarungen auch alle anderen nicht mitbestimmungspflichtigen Fragen geregelt werden. Hier spricht man von sog. **freiwilligen Betriebsvereinbarungen** (z. B. Errichtung von Sozialeinrichtungen oder Vereinbarungen zur Förderung der Vermögensbildung).

Tarifvertragliche Regelungen, z.B. Arbeitsentgelte, dürfen grundsätzlich **nicht Gegenstand einer Betriebsvereinbarung sein**. Auch dürfen die Arbeitnehmer gegenüber dem geltenden Tarifvertrag nicht schlechter gestellt werden; die Betriebsvereinbarung stellt somit eine Ergänzung zum Tarifvertrag dar.

Die Betriebsvereinbarung endet mit Zeitablauf (Befristung, Zweckerreichung) oder durch Kündigung.

Auszug aus einer Betriebsvereinbarung

Betriebsvereinbarung

zwischen der Firma Ostbayerische Metallbau GmbH,
vertreten durch den *Geschäftsführer*, *Siegfried Seidl*, einerseits

und

dem Betriebsrat der Firma Ostbayerische Metallbau GmbH,
vertreten durch den *Vorsitzenden*, *Georg Niedermeier*, andererseits,

wird gemäß § 77 BetrVG folgende Betriebsvereinbarung abgeschlossen:

Gleitende Arbeitszeit für Auszubildende am Standort Landau

Am 1. März 20.. wird für Auszubildende am Standort Landau folgende Gleitzeitregelung eingeführt:

1. **Grundsatz**
   Die Auszubildenden haben die Möglichkeit, im Rahmen ihrer festgelegten Ausbildungszeit und dieser Gleitzeitregelung Arbeitsbeginn und Arbeitsende selbst zu bestimmen. Dabei ist sicherzustellen, dass die Ausbildungsziele stets vermittelt werden können.

2. **Kernarbeitszeit/Rahmenarbeitszeit**
   2.1 Als Kernarbeitszeit gilt der Zeitraum von 08:00 bis 15:00 Uhr.
   Als Rahmenarbeitszeit gilt der Zeitraum von 06:45 bis 17:00 Uhr.
   2.2 Arbeitszeiten, die von diesen Zeiten abweichen, müssen mit dem Betriebsrat gesondert geregelt werden.

3. **Pausen**
   Die Pausenzeiten betragen täglich 60 Minuten. Sie zählen nicht zur täglichen Arbeitszeit. Die Pausen sind in der Kernarbeitszeit zu nehmen.

4. **Gleittage**
   Jeder Auszubildende kann nach Abstimmung mit seinem jeweiligen Ausbilder ganze Gleittage oder einzelne Stunden in Anrechnung auf sein Gleitzeitkonto freinehmen.
   Mehr als zwei zusammenhängende Gleittage sind vom hauptamtlichen Ausbilder zu genehmigen.
   Eine Obergrenze für die Zahl der Gleittage besteht nicht.
   Ein Zeitguthaben wird finanziell nicht vergütet.

Geschäftsleitung	Personalleitung	Betriebsrat
Seidl	*Fischer*	*Niedermeier*
Seidl	Fischer	Niedermeier

Landau a. d. Isar, 03.02.20..

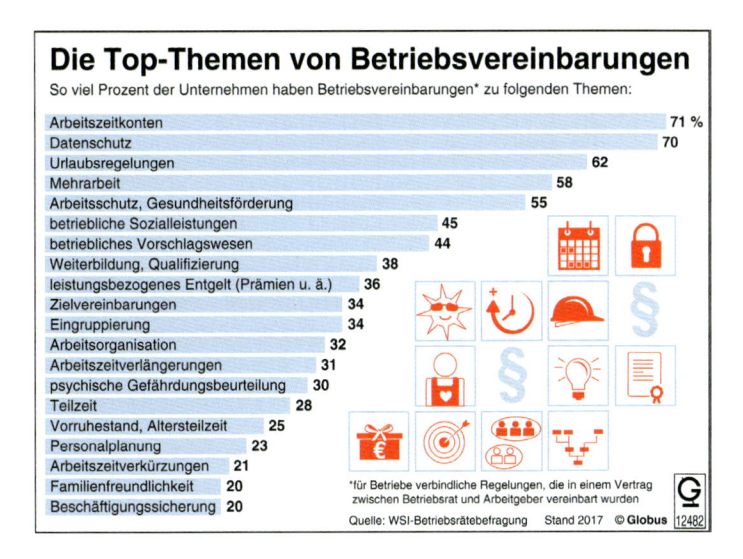

Die Top-Themen von Betriebsvereinbarungen

So viel Prozent der Unternehmen haben Betriebsvereinbarungen* zu folgenden Themen:

Thema	%
Arbeitszeitkonten	71 %
Datenschutz	70
Urlaubsregelungen	62
Mehrarbeit	58
Arbeitsschutz, Gesundheitsförderung	55
betriebliche Sozialleistungen	45
betriebliches Vorschlagswesen	44
Weiterbildung, Qualifizierung	38
leistungsbezogenes Entgelt (Prämien u. ä.)	36
Zielvereinbarungen	34
Eingruppierung	34
Arbeitsorganisation	32
Arbeitszeitverlängerungen	31
psychische Gefährdungsbeurteilung	30
Teilzeit	28
Vorruhestand, Altersteilzeit	25
Personalplanung	23
Arbeitszeitverkürzungen	21
Familienfreundlichkeit	20
Beschäftigungssicherung	20

*für Betriebe verbindliche Regelungen, die in einem Vertrag zwischen Betriebsrat und Arbeitgeber vereinbart wurden
Quelle: WSI-Betriebsrätebefragung · Stand 2017 · © Globus 12482

Kernwissen

- Der **Betriebsrat** ist die Vertretung aller Arbeitnehmer (Ausnahme: leitende Angestellte) gegenüber der Leitung des Unternehmens. Er wird von der Belegschaft auf vier Jahre gewählt.

- Der Betriebsrat wird nur auf Initiative der Arbeitnehmer oder der Gewerkschaft errichtet.

- **Aktives Wahlrecht**: 18 Jahre; **passives Wahlrecht**: 18 Jahre und Mindestbetriebszugehörigkeit sechs Monate

- Die Zahl der Betriebsratsmitglieder richtet sich nach der Zahl der wahlberechtigten Arbeitnehmer.

- Arbeitgeber und Betriebsrat sind zu einer vertrauensvollen Zusammenarbeit verpflichtet.

- Der Betriebsrat hat neben **allgemeinen Aufgaben, Mitbestimmungs- und Mitwirkungsrechte** in sozialen, personellen und wirtschaftlichen Angelegenheiten wahrzunehmen (Beteiligungsrechte).

- Die **Jugend- und Auszubildendenvertretung** wird von den Jugendlichen (unter 18 Jahren) und den Auszubildenden (unter 25 Jahren) auf zwei Jahre gewählt; passives Wahlrecht haben alle Arbeitnehmer unter 25 Jahren.

- In **Betriebsvereinbarungen** werden betriebsinterne Regelungen zwischen Betriebsrat und Arbeitgeber schriftlich abgeschlossen.

Übungsaufgaben

1. Der Angestellte Meier ist seit zwei Monaten bei der Ostbayerischen Metallbau GmbH beschäftigt. In dem Unternehmen, in dem er früher beschäftigt war, war er ein bewährtes Betriebsratsmitglied. Seine Arbeitskollegen schlagen ihn zur Wahl vor.
   a) Warum ist er nach dem Betriebsverfassungsgesetz nicht wählbar?
   b) Halten Sie diese Regelung für vernünftig?

2. Lösen Sie folgendes Kreuzworträtsel. (Übertragen Sie das Rätsel in Ihr Heft.)

	4	?	?	?	?	?	?	?	?	?	?	?	?	?	?	?	13	?	?	?	?	?	3	?
a																								

(Kreuzworträtsel mit Zeilen a–e und nummerierten Feldern 1–13)

a) Welches Gesetz regelt die Rechte des Betriebsrats?
b) In welchen Angelegenheiten hat der Betriebsrat das schwächste Beteiligungsrecht?
c) Bei Mitwirkungsrechten sind Entscheidungen des Arbeitgebers ohne Zustimmung des Betriebsrats ...
d) Welches Recht gehört neben Informations-, Vorschlags- und Anhörungsrecht noch zu den Mitwirkungsrechten?
e) In sozialen Angelegenheiten benötigt der Arbeitgeber die ... des Betriebsrats.

LÖSUNGSWORT:

1?	2?	3?	4?	5?	6?	7?	8?	9?	10?	11?	12?	13?

3. Welche Aufgaben hat a) der Betriebsrat, b) die JAV, c) die Einigungsstelle?

4. Entscheiden Sie, ob es sich in folgenden Fällen um ein Mitwirkungsrecht, Widerspruchsrecht oder ein „echtes" Mitbestimmungsrecht des Betriebsrats handelt und begründen Sie Ihre Auswahl.
a) In der Verwaltung eines Industriebetriebs wird Gleitzeit eingeführt.
b) Ein Arbeitnehmer eines Automobilunternehmens wird aufgrund wiederholten Alkoholkonsums entlassen.
c) Ein Industriebetrieb plant den umfassenden Einsatz von EDV-Systemen.
d) Die Geschäftsleitung einer Zahnradfabrik beschließt, ein Rauchverbot zu erlassen.
e) In einem Industriebetrieb soll die Kantinenfläche verkleinert werden.
f) Die Ostbayerische Metallbau GmbH stellt einen neuen Mitarbeiter ein.

5. „Insgesamt gibt es nur in jedem fünften Betrieb einen Betriebsrat; dort sind jedoch 73 % der Arbeitnehmer beschäftigt."
a) Welche Schlussfolgerung ergibt sich daraus? Nehmen Sie dabei unten stehende Abbildung zur Hilfe.
b) Warum gibt es in zahlreichen betriebsratsfähigen Betrieben keinen Betriebsrat?

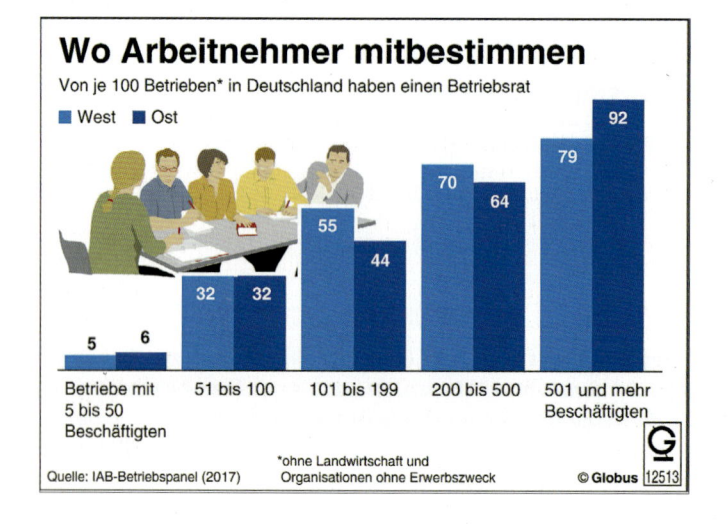

Wo Arbeitnehmer mitbestimmen
Von je 100 Betrieben* in Deutschland haben einen Betriebsrat

■ West ■ Ost

Betriebe mit 5 bis 50 Beschäftigten	51 bis 100	101 bis 199	200 bis 500	501 und mehr Beschäftigten
West: 5 / Ost: 6	32 / 32	55 / 44	70 / 64	79 / 92

*ohne Landwirtschaft und Organisationen ohne Erwerbszweck
Quelle: IAB-Betriebspanel (2017) © Globus 12513

6. Spielen Sie Prüfer und erstellen Sie in Arbeitsgruppen programmierte Prüfungsaufgaben (eine richtige und vier falsche Antworten) zu folgenden Fragen:
   a) Wer hat aktives Wahlrecht für die Jugend- und Auszubildendenvertretung?
   b) In welcher der folgenden Situationen kann der Arbeitgeber auch ohne Zustimmung des Betriebsrats Entscheidungen treffen?
   c) Welche Personengruppe hat ein „doppeltes" Wahlrecht, wählt also sowohl Betriebsrat als auch die Jugend- und Auszubildendenvertretung?
   d) Was ist die Voraussetzung für die Errichtung einer Jugend- und Auszubildendenvertretung?
   Tauschen Sie die Aufgaben aus und lassen Sie die anderen Gruppen Ihre Aufgaben lösen.
7. Diskutieren Sie über die „Betriebsvereinbarung über die gleitende Arbeitszeit für Auszubildende" (vgl. Seite 54) aus Arbeitnehmer- bzw. Arbeitgebersicht.

1.6 Tarifvertrag

Situation

Zwischen der Gewerkschaft IG Metall und dem Arbeitgeberverband Gesamtmetall wird ein Tarifvertrag abgeschlossen. Während der Laufzeit des Tarifvertrages erfolgen starke Preiserhöhungen. Die Arbeitnehmer fordern daher die Gewerkschaft auf, notfalls durch Streik höhere Löhne durchzusetzen.

Handlungsaufträge

1. Wie nennt man das im Grundgesetz verankerte Recht der Tarifpartner über die Gestaltung der Arbeitsbedingungen selbstständig, ohne Einmischung des Staates, zu verhandeln?
2. Für wen gelten grundsätzlich die im Tarifvertrag festgelegten Regelungen?
3. Begründen Sie, ob es der Gewerkschaft erlaubt ist, der Forderung der Arbeitnehmer nach Streiks zu entsprechen.
4. Was kann in Tarifverträgen geregelt werden?
5. Skizzieren Sie kurz die wesentlichen Schritte der Entstehung eines Tarifvertrages.

1.6.1 Sozialpartner

In vielen Bereichen der Wirtschaftspolitik hat der Staat großen Einfluss – egal, ob es sich um Umweltvorschriften, Steuergesetze, soziale Sicherung oder Wechselkurse handelt. Einzig **bei der Tarifpolitik bleibt der Staat grundsätzlich außen vor**. Grundlage hierfür bilden die im Grundgesetz verankerte **Koalitionsfreiheit** (Art. 9 GG) und das **Tarifvertragsgesetz (TVG)**. Tarifverträge können daher nur von den **Tarif- oder Sozialpartnern**, d. h. von den Gewerkschaften einerseits und den Arbeitgeberverbänden oder einem einzelnen Arbeitgeber auf der anderen Seite, abgeschlossen werden. Da die Tarifvertragsparteien in eigener Verantwortung, d. h. ohne Einmischung des Staates, über die Gestaltung der Arbeitsbedingungen verhandeln, spricht man von **Tarifautonomie**.

Nur für eng begrenzte Vertragsinhalte, wie etwa beim gesetzlichen Mindesturlaub, bei der Lohnfortzahlung oder bei der täglichen Höchstarbeitszeit hat der Staat aus sozialpolitischen Überlegungen Unter- bzw. Obergrenzen festgelegt, die von den Tarifpartnern eingehalten werden müssen.

Spitzenorganisation der Arbeitgeber für tarif-, sozial- und gesellschaftspolitische Angelegenheiten ist **die Bundesvereinigung der Deutschen Arbeitgeberverbände (BDA)**.

Sie vertritt etwa 90 % aller im Privatbesitz befindlichen Unternehmen.

Die **Gewerkschaften** vertreten die Arbeitnehmerseite. Rund 20 % aller Arbeitnehmer sind „organisiert", d. h. Mitglied einer Gewerkschaft.

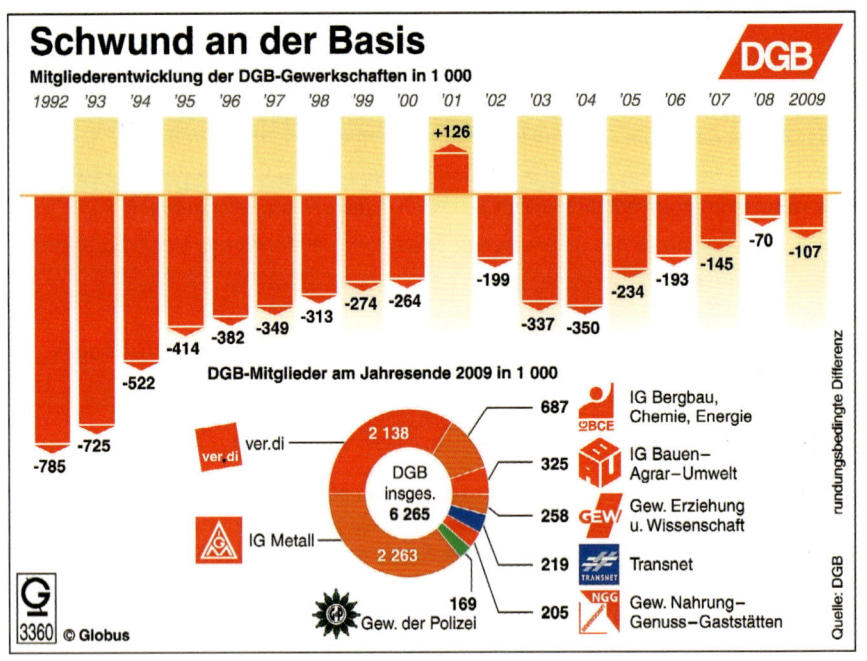

Die DGB-Gewerkschaften

Mitglieder Ende 2018: **6,0 Millionen** (- 3,5 % gegenüber Ende 2010)

davon Ende 2018 in Tausend | Veränderung gegenüber Ende 2010 in Prozent

Gewerkschaft	Tausend	Veränderung
IG Metall	2271 Tsd.	+ 1,4 %
ver.di	1969	- 6,0
IG Bergbau, Chemie, Energie	632	- 6,4
Gew. Erziehung und Wissenschaft	279	+ 7,3
IG Bauen-Agrar-Umwelt	247	- 21,4
Gew. Nahrung-Genuss-Gaststätten	198	- 3,7
Gewerkschaft der Polizei	191	+ 11,9
Eisenbahn- u. Verkehrsgewerksch.	187	- 19,4

Quelle: Deutscher Gewerkschaftsbund

Schwund an der Basis
Mitgliederentwicklung der DGB-Gewerkschaften in 1 000

Jahr	Veränderung
1992	-785
'93	-725
'94	-522
'95	-414
'96	-382
'97	-349
'98	-313
'99	-274
'00	-264
'01	+126
'02	-199
'03	-337
'04	-350
'05	-234
'06	-193
'07	-145
'08	-70
2009	-107

DGB-Mitglieder am Jahresende 2009 in 1 000

DGB insges. 6 265

- ver.di: 2 138
- IG Metall: 2 263
- IG Bergbau, Chemie, Energie: 687
- IG Bauen–Agrar–Umwelt: 325
- Gew. Erziehung u. Wissenschaft: 258
- Transnet: 219
- Gew. Nahrung–Genuss–Gaststätten: 205
- Gew. der Polizei: 169

Quelle: DGB (rundungsbedingte Differenz)

Tipp

Schauen Sie im Internet unter www.igmetall.de nach und informieren Sie sich dabei über die neuesten ausgehandelten Arbeitsbedingungen.

1.6.2 Wesen des Tarifvertrages

Grundlage für den Abschluss von Tarifverträgen ist das **Tarifvertragsgesetz (TVG)**.

Nach § 1 TVG regelt der Tarifvertrag „die Rechte und Pflichten der Tarifvertragsparteien und enthält Rechtsnormen, die den Inhalt, den Abschluss und die Beendigung von Arbeitsverhältnissen sowie betriebliche und betriebsverfassungsrechtliche Fragen ordnen können".

Tarifverträge bedürfen der Schriftform und sind in das vom Bundesminister für Arbeit und Sozialordnung geführte Tarifregister einzutragen.

Tarifvertragsparteien können nach § 2 TVG sein:

Arbeitnehmerseite	Arbeitgeberseite	Verhandlungsergebnis
Einzelgewerkschaft z. B. IG Metall, ver.di	**Vereinigung von Arbeitgebern**, z. B. Arbeitgeberverband der Bayerischen Metallindustrie	**Verbandstarifvertrag** (Normalfall)
	oder **einzelner Arbeitgeber**, z. B. Volkswagenwerk (VW)	**Firmentarifvertrag, Haustarifvertrag** (Ausnahme)

Die Tarifverträge gelten zunächst nur für die Arbeitnehmer, die gewerkschaftlich „organisiert" sind, d. h. Mitglied einer Gewerkschaft sind, vorausgesetzt, ihr Betrieb gehört einem Arbeitgeberverband an **(Tarifgebundenheit)**. Obwohl „nur" rund 20 % aller Arbeitnehmer „organisiert" sind, zeigt sich die Bedeutung des Tarifvertrages für die betriebliche Praxis besonders darin, dass heute zahlreiche Tarifverträge für Wirtschafts- und Dienstleistungszweige bestehen, in denen rund 90 % aller Arbeitgeber und Arbeitnehmer beschäftigt sind.

Mit und ohne Tarifvertrag

Von je 100 Beschäftigten arbeiten in Betrieben

in Westdeutschland / in Ostdeutschland (2000, 2017)

mit Branchentarifvertrag: West 63/49, Ost 44/34
mit Haus-/Firmentarifvertrag: West 7/8, Ost 11/10
ohne Tarifvertrag: West 30/43, Ost 45/56
darunter mit Anlehnung an einen Tarifvertrag: West 15/22, Ost 24/25

Quelle: IAB-Betriebspanel / © Globus 12574

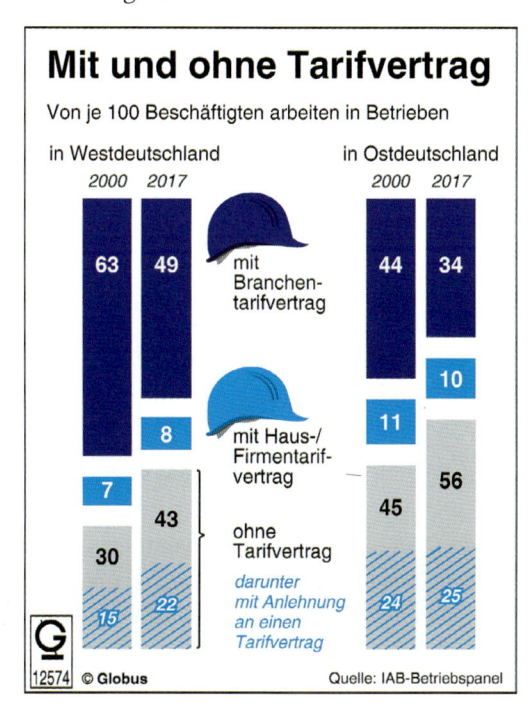

Wesentliches Merkmal von Tarifverträgen ist das **„Mindestprinzip"**. Wird für eine bestimmte Lohngruppe etwa ein Tariflohn von 12,00 € je Stunde festgelegt, so darf kein Unternehmen, das dem Arbeitgeberverband angehört, diesen Stundenlohn gegenüber gewerkschaftlich organisierten Arbeitnehmern unterschreiten.

Erlaubt sind jedoch Abweichungen nach oben, also ein höherer, übertariflicher Stundenlohn **(Günstigkeitsprinzip)**.

In Zeiten der Vollbeschäftigung werden fast immer Zulagen zu den Tariflöhnen gewährt, um bewährte Mitarbeiter zu halten.

Wechselt das Gewerkschaftsmitglied den Wirtschaftszweig, so ist er in dem neuen Betrieb nicht mehr tarifgebunden. Er muss hierzu zunächst der zuständigen Gewerkschaft beitreten. Außerdem ist wichtig: Waren Arbeitgeber und Arbeitnehmer bei Wirksamwerden des Tarifvertrages tarifgebunden, so bleiben sie es, bis der Tarifvertrag endet.

Viele Betriebe sind jedoch keinem Arbeitgeberverband angeschlossen; sie sind daher auch an keinen Verbandstarifvertrag gebunden.

Für sie gibt es **vier** verschiedene **Möglichkeiten der Lohnfindung**:

Firmen- oder Haustarif	In diesem Fall einigt sich ein **einzelnes Unternehmen** mit der zuständigen **Gewerkschaft** auf einen Tarifvertrag (z. B. Volkswagen AG mit der IG Metall).
Ausdrückliche Übernahme	Die Betriebsleitung und die einzelnen Arbeitnehmer einigen sich darauf, dass die zwischen Gewerkschaften und Arbeitgeberverbänden der entsprechenden **Branche** ausgehandelten **Tarifverträge übernommen** werden.
Einzelvertragliche Regelungen	Die Betriebsleitung schließt mit jedem einzelnen **Arbeitnehmer** einen **individuellen Vertrag**.
Allgemeinverbindlichkeit	Wird ein Tarifvertrag durch den **Bundesminister für Arbeit** (regional: zuständige Landesminister) auf Antrag eines Tarifpartners als **allgemein verbindlich** erklärt, gelten die Vereinbarungen des Tarifvertrages auch für bisher nicht tarifgebundene Arbeitgeber des Tarifbezirks. Die **Allgemeinverbindlichkeitserklärung** muss öffentlich im Bundesanzeiger bekannt gegeben werden und im Tarifregister eingetragen werden. In Zeiten hoher Arbeitslosigkeit entfällt damit für den Arbeitgeber der Anreiz, hauptsächlich „Nichtorganisierte" zu beschäftigen.

1.6.3 Tarifvertragsarten

Im **Mantel- bzw. Rahmentarifvertrag** werden die allgemeinen Arbeitsbedingungen, z. B. Arbeitszeit, Urlaubsregelung und Kündigungsfristen i. d. R. für eine längere Geltungsdauer einheitlich festgelegt.

Beim **Lohn- und Gehaltsrahmentarifvertrag** geht es um grundsätzliche Fragen wie Zeit- und Leistungslohn, um die Einstufung bestimmter Tätigkeiten, aber nicht um die Entlohnung selbst. Diese Verträge gelten meist für mehrere Jahre.

Lohn- bzw. Gehaltstarifverträge enthalten dagegen nur Regelungen über Vergütungen. Hier werden Löhne, Gehälter, Ausbildungsvergütungen, Zulagen und Zuschläge für eine bestimmte Laufzeit, meist ein Jahr, festgelegt.

Wenn von einer „Tarifrunde" gesprochen wird, spielt man auf diesen Vertragstyp an.

Darüber hinaus gibt es noch **Sondertarifverträge**, in denen z. B. vermögenswirksame Leistungen, Vorruhestandsleistungen oder Jahresabschlusszahlungen geregelt werden können.

Die Arbeitgeber sind verpflichtet, die für ihren Betrieb maßgebenden Tarifverträge an geeigneter Stelle im Betrieb auszulegen.

Tarifverträge unterliegen der vollen richterlichen Kontrolle, ob sie rechtswirksam zustande gekommen sind. Dagegen ist eine richterliche Überprüfung des Inhalts der Tarifverträge nur in beschränktem Umfang möglich (bei Vorliegen eines Verstoßes gegen die Verfassung, zwingendes Gesetzesrecht, die guten Sitten oder tragende Grundsätze des Arbeitsrechts).

Die tariflichen Regelungen können nicht darauf überprüft werden, ob sie auch zweckmäßig sind.

Enthält der Tarifvertrag keine Ausschlussfristen, verjähren die tarifvertraglichen Ansprüche drei Jahre nach Schluss des Kalenderjahres, in dem sie entstanden sind. Die Verjährung berechtigt den Arbeitgeber lediglich, gegen ihn erhobene Ansprüche, z.B. auf Nachzahlung des Arbeitsentgelts, zu verweigern. Zahlt der Arbeitgeber trotz der inzwischen eingetretenen Verjährung, kann er den Betrag nicht zurückfordern.

Tarifverträge

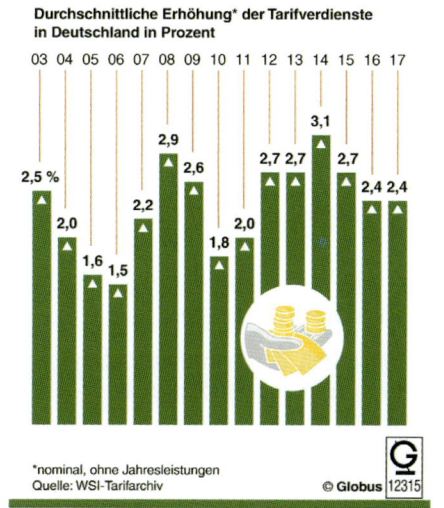

Arbeitgeberverbände einzelne Arbeitgeber → **Tarifvertrag** ← **Gewerkschaften (Arbeitnehmerverhältnis)**

Tarifvertrag regelt:
- Rechte und Pflichten der Tarifvertragsparteien
- Inhalt, Abschluss und Beendigung von Arbeitsverhältnissen
- betriebliche und betriebsverfassungsrechtliche Fragen

Manteltarifvertrag
regelt:
allgemeine Arbeitsbedingungen wie Arbeitszeit, Urlaub, Kündigungsfristen, Akkord

Laufzeit: mehrere Jahre

Gehaltsrahmentarifvertrag
regelt:
Lohngruppeneinteilung nach Tätigkeitsmerkmalen

Laufzeit: mehrere Jahre

Lohntarifvertrag
regelt:
Löhne und Akkordlöhne, Zulage und Zuschläge

Laufzeit: meist ein Jahr

Steigende Löhne
Durchschnittliche Erhöhung* der Tarifverdienste in Deutschland in Prozent

Jahr	03	04	05	06	07	08	09	10	11	12	13	14	15	16	17
%	2,5	2,0	1,6	1,5	2,2	2,9	2,6	1,8	2,0	2,7	2,7	3,1	2,7	2,4	2,4

*nominal, ohne Jahresleistungen
Quelle: WSI-Tarifarchiv
© Globus 12315

1.6.4 Geltungsbereich des Tarifvertrages

Tarifvereinbarungen stellen **Mindestvereinbarungen** für alle Arbeitsverhältnisse im Geltungsbereich dar.

Der **Geltungsbereich** eines Tarifvertrages lässt sich dabei unterscheiden in:

Fachliche Geltung	Der Tarifvertrag hat nur einen bestimmten fachlichen Geltungsbereich, er gilt z. B. nur für bestimmte Industriezweige oder Betriebstypen.
Persönliche Geltung	Der Tarifvertrag gilt grundsätzlich für alle tarifgebundenen Personen innerhalb des fachlichen Geltungsbereichs. Dennoch können für Arbeiter, Angestellte und Auszubildende verschiedene Tarifverträge abgeschlossen werden.
Räumliche Geltung	Die Lohnhöhe ist oft von Bundesland zu Bundesland verschieden; Regelungen wie Urlaub, Arbeitszeit sind im Allgemeinen für das Bundesgebiet gleich. Der Tarifvertrag gilt für ein bestimmtes Unternehmen, einen Bezirk, eine Region oder für das gesamte Bundesgebiet.
Zeitliche Geltung	Der Tarifvertrag gilt für einen festgelegten Zeitraum. Die Bestimmungen des abgelaufenen Tarifvertrags gelten jedoch bis zu einem neuen Abschluss weiter.

Auszug aus dem Manteltarifvertrag für die Arbeitnehmer der bayerischen Metall- und Elektroindustrie (in der Fassung vom 1. August 2008):

Rechtsanspruch auf tarifliche Vereinbarung hat nur der gewerkschaftlich organisierte Arbeitnehmer!

§ 1
Geltungsbereich

Der Tarifvertrag gilt:

- **1. Räumlich:** für das Land Bayern
- **2. Fachlich:** für alle Betriebe, Betriebsabteilungen und Ingenieurbüros der Metall- und Elektroindustrie sowie deren Hilfs- und Nebenbetriebe einschließlich der Niederlassungen, soweit diese dem Betriebszweck des Hauptbetriebes dienen
- **3. Persönlich:** für alle Arbeitnehmer einschließlich der Nichtmetallarbeiter sowie für die Auszubildenden

[...]

IV. Schlussbestimmungen
1. Dieser Tarifvertrag tritt am 1. Juli 2008 in Kraft.
2. Dieser Manteltarifvertrag kann mit einer Frist von drei Monaten zum Monatsschluss gekündigt werden.

1.6.5 Entstehen eines Tarifvertrages

Tarifverträge enden entweder durch **Zeitablauf** oder durch **Kündigung eines Tarifpartners**. Es muss ein neuer Tarifvertrag abgeschlossen werden. Bevor es so weit ist, kommt die Suche nach dem Kompromiss, die nach festen, in Satzungen und Verträgen festgelegten Regeln abläuft.

Die Ausgangslage vor jeder Tarifrunde ist im Grundsatz gleich. Die Tarifpartner haben gegenläufige, sich nicht entsprechende Interessen. Die Gewerkschaften fordern mehr, als sie durchsetzen können, damit sie möglichst viel für ihre Mitglieder, also für die Arbeitnehmer herausholen. Für die Unternehmen bedeutet dies dagegen höhere Kosten. Daher bieten die Arbeitgeber weniger an, als sie schließlich zugestehen müssen.

Kann **keine Einigung** erzielt werden, erklärt man die **Verhandlungen für gescheitert**. Nun kann ein neutraler **Schlichter** herangezogen werden, der zwischen beiden festgefahrenen Positionen vermitteln soll. Das gelingt sehr oft, da im kleinen Kreis und außerhalb der Öffentlichkeit die vorher festgefahrenen Fronten gesprengt und die Tarifpartner auch unangenehme Entscheidungen der Schlichtungsstelle verkraften können, ohne ihr Gesicht zu verlieren.

Die **Schlichtung** ist also ein auf die Erhaltung des Arbeitsfriedens ausgerichtetes Verfahren, das zum Abschluss eines Tarifvertrages Hilfe leisten soll.

Wenn auch die Schlichtung erfolglos ist, steht als letztes Mittel der **Arbeitskampf** zur Verfügung.

Zunächst setzt die Gewerkschaft eine **Urabstimmung** über den Streik an. Damit soll festgestellt werden, ob die überwiegende Mehrheit der Gewerkschaftsmitglieder (mindestens 75 % der abstimmenden Mitglieder) in den Arbeitskampf eintreten will oder nicht. Bei einem **Streik** legen die Arbeitnehmer gemeinsam die Arbeit nieder mit dem Bestreben, sie wieder aufzunehmen, wenn die Kampfziele erreicht sind.

Streikformen		
Organisierter Streik	**Generalstreik**	**Warnstreik**
von der Gewerkschaft beschlossener und organisierter Streik	Alle Arbeitnehmer eines Landes legen die Arbeit nieder (grundsätzlich rechtswidrig).	Arbeitnehmer zeigen ihre Streikbereitschaft durch kurze Arbeitsniederlegung.
Wilder Streik	**Schwerpunktstreik**	**Sympathiestreik**
von der Gewerkschaft nicht gebilligter Streik (rechtswidrig)	Arbeitnehmer einzelner Schlüsselunternehmen legen die Arbeit nieder, z. B. einzelne Betriebe der Stahlindustrie.	zur Unterstützung anderer Streikender („Längere" Sympathiestreiks sind rechtswidrig.)
	Teilstreik	
	In einem Unternehmen wird nur in einem Betriebsteil, z. B. Produktion, gestreikt.	

Auf den Streik können die Arbeitgeber mit **Aussperrung** reagieren, d. h. einen Teil oder die gesamte Belegschaft eines Betriebs von der Arbeit fernhalten. Das Bundesarbeitsgericht (Urteil vom 10. Juni 1980) hat entschieden, dass Abwehraussperrungen als Gegenmaßnahme gegen Streiks dann berechtigt sein können, wenn die Gewerkschaften durch besondere Kampfaktivitäten, z. B. Schwerpunktstreiks, ein Übergewicht erzielen können.

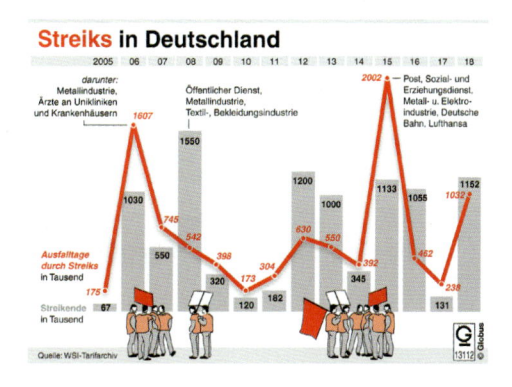

Arten der Aussperrung	
Abwehraussperrung	**Angriffsaussperrung**
Reaktion auf einen drohenden oder bereits aufgerufenen Streik	Der Arbeitgeber eröffnet den Arbeitskampf (rechtswidrig).

Sowohl der **Streik** als auch die **Aussperrung** bewirken, dass die **Arbeitspflicht der Arbeitnehmer** und die **Lohnzahlungspflicht der Arbeitgeber** ruht, während das Arbeitsverhältnis grundsätzlich bestehen bleibt.

Eine Aussperrung, die gezielt nur die Mitglieder einer streikenden Gewerkschaft erfasst, ist nach Auffassung des Bundesarbeitsgerichts rechtswidrig.

Die Aussperrung betrifft damit i. d. R. auch die Arbeitnehmer, die nicht in der Gewerkschaft organisiert sind und für die eine Aussperrung eine erhebliche Einkommenseinbuße darstellt. Die Gewerkschaftsmitglieder erhalten zwar von der Gewerkschaft ein Streikgeld, dennoch sollten sie erwägen, ob die entstehenden Einbußen den möglichen Gewinn rechtfertigen.

Grundsätzlich gilt für den Arbeitskampf das **Gebot der Verhältnismäßigkeit**, d.h., die eingesetzten Kampfmittel müssen in einem angemessenen Verhältnis zu den anzustrebenden Zielen stehen.

Der Streik endet, wenn in neuen Verhandlungen ein Kompromiss erarbeitet wird und in einer **zweiten Urabstimmung mindestens 25% der Gewerkschaftsmitglieder zustimmen**.

Für die Laufzeit des neuen Tarifvertrages sind die Tarifpartner zum Frieden verpflichtet, d.h., es darf kein Arbeitskampf begonnen werden **(Friedenspflicht)**.

Kernwissen

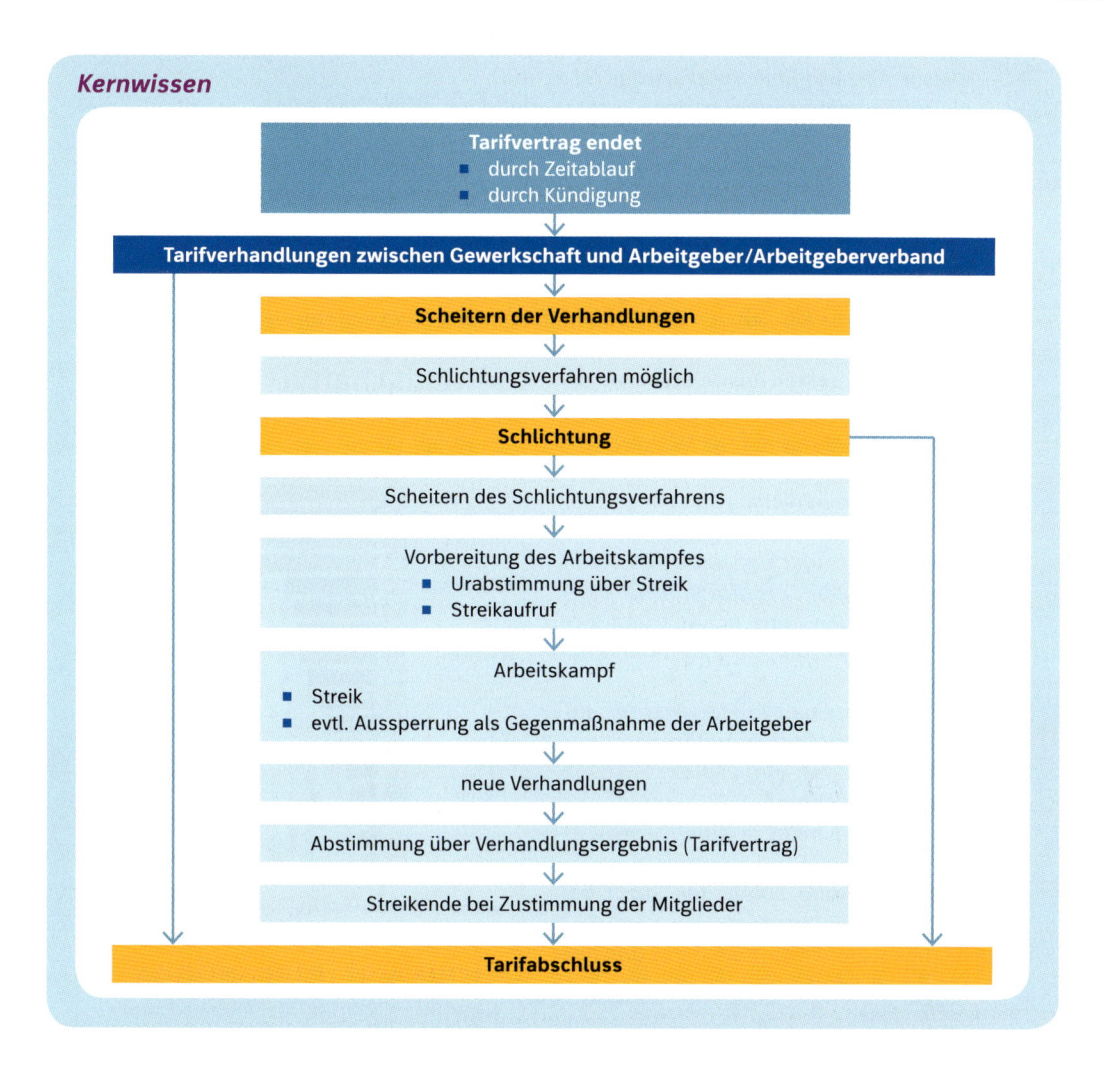

Tarifvertrag endet
- durch Zeitablauf
- durch Kündigung

↓

Tarifverhandlungen zwischen Gewerkschaft und Arbeitgeber/Arbeitgeberverband

↓

Scheitern der Verhandlungen

↓

Schlichtungsverfahren möglich

↓

Schlichtung

↓

Scheitern des Schlichtungsverfahrens

↓

Vorbereitung des Arbeitskampfes
- Urabstimmung über Streik
- Streikaufruf

↓

Arbeitskampf
- Streik
- evtl. Aussperrung als Gegenmaßnahme der Arbeitgeber

↓

neue Verhandlungen

↓

Abstimmung über Verhandlungsergebnis (Tarifvertrag)

↓

Streikende bei Zustimmung der Mitglieder

↓

Tarifabschluss

Übungsaufgaben

1. Betrachten Sie das Schaubild auf Seite 58.
   a) Seit 1991 hat ein Abwärtstrend bei den Mitgliederzahlen eingesetzt. Worin sehen Sie die Gründe für die gesunkene Mitgliederzahl?
   b) In Deutschland sind ca. 15 % aller Beschäftigten gewerkschaftlich organisiert. In welchen Ländern haben die Gewerkschaften erheblich mehr Gewicht?
   c) Gibt es einen Zusammenhang zwischen Streikfreudigkeit und Organisationsgrad der Arbeitnehmer? Nehmen Sie dabei die beiden Abbildungen „Gewerkschaftlich organisiert" und „Streiklust international" (Seite 66) zur Hilfe.

2. „Rechtsanspruch auf tarifliche Vereinbarung hat nur der gewerkschaftlich organisierte Arbeitnehmer!" (Auszug aus dem Manteltarifvertrag für die gewerblichen Arbeitnehmer der bayerischen Metall- und Elektroindustrie). Unter rechtlichem Gesichtspunkt könnten die Arbeitgeber nicht gewerkschaftlichen Arbeitnehmern andere, auch ungünstigere Arbeitsbedingungen anbieten. Warum tendieren die Arbeitgeber dazu, die Arbeitnehmer in ihren Betrieben einheitlichen kollektiven (gemeinsamen) Regelungen zu unterwerfen?

3. Welche Aussage über Tarifverträge ist richtig?
   a) Tarifverträge sind erst dann rechtsverbindlich, wenn der Bundesarbeitsminister zugestimmt hat.
   b) Tarifverträge stellen eine Empfehlung an die Mitglieder der Tarifparteien dar.
   c) Während der Laufzeit von Tarifverträgen sind Streiks nur dann erlaubt, wenn sie zwei Wochen vorher angekündigt wurden.
   d) Wird ein Tarifvertrag für allgemein verbindlich erklärt, gilt er für alle Arbeitsverhältnisse, die in seinen Geltungsbereich fallen.
   e) Arbeitgeber können von den Bestimmungen des Tarifvertrages nicht abweichen.
   f) Für die Geltung des Tarifvertrages ist – von seiner Ausdehnung durch eine Allgemeinverbindlicherklärung abgesehen – die Zugehörigkeit zu den vertragschließenden Verbänden nicht entscheidend.

4. Spielen Sie Prüfer und erstellen Sie in Arbeitsgruppen programmierte Prüfungsaufgaben (eine richtige und vier falsche Antworten) zu folgenden Fragen:
   a) Wer kann einen Tarifvertrag für allgemein verbindlich erklären?
   b) Wodurch ist ein „wilder" Streik gekennzeichnet?
   c) Was steht nicht in einem Tarifvertrag?
   d) Welche Rolle spielt der Staat bei Tarifverhandlungen?

   Tauschen Sie die Aufgaben aus und lassen Sie die anderen Gruppen Ihre Aufgaben lösen.

5. Lösen Sie das folgende Silbenrätsel zu den Tarifverträgen:
   Ab – ab – au – aus – dens – der – Frie – ge – Man – mie – mung – ner – no – part – pflicht – rif – rif – rif – rif – rung – Schlich – setz – sper – stim – Streik – Ta – Ta – Ta – ta – tel – to – trag – trags – tung – Ur – ver – ver – wehr – wil
   a) Arbeitgeberverbände und Gewerkschaften
   b) Die Sozialpartner handeln unabhängig von staatlichen Eingriffen die Löhne, Gehälter und sonstigen Arbeitsbedingungen aus.
   c) Dieser Vertrag enthält allgemeine Arbeitsbedingungen wie Urlaub, Arbeitszeiten, Kündigungsfristen usw.

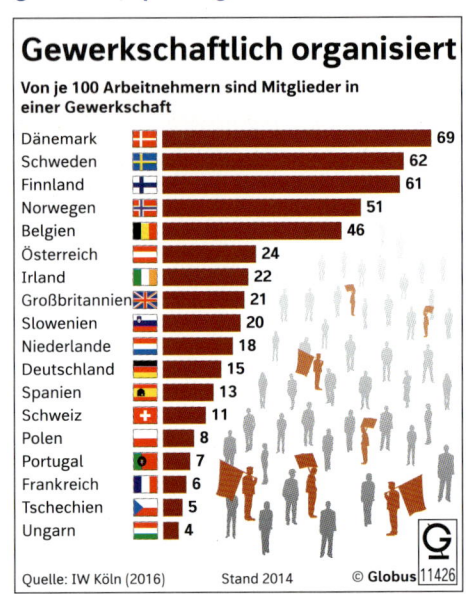

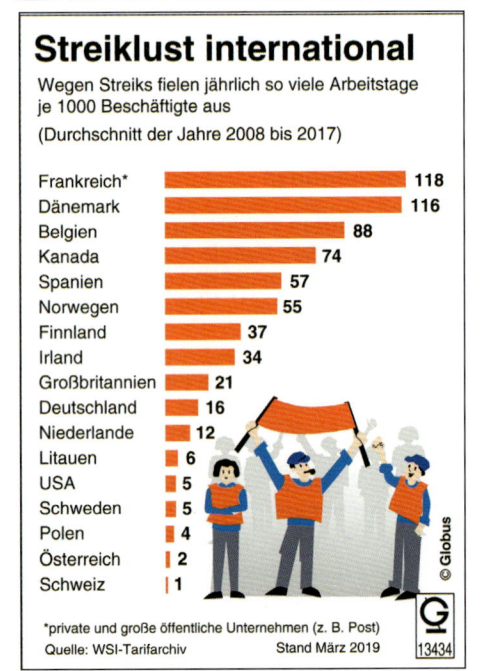

Gewerkschaftlich organisiert
Von je 100 Arbeitnehmern sind Mitglieder in einer Gewerkschaft

Dänemark	69
Schweden	62
Finnland	61
Norwegen	51
Belgien	46
Österreich	24
Irland	22
Großbritannien	21
Slowenien	20
Niederlande	18
Deutschland	15
Spanien	13
Schweiz	11
Polen	8
Portugal	7
Frankreich	6
Tschechien	5
Ungarn	4

Quelle: IW Köln (2016) Stand 2014 © Globus 11426

Streiklust international
Wegen Streiks fielen jährlich so viele Arbeitstage je 1000 Beschäftigte aus
(Durchschnitt der Jahre 2008 bis 2017)

Frankreich*	118
Dänemark	116
Belgien	88
Kanada	74
Spanien	57
Norwegen	55
Finnland	37
Irland	34
Großbritannien	21
Deutschland	16
Niederlande	12
Litauen	6
USA	5
Schweden	5
Polen	4
Österreich	2
Schweiz	1

*private und große öffentliche Unternehmen (z. B. Post)
Quelle: WSI-Tarifarchiv Stand März 2019 13434

d) Reaktion auf einen drohenden oder bereits ausgerufenen Streik
e) Ein von der Gewerkschaft nicht gebilligter Streik
f) Während der Laufzeit eines Tarifvertrages ist kein Arbeitskampf erlaubt.
g) Ein auf die Erhaltung des Arbeitsfriedens ausgerichtetes Verfahren
h) Grundlage für den Abschluss von Tarifverträgen
i) Notwendige Maßnahme der Gewerkschaft vor Eintritt in den Arbeitskampf

6. Schildern Sie den typischen Ablauf von Tarifverhandlungen mit Kampfmaßnahmen.

7. Erläutern Sie mögliche Folgen eines Arbeitskampfes für
a) die Arbeitnehmer,
b) die Arbeitgeber,
c) die Volkswirtschaft.

8. In einigen Branchen haben die Tarifvertragsparteien sog. Öffnungsklauseln für den starren Flächentarifvertrag vereinbart. Damit ist es den Arbeitgebern und Betriebsräten erlaubt, vom Tarifvertrag abweichende Regelungen über Arbeitsentgelte, z. B. Senkung der Löhne um bis zu 10 %, direkt auszuhandeln. Damit ist der Flächentarifvertrag, wonach für alle Beschäftigten einer Branche der gleiche Tarif gilt, aufgebrochen worden.
Zeigen Sie die Chancen und Risiken dieser Vorgehensweise aus der Sicht der Gewerkschaften und der Arbeitgeberverbände auf.

9. Diskutieren Sie, ob Arbeitnehmer, die nicht in einer Gewerkschaft organisiert sind, von den tariflichen Vereinbarungen profitieren sollten.

10. Führen Sie im Klassenverband das Rollenspiel „Arbeitskampf" durch.
Bilden Sie im Klassenverband zunächst zwei Gruppen. Eine Gruppe versetzt sich in die Lage von Gewerkschaftsvertretern, die zweite Gruppe in die der Arbeitgebervertreter. Informieren Sie sich über aktuelle Zielsetzungen beider Parteien, Forderungen der Gewerkschaften und Angebote der Arbeitgeberseite („Hilfsmittel": Zeitungen, Gewerkschaftsmitglieder, Internet, Arbeitgeberverbände usw.).
Diskutieren Sie die zusammengetragenen Materialien zunächst in Ihrer Gruppe; anschließend versuchen Sie Ihre Forderungen gegenüber der anderen Seite durchzusetzen.

11. Das Stiftungsunternehmen Schott Glas und die Gewerkschaft IG BCE (Bergbau, Chemie, Energie) haben 1998 erstmals in der Deutschen Großindustrie einen Tarifvertrag mit Erfolgsbonus abgeschlossen, der sich am Ergebnis des abgelaufenen Geschäftsjahres orientiert und in die Tariftabelle für das Folgejahr eingearbeitet wird.
Demnach wurden die Löhne, Gehälter und Ausbildungsvergütungen ab 1. Oktober 1998 für ein Jahr um 2,5 % erhöht. Als Erfolgsbeteiligung gab es für alle Mitarbeiter am erwirtschafteten guten Ergebnis des Geschäftsjahres 1997/98 zusätzlich weitere 2,4 % ab 1. Oktober.
Diskutieren Sie diesen Einstieg in eine veränderte, „innovative" Tarifpolitik aus Arbeitgeber- und Arbeitnehmersicht.

1.7 Vergütung der Arbeitsleistung

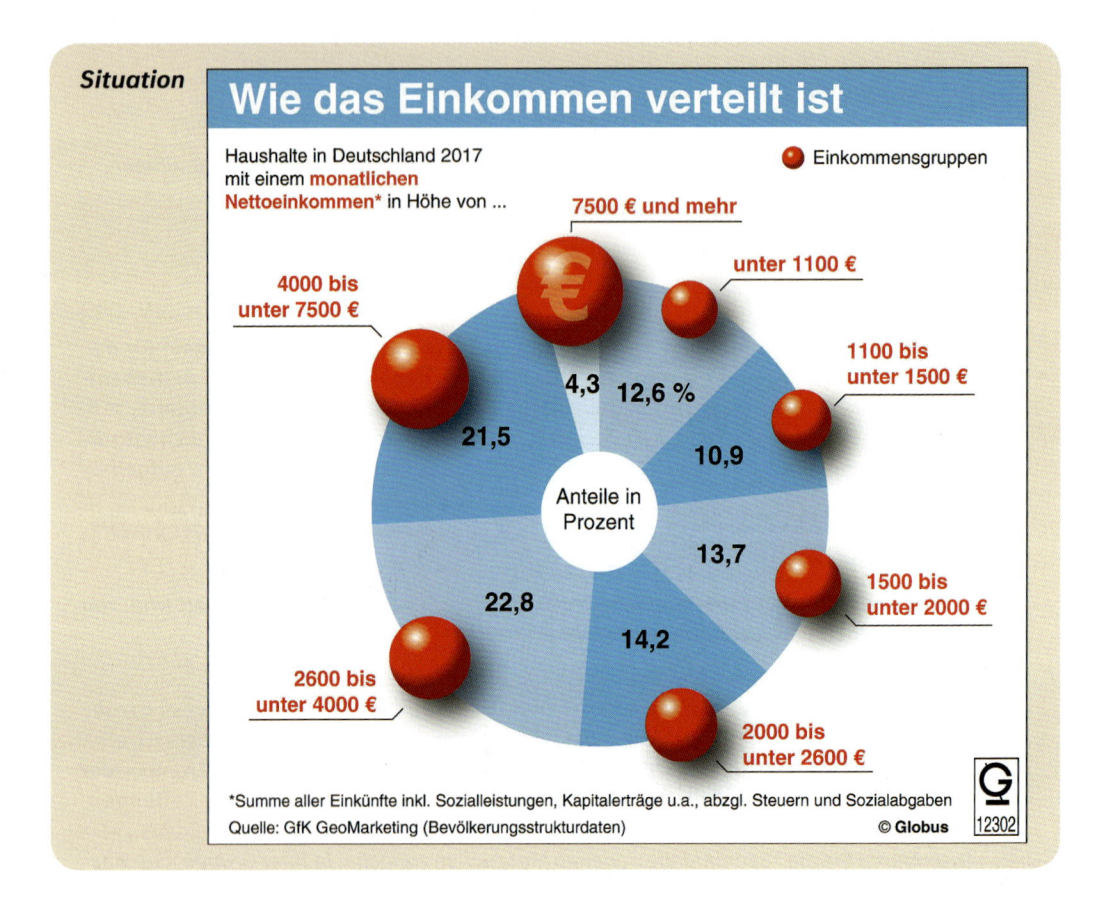

Situation

Wie das Einkommen verteilt ist

Haushalte in Deutschland 2017 mit einem **monatlichen Nettoeinkommen*** in Höhe von ...

● Einkommensgruppen

- 7500 € und mehr: 4,3
- 4000 bis unter 7500 €: 12,6 %
- unter 1100 €: 21,5
- 1100 bis unter 1500 €: 10,9
- 1500 bis unter 2000 €: 13,7
- 2000 bis unter 2600 €: 14,2
- 2600 bis unter 4000 €: 22,8

Anteile in Prozent

*Summe aller Einkünfte inkl. Sozialleistungen, Kapitalerträge u.a., abzgl. Steuern und Sozialabgaben
Quelle: GfK GeoMarketing (Bevölkerungsstrukturdaten) © Globus 12302

Handlungsaufträge

Betrachten Sie Ihre eigene Lohnabrechnung etwas genauer und notieren Sie Stichpunkte zu folgenden Fragen:

1. Warum sind Brutto- und Nettolohn unterschiedlich hoch?
2. Wie viel Geld steht einer Haushaltsgemeinschaft in Deutschland, die aus mindestens einer Person besteht, monatlich zur Verfügung?

Jeder Arbeitnehmer erhält für seine Leistung im Betrieb ein Entgelt. Das Einkommen des Arbeitnehmers stellt somit den Preis dar, den ein Unternehmer an seine Mitarbeiter für deren Tätigkeit zu zahlen hat.

Um eine Ausbeutung der Arbeitnehmer zu verhindern, verhandeln meist jedes Jahr Gewerkschaften einerseits und Arbeitgeberverbände auf der anderen Seite über die Vergütung der Beschäftigten in der Zukunft. Weil bei diesen Verhandlungen die Arbeitnehmer oft die schlechtere Ausgangsposition haben und ihre Gehaltsforderungen nur selten durchsetzen können, wurde der Mindestlohn eingeführt.

1.7.1 Mindestlohn

Zu Beginn des Jahres 2015 wurde der gesetzliche Mindestlohn eingeführt. Der gesetzliche Mindestlohn setzt bei der Bezahlung eine feste Grenze, die in Zukunft nicht mehr unterschritten werden darf. Auf Beschluss des Bundeskabinetts gilt seit dem 1. Januar 2019 in Deutschland ein einheitlicher gesetzlicher Mindestlohn von brutto 9,19 € je Zeitstunde. In einem weiteren Schritt wird der Mindestlohn ab dem Jahr 2020 auf 9,35 € angehoben.

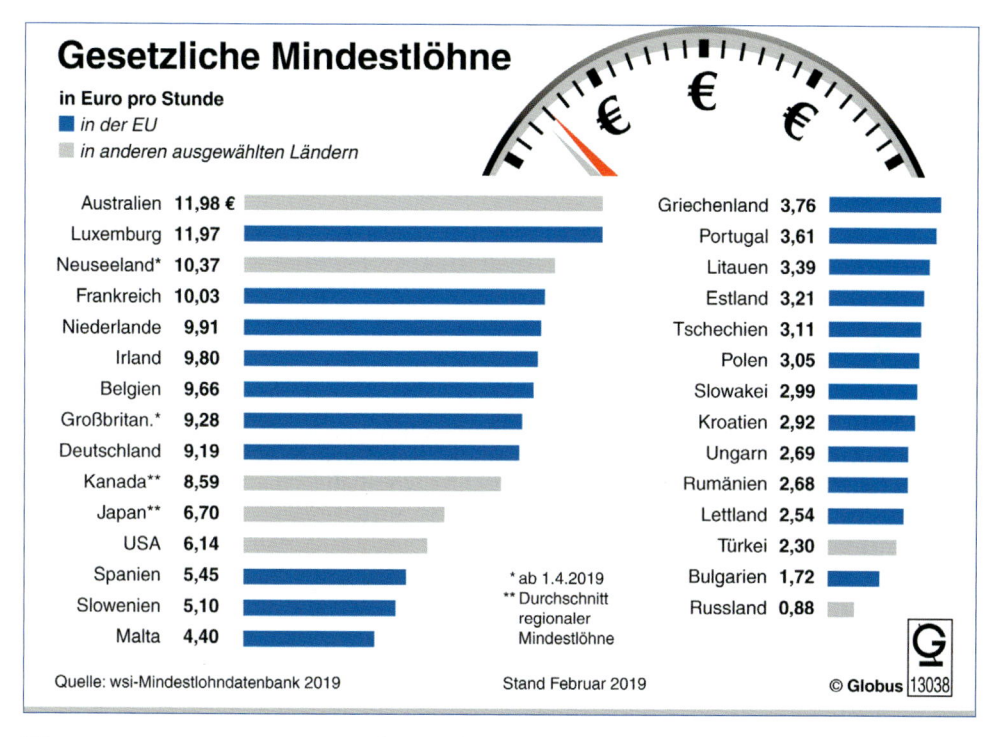

Gesetzliche Mindestlöhne
in Euro pro Stunde
- in der EU
- in anderen ausgewählten Ländern

Land	€	Land	€
Australien	11,98 €	Griechenland	3,76
Luxemburg	11,97	Portugal	3,61
Neuseeland**	10,37	Litauen	3,39
Frankreich	10,03	Estland	3,21
Niederlande	9,91	Tschechien	3,11
Irland	9,80	Polen	3,05
Belgien	9,66	Slowakei	2,99
Großbritan.*	9,28	Kroatien	2,92
Deutschland	9,19	Ungarn	2,69
Kanada**	8,59	Rumänien	2,68
Japan**	6,70	Lettland	2,54
USA	6,14	Türkei	2,30
Spanien	5,45	Bulgarien	1,72
Slowenien	5,10	Russland	0,88
Malta	4,40		

* ab 1.4.2019
** Durchschnitt regionaler Mindestlöhne

Quelle: wsi-Mindestlohndatenbank 2019 Stand Februar 2019 © Globus 13038

Wenn man von einer Vierzigstundenwoche ausgeht, entspricht das einem Bruttoverdienst von etwa 1 620,00 € monatlich (bei 22 Arbeitstagen).

Ursache für die Einführung des Mindestlohnes war die Erkenntnis, dass viele Erwerbstätige trotz Vollzeitarbeit nicht oder nur teilweise ihr Leben finanzieren konnten und somit den Sozialstaat belasteten.

Von der Einführung des Mindestlohnes profitieren etwa 4,0 Mio. Beschäftigte aus dem Niedriglohnsektor. Auch sog. „Minijobber" unterliegen dieser Regelung und dürfen in einem 450-Euro-Job deswegen nur etwas weniger als 49 Stunden monatlich arbeiten (Stand: 2019).

Die Kontrolle der Einhaltung der Vorschriften nach dem Mindestlohngesetz (z. B. die Dokumentation) wurde auf die Zolldienststellen übertragen, bei denen bereits die Kontrollen auf „Schwarzarbeit" angesiedelt sind.

Ausnahmen vom Mindestlohn

Nicht für jeden Beschäftigten oder für jede Branche gilt dieser Mindestlohn von 9,19 €.

So unterliegen z. B. Minderjährige ohne Berufsabschluss, Auszubildende und teilweise auch Praktikanten nicht dieser Regelung. Ebenso sind ehrenamtlich Tätige und Teilnehmer an einer Maßnahme der Arbeitsförderung nicht davon erfasst.

Ab 2020 sollen Auszubildende im ersten Lehrjahr eine Mindestvergütung von 515,00 € pro Monat erhalten. Bis 2023 soll dieser Mindestbetrag für das erste Lehrjahr schrittweise auf 620,00 € ansteigen. Gleichzeitig wird auch für das zweite und dritte Ausbildungsjahr mehr veranschlagt. Im Jahr 2024 soll der Mindestlohn für Auszubildende dann automatisch mit der Entwicklung der Azubi-Gehälter steigen. Der gesetzliche Mindestlohn soll jedoch nur dort greifen, wo keine Tarifbindung besteht, auch gilt dieser nur für neue Ausbildungsverträge.

Um Langzeitarbeitslosen den Berufseinstieg zu erleichtern, kann in den ersten sechs Monaten ihrer Beschäftigung vom Mindestlohn abgewichen werden.

> **Tipp**
>
> *Nähere Informationen zum Thema erhalten Sie u. a. auf den Seiten des Bundesministeriums für Arbeit und Soziales unter www.bmas.de oder im Mindestlohngesetz (MiLoG).*

Weil aber der Mindestlohn nicht die Regel ist und bei der Entlohnung der meisten Beschäftigten auch andere Grundlagen verwendet werden, sollen diese im Folgenden etwas näher betrachtet werden.

1.7.2 Lohnformen

Um das Betriebsklima innerhalb eines Unternehmens nicht zu stören, muss klar vereinbart sein, welcher Mitarbeiter welche Form der Entlohnung erhält. Es macht wenig Sinn, einem Abteilungsleiter einen Arbeitsvertrag mit Akkordlohn anzubieten, ebenso wenig wie einem Bauarbeiter ein festes monatliches Bruttoeinkommen von z. B. 2 290,00 € zuzusagen.

Zeitlohn

Der Arbeitnehmer erhält die Bezahlung für die Zeit, die er an seinem Arbeitsplatz anwesend und für den Betrieb produktiv tätig war, also eine Leistung erbracht hat. Der Lohn des Mitarbeiters kann dabei nach unterschiedlichen Zeiträumen abgerechnet werden (Stunde, Tag, Woche, Monat).

Heute sind eigentlich nur noch zwei Zeitintervalle von Bedeutung, der Stunden- und der Monatslohn.

Der Zeitlohn wird vorwiegend bei Arbeitnehmern angewandt, bei denen sich die geleistete Arbeitszeit leicht erfassen lässt (z. B. EDV-technische Erfassung der Kommens- und Gehenszeiten).

> **Beispiel**
>
> *Verdienst je Arbeitsstunde · Stunden je Monat = Bruttoverdienst je Monat*
> *13,96 €   ·   154 Stunden   =   2 149,84 €*

Der Zeitlohn wird dort angewandt, wo die sorgfältige Ausführung der Arbeit wichtiger ist als die während der Arbeitszeit erzielte Menge, z. B. im Büro, beim Zahnarzt, bei der Telefonauskunft, aber auch im Lager. Ohne Zeitdruck kann die Qualität der Arbeit dauerhaft gewährleistet werden, bei gefährlichen Arbeiten verhindert man Unvorsichtigkeit aus Zeitmangel. Die Berechnung des Einkommens ist sehr einfach und der Arbeitnehmer kann von einem eigentlich immer gleichbleibenden Verdienst ausgehen. Als Nachteil des Zeitlohns ist oft der mangelnde Wille zur Leistungssteigerung bei den Mitarbeitern festzustellen, frei nach dem Motto: „Mein Geld bekomm ich sowieso!"

Leistungslohn

Der Arbeitnehmer wird hierbei nach der von ihm erbrachten Leistung entlohnt. Er wird für **die in einer bestimmten Zeit** erzielte Menge (Stück, Kilogramm, Quadratmeter usw.) bezahlt, erhält aber einen tariflich garantierten **Mindestverdienst**. Diese Art der Entlohnung wird auch als **Akkord** bezeichnet, wobei man als Bezugsgröße für die Berechnung des Bruttoeinkommens entweder eine Mengen- (Stückgeldakkord) oder eine Zeiteinheit (Stückzeitakkord) verwendet.

Jeder Beschäftigte erhält einen **monatlich festen Grundlohn**. Darüber hinaus kann er seinen Bruttoverdienst steigern, indem er mehr Leistung zeigt als normalerweise üblich ist (z. B. werden Aufträge schneller bearbeitet) und dafür einen **Akkordzuschlag** erhält.

- **Stückgeldakkord**: Vorgabe eines bestimmten Geldbetrags für jedes produzierte Stück; je mehr Stücke hergestellt werden, desto höher ist das Bruttoeinkommen (häufig im Baugewerbe zu finden).
- **Stückzeitakkord**: Vorgabe einer bestimmten Zeit, in der ein Stück zu produzieren ist; wird für die Herstellung eines Stückes weniger Zeit benötigt, erhöht sich das Bruttoeinkommen (vor allem in der Metall- und Elektroindustrie).

Voraussetzungen für die Gewährung eines Akkordlohnes sind:

- Jeder Arbeitnehmer weiß genau, was er zu tun hat; die einzelnen Arbeitsschritte müssen nachvollziehbar sein.
- Jeder Arbeitnehmer weiß, dass ein bestimmter Arbeitsgang in einer vorgegebenen Zeit erledigt sein kann.
- Jeder Arbeitnehmer weiß, dass er die Möglichkeit hat, seine Aufträge früher beenden zu können und damit mehr Geld zu verdienen.
- Jeder Arbeitnehmer weiß, dass sich die Arbeitsgänge in seinem Aufgabenbereich immer gleich wiederholen.

Für den einzelnen Mitarbeiter bietet der Leistungslohn die Möglichkeit, sein eigenes Einkommen durch den Einsatz seiner Arbeitskraft zu erhöhen und damit das Prinzip der Leistungsgerechtigkeit verwirklicht zu sehen: „Wer mehr während der Arbeitszeit schafft und damit schneller arbeitet, soll auch mehr verdienen!"

Dabei besteht jedoch die Gefahr, dass die Mitarbeiter ihre Arbeitskraft übertrieben einsetzen und damit ihrer Gesundheit schaden, wie es im Baugewerbe (z. B. bei Fliesenlegern, Verputzern) häufig der Fall ist. In Industriebetrieben kommt es zu verstärkter Abnutzung von Werkzeugen und Maschinen, weil mehr Material verarbeitet wird. Außerdem muss in allen Bereichen die Qualität der Arbeit ständig überwacht werden.

Prämienlohn

Der Arbeitnehmer bezieht einen **zeitabhängigen Grundlohn** und hat die Möglichkeit, eine **leistungsabhängige Prämie** zu erhalten. Der Prämienlohn stellt also eine Kombination aus Zeit- und Leistungslohn dar.

Prämien werden beispielsweise bezahlt für:

- **Qualität**: Es wird weniger Ausschuss produziert; genaueres Arbeiten erfordert geringere Nacharbeiten.

- **Ersparnis:** Es werden weniger Rohstoffe oder Energie verbraucht; bei der Produktion fällt weniger Abfall an.
- **Nutzung:** Maschinen und Werkzeuge werden bestmöglich eingesetzt.
- **Besondere Gesichtspunkte:** Termine werden pünktlich eingehalten; Verhütung von Unfällen.

Die zunehmende **Automatisierung** der Produktionsprozesse hat für den Arbeitnehmer zur Folge, dass er sein mengenmäßiges Arbeitsergebnis nur noch in geringem Umfang beeinflussen kann. Er ist fast nur noch mit der Steuerung und Überwachung der Maschinen beschäftigt; die Anforderungen an den Mitarbeiter verschieben sich mehr und mehr von körperlicher Arbeit in Richtung Aufmerksamkeit und Konzentration. Weil dabei weder Zeitlohn (zu wenig Anreiz für Leistungssteigerungen) noch Leistungslohn (die erzielte Menge kann nicht beeinflusst werden) geeignet sind, gewinnt das Prämienlohnsystem immer mehr an Bedeutung.

In anderen Bereichen, z. B. bei Verkäufern oder Außendienstmitarbeitern, ist der **Prämienlohn** ein großer **Anreiz** für **Leistungssteigerungen**. Neben einem monatlichen Grundgehalt **(Fixum)** kann durch gute Arbeitsleistung mehr Umsatz erzielt werden. Vom Mehrumsatz, der über dem erwarteten Umsatz des Mitarbeiters liegt, wird meist eine prozentuale Prämie berechnet, die er zusätzlich zu seinem Fixum erhält.

Vorteilhaft für die Unternehmen ist die Anwendung dieser Art der Vergütung immer dann, wenn die Voraussetzungen für die Gewährung eines Leistungslohnes fehlen, den Arbeitnehmern aber ein Anreiz zur Steigerung ihrer Arbeitsleistung geboten werden soll. Der Mitarbeiter erkennt, dass es sich trotzdem durchaus lohnt, mehr Einsatzwillen für den Betrieb zu zeigen.

1.7.3 Betriebliche Sozialleistungen

In der **sozialen Marktwirtschaft** wird die Höhe des Einkommens nicht nur durch die eigene Arbeitsleistung bestimmt. Vielmehr finden auch die persönlichen Lebensumstände des Beschäftigten (z. B. Alter, Familienstand), aber auch die Dauer der Betriebszugehörigkeit Berücksichtigung.

> *Tipp*
>
> *Zum Thema „Soziale Marktwirtschaft" erfahren Sie mehr im Kapitel 2.6.*

An diesen Leistungen haben sich auch die Unternehmen zu beteiligen, obwohl sie dafür keine echte Gegenleistung erhalten.

Im Jahre 2016 waren diese sog. Lohnnebenkosten fast noch einmal so hoch wie die gesamten Personalkosten, d. h., jedes Unternehmen gab für seine Mitarbeiter an Sozialleistungen fast noch einmal so viel aus wie für Löhne und Gehälter. In diesem Zusammenhang wird auch oft vom „zweiten Lohn" gesprochen, den der Arbeitgeber zu bezahlen hat.

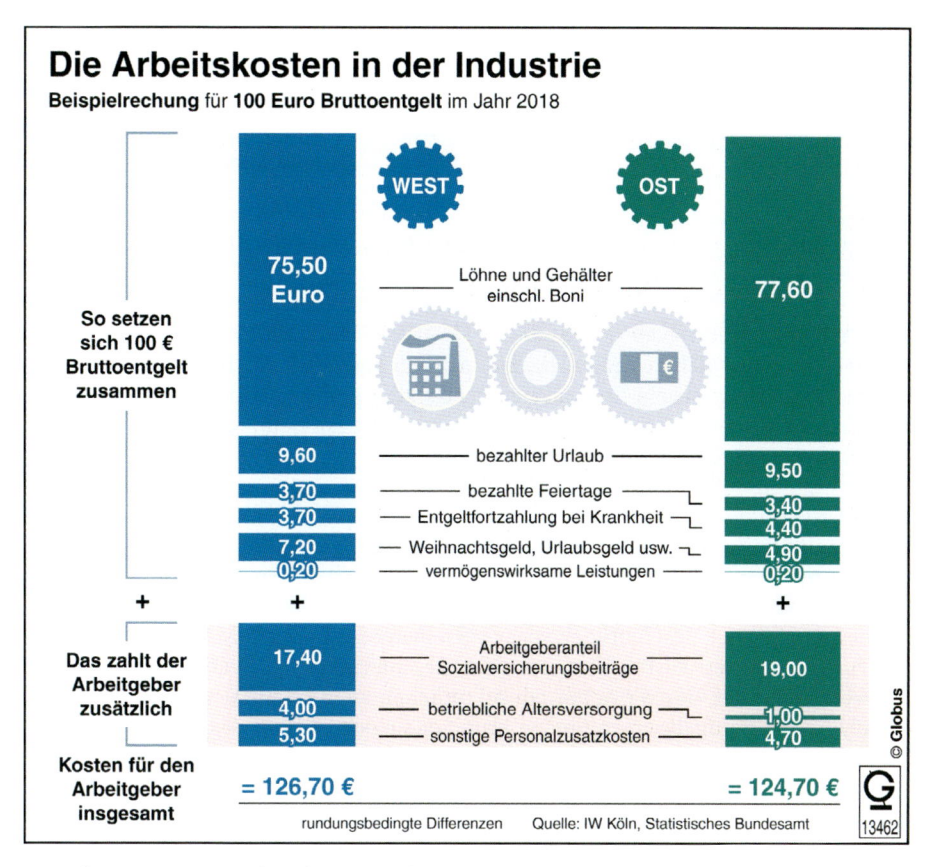

Die Arbeitskosten in der Industrie
Beispielrechnung für **100 Euro Bruttoentgelt** im Jahr 2018

	WEST	OST
So setzen sich 100 € Bruttoentgelt zusammen	75,50 Euro — Löhne und Gehälter einschl. Boni	77,60
	9,60 — bezahlter Urlaub	9,50
	3,70 — bezahlte Feiertage	3,40
	3,70 — Entgeltfortzahlung bei Krankheit	4,40
	7,20 — Weihnachtsgeld, Urlaubsgeld usw.	4,90
	0,20 — vermögenswirksame Leistungen	0,20
Das zahlt der Arbeitgeber zusätzlich	17,40 — Arbeitgeberanteil Sozialversicherungsbeiträge	19,00
	4,00 — betriebliche Altersversorgung	1,00
	5,30 — sonstige Personalzusatzkosten	4,70
Kosten für den Arbeitgeber insgesamt	= 126,70 €	= 124,70 €

rundungsbedingte Differenzen Quelle: IW Köln, Statistisches Bundesamt

© Globus 13462

Zu sozialen Leistungen für ihre Mitarbeiter werden Unternehmen teilweise, z. B. durch den Gesetzgeber, gezwungen, andererseits bieten sie aber auch freiwillig Leistungen an, um z. B. Beschäftigte längerfristig im Betrieb zu halten oder zu gewinnen.

Gesetzliche Leistungen des Betriebes

Hierunter werden alle Sozialleistungen eines Unternehmens verstanden, die es aufgrund von Gesetzen oder Tarifverträgen zu erfüllen hat.

Beiträge des Arbeitgebers zu Sozialversicherungen
Nicht nur der Arbeitnehmer muss **Sozialversicherungsbeiträge** leisten, auch sein Arbeitgeber ist gesetzlich dazu verpflichtet. Für jeden Mitarbeiter sind Abgaben für Arbeitslosen-, Kranken-, Renten- und Pflegeversicherung zu zahlen, wobei Arbeitgeber und Arbeitnehmer jeweils etwa die Hälfte der Beiträge zu übernehmen haben.

Beiträge an Berufsgenossenschaften
Für jeden Mitarbeiter muss eine Unfallversicherung bei der für das Unternehmen zuständigen Berufsgenossenschaft abgeschlossen sein. Die Kosten hierfür trägt der Arbeitgeber allein.

> **Tipp**
>
> *Im Kapitel 1.8 erfahren Sie mehr über Sozialversicherungen und die Unfallversicherung.*

Arbeits- und Gesundheitsschutz

Der **Arbeitgeber** hat allein die **Kosten zu tragen**, die ihm dadurch entstehen, seine Mitarbeiter vor möglichen **Arbeitsunfällen zu schützen** und damit Schädigungen in der Gesundheit zu vermeiden. So ist z. B. die arbeitsplatzgerechte Einkleidung eines Schweißers mit Lederschürze, Lederhandschuhen und Gesichtsmaske Sache des Unternehmers.

Darüber hinaus trägt der Arbeitgeber die Kosten der Lohnfortzahlung im Falle einer Schwangerschaft einer Beschäftigten, obwohl sie (während bestimmter Mutterschutzfristen) nicht im Betrieb tätig sein darf.

Urlaub, Arbeitsausfälle

Jedem Arbeitnehmer stehen gesetzlich und tariflich vereinbarte Erholungszeiten (Urlaub) zur Verfügung, in denen sein Einkommen aber weiter gezahlt wird. Bei Krankheit ist der Arbeitgeber verpflichtet, sechs Wochen lang den bisherigen Lohn an den Beschäftigten zu zahlen, ohne eine Gegenleistung zu erhalten.

Sonstige Leistungen

Das Unternehmen hat beispielsweise die Kosten für Betriebsversammlungen zu tragen, die regelmäßig während der Arbeitszeit durchzuführen sind. In dieser Zeit wird aber keine produktive Leistung erbracht. Bei Unternehmen mit einer großen Anzahl von Mitarbeitern sieht die Mitbestimmung der Beschäftigten sogar vor, einen oder mehrere Mitglieder des Betriebs- bzw. Personalrates (Betriebsrat: Vertretung der Beschäftigten in Privatunternehmen; Personalrat: Vertretung der Beschäftigten bei öffentlichen Dienststellen) vollkommen von der eigentlichen Arbeitsaufgabe zu entbinden, damit er sich den Fragen des Personalvertretungsrechts widmen kann. Der Lohn muss trotzdem vom Unternehmen bezahlt werden.

> **Tipp**
>
> *Mehr Informationen über den Betriebsrat erhalten Sie im Kapitel 1.5.1.*

Pensionsrückstellungen

In den Tarifverträgen für die verschiedenen Wirtschaftszweige wird oftmals vereinbart, dass Unternehmen ab einer bestimmten Mitarbeiterzahl Rückstellungen für Pensionen bilden müssen, um später eine Betriebsrente auszahlen zu können. Auch hierzu hat der Arbeitgeber einen angemessenen Beitrag zu leisten.

Freiwillige Leistungen des Betriebes

Aus vielfältigen Gründen gewähren Unternehmen auch freiwillig Leistungen, die für die Beschäftigten kostenlos oder vergünstigt sind.

So bieten große Unternehmen ihren Mitarbeitern vielfach Erholungsheime, Sportplätze oder -hallen, Schwimmbäder, Bibliotheken, Werkswohnungen usw. an. Automobilhersteller geben Fahrzeuge an Belegschaftsangehörige mit Firmenrabatt ab. Firmenwagen können auch privat genutzt werden.

Kleinere Unternehmen bieten sog. Personalverkäufe an, bei denen Produkte, die im eigenen Betrieb hergestellt oder verkauft werden, durch das Personal zu erheblich günstigeren Preisen erworben werden können. Sowohl für Auszubildende als auch Facharbeiter werden Fahrtkostenzuschüsse, günstiges Kantinenessen oder die Übernahme von Lehrgangskosten gewährt.

Bei langjähriger Betriebszugehörigkeit werden **Gratifikationen** (als Dank für die Treue zum Unternehmen) bezahlt; Verbesserungsvorschläge, die dem Unternehmen helfen Kosten einzusparen, werden oft mit einer Prämie belohnt.

Bei all diesen Leistungen ist allerdings zu beachten, dass der „geldwerte Vorteil" – die Ersparnis gegenüber anderen Bürgern in der Bundesrepublik – durch den Arbeitnehmer immer in der Einkommensteuererklärung anzugeben ist und ab einer bestimmten Höhe auch als Verdienst besteuert wird.

1.7.4 Berechnung des Monatseinkommens

Das Bruttoeinkommen eines Mitarbeiters errechnet sich beispielsweise aus Stundenlohn und geleisteten Arbeitsstunden.

Beispiel
Verdienst je Arbeitsstunde · Stunden je Monat = Bruttoverdienst je Monat
13,96 € · 154 Stunden = 2 149,84 €

Bruttolohn, Bruttoeinkommen oder Bruttoverdienst

All diese Begriffe sagen aus, dass man diesen Geldbetrag eigentlich von seinem Arbeitgeber für die erbrachte Arbeitsleistung erhalten müsste. In Wirklichkeit aber wird auf dem Gehaltskonto nur der Nettolohn gutgeschrieben, der um einiges niedriger ausfällt, weil Lohnsteuerklasse, Sozialversicherungsbeiträge oder in der Lohnsteuerkarte eingetragene Freibeträge auf die Höhe des Bruttoverdienstes und sonstige Abgaben einen wesentlichen Einfluss haben. Staat, Sozialversicherungen und auch religiöse Organisationen erhalten einen Anteil des Einkommens, das der einzelne Beschäftigte erwirtschaftet hat.

Lohnsteuerklassen

Jeder Arbeitnehmer wird einer bestimmten Lohnsteuerklasse zugeordnet, um eine möglichst gleichmäßige Belastung aller Beschäftigten sicherzustellen. Ein verheirateter Familienvater von vier Kindern unterliegt genauso der Einkommensteuerpflicht wie eine junge Chefsekretärin, die ihre Zweizimmerwohnung allein benutzt; auch ein Vorstandsmitglied einer Aktiengesellschaft hat Einkommensteuer zu bezahlen.

Die Zuordnung zu den verschiedenen **Lohnsteuerklassen** erfolgt nach **Familienstand**, **Verdienst der Erwerbstätigen** (wenn beide eine Beschäftigung ausüben) oder der **Anzahl der Beschäftigungsverhältnisse**, wobei verheirateten Steuerpflichtigen Wahlmöglichkeiten eingeräumt werden. Die Lohnsteuerklasse wird auf der Lohnsteuerkarte eines jeden Arbeitnehmers eingetragen und bestimmt wesentlich die Höhe des monatlichen Nettoeinkommens.

Die Zuordnung zu einer Lohnsteuerklasse ist für das laufende Kalenderjahr aber keineswegs endgültig. Sollten Sie z. B. während des Jahres heiraten und Ihr Ehegatte ist ebenfalls berufstätig, können Sie bei Ihrem zuständigen Finanzamt eine Änderung der Lohnsteuerklassen beantragen. Die neue Einstufung gilt dann rückwirkend ab dem 1. Januar des Veranlagungszeitraums.

Steuer-klasse	Arbeitnehmergruppe
I	Gilt für alle ledigen Arbeitnehmer; darüber hinaus werden geschiedene oder von ihrem Ehepartner dauernd getrennt lebende Beschäftigte in diese Steuerklasse eingestuft. Wohnt ein Ehegatte im Ausland, der Steuerpflichtige aber in Deutschland, wird der deutsche Arbeitnehmer ebenfalls in die Lohnsteuerklasse I eingruppiert. Verwitwete Arbeitnehmer werden erstmals wieder in Klasse I eingestuft, wenn der Ehepartner spätestens im vorletzten Jahr vor dem aktuellen Steuerjahr verstorben ist.
II	Gilt für die in der Lohnsteuerklasse I genannten Beschäftigten, wenn in ihrem Haushalt ein Kind wohnt, ■ das mit Haupt- oder Nebenwohnung an dieser Adresse gemeldet ist und ■ für das sie Kindergeld bzw. einen Kinderfreibetrag erhalten. Bei dieser Klasse gibt es jedoch zahlreiche Ausnahmen, Einschränkungen und vom Gesetz her zu unterlassende Einstufungen, weshalb Sie sich auch mit kundigen Partnern besprechen sollten (z. B. mit Bekannten, die etwas davon verstehen; bei größeren Vorhaben wie Hausbau oder Unternehmensgründung ist aber auch die Meinung eines Steuer- oder auch Unternehmensberaters von Bedeutung).
III	Sie ist verheirateten Arbeitnehmern vorbehalten, wenn beide ■ im Inland wohnen, ■ nicht dauernd getrennt leben **und** ■ der Ehegatte keinen Arbeitslohn bezieht oder mit Arbeitsentgelt in Lohnsteuerklasse V eingestuft ist. Außerdem wird ein überlebender Ehegatte in Steuerklasse III eingestuft, wenn der Ehepartner erst im Veranlagungsjahr verstorben ist.
IV	Wenn zwei miteinander verheiratete Arbeitnehmer Arbeitslohn beziehen, beide in Deutschland wohnen und nicht dauernd getrennt leben, dann ist die Lohnsteuerklasse IV für beide möglich. Ob die Kombination IV/IV über das Jahr gesehen vorteilhaft ist, hängt von den persönlichen Umständen der Beschäftigten ab (z. B. Höhe der einzelnen Einkommen, neu geschaffenes Wohnungseigentum). Seit 2010 kann auch die Steuerklassenkombination „IV/IV mit Faktor" gewählt werden; damit nähert sich der monatliche Lohnsteuerabzug der tatsächlichen Jahressteuerschuld weitgehend an.
V	Ein Ehegatte wird in die Klasse V eingestuft, wenn durch Antrag bei der für die Änderung der Lohnsteuerkarte zuständigen Behörde (Finanzamt) angezeigt wird, dass beide die Kombination der Steuerklassen III/V wünschen. Ein Ehegatte wird für das laufende Einkommen nach Lohnsteuerklasse III, der andere Ehegatte für seinen Verdienst nach Lohnsteuerklasse V besteuert.
VI	Bezieht ein Arbeitnehmer von mehreren Arbeitgebern Lohn oder Gehalt, so ist bei jedem dieser Arbeitgeber eine Lohnsteuerkarte vorzulegen. Erhält ein Mitarbeiter von mehreren Unternehmen eine Vergütung, so hat er oder sie ab dem zweiten Beschäftigungsverhältnis Abgaben nach Lohnsteuerklasse VI zu entrichten.

Tipp

In Ihrem zuständigen Finanzamt liegt normalerweise die Broschüre „Kleiner Ratgeber für Lohnsteuerzahler" aus, die jedes Jahr neu erstellt wird. Darin finden Sie auch Hinweise zur Wahl der Lohnsteuerklassen. Außerdem erteilt jedes Finanzamt kostenlose Auskünfte hinsichtlich der Wahl der Steuerklassen. Rufen Sie doch einmal an oder gehen Sie selbst dorthin, um Ihre Fragen beantwortet zu bekommen.

Vom Brutto- zum Nettoverdienst

In jeder **Lohn-** oder **Gehaltsabrechnung** ist sowohl das „Brutto" als auch das „Netto" auszuweisen. Dass hierin ein großer Unterschied besteht, soll an einem Beispiel verdeutlicht werden.

Herr Maier (45 Jahre alt), Lagerleiter einer kleineren Spedition in Dingolfing (Bayern), erhält den tariflich vereinbarten Bruttolohn in Höhe von 2014,50 €. Er ist unverheiratet und hat keine Kinder. In seiner Freizeit singt er gerne im Kirchenchor der Gemeinde St. Martin und ist deswegen Mitglied in der katholischen Kirche. Von seinem Arbeitgeber erhält er tariflich vereinbarte vermögenswirksame Leistungen in Höhe von 27,00 € monatlich, den gleichen Betrag zahlt er selbst nochmals in einen Bausparvertrag ein.

Seine Lohnabrechnung sieht folgendermaßen aus (ohne Berücksichtigung sich verändernder Beitragssätze zur Sozialversicherung und Steuertarife):

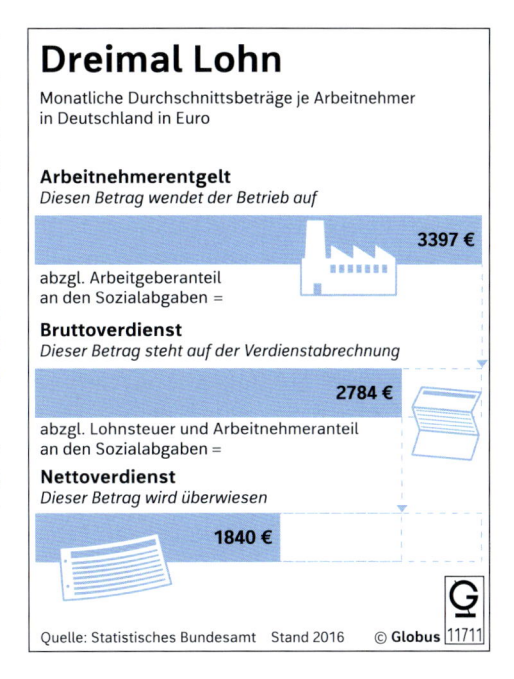

Dreimal Lohn
Monatliche Durchschnittsbeträge je Arbeitnehmer in Deutschland in Euro

Arbeitnehmerentgelt
Diesen Betrag wendet der Betrieb auf
3397 €

abzgl. Arbeitgeberanteil an den Sozialabgaben =
Bruttoverdienst
Dieser Betrag steht auf der Verdienstabrechnung
2784 €

abzgl. Lohnsteuer und Arbeitnehmeranteil an den Sozialabgaben =
Nettoverdienst
Dieser Betrag wird überwiesen
1840 €

Quelle: Statistisches Bundesamt   Stand 2016   © Globus 11711

Maier, Manfred Lagerleiter Abrechnungszeitraum: März	Steuerklasse: I/0, RK
Bruttolohn	2014,50 €
+ verm. Leistungen (AG)	27,00 €
Bruttoverdienst	2041,50 €
− Lohnsteuer	191,91 €
− Kirchensteuer	15,35 €
− Solidaritätszuschlag	10,55 €
− Rentenversicherung	189,86 €
− Arbeitslosenversicherung	24,50 €
− Krankenversicherung	158,22 €
− Pflegeversicherung	36,23 €
Nettoverdienst	1414,88 €
− verm. Anlage (AN und AG)	54,00 €
Überweisungsbetrag	1360,88 €

Da Herr Maier kinderlos ist, hat er seit Januar 2005 einen um 0,25 Prozentpunkte erhöhten Beitragssatz zur gesetzlichen Pflegeversicherung zu leisten. Dadurch soll eine vergleichbare Belastung für Paare mit und ohne Kinder sichergestellt werden.

Könnte Herr Maier ein Kind „vorweisen", wären nach dem Kinderberücksichtigungsgesetz (KiBG) vom 1. Oktober 2004 lediglich 1,775 % des Bruttoverdienstes in Abzug zu bringen.

Der Beitragssatz zur gesetzlichen Krankenversicherung wird im Grundsatz zentral von der Bundesregierung für alle Krankenkassen, Ersatzkassen, Knappschaft usw. festgelegt. Darüber hinaus können die Träger der gesetzlichen Krankenversicherung über evtl. notwendige Zusatzbeiträge selbst entscheiden.

Tipp

Im Internet kann man mithilfe sog. „Steuerrechner" zu jeder Zeit überprüfen, in welcher Höhe man dem Staat Lohn- oder Einkommensteuer schuldet: Bei korrekter Eingabe der wichtigsten Daten liefern z. B. www.steuernetz.de und auch www.bmf-steuerrechner.de eine sehr genaue Berechnung der Lohn- oder Einkommensteuer. Nachsehen lohnt sich!

Der Nettoverdienst – oder wie in diesem Beispiel der Überweisungsbetrag – fällt also wesentlich niedriger aus als der Bruttoverdienst. Dafür gibt es verschiedene Gründe.

Die Lohnsteuer

Der Staat erhebt für Einkünfte aus nicht selbstständiger Arbeit die Lohnsteuer. Ihre Höhe wird im Wesentlichen durch den Familienstand des Arbeitnehmers und die Anzahl der Kinder bestimmt, für die ein Kinderfreibetrag auf der Lohnsteuerkarte des Arbeitnehmers eingetragen ist. Weitere Freibeträge, z.B. für Kinder, verringern die Steuerlast des Steuerpflichtigen. **Die Lohnsteuer wird durch den Arbeitgeber vom Verdienst einbehalten und an das zuständige Finanzamt abgeführt.**

Bis zu einer gewissen Höhe – dem **Grundfreibetrag** (auch als „steuerliches Existenzminimum" bekannt) – werden Einkommen aus sozialen Gründen nicht mit der Lohnsteuer belastet. Darüber wird jeder mehr verdiente Euro immer stärker besteuert **(Steuerprogression)**. Ab einem gewissen Verdienst wird der sog. Spitzensteuersatz erreicht, von dem ab jeder Euro, der mehr verdient wird, einem gleich hohen Steuersatz unterliegt.

Kinderfreibeträge werden durch das Finanzamt elektronisch dem Arbeitgeber mitgeteilt. Der Arbeitnehmer, bei dem das Kind oder die Kinder eingetragen sind, erhält trotzdem in jedem Fall zusätzlich zu seinem Nettoverdienst das Kindergeld, das durch die Familienkassen bei den Arbeitsagenturen ausbezahlt wird. Seit Januar 2019 sind für das erste und zweite Kind jeweils 204,00 €, für das dritte 210,00 € und für jedes weitere Kind 235,00 € steuerfrei an den Arbeitnehmer zu überweisen.

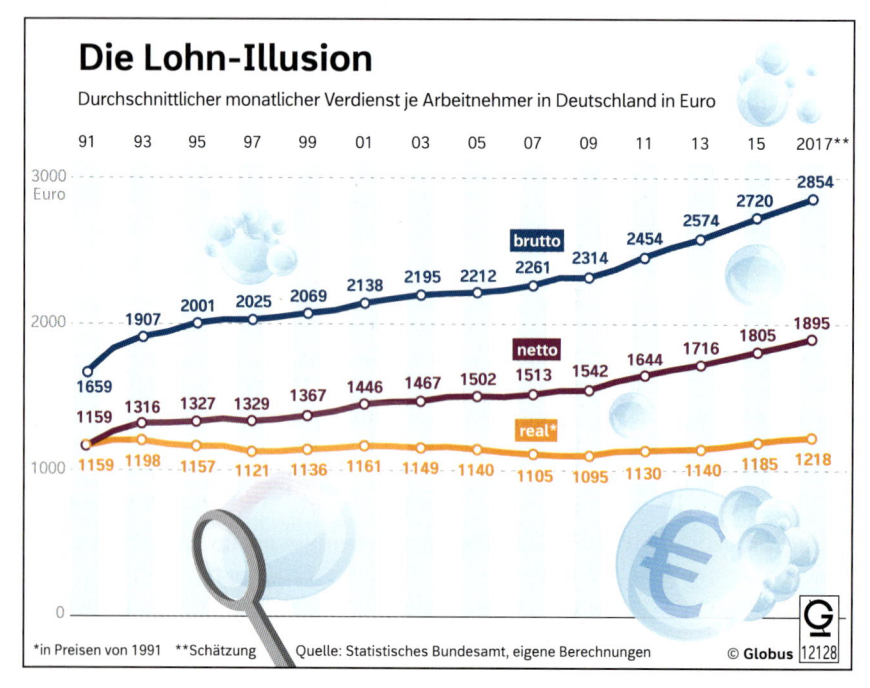

Die Lohn-Illusion

Durchschnittlicher monatlicher Verdienst je Arbeitnehmer in Deutschland in Euro

brutto (in Euro, Jahre 91–2017):
1659, 1907, 2001, 2025, 2069, 2138, 2195, 2212, 2261, 2314, 2454, 2574, 2720, 2854

netto:
1159, 1316, 1327, 1329, 1367, 1446, 1467, 1502, 1513, 1542, 1644, 1716, 1805, 1895

real* (in Preisen von 1991):
1159, 1198, 1157, 1121, 1136, 1161, 1149, 1140, 1105, 1095, 1130, 1140, 1185, 1218

*in Preisen von 1991   **Schätzung   Quelle: Statistisches Bundesamt, eigene Berechnungen

© Globus 12128

Im Rahmen des „**Familienleistungsausgleichs**" prüft das zuständige Finanzamt bei der Veranlagung zur Einkommensteuer aber, ob es für den Arbeitnehmer besser ist, das Kindergeld oder den Kinderfreibetrag bei der Einkommensteuererklärung in Anspruch zu nehmen. Dies geschieht „von Amts wegen", d. h., die Finanzbehörden sind verpflichtet, die für den Steuerpflichtigen günstigere Lösung zu ermitteln.

Die Kirchensteuer

Bei Mitarbeitern, die einer steuererhebenden Religionsgemeinschaft angehören, **behält der Arbeitgeber auch die Kirchensteuer ein** und führt sie zusammen mit der Lohnsteuer an das zuständige Finanzamt ab.

Die Kirchensteuer wird prozentual von der ermittelten Lohnsteuer berechnet, wobei in den einzelnen Bundesländern zwei verschiedene Steuersätze angewendet werden: 8 % in Baden-Württemberg und Bayern, 9 % in den übrigen. Dabei ist aber zu beachten, dass der für das Bundesland geltende Kirchensteuersatz herangezogen wird, in dem der Betrieb liegt.

Beispiel
Frau Müller, ledig und ohne Kinder, zahlt monatlich Lohnsteuer in Höhe von 297,30 €. Sie wohnt in Hof (Bayern), arbeitet aber in Plauen (Sachsen). Ihre Kirchensteuer wird mit 9 % von 297,30 €, also 26,76 € berechnet. Hätte sie ihre Arbeitsstelle am Wohnort, wären nur 23,78 € an Kirchensteuer zu entrichten.

Endgültig erhält die steuererhebende Religionsgemeinschaft die vom Arbeitnehmer zu tragende Kirchensteuer.

Der Solidaritätszuschlag

Zusätzlich zur Lohnsteuer wird seit dem 1. Januar 1995 der Solidaritätszuschlag erhoben. Damit sollten die Kosten für die Wiederherstellung der Einheit Deutschlands und die Ausgaben für die Modernisierung der Wirtschaft und Infrastruktur (Straßen, Schulen, Krankenhäuser usw.) in den neuen Bundesländern getragen werden. Er ist im steuerrechtlichen Sinne keine Steuer, sondern stellt eine Abgabe dar, auch wenn der Empfänger der Staat ist. Der Solidaritätszuschlag beträgt seit dem 1. Januar 1998 einheitlich für alle Bundesländer 5,5 %, wobei die Bemessungsgrundlage die zu zahlende Lohnsteuer bildet.

Der Solidaritätszuschlag wird vom Arbeitgeber zusammen mit Lohn- und Kirchensteuer an das Finanzamt überwiesen.

Die Sozialversicherungsbeiträge

Der Arbeitgeber ist verpflichtet, an die Krankenkasse des Arbeitnehmers Beiträge zur Renten-, Arbeitslosen-, Kranken- und Pflegeversicherung abzuführen. An diese Versicherungszweige haben das Unternehmen und der Mitarbeiter i. d. R. die Hälfte der Sozialabgaben zu zahlen, die in ihrer Höhe normalerweise gesetzlich festgelegt sind. Nur in der Krankenversicherung können die Beiträge schwanken: Jede Krankenkasse erhält grundsätzlich aus dem sog. „Gesundheitsfonds" bestimmte Zahlungen; reichen diese Mittel nicht aus, um die Leistungen ihrer Mitglieder bedienen zu können, kann sie einkommensabhängige „Zusatzbeiträge" erheben.

Die Bundesregierung wurde ermächtigt, alle Beiträge zu den Zweigen der gesetzlichen Sozialversicherung, wofür der Arbeitnehmer mit aufkommen muss, festzulegen.

Berechnungsgrundlage für die Ermittlung der Sozialversicherungsbeiträge ist der Bruttoverdienst einschließlich aller etwaigen Zulagen und der vermögenswirksamen Leistungen des Arbeitgebers. Dabei steigen die Beiträge zu den Sozialversicherungszweigen allerdings nicht ins Unermessliche.

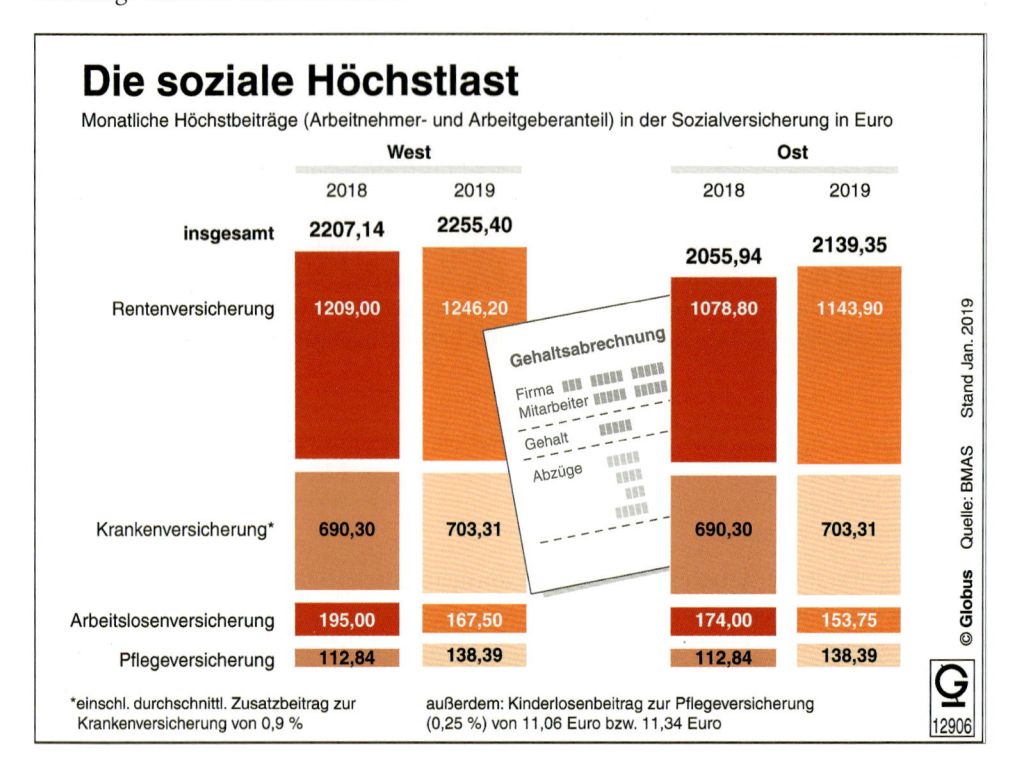

Die soziale Höchstlast
Monatliche Höchstbeiträge (Arbeitnehmer- und Arbeitgeberanteil) in der Sozialversicherung in Euro

	West 2018	West 2019	Ost 2018	Ost 2019
insgesamt	2207,14	2255,40	2055,94	2139,35
Rentenversicherung	1209,00	1246,20	1078,80	1143,90
Krankenversicherung*	690,30	703,31	690,30	703,31
Arbeitslosenversicherung	195,00	167,50	174,00	153,75
Pflegeversicherung	112,84	138,39	112,84	138,39

*einschl. durchschnittl. Zusatzbeitrag zur Krankenversicherung von 0,9 %

außerdem: Kinderlosenbeitrag zur Pflegeversicherung (0,25 %) von 11,06 Euro bzw. 11,34 Euro

Stand Jan. 2019 · Quelle: BMAS · © Globus 12906

Das Bruttoeinkommen eines Arbeitnehmers wird nur bis zur **Beitragsbemessungsgrenze** für die Berechnung der Sozialversicherungsabgaben herangezogen. Vom darüber liegenden Bruttoeinkommen werden keine Beiträge zur Sozialversicherung einbehalten.

Wegen der unterschiedlichen Lohnniveaus gelten in den alten und neuen Bundesländern zum Teil noch unterschiedliche Beitragsbemessungsgrenzen.

Tipp
Sehen Sie im Kapitel 1.8.2 nach, um mehr über die Beitragsbemessungsgrenzen in den einzelnen Sozialversicherungszweigen zu erfahren.

Die vermögenswirksamen Leistungen
Der Staat fördert die Anlage von Kapital in den Bereichen des Sparens, des Bausparens, des Lebensversicherungssparens und der Beteiligung an Unternehmen (Produktivkapital). Pro Jahr kann ein Arbeitnehmer Teile seines Verdienstes vermögenswirksam anlegen und erhält dafür vom Staat eine Prämie, die in ihrer Höhe allerdings abhängig von der Anlageart bezahlt wird. Außerdem dürfen bestimmte Einkommensgrenzen nicht überschritten werden. Diese Prämie muss evtl. im Rahmen einer Einkommensteuererklärung beantragt werden.

Ob der Arbeitnehmer überhaupt eine Prämie erhält, hängt von seinem zu versteuernden Einkommen ab. Ist es zu hoch, entfällt der Zuschuss durch den Staat; bei Verheirateten steigt der Betrag des zu versteuernden Einkommens, bis zu dem die **Arbeitnehmersparzulage** gewährt wird, aber auf das Doppelte an. Persönliche Faktoren spielen hierbei also eine entscheidende Rolle, weil das zu versteuernde Einkommen z. B. auch vom Familienstand oder der Anzahl der Kinder abhängt.

	Staatliche Förderungsmöglichkeiten (Beispiele)		
	Angaben für Ehepaare (beide berufstätig) in Euro		
	Geförderte Sparleistung	Staatliche Förderung	
		In Prozent der eingezahlten Summe	Maximalförderung
Bausparvertrag	940,00 €	9 %	86,00 €
Aktienfonds	800,00 €	20 %	160,00 €
Wohnungsbauprämie	1 024,00 €	8,8 %	90,11 €
Private Zusatzrente	Abhängig vom Kalenderjahr müssen bestimmte Anteile des Einkommens für die private Altersvorsorge aufgebracht werden, um staatliche Fördermittel erhalten zu können.		

In den meisten Tarifverträgen ist vereinbart, dass sich der Arbeitgeber ebenfalls an der **Förderung des privaten Sparens** zu beteiligen hat. So erhalten die Beschäftigten bis zu 48,00 € als vermögenswirksame Leistungen des Arbeitgebers vergütet, die dem Bruttoeinkommen zuzurechnen und damit zu versteuern sind.

Weil die Beteiligung des Arbeitgebers normalerweise nicht 48,00 € je Monat beträgt, aber jeder Mitarbeiter i. d. R. die Höchstgrenze ausnutzen möchte, zahlen sehr viele Arbeitnehmer freiwillig Beiträge an den Träger ihrer Geldanlage, um in den Genuss der höchsten Förderung zu gelangen.

Diese Beiträge werden regelmäßig durch das Unternehmen vom Nettoverdienst einbehalten und direkt an den Empfänger der vermögenswirksamen Anlage (z. B. die Bausparkasse oder das Kreditinstitut) des Mitarbeiters überwiesen. Insofern verringert sich der Nettoverdienst des Arbeitnehmers um den Betrag, den er selbst bezahlen muss, damit er die staatliche Höchstförderung in Anspruch nehmen kann.

Tipp

Ihr Kreditinstitut gibt Ihnen sicherlich gerne Auskunft, welche Art der Vermögensbildung für Sie infrage kommt. Dabei sollten Sie aber bereits Ihre persönlichen Zukunftspläne wissen und verfolgen. Bei der Erstellung der Einkommensteuererklärung helfen Ihnen Steuerberater oder auch Lohnsteuerhilfe-Vereine, die es in jeder Stadt gibt.

Übrigens haben auch Sie als Auszubildender oder Umschüler einen Anspruch auf die Zahlung der vermögenswirksamen Leistungen, wenn in dem für Sie geltenden Tarifvertrag bzw. Ausbildungs- oder Umschulungsvertrag dies vereinbart wurde.
Überlegenswert ist es dann auf jeden Fall, in eine staatlich geförderte Sparform zu investieren: Schließlich spart Ihr Ausbildungsbetrieb oder Ihr Arbeitgeber zusammen mit Ihnen, und zwar nur für Sie.

1.7.5 Die Einkommensteuererklärung

Zur Abgabe der Einkommensteuererklärung kann man durch die Finanzbehörden verpflichtet werden; andererseits kann es sich finanziell durchaus lohnen, eine solche Erklärung freiwillig abzugeben.

Haben Sie Kinder, für die Sie Unterhalt bezahlen, fahren Sie jeden Tag mit Ihrem eigenen Auto über weite Strecken zur Arbeitsstelle, haben Sie erst vor Kurzem eine neue Wohnung bezogen? Das alles sind Fragen, die es wert sind zu überlegen:

- Welche **Ausgaben** sind mir während des Jahres (z. B. als Zuzahlung zu ärztlichen Rezepten für Medikamente, auch als Unterhalt für meine Eltern oder andere Angehörige, für Reparaturen in der eigenen Wohnung) entstanden?
- Welche **Fahrtkosten** zum Arbeitsplatz hatte ich, wie viel hat mir mein Arbeitgeber erstattet, in welcher Höhe kann ich meine Ausgaben steuerlich geltend machen?
- Für meine **Weiterbildung im Beruf** habe ich im letzten Jahr 1 175,00 € bezahlt. Erhalte ich zumindest eine teilweise Erstattung dafür?

In diesen Fällen sollten Sie den „Antrag auf Veranlagung zur Anrechnung der Lohnsteuer" stellen.

Hatten Sie aber einen Freibetrag beantragt und wurde dieser gewährt, so sind Sie verpflichtet, nach Ablauf des Kalenderjahres unaufgefordert eine Einkommensteuererklärung an die Finanzbehörde abzugeben.

Beispiele
für die sog. Pflichtveranlagung:
- *Sie erzielen z. B. Einkünfte über 410,00 € aus Vermietung und Verpachtung.*
- *Sie oder Ihr Ehegatte haben im letzten Jahr Krankengeld oder Arbeitslosengeld bezogen, das mehr als 410,00 € betrug.*
- *Sie haben mehr als 410,00 € an ausländischen Einkünften aufzuweisen.*
- *Sie beziehen wegen mehrerer Beschäftigungsverhältnisse Arbeitslohn nach Lohnsteuerklasse VI.*
- *Beide berufstätigen Ehegatten haben sich für die Steuerklassenkombination III/V entschieden und auch auf ihren Lohnsteuerkarten eintragen lassen.*

Tipp

Beachten Sie die zeitliche Befristung der Antragstellung. Ein freiwilliger Antrag kann bis vier Jahre nach Ablauf des Steuerjahres gestellt werden, bei einer Pflichtveranlagung ist die Einkommensteuererklärung bis zum 31. Juli des Folgejahres abzugeben. Wenn es Ihnen nicht möglich ist, den Antrag bis zu diesem Stichtag abzugeben, bitten Sie Ihr zuständiges Finanzamt um eine Verlängerung der Abgabefrist. Normalerweise akzeptieren die Finanzbehörden eine solche Verlängerung, wenn sie ausreichend begründet ist.

Vergütung der Arbeitsleistung | 83

2018

| 1 | Einkommensteuererklärung | Festsetzung der Arbeitnehmer-Sparzulage | Eingangsstempel |
| 2 | Erklärung zur Festsetzung der Kirchensteuer auf Kapitalerträge | Erklärung zur Feststellung des verbleibenden Verlustvortrags | |

3 Steuernummer

An das Finanzamt
4
5 Bei Wohnsitzwechsel: bisheriges Finanzamt

Allgemeine Angaben   Telefonische Rückfragen tagsüber unter Nr.
6

Steuerpflichtige Person (stpfl. Person), nur bei Zusammenveranlagung: Ehemann oder Person A (Ehegatte A / Lebenspartner[in] A nach dem LPartG)
7 Identifikationsnummer (IdNr.)   *) Bitte Anleitung beachten.

8 Name   Geburtsdatum

9 Vorname

10 Titel, akademischer Grad

Religionsschlüssel:
Evangelisch = EV
Römisch-Katholisch = RK
nicht kirchensteuerpflichtig = VD
Weitere siehe Anleitung

11 Straße (derzeitige Adresse)   Religion

12 Hausnummer   Hausnummerzusatz   Adressergänzung

13 Postleitzahl   Wohnort

14 Ausgeübter Beruf

15 Verheiratet / Lebenspartnerschaft begründet seit dem   Verwitwet seit dem   Geschieden / Lebenspartnerschaft aufgehoben seit dem   Dauernd getrennt lebend seit dem

Nur bei Zusammenveranlagung: Ehefrau oder Person B (Ehegatte B / Lebenspartner[in] B nach dem LPartG)
16 IdNr.

17 Name   Geburtsdatum

18 Vorname

19 Titel, akademischer Grad

Religionsschlüssel:
Evangelisch = EV
Römisch-Katholisch = RK
nicht kirchensteuerpflichtig = VD
Weitere siehe Anleitung

20 Straße (falls von Zeile 11 abweichend)   Religion

21 Hausnummer   Hausnummerzusatz   Adressergänzung

22 Postleitzahl   Wohnort (falls von Zeile 13 abweichend)

23 Ausgeübter Beruf

Nur von Ehegatten / Lebenspartnern auszufüllen
24 Zusammenveranlagung | Einzelveranlagung von Ehegatten / Lebenspartnern | Wir haben Gütergemeinschaft vereinbart

Bankverbindung – Bitte stets angeben –
25 IBAN (inländisches Geldinstitut) DE
26 IBAN (ausländisches Geldinstitut)
27 BIC zu Zeile 26
28 Kontoinhaber lt. Zeile 8 und 9 | lt. Zeile 17 und 18 | oder: | Name (im Fall der Abtretung bitte amtlichen Abtretungsvordruck einreichen)

2018ESt1A011NET   – Juli 2018 –   2018ESt1A011NET

Quelle: Bundesministerium der Finanzen, Berlin, Zugriff am 18.08.2019 unter www.formulare-bfinv.de

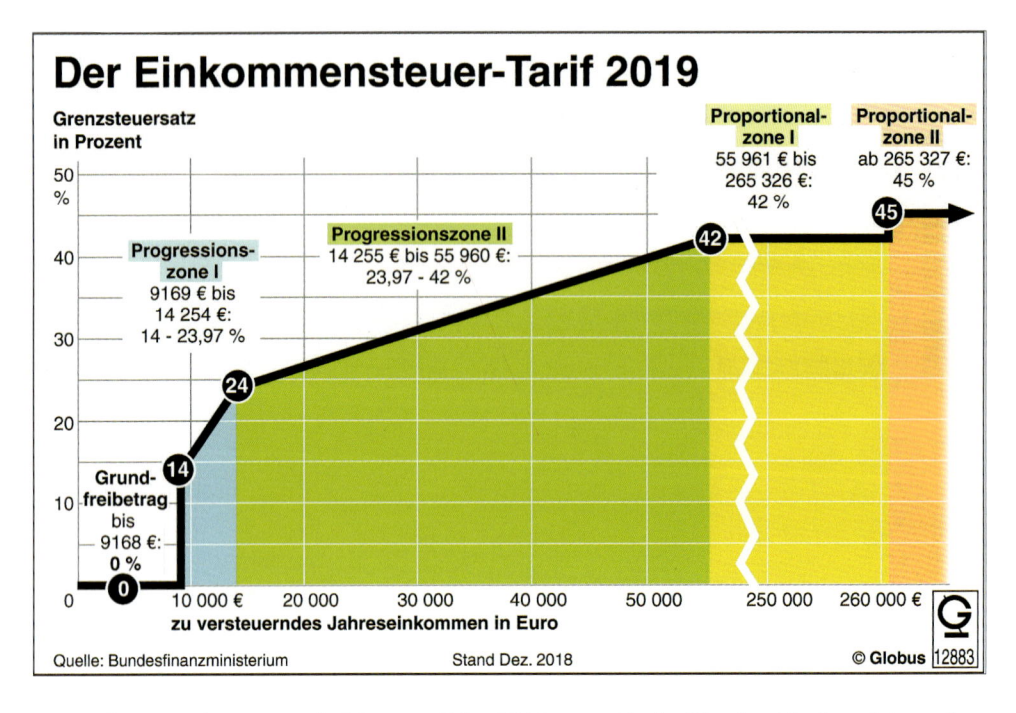

Der Einkommensteuer-Tarif 2019

Grenzsteuersatz in Prozent

- **Grundfreibetrag** bis 9168 €: 0 %
- **Progressionszone I** 9169 € bis 14 254 €: 14 - 23,97 %
- **Progressionszone II** 14 255 € bis 55 960 €: 23,97 - 42 %
- **Proportionalzone I** 55 961 € bis 265 326 €: 42 %
- **Proportionalzone II** ab 265 327 €: 45 %

Eckwerte: 0 – 14 – 24 – 42 – 45

zu versteuerndes Jahreseinkommen in Euro

Quelle: Bundesfinanzministerium — Stand Dez. 2018 — © Globus 12883

Die Lohnsteuerkarte wurde bis zum Jahr 2010 etwa Ende Oktober/Anfang November eines jeden Jahres von der Stadt oder der Gemeinde ausgestellt und versandt, in der Sie zum 20. September mit Ihrem Hauptwohnsitz gemeldet waren. Für 2011 war die Lohnsteuerkarte aus 2010 mit allen Eintragungen zu den persönlichen Lebensumständen (z. B. Lohnsteuerklasse, Anzahl der Kinderfreibeträge, Religionszugehörigkeit) gültig.

Seit 1. Januar 2013 ersetzt das papierlose Verfahren ELStAM (Elektronische Lohnsteuerabzugsmerkmale) das bisher gültige Verfahren mit Lohnsteuerkarte.

> **Tipp**
>
> *Bei fehlerhaften Speicherungen Ihrer Daten sollten Sie sich möglichst bald an Ihr Finanzamt wenden, um eine Über- oder Unterzahlung der Abgaben an den Staat im folgenden Kalenderjahr zu vermeiden.*

Wollen Sie Freibeträge in Anspruch nehmen (z. B. wegen sehr hoher Werbungskosten), so müssen Sie bei Ihrem Finanzamt einen Antrag stellen. Dieses wird, wenn Ihr Antrag begründet ist, einen monatlichen und jährlichen steuerlichen Freibetrag gewähren und Ihrem Arbeitgeber digital mitteilen.

Der Arbeitgeber muss dann eine geringere Lohnsteuer festsetzen. Insofern können Sie über ein höheres monatliches Nettoeinkommen verfügen. Damit sind Sie aber verpflichtet, beim Finanzamt eine Einkommensteuererklärung für das Steuerjahr, in dem der Freibetrag gewährt wurde, einzureichen.

Gegen Ende eines jeden Kalenderjahres erhalten Sie einen Ausdruck der Lohnsteuerbescheinigung, die Ihr Arbeitgeber elektronisch an die Finanzverwaltung übermittelt hat. Darauf bescheinigt er, welche Zahlungen Sie erhalten haben, welchen Abzug er von Ihrem Lohn oder Gehalt bereits einbehalten hat und ob an Sie Kindergeld ausbezahlt wurde.

Für eine Pflichtveranlagung oder auch freiwillige Einreichung der Veranlagung zur Einkommensteuer ist diese Lohnsteuerbescheinigung der wichtigste Teil: Ihr zuständiges Finanzamt berechnet daraus, in welcher Höhe Sie Steuer- oder Abgabenschulden oder auch ein mögliches Guthaben gegenüber dem Staat haben, wenn Sie im Einkommensteuer-Formular keine anderen Abzüge geltend machen.

> **Tipp**
>
> *Ein Lohnsteuerjahresausgleich lohnt sich meist auch dann, wenn Sie nicht zur Gruppe der pflichtveranlagten Personen gehören, weil Werbungskosten und Sonderausgaben das Einkommen deutlich vermindern können. Die Antragstellung ist nicht allzu kompliziert und dauert meist nicht lange.*

Werbungskosten

Werbungskosten sind im steuerrechtlichen Sinn Ausgaben, die Ihnen für den Erwerb oder die Sicherung bzw. den Erhalt des Arbeitsplatzes und damit eines Lohnes oder Gehalts entstanden sind. Dazu gehören u. a.:

Aufwendungen für Fahrten zwischen Wohnung und Arbeitsstätte
Wenn Sie Ihr eigenes Auto, Motorrad, Fahrrad oder auch öffentliche Verkehrsmittel für die Fahrten von Ihrer Wohnung zur Arbeit und zurück benutzen, können Sie das Finanzamt an den daraus entstehenden Kosten beteiligen. Es steht Ihnen die sog. „Pendler-Pauschale" zur Verfügung.

Aufwendungen für Arbeitsmittel
Werkzeuge, Arbeitsbekleidung, Fachzeitschriften oder auch -bücher, die Sie für Ihre Berufsausübung und die Weiterbildung in diesem Beruf benötigen und die nicht vom Arbeitgeber zur Verfügung gestellt werden, können Sie mit den Anschaffungskosten im Rahmen einer Einkommensteuererklärung geltend machen. Darüber hinaus beteiligt sich das Finanzamt auch an Reinigungs- und Reparaturkosten für Arbeitsmittel.

Aufwendungen für weitere Werbungskosten
Haben Sie Fortbildungsveranstaltungen oder Lehrgänge besucht, waren Sie vorübergehend außerhalb Ihrer ständigen Arbeitsstätte tätig, suchten Sie eine neue Arbeitsstelle oder mussten Sie aufgrund eines neuen Arbeitsplatzes umziehen? Benötigten Sie für die neue Beschäftigung ein eigenes Arbeitszimmer oder war es notwendig, wegen der großen Entfernung zum eigentlichen Wohnort vorübergehend einen zweiten Wohnsitz zu nehmen?

Auch hier haben Sie die Gelegenheit, im Rahmen der Einkommensteuererklärung die Aufwendungen steuerlich geltend zu machen und einen Teil daraus erstattet zu bekommen.

Kontoführungsgebühren, die wegen Ihrer Berufstätigkeit entstanden sind, erkennt das Finanzamt bei Nachweis in voller Höhe an.

> **Tipp**
>
> *Weitere Hinweise erhalten Sie, wenn Sie sich die „Anleitung zur Einkommensteuererklärung, zum Antrag auf Arbeitnehmer-Sparzulage ..." besorgen. Ihr Finanzamt hält sie bereit.*

Sonderausgaben

Sonderausgaben mindern regelmäßig das zu versteuernde Einkommen. Sie stehen nicht in Verbindung mit der Ausübung des Berufs, belasten aber dennoch den einzelnen Arbeitnehmer und werden deshalb steuerlich begünstigt. Hierunter fallen beispielsweise Zahlungen an den dauernd getrennt lebenden Ehegatten, wenn dies mit Zustimmung des Unterhaltsempfängers beantragt wird. Die Zustimmung ist notwendig, weil die Zahlungen als Einkommen des Zahlungsempfängers bewertet und damit auch besteuert werden.

Von großer Bedeutung im Zusammenhang mit Sonderausgaben sind Ihre **Beiträge zur gesetzlichen Sozialversicherung** und für die **private Vorsorge im Alter** für Sie, für Ihren Ehegatten oder für Ihre Kinder (Vorsorgeaufwendungen), weil diese normalerweise sehr hohe Privatausgaben darstellen. Beachten Sie aber, dass Bausparbeiträge keine Sonderausgaben darstellen, obwohl sie meist als private Vorsorge für das Alter gedacht sind.

Arbeitnehmeranteil am Gesamtsozialversicherungsbeitrag

Dieser wird Ihnen auf dem Ausdruck der elektronischen Mitteilung vom Arbeitgeber bescheinigt und gibt an, wie viel Sie bereits während des Kalenderjahres an Sozialversicherungsbeiträgen bezahlt haben. Bei Zusammenveranlagung von Ehegatten sind diese Beiträge in der Steuererklärung getrennt anzugeben.

Pflegeversicherung

Bestand für Sie während des Veranlagungszeitraumes eine zusätzliche, freiwillige Pflegeversicherung, dann können Sie die geleisteten Beiträge ebenfalls aufführen.

Freiwillige Höherversicherungen

Beiträge zu Kranken-, Krankentagegeld- und Krankenhaustagegeldversicherungen, zu privaten Unfallversicherungen, Lebensversicherungen und Haftpflichtversicherungen (z. B. Privathaftpflicht, Kfz-Haftpflicht) gehören im steuerlichen Sinn ebenfalls zu den Vorsorgeaufwendungen und können in der Einkommensteuererklärung geltend gemacht werden.

Darüber hinaus sind weitere Vorsorgeaufwendungen bzw. Sonderausgaben steuerlich begünstigt (Renten, die wegen besonderer Verpflichtungen bezahlt wurden; Spenden an kirchliche Organisationen; Aufwendungen für die eigene Berufsausbildung u. Ä.). Weil die Voraussetzungen für deren Anerkennung aber zu einem großen Teil von den persönlichen Verhältnissen des Antragstellers abhängen, soll hier nicht näher darauf eingegangen werden.

1.7.6 Gibt es eine „gerechte" Entlohnung?

Ob man mit der Höhe seines Einkommens zufrieden sein kann, ist eine subjektive (persönliche) Ansicht. Ob das Einkommen des einzelnen Mitarbeiters objektiv (gerecht im Vergleich zu anderen Erwerbstätigen) ist, stellen in aller Regel die Unternehmensleitung oder auch Behörden fest.

Eingruppierung in eine Entgeltstufe/-gruppe

Die Unternehmensleitung stellt anhand von **Stellen- und Arbeitsplatzbeschreibungen** fest, in welche **Einkommensgruppe** der Mitarbeiter an diesem Arbeitsplatz eingestuft wird. Die Grundlage für das Einkommen bildet regelmäßig der **Tariflohn**, wobei normalerweise für besonders verantwortungsvolle Positionen ein übertarifliches oder frei vereinbartes Entgelt bezahlt wird.

Als gerecht empfinden Mitarbeiter ihren Verdienst dann, wenn sie glauben, gegenüber anderen Beschäftigten die gleiche Leistung an einem vergleichbaren Arbeitsplatz zu erbringen und dafür auch in gleicher Höhe entlohnt zu werden.

Im Akkord-Bereich steht dieser Ansicht aber die erbrachte Leistung gegenüber: „Ich fertige pro Stunde zehn Stück mehr als mein Kollege; deshalb muss ich mehr verdienen." Dass dieser Arbeitskollege 15 Jahre älter ist und wegen seines Alters nicht mehr die Stückzahl eines 35-Jährigen erbringen kann, interessiert den einzelnen Mitarbeiter nicht.

Im Bereich der Verwaltung gibt es Mitarbeiter, die sagen: „Auf meinem Schreibtisch türmen sich die Akten; trotzdem werde ich nur für acht Stunden Arbeit am Tag bezahlt; warum sollte ich also mehr arbeiten?". Die Kollegin aber denkt daran, wegen des hohen Arbeitsaufkommens die Mittagspause ausfallen zu lassen oder eine unbezahlte Überstunde an ihre eigentliche Arbeitszeit anzuhängen, obwohl Ehemann und Kinder zu Hause auf sie warten.

Ein Beschäftigter, der durch einen Verbesserungsvorschlag seinem Unternehmen hilft, 50 000,00 € an Kosten pro Jahr zu sparen, aber genauso wie sein Nebenmann entlohnt wird, überlegt sich, ob dies gerecht ist.

Unternehmen können durch die Einstufung in unterschiedliche Entgeltgruppen, durch Zuschläge für mehr geleistete Arbeiten, durch Prämien (z. B. für betriebliche Verbesserungsvorschläge) die Motivation (die Einstellung der Arbeitnehmer zu ihren Arbeitsaufgaben) beeinflussen.

Wenn auch gleichgestellte Mitarbeiter nicht erkennen, dass ihr Kollege mehr für den Betrieb leistet als sie selbst, für das Unternehmen macht es dennoch einen großen Unterschied:

Wer besser qualifiziert ist (z. B. durch Vorbildung, Ausbildung), wer mehr leistet (z. B. höhere Stückzahl während der Arbeitszeit), wer sich für seinen eigenen Betrieb stärker einsetzt als andere (z. B. durch Überstunden, Verbesserungsvorschläge), soll auch besser bezahlt werden.

Steuer- und Abgabenbelastung durch den Staat

Durch Steuern und Abgaben soll die Belastung aber auch die Entlastung des Einzelnen aus seinem Einkommen auf die Gesamtheit (die Bevölkerung in Deutschland) übertragen werden. Wer viel verdient, soll höhere Steuern oder Abgaben zahlen, wer allein lebt, soll stärker besteuert werden als eine Familie mit vier Kindern.

Wie viel unterm Strich bleibt

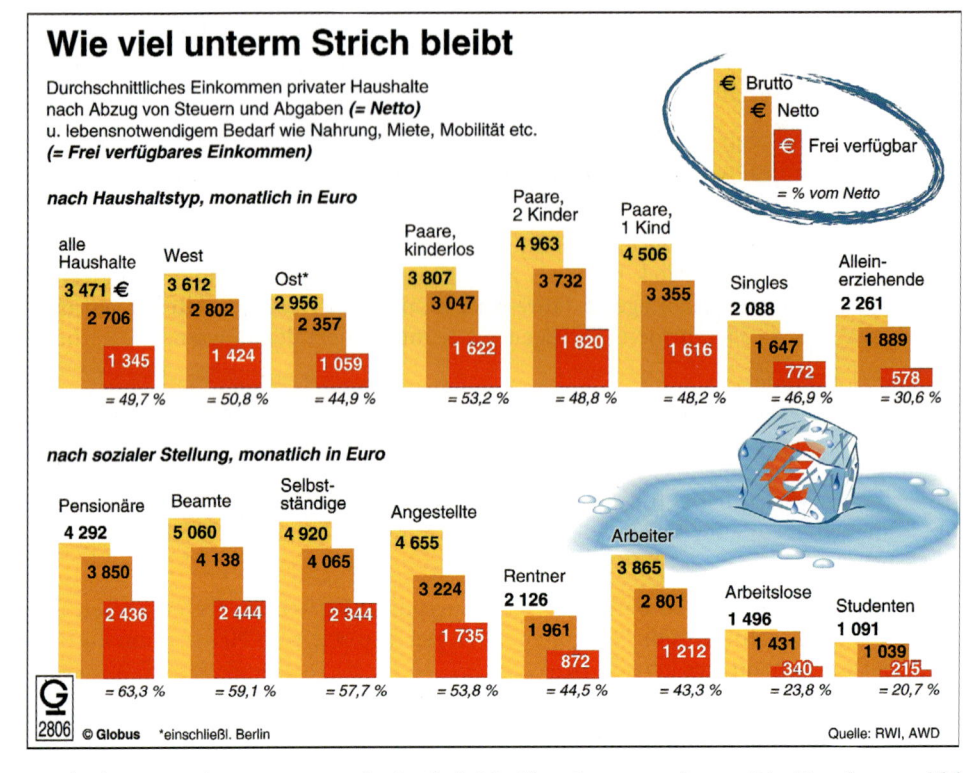

Durchschnittliches Einkommen privater Haushalte
nach Abzug von Steuern und Abgaben (= **Netto**)
u. lebensnotwendigem Bedarf wie Nahrung, Miete, Mobilität etc.
(= **Frei verfügbares Einkommen**)

€ Brutto
€ Netto
€ Frei verfügbar
= % vom Netto

nach Haushaltstyp, monatlich in Euro

alle Haushalte	West	Ost*	Paare, kinderlos	Paare, 2 Kinder	Paare, 1 Kind	Singles	Alleinerziehende
3 471 €	3 612	2 956	3 807	4 963	4 506	2 088	2 261
2 706	2 802	2 357	3 047	3 732	3 355	1 647	1 889
1 345	1 424	1 059	1 622	1 820	1 616	772	578
= 49,7 %	= 50,8 %	= 44,9 %	= 53,2 %	= 48,8 %	= 48,2 %	= 46,9 %	= 30,6 %

nach sozialer Stellung, monatlich in Euro

Pensionäre	Beamte	Selbstständige	Angestellte	Rentner	Arbeiter	Arbeitslose	Studenten
4 292	5 060	4 920	4 655	2 126	3 865	1 496	1 091
3 850	4 138	4 065	3 224	1 961	2 801	1 431	1 039
2 436	2 444	2 344	1 735	872	1 212	340	215
= 63,3 %	= 59,1 %	= 57,7 %	= 53,8 %	= 44,5 %	= 43,3 %	= 23,8 %	= 20,7 %

© Globus *einschließl. Berlin — Quelle: RWI, AWD

Durch das Grundgesetz ist nach Artikel 20 Abs. 1 vorgegeben: „Die Bundesrepublik Deutschland ist ein demokratischer und sozialer Bundesstaat."

Der **Steuertarif** berücksichtigt deswegen unterschiedliche **Merkmale der Erwerbsperson**: ledig oder verheiratet, ohne oder mit Kind(ern), mehrere Arbeitsverhältnisse oder auch Kurzarbeit und Arbeitslosigkeit. Für Ehepaare und eingetragene Lebenspartnerschaften besteht der sog. „Splitting-Tarif", der wegen des speziellen Schutzes der Ehe (Art. 6 Grundgesetz) eingeführt wurde.

Abgaben an den Staat lassen sich i. d. R. nie vergleichen, weil die persönlichen Verhältnisse zu verschieden sind.

Insoweit kann der Begriff „gerechte Entlohnung" gegenüber Mitarbeitern im eigenen Betrieb oder Beschäftigten in vergleichbaren Branchen eigentlich keine Auskunft darüber geben, ob durch die geleistete Arbeit auch die gleiche Steuerbelastung geschuldet wird, jeder Mitarbeiter also gleichmäßig zum Erhalt unseres Staates beiträgt.

Vielfältige Faktoren bilden die Grundlage der Berechnung des Einkommens, das zu versteuern ist. Der Staat versucht durch verschiedene Maßnahmen (z. B. Steuerfreibeträge, Steuerprogression) aber dennoch zu verhindern, dass diejenigen Arbeitnehmer, die zum „Generationenvertrag" ihren Beitrag leisten, stärker belastet werden als diejenigen, die sich nur um ihre eigene Person kümmern müssen.

Tipp

Zum Begriff „Generationenvertrag" erfahren Sie mehr, wenn Sie im Abschnitt „Rentenversicherung" nachlesen.

Vergütung der Arbeitsleistung **89**

Kernwissen

Zur Sicherung der Existenz der Beschäftigten wurde der gesetzliche Mindestlohn eingeführt.

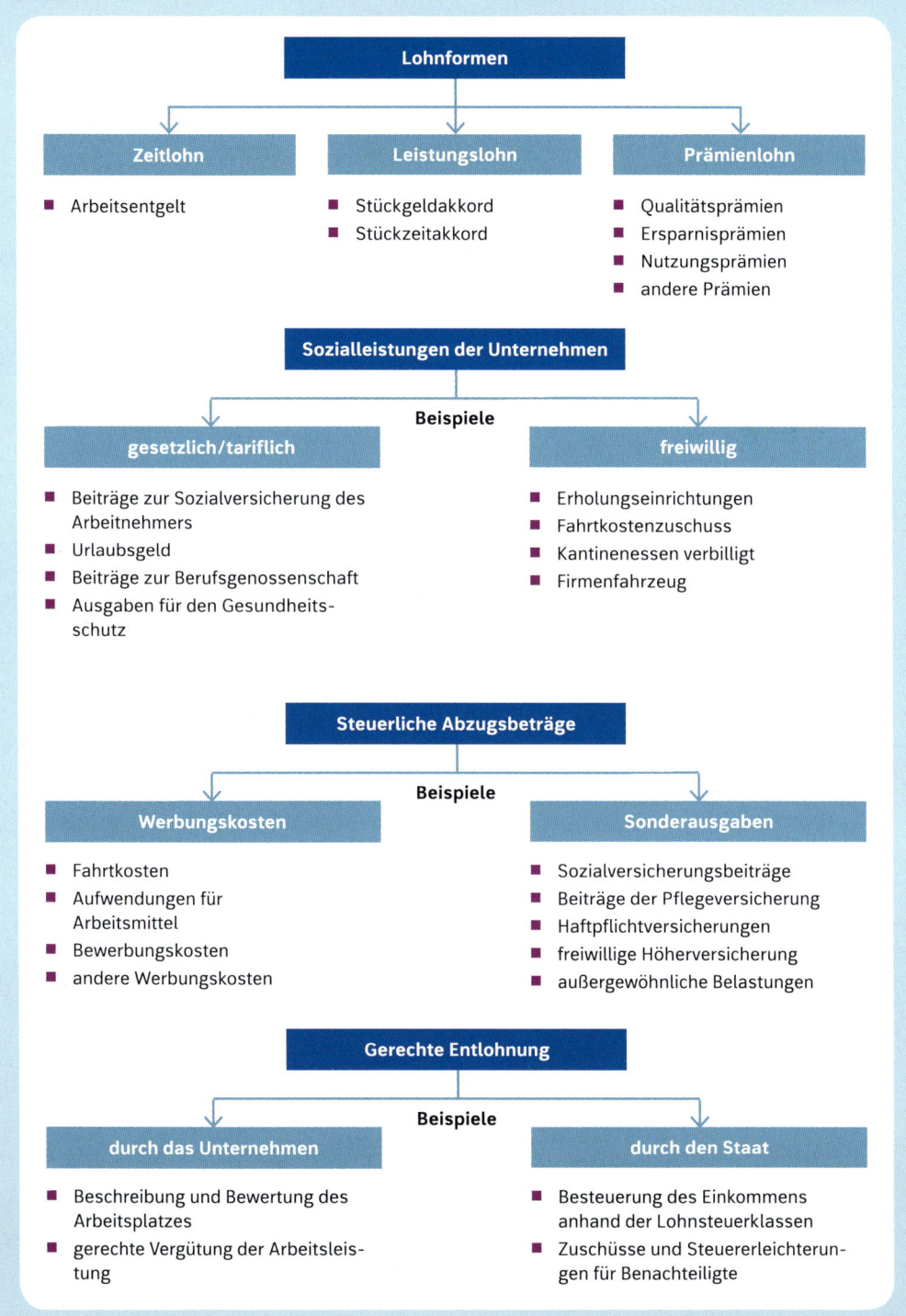

Lohnformen

- **Zeitlohn**
  - Arbeitsentgelt

- **Leistungslohn**
  - Stückgeldakkord
  - Stückzeitakkord

- **Prämienlohn**
  - Qualitätsprämien
  - Ersparnisprämien
  - Nutzungsprämien
  - andere Prämien

Sozialleistungen der Unternehmen

Beispiele

- **gesetzlich/tariflich**
  - Beiträge zur Sozialversicherung des Arbeitnehmers
  - Urlaubsgeld
  - Beiträge zur Berufsgenossenschaft
  - Ausgaben für den Gesundheitsschutz

- **freiwillig**
  - Erholungseinrichtungen
  - Fahrtkostenzuschuss
  - Kantinenessen verbilligt
  - Firmenfahrzeug

Steuerliche Abzugsbeträge

Beispiele

- **Werbungskosten**
  - Fahrtkosten
  - Aufwendungen für Arbeitsmittel
  - Bewerbungskosten
  - andere Werbungskosten

- **Sonderausgaben**
  - Sozialversicherungsbeiträge
  - Beiträge der Pflegeversicherung
  - Haftpflichtversicherungen
  - freiwillige Höherversicherung
  - außergewöhnliche Belastungen

Gerechte Entlohnung

Beispiele

- **durch das Unternehmen**
  - Beschreibung und Bewertung des Arbeitsplatzes
  - gerechte Vergütung der Arbeitsleistung

- **durch den Staat**
  - Besteuerung des Einkommens anhand der Lohnsteuerklassen
  - Zuschüsse und Steuererleichterungen für Benachteiligte

Übungsaufgaben

1. Nehmen Sie zu folgender Aussage einer Büroangestellten Stellung: „Ich betrachte mein Gehalt als eine Vergütung für meine Leistung, es stellt also eine Art des Leistungslohnes dar."

2. Wie sollte man einen Mitarbeiter eines Industriebetriebes, der in der Forschungs- und Entwicklungsabteilung eingesetzt ist, für seine Arbeitsleistung entlohnen? Begründen Sie Ihre Entscheidung.

3. Unterscheiden Sie die Begriffe „Akkordlohn" und „Prämienlohn".

4. „Akkord ist Mord!". Nehmen Sie zu dieser Aussage Stellung und begründen Sie Ihre Meinung.

5. Welche Nachteile können sich aus der Vergütung der Arbeitsleistung nach Zeitlohn für den Arbeitgeber und den Arbeitnehmer ergeben?

6. Ist es Ihrer Meinung nach gerecht, dass Selbstständigen ein wesentlich höheres Familieneinkommen zur Verfügung steht als Arbeitern oder Angestellten? Suchen Sie Gründe, die diese Tatsache rechtfertigen, und solche, die dieser entgegenstehen.

7. Lesen Sie den nachfolgenden Text.

Schott probt Einstieg in innovative Tarifpolitik

SchottGlas, Mainz. Das Stiftungsunternehmen SchottGlas hat für seine 5300 Mitarbeiter an den Standorten Mainz, Wiesbaden und Landshut gemeinsam mit der Gewerkschaft IG BCE (Bergbau, Chemie und Energie) einen neuen Tarifvertrag vereinbart. „Erstmals in der deutschen Großindustrie wurde ein Tarifvertrag mit Erfolgsbonus abgeschlossen, der sich am Ergebnis des abgelaufenen Geschäftsjahres orientiert und in die Tariftabelle des Folgejahres eingearbeitet ist", teilte Schott mit. Demnach wird Schott die Löhne, Gehälter und Ausbildungsvergütungen ab 1. Oktober 1998 für ein Jahr linear um 2,5 Prozent erhöhen. Als Erfolgsbeteiligung für alle Mitarbeiter am erwirtschafteten guten Ergebnis des Geschäftsjahres 1997/98 (30. September) erhalten die Mitarbeiter zusätzlich 2,4 Prozent ab 1. Oktober. Im Tarifvertrag mit einer Laufzeit von 24 Monaten wurde für das zweite Jahr eine lineare Erhöhung um 2,4 Prozent vereinbart. Dazu werde dann ein monatlicher erfolgsabhängiger Bonus gezahlt, der sich nach der Umsatzrendite richte und am Ende des laufenden Geschäftsjahres 1998/99 festgelegt werde. Wie ein Unternehmenssprecher auf Anfrage erklärte, werde weiterhin das 13. Monatsgehalt gezahlt. Die frühere Gewinnbeteiligung gemäß Stiftungsstatut, die von der Geschäftsleitung festgelegt wurde, entfalle hingegen. Die gesamte Schott-Gruppe, die in der Glasherstellung tätig ist, hat im Geschäftsjahr 1996/97 mit 16200 Mitarbeitern weltweit rund 2,8 Milliarden DM umgesetzt.

Quelle: ull. (Lill, Uwe): Schott probt Einstieg in innovative Tarifpolitik. In: Frankfurter Allgemeine Zeitung, 06,10,1998, Nr. 231, S. 25.

    a) Welche Art der Entlohnung wird in diesem Unternehmen angewendet? Begründen Sie Ihre Ansicht.
    b) Weshalb wurde bei Schott Glas diese Art der Vergütung gewählt?
    c) Welche Vor- und Nachteile können sich für die Arbeitnehmer aus diesem Tarifvertrag ergeben?

8. Lösen Sie das folgende Silbenrätsel. Bilden Sie aus den folgenden Silben sechs Begriffe, die im Zusammenhang mit dem Kapitel 1.7 stehen. Der erste Buchstabe aller Lösungsworte ergibt – in der richtigen Reihenfolge gelesen – etwas, auf das man sich jeden Monat freut. Gesuchte Begriffe
   a) verpflichtendes Formular für das Finanzamt
   b) Sparanteil des Staates für manche Bürger
   c) Ereignis, das den Wechsel der Steuerklasse auslösen kann
   d) englisch: Steuer
   e) ein Teil des Prämienlohnes
   f) Vorgänger der ELStAM

   ar – beit – ein – er – er – er – ge – ge – grund – halt – hei – kar – klä – kom – la – lohn – men – mer – neh – rat – spar – steu – steu – tax – zu

1.8 Gesetzliche Sozialversicherung

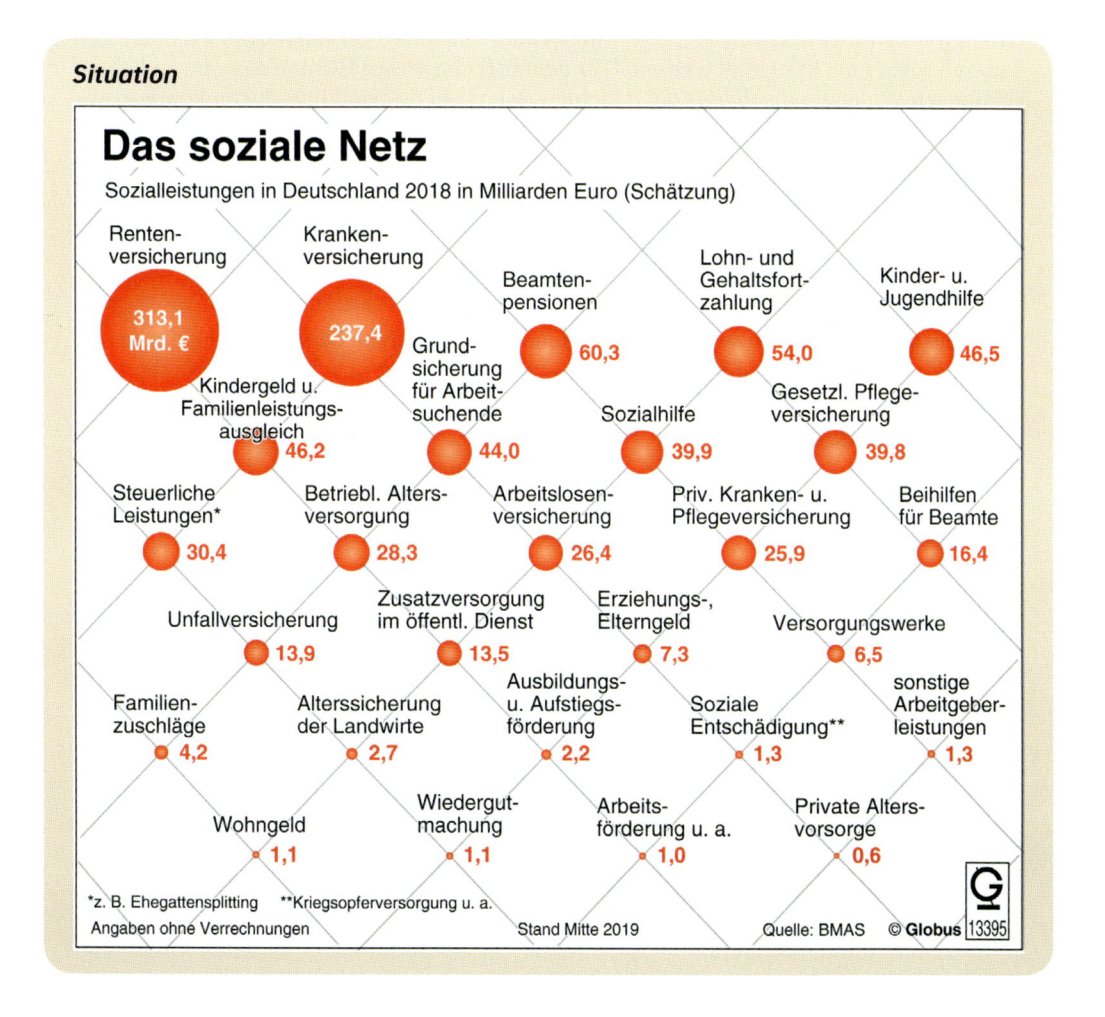

Situation

Das soziale Netz
Sozialleistungen in Deutschland 2018 in Milliarden Euro (Schätzung)

- Rentenversicherung: 313,1 Mrd. €
- Krankenversicherung: 237,4
- Beamtenpensionen: 60,3
- Lohn- und Gehaltsfortzahlung: 54,0
- Kinder- u. Jugendhilfe: 46,5
- Kindergeld u. Familienleistungsausgleich: 46,2
- Grundsicherung für Arbeitsuchende: 44,0
- Sozialhilfe: 39,9
- Gesetzl. Pflegeversicherung: 39,8
- Steuerliche Leistungen*: 30,4
- Betriebl. Altersversorgung: 28,3
- Arbeitslosenversicherung: 26,4
- Priv. Kranken- u. Pflegeversicherung: 25,9
- Beihilfen für Beamte: 16,4
- Unfallversicherung: 13,9
- Zusatzversorgung im öffentl. Dienst: 13,5
- Erziehungs-, Elterngeld: 7,3
- Versorgungswerke: 6,5
- Familienzuschläge: 4,2
- Alterssicherung der Landwirte: 2,7
- Ausbildungs- u. Aufstiegsförderung: 2,2
- Soziale Entschädigung**: 1,3
- sonstige Arbeitgeberleistungen: 1,3
- Wohngeld: 1,1
- Wiedergutmachung: 1,1
- Arbeitsförderung u. a.: 1,0
- Private Altersvorsorge: 0,6

*z. B. Ehegattensplitting **Kriegsopferversorgung u. a.
Angaben ohne Verrechnungen   Stand Mitte 2019   Quelle: BMAS   © Globus 13395

Handlungsaufträge

Erläutern Sie,

1. *für welche sozialen Leistungen Sie Beiträge zahlen und*
2. *warum Sie diese Zahlungen leisten.*

Wie Sie monatlich anhand Ihrer Verdienstabrechnung feststellen können, werden von diesem Verdienst auch Beiträge zur **Sozialversicherung** einbehalten. Diese monatlichen Abzüge vom Einkommen, die Sie im ersten Augenblick ärgern, helfen Ihnen – im Krankheitsfall oder auch im Alter – zumindest teilweise Ihren Lebensstandard zu erhalten. Auch deswegen sollten Sie sich einmal Gedanken zur „Gesetzlichen Sozialversicherung" machen.

1.8.1 Sozialversicherungen

Jeder Mensch kann einmal krank werden, kann ohne eigenes Verschulden aus seinem Arbeitsverhältnis entlassen werden, kann einen schweren Arbeitsunfall erleiden und dadurch sogar zum Pflegefall werden. Wer dennoch den vielen Hürden des ganzen Lebens erfolgreich Widerstand geleistet hat, möchte seinen Lebensabend in Ruhe und ohne große finanzielle Sorgen verbringen.

Um die möglichen Folgen dieser Risiken abzumildern bzw. aufzufangen wurden bereits vor über 100 Jahren Sozialgesetze zugunsten der Arbeitnehmer geschaffen und bis heute weiter ausgedehnt.

Entstehung

Die **Industrialisierung**, ausgehend von England, breitete sich ab der zweiten Hälfte des 19. Jahrhunderts zunehmend über den europäischen Kontinent aus. Damit war verbunden, dass sehr viele Menschen in Fabriken eine Beschäftigung fanden, die besser entlohnt wurde als ihre eigentlich erlernte Arbeit als Landwirt oder Handwerker.

Um den Wohlstand der Familie aufrechterhalten zu können und möglicherweise zu verbessern, nahmen auch viele Ehefrauen und die Kinder eine Arbeit in Industriebetrieben an. Obwohl die Bezahlung wesentlich besser war, verschlechterte sich insgesamt das Wohlbefinden der Bevölkerung:

Erwachsene waren teilweise bis zu 16 Stunden am Tag an ihrer Arbeitsstelle beschäftigt, Kinder begannen ihre Arbeit bereits um 04:00 Uhr morgens, die älteren Familienmitglieder mussten sich um den Haushalt und die Erziehung der Jüngsten kümmern. Das bis jetzt geltende Familienleben war vollends aus den Fugen geraten, weil die „Jungen" die Arbeit zu Hause den „Alten" überließen und selbst einer anderen Beschäftigung nachgingen.

Um die Existenz der zahlreichen Arbeiterfamilien zu sichern, begann der Staat gegen Ende des 19. Jahrhunderts damit, ein breit gefächertes Netz der sozialen Sicherung aufzubauen.

Absicherung der Arbeitnehmer	
Risiko	**Sozialversicherungszweig**
Krankheit	Krankenversicherung der Arbeiter, 1883
Arbeitsunfall	Unfallversicherung, 1884
Alter	Invaliditäts- und Altersversorgung, 1889
Arbeitslosigkeit	Arbeitsvermittlung/Arbeitslosenversorgung, 1927
Pflegebedürftigkeit	Pflegeversicherung, 1995

Notwendigkeit

Arbeitslosenzahlen von etwa 2,3 Mio., die zunehmende Zahl von Rentnern und Pensionären, aber auch das steigende Alter der Menschen durch die verbesserte Krankenversorgung begründen, dass der Staat eine Unterstützung für diejenigen Personen leisten sollte, die unverschuldet in eine Notlage geraten sind.

Die vermehrte Technisierung und Automatisierung von Arbeitsvorgängen führt dazu, dass nicht nur verschiedene Inhalte eines Berufs, sondern auch ganze Berufsbilder verschwinden. Mitarbeiter, die aus diesen Gründen entlassen werden, finden nur schwer wieder einen anderen Arbeitsplatz in ihrem erlernten Beruf. Eine neue Ausbildung zu beginnen ist zeitaufwendig und kostet meist sehr viel Geld. Ohne staatliche finanzielle Unterstützung wäre eine Umschulung für ein Familienmitglied meist nicht zu verwirklichen.

Früher war es üblich, Familienmitglieder in den eigenen Haushalt aufzunehmen, wenn diese nicht mehr für ihr eigenes Fortkommen sorgen konnten, sei es wegen Krankheit oder fortgeschrittenen Alters. Die Pflege schwer kranker Angehöriger war selbstverständlich.

Heute ermöglichen Kranken-, Renten- und auch Pflegeversicherung den Betroffenen ein Leben ohne große finanzielle Sorgen, selbst wenn sich ihre Kinder – die sie während der Ausbildung unterstützt haben – nicht mehr um sie kümmern. Vielfach ist das heute den „Jungen" sogar unmöglich, weil aus Gründen der Mobilität der Arbeitsplatz weit vom Elternhaus entfernt liegt.

Grenzen

Die Versorgung alter, pflegebedürftiger, kranker oder arbeitsloser Mitbürger durch den Staat findet immer dann ihre Grenzen, wenn die Geldmittel für deren Versorgung nicht ausreichen.

Obwohl jeder Arbeitnehmer und Arbeitgeber seinen persönlichen Beitrag zur Sicherung des sozialen Netzes zu leisten hat, scheint die soziale Sicherung in Deutschland in Gefahr.

Begründet ist dies u. a. darin, dass

- die Bevölkerungszahl sinkt,
- die Zahl der älteren, kranken oder pflegebedürftigen Mitbürger steigt,
- die Zahl der Arbeitslosen hoch ist,
- die Beiträge zu den Sozialversicherungszweigen ungewiss sind,
- die Lebenserwartung steigt und
- die Kosten für Sozialleistungen sich weiter erhöhen.

Um der Gefährdung der sozialen Sicherung entgegenzuwirken, wurden verschiedene Versuche unternommen: Diskussionen zur Anhebung des Rentenalters, Regelungen der Frührente, Eigenbeteiligung bei Krankenhausaufenthalten und Medikamenten, Zuzahlungen bei Kuren, die Beschränkung von ärztlich verordneten Verschreibungen, die Einführung der privaten Zusatzrente, die Zuzahlung beim Arztbesuch.

All dies sind Maßnahmen, von denen niemand weiß, ob sie die gewünschte Wirkung erzielen. Die Einflüsse durch nicht vorhersehbare Faktoren sind zu groß, um jemals sagen zu können: „Wir in Deutschland haben ein System der Sozialversicherung entwickelt, das über weitere 100 Jahre allen Anforderungen der Gesellschaft gerecht wird."

Die derzeitigen Diskussionen über die Reformen der einzelnen Zweige der Sozialversicherung werden weiterhin geführt werden.

Dabei sind aber die unterschiedlichen Strukturen in der Gesellschaft der Bundesrepublik und auch die unterschiedlichen Haltungen der Parteien zu berücksichtigen. Niemand ist in der Lage, es allen anderen recht zu machen.

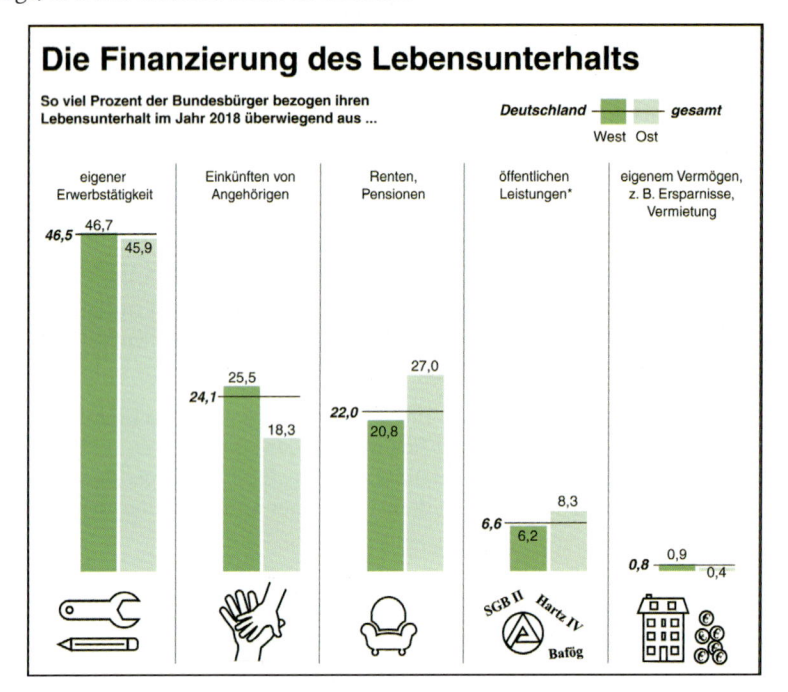

Die Finanzierung des Lebensunterhalts

So viel Prozent der Bundesbürger bezogen ihren Lebensunterhalt im Jahr 2018 überwiegend aus ...

Deutschland — gesamt
West Ost

	eigener Erwerbstätigkeit	Einkünften von Angehörigen	Renten, Pensionen	öffentlichen Leistungen*	eigenem Vermögen, z. B. Ersparnisse, Vermietung
gesamt	46,5	24,1	22,0	6,6	0,8
West	46,7	25,5	20,8	6,2	0,9
Ost	45,9	18,3	27,0	8,3	0,4

*SGB II, Hartz IV, BAföG

Das Prinzip der Sozialversicherung

Der Staat regelt durch Gesetze und andere Vorschriften die Grundlagen für die soziale Absicherung der Bürger. Im Sozialgesetzbuch (zwölf Bände) werden u. a. Mitgliedschaft, Beitrag und Leistung der einzelnen Versicherungszweige erläutert.

Vier Grundsätze sind dabei von besonderer Bedeutung:

- **Solidaritätsprinzip**: Die Beiträge werden durch alle Versicherten erbracht und an die bedürftigen Mitglieder verteilt („Einer für alle, alle für einen").
- **Versicherungspflicht**: Grundsätzlich sind alle Bürger verpflichtet, sich an den Kosten der Sozialversicherungen zu beteiligen, wobei für bestimmte Gruppen von Bürgern Ausnahmen oder Erleichterungen gelten.

- **Eigenverantwortung**: Jeder Versicherte wird in zunehmendem Maße für die Eigenvorsorge selbst verantwortlich gemacht (z. B. Kosten für Vorsorgeuntersuchungen).
- **Subsidiaritätsprinzip**: Jeder muss zunächst selbst versuchen, die Situation zu bewältigen; erst wenn das nicht gelingt, kann die Sozialversicherung unterstützend eingreifen.

Leistungen aus den Sozialversicherungen und durch Staatszuschüsse werden dabei nur an die Personen gewährt, die als Mitglieder der Sozialversicherung Versicherungsbeiträge bezahlt haben. Weil aber nicht jeder Bürger in der Lage ist Beiträge zu leisten (z. B. durch Behinderung, lang andauernde Arbeitslosigkeit) sind im Sozialrecht weitere Leistungen geschaffen worden, die den Staat zu Versorgungs- oder Fürsorgeaufgaben verpflichten.

1.8.2 Zweige der Sozialversicherung

Das System der Sozialversicherung in Deutschland setzt sich aus fünf Zweigen zusammen, deren Träger alle **Körperschaften** oder **Anstalten des öffentlichen Rechts** sind, die ihre Gelder selbst verwalten dürfen und auch müssen.

```
                    Sozialversicherungen
    ↓           ↓           ↓            ↓           ↓
Kranken-    Renten-    Arbeitslosen-   Pflege-    Unfall-
versicherung versicherung versicherung versicherung versicherung
```

Alle Zweige mit Ausnahme der Unfallversicherung erheben von den Beschäftigten Beiträge vom Bruttolohn. Übersteigt der Bruttolohn eine bestimmte Höhe, die sog. Beitragsbemessungsgrenze, so werden Beiträge allerdings nur bis zu dieser Grenze erhoben. **Die Beitragsbemessungsgrenzen für die Versicherungszweige ändern sich i. d. R. jedes Jahr wegen der steigenden Einkommen und sind in den alten und neuen Bundesländern wegen der unterschiedlichen Lohnhöhen teilweise nicht gleich.** Dieser Zusammenhang verdeutlicht, dass die Einnahmen der Sozialversicherungen stark von der wirtschaftlichen Leistung unseres Landes abhängen.

Beitragsbemessungsgrenzen 2020 (in Euro)		
	West (Monatseinkommen)	Ost (Monatseinkommen)
Rentenversicherung	6 900,00	6 450,00
Arbeitslosenversicherung		
Krankenversicherung	4 687,50	4 687,50
Pflegeversicherung		

Der Arbeitgeber ist verpflichtet, alle Beiträge zu den einzelnen Zweigen zu berechnen, vom Lohn einzubehalten und an die für den Arbeitnehmer zuständige Krankenkasse abzuführen. Diese wiederum verteilt die Zahlungen an die Träger der anderen Versicherungszweige.

Gesetzliche Krankenversicherung

Ihre Aufgabe ist es, die Gesundheit der Beschäftigten zu erhalten bzw. nach Erkrankungen wieder herzustellen. Grundsätzlich steht dabei der Erhalt der Gesundheit im Vordergrund.

Leistungen erhalten die Versicherten und auch ihre Familienangehörigen, sofern bestimmte Voraussetzungen erfüllt sind, für folgende Versicherungsfälle:

- Krankheit
- Mutterschaft

Die gesetzliche Krankenversicherung

Pflichtmitglieder
Arbeiter und Angestellte (bis zu einer bestimmten Verdienstgrenze)
Auszubildende
Landwirte
Künstler und Publizisten
Studenten
Rentner

Freiwillig Versicherte

Kinder und Ehegatten sind in der Familienversicherung beitragsfrei mitversichert

Anspruch auf Leistungen
– zur Verhütung, Früherkennung und Behandlung von Krankheiten
– bei Schwangerschaft und Mutterschaft
– zur Rehabilitation

Zahlungen an die Versicherten (Krankengeld)

Sach- und Dienstleistungen
durch Kassenärzte, Krankenhäuser, Apotheker usw.

Vertragliche Vereinbarungen
Übernahme der Kosten

Krankenkassen
Allgemeine Ortskrankenkassen • Betriebskrankenkassen
Innungskrankenkassen • See-Krankenkasse • Ersatzkassen
Landwirtschaftliche Krankenkassen • Bundesknappschaft

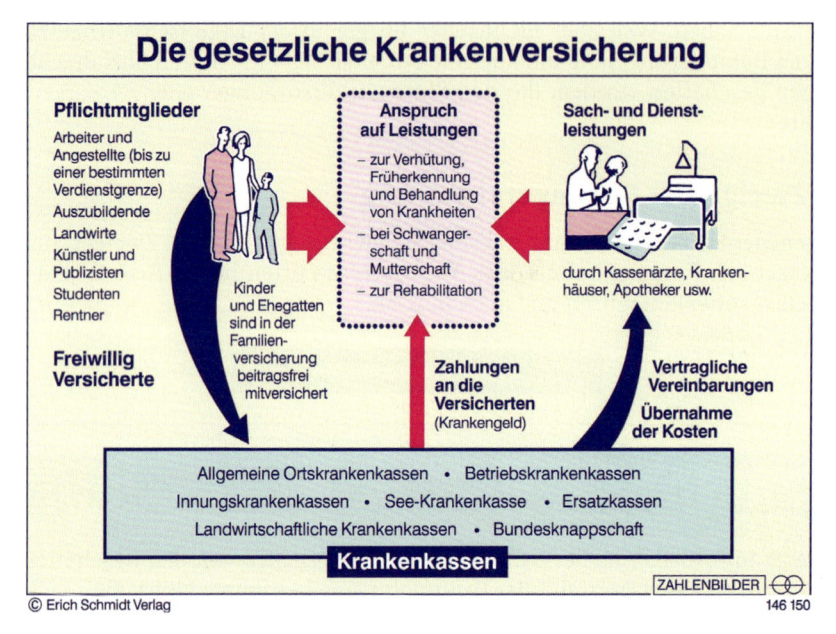

© Erich Schmidt Verlag   ZAHLENBILDER 146 150

Pflichtversichert, d.h. ohne Möglichkeit zur Kündigung, sind im Wesentlichen Arbeiter, Angestellte und auch Auszubildende, deren Jahresarbeitsentgelt die sog. **Versicherungspflichtgrenze** im vergangenen Kalenderjahr nicht überstiegen hat. Beitragsfrei versichert werden können der anspruchsberechtigte Ehegatte und die Kinder des Mitglieds im Rahmen einer sog. Familienversicherung. Diese kostenlose Familienversicherung ist aber an gewisse Bedingungen geknüpft.

> **Tipp**
>
> *Der Träger Ihrer gesetzlichen Krankenversicherung berät Sie sicherlich gerne über eine kostenlose Familienversicherung.*

Darüber hinaus kann man unter bestimmten Umständen auch die freiwillige Mitgliedschaft bei einer gesetzlichen Krankenversicherung beantragen.

> **Tipp**
>
> *Erkundigen Sie sich bei Ihrer Krankenversicherung und anderen, wenn Sie die Grenzen zur Pflichtversicherung überschreiten sollten. Lassen Sie aber auch Angebote privater Versicherungsunternehmen nicht außer Acht.*

Träger

Folgende Einrichtungen sind gesetzlich zugelassen, Versicherungsbeiträge zu erheben:

- Allgemeine Ortskrankenkassen (AOK)
- Ersatzkassen (z. B. KKH, Barmer, DAK usw.)
- Betriebskrankenkassen (BKK)
- Innungskrankenkassen (IKK)
- See-Krankenkasse
- Landwirtschaftliche Krankenkassen
- Bundesknappschaft

Mit einem dieser Träger hat jeder Beschäftigte einen Vertrag über die Krankenversicherung abzuschließen. Danach ist der Versicherungspflichtige wenigstens 18 Monate an seine Wahl der Krankenkasse gebunden.

Eine Kündigung des Vertrags, um z. B. die Krankenkasse zu wechseln, ist nach Ablauf dieser 18 Monate mit einer Frist von zwei Monaten zum Ende eines jeden Monats möglich.

Fordert Ihre Krankenkasse erstmalig einen Zusatzbeitrag oder erhöht sie diesen, dann können Sie von einem Sonderkündigungsrecht Gebrauch machen: Wenn Sie kündigen wollen, müssen Sie die Kündigung bis zum Ablauf desjenigen Monats erklärt haben, für den die Krankenkasse den Zusatzbeitrag erstmals erhebt oder ihn erhöht. Auf dieses Kündigungsrecht müssen die Krankenkassen hinweisen. In diesem Fall wird die Kündigung zum Ablauf des übernächsten Monats wirksam.

Finanzierung

Die Krankenkassen und damit ihre Ausgaben werden vorwiegend durch die Beiträge der Versicherten und der Arbeitgeber finanziert.

Für die Pflichtversicherten gilt der Grundsatz, dass die Arbeitnehmer und die Arbeitgeber Beiträge bis maximal zur Beitragsbemessungsgrenze zu leisten haben.

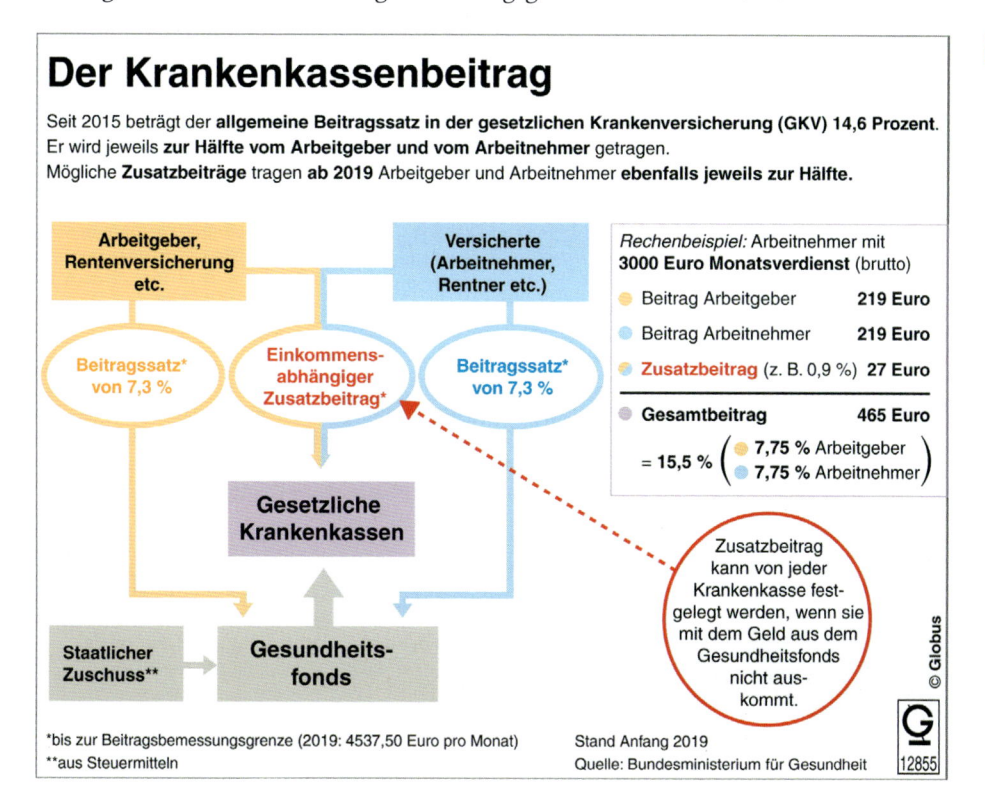

Der Krankenkassenbeitrag

Seit 2015 beträgt der **allgemeine Beitragssatz in der gesetzlichen Krankenversicherung (GKV) 14,6 Prozent**. Er wird jeweils **zur Hälfte vom Arbeitgeber und vom Arbeitnehmer** getragen.
Mögliche **Zusatzbeiträge** tragen **ab 2019** Arbeitgeber und Arbeitnehmer **ebenfalls jeweils zur Hälfte**.

Arbeitgeber, Rentenversicherung etc. — Beitragssatz* von 7,3 %
Versicherte (Arbeitnehmer, Rentner etc.) — Beitragssatz* von 7,3 %
Einkommensabhängiger Zusatzbeitrag*
→ Gesetzliche Krankenkassen → Gesundheitsfonds
Staatlicher Zuschuss** → Gesundheitsfonds

Rechenbeispiel: Arbeitnehmer mit **3000 Euro Monatsverdienst** (brutto)
- Beitrag Arbeitgeber 219 Euro
- Beitrag Arbeitnehmer 219 Euro
- Zusatzbeitrag (z. B. 0,9 %) 27 Euro
- Gesamtbeitrag 465 Euro
= 15,5 % (7,75 % Arbeitgeber / 7,75 % Arbeitnehmer)

Zusatzbeitrag kann von jeder Krankenkasse festgelegt werden, wenn sie mit dem Geld aus dem Gesundheitsfonds nicht auskommt.

*bis zur Beitragsbemessungsgrenze (2019: 4537,50 Euro pro Monat)
**aus Steuermitteln

Stand Anfang 2019
Quelle: Bundesministerium für Gesundheit

© Globus 12855

Seit Januar 2015 beträgt der allgemeine Beitragssatz zur gesetzlichen Krankenversicherung 14,6 % (Grundbeitrag), der vom Arbeitnehmer und vom Arbeitgeber zu je 7,3 % aufgebracht wird.

Sollten die Zahlungen aus dem Gesundheitsfonds an die Krankenkassen nicht ausreichen, dann können die Krankenkassen indivduell von den Kassenmitgliedern einkommensabhängige Zusatzbeiträge (d. h. prozentual vom Einkommen) erhoben werden. Pauschale Zusatzbeiträge in festen EuroBeträgen sind nicht gestattet. Mögliche Zusatzbeiträge tragen Arbeitgeber und Arbeitnehmer ab 2019 paritätisch, d. h. jeweils zur Hälfte.

Beiträge der Rentner und Zuschüsse der Rentenversicherung an die Krankenkassen, Beiträge der Bundesagentur für Arbeit und Leistungen der Träger für Rehabilitation ergänzen die durch Arbeitnehmer und Arbeitgeber an die Krankenkassen geleisteten Zahlungen.

> **Tipp**
>
> *Vergleichen Sie bei der Wahl der Krankenkasse nicht nur die Wahrscheinlichkeit der Erhebung von Zusatzbeiträgen, sondern auch die über das gesetzliche Maß hinaus angebotenen Leistungen. Das können Sie über das Internet machen: Fast jede Krankenkasse verfügt über eine eigene Webseite, auf der diese Leistungen und andere wichtige Informationen dargestellt sind.*

Leistungen
Grundsätzlich gestattet die Krankenversicherung die freie Wahl aller zugelassenen Ärzte und Zahnärzte sowie anderer Vertragspartner (z. B. Heilpraktiker, Physiotherapeuten usw.), wobei folgende Leistungen gewährt werden:

Leistungen zur Verhütung und Früherkennung von Erkrankungen	Hierzu zählen beispielsweise die Früherkennungsuntersuchungen von Kindern, Untersuchungen zur Erkennung von Krebserkrankungen von Frauen (ab dem 20. Lebensjahr) und Männern (ab dem 45. Lebensjahr) sowie Untersuchungen zur Erkennung von Herz-, Kreislauf- und Nierenerkrankungen und der Zuckerkrankheit (jedes zweite Jahr ab dem 35. Lebensjahr).
Leistungen bei Krankheit	Gewährt werden neben ambulanten Leistungen (z. B. Zahnarztbesuch) auch stationäre (Krankenhaus). Für Arznei-, Verband-, Heil- und Hilfsmittel, sowie stationäre Behandlungen ist eine Eigenbeteiligung des Patienten vorgesehen. Unter bestimmten Voraussetzungen übernimmt die Krankenversicherung die Kosten für häusliche Krankenpflege oder eine Haushaltshilfe. Maßnahmen der Rehabilitation (Wiederherstellung der Gesundheit), Arbeitstherapie und auch Müttergenesungskuren ergänzen die Leistungen in diesem Bereich.
Krankengeld	Es wird gezahlt, wenn der Versicherte durch eine Krankheit arbeitsunfähig wird und die gesetzliche Pflicht des Arbeitgebers zur Lohnfortzahlung nicht weiter besteht. Ein Anspruch darauf besteht auch dann, wenn ein erkranktes – noch nicht zwölf Jahre altes – Kind gepflegt wird. Für beide Fälle aber bestehen Höchstgrenzen in Bezug auf Dauer und Höhe der Zahlungen.

Mutterschaftshilfe	Die Krankenkassen übernehmen die Kosten für ärztliche Hilfe und Hebammenbetreuung, Entbindung, Haushaltshilfe und das Mutterschaftsgeld der Arbeitnehmerinnen. Darüber hinaus werden Hilfen in Fragen der Empfängnisregelung und Leistungen bei legalem Schwangerschaftsabbruch gewährt.

Gesetzliche Rentenversicherung

Hauptaufgabe der **Rentenversicherung** ist es, durch **Gewährung von Leistungen für Rehabilitation** die Erwerbsfähigkeit der Versicherten so lange als möglich zu erhalten und damit eine vorzeitige Rentenzahlung zu vermeiden oder zu verzögern.

Unterstützung erhalten die Versicherten und unter bestimmten Voraussetzungen deren Familienangehörige in folgenden Fällen:
- Berufsunfähigkeit für vor dem 2. Januar 1961 Geborene
- Erwerbsunfähigkeit
- Rehabilitation
- Alter
- Tod

Pflichtversichert sind **Arbeiter, Angestellte und auch alle Auszubildenden**, wenn sie gegen Bezahlung beschäftigt sind.

Darüber hinaus gehören zu diesem Kreis u. a. Kindererziehende und einige Selbstständige.

Außerdem können selbstständig Erwerbstätige in die Pflichtversicherung eintreten und nicht Versicherungspflichtige die freiwillige Mitgliedschaft in der gesetzlichen Rentenversicherung nach den gesetzlichen Bestimmungen beantragen.

Träger
Getragen wird die Rentenversicherung von folgenden Einrichtungen:
- Deutsche Rentenversicherung Bund
- mit den zugehörigen Regionalträgern
- Deutsche Rentenversicherung Knappschaft-Bahn-See

Finanzierung
Beiträge der **Arbeitnehmer** und **Arbeitgeber** zur Rentenversicherung stellen den **Hauptanteil der Finanzierung** dar. Der **Beitragssatz** beträgt zurzeit 18,6 % des **Bruttoarbeitsentgelts** bis zur gültigen Beitragsbemessungsgrenze, wobei beide Teile – Arbeitnehmer und Arbeitgeber – jeweils die Hälfte zu entrichten haben. Hier gilt der Grundsatz: „Die Jungen zahlen für die Alten, die Kinder für ihre Eltern." Diese haben während ihres Lebens sehr viel zu Erziehung und Ausbildung der Kinder beigetragen („**Generationenvertrag**").

Freiwillig Versicherte zahlen ihren Beitrag allerdings in voller Höhe selbst.

Zusätzlich verzeichnet die Rentenversicherung Einnahmen durch Zuschüsse des Bundes und über den Finanzausgleich.

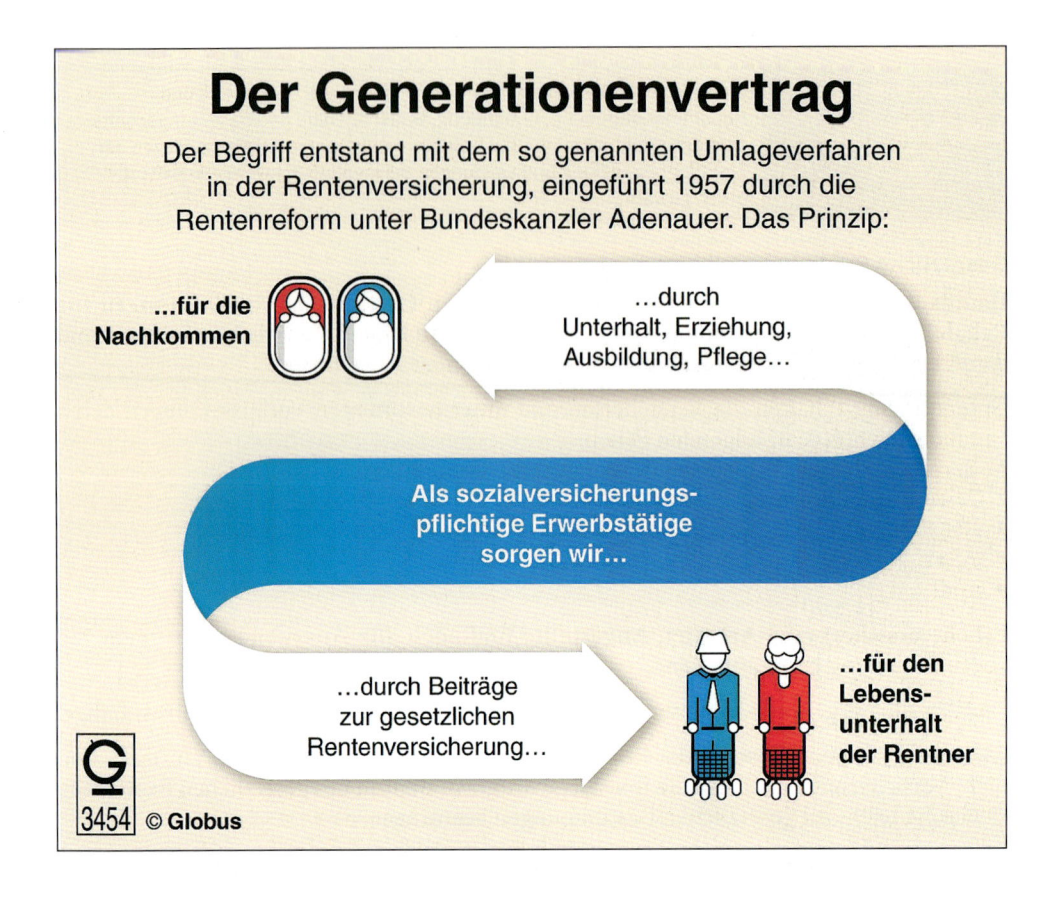

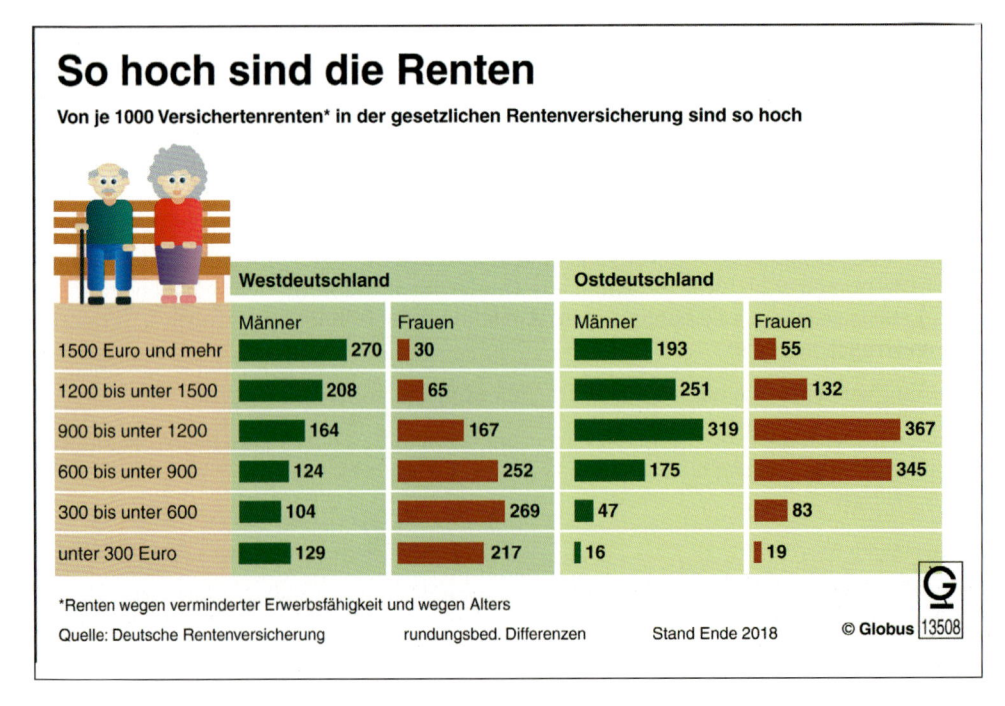

Der Generationenvertrag

Der Begriff entstand mit dem so genannten Umlageverfahren in der Rentenversicherung, eingeführt 1957 durch die Rentenreform unter Bundeskanzler Adenauer. Das Prinzip:

...für die Nachkommen ...durch Unterhalt, Erziehung, Ausbildung, Pflege...

Als sozialversicherungspflichtige Erwerbstätige sorgen wir...

...durch Beiträge zur gesetzlichen Rentenversicherung... ...für den Lebensunterhalt der Rentner

© Globus 3454

So hoch sind die Renten

Von je 1000 Versichertenrenten* in der gesetzlichen Rentenversicherung sind so hoch

	Westdeutschland		Ostdeutschland	
	Männer	Frauen	Männer	Frauen
1500 Euro und mehr	270	30	193	55
1200 bis unter 1500	208	65	251	132
900 bis unter 1200	164	167	319	367
600 bis unter 900	124	252	175	345
300 bis unter 600	104	269	47	83
unter 300 Euro	129	217	16	19

*Renten wegen verminderter Erwerbsfähigkeit und wegen Alters
Quelle: Deutsche Rentenversicherung   rundungsbed. Differenzen   Stand Ende 2018   © Globus 13508

Leistungen

Aufgrund gesetzlicher Bestimmungen hat die Rentenversicherung vielfältige Leistungen zu erbringen.

Leistungen zur Rehabilitation	a) **Medizinischer Art:** Hierunter fallen beispielsweise ärztliche Behandlung, Versorgung mit Arznei-, Verband- und Heilmitteln, Ausstattung mit Prothesen, Betreuung in Kur- und Spezialeinrichtungen mit Unterkunft und Verpflegung. b) **Beruflicher Art:** Um den Erhalt oder die Erlangung eines Arbeitsplatzes zu fördern, werden berufliche Fortbildungs- oder Umschulungsmaßnahmen (auch mit Unterkunft und Verpflegung) gewährt. c) **Ergänzender Art:** Übergangsgeld als Lohnersatz, Kostenerstattung für Lern- und Arbeitsmittel, Übernahme von Prüfungsgebühren und auch Reisekosten unterstützen die Anspruchsberechtigten.
Renten	a) **An Versicherte:** Sie werden wegen teilweiser oder völliger Erwerbsunfähigkeit (Erwerbsminderungsrente) oder wegen des Erreichens bestimmter Altersgrenzen (Altersrente) gewährt. Ist ein Arbeitnehmer nicht mehr in der Lage, seinen erlernten Beruf auszuüben oder nicht mehr fähig, überhaupt einer Erwerbstätigkeit nachzugehen, kann die Rentenversicherung nach Prüfung der Voraussetzungen Rentenzahlungen festsetzen. Altersrenten werden in Zukunft grundsätzlich erst ab dem 67. Lebensjahr ausbezahlt, wobei aber zahlreiche unterschiedliche Bestimmungen und Übergangsregelungen gelten. b) **An Hinterbliebene:** Witwen-/Witwerrente erhält der Hinterbliebene nach dem Tod des Ehegatten; Waisenrente können die Kinder nach dem Tod des Versicherten erhalten, wenn bestimmte Altersgrenzen nicht überschritten werden. Darüber hinaus wird auch Erziehungsrente bezahlt, wenn ein geschiedener Ehegatte nach dem Tod seines ehemaligen Ehegatten immer noch mindestens ein Kind erzieht und weitere Kriterien erfüllt sind.
Beitragserstattungen, Zuschüsse an die Krankenversicherung der Rentner	In gesetzlich genau bestimmten Fällen ist es möglich, verschiedene Beiträge durch die Rentenversicherung erstattet zu bekommen. Nachdem jeder Rentner nach wie vor in der Krankenversicherung Pflichtmitglied ist, viele jedoch trotz jahrelanger Beitragszahlungen kaum von den Rentenzahlungen leben können, gewährt die gesetzliche Rentenversicherung unter bestimmten Voraussetzungen finanzielle Zuschüsse zur Krankenversicherung.

Tipp

Das Recht der Rentenversicherung ist schwierig zu verstehen und wird auch unterschiedlich erklärt oder ausgelegt. Bei jedem Versicherungsträger gibt es einen sog. „Rentenberater", der Ihre Fragen beantworten kann und die genauen Voraussetzungen für die Gewährung von Leistungen kennt. Fragen kostet nichts!

Arbeitslosenversicherung

Dieser Teilbereich der Sozialversicherung versucht, das Angebot von und die Nachfrage nach Arbeitskräften in Deutschland zu regeln, Arbeitsuchenden (sowohl Arbeitnehmern als auch Arbeitgebern) also die Möglichkeit zu geben, die geeignete Person zur Besetzung einer freien Arbeitsstelle zu finden oder sich selbst anzubieten.

> **Tipp**
>
> *Im Kapitel 2.5.1 lesen Sie mehr zu Angebot und Nachfrage.*

Hauptaufgaben (nach § 1 Sozialgesetzbuch III, SGB) dabei sind
- den Arbeitsmarkt im Allgemeinen und die einzelnen Berufe zu erforschen,
- geeignete Arbeitsstellen zu vermitteln und über Berufe zu informieren,
- die Weiterbildung im erlernten Beruf zu fördern,
- arbeitslosen Beschäftigten bei der Wiederaufnahme ihres Berufs zu helfen und
- berufliche Rehabilitationsmaßnahmen zu genehmigen und durchzuführen.

Förderungswürdig sind insbesondere die folgenden Leistungen dieses Versicherungszweigs:
- Berufsberatung
- Vermittlung von Arbeitsstellen
- Fortbildung im Beruf
- Rehabilitationsmaßnahmen
- Erhalt und Schaffung von Arbeitsplätzen
- Unterstützung von Arbeitslosen

Im Bereich der Arbeitslosenversicherung gibt es nur eine Pflichtmitgliedschaft, ein freiwilliger Beitritt ist nicht möglich. Davon erfasst sind insbesondere Angestellte, Arbeiter und die Auszubildenden.

Träger
Die **Bundesagentur für Arbeit in Nürnberg**, die jeden Monat die neuesten Arbeitslosenzahlen veröffentlicht, ist zusammen mit zehn Regionaldirektionen und 156 örtlichen Arbeitsagenturen dazu verpflichtet, diese Leistungen zur Verfügung zu stellen.

Finanzierung
Die Beiträge zur Arbeitsförderung werden vorwiegend jeweils zur **Hälfte vom Arbeitnehmer und Arbeitgeber** getragen, wobei derzeit insgesamt **2,4 % des Bruttoverdienstes** (bis zur Beitragsbemessungsgrenze) zu bezahlen sind. Arbeitgeber und Arbeitnehmer bezahlen also jeweils 1,2 %.

Bei anderen Arbeitnehmern, z. B. geringfügig Beschäftigten, gelten andere Regelungen.

Leistungen
Leistungen durch die Arbeitsförderung werden nach dem SGB III u. a. gewährt als:

Arbeitslosengeld	Arbeitslose erhalten Leistungen, wenn sie - der Arbeitsvermittlung zur Verfügung stehen, - gewisse Anwartschaftszeiten erfüllt haben, - sich persönlich arbeitslos gemeldet und - Arbeitslosengeld beantragt haben. Es berechnet sich nach dem letzten monatlichen Nettobezug vor der Arbeitslosigkeit und den familiären Verhältnissen (Kinder). Grundsätzlich wird Arbeitslosengeld für mindestens 180, höchstens aber 360 Tage gewährt. Für ältere Arbeitslose kann der Anspruch bis zu 720 Tage betragen.

Arbeitslosengeld II, Hartz IV	Arbeitslose, die keinen Anspruch auf Arbeitslosengeld haben, - bedürftig sind und - im Jahr vor der Antragstellung Arbeitslosengeld bezogen haben, erhalten weiterhin Unterstützungszahlungen für das Leben, die aus Steuermitteln finanziert werden. Die Leistungen liegen niedriger als beim Arbeitslosengeld, der Bezug aber ist zeitlich unbegrenzt, weil die Gewährung nach erneuter Prüfung der Voraussetzungen weiter möglich ist.
Kurzarbeitergeld	Es wird dann bezahlt, wenn das eigene Entgelt durch betriebsbedingten Arbeitsausfall nicht in normaler Höhe bezahlt werden kann. Es ist als teilweiser Lohnersatz gedacht und soll den Arbeitnehmern ihren Arbeitsplatz und den Arbeitgebern ihre eingearbeiteten Arbeitnehmer erhalten.
Insolvenzgeld	Arbeitnehmer haben z. B. bei Konkurs („Pleite") des Arbeitgebers Anspruch auf Ausgleich des noch nicht bezahlten Arbeitsentgelts.
Unterhaltsgeld	Für die Teilnahme an Weiterbildungslehrgängen kann es als Lohnersatz gewährt werden. Voraussetzungen sind, dass - die Weiterbildung nötig ist, - die Vorbeschäftigungszeiten und damit Beitragszahlungen erfüllt sind, - die Arbeitsagentur den Teilnehmer beraten und der Maßnahme zugestimmt hat und - die Maßnahme durch die Arbeitsagentur als förderungswürdig anerkannt ist. In seiner Höhe entspricht das Unterhaltsgeld dem Arbeitslosengeld, kann aber unter bestimmten Voraussetzungen auch der Arbeitslosenhilfe angepasst sein.

Tipp

Die Arbeitsagenturen gewähren vielfältige Leistungen sowohl an Arbeitslose, an von Arbeitslosigkeit bedrohte Mitarbeiter als auch an Berufstätige, die vielleicht aus gesundheitlichen Gründen ihre erlernte Arbeit nicht mehr ausführen können. Besorgen Sie sich doch einmal die Broschüre „Was? Wie viel? Wer?", die Sie bei jeder Arbeitsagentur kostenlos erhalten oder laden Sie diese herunter: www.arbeitsagentur.de. Informieren Sie sich über die Vielzahl der angebotenen Leistungen.

Soziale Pflegeversicherung

Aufgabe der Pflegeversicherung ist es, **Geld- und Sachleistungen an Pflegebedürftige** zu erbringen.

Mit der Einführung des Pflegestärkungsgesetzes (PSG II) hat der Gesetzgeber einen grundlegenden Systemwechsel in der Pflegeversicherung vollzogen. Seit 1. Januar 2017 orientiert sich die Pflegebedürftigkeit nicht mehr an einem in Minuten gemessenen Hilfebedarf, sondern ausschließlich daran, wie selbstständig die zu pflegende Person den Alltag bewältigen kann, welche Fähigkeiten noch vorhanden sind und wie viel personelle Unterstützung dafür notwendig ist. Es spielt dabei keine Rolle, ob die Selbstständigkeit aufgrund von körperlichen oder psychischen Einschränkungen beeinträchtigt ist und welche Hilfeleistungen tatsächlich erbracht werden. Damit werden Menschen, die z. B. an Demenz erkrankt sind, den körperlich eingeschränkten Pflegebedürftigen gleichgestellt. Bewertet wird allein, ob die Person in der Lage ist, die jeweilige Aktivität praktisch durchzuführen.

Statt der bisherigen drei Pflegestufen gibt es seit 2017 fünf Pflegegrade. Dabei gilt: Je höher der Pflegegrad, desto mehr ist der Mensch in seiner Selbstständigkeit beeinträchtigt und auf personelle Unterstützung angewiesen. Der jeweilige Pflegegrad wird auf der Basis eines neuen Begutachtungssystems ermittelt. Es werden Aspekte wie beispielsweise die Fähigkeit, Gespräche zu führen und Bedürfnisse mitzuteilen, sowie die Unterstützung beim Umgang mit der Krankheit miteinbezogen. Art und Umfang der Leistungen können dadurch genauer auf den jeweiligen Bedarf abgestimmt werden. Die Begutachtung erfolgt durch den Medizinischen Dienst der Pflegekassen.

Übersicht der Pflegegrade:

Pflegegrad 1	Pflegegrad 2	Pflegegrad 3	Pflegegrad 4	Pflegegrad 5
geringe Beeinträchtigung der Selbstständigkeit oder der Fähigkeiten	erhebliche Beeinträchtigung der Selbstständigkeit oder der Fähigkeiten	schwere Beeinträchtigung der Selbstständigkeit oder der Fähigkeiten	schwerste Beeinträchtigung der Selbstständigkeit oder der Fähigkeiten	schwerste Beeinträchtigung der Selbstständigkeit oder der Fähigkeiten mit besonderen Anforderungen an die pflegerische Versorgung

Die Einstufung hängt von Maß und Dauer der Beeinträchtigung der Selbstständigkeit oder der Fähigkeiten ab. Die Bewertungsmethoden erfassen den Pflegebedürftigen ganzheitlich in Bezug auf seine Selbstständigkeit.

Die Pflegeversicherung ist eine **Pflichtversicherung** für die Bürger in Deutschland: Jeder, vom Kleinkind bis zum Rentner, ist in der Pflegeversicherung erfasst.

Dabei ist zwischen Pflichtmitgliedern in der sozialen Pflegeversicherung (z. B. Arbeiter, Angestellte) und freiwilligen Mitgliedern in der privaten Pflegeversicherung (z. B. Beamte) zu unterscheiden. Viele Personen sind beitragsfrei mitversichert, z. B. Kinder bis zum 18. Lebensjahr (unter bestimmten Voraussetzungen auch länger), Ehegatten im Rahmen der Familienversicherung, Empfänger von Arbeitslosengeld (hier trägt die Bundesagentur für Arbeit die Beiträge).

> *Tipp*
>
> *Die Wahlmöglichkeiten soziale/private Pflegeversicherung sind vielfältig. Erkundigen Sie sich bei Ihrer Krankenkasse und auch privaten Versicherungsträgern, wenn Sie glauben, dass ein Wechsel für Sie infrage käme.*

Träger
Obwohl die soziale Pflegeversicherung einen eigenständigen Zweig unseres Sozialversicherungssystems darstellt, wurden die **Pflegekassen bei den gesetzlichen Krankenkassen** errichtet, weil eine Trennung zwischen Krankheits- und Pflegefall oftmals nur schwer möglich ist. Dennoch sind die Pflegekassen rechtlich selbstständige Körperschaften des öffentlichen Rechts und für ihre Finanzen selbst zuständig.

Finanzierung
Die **Beiträge** werden jeweils zur **Hälfte vom Arbeitnehmer und Arbeitgeber** aufgebracht. Vom Lohn, dem Gehalt, aber auch der Rente werden insgesamt **3,05 %** (jeweils 1,525 %) bis

zur Beitragsbemessungsgrenze an die Krankenkasse abgeführt und von dort an die Pflegekasse weitergeleitet.

Um den Arbeitgeberanteil auszugleichen, wurde in den meisten Bundesländern ein gesetzlicher Feiertag gestrichen, der stets auf einen Wochentag und damit Arbeitstag fällt (Buß- und Bettag). Eine Ausnahme hierbei bildet der Freistaat Sachsen, der den Feiertag beibehielt, in dem die Arbeitnehmer dabei aber eine höhere Belastung, nämlich 2,025 %, zu tragen haben. Die Arbeitgeber in Sachsen leisten deshalb lediglich einen Beitrag von 1,025 %.

Seit 1. Januar 2005 haben Kinderlose einen um 0,25 Prozentpunkte erhöhten Beitragssatz zu bezahlen. Damit wird eine Entscheidung des Bundesverfassungsgerichts umgesetzt, die die Entlastung von Eltern bei den Pflegebeiträgen fordert. Hierbei bestehen jedoch verschiedene Ausnahmen (z. B. bezüglich des Alters, bei verstorbenen Kindern).

Tipp
Informieren Sie sich, ob für Sie eine dieser Ausnahmen infrage kommt.

Leistungen
Aufgrund von Sozialgesetzbuch XI sind den Pflegebedürftigen gesetzlich zugesicherte Leistungen zu gewähren, die finanzieller oder sachlicher Art sein können. Auch Kombinationen sind möglich. Maßgeblich für die Bestimmung des Wertes ist grundsätzlich die Zuordnung eines Pflegegrades zum Bedürftigen.

Tipp
Informieren Sie sich über nähere Einzelheiten zur Pflegebedürftigkeit im Internet im Themenportal des Bundesministeriums für Gesundheit: www.bundesgesundheitsministerium.de/themen/pflege.html.

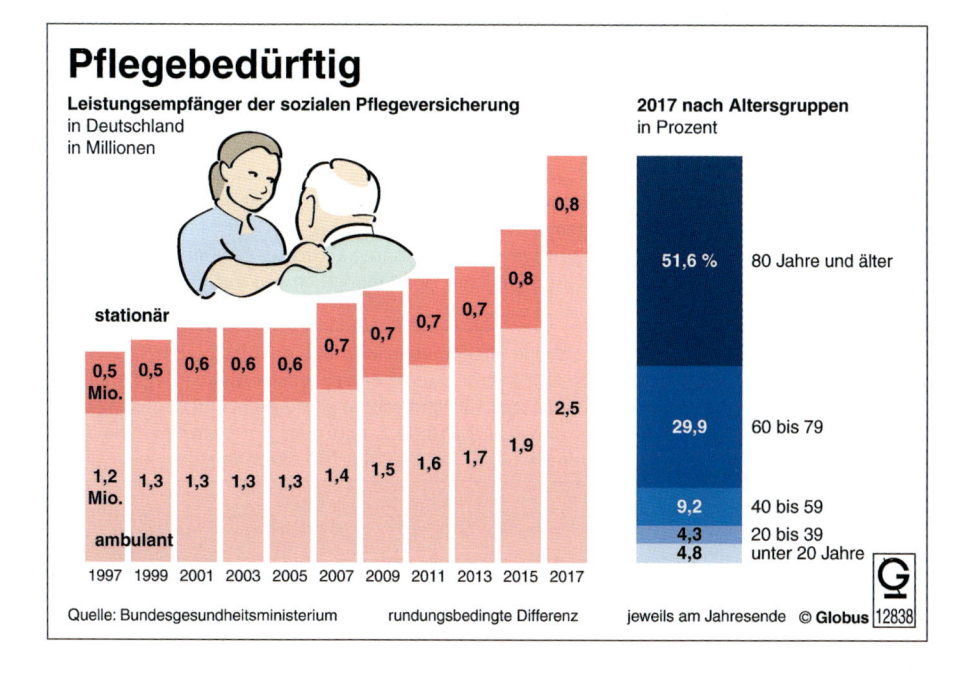

Pflegebedürftig

Leistungsempfänger der sozialen Pflegeversicherung in Deutschland in Millionen

stationär: 0,5 / 0,5 / 0,6 / 0,6 / 0,6 / 0,7 / 0,7 / 0,7 / 0,7 / 0,8 / 0,8
ambulant: 1,2 / 1,3 / 1,3 / 1,3 / 1,4 / 1,5 / 1,6 / 1,7 / 1,9 / 2,5
Jahre: 1997, 1999, 2001, 2003, 2005, 2007, 2009, 2011, 2013, 2015, 2017

2017 nach Altersgruppen in Prozent:
- 51,6 % — 80 Jahre und älter
- 29,9 — 60 bis 79
- 9,2 — 40 bis 59
- 4,3 — 20 bis 39
- 4,8 — unter 20 Jahre

Quelle: Bundesgesundheitsministerium — rundungsbedingte Differenz — jeweils am Jahresende © Globus 12838

Leistungsbeträge in den einzelnen Pflegegraden					
	Pflegegrad 1	Pflegegrad 2	Pflegegrad 3	Pflegegrad 4	Pflegegrad 5
Geldleistung ambulant	0,00 €[1]	316,00 €	545,00 €	728,00 €	901,00 €
Sachleistung ambulant	0,00 €	689,00 €	1 298,00 €	1 612,00 €	1 995,00 €
Leistungsbetrag stationär	125,00 €	770,00 €	1 362,00 €	1 775,00 €	2 005,00 €

Durch die Leistungen der Pflegeversicherung soll keine Vollversorgung des Pflegebedürftigen erreicht werden, vielmehr sollen Sach- oder Finanzleistungen die häusliche Pflege durch Verwandte, Nachbarn oder auch ehrenamtlich Tätige ergänzen (Grundsatz: „Häusliche vor ambulanter Pflege, ambulante vor stationärer Pflege"). Die Leistungen der Pflegeversicherung stellen insoweit eine Grundversorgung dar, die zusätzlich eigene Leistungen des Versicherten erfordern. Das Pflegegeld wird ab 2020 jährlich im Wert angepasst. Bisher wurde die Geldleistung nur sporadisch erhöht und hat seit seiner Einführung im Jahr 1993 laut Experten in Summe rund 35 Prozent an Wert verloren. Künftig soll sich die Erhöhung am Pensions-Anpassungsfaktor orientieren, dies hätte für das Jahr 2019 ein Plus von 2 Prozent bedeutet.

Leistungen der Pflegeversicherung	
Entlastungsleistungen ab Pflegegrad 1	Pflegebedürftige in häuslicher Pflege erhalten für Angebote zur Unterstützung im Alltag einen Entlastungsbetrag von bis zu 125,00 € je Kalendermonat. Dieser Betrag ist zweckgebunden für qualitätsgesicherte Leistungen zur Entlastung der pflegenden Angehörigen einzusetzen.
Pflegesachleistung (häusliche Pflegehilfe) oder Pflegegeld ab Pflegegrad 2	Es werden Sachleistungen (die Versorgung durch ambulante Pflegedienste) oder Pflegegeld für eine selbst beschaffte Pflegehilfe bezahlt. Die Gewährung von Pflegegeld setzt voraus, dass der Pflegebedürftige seine eigene Grundpflege und hauswirtschaftliche Versorgung selbst sicherstellt (z. B. durch Verwandte). Eine Kombinationsleistung ist möglich, wenn die Sachleistung nicht in voller Höhe in Anspruch genommen wird.
Tages- oder Nachtpflege (teilstationäre Pflege) ab Pflegegrad 2	Ist es nicht möglich, die häusliche Pflege ausreichend sicherzustellen (z. B. wegen wechselnder Schichtarbeit der Pflegenden) und wird der Pflegebedürftige in teilstationären Einrichtungen betreut, werden Kosten in unterschiedlicher Höhe monatlich von den Pflegekassen übernommen.
Verhinderungspflege (Ersatzpflege) und Kurzzeitpflege ab Pflegegrad 2	Befindet sich die Pflegeperson in Urlaub oder ist in anderer Weise verhindert, ist weder eine häusliche noch teilstationäre Pflege möglich, so werden die Kosten für Verhinderungspflege bis zu sechs Wochen in Höhe von maximal 2 418,00 € und/oder Kurzzeitpflege bis zu acht Wochen für maximal 3 224,00 € pro Jahr übernommen.

---

[1] Bis zu 125,00 € stehen als Geldbetrag für die Erstattung der Betreuungs- und Entlastungsleistungen zur Verfügung.

	Leistungen der Pflegeversicherung
Sonstige Leistungen	Pflegehilfsmittel, die eine selbstständige Lebensführung ermöglichen (Rollstuhl, Pflegebett, Hebegerät usw.), Umbaumaßnahmen in der Wohnung, die die Pflege des Bedürftigen erleichtern, die Übernahme von Kosten für Ausbildungskurse von Pflegepersonen usw. werden in einem bestimmten Rahmen durch die Pflegekassen getragen.
Vollstationäre Pflege ab Pflegegrad 1	Ist häusliche oder teilstationäre Pflege nicht mehr möglich, dann übernimmt die Pflegekasse des Versicherten die Kosten für die Pflege (z. B. in Pflegeheimen) innerhalb gesetzlich vorgegebener Grenzen. Die Kosten für Unterkunft und Verpflegung hat der Pflegebedürftige selbst zu tragen; sie wären auch in seiner Wohnung angefallen.

Darüber hinaus wurden seit 2015 viele Ergänzungen im Bereich der Pflege geschaffen. Damit soll eine bessere Vereinbarkeit von Familie, Pflege und Beruf erreicht werden.

Im Rahmen des Pflegezeitgesetzes und des Familienpflegezeitgesetzes sollen die Eigenheiten einer jeden Pflegesituation stärker berücksichtigt werden. So finden sich u. a. Regelungen zu akuten Pflegefällen, zu einem geplanten Ausstieg aus dem Beruf oder zur Möglichkeit eines zinslosen Darlehens.

Tipp

Die Voraussetzungen dazu sind vielfältig; eine Darstellung dessen, was möglich ist, finden Sie unter www.wege-zur-pflege.de.

Gesetzliche Unfallversicherung

Leistungen werden ausschließlich wegen eines **Arbeitsunfalles** gewährt, der aber verschiedene Formen aufweisen kann:

- Arbeitsunfall im engeren Sinn, z. B. während der Arbeit, in der Schule, im Kindergarten;
- Arbeitsunfall im weiteren Sinn, z. B. als Wegeunfall (auf dem direkten Weg zur Arbeitsstelle oder nach Hause) oder als anerkannte Berufskrankheit.

Voraussetzung für die Anerkennung eines Versicherungsfalls ist, dass einer Person **während einer versicherten Tätigkeit** durch einen **Arbeitsunfall** ein körperlicher Schaden zugefügt wurde. Mit den Leistungen der Unfallversicherung sollen die finanziellen Folgen für den Versicherten, bei Todesfällen auch für die Angehörigen, gemildert bzw. entstehende Aufwendungen ersetzt werden.

Als **weitere Hauptaufgabe** ist die **Verhütung von Arbeitsunfällen, Berufskrankheiten** und von **tätigkeitsbedingten Unfallgefahren** zu sehen, den Eintritt eines Versicherungsfalles also möglichst weitgehend auszuschließen (durch den Erlass von Unfallverhütungsvorschriften).

Pflichtversichert sind z. B.

- alle Arbeitnehmer mit Ausbildungs- oder Beschäftigungsverhältnis,
- Heimarbeiter,

- Landwirte,
- alle mitarbeitenden Familienmitglieder im eigenen Betrieb,
- Kindergartenkinder, Schüler, Studenten,
- Arbeitslose,
- Personen, die nach der sozialen Pflegeversicherung Bedürftige betreuen,
- andere Personengruppen (Blutspender, ehrenamtlich Tätige usw.).

Dabei ist es unerheblich, ob für die Ausübung der Tätigkeit ein Entgelt bezahlt wird oder nicht.

Darüber hinaus ist es möglich, freiwillig der Unfallversicherung beizutreten. Sehr viele Unternehmer, die nicht pflichtversichert sind, nehmen diese Gelegenheit auch für ihre mitarbeitenden Ehegatten wahr, um sich gegen Gefahren am oder bei Fahrten zum/vom Arbeitsplatz abzusichern.

> **Tipp**
>
> Sollten Sie sich mit dem Gedanken tragen, als selbstständiger Unternehmer zu arbeiten, erkundigen Sie sich doch beim zuständigen Träger der Unfallversicherung. Beispielsweise ist es möglich, für die Zeit eines privaten Hausbaus der Bauberufsgenossenschaft beizutreten, um die Risiken aus den dabei entstehenden Gefahren zu versichern.

Träger
Zur **Erhebung des Beitrags** berechtigt und zur **Erbringung der** zustehenden **Leistungen** verpflichtet sind in erster Linie die **Berufsgenossenschaften** für die einzelnen Gewerbebereiche und der öffentlichen Verwaltung. Außerdem können beispielsweise zuständig sein:

- landwirtschaftliche Berufsgenossenschaften
- die Eisenbahn-Unfallkasse
- Feuerwehr-Unfallkassen
- Gemeindeunfallversicherungsverbände (u. a. für Schüler)

Finanzierung
Zur **Unfallversicherung** braucht der **Arbeitnehmer keine Beiträge** zu leisten, der **Arbeitgeber** hat sie **allein aufzubringen**.

Die Beitragshöhe richtet sich dabei hauptsächlich nach dem Entgelt der Versicherten und dem Grad der Unfallgefahr am Arbeitsplatz, den der Versicherungsträger festlegt.

Bei Unternehmen mit einer geringen Zahl von Arbeitsunfällen in der Vergangenheit können Beitragsnachlässe gewährt werden; ebenso ist es möglich, dass wegen zahlreicher Arbeitsunfälle in der Vergangenheit ein höherer Beitrag gezahlt werden muss.

Leistungen
Die Unfallversicherungsträger leisten auf zwei Hauptgebieten, der Unfallverhütung (**Prävention**) und der Sorge nach Arbeitsunfällen.

Oberstes Ziel ist die Vermeidung von Arbeitsunfällen. Hierzu werden Unfallverhütungsvorschriften für jeden möglichen Bereich der Arbeitsleistung erlassen und deren Einhaltung durch technische Aufsichtsbeamte auch überwacht. Sie kontrollieren nicht nur und geben Anordnungen zur Beseitigung von möglichen Gefahrenquellen, vielmehr werden die Mitglieder der Unfallversicherung (die Arbeitgeber) ausführlich beraten, welche Gefahren für den Mitarbeiter vom eigenen Betrieb ausgehen und wie man sie vermeiden kann.

Sollte der Versicherungsfall dennoch einmal eingetreten sein, dann erbringen die Träger der Unfallversicherung z. B. folgende Leistungen:

Heilbehandlungen und Rehabilitationen	Dazu gehören ärztliche und zahnärztliche Behandlungen, die Versorgung mit Arznei-, Verband-, Hilfs- und Heilmitteln, häusliche und auch stationäre Behandlung und Krankenpflege, um die Erwerbsfähigkeit des Verletzten wieder herzustellen.
Verletzengeld/ Übergangsgeld	Es ist als Lohnersatz für den Verletzten gedacht und wird gezahlt, solange der Betroffene arbeitsunfähig ist und kein Einkommen mehr erhält. Das Übergangsgeld wird nur neben berufsfördernden Maßnahmen zur Rehabilitation bezahlt.
Berufliche Teilhabe (berufsfördernde Rehabilitationsleistungen)	Ziel ist es, den Mitarbeiter wieder voll in seine bisherige Arbeit einzugliedern. Ist dieser aber aufgrund seiner Verletzungen nicht mehr imstande, die bisher ausgeübte Tätigkeit wieder aufzunehmen, dann soll eine Umschulung in einen gleichwertigen Beruf erfolgen.
Verletztenrente	Erleidet der Versicherte durch einen Arbeitsunfall eine dauerhafte Einschränkung seiner Erwerbsfähigkeit, wird ihm unter bestimmten Voraussetzungen eine Rente gewährt, die sich nach dem Grad der Erwerbsunfähigkeit und dem letzten Jahresarbeitsverdienst richtet.
Leistungen an Hinterbliebene	Im Falle des Todes wegen eines Arbeitsunfalls werden Sterbegeld, die Übernahme der Kosten einer Überführung und Hinterbliebenenrenten (sowohl für den Ehegatten als auch für Kinder) gewährt.

> *Tipp*
>
> *Treffen Kriterien auf Sie zu, dann erkundigen Sie sich bei der für Sie zuständigen Berufsgenossenschaft oder den anderen Unfallversicherungsträgern.*

Private Versicherungen

Als Ergänzung zur gesetzlichen Sozialversicherung, die in den vorangegangenen Abschnitten ausführlich beschrieben wurde, gibt es die Möglichkeit und ist es häufig auch sinnvoll, sich privat zu versichern. Die Entscheidung, einen Versicherungsvertrag abzuschließen, ist entweder freiwillig, z. B. bei einer Lebensversicherung, oder gesetzlich vorgeschrieben, z. B. bei der Kfz-Haftpflichtversicherung. Die folgende Tabelle soll eine Übersicht über wichtige private Versicherungen (Individualversicherungen) geben, die in drei Arten unterschieden werden können.

Private Versicherungen		
Personenversicherungen	**Sachversicherungen**	**Vermögensversicherungen**
<ul><li>private Krankenversicherung</li><li>private Unfallversicherung</li><li>Lebensversicherung</li><li>private Rentenversicherung</li><li>Berufsunfähigkeitsversicherung</li></ul>	<ul><li>Feuerversicherung</li><li>Sturmversicherung</li><li>Hausratversicherung</li><li>Glasversicherung</li></ul>	<ul><li>Haftpflichtversicherungen (z. B. Kfz-, Privat- oder Berufshaftpflicht)</li><li>Rechtschutzversicherung</li><li>Kreditversicherung</li></ul>

Obwohl die gesetzlichen Sozialversicherungen eine gewisse Grundabsicherung für bestimmte Lebenssituationen bieten, wird jeder Bürger zukünftig gezwungen sein, sich über eine private Absicherung Gedanken zu machen, z. B. als Zusatzversicherung für Zahnersatz, als Ergänzung zur Pflegepflichtversicherung oder als Absicherung bei Erwerbsunfähigkeit.

Tipp
Erkundigen Sie sich bei einer Versicherungsagentur über die Möglichkeiten zur privaten Ergänzung der Sozialversicherungen.

1.8.3 Sozialgerichtsbarkeit

Sollten Sie im Laufe Ihres Lebens einmal Probleme im Zusammenhang mit der Sozialversicherung haben, können Sie sich evtl. auch an ein **Sozialgericht** wenden, wenn sich diese Streitigkeiten nicht vorab z. B. durch ein klärendes Gespräch beilegen lassen.

Die Sozialgerichtsbarkeit ist eine von fünf Gerichtsbarkeiten in Deutschland neben der ordentlichen Gerichtsbarkeit, der Arbeits-, Verwaltungs- und Finanzgerichtsbarkeit. Die Zuständigkeit, die Organisation und das Verfahren der Sozialgerichtsbarkeit sind im **Sozialgerichtsgesetz** (SGG) geregelt.

Zuständigkeit

Sozialgerichte und deren übergeordnete Instanzen (Landessozialgerichte, Bundessozialgericht) sind insbesondere zuständig für folgende Sachverhalte:
- Sozialversicherung (Kranken-, Unfall-, Renten-, Pflegeversicherung)
- Arbeitslosenversicherung, Arbeitsförderung, Grundsicherung für Arbeitsuchende
- Sozialhilfe
- Angelegenheiten der Schwerbehinderten
- soziales Entschädigungsrecht (z. B. Soldatenversorgung, Entschädigung für Opfer von Gewalttaten)

Andere Streitigkeiten (z. B. in Bezug auf Jugendhilfe, Wohngeld, Bundesausbildungsförderung) werden vor der Verwaltungsgerichtsbarkeit verhandelt.

Eine Klage ist vor dem Sozialgericht einzulegen, das für den Betriebsitz, den Wohnsitz oder den Beschäftigungsort des Klägers zuständig ist.

> **Tipp**
>
> Suchen Sie im Internet das für Sie zuständige Sozialgericht und versuchen Sie, genauere Informationen zum Thema Zuständigkeit zu erhalten.

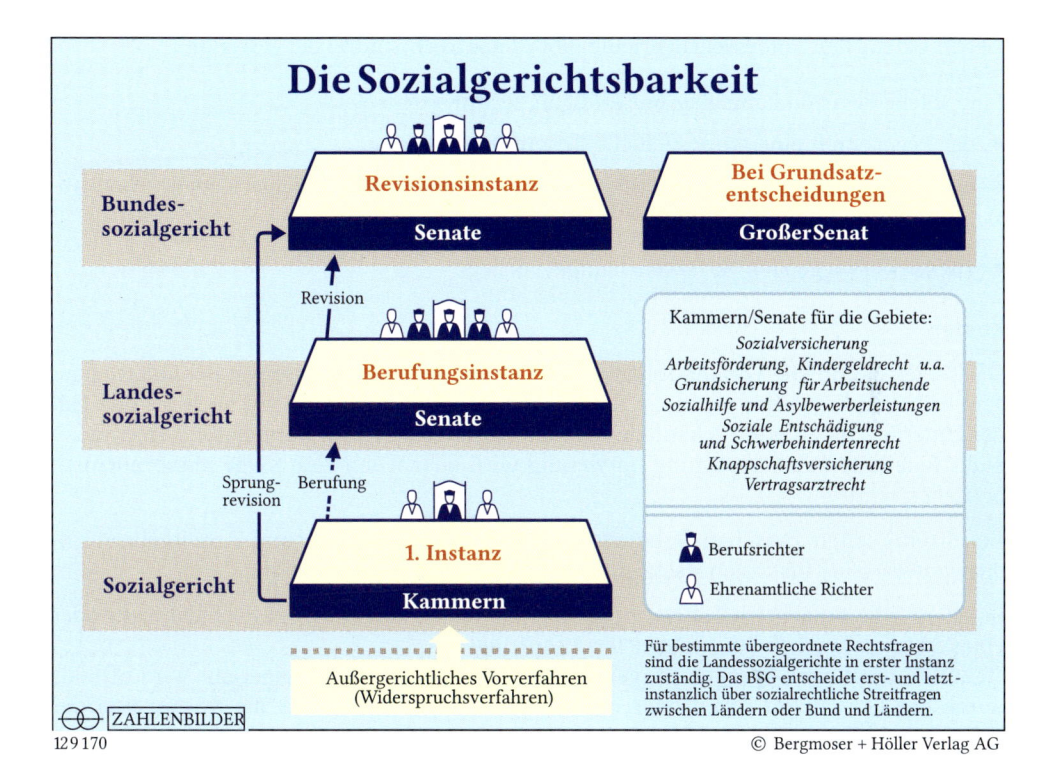

Die Sozialgerichtsbarkeit

Bundessozialgericht
- Revisionsinstanz – Senate
- Bei Grundsatzentscheidungen – Großer Senat

Landessozialgericht
- Berufungsinstanz – Senate

Sozialgericht
- 1. Instanz – Kammern
- Außergerichtliches Vorverfahren (Widerspruchsverfahren)

Zwischen den Instanzen: Revision, Sprungrevision, Berufung.

Kammern/Senate für die Gebiete:
- Sozialversicherung
- Arbeitsförderung, Kindergeldrecht u.a.
- Grundsicherung für Arbeitsuchende
- Sozialhilfe und Asylbewerberleistungen
- Soziale Entschädigung und Schwerbehindertenrecht
- Knappschaftsversicherung
- Vertragsarztrecht

Berufsrichter / Ehrenamtliche Richter

Für bestimmte übergeordnete Rechtsfragen sind die Landessozialgerichte in erster Instanz zuständig. Das BSG entscheidet erst- und letztinstanzlich über sozialrechtliche Streitfragen zwischen Ländern oder Bund und Ländern.

ZAHLENBILDER 129 170 © Bergmoser + Höller Verlag AG

Verfahren

Wenn Sie denken, durch eine Entscheidung nicht gerecht behandelt zu sein, müssen Sie zunächst **Widerspruch** gegen diese Entscheidung einlegen. Bis wann (innerhalb eines Monats nach Bekanntgabe des Bescheides) und wo Sie diesen Widerspruch einlegen müssen, steht in der **Rechtsbehelfsbelehrung** des Bescheides.

In diesem **Widerspruchsverfahren** überprüft die zuständige Verwaltung nochmals den ergangenen Bescheid und gibt das Ergebnis i. d. R. in einem **Widerspruchsbescheid** bekannt.

Nur wenn Ihrem Anliegen nicht entsprochen wurde, können Sie oder auch ein von Ihnen Bevollmächtigter (z.B. ein Rechtsanwalt, Angestellte von Sozialverbänden, Gewerkschafter, Rentenberater) innerhalb eines Monats nach Bekanntgabe Klage vor dem zuständigen Sozialgericht erheben. Es besteht also vor den Sozial- und Landessozialgerichten kein Anwaltszwang.

Gegen ein Urteil des Sozialgerichts ist eine **Berufung** vor dem Landessozialgericht zulässig, wenn

- der Beschwerdewert über 750,00 € (bei juristischen Personen über 10 000,00 €) liegt oder
- wiederkehrende oder laufende Leistungen für mehr als ein Jahr betroffen sind.

Gegen Urteile der Landessozialgerichte gibt es das Rechtsmittel der **Revision**.

Eine solche Revision kann aber nur erfolgen, wenn
- der Rechtsstreit eine grundsätzliche Bedeutung hat,
- eine Abweichung von einem bestehenden Urteil des Bundessozialgerichts gegeben ist oder
- ein schwerwiegender Verfahrensmangel vorliegt.

Kosten

Das sozialgerichtliche Verfahren ist für Versicherte, Leistungsempfänger, Behinderte usw. grundsätzlich kostenfrei, wenn sie Kläger oder Beklagte sind. Dies gilt auch für den Fall des Unterliegens. Allerdings kann das Gericht Kosten festsetzen, wenn durch Verschulden eines Beteiligten eine Vertagung notwendig wird oder wenn eine Klage missbräuchlich betrieben wird.

Bei Streitigkeiten zwischen Behörden und zwischen Behörden und Arbeitgebern gilt dagegen das Gerichtskostengesetz, d. h., es fallen Gerichtsgebühren an.

In jedem Falle zunächst selbst zu tragen sind die Kosten eines eigenen Rechtsanwalts oder eines Sachverständigen, den man selbst beauftragt hat.
Gewinnt der Bürger oder die Bürgerin den Prozess vor dem Sozialgericht wird oftmals durch das Gericht im Urteil oder im Beschluss angeordnet, dass die Kosten von der Behörde erstattet werden müssen.
Die Kosten der Behörde braucht der Unterlegene nicht zu übernehmen.

Bedürftige Personen, die nach ihren Verhältnissen die Kosten für einen Rechtsanwalt nicht aufbringen können, deren Klage aber ausreichend Aussicht auf Erfolg hat, haben einen Anspruch auf Gewährung von **Prozesskostenhilfe** und die Beiordnung eines Rechtsbeistands.

Gesetzliche Sozialversicherung

Kernwissen

- Der Grundstein für die gesetzliche Sozialversicherung wurde zum Ende des 19. Jahrhunderts gelegt. Die Bevölkerung sollte gegen die Risiken **Unfall**, **Krankheit und Alter** abgesichert werden. Später kam die **Arbeitslosenversicherung** und erst 1995 die **Pflegeversicherung** hinzu.
- Es werden zwei Prinzipien unterschieden:
  - **Solidaritätsprinzip**: „Einer für alle, alle für einen". Dieses Prinzip liegt auch der gesetzlichen Sozialversicherung zugrunde, die sich als Solidargemeinschaft versteht.
  - **Subsidiaritätsprinzip**: „Hilf dir zunächst selbst, bevor du staatliche Hilfe in Anspruch nimmst." Dieses Prinzip findet z. B. beim Arbeitslosengeld II Anwendung.

	Übersicht über die fünf Zweige der gesetzlichen Sozialversicherung				
	Kranken-versicherung	**Renten-versicherung**	**Arbeitslosen-versicherung**	**Pflege-versicherung**	**Unfall-versicherung**
Träger	Beispiele: - AOK - Ersatzkassen - BKK - IKK - See-KK - landwirtsch. KK - Bundesknappschaft	- Deutsche Rentenversicherung Bund - Regionalträger - Deutsche Rentenversicherung Knappschaft-Bahn-See	Bundesagentur für Arbeit mit - Regionaldirektionen - Agenturen für Arbeit	- Pflegekassen bei den Krankenkassen	Beispiele: - Berufsgenossenschaften - Versicherungsverbände der Gemeinden
Finanzierung	- Beiträge der Versicherten - Beiträge des Arbeitgebers	- Beiträge der Versicherten - Beiträge des Arbeitgebers	- Beiträge der Versicherten - Beiträge des Arbeitgebers	- Beiträge der Versicherten - Beiträge des Arbeitgebers	- Beiträge des Arbeitgebers
	AN und AG grundsätzlich zur Hälfte; Zusatzbeitrag allein durch AN	Arbeitnehmer und Arbeitgeber je zur Hälfte			AG voll
Leistungen	Beispiele: - bei Schwangerschaft - bei Krankheit - Krankengeld - Mutterschaftshilfe	Beispiele: - zur Rehabilitation - Renten - Zuschüsse	Beispiele: - Arbeitslosengeld - Insolvenzgeld - Unterhaltsgeld	Beispiele: - häusliche Pflege - Tages-/Nachtpflege - Kurzzeitpflege - stationäre Pflege	Beispiele: - Unfallverhütung - Heilbehandlung - Verletztengeld - Berufshilfe - Verletztenrente - Hinterbliebenenrente

- **Private Versicherungen** können entweder freiwillig abgeschlossen werden oder sind gesetzlich vorgeschrieben. Sie lassen sich unterscheiden in
  - Personenversicherungen,
  - Sachversicherungen und
  - Vermögensversicherungen.
- Streitigkeiten im Zusammenhang mit der gesetzlichen Sozialversicherung werden vor den Sozialgerichten ausgetragen.

Übungsaufgaben

1. Betrachten Sie das Schaubild „Immer älter" und bearbeiten Sie die folgenden Aufgaben.
   a) Fassen Sie die Aussage der Grafik in einem Satz zusammen.
   b) Suchen Sie Ursachen für die wesentlich niedrigere Lebenserwartung des Zeitraums 1901/10 gegenüber heute.
   c) Welche Folgen können sich aus der gestiegenen Lebenserwartung für die soziale Sicherung ergeben?
   d) Erstellen Sie einen möglichen Hefteintrag, der das durchschnittlich höhere Lebensalter der Bevölkerung als zentrales Thema behandelt.

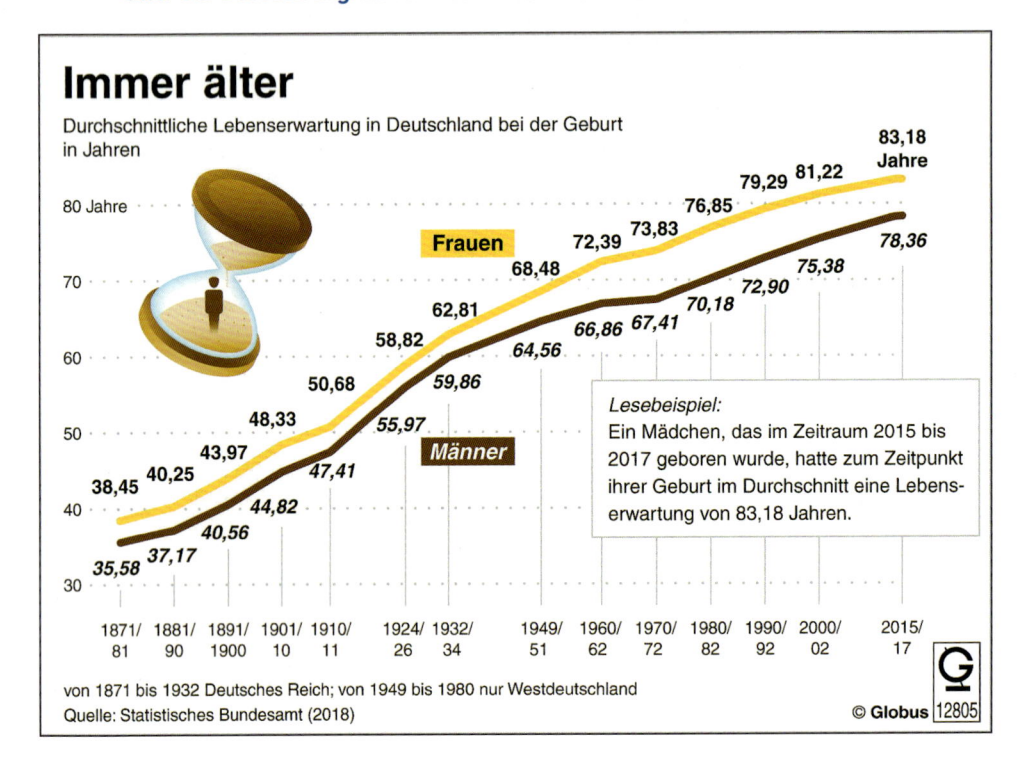

Immer älter

Durchschnittliche Lebenserwartung in Deutschland bei der Geburt in Jahren

Zeitraum	Frauen	Männer
1871/81	38,45	35,58
1881/90	40,25	37,17
1891/1900	43,97	40,56
1901/10	48,33	44,82
1910/11	50,68	47,41
1924/26	55,97	55,97
1932/34	62,81	59,86
1949/51	68,48	64,56
1960/62	72,39	66,86
1970/72	73,83	67,41
1980/82	76,85	70,18
1990/92	79,29	72,90
2000/02	81,22	75,38
2015/17	83,18	78,36

Lesebeispiel: Ein Mädchen, das im Zeitraum 2015 bis 2017 geboren wurde, hatte zum Zeitpunkt ihrer Geburt im Durchschnitt eine Lebenserwartung von 83,18 Jahren.

von 1871 bis 1932 Deutsches Reich; von 1949 bis 1980 nur Westdeutschland
Quelle: Statistisches Bundesamt (2018)
© Globus 12805

2. Welche Kosten entstehen der sozialen Sicherung durch Arbeitslosigkeit?

3. Vergleichen Sie einen Lagermitarbeiter und einen angestellten Profi-Sportler (z. B. Fußballer) in Bezug auf die Zugehörigkeit zu den einzelnen Zweigen der Sozialversicherung.

4. Weshalb werden in den östlichen und westlichen Bundesländern teilweise unterschiedliche Beitragsbemessungsgrenzen für die Berechnung der Beiträge zu den Sozialversicherungen angewendet?

Gesetzliche Sozialversicherung   115

5. Erläutern Sie in wenigen Sätzen das folgende Schaubild. Finden Sie Gründe für den Anstieg oder das Absinken bei bestimmten Ausgaben.

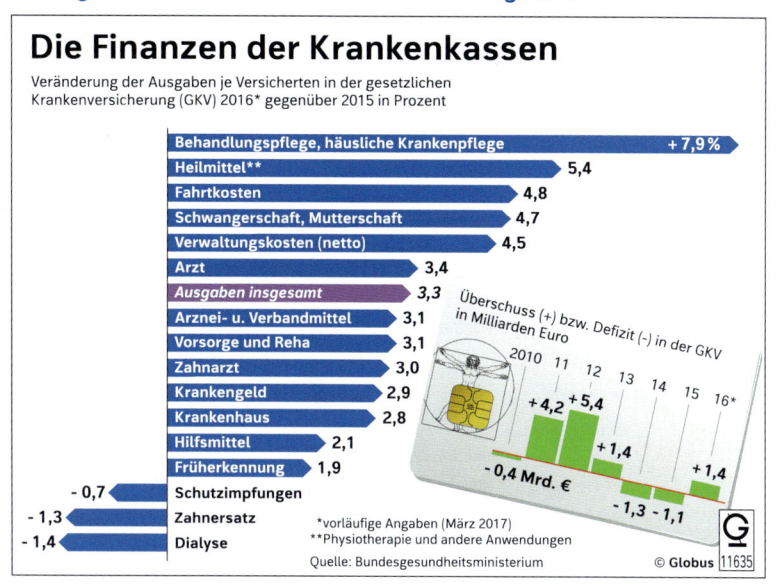

Die Finanzen der Krankenkassen

Veränderung der Ausgaben je Versicherten in der gesetzlichen Krankenversicherung (GKV) 2016* gegenüber 2015 in Prozent

Position	Veränderung in %
Behandlungspflege, häusliche Krankenpflege	+7,9 %
Heilmittel**	5,4
Fahrtkosten	4,8
Schwangerschaft, Mutterschaft	4,7
Verwaltungskosten (netto)	4,5
Arzt	3,4
Ausgaben insgesamt	3,3
Arznei- u. Verbandmittel	3,1
Vorsorge und Reha	3,1
Zahnarzt	3,0
Krankengeld	2,9
Krankenhaus	2,8
Hilfsmittel	2,1
Früherkennung	1,9
Schutzimpfungen	-0,7
Zahnersatz	-1,3
Dialyse	-1,4

Überschuss (+) bzw. Defizit (-) in der GKV in Milliarden Euro:
2010: +4,2; 11: +5,4; 12: ; 13: +1,4; 14: -0,4 Mrd. €; 15: -1,3; 16*: -1,1; (+1,4)

*vorläufige Angaben (März 2017)
**Physiotherapie und andere Anwendungen
Quelle: Bundesgesundheitsministerium
© Globus 11635

6. Betrachten Sie die folgende Grafik.

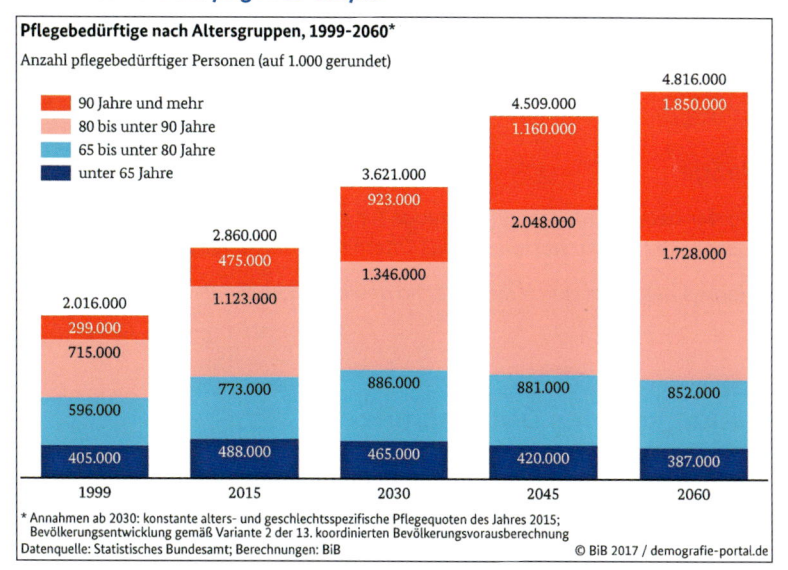

Pflegebedürftige nach Altersgruppen, 1999–2060*

Anzahl pflegebedürftiger Personen (auf 1.000 gerundet)

Legende:
- 90 Jahre und mehr
- 80 bis unter 90 Jahre
- 65 bis unter 80 Jahre
- unter 65 Jahre

Jahr	Gesamt	90+	80–<90	65–<80	<65
1999	2.016.000	299.000	715.000	596.000	405.000
2015	2.860.000	475.000	1.123.000	773.000	488.000
2030	3.621.000	923.000	1.346.000	886.000	465.000
2045	4.509.000	1.160.000	2.048.000	881.000	420.000
2060	4.816.000	1.850.000	1.728.000	852.000	387.000

* Annahmen ab 2030: konstante alters- und geschlechtsspezifische Pflegequoten des Jahres 2015; Bevölkerungsentwicklung gemäß Variante 2 der 13. koordinierten Bevölkerungsvorausberechnung
Datenquelle: Statistisches Bundesamt; Berechnungen: BiB
© BiB 2017 / demografie-portal.de

a) Erläutern Sie die Aussagen der Grafik.
b) Vergleichen Sie die Ergebnisse der einzelnen Jahre und suchen Sie Gründe für eine derartige Entwicklung.

7. Erstellen Sie zu jedem Zweig der sozialen Sicherung eine programmierte Aufgabe für die Abschlussprüfung. Zusammen mit einer Aufgabenstellung sollen dabei eine richtige und vier falsche – aber nicht unsinnige – Lösungen angeboten werden.

8. Überlegen Sie sich fünf mögliche Situationen, die vor einem Sozialgericht ausgetragen werden könnten.

1.9 Datenschutz im Betrieb[1]

Situation

Wer macht was im Netz?

65,3 Millionen Menschen in Deutschland nutzten in den vergangenen zwölf Monaten das Internet. Davon nutzten so viele folgende Dienste: (Anteil in Prozent)

	10- bis 15-Jährige	16-24	25-44	45-64	über 64-Jährige
E-Mails*	49 %	91	96	90	86
Soziale Netzwerke*	66	89	71	43	22
Vereinbaren eines Arzttermins	k. A.	12	20	14	10
Buchen einer Ferienunterkunft	k. A.	24	47	45	38
Musik hören*	70	84	62	32	14
Streaming von Videos (z. B. Netflix)*	36	62	43	16	5
Videotelefonate*	73	78	59	52	43
Kauf von Büchern, Zeitschriften (einschl. digitaler Produkte)	19	29	45	40	38
Ausfüllen/Senden von Behörden-Formularen	k. A.	12	26	20	12

*in den vergangenen drei Monaten
Quelle: Statistisches Bundesamt
Befragung von 12 000 Haushalten im 1. Quartal 2018
© Globus 13153

Handlungsaufträge

1. Die Nutzung der betriebsinternen EDV-Anlage für Auskünfte über das Internet bietet vielfältige Möglichkeiten. Wofür nutzen Sie das Internet betriebsintern?
2. Welche Gefahren bestehen durch die Nutzung des Internets möglicherweise für das Unternehmen?

1.9.1 Notwendigkeit des Datenschutzes

Die weite Verbreitung der elektronischen Datenverarbeitung in Behörden und Privatwirtschaft sowie die Möglichkeit zur weltweiten Vernetzung (Internet) gestatten es, verschiedene Informationen zu einer Person zu sammeln und daraus ein komplettes Persönlichkeitsbild zu erstellen, das dann die Grundlage für ganz gezielte Aktionen oder Aktivitäten von Unternehmen darstellen kann.

Beispiele
- Die Krankenkasse kennt die Häufigkeit Ihrer Arztbesuche und die Namen der aufgesuchten Ärzte. Aus deren Spezialisierungsrichtungen lassen sich Rückschlüsse auf mögliche Erkrankungen ziehen. Kurkliniken und Sanatorien könnten Ihnen ein spezielles Angebot zur Linderung bzw. Heilung der Krankheit unterbreiten und das, ohne dass Sie selbst tätig wurden.

---

[1] Folgende Ausführungen basieren auf den Kurzpapieren der unabhängigen Datenschutzbehörden des Bundes und der Länder (Datenschutzkonferenz – DSK)

- Sie planen, ein eigenes Haus zu bauen. Dafür ist evtl. die Genehmigung eines Bauantrags durch die Gemeinde oder das zuständige Landratsamt nötig. Darüber hinaus kennt Ihre Hausbank den Kontostand und mögliche weitere Guthaben. Daraus lassen sich Informationen über die geplante Bauweise und Ihre finanziellen Verhältnisse ableiten.
In Ihrem Briefkasten könnten Sie bald Angebote von Bauunternehmen und Kreditinstituten finden, die Sie beim Hausbau unterstützen wollen.

- Der Hausbau aus dem zweiten Beispiel ist vollendet und Sie kaufen sich einen Wachhund, um das Haus zu schützen. Sicherlich benötigen Sie eine Erstausstattung für das neue Haustier, Besuche beim Tierarzt sind in der ersten Zeit selbstverständlich. Um sich vor Regressforderungen (Rückzahlungen) zu schützen, schließen Sie eine Hundehalter-Haftpflichtversicherung ab. Vielleicht finden Sie bereits einige Tage später Futterproben verschiedener Unternehmen in Ihrem Briefkasten.

Mögliches Ergebnis: Sie sind jemand, der trotz einer Erkrankung ein Haus gebaut hat, dem vielleicht einmal die Schulden über den Kopf wachsen und der außerdem ein Hundefreund ist. Aus diesen drei Beispielen wissen allein mindestens sechs verschiedene Unternehmen/Behörden wenigstens einigermaßen über Ihr Leben Bescheid und überlegen, in welcher Form und mit welchen Inhalten Sie angesprochen werden können.

Die heutige Computertechnologie ermöglicht es,
- große Datenmengen zu verwalten,
- die Daten gezielt zu verteilen,
- Daten gezielt miteinander zu verknüpfen,
- über große Entfernungen (weltweit) zu übertragen und
- zeitlich nahezu unbegrenzt zu speichern.

Um den einzelnen Bürger vor einer missbräuchlichen Verwendung seiner persönlichen Daten bei ihrer Speicherung, Übermittlung, Veränderung oder Löschung zu schützen, schuf der Gesetzgeber im Jahr 1977 das **Bundesdatenschutzgesetz**. Es wird ergänzt durch Landesdatenschutzgesetze, die die einzelnen Bundesländer erlassen haben.

Damit die Einhaltung der Gesetze überwacht werden kann, entstanden Kontrollstellen: Die Beauftragten für den Bundes- und den Landesdatenschutz. In jedem Unternehmen ist darüber hinaus u. a. ein interner oder externer **Datenschutzbeauftragter** zu benennen, wenn i. d. R. mindestens zehn Mitarbeiter ständig mit der automatisierten Verarbeitung von personenbezogenen Daten betraut sind. Zu den Aufgaben des Datenschutzbeauftragten gehören gemäß Art. 39 DSGVO u. a. die Unterrichtung und Beratung in Sachen des Datenschutzes, die Kontrolle der Einhaltung der Datenschutzbestimmungen sowie die Zusammenarbeit mit der Aufsichtsbehörde.

1.9.2 Gesetzliche Vorschriften

Seit dem 25. Mai 2018 ist die EU-Datenschutzgrundverordnung (DSVGO) in der gesamten Europäischen Union verbindlich anzuwenden. Zuvor galt für Europa die EU-Datenschutzrichtlinie von 1995 (Richtlinie 95/46/EG). Da es sich dabei aber lediglich um eine Richtlinie handelte, mussten alle Mitgliedsstaaten eigene Datenschutzgesetze erlassen.

Durch die unterschiedlichen Gesetzgebungen der Länder ergab sich ein sehr uneinheitlicher Datenschutzstandard.

Mit der DSGVO trat gleichzeitig auch ein neues Bundesdatenschutzgesetz (BDSG-neu) in Kraft. Dieses Gesetz stellt eine Konkretisierung und Ergänzung zur europäischen Datenschutzgrundverodnung (DSGVO) dar.

Die DSGVO enthält nämlich eine Reihe von sogenannten Öffnungsklauseln, die eine nationale Spezifizierung bestimmter Vorschriften ermöglichen.

Neue Datenschutz-Regeln
Die Datenschutz-Grundverordnung (DSGVO) der EU gilt seit dem 25. Mai 2018 in allen Mitgliedsstaaten.

Die wichtigsten Änderungen
- Vereinheitlichung der Datenschutzrechte innerhalb der EU
- strengere Regulierungen für Unternehmen
- höhere Strafen bei Verstößen
- Unternehmen müssen dem Nutzer die Verarbeitung der Daten und Dauer der Speicherung mitteilen

Verbesserungen für Verbraucher
- leichterer Zugang zu eigenen Daten
- Verbraucher müssen einwilligen, wenn Unternehmen personenbezogene Daten erheben
- Verbraucher dürfen Einwilligung zur Datenverarbeitung jederzeit widerrufen
- Unternehmen müssen Verbraucher bei Datenschutzverletzungen informieren
- Löschung von veröffentlichten Informationen wird erleichtert

Quelle: Datenschutz.org © Globus 12520

Zweck des Datenschutzes ist es, **personenbezogene Daten** vor missbräuchlicher Verwendung zu schützen.

Angaben zu natürlichen Personen wie z. B. Geburtsdatum, Anschrift, Beruf, Gesundheit, Religionszugehörigkeit, Kreditwürdigkeit oder Schulnoten unterliegen nach den Datenschutzgesetzen einer besonderen Pflicht zur Behandlung.

> *Tipp*
>
> *Zum Thema „natürliche Personen" lesen Sie mehr im Kapitel 3.2.1.*

Unternehmen und Behörden unterliegen folgenden Pflichten:

Informationspflicht

Die Informationspflichten bilden die Grundlage für die Ausübung der Betroffenenrechte. Nur wenn die betroffene Person weiß, dass personenbezogene Daten über sie verarbeitet werden, kann sie diese Rechte auch ausüben. Die Informationspflichten gemäß der DSGVO gehen daher weit über die bisherige Rechtslage hinaus und müssen beachtet werden, sofern keine Ausnahmevorschriften greifen.

Werden Ihre personenbezogenen Daten erstmals gespeichert, so sind Sie z. B. darüber zu informieren.

Eine solche Erklärung finden Sie meist im „Kleingedruckten" am Ende eines Vertrags, wie z. B. „Ich bin damit einverstanden, dass meine personenbezogenen Daten in erforderlichem Umfang für Zwecke der Vertragsdurchführung gespeichert und an andere berechtigte Stellen weitergegeben werden."

Auskunftspflicht

Auf Ihr Verlangen hin sind die Behörden/Unternehmen verpflichtet, Auskunft darüber zu geben, welche Daten über Ihre Person gespeichert sind. Werden personenbezogene Daten eines Antragstellers verarbeitet, hat dieser grundsätzlich ein Recht auf unverzügliche Auskunft über diese Daten.

> **Tipp**
>
> *Sie haben Anspruch darauf, dass Wirtschaftsauskunfteien (z. B. SCHUFA) Sie einmal pro Jahr kostenlos darüber informieren, welche Daten über Sie gespeichert sind (Art. 15 DSGVO).*

Berichtigungspflicht

Stellen Sie fest, dass über Ihre Person offensichtlich unrichtige Daten gespeichert wurden, sind Behörden/Unternehmen verpflichtet, die unzutreffenden Daten zu berichtigen.

Sperrpflicht

Personenbezogene Daten dürfen nicht mehr verwendet werden, wenn Sie als Betroffener die Richtigkeit der Daten bestreiten und sich weder Richtigkeit noch Unrichtigkeit feststellen lassen. Außerdem sind persönliche Daten zu sperren, wenn sie für die weitere Be- oder Verarbeitung nicht mehr notwendig sind.

Löschungspflicht

Daten, deren Speicherung nicht mehr notwendig ist oder deren Speicherung unzulässig war, sind endgültig zu löschen. Informationen über Gesundheit, strafbare Handlungen, religiöse oder politische Ansichten u. a. sind zu löschen, wenn die Richtigkeit durch die zuständigen Stellen nicht bewiesen werden kann.

Pflicht zur Beachtung der datenschutzrechtlichen Anforderungen

Beschäftigte eines Unternehmens, eines Vereins oder einer Behörde dürfen personenbezogene Daten ausschließlich auf Weisung des Verantwortlichen verarbeiten, es sei denn, eine gesetzliche Regelung schreibt eine Verarbeitung dieser Daten vor. Alle **Mitarbeiter** der Behörden oder Unternehmen, die mit der **Be- oder Verarbeitung personenbezogener** Daten betraut sind, sind grundsätzlich dazu verpflichtet, darüber **Stillschweigen** zu bewahren. Das gilt auch für den außerbetrieblichen Bereich (z. B. in der Freizeit).

Organisatorische und technische Maßnahmen in den Behörden und Unternehmen sind Voraussetzungen dafür, den geforderten Schutz der Personendaten einhalten zu können. Die Sicherung dieser Informationen (z. B. vor unerlaubtem Zugriff) stellt eine weitere Aufgabe der Behörden und Unternehmen im Rahmen des Datenschutzes dar.

Die weltweite Verfügbarkeit von Daten, der jederzeitige Zugriff auf Informationen, die Tausende von Kilometern entfernt erhoben wurden, und der Austausch beliebiger persönlicher Daten stellen heute die großen Gefahren für den Datenschutz dar.

Nahezu jedes Unternehmen und fast jede Behörde ist mit einer eigenen Webseite im Internet vertreten und damit jederzeit in Gefahr, durch andere Internetbenutzer ausspioniert zu werden, wenn nicht geeignete Schutzmaßnahmen getroffen werden.

Maßnahmen der Datensicherung		
Anforderung	**Auswirkung**	**Maßnahmen**
Zugangskontrolle	Nur Berechtigte haben Zutritt.	Sicherheitsbereiche, Pförtner, Sicherungen gegen Einbruch, Ausweise
Speicherkontrolle	Unbefugte Eingabe ist nicht möglich.	Passwörter, Zugriffsrechte, Protokolle
Benutzerkontrolle	Unbefugte Eingabe ist nicht möglich.	Identifikation durch persönliche Merkmale
Zugriffskontrolle	Nur bestimmte Dateien können aufgerufen werden.	Datei-Passwörter, Sicherheitscodes, Protokolle
Eingabekontrolle	Eingaben können überprüft und nachvollzogen werden.	Bearbeitungsvorschriften, Protokolle, Auftragszettel, Plausibilitätsprüfung
Transportkontrolle	Bei der Übertragung können die Daten nicht unbefugt geändert oder gelöscht werden.	Verschlüsselung der Daten, Prüfung der Empfangsberechtigung
Abgangskontrolle	Unbefugte Entfernung von Daten wird verhindert.	Stichproben, Entnahmescheine
Organisationskontrolle	Trennung der betrieblichen Bereiche	Zugangsberechtigung, Überwachung

Nicht nur über Konkurrenzunternehmen sollte man sich Gedanken machen; viele Privatpersonen verfügen heute über einen Internetanschluss und wollen einfach nur „surfen". Dass dabei unter Umständen auch Adressen mit nicht ausreichendem Schutz oder ausreichender Sicherung angewählt werden können, wird den meisten Behörden oder Unternehmen erst klar, wenn persönliche oder sicherheitsrelevante Daten an die Öffentlichkeit gelangen.

Insofern gewinnt der Bereich der Datensicherung (im eigenen Unternehmen oder der eigenen Behörde) gegenüber dem eigentlichen Schutz der personenbezogenen Daten immer mehr an Bedeutung.

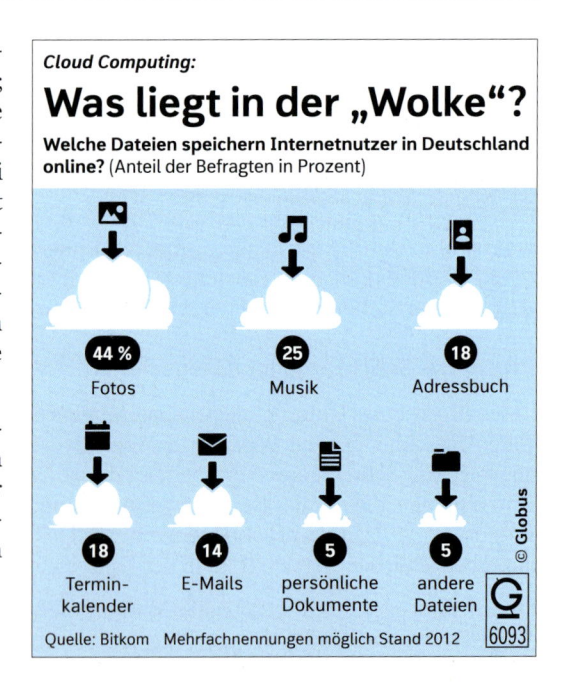

Cloud Computing:

Was liegt in der „Wolke"?

Welche Dateien speichern Internetnutzer in Deutschland online? (Anteil der Befragten in Prozent)

- 44 % Fotos
- 25 Musik
- 18 Adressbuch
- 18 Terminkalender
- 14 E-Mails
- 5 persönliche Dokumente
- 5 andere Dateien

Quelle: Bitkom   Mehrfachnennungen möglich   Stand 2012

© Globus 6093

> **Tipp**
>
> *Im Bereich EDV erfahren Sie mehr über die Möglichkeiten des Datenschutzes und der Datensicherung.*

Eine ständige Gefahr für den Datenbestand eines Unternehmens oder einer Behörde, aber auch einer Privatperson, stellen die Computerviren dar, die nicht nur den Startvorgang eines Computers verhindern, sondern auch ganze Dateien und Datenbanken zerstören können. Auch Blockaden innerhalb des Internets finden immer wieder statt. Zunehmend geraten auch immer mehr Unternehmen in das Visier von Hackerangriffen. Mithilfe der Verschlüsselung ganzer Festplatten mit einer speziellen Software (Ransomware) versuchen die Hacker von den Unternehmen hohe Lösegeldforderungen zu erpressen. Dabei geht es nicht immer nur um große Konzerne: Auch kleinere Firmen, Anwaltskanzleien, Arztpraxen mit sensiblen Daten, oder aber Handwerksbetriebe sind Ziele solcher Attacken.

Monat für Monat erscheinen neue Virentypen und versuchen, auf ungeschützte Rechner und damit auf vielleicht ungeschützte Personendaten zuzugreifen.

Die vorrangige Aufgabe im Bereich des Datenschutzes und der Datensicherung muss es deshalb sein, die eigenen Daten vor fremdem Zugriff zu schützen.

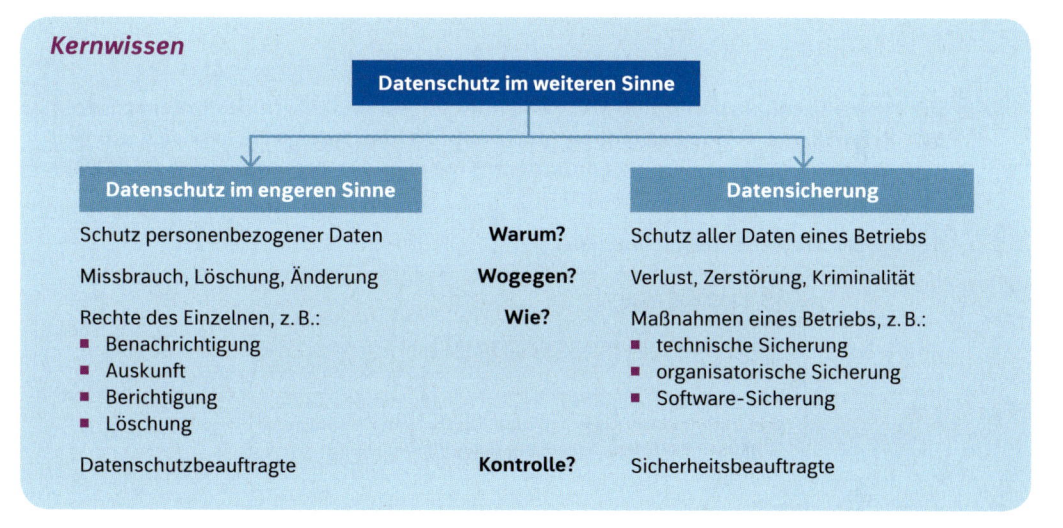

Kernwissen

Datenschutz im weiteren Sinne

Datenschutz im engeren Sinne		Datensicherung
Schutz personenbezogener Daten	**Warum?**	Schutz aller Daten eines Betriebs
Missbrauch, Löschung, Änderung	**Wogegen?**	Verlust, Zerstörung, Kriminalität
Rechte des Einzelnen, z. B.: - Benachrichtigung - Auskunft - Berichtigung - Löschung	**Wie?**	Maßnahmen eines Betriebs, z. B.: - technische Sicherung - organisatorische Sicherung - Software-Sicherung
Datenschutzbeauftragte	**Kontrolle?**	Sicherheitsbeauftragte

Übungsaufgaben

1. Informieren Sie sich im Internet über das Bundesdatenschutzgesetz-neu bzw. über die DSGVO und fassen Sie die Aufgaben, die Verantwortlichkeit und die Unterstellung des Bundesbeauftragten für den Datenschutz zusammen.

2. Lesen Sie den nachfolgenden Artikel.

Streit um Datenschutz

Ottawa. (dpa) Die USA lehnen europäische Vorstellungen zur gesetzlichen Regelung des Schutzes persönlicher Daten ab. Sie ziehen nach Worten des Präsidentenberaters Ira Magaziner eine unternehmensbezogene Regelung im privaten Sektor vor. Nach Abschluss einer OECD-Konferenz zum elektronischen Handel sagte Magaziner am Freitag der dpa in Ottawa, die USA würden sich nicht dem Druck der EU beugen, die ein Verbot der Weitergabe persönlicher Daten in solche Länder erwäge, die keinen vergleichbaren Datenschutz bieten, wie er in den EU-Ländern üblich sei.
Washington schlage vielmehr freiwillige Vereinbarungen ohne den Zwang zu nationaler Gesetzgebung vor.

Quelle: © dpa: Streit um Datenschutz. In: Landshuter Zeitung, 12.10.1998, S. 8.

a) Fassen Sie die Aussage dieser Pressemitteilung in einem Satz zusammen.
b) Suchen Sie Gründe dafür, dass die USA einen anderen Weg gehen wollen.
c) Welche gesetzlichen Vorschriften stehen in Deutschland dem geplanten Vorgehen der USA entgegen?

3. Sie nehmen an einem Preisausschreiben teil, schicken Ihre richtige Lösung an den Zeitschriftenverlag und gewinnen einen Kleinwagen.
Erstellen Sie zu diesem Sachverhalt unter Berücksichtigung des Datenschutzes eine Mindmap, die in der Grundstruktur so aussehen könnte.

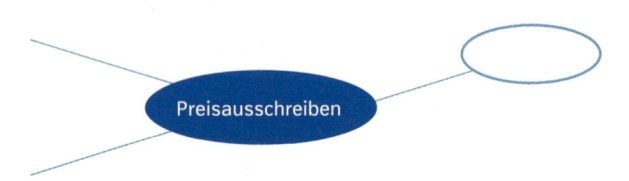

Preisausschreiben

4. Die Verschlüsselung von Daten stellt einen wichtigen Teilbereich des Datenschutzes dar. Versuchen Sie herauszufinden (auch mithilfe des Internets), wie sich ein neu gegründetes Unternehmen gegen Gefahren, die sich aus der Verwendung von EDV-Anlagen ergeben, schützen könnte.

5. Betrachten Sie folgendes Schaubild.

Angst vor Datenmissbrauch

60,7 Millionen Menschen* in Deutschland nutzten 2015 das Internet. Aus Angst vor dem Missbrauch persönlicher Daten verzichteten so viele auf folgende Aktivitäten im Netz:

Aktivität	Anteil in Prozent
Einstellen persönlicher Daten in soziale Netzwerke	39 %
Online-Banking	28
Herunterladen von Daten/Dateien	25
Kommunikation mit Behörden/Ämtern	18
Nutzen von mobilem Internet	15
Online-Shopping	12

*ab zehn Jahren
Befragung von 12 000 Haushalten von April bis Mai 2015
Quelle: Statistisches Bundesamt (März 2016)

a) Fassen Sie die wesentlichen Inhalte des abgebildeten Schaubildes „Angst vor Datenmissbrauch" kurz zusammen.
b) Im Jahr 2016 verursachte Kriminalität im Internet in Deutschland Kosten in Höhe von ungefähr 55 Mrd. €. Nennen Sie verschiedene Beispiele, wie Sie persönlich, aber auch Unternehmen Angriffe auf IT-Systeme verhindern können.

6. Die Zahl der „Smartphone-Besitzer" steigt fast täglich und auch Sie erhalten sicherlich immer wieder Mitteilungen über günstige Angebote der Betreiber.
Nennen und erläutern Sie unterschiedliche Gesichtspunkte, die ein Smartphone-Besitzer bezüglich des Datenschutzes und der Datensicherheit beachten sollte.

7. Über das Internet werden immer mehr Einkäufe getätigt.
a) Sehen Sie im Internet nach, welche Güter bestellt und gekauft werden können.
b) Welche Zahlungsart und welches Zahlungsmittel wird dabei überwiegend verwendet?
c) Die Bezahlung Ihres Einkaufs im Internet soll per Kreditkarte erfolgen. Warum wählt der Anbieter im Internet diesen Weg der Zahlung? Warum sollten Sie als Kunde dabei vorsichtig sein?

8. Erstellen Sie zu den Themenbereichen „Datenschutz", „Datensicherung" und „Bundesbeauftragter für den Datenschutz" eine programmierte Aufgabe für die Abschlussprüfung. Dabei sollen neben einer richtigen Lösung auch vier falsche – aber dennoch sinnvolle – Lösungsmöglichkeiten angeboten werden.

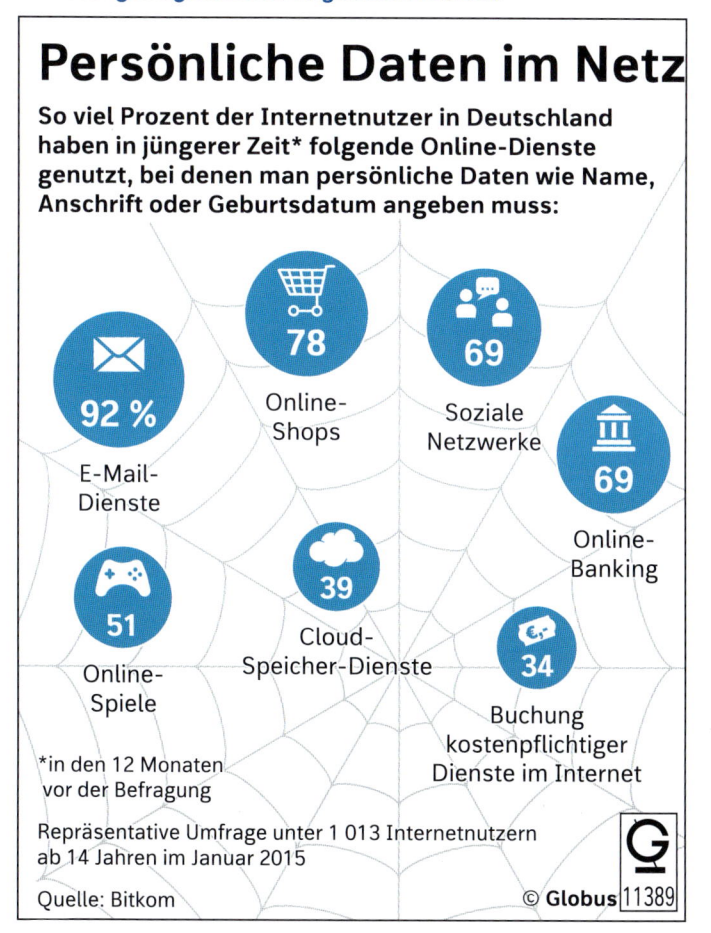

Persönliche Daten im Netz

So viel Prozent der Internetnutzer in Deutschland haben in jüngerer Zeit* folgende Online-Dienste genutzt, bei denen man persönliche Daten wie Name, Anschrift oder Geburtsdatum angeben muss:

- E-Mail-Dienste: 92 %
- Online-Shops: 78
- Soziale Netzwerke: 69
- Online-Banking: 69
- Online-Spiele: 51
- Cloud-Speicher-Dienste: 39
- Buchung kostenpflichtiger Dienste im Internet: 34

*in den 12 Monaten vor der Befragung

Repräsentative Umfrage unter 1 013 Internetnutzern ab 14 Jahren im Januar 2015

Quelle: Bitkom

© Globus 11389

2 Grundlagen des Wirtschaftens

2.1 Wirtschaftliche Grundbegriffe

Situation

Ein junges Paar macht sich vor der Hochzeit Gedanken über seine Zukunft. Viele Wünsche lassen sie in ihren Überlegungen vorbeiziehen: ein eigenes Haus, gute Freunde, eine sichere Zukunft ...

Handlungsaufträge

1. *Ergänzen Sie die möglichen Wünsche des jungen Ehepaars.*
2. *Wie könnte man diese „Wünsche" in wirtschaftlicher Hinsicht noch bezeichnen?*
3. *Welche Möglichkeiten hat das Ehepaar, sich diese Wünsche zu erfüllen?*
4. *Warum muss das Ehepaar bei der Erfüllung seiner Wünsche auf „wirtschaftliches Handeln" achten?*
5. *Welche Grundprinzipien wirtschaftlichen Handelns kann das Ehepaar dabei unterscheiden?*

2.1.1 Bedürfnisse, Bedarf und Nachfrage

Bedürfnisse

Jeder Mensch verspürt eine unendlich große und vielfältige Anzahl von Wünschen, wie beispielsweise den Wunsch nach Essen und Trinken, nach Urlaub oder auch nach sozialer Anerkennung. Diese Wünsche, die im volkswirtschaftlichen Zusammenhang auch als **Bedürfnisse** bezeichnet werden, könnte man als Mangelgefühle beschreiben, die der Mensch zu beseitigen versucht. Ein Gefühl des Hungers veranlasst uns z. B., auf Nahrungssuche zu gehen (Kühlschrank). Weil der beinahe **unbegrenzten Zahl von Bedürfnissen** jedoch **nur begrenzte Mittel** zur Verfügung stehen, ist der Mensch zu **wirtschaftlichem Handeln** gezwungen. Bedürfnisse sind somit Antrieb zu wirtschaftlicher Aktivität. Ist in unserem Beispiel die Nahrungssuche erfolglos (Kühlschrank leer), besteht die Möglichkeit (oder Notwendigkeit), Nahrungsmittel durch Eintauschen anderer Gegenstände oder durch den Einsatz der eigenen Arbeitskraft zu erwerben.

Bedürfnisse können nach verschiedenen **Kriterien** eingeteilt werden. Nach der **Dringlichkeit** unterscheidet man

- **Existenzbedürfnisse** oder **lebensnotwendige Bedürfnisse**, die zur Sicherung der menschlichen Existenz unbedingt befriedigt werden müssen.

Beispiele
Grundnahrungsmittel, Kleidung, Wohnung

- **Kulturbedürfnisse**, die über das existenziell Notwendige hinausgehen. Sie werden von der jeweiligen wirtschaftlichen und sozialen Situation einer Gesellschaft beeinflusst und entstehen aus der Lebensweise, der Kultur, die in einer Gesellschaft vorherrscht.

  Beispiele
  Wunsch nach Kino-, Club- oder Theaterbesuchen, nach Fernsehsendungen oder Musik

- **Luxusbedürfnisse**, die von der Mehrheit der Bevölkerung nicht mehr befriedigt werden können, weil es sich um überhöhte Ansprüche handelt.

  Beispiele
  Bedürfnis nach einer Weltreise oder einem Luxus-Sportwagen

Eine klare Abgrenzung dieser Bedürfnisarten ist in vielen Fällen nicht möglich, weil die Zuordnung von der persönlichen oder gesellschaftlichen Situation abhängig ist. Das Bedürfnis nach einem Pelzmantel kann entsprechend der geografischen Lage Existenz- oder Luxusbedürfnis sein. Ein Restaurantbesuch ist für Arbeiter eines Entwicklungslandes unerschwinglicher Luxus, während in unserer Gesellschaft dies eher als selbstverständlich empfunden wird. Im Laufe der Zeit verändern sich auch die Bedürfnisse. So wäre das Bedürfnis nach einem Badeurlaub in Italien oder einer Videokamera vor dreißig Jahren noch anders einzustufen gewesen als in der heutigen Situation in Deutschland.

Obwohl bei jedem Menschen, in jedem Haushalt und in jeder Gesellschaft die Bedürfnisse völlig unterschiedlich ausgeprägt sind, kann eine gewisse gemeinsame **Rangordnung der Bedürfnisse** festgestellt werden, d. h., dass einzelne Bedürfnisebenen aufeinander aufbauen.

So wird der Mensch zunächst danach streben, die **lebensnotwendigen Grundbedürfnisse** zu befriedigen, bevor er seine **Kultur- oder Luxusbedürfnisse** zu erfüllen versucht.

Nach der **Art der Bedürfnisbefriedigung** unterscheidet man

- **Individualbedürfnisse**, also Bedürfnisse, die von den einzelnen Menschen, den Individuen befriedigt werden.

  Beispiel
  Durch den Kauf eines Smartphones befriedigt der Jugendliche sein individuelles Bedürfnis nach Kommunikation.

- **Kollektivbedürfnisse**, d. h. Bedürfnisse, die zwar individuell empfunden werden, aber nur von der Gemeinschaft (= Kollektiv) befriedigt werden können.

  Beispiel
  Das Bedürfnis nach Sicherheit und Frieden kann nur durch gemeinschaftliches Handeln, durch Bundeswehr oder Polizei gewährleistet werden.

Ein weiteres Unterscheidungsmerkmal kann in der **Konkretheit** der Bedürfnisse liegen:

- **Materielle Bedürfnisse** zielen auf greifbare Dinge.

  Beispiele
  Wunsch nach einem Auto, einer Jeansjacke

- **Immaterielle Bedürfnisse** zielen auf nicht fassbare Ergebnisse.

    Beispiele
    Wunsch nach Geborgenheit, Freundschaft oder Selbstverwirklichung

Bedürfnisse müssen nicht immer erkennbar vorhanden sein, häufig liegen sie im Unterbewusstsein bereit, nur um aufgrund eines besonderen „Reizes" geweckt zu werden.

Nach der **Bewusstheit** unterscheidet man deshalb

- **latente Bedürfnisse**, das sind unterschwellig vorhandene Bedürfnisse. In der Werbung werden latente Bedürfnisse häufig gezielt angesprochen und geweckt, um den Konsumenten zu einer Kaufentscheidung zu bewegen.

    Beispiel
    Der Anblick eines Südseestrandes mit Palmen weckt möglicherweise das Bedürfnis nach Sonne, Freiheit, Abenteuer, das nun ganz bewusst als Mangelgefühl verspürt wird und zum Kauf eines Gutes anregen soll, das mit Südsee eigentlich nichts zu tun hat.

- offene oder **bewusste Bedürfnisse**, also Bedürfnisse, die dann tatsächlich als Mangelgefühl wahrgenommen werden.

Bedarf und Nachfrage

Der Fülle an Bedürfnissen stehen nur begrenzte finanzielle Mittel gegenüber. Dies bedeutet, dass nicht alle Wünsche erfüllt werden können. Die Höhe des Einkommens beschränkt die Vielzahl der Bedürfnisse auf den **Bedarf**.

Der **Bedarf** ist der Teil der Bedürfnisse, der auf wirtschaftliche Leistungen zielt und durch die vorhandenen Geldmittel befriedigt werden kann. Er wird auch als **Kaufkraft** bezeichnet.

Beispiel
Ein Auszubildender mit einem Monatseinkommen von 650,00 € hat einen Bedarf (= Kaufkraft) in dieser Höhe.

Als **Nachfrage** bezeichnet man die konkrete Kaufentscheidung, die am Markt wirksam wird. Wenn also für den Kauf eines Gutes Geld ausgegeben wird, wird der Bedarf zur Nachfrage.

Beispiel
Gibt der Auszubildende von seinem Monatseinkommen 550,00 € für Essen, Kleidung, Fahrtkosten usw. aus und spart noch 100,00 €, so werden nur 550,00 € am Markt tatsächlich nachgefragt, also wirksam.

2.1.2 Güter und Dienstleistungen

Die Mittel, die dem Menschen zur Befriedigung seiner Bedürfnisse dienen, nennt man Güter.

Entsprechend ihrer **Verfügbarkeit** unterscheidet man **freie** und **knappe Güter**.

- **Freie Güter** können von jedem Menschen genutzt werden, ohne dafür bezahlen zu müssen. Sie stehen unbegrenzt zur Verfügung. Ein Wirtschaften mit diesen Gütern ist sinnlos, weil sie kostenfrei bereitstehen und deshalb mit ihnen kein Preis erzielt werden kann.

Beispiel

Sonnenstrahlung, Luft oder Wasser (falls frei zugänglich) können unbegrenzt und ohne Preis genutzt werden.

- **Knappe** oder **wirtschaftliche Güter** sind in einer Volkswirtschaft zur Bedürfnisbefriedigung nur begrenzt vorhanden. Wegen ihrer Knappheit ist ein Wirtschaften sinnvoll und notwendig. Wirtschaften bedeutet dabei der sparsame und zielgerichtete Einsatz geeigneter Mittel, um ausreichend Güter zur Bedürfnisbefriedigung zur Verfügung zu stellen. Anreiz bietet dabei der am Markt erzielbare Preis.

Beispiel

Rohstoffe wie Eisenerz oder Kohle müssen erst durch Bergbau gefördert und in Stahlwerke weitertransportiert werden, um dort Stahlbleche fertigen zu können. Der Einsatz von Arbeitskräften und Maschinen verursacht bei Förderung, Transport und Weiterverarbeitung Kosten, die nur in Kauf genommen werden, wenn ein entsprechender Marktpreis für die erstellten Güter erwartet werden kann.

Ursprünglich freie Güter werden zu knappen Gütern, wenn sie nur noch begrenzt bereitgestellt werden können.

Beispiel

Das zunächst freie Gut Wasser wird zu einem wirtschaftlichen Gut, wenn beispielsweise sauberes Trinkwasser aufgrund der Umweltverschmutzung nur noch aus einem Trinkwasserspeicher mit Wasseraufbereitung bezogen werden kann. Die zunehmende Knappheit und die steigenden Bereitstellungskosten erhöhen den Preis für das bisher freie Gut.

Nach der **Beschaffenheit** können wirtschaftliche Güter in **materielle** und **immaterielle** Güter eingeteilt werden.

- **Materielle Güter** sind Sachgüter.
- **Immaterielle**, also nicht greifbare Güter sind Dienstleistungen und Rechte.

Beispiel

Eine Dienstleistung ist beispielsweise der Transport von Stahlblechen vom Stahlwerk zur Pkw-Fertigungshalle. Wird das Stahlblech in einer gemieteten Lagerhalle vom Spediteur noch zwischengelagert, so hat der Mieter der Lagerhalle ein Recht zur Nutzung aus dem Mietvertrag.

Sachgüter, Rechte und Dienstleistungen können je nach ihrer **Verwendung Konsumgüter** oder **Produktionsgüter (Investitionsgüter)** sein.

- **Konsumgüter** dienen der Bedürfnisbefriedigung des Endverbrauchers.
- **Produktionsgüter** werden wieder zur Herstellung wirtschaftlicher Güter verwendet.

Beispiele

Wird eine Computeranlage zur betrieblichen Lagerverwaltung eingesetzt, handelt es sich um ein Produktionsgut, nutzt der Sohn des Firmeninhabers die Anlage für Computerspiele, ist sie als Konsumgut einzuordnen.

Bei einer gemieteten Lagerhalle, in der Handelswaren zwischengelagert werden, ist das Mietrecht als Produktionsgut einzustufen, wird die gleiche Halle für Freizeitzwecke, z. B. für Techno-Partys angemietet, so ist das Nutzungsrecht ein Konsumgut.

Sowohl Produktions- als auch Konsumgüter können nach der **Nutzungsdauer** unterschieden werden.

- **Gebrauchsgüter** können mehrmals genutzt werden und nutzen sich nur langsam ab.
- **Verbrauchsgüter** sind nach einmaliger Nutzung „verbraucht", also nicht mehr einsetzbar.

Beispiel
Die Computeranlage ist somit in unserem Beispiel ein Gebrauchsgut, das benötigte Papier ein Verbrauchsgut.

Betrachtet man Güter nach ihrer **Beziehung untereinander**, so können sie sich gegenseitig ergänzen oder auch ersetzen:

- **Komplementärgüter** ergänzen sich gegenseitig, z. B. Pkw und Benzin.
- **Substitutionsgüter** können sich gegenseitig ersetzen, z. B. Lkw und Bahn.

Güter stehen in engem Zusammenhang zu den Bedürfnissen eines Menschen oder einer Gesellschaft. So werden Güter produziert, um Bedürfnisse zu befriedigen. Umgekehrt werden aber auch durch neue Entwicklungen und deren Umsetzung in neue Produkte erst Bedürfnisse hervorgerufen.

Beispiel
Das Bedürfnis nach mehr und schnellerer Information ließ Kommunikationsnetze entstehen, gleichzeitig führte die rasante Entwicklung neuer Kommunikationstechnologien wie der Ausbau des Internets und die allgemeine Zugänglichkeit zu wachsendem Interesse an diesem Medium.

2.1.3 Das ökonomische Prinzip

Güter sind knapp, andererseits besitzen wir eine unbegrenzte Zahl an Bedürfnissen. Daran ist sofort erkennbar, dass wir gezwungen sind, mit den zur Verfügung stehenden Mitteln **planvoll** und **vernünftig** zu **wirtschaften**. Betrachten wir unser Alltagsleben z. B. beim Einkauf von Lebensmitteln, so handeln wir in vielen Situationen bewusst oder unbewusst nach einem wirtschaftlichen Grundmuster, das auch auf betrieblicher oder staatlicher Ebene seine Anwendung findet: nämlich, ein Produkt möglichst preisgünstig einzukaufen oder für einen bestimmten Betrag so viel Lebensmittel wie möglich zu bekommen.

Dieses *Grundprinzip wirtschaftlichen Verhaltens* bezeichnet man als „**ökonomisches Prinzip**" oder auch **Rationalprinzip (Vernunftprinzip)**. Es lässt sich in zwei möglichen Formen erklären:

Maximalprinzip
Bei vorgegebenem Mitteleinsatz soll ein größtmöglicher (maximaler) Erfolg erreicht werden.

Beispiele
- *Für eine gemeinsame Geburtstagsparty wird mit einem festgelegten Geldbetrag möglichst viel an Essen und Getränken eingekauft.*
- *Der Staplerfahrer belädt den Lkw mit möglichst vielen Paletten einer Ware.*

Minimalprinzip

Bei geringstem (minimalem) Mitteleinsatz soll ein vorgegebener Erfolg erreicht werden.

Beispiele
- *Für die Geburtstagsparty werden zehn Liter verschiedene alkoholfreie Getränke benötigt. Beim preisgünstigsten Getränkemarkt wird schließlich eingekauft.*
- *Eine Sendung mit 500 Kisten wird in möglichst wenigen Containern verladen.*

Die zwei Formen des ökonomischen Prinzips können nicht miteinander vermischt werden. Es ist also nicht möglich: „Minimaler Mitteleinsatz bei maximalem Erfolg!" Eine Zielvorgabe muss vorgegeben werden, damit die Größen messbar werden.

Beispiel
Eine Tankfüllung Diesel wird vorgegeben → die größtmögliche Entfernung mit dem Lkw soll erreicht werden (Maximalprinzip).

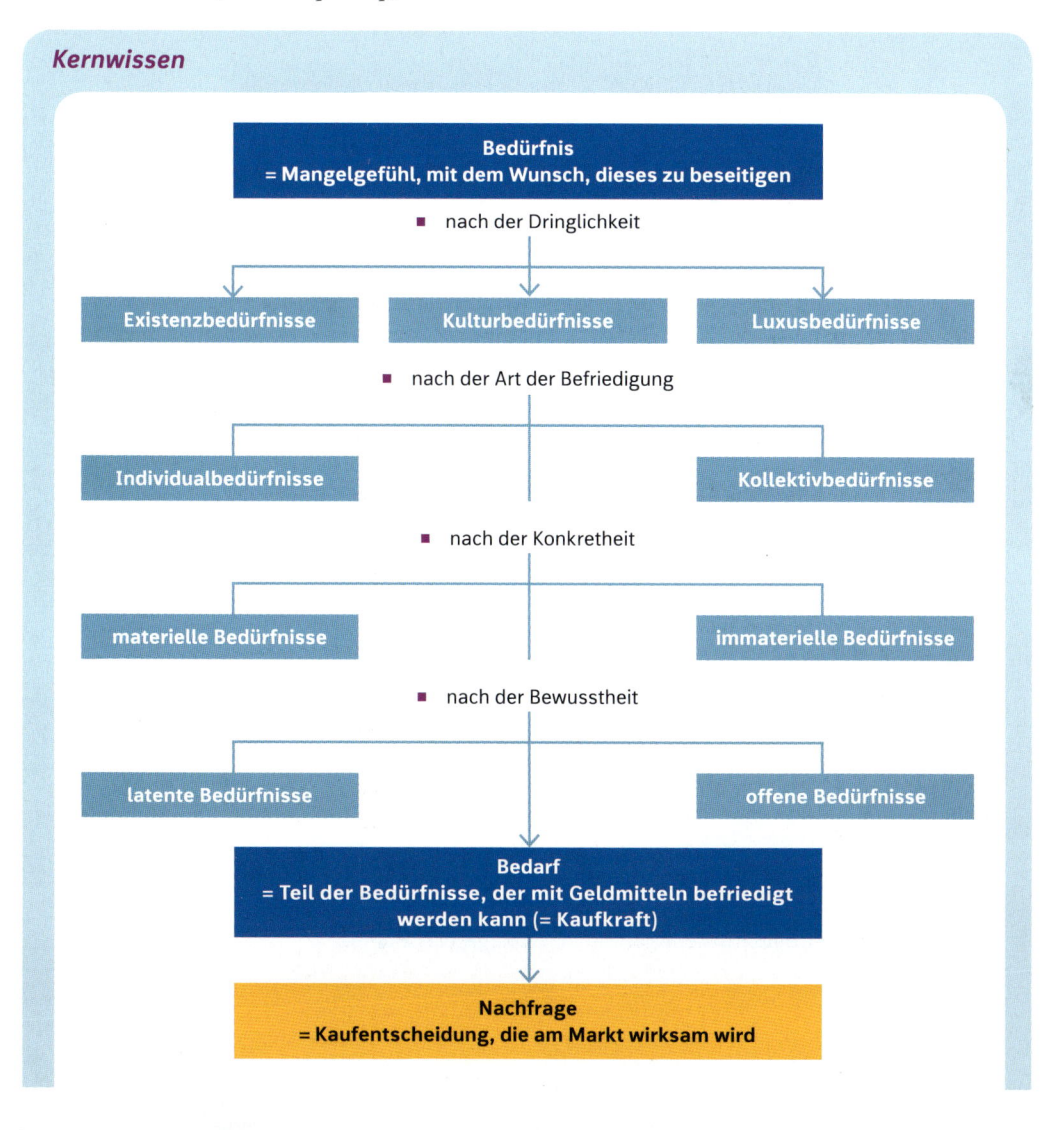

Kernwissen

Bedürfnis
= Mangelgefühl, mit dem Wunsch, dieses zu beseitigen

- nach der Dringlichkeit

→ Existenzbedürfnisse | Kulturbedürfnisse | Luxusbedürfnisse

- nach der Art der Befriedigung

Individualbedürfnisse | Kollektivbedürfnisse

- nach der Konkretheit

materielle Bedürfnisse | immaterielle Bedürfnisse

- nach der Bewusstheit

latente Bedürfnisse | offene Bedürfnisse

↓

Bedarf
= Teil der Bedürfnisse, der mit Geldmitteln befriedigt werden kann (= Kaufkraft)

↓

Nachfrage
= Kaufentscheidung, die am Markt wirksam wird

Grundlagen des Wirtschaftens

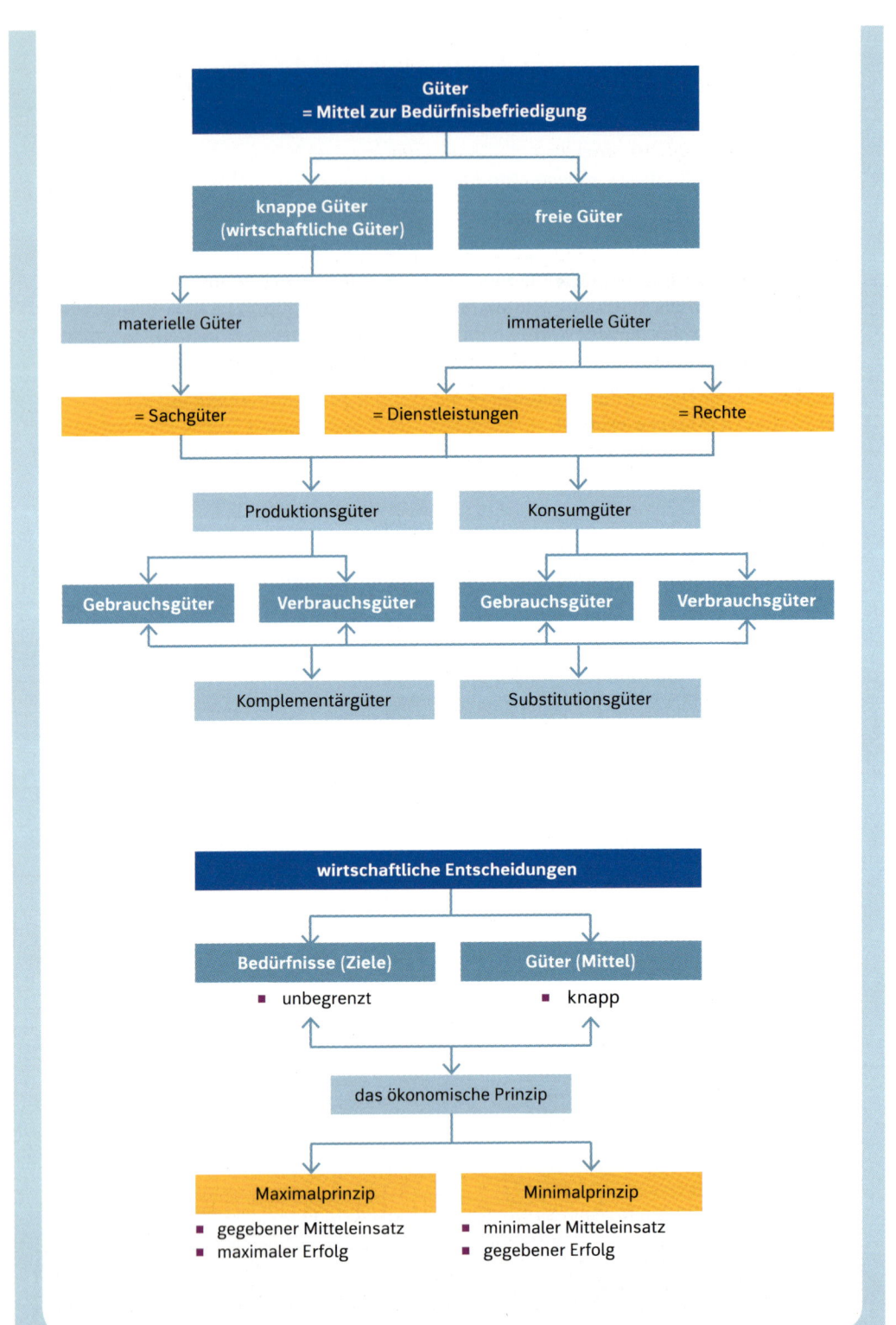

```
                    Güter
         = Mittel zur Bedürfnisbefriedigung
              /                \
    knappe Güter            freie Güter
 (wirtschaftliche Güter)
      /         \
materielle    immaterielle
  Güter          Güter
    |         /         \
= Sachgüter  = Dienstleistungen  = Rechte
         |                |
   Produktionsgüter   Konsumgüter
      /    \            /     \
Gebrauchs- Verbrauchs- Gebrauchs- Verbrauchs-
 güter      güter       güter      güter
         ↓                   ↓
   Komplementärgüter    Substitutionsgüter
```

```
          wirtschaftliche Entscheidungen
              /              \
     Bedürfnisse (Ziele)   Güter (Mittel)
       ▪ unbegrenzt         ▪ knapp
                |
       das ökonomische Prinzip
              /        \
      Maximalprinzip   Minimalprinzip
   ▪ gegebener          ▪ minimaler
     Mitteleinsatz        Mitteleinsatz
   ▪ maximaler           ▪ gegebener
     Erfolg                Erfolg
```

Wirtschaftliche Grundbegriffe

Übungsaufgaben

1. Definieren Sie den Begriff „Bedürfnis".

2. Nach welchen verschiedenen Kriterien lassen sich Bedürfnisse unterscheiden? Suchen Sie zu jeder Bedürfnisart ein eigenes Beispiel.

3. Beschreiben Sie am Beispiel „Kauf eines Vespa-Rollers" den Zusammenhang zwischen Bedürfnis, Bedarf und Nachfrage.

4. Welche Aussage über Bedürfnisse und Bedarf ist richtig?
   a) Bedarf ist die Summe der Bedürfnisse nach materiellen Gütern.
   b) Bedarf ist die Summe aller lebensnotwendigen Bedürfnisse.
   c) Bedarf und Bedürfnisse unterscheiden sich nur bei Kollektivbedürfnissen.
   d) Bedarf ist der Teil der Bedürfnisse, die mit Kaufkraft versehen sind.
   e) Bedürfnisse sind alle mit Kaufkraft ausgestatteten Wünsche.

5. Sie wurden beauftragt, Prüfungsaufgaben zum Thema „Bedürfnisse, Bedarf, Nachfrage" zusammenzustellen. Erstellen Sie in Arbeitsgruppen programmierte Prüfungsaufgaben (eine richtige und vier falsche Antworten wie Aufgabe Nr. 4) zu folgenden Themen:
   a) Unterscheidung Existenz-, Kultur-, Luxusbedürfnis
   b) Unterscheidung Individual-, Kollektivbedürfnisse
   c) Beschreibung latenter Bedürfnisse
   d) Abgrenzung der Begriffe „Bedürfnis" – „Bedarf" – „Nachfrage"

6. Ordnen Sie zu, um welche Art von Bedürfnis es sich handelt. Tragen Sie dazu die unten stehenden Abkürzungen von Spalte 1 und Spalte 2 in die entsprechenden Kästchen ein.
   Spalte 1: Existenzbedürfnis = E   Kulturbedürfnis = K   Luxusbedürfnis = L
   Spalte 2: Individualbedürfnis = In   Kollektivbedürfnis = Ko

	Spalte 1	Spalte 2
a) Bedürfnis nach Schlaf	?	?
b) Bedürfnis nach Schulbildung	?	?
c) Bedürfnis nach einer Perlenkette	?	?
d) Bedürfnis nach Sexualität	?	?
e) Bedürfnis nach Tennis-Sport als Freizeitausgleich	?	?

7. Wodurch unterscheiden sich knappe von freien Gütern? Nennen Sie ein Beispiel.

8. Nach welchen weiteren Kriterien können Güter eingeteilt werden? Nennen Sie jeweils ein Beispiel.

9. Ordnen Sie die Güterarten 1 bis 4 den nachfolgenden Beispielen zu.
   1. Konsumgut als Gebrauchsgut   a) Diesel für betrieblichen Lkw
   2. Konsumgut als Verbrauchsgut   b) Lack bei der Pkw-Produktion
   3. Produktionsgut als Gebrauchsgut c) Lagerhalle als Umschlagplatz einer Spedition
   4. Produktionsgut als Verbrauchsgut d) Taschenrechner eines Berufsschülers
                                      e) Kinobesuch

10. Zeichnen Sie sich ein Schema mit dem nachfolgenden Aufbau. Suchen Sie eigene Beispiele aus dem Privat- und Berufsleben und kreuzen Sie die richtigen Güterarten an.

Beispiel	Materielles Gut	Immaterielles Gut	Konsumgut	Produktionsgut	Gebrauchsgut	Verbrauchsgut
Flasche Cola	X		X			X

Grundlagen des Wirtschaftens

11. Suchen Sie Beispiele ursprünglich freier Güter, die zu knappen Gütern wurden.

12. Begründen Sie, warum der Mensch zu wirtschaftlichem Handeln gezwungen ist.

13. Beschreiben Sie die zwei möglichen Formen des ökonomischen Prinzips. Verwenden Sie dabei die beiden Begriffe „Mitteleinsatz" und „Erfolg".

14. In welchen Fällen liegt ein Maximalprinzip vor?
    a) Mit einem Fuhrpark von fünf Lkws werden monatlich so viele Lieferaufträge wie möglich abgewickelt.
    b) Für die Versendung einer Lieferung verschiedener Pakete wird der günstigste Paketdienst beauftragt.
    c) Ein Paket mit einem dringend benötigten Ersatzteil wird mit dem schnellsten Paketdienst befördert. Der Preis für den Transport darf einen bestimmten Betrag nicht überschreiten.
    d) Ein Lagerregal wird so eingeräumt, dass nur noch möglichst wenige Kartons in einem weiteren Regal eingelagert werden müssen.
    e) Die Entladung eines Lkw soll durch den Gabelstapler so schnell wie möglich durchgeführt werden.

15. In welchem Fall wird das ökonomische Prinzip in der Form des Maximalprinzips angewendet?
    a) Ein Fuhrunternehmen möchte sich einen neuen Sattelschlepper kaufen und ermittelt durch Angebotsvergleich den günstigsten Anbieter.
    b) Durch eine Routenumstellung sollen mit dem neuen Sattelschlepper die Treibstoffkosten gesenkt werden.
    c) Der Sattelschlepper wird so eingesetzt, dass an einem Tag möglichst viele Kunden beliefert werden können.
    d) Das Fuhrunternehmen will durch verstärkten Werbeaufwand den Umsatz steigern.
    e) Durch eine erhebliche Senkung des Lagerkostensatzes soll der Umsatz im Bereich Lagerdienstleistungen gesteigert werden.

16. Beim Automobilzulieferer Ädscha werden täglich ca. 10000 Scharnier-Blechteile gefertigt. Welche betriebliche Zielsetzung entspricht dem Minimalprinzip?
    a) Mit einem minimalen Einsatz von Walzblech soll eine maximale Menge an Scharnierteilen gefertigt werden.
    b) Mit einem möglichst geringen Einsatz von Walzblech soll eine bestimmte Menge von Blechteilen gefertigt werden.
    c) Mit einer großen Menge Walzblech soll eine maximale Menge Blechteile gefertigt werden.
    d) Mit jeder Produktionserhöhung soll auch der Gewinn ansteigen.
    e) Mit jeder Produktionserhöhung soll mindestens der Umsatz in gleicher Höhe steigen.

17. „Bei minimalem Einsatz soll ein maximaler Ertrag erwirtschaftet werden." Handelt es sich bei dieser Aussage um das ökonomische Prinzip? Begründen Sie.

18. Gibt es Beispiele im täglichen Leben, in denen nicht nach dem ökonomischen Prinzip gehandelt wird?

2.2 Produktionsfaktoren

Situation

Einst lebte ein Mann mit seiner Frau und seiner Familie am Meer. Seine Familie ernährte der Mann durch das Sammeln von Früchten und das Fischen am Ufer mit bloßen Händen. Nachdem er eines Tages nach einem arbeitsreichen Tag ein gutes Fangergebnis hatte, sagte er zu seiner Frau, sie solle ein paar Fische aufheben, die übrigen tauschte er gegen eine Rolle Garn ein, mit dem er sich an den weiteren Tagen ein Netz wob. Damit gelang es ihm, in kurzer Zeit mehr Fische zu fangen als vorher, sodass er Material erwerben konnte und die Zeit fand, mithilfe seines Nachbarn ein kleines Fischerboot zu bauen.

Handlungsaufträge

1. Welche Produktionsfaktoren setzte der Mann zunächst für die Deckung seiner Bedürfnisse ein?
2. Wodurch wurde es dem Mann möglich, ein Netz zu weben?
3. Um welchen Produktionsfaktor handelte es sich bei dem Netz?
4. Warum brauchte der Mann möglicherweise die Hilfe seines Nachbarn?
5. In einer Zeitungsmeldung heißt es: „Deutschland importierte im vergangenen Jahr um 1,79 Mrd. € mehr Know-how, als es ins Ausland lieferte." Was ist mit dem Begriff „Know-how" gemeint und welchem volkswirtschaftlichen Produktionsfaktor könnte dieses Know-how zugeordnet werden?

2.2.1 Volkswirtschaftliche Produktionsfaktoren

Die in einer Volkswirtschaft für die Bedürfnisbefriedigung notwendigen Güter müssen erst produziert werden. Selbst in der Natur frei verfügbare Güter wie Beeren, Früchte oder Kräuter erfordern eine Arbeitsleistung, um sie für Konsumzwecke bereitstellen zu können.

Merke

Alle **Arbeitskräfte** und **Mittel**, die für die Produktion wirtschaftlicher Güter in einer Volkswirtschaft eingesetzt werden, bezeichnet man als volkswirtschaftliche **Produktionsfaktoren**.

Beispiel

Für die Herstellung von Tee müssen Blätter oder Blüten erst gesammelt oder gepflückt und anschließend getrocknet werden. Eine weitere Voraussetzung ist, dass natürliche Pflanzenvorkommen nutzbar sind oder ein Grundstück zur Anpflanzung von Teesträuchern bereitsteht.

An diesem Beispiel ist erkennbar, dass die Güterproduktion zunächst auf zwei grundlegende, naturgegebene Produktionsfaktoren reduziert werden kann:
- Boden (Natur)
- Arbeit

Man nennt diese beiden Faktoren deshalb auch **ursprüngliche (originäre) Produktionsfaktoren**.

Produktionsfaktor Boden

Boden als Produktionsfaktor umfasst nicht nur „Grund und Boden" im engeren Sinne, sondern die ganze, **zu wirtschaftlichen Zwecken genutzte Natur**, also alle natürlichen Ressourcen wie Wasser, Sonnen- und Windenergie, Erdöl, Klima usw.

Der Produktionsfaktor Boden kann auf unterschiedliche Weise genutzt werden:

- **Abbauboden** in der Gewinnung von Bodenschätzen, z. B. Erz- oder Kohleförderung im Bergbau
- **Anbauboden** in der Land-, Forst- und Weidewirtschaft, z. B. Gemüseanbau, Aufforstung
- **Standortboden** in der wirtschaftlichen Nutzung von Grundfläche, z. B. Ansiedelung eines Industriebetriebs, Bau einer Lagerhalle

Produktionsfaktor Arbeit

„Arbeit" als volkswirtschaftlicher Produktionsfaktor beinhaltet **jede geistige und körperliche Tätigkeit des Menschen**, die auf die Erzielung von Einkommen ausgerichtet ist. Sie kann nach verschiedenen Kriterien unterschieden werden:

- **nach dem Einsatz der Fähigkeiten**: geistige Arbeit, körperliche Arbeit
- **nach der Art der Tätigkeit**: leitende (dispositive) Arbeit, ausführende (exekutive) Arbeit
- **nach der steuerlichen und sozialversicherungsrechtlichen Einordnung**: selbstständige Arbeit, nicht selbstständige Arbeit
- **nach dem Grad der Ausbildung**: ungelernte Arbeit, angelernte Arbeit, gelernte Arbeit
- **Arbeitsproduktivität als Messgröße für die Arbeitsleistung.** Um die Leistungsfähigkeit des Produktionsfaktors messen zu können, berechnet man sowohl auf der betrieblichen als auch auf der volkswirtschaftlichen Ebene die Arbeitsproduktivität. Dazu wird jeweils das Produktionsergebnis zum Arbeitsaufwand in Beziehung gesetzt (vgl. Kapitel 2.7.5).

Beispiel
Arbeitsproduktivität einer Volkswirtschaft:

$$\text{Arbeitsproduktivität} = \frac{\text{Bruttoinlandsprodukt}}{\text{Erwerbstätigenstunden}}$$

Produktionsfaktor Kapital

Kapital im volkswirtschaftlichen Sinn beinhaltet alle **Produktionsmittel, die für die Güterherstellung eingesetzt werden** (= produzierte Produktionsmittel). Weil dieser Produktionsfaktor nicht von Anfang an vorhanden ist, sondern erst durch den Einsatz und das Zusammenwirken der beiden ursprünglichen Produktionsfaktoren entsteht, nennt man ihn auch **abgeleiteter (derivativer) Produktionsfaktor**.

Beispiel
Unter den volkswirtschaftlichen Kapitalbegriff fallen beispielsweise Gebäude, Lagerhallen, Maschinen, Transporteinrichtungen, Lkws usw. Sie müssen im Voraus produziert werden, damit eine weitere Güterproduktion überhaupt erst möglich wird.

Entstehung von Kapital
Kapital entsteht durch **Konsumverzicht (= Sparen)**. Durch dieses Sparen wird Geldkapital geschaffen, das wiederum in Produktionsmittel investiert werden kann. Mit der Investition in Produktionsmittel wird somit Geldkapital in Sach- bzw. Realkapital umgewandelt.

Beispiel
Ein Bauer verkauft seine Tee-Ernte auf dem Markt und einen Teil dieses Erlöses verwendet er nicht für seine Lebensführung (Konsum), sondern spart den Geldbetrag. Das gesparte Geld investiert er in den Ausbau einer Lagerhalle zum Trocknen und Verpacken der Tee-Ernte.

2.2.2 Kombination und Substitution der Produktionsfaktoren

Für die **Herstellung von Wirtschaftsgütern** müssen die **drei Produktionsfaktoren** Arbeit, Boden und Kapital unter Beachtung des ökonomischen Prinzips **miteinander verbunden** (= kombiniert) **werden**. Dies bedeutet, mit gegebenen Faktoren einen höchsten Produktionsertrag zu erwirtschaften (Maximalprinzip) oder mit dem geringsten Faktoreinsatz ein vorgegebenes Ertragsziel zu erreichen (Minimalprinzip).

> **Tipp**
> *Mehr über das ökonomische Prinzip erfahren Sie im Kapitel 2.1.3.*

Beispiel
Nur durch die Kombination von Anbaufläche mit Teesträuchern, Erntehelfern und Erntegeräten sowie Lagerhallen ist die Herstellung von Tee möglich. Die Tee-Ernte einer bestimmten Anbaufläche und die Weiterverarbeitung müssen dabei möglichst kostengünstig durchgeführt werden.

In welchem Umfang jeder Produktionsfaktor eingesetzt wird, hängt einmal von der Güter oder Dienstleistungsart ab, die produziert bzw. erbracht werden soll. Bei einer arbeitsintensiven Fertigung überwiegt der Faktor Arbeit, während bei einer kapitalintensiven Herstellung der Schwerpunkt im Einsatz von Maschinen und Anlagen liegt.

Beispiel
handbemalte Glas- oder Porzellanprodukte   (= arbeitsintensiv)
Fertigungsstraße mit Schweißroboter   (= kapitalintensiv)

Der Umfang des jeweils eingesetzten Produktionsfaktors ist vor allem auch von den Kosten des Faktors abhängig. Die **Kosten der Produktion** errechnen sich dabei aus der **Menge der eingesetzten Faktoren multipliziert** mit ihrem jeweiligen **Preis**. Soll eine bestimmte Gütermenge mit den geringsten Faktorkosten erzeugt werden, bezeichnet man dies als „**Minimalkostenkombination**".

Beispiel
Für die Ernte einer vorgegebenen Teemenge werden in der Kombination A bestimmte Einheiten an Produktionsfaktoren benötigt. Als Alternative bestünde die Möglichkeit, eine kleinere Anbaufläche intensiver zu bewirtschaften, um den gleichen Ertrag zu erhalten. Wir nehmen an, dass bei einer Senkung der Anbaufläche um 20 Einheiten der Arbeitseinsatz um 50 Einheiten gesteigert werden muss, um gleiche Erträge zu erhalten (= Kombination B).

	Kombination A	Kombination B
Boden (Anbaufläche)	200 Einheiten zu je 2,00 €	180 Einheiten zu je 2,00 €
Arbeit (Erntehelfer)	500 Einheiten zu je 2,00 €	550 Einheiten zu je 2,00 €
Kapital (Erntegeräte, Lager)	200 Einheiten zu je 2,00 €	200 Einheiten zu je 2,00 €

Kosten der Faktorkombination:

Kombination	Boden	Arbeit	Kapital	Gesamtkosten
A	400	1 000	400	1 800
B	360	1 100	400	1 860

Die Minimalkostenkombination ist in diesem vereinfachten Beispiel die Alternative A mit Gesamtkosten in Höhe von 1 800,00 €.

Wirtschaftliche oder auch technische Gründe können dazu führen, dass eine einmal festgelegte Faktorkombination verändert werden muss. Steigen die Kosten eines Produktionsfaktors an, ist es möglicherweise günstiger, die Einsatzmenge dieses Faktors zu reduzieren und durch einen anderen Produktionsfaktor zu ersetzen (= substituieren).

Beispiel
Die Einführung gesetzlicher Mindestlöhne würde den Arbeitseinsatz von Erntehelfern bei der Tee-Ernte verteuern. Ein Ausgleich wäre nun durch den kostengünstigeren Einsatz von Traktoren und Erntemaschinen möglich. Dadurch ist nur noch eine geringere Anzahl von Arbeitskräften erforderlich. Eine neuartige Erntemaschine, die nun auf dem Markt erhältlich ist, macht ein Pflücken per Hand überflüssig. Die Ernte kann mit nur noch wenigen Arbeitskräften wesentlich schneller und kostengünstiger eingebracht werden.

Mit der Substitution des Produktionsfaktors Arbeit durch den Produktionsfaktor Kapital steigt im zweiten Beispiel auch die Arbeitsproduktivität, weil der gleiche Ertrag mit weniger Arbeitskräften erwirtschaftet wird. Folgen dieser **Rationalisierung** können sein, dass die Produkte kostengünstiger hergestellt und möglicherweise auch preisgünstiger angeboten werden können. Es besteht Spielraum für verkürzte Arbeitszeiten, eine negative Folge kann aber auch die Vernichtung von Arbeitsplätzen mit entsprechend steigender Arbeitslosigkeit sein.

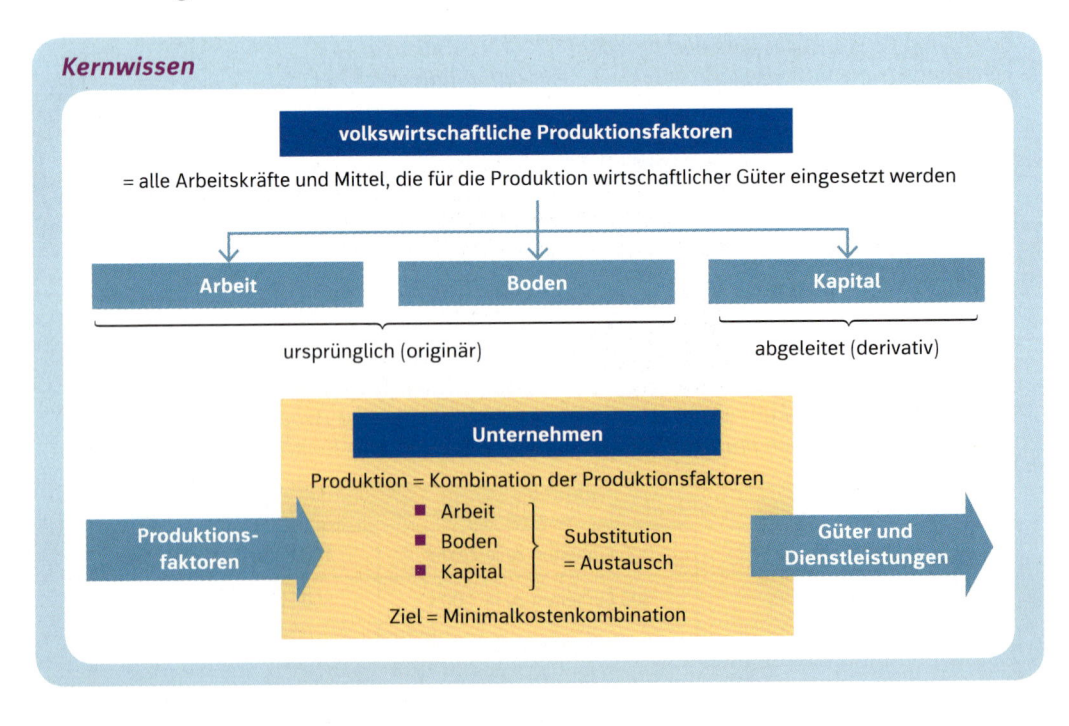

Kernwissen

volkswirtschaftliche Produktionsfaktoren
= alle Arbeitskräfte und Mittel, die für die Produktion wirtschaftlicher Güter eingesetzt werden

- Arbeit
- Boden
- Kapital

ursprünglich (originär) — Arbeit, Boden
abgeleitet (derivativ) — Kapital

Unternehmen

Produktion = Kombination der Produktionsfaktoren
- Arbeit
- Boden
- Kapital

Substitution = Austausch

Produktionsfaktoren → Güter und Dienstleistungen

Ziel = Minimalkostenkombination

Übungsaufgaben

1. Definieren Sie den Begriff „volkswirtschaftliche Produktionsfaktoren".
2. Nennen Sie die drei volkswirtschaftlichen Produktionsfaktoren und unterscheiden Sie diese in ursprüngliche (originäre) und abgeleitete (derivative) Produktionsfaktoren.
3. Beschreiben Sie, was im volkswirtschaftlichen Sinn unter dem Produktionsfaktor „Arbeit" und „Boden" jeweils zu verstehen ist.
4. Zeigen Sie an einem Beispiel verschiedene Nutzungsmöglichkeiten von Boden auf.
5. Erläutern Sie die Entstehung von volkswirtschaftlichem „Kapital". Inwieweit unterscheidet sich der volkswirtschaftliche Kapitalbegriff vom Kapitalbegriff des Rechnungswesens?
6. Analysieren Sie die folgenden beiden Schaubilder.

    a) Beschreiben Sie die Entwicklung der Arbeitsproduktivität in der gesamten Wirtschaft und in den einzelnen Wirtschaftsbereichen. Stellen Sie einen Zusammenhang zu der Entwicklung der Anzahl der Industrieroboter im zweiten Schaubild her. Bei der Analyse eines Schaubildes könnte die Reihenfolge Ihrer Vorgehensweise sein:
    1. Überschrift – Thema?
    2. Zeitraum (Horizontale bzw. x-Achse) oder Zeitpunkt?
    3. Worüber informiert das Schaubild (Vertikale bzw. y-Achse)?
    4. Welche Entwicklungen, Trends sind erkennbar? Treffen Sie fünf Aussagen zu diesen Entwicklungen.

    b) Von welchen Faktoren wird eine Steigerung der Arbeitsproduktivität beeinflusst?

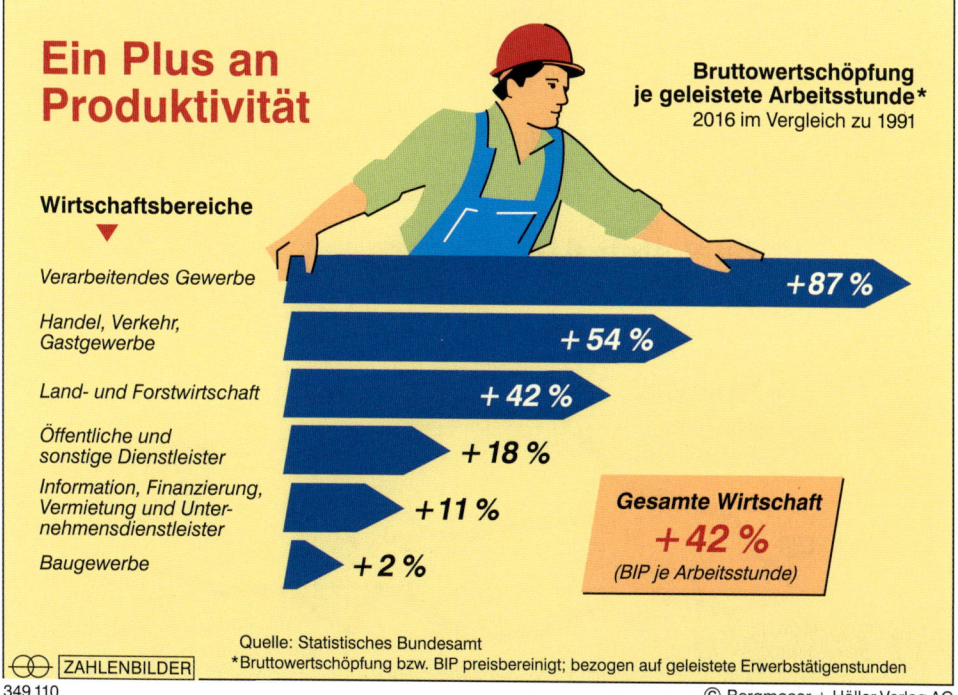

Ein Plus an Produktivität

Bruttowertschöpfung je geleistete Arbeitsstunde*
2016 im Vergleich zu 1991

Wirtschaftsbereiche

Wirtschaftsbereich	Veränderung
Verarbeitendes Gewerbe	+87 %
Handel, Verkehr, Gastgewerbe	+54 %
Land- und Forstwirtschaft	+42 %
Öffentliche und sonstige Dienstleister	+18 %
Information, Finanzierung, Vermietung und Unternehmensdienstleister	+11 %
Baugewerbe	+2 %

Gesamte Wirtschaft +42 % (BIP je Arbeitsstunde)

Quelle: Statistisches Bundesamt
*Bruttowertschöpfung bzw. BIP preisbereinigt; bezogen auf geleistete Erwerbstätigenstunden

© Bergmoser + Höller Verlag AG

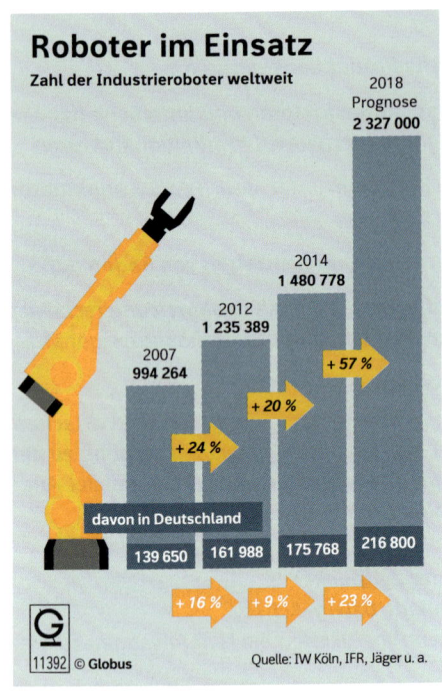

Roboter im Einsatz
Zahl der Industrieroboter weltweit

- 2007: 994 264
- 2012: 1 235 389 (+24 %)
- 2014: 1 480 778 (+20 %)
- 2018 Prognose: 2 327 000 (+57 %)

davon in Deutschland:
- 139 650
- 161 988 (+16 %)
- 175 768 (+9 %)
- 216 800 (+23 %)

Quelle: IW Köln, IFR, Jäger u. a.
© Globus 11392

7. Beschreiben Sie die Begriffe „Kombination" und „Substitution" von Produktionsfaktoren.
8. Suchen Sie Beispiele für die Substitution von Produktionsfaktoren aus dem Bereich der Lagerwirtschaft.
9. Analysieren Sie das Schaubild „Kapital statt Arbeit?".
   a) Beschreiben Sie, welche Entwicklung das Schaubild aufzeigt. Lösungshinweis: Kapitalstock je Erwerbstätiger = Produktionsanlagen der deutschen Wirtschaft im Verhältnis zur Anzahl der Erwerbstätigen.
   b) Entscheiden Sie, welche der unten stehenden Aussagen über das Schaubild richtig sind.

Aussagen zum Schaubild „Kapital statt Arbeit?":

1. Das Schaubild zeigt die Substitution des Produktionsfaktors Kapital durch den Produktionsfaktor Arbeit in Deutschland auf.
2. Kapitalstock je Erwerbstätiger bedeutet der Wert der Produktionsanlagen in Deutschland bezogen auf die Anzahl der Erwerbstätigen.
3. Das Schaubild zeigt auf, dass sich der Kapitalstock je Erwerbstätiger in Deutschland von 1995 bis 2015 um 22 % erhöht hat.
4. Die Anzahl der Erwerbstätigen ist in Deutschland von 1995 bis 2005 auf 55,5 Mio. gesunken.
5. Quelle des Zahlenmaterials ist die Bergmoser + Höller Verlag AG, Herausgeber des Schaubildes ist das Statistische Bundesamt.

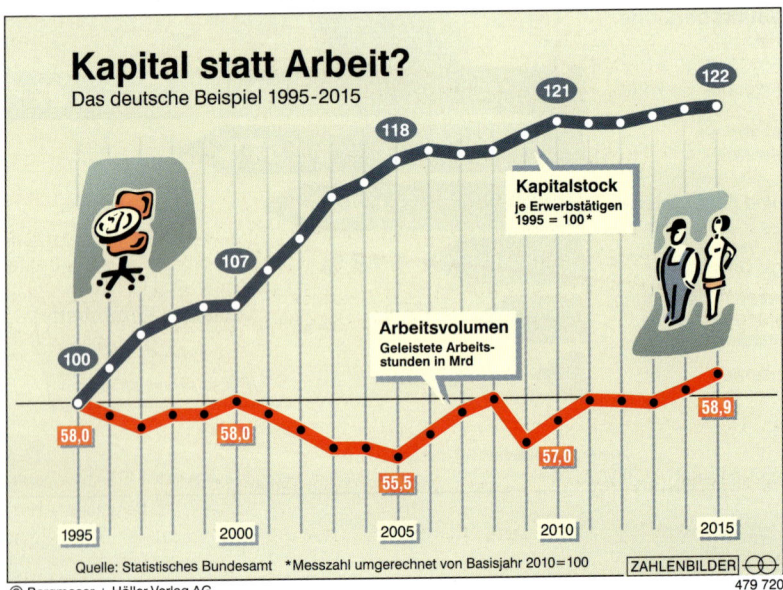

Kapital statt Arbeit?
Das deutsche Beispiel 1995-2015

Kapitalstock je Erwerbstätigen 1995 = 100*
- 1995: 100
- 2000: 107
- 2005: 118
- 2010: 121
- 2015: 122

Arbeitsvolumen – Geleistete Arbeitsstunden in Mrd
- 1995: 58,0
- 2000: 58,0
- 2005: 55,5
- 2010: 57,0
- 2015: 58,9

Quelle: Statistisches Bundesamt *Messzahl umgerechnet von Basisjahr 2010=100
© Bergmoser + Höller Verlag AG
ZAHLENBILDER 479 720

2.3 Die Arbeitsteilung

Situation

Darius, Kastor und Iris waren Mitglieder eines vor mehreren Tausend Jahren lebenden Volkes. In dieser Gemeinschaft war es üblich, dass sich jeder selbst mit den Dingen versorgte, die er zum Leben benötigte. Für die Herstellung dieser Gegenstände brauchte jeder Einzelne beispielsweise folgende Arbeitszeit (in Stunden):

	Darius	Kastor	Iris
Speer	2	4	3
Tonvase	3	2	4
Korb	3	3	2

Handlungsaufträge

1. Welche Gesamtarbeitszeit benötigen Iris, Darius und Kastor zusammen für die Herstellung der Gegenstände?
2. Worin könnten die Ursachen für die unterschiedlichen Herstellungszeiten liegen?
3. Welchen Ratschlag geben Sie den drei Produzenten?
4. Um wie viele Stunden kann die Gesamtherstellungszeit verkürzt werden?

Ursprüngliche Arbeitsteilung

Die **Entstehung** der beruflichen **Arbeitsteilung** liegt in der Frühzeit des Menschen, als er noch in geschlossenen Hauswirtschaften lebte und ein Tausch von Gütern nicht üblich war. Den täglichen Bedarf deckten die Familienmitglieder als Selbstversorger, Arbeitsteilung entwickelte sich innerhalb dieser Familiengemeinschaften aufgrund des Geschlechts oder des Alters.

So kümmerte sich traditionell die Frau um den Haushalt und die Kinder, während der Mann für Jagd, Fischfang und Kriegsführung zuständig war.

Berufliche Arbeitsteilung in der Form der Berufsbildung

Schon in der ursprünglichen Form der Arbeitsteilung in der Familie entwickelten einzelne Mitglieder besondere Fertigkeiten. Unterschiedliche Fähigkeiten und die Anpassung an die verschiedenen Lebensräume der Familiengemeinschaften führten zu einer **Spezialisierung auf bestimmte Tätigkeiten**. Qualitativ bessere Güter ließen sich nun schneller herstellen, gleichzeitig entwickelte sich die Selbstversorgungswirtschaft zur Tauschwirtschaft.

Beispiel
Die ersten Grundberufe wie Fischer, Jäger, Bauer und Schmied entstanden.

Berufliche Arbeitsteilung in der Form der Berufsspaltung

Eine immer stärkere Spezialisierung führte zu einer Aufspaltung der Grundberufe, die sich bis in die Gegenwart hinein fortsetzt.

Beispiel
Der Händler spezialisierte sich auf den Großhandel, Einzelhandel oder Außenhandel, es entstanden der Bürokaufmann, spezialisiert auf die Verwaltung, der Einzelhandelskaufmann mit dem Schwerpunkt in der Verkaufstätigkeit und die Fachkraft für Lagerlogistik spezialisiert auf die Verwaltung des Lagers.

Volkswirtschaftliche Arbeitsteilung

Der **Prozess der Arbeitsteilung** vollzog sich nicht nur bei der **Entwicklung von Berufen**, sondern auch innerhalb einer Volkswirtschaft. Die Verlagerung der Herstellung von den Familien in Betriebe wie Manufakturen und Fabriken führte zu einer gesamtwirtschaftlichen Arbeitsteilung, die sich in zwei Richtungen bewegte: die Aufgliederung nach den einzelnen **Wirtschaftsstufen** (= vertikale Arbeitsteilung) und innerhalb dieser Produktionsstufen, also auf gleicher Ebene, nach einzelnen **Bereichen** (= horizontale Arbeitsteilung):

vertikale Arbeitsteilung ↕	←——— horizontale Arbeitsteilung ———→		
Urerzeugung (primärer Sektor) = Sektor, in dem die Rohstoffe und Naturprodukte gewonnen werden	Land- und Forstwirtschaft	Bergbau (Kohle, Erze) Öl- und Gasgewinnung	Jagd, Fischerei
Weiterverarbeitung (sekundärer Sektor) = Sektor, in dem die Rohstoffe be- oder verarbeitet werden	Handwerk ■ Bäcker ■ Metzger	Industrie ■ Grundstoffindustrie (Chemie) ■ Investitionsgüterindustrie (Maschinenbau) ■ Konsumgüterindustrie (Freizeitartikel)	
Handel und Dienstleistungen (tertiärer Sektor) = Sektor, in dem die Waren verteilt und weitere Dienstleistungen angeboten werden	Handel ■ Großhandel ■ Einzelhandel ■ Außenhandel	Dienstleistungen ■ Banken und Versicherungen ■ Verkehrsbetriebe ■ freie Berufe (Rechtsanwälte)	

Betriebliche Arbeitsteilung in der Form der Abteilungsbildung

Auch **innerhalb eines Betriebes** ist es sinnvoll, dass sich **Mitarbeiter spezialisieren** und das gesamte Tätigkeitsgebiet in **einzelne Arbeitsbereiche** aufteilen. Bei dieser Art der Arbeitsteilung werden Abteilungen nach den betrieblichen Grundfunktionen zusammengefasst.

Beispiel
Eine Abteilungsbildung ist beispielsweise möglich in Einkauf, Lager, Verkauf und Verwaltung.

Betriebliche Arbeitsteilung in der Form der Arbeitszerlegung

Gleichzeitig können **Arbeitsabläufe** in einem Betrieb in **einzelne Teilverrichtungen** zerlegt werden. Durch Aufteilung in wenige Handgriffe und den intensiven Einsatz von Maschinen wie beispielsweise bei Fließbandarbeit kann so die Produktivität des einzelnen Mitarbeiters erheblich gesteigert werden. Dies ist in der Verwaltung ebenso wie im Lagerbereich möglich:

Beispiel

Abteilung Lager:
- Wareneingang mit Prüfung
- Einlagerung
- Lagerverwaltung, Warenpflege, Warenkontrolle
- Kommissionierung
- Warenverpackung
- Warenabgabe

Globalisierung – Internationale Arbeitsteilung

„Zunehmende Globalisierung" ist ein in Politik und Wirtschaft häufig verwendetes Schlagwort, unter das eine weitere Form der Arbeitsteilung fällt.

Allerdings ist der Begriff der **Globalisierung** wesentlich weiter gefasst. So ist darunter nicht nur der grenzüberschreitende Austausch von Waren zu verstehen, sondern auch die internationale Verflechtung und der Transfer von Kapital, das weltweite Agieren multinationaler Konzerne z.B. durch die Verlagerung ganzer Fertigungsbereiche. Die inzwischen problemlose weltweite Kommunikation sowie die steigenden und kostengünstiger werdenden Transportkapazitäten fallen als Voraussetzungen für die zunehmende Internationalisierung des Wettbewerbs ebenso unter diesen Begriff wie die Anpassung rechtlicher Standards oder die Angleichung kultureller Eigenheiten.

Internationale Arbeitsteilung, also eine **Arbeitsteilung, die über eine Volkswirtschaft** hinausgeht, kann aus verschiedenen Gründen entstehen:

- Notwendige **Rohstoffe** sind nicht in allen Ländern verfügbar und müssen deshalb importiert werden.

   Beispiele
   Erdöl, Kautschuk

- Die **Herstellungskosten** sind aufgrund niedrigerer Löhne in manchen Ländern günstiger.

   Beispiel
   Die Bekleidungsindustrie verlagert Betriebsteile nach Asien.

- Einige Länder verfügen über einen hohen **Wissens- und Technologievorsprung**.

   Beispiele
   Maschinenbau in Deutschland, Computertechnologie in den USA

- Unterschiedliche **klimatische Verhältnisse** ermöglichen den Anbau landwirtschaftlicher Produkte nur in bestimmten Regionen.

   Beispiele
   Reisanbau, Zitrusfrüchte

Folgen internationaler Arbeitsteilung bzw. der Globalisierung sind, dass durch die weltweite Spezialisierung in der Herstellung von Produkten und der Förderung von Rohstoffen eine günstigere Produktion möglich wird. Die Produktionsfaktoren können weltweit effizienter eingesetzt werden und die globale Konkurrenz der Unternehmen führt zu preisgünstigeren Produkten. Nicht nur die Warenvielfalt steigt, sondern auch der technische Fortschritt wird in Entwicklungs- und Schwellenländern beschleunigt, sodass dies international zu einer verbesserten Güterversorgung und einer Steigerung des Wohlstands aller beteiligten Länder führt. Folge des wirtschaftlichen Austausches ist auch eine politische und kulturelle Annäherung der Länder, wodurch die Gefahr von Kriegen oder weiteren Wettrüstens sinkt.

Kritisch zu sehen ist allerdings an der zunehmenden Globalisierung, dass der steigende Wettbewerbsdruck z. B. durch ausländische Billiganbieter in Industrieländern mit hohem Lohnniveau zu einem Verlust von Arbeitsplätzen führt. Der steigende Kostendruck lässt dadurch das Lohnniveau in den Industriestaaten sinken oder weniger stark steigen, der Lebensstandard sinkt. Problematisch kann auch die Verlagerung von Produktionskapazitäten sein, wenn dadurch Umweltstandards in Billiglohnländern nicht mehr eingehalten werden müssen, Arbeitskräfte in sklavenähnlichen Arbeitsverhältnissen ihrer Menschenwürde beraubt werden oder ausbeuterische Kinderarbeit in Steinbrüchen, Bergwerken und Teppich-Manufakturen eine lebenswerte Zukunft der Kinder verhindert.

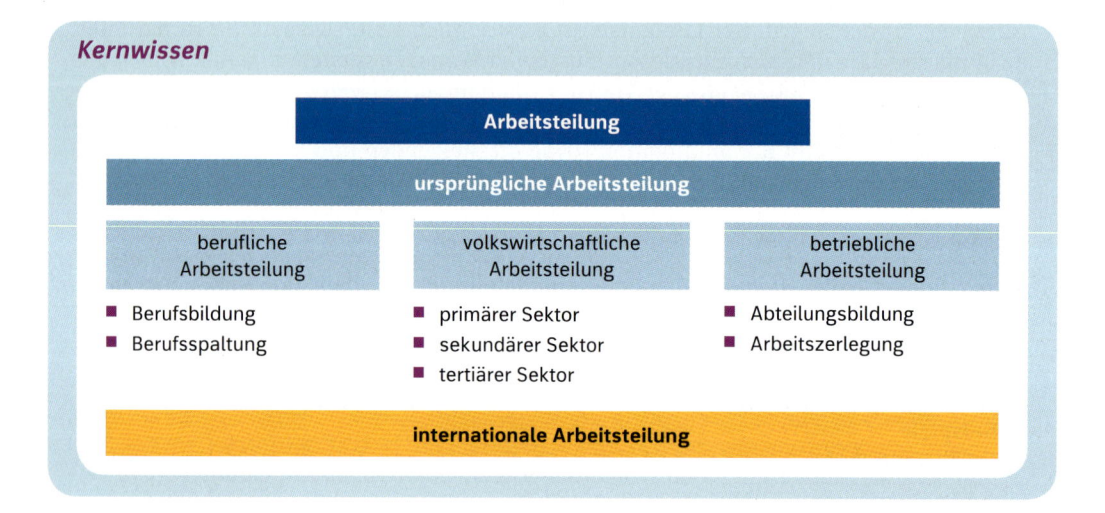

Kernwissen

Arbeitsteilung

ursprüngliche Arbeitsteilung

berufliche Arbeitsteilung	volkswirtschaftliche Arbeitsteilung	betriebliche Arbeitsteilung
■ Berufsbildung ■ Berufsspaltung	■ primärer Sektor ■ sekundärer Sektor ■ tertiärer Sektor	■ Abteilungsbildung ■ Arbeitszerlegung

internationale Arbeitsteilung

Übungsaufgaben

1. Geben Sie einen Überblick über Entwicklung und Formen der Arbeitsteilung und nennen Sie jeweils Beispiele dazu.

2. Erläutern Sie die Entwicklung, die auf dem Schaubild „Wirtschaftsstruktur im Wandel" auf der Folgeseite erkennbar ist. Beschreiben Sie dabei den Begriff „Dienstleistungsgesellschaft".

3. Begründen Sie, warum internationale Arbeitsteilung für die beteiligten Volkswirtschaften vorteilhaft sein kann. Suchen Sie in einem geeigneten Nachschlagewerk oder im Internet eine Beschreibung des Begriffes „Globalisierung".

4. Welche positiven und negativen Folgen hat Arbeitsteilung?
   Überlegen Sie sich in der Gruppe die Vor- und Nachteile der Arbeitsteilung und erstellen Sie eine Übersicht nach dem angegebenen Muster. Versetzen Sie sich anschließend in der Gruppe in die Situation eines Arbeitgebers, eines Arbeitnehmers oder eines Politikers und bereiten Sie Argumente für eine „Expertenrunde" vor. Tauschen Sie in dieser Expertenrunde die Ergebnisse aus, indem Sie Ihre jeweilige Sichtweise darlegen und darüber diskutieren.

Die Arbeitsteilung 143

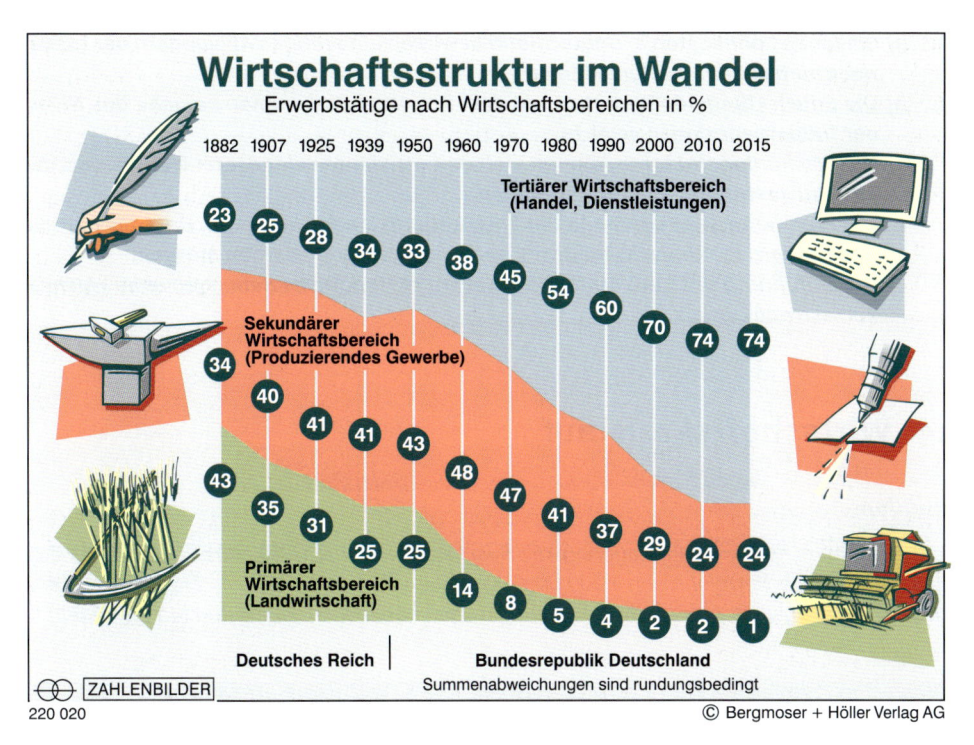

Wirtschaftsstruktur im Wandel
Erwerbstätige nach Wirtschaftsbereichen in %

Jahr	1882	1907	1925	1939	1950	1960	1970	1980	1990	2000	2010	2015
Tertiärer Wirtschaftsbereich (Handel, Dienstleistungen)	23	25	28	34	33	38	45	54	60	70	74	74
Sekundärer Wirtschaftsbereich (Produzierendes Gewerbe)	34	40	41	41	43	48	47	41	37	29	24	24
Primärer Wirtschaftsbereich (Landwirtschaft)	43	35	31	25	25	14	8	5	4	2	2	1

Deutsches Reich | Bundesrepublik Deutschland
Summenabweichungen sind rundungsbedingt

ZAHLENBILDER
220 020
© Bergmoser + Höller Verlag AG

	Arbeitsteilung bringt	
	Vorteile	**Nachteile**
für den Arbeitgeber		
für den Arbeitnehmer		
für die Gesamtwirtschaft		

5. **Sie erklären Ihren Freunden, dass Sie eine Ausbildung im Dienstleistungssektor beginnen werden. Welcher der nachfolgenden Ausbildungsberufe könnte zutreffen?**
   a) Kfz-Mechatroniker
   b) Konditorin
   c) Hotelfachfrau
   d) Landwirt
   e) Feinwerkmechaniker

6. **Sie sind im Transportunternehmen Turbo GmbH als Auszubildender tätig. Welchem Wirtschaftszweig ist Ihr Unternehmen zuzuordnen?**
   a) Industrie
   b) Handel
   c) Außenhandel
   d) Dienstleistungen
   e) Handwerk

7. **Im Zuge der Globalisierung nehmen die wirtschaftlichen Verflechtungen immer stärker zu. Stellen Sie fest, welche der nachfolgenden Auswirkungen richtig dargestellt ist.**

a) Sinkende Lohnkosten in Deutschland bewirken ein stetiges Abwandern der Industriebetriebe in Entwicklungsländer.
b) Die Entwicklungsländer haben mit dem Pro-Kopf-Einkommen beinahe das Niveau der Industrienationen erreicht.
c) Die Produktionsfaktoren können weltweit effizienter eingesetzt werden und dies führt zu kostengünstigeren Produkten.
d) Die Produktionsverlagerungen in Entwicklungsländer bewirken, dass auch in diesen Ländern die Umweltstandards der EU eingehalten werden müssen.
e) Die Einführung des Euro ermöglicht weltweite Handelsbeziehungen ohne Wechselkursschwankungen.

2.4 Wirtschaftskreislauf

Situation

Die ausgebildete Fachkraft für Lagerlogistik Susi erhält von ihrem Arbeitgeber Autohaus Seidl einen monatlichen Nettolohn von 1 200,00 €. Um einen Überblick über die finanzielle Lage zu behalten, führt Susi ein monatliches Einnahmen-Ausgaben-Buch. In diesem Monat erstellt sie folgende Einträge:

Einnahmen von		Ausgaben für	
Nettolohn	1 200,00 €	Miete an die Wohnbau GmbH	350,00 €
		Kleidung an die D&B Textil KG	150,00 €
		Lebensmittel an den Supermarkt	250,00 €
		Reparaturen und Tanken im Autohaus Seidl	200,00 €
		Freizeit (Kino, Club, Pub) an Freizeitpark	250,00 €

Handlungsaufträge

1. Zeichnen Sie ein Schaubild mit allen Einnahmen und Ausgaben der an dieser Rechnung beteiligten „Wirtschaftssubjekte" Susi, Autohaus Seidl, Wohnbau GmbH, D&B Textil KG, Supermarkt und Freizeitpark auf.
2. Könnte ein derartiges Beziehungsgeflecht auch für ein ganzes Land erstellt werden?
3. Welche Erkenntnisse könnten aus einer volkswirtschaftlichen „Einnahmen-Ausgaben-Rechnung" gezogen werden?

Betrachten wir unser Alltagsleben, so erkennen wir, dass wir in einem komplizierten System des „Gebens" und „Nehmens" eingebunden sind. Für unsere Arbeit erhalten wir Lohn, Unternehmen verkaufen ihre Produkte, unseren Lohn verwenden wir wieder für den Kauf von Konsumgütern, wir zahlen oder erhalten Miete ...

Um das komplizierte **Geflecht wirtschaftlicher Beziehungen**, wie wir es selbst tagtäglich erleben, in einer Volkswirtschaft erklärbarer und durchschaubarer zu machen, werden in der **Volkswirtschaftslehre Modelle** verwendet, die nichts anderes sind als eine **vereinfachte Darstellung der tatsächlichen wirtschaftlichen Gegebenheiten**. Ein derartiges Modell, das die volkswirtschaftlichen Zusammenhänge als Kreislauf beschreibt, wurde schon im 18. Jahrhundert von dem französischen Arzt François Quesnay entwickelt, wahrscheinlich angeregt vom Kreislaufgeschehen des menschlichen Organismus, in dem auch die verschiedenen Organe durch ein System von Blutströmen und Nervenbahnen verbunden sind.

Für das vereinfachte **Kreislaufmodell einer Volkswirtschaft** müssen bestimmte **Annahmen** festgelegt werden:

- Es gibt nur **zwei Arten** von **Wirtschaftssubjekten**: private **Haushalte** und **Unternehmen**.
- Sämtliche privaten Haushalte und Unternehmen werden jeweils zu einer Gruppe zusammengefasst. Diese Gruppen werden auch als **Sektoren** bezeichnet.
- Die **Haushalte** geben ihr gesamtes **Einkommen** für **Konsum** aus, sie sparen also nicht.
- Alle Güter, die in den Unternehmen produziert werden, können an die Haushalte abgesetzt werden.
- Gleichartige **Transaktionen** (= Bewegungen) zwischen den **Sektoren** werden zu **Strömen** zusammengefasst.

Dieses vereinfachte Modell kann grafisch dargestellt werden:

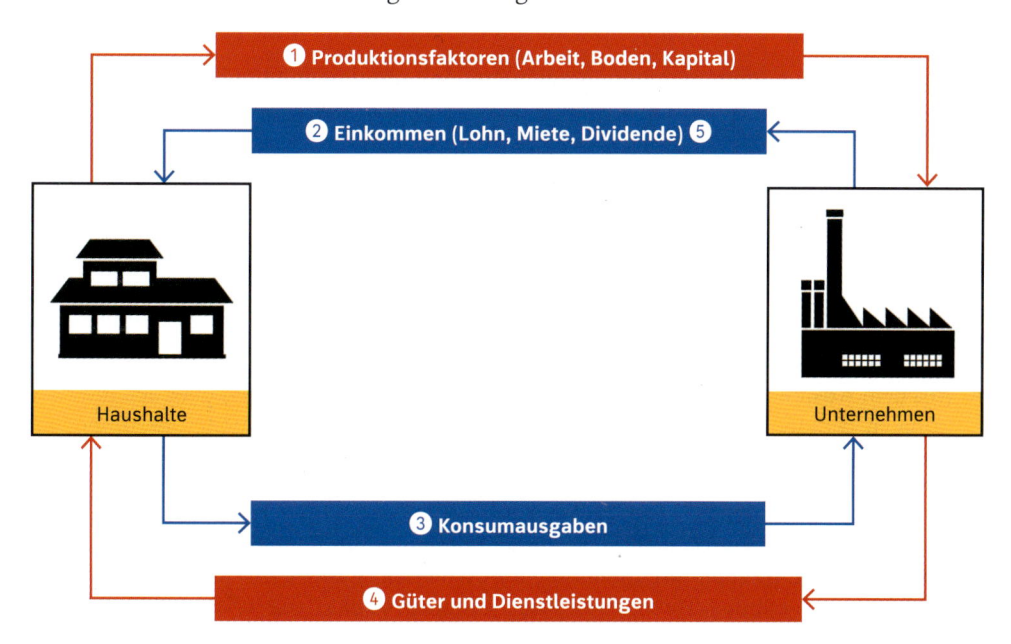

Erläuterung des Modells:
1. Die Haushalte werden als reine Orte des Verbrauchs aufgefasst. Sie produzieren nicht selbst, stellen aber den Unternehmen die Produktionsfaktoren Arbeit (z. B. Arbeitsleistung), Boden (z. B. Grundstücke) und Kapital (z. B. Darlehen, Eigenkapital) zur Verfügung.
2. Die Unternehmen sind lediglich Produktionsstätten, in denen die Produktionsfaktoren der Haushalte kombiniert werden, um Waren und Dienstleistungen herzustellen. Als Gegenleistung für die Nutzung dieser Leistungen bezahlen die Unternehmen den Haushalten Einkommen in Form von Lohn, Miete oder Zins.

3. Das Einkommen geben die Haushalte wieder für Konsumzwecke aus. Diese sog. Konsumausgaben fließen an die Unternehmen als Erlöse zurück.

4. Für die Konsumausgaben erhalten die Haushalte Güter und Dienstleistungen, die von den Unternehmen bereitgestellt werden.

5. Mit den Erlösen aus dem Verkauf der Güter und Dienstleistungen können nun wieder die Einkommen der Haushalte finanziert werden. Der Kreislauf ist geschlossen.

Wertströme im Wirtschaftskreislauf:
Im geschlossenen Kreislaufmodell können grundsätzlich **zwei Arten von Wertströmen** unterschieden werden:

„Roter" Pfeil → **Güterströme** in Form von Gütern und Dienstleistungen oder Produktionsfaktoren

„Blauer" Pfeil → **Geldströme** in Form von Einkommen oder Konsumausgaben

Die **Geld- und Güterströme** zwischen den Sektoren Haushalte und Unternehmen verlaufen **entgegengesetzt** und entsprechen sich wertmäßig. Es kann somit für Konsumgüter nicht mehr ausgegeben werden, als Einkommen zu den Haushalten fließt. Umgekehrt können nicht mehr Güter für den Konsum verwendet werden, als in den Unternehmen produziert wurden.

Natürlich handelt es sich bei diesem **Kreislaufmodell** nur um ein **unvollständiges Abbild** der ökonomischen **Wirklichkeit**. Weitere Sektoren wurden vernachlässigt, die in einer Volkswirtschaft wichtige Aufgaben übernehmen:

- **Banken** sammeln die Ersparnisse der Unternehmen und Haushalte und vergeben Kredite für Investitionen oder Konsumausgaben.

- Der **Staat** bezieht von Unternehmen und Haushalten Steuern. Mit diesen Einnahmen finanziert er für seine staatlichen Aufgaben Güter und Arbeitsleistungen, bezogen von den Haushalten und Unternehmen. Gleichzeitig vergibt er an Unternehmen Subventionen und leistet an Haushalte Transferzahlungen wie beispielsweise Kindergeld.

- Aus dem **Ausland** beziehen sowohl Haushalte als auch Unternehmen über den internationalen Handel Güter und Dienstleistungen, dafür fließt Einkommen ab (Importe). Umgekehrt werden Waren an das Ausland verkauft, Geldströme in Form von Einkommen verlaufen entgegengesetzt (Exporte).

Praktische Anwendung findet der Wirtschaftskreislauf in der **volkswirtschaftlichen Gesamtrechnung**. In einer Art „Buchführung" wird das gesamtwirtschaftliche Produktionsergebnis eines Landes erfasst. Dieses sog. **Inlandsprodukt** (früher Sozialprodukt) wird definiert als der **Wert aller Güter und Dienstleistungen, die innerhalb eines Jahres in einer Volkswirtschaft erzeugt wurden**. Wie im Wirtschaftskreislauf, in dem Güterströme und gegenläufige Geldströme dargestellt werden, kann auch das Inlandsprodukt in seiner Entstehung, seiner Verteilung und seiner Verwendung erfasst werden.

- In der **Entstehungsrechnung** werden alle durch Produktion neu geschaffenen Werte – untergliedert nach Wirtschaftsbereichen – zusammengefasst (= Wertschöpfung).

- In der **Verteilungsrechnung** findet man die Gegenleistung für die Produktionsfaktoren – das Volkseinkommen aufgeteilt in Einkommen aus unselbstständiger (Lohn) und selbstständiger Tätigkeit (Gewinn).

- In der **Verwendungsrechnung** wird untersucht, für welche Zwecke bzw. von welchen Wirtschaftssubjekten die produzierten Güter verwendet wurden (z. B. Konsum des Staates).

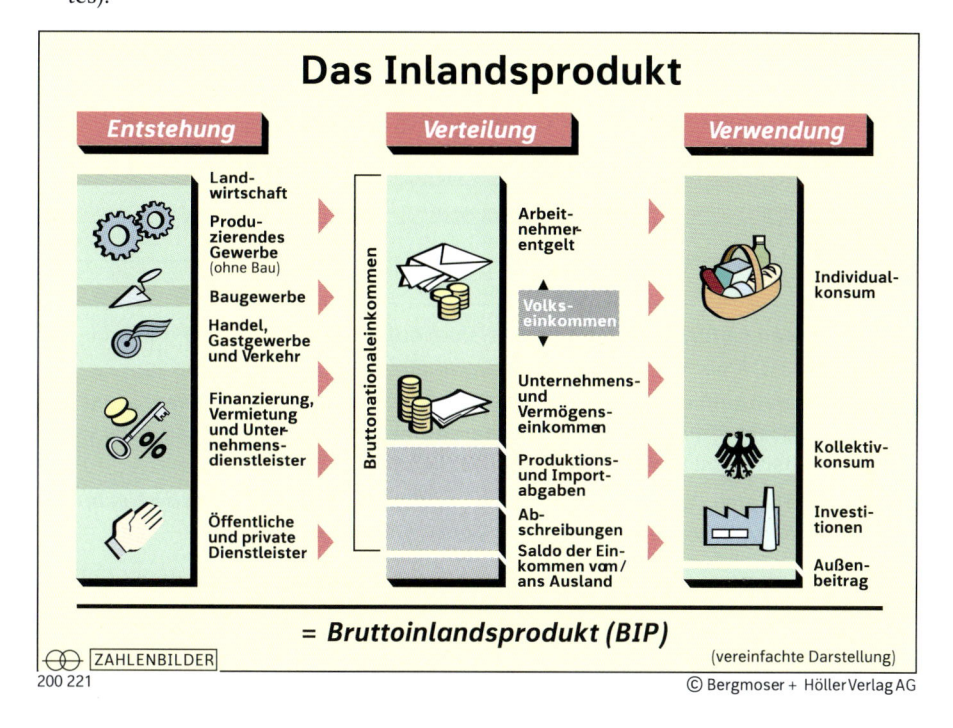

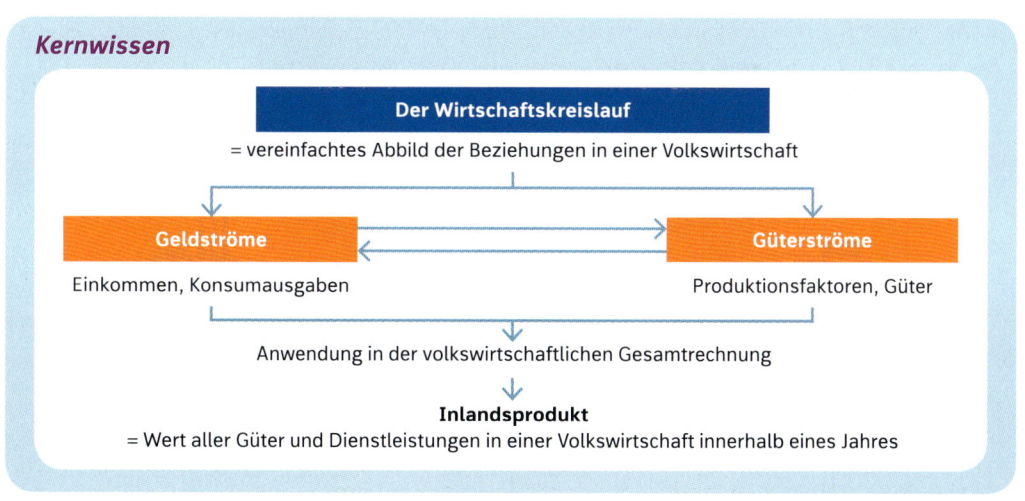

Das Inlandsprodukt

Entstehung
- Landwirtschaft
- Produzierendes Gewerbe (ohne Bau)
- Baugewerbe
- Handel, Gastgewerbe und Verkehr
- Finanzierung, Vermietung und Unternehmensdienstleister
- Öffentliche und private Dienstleister

Verteilung (Bruttonationaleinkommen)
- Arbeitnehmerentgelt
- Unternehmens- und Vermögenseinkommen
- Produktions- und Importabgaben
- Abschreibungen
- Saldo der Einkommen vom/ans Ausland

(Volkseinkommen)

Verwendung
- Individualkonsum
- Kollektivkonsum
- Investitionen
- Außenbeitrag

= Bruttoinlandsprodukt (BIP)

(vereinfachte Darstellung)

ZAHLENBILDER 200 221 © Bergmoser + Höller Verlag AG

Kernwissen

Der Wirtschaftskreislauf
= vereinfachtes Abbild der Beziehungen in einer Volkswirtschaft

Geldströme ← → **Güterströme**
Einkommen, Konsumausgaben — Produktionsfaktoren, Güter

Anwendung in der volkswirtschaftlichen Gesamtrechnung

Inlandsprodukt
= Wert aller Güter und Dienstleistungen in einer Volkswirtschaft innerhalb eines Jahres

Übungsaufgaben

1. Warum kann es sinnvoll sein, wirtschaftliche Zusammenhänge in Modellen darzustellen?
2. Handelt es sich um einen Geld- oder Güterstrom? Ordnen Sie jeweils den entgegenlaufenden Geld- oder Güterstrom zu.

	Geld- oder Güterstrom?	Entgegenlaufender Strom?
Beispiel: Miete	Geld	Faktor Boden
a) Konsumausgaben		
b) Arbeitsleistung		
c) Grundstück		
d) Zins		

3. Zeichnen Sie den einfachen Wirtschaftskreislauf auf und beschriften Sie die Geld- und Güterströme.
4. Ergänzen Sie den einfachen Wirtschaftskreislauf mit den Sektoren Banken, Staat und Ausland und beschriften Sie Geld- und Güterströme. Verwenden Sie dazu, falls erforderlich, die Beschreibung der Beziehungen im Lehrbuchtext.
5. Informieren Sie sich über die Inhalte einer volkswirtschaftlichen Gesamtrechnung und über die aktuelle volkswirtschaftliche Entwicklung in Deutschland.

Tipp

Aktuelle Daten und Informationen zur Wirtschaftslage können über das Internet auf den Seiten des Statistischen Bundesamtes abgerufen werden. Adresse: www.destatis.de

2.5 Markt und Preisbildung

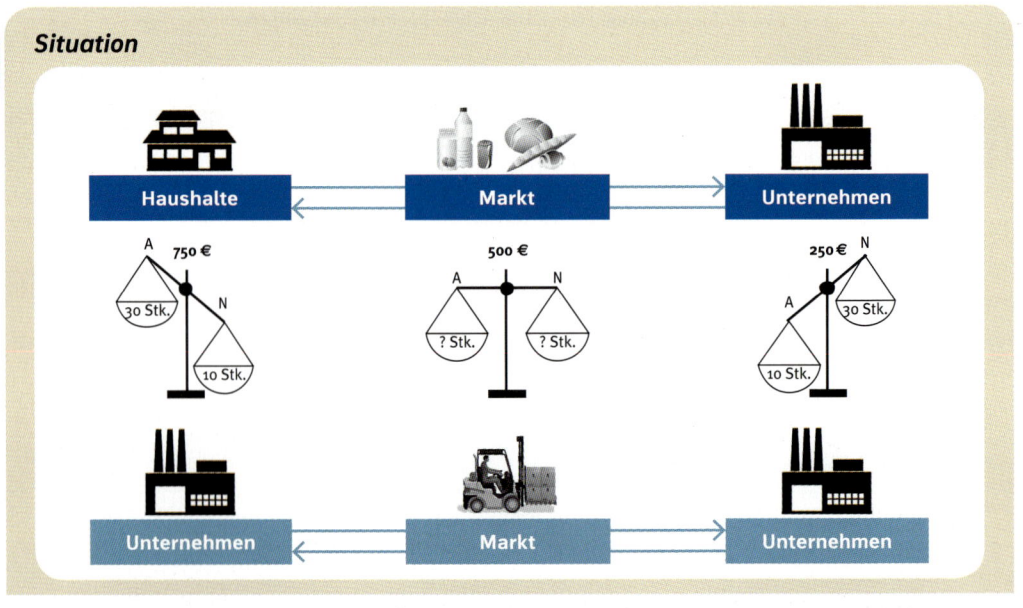

Situation

Markt und Preisbildung

Der Lagerlogistik-Auszubildende Thomas wundert sich über die aktuell niedrigen Preise der Produkte in seiner Abteilung und fragt seinen Abteilungsleiter, der nur kurz entgegnet: „Der Markt gibt im Moment nicht mehr her!"

Handlungsaufträge

1. Informieren Sie sich über die Aufgaben, die der Markt in einer Volkswirtschaft übernimmt.
2. Unterscheiden Sie, welche Arten von Märkten in einer Volkswirtschaft vorkommen können.
3. Beschreiben Sie die symbolhafte Bedeutung der Waagen in diesem Schaubild.

2.5.1 Funktion des Marktes

Unter einem Markt versteht man jedes Zusammentreffen von Angebot und Nachfrage.

Märkte sind also nicht nur der typische Wochenmarkt oder der Supermarkt, sondern auch Zeitungen mit Anzeigen, Wertpapierbörsen, Messen, Internethandel usw. Es ist also egal, wann Märkte stattfinden und wo oder wie sie gestaltet sind, wesentliches Kennzeichen ist das Aufeinandertreffen von Angebot und Nachfrage.

Aufgabe des Marktes ist es, den **Güteraustausch** zwischen Angebot und Nachfrage überhaupt **zu ermöglichen**. Eine weitere Aufgabe des Marktes ist es, die gegensätzlichen **Interessen** von **Käufer** und **Verkäufer auszugleichen**.

Beispiele

- Der Verkäufer eines Pkw ist daran interessiert, für sein Fahrzeug einen möglichst hohen Preis zu erzielen, während der Käufer so wenig wie möglich dafür aufwenden will.
- Ein Arbeitgeber möchte die Ausgaben für Löhne und Gehälter so niedrig wie möglich halten, wogegen der Arbeitnehmer i. d. R. nach einem hohen Einkommen strebt.

Dieser Interessenausgleich beider Marktteilnehmer geschieht über den Preis. Der Markt ist somit der **Ort der Preisbildung**. Das Marktgeschehen wird bestimmt von Angebot, Nachfrage und Preis.

Ist der Markt durch eine sehr starke Machtposition des Anbieters (Verkäufers) geprägt, weil z. B. nur wenige Produkte für viele Käufer angeboten werden können, so spricht man von einem **Verkäufermarkt**. Verfügt der Nachfrager (Käufer) über eine sehr starke Verhandlungsposition, weil mehr Produkte angeboten als nachgefragt werden, so spricht man von einem **Käufermarkt**.

2.5.2 Marktarten

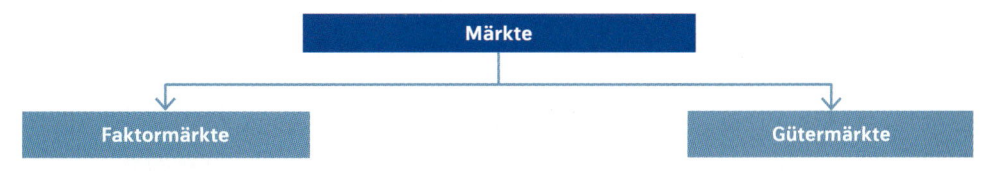

```
              Märkte
         /            \
  Faktormärkte     Gütermärkte
```

Je nachdem, welches Gut Gegenstand von Angebot und Nachfrage ist, unterscheidet man **verschiedene Arten von Märkten**. Stellen wir uns den Wirtschaftskreislauf noch einmal vor, werden Märkte für die Güterströme und Märkte für die Produktionsfaktoren notwendig. In dieser Systematik können auch die Märkte eingeteilt werden.

Neben diesen grundsätzlichen Marktarten gibt es noch zahlreiche Sonderformen wie beispielsweise Devisenmärkte für den Währungshandel oder Wertpapiermärkte für den Handel von Aktien und weiteren Kapitalanlagen sowie Auktionen (Versteigerungen) für Sammelobjekte. Letztendlich gibt es so viele Märkte, wie Waren- und Dienstleistungen vorhanden sind.

Faktormärkte

Marktart	Inhalt	Anbieter	Nachfrager
Arbeitsmarkt	Arbeitsleistungen gegen Entgelt	Arbeitswillige	Unternehmen, Staat
Immobilienmarkt	Handel mit Grundstücken und Gebäuden	Grundstückseigentümer	Grundstückskäufer, Mieter
Geld- und Kapitalmarkt	Kurzfristige und langfristige Kredite	Banken, Staat	Haushalte, Unternehmen, Staat

Gütermärkte

Marktart	Inhalt	Anbieter	Nachfrager
Konsumgütermarkt	Konsumgüter und Dienstleistungen	Unternehmen	Haushalte
Investitionsgüter- und Rohstoffmarkt	Produktionsgüter und Dienstleistungen, Rohstoffe	Unternehmen	Unternehmen

2.5.3 Die Bildung des Marktpreises im Modell des vollkommenen Marktes

Betrachtet man eine typische Kaufentscheidung wie beispielsweise den Kauf eines Autos, so spielt in der Realität nicht nur der Preis eine Rolle. Viele subjektive Faktoren, wie persönliche Vorlieben für einen bestimmten Verkäufer, örtliche Gegebenheiten, unterschiedliche Öffnungszeiten, Zeitdruck, können den Kauf beeinflussen, sodass andere Angebote gar nicht mehr eingeholt werden. Damit aber das **Zusammenwirken von Angebot, Nachfrage und Preis** – der sog. **Preismechanismus** – ohne weitere Einflüsse untersucht werden kann, müssen alle anderen Faktoren durch ein Modell ausgeschlossen werden: **das Modell des vollkommenen Marktes**. Wie im Modell des Wirtschaftskreislaufes werden dazu Annahmen getroffen.

Modellannahmen der Preisbildung im vollkommenen Markt

1. Auf dem Markt stehen sich viele Anbieter und Nachfrager gegenüber = **vollständige Konkurrenz**. Die Marktteilnehmer können den Preis nicht beeinflussen, sondern lediglich die angebotene oder nachgefragte Menge verändern (= Mengenanpasser).
2. Es handelt sich um **homogene (gleichartige) Güter** in Art, Ausführung und Qualität.

    Beispiel
    Neuer Pkw mit der eher selten anzutreffenden Annahme einer identischen Ausführung. Absolute Gleichartigkeit findet sich nur bei einer begrenzten Zahl von Gütern, vorwiegend bei Massengütern wie Kohle, Salz, Mehl.

3. Die Käufer haben **vollkommene Markttransparenz (Marktübersicht)**. Der Käufer muss also über alle Konkurrenzprodukte und deren Preise bei den verschiedenen Anbietern unterrichtet sein.

   Beispiel
   Ein Käufer kennt alle angebotenen Pkws dieser Ausführung und kann sofort auf Preisänderungen reagieren.

4. Die Käufer haben **keine Präferenzen (Vorlieben)**:

   - **persönliche** Präferenzen

     Beispiel
     besonders sympathischer Verkäufer

   - **zeitliche** Präferenzen

     Beispiel
     Öffnungszeiten bis 20:00 Uhr

   - **räumliche** Präferenzen

     Beispiel
     Ein Anbieter liegt in verkehrsgünstiger Lage.

   - **sachliche** Präferenzen

     Beispiel
     Zusatzleistungen wie Service, Kundendienst

Unter diesen Bedingungen kann das Anbieter- und Nachfrageverhalten der Marktteilnehmer untersucht werden.

Das Verhalten der Nachfrager

Beispiel
Vor der Einführung eines neuen Pkw der unteren Mittelklasse mit vorgegebener Ausführung werden 1 000 potenzielle Kunden befragt, bis zu welchem Preis sie dieses Fahrzeug kaufen würden und ab wann sie auf das Produkt verzichten. Das Ergebnis der Befragung liegt in Tabellenform vor.

Preis je Einheit in Euro	20 000,00	17 500,00	15 000,00	12 500,00	10 000,00	7 500,00
Nachfrage in Stück	0	200	400	600	800	1 000

Dieses Nachfrageverhalten weist typische Merkmale auf. Nachfrager streben danach, für ein Gut einen möglichst niedrigen Preis zu bezahlen. Sie sind **Nutzenmaximierer**.

Ergebnis:
**Je höher der Marktpreis, umso niedriger ist die Nachfrage.
Je niedriger der Marktpreis, umso höher ist die Nachfrage.**

Bei einem Preis von 17 500,00 € sind also beispielsweise nur noch 200 Nachfrager bereit, sich einen Pkw zu kaufen.

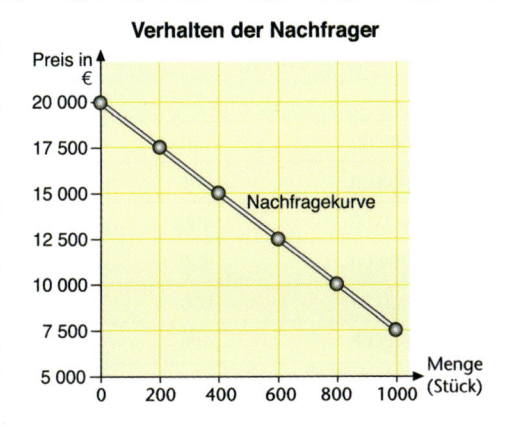

Bei einem Preis von 7 500,00 € sind alle 1 000 Nachfrager bereit, sich einen Pkw zu kaufen.

Das Verhalten der Anbieter

Wie bei den Nachfragern könnten auch die Hersteller von Pkws befragt werden, bis zu welchem Preis sie einen Pkw der unteren Mittelklasse auf dem Markt anbieten würden. Die Menge der angebotenen Pkws bei unterschiedlichen Preisen sind aus der Tabelle ersichtlich:

Preis je Einheit in Euro	7 500,00	10 000,00	12 500,00	15 000,00	17 500,00	20 000,00
Angebot in Stück	0	200	400	600	800	1 000

Auch dieses Verhalten der Anbieter weist typische Merkmale auf.

Kann ein hoher Kaufpreis erzielt werden, sind mehr Anbieter bereit, ihre Produkte auf dem Markt anzubieten, damit sie einen entsprechend hohen bzw. maximalen Gewinn erwirtschaften. Die Unternehmen sind **Gewinnmaximierer**.

Ergebnis:
Je höher der Marktpreis, umso höher ist das Angebot.
Je niedriger der Marktpreis, umso niedriger ist das Angebot.

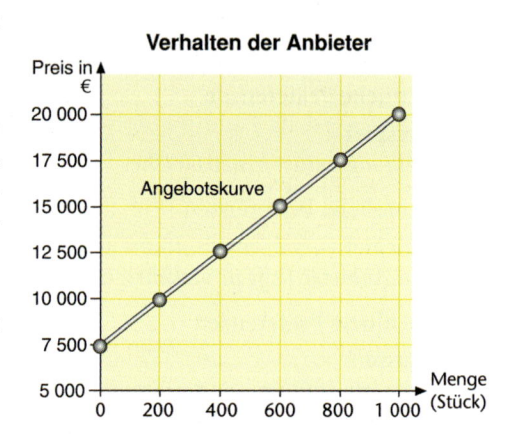

Bei einem Preis von 20 000,00 € werden 1 000 Stück von den Pkws angeboten. Bei einem Preis von 7 500,00 € ist kein Anbieter mehr bereit, einen Pkw auf dem Markt anzubieten.

Der Gleichgewichtspreis

Werden angebotene und nachgefragte Menge zu den unterschiedlichen Marktpreisen in Tabellenform gegenübergestellt, zeigt sich, dass beide Mengen nur bei einem Preis von 13 750,00 € übereinstimmen. In den anderen Fällen werden entweder weniger Stückzahlen angeboten oder nachgefragt, es können somit auch weniger Stückzahlen verkauft oder gekauft werden.

Bei einem Preis von 10 000,00 € werden nur 200 Stück angeboten, also können auch nur höchstens 200 abgesetzt (verkauft) werden.

Preis je Einheit	Angebotsmenge	Nachfragemenge	Absatz	Umsatz
(in Euro)	(in Stück)	(in Stück)	(in Stück)	(in Euro)
7 500,00	0	1 000	0	–
10 000,00	200	800	200	2 000 000,00
12 500,00	400	600	400	5 000 000,00
13 750,00	**500**	**500**	**500**	**6 875 000,00**
15 000,00	600	400	400	6 000 000,00
17 500,00	800	200	200	3 500 000,00
20 000,00	1 000	0	0	–

Den Preis, bei dem angebotene und nachgefragte Menge übereinstimmen, nennt man Gleichgewichtspreis. **Die dazugehörige Menge ist die Gleichgewichtsmenge.**

Bei diesem Preis wird der **größte Absatz** erzielt. Alle Anbieter, die zu diesem Preis bereit sind zu verkaufen, können ihre Produkte absetzen. Alle Nachfrager, die diesen Preis zu zahlen bereit sind, können die gewünschte Menge erwerben. Diesen **Gleichgewichtspreis kann keiner der Anbieter oder Nachfrager verändern**, weil sein Marktanteil zu gering ist. Der Preis ist also ein fester Faktor, an den sich die angebotene oder nachgefragte Menge anpasst.

Der Gleichgewichtspreis räumt somit den Markt.

Überträgt man die angebotenen und nachgefragten Mengen in ein gemeinsames Koordinatensystem, zeigt die grafische Darstellung den Gleichgewichtspreis als Schnittpunkt zwischen Angebots- und Nachfragekurve auf der y-Achse (P_0). Die dazugehörige Gleichgewichtsmenge kann auf der x-Achse an der Stelle M_0 abgelesen werden.

Der Marktmechanismus

Nehmen wir in unserem Beispiel an, dass die Pkw-Hersteller mit einem Marktpreis von 17 500,00 € rechnen, so werden sie 800 Einheiten auf dem Markt anbieten. Tatsächlich sind aber zu diesem Preis nur 200 Nachfrager bereit, einen Pkw zu kaufen.

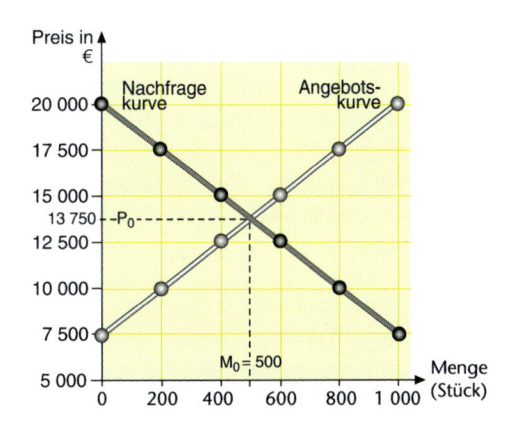

Liegt der Marktpreis P_1 über dem Gleichgewichtspreis P_0, entsteht ein **Angebotsüberhang**. Die Marktsituation, in der das Angebot größer als die Nachfrage ist, bezeichnet man als Käufermarkt. Die Anbieter sind in dieser Situation gezwungen, den Preis nach unten anzupassen, damit mehr Nachfrager bereit sind zu kaufen. Bei niedrigerem Preis bieten gleichzeitig weniger Hersteller ihre Produkte am Markt an. Ein Prozess der Annäherung in Richtung Gleichgewichtspreis findet statt.

Angenommen, die Pkw-Hersteller erwarten nur einen Preis in Höhe von 10 000,00 €, so werden bei diesem Preis nur 200 Stück angeboten, die Nachfrage liegt aber bei 800 Stück.

Liegt der Marktpreis P_2 unter dem Gleichgewichtspreis P_0, entsteht ein **Nachfrageüberhang**. Die Nachfrage ist größer als das Angebot. In diesem Fall handelt es sich um einen Verkäufermarkt. Die Anbieter korrigieren die Preise nach oben, um ihre Gewinne zu erhöhen. Der höhere Preis lockt weitere Anbieter auf den Markt, gleichzeitig geht bei steigendem Preis die Nachfrage zurück. Der Anpassungsprozess führt ebenfalls in Richtung Gleichgewichtspreis.

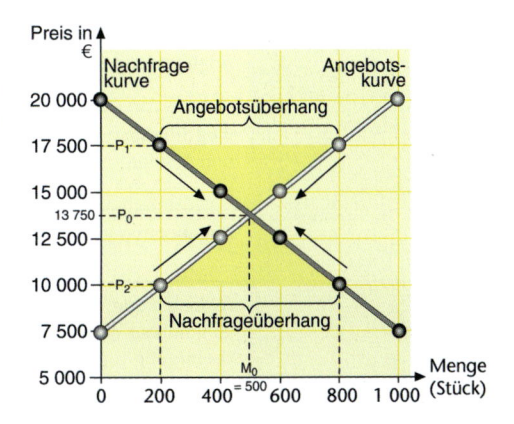

2.5.4 Marktformen

Bei der Ableitung des Gleichgewichtspreises wurden die Annahmen des vollkommenen Marktes zugrunde gelegt. Ist nur eine der Voraussetzungen des vollkommenen Marktes nicht erfüllt, liegt ein unvollkommener Markt vor. **In der Wirklichkeit entsprechen nur wenige Märkte den Modellvorstellungen des vollkommen Marktes**, weil nicht nur Präferenzen häufig eine Kaufentscheidung beeinflussen, sondern auch auf vielen Märkten nur wenige oder sogar nur ein einziger Marktteilnehmer vorhanden sind.

Beispiele
- Wenige Mineralölunternehmen verfügen über ein flächendeckendes Tankstellennetz zur Versorgung der Autofahrer.
- Wenige Stromversorgungsunternehmen teilen den Markt unter sich auf.

Je nachdem, wie viele Marktteilnehmer beteiligt sind, können verschiedene Marktformen unterschieden werden:

Marktformen

Polypol	Oligopol	Monopol
(griech.: pollos = viele)	(griech.: oligos = wenige)	(griech.: monos = allein)
• viele Marktteilnehmer auf der Angebots- und Nachfrageseite	• wenige Marktteilnehmer auf der Angebots- und/oder Nachfrageseite	• ein Marktteilnehmer auf der Angebots- und/oder Nachfrageseite

Unterscheidet man auf der Angebots- und Nachfrageseite die drei Gruppen von Marktteilnehmern Einer – Wenige – Viele, so können insgesamt neun Marktformen dargestellt werden:

Anbieter \ Nachfrager	Viele	Wenige	Einer
Viele	Polypol (vollständige Konkurrenz)	Nachfrageoligopol	Nachfragemonopol
Beispiele	Wochenmarkt	Fruchtsafterzeuger und Obstbauern einer Region	Straßenbau durch die öffentliche Hand
Wenige	Angebotsoligopol	zweiseitiges Oligopol	beschränktes Nachfragemonopol
Beispiele	Flugzeughersteller und Airlines	Hersteller von Lkw-Reifen und Lkw-Hersteller	Bundeswehr als Käufer von Militärbekleidung
Einer	Angebotsmonopol	beschränktes Angebotsmonopol	zweiseitiges Monopol
Beispiele	regionale oder kommunale Wasserversorgung	Hersteller eines medizinischen Spezial-Lasergeräts und Fachkliniken	Bundeswehr als Käufer eines europäischen Kampfflugzeuges

Die **Marktform** hat einen wesentlichen **Einfluss auf die Wettbewerbssituation**, die auf einem Markt herrscht. Viele Anbieter auf einem Markt führen zu verschärftem Wettbewerb mit der Folge, dass die einzelnen Anbieter die Preise nicht mehr beeinflussen können. Je weniger Marktteilnehmer, umso stärker ist die Marktmacht des einzelnen Anbieters oder Nachfragers. Diese Marktmacht kann von den stärkeren Teilnehmern, z. B. von einem Monopolisten, dazu genutzt werden, höhere Preise zu verlangen und Geschäftsbedingungen nach den eigenen Vorstellungen zu bestimmen. Die Folgen dieses eingeschränkten Wettbewerbs können überhöhte Preise und eine schlechtere Versorgung sein, weil sich der Monopolist nicht an einer Konkurrenz messen muss.

In der aktuellen marktwirtschaftlichen Situation ist sehr gut zu erkennen, dass sich Marktformen im Laufe der Zeit verändern. Märkte wie der Bereich der Stromversorgung oder der Telekommunikation wurden aus einer geschützten Monopolstellung für andere Anbieter geöffnet, umgekehrt können sich durch Aufkauf oder Verdrängung der Konkurrenten neue Monopole bilden.

Tipp

Die zahlenmäßig geringeren Marktteilnehmer (= marktmächtigere Teilnehmer) geben der Marktform jeweils ihren Namen.

- ein Anbieter – viele Nachfrager = Angebotsmonopol
- wenige Anbieter – viele Nachfrager = Angebotsoligopol

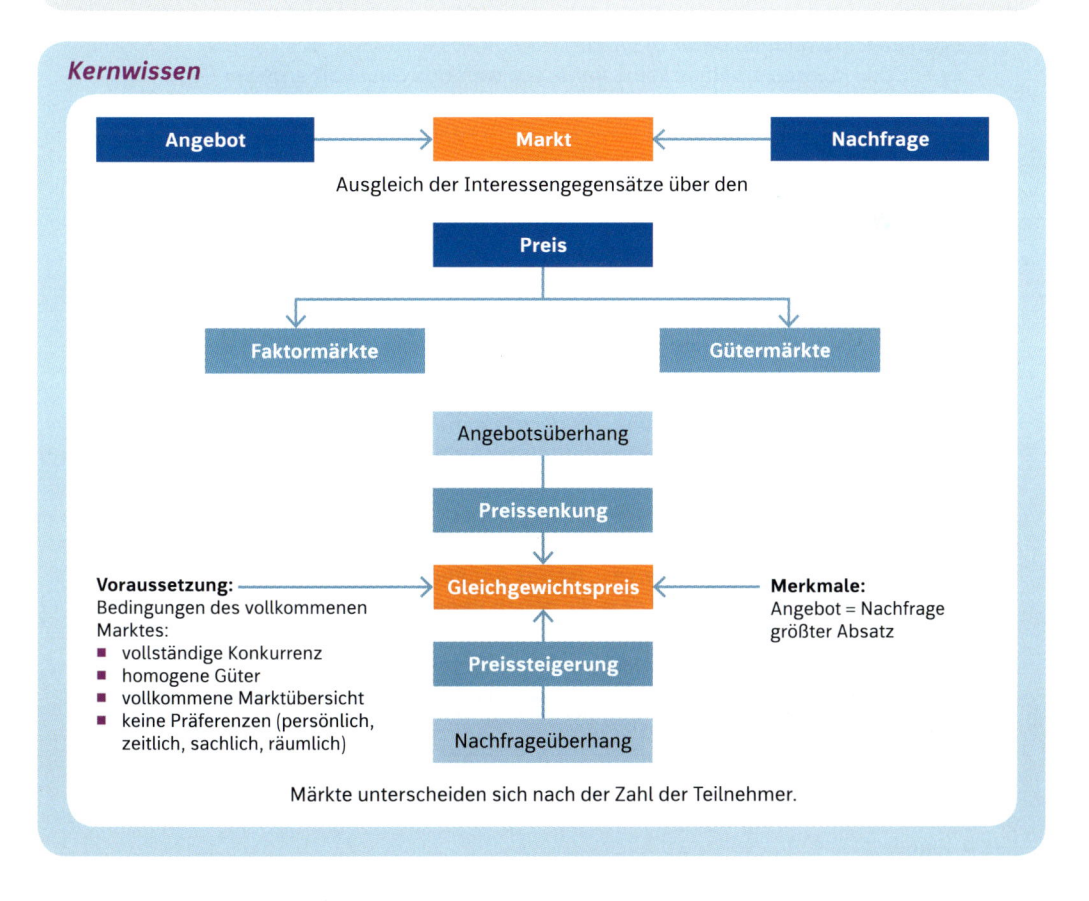

Kernwissen

Angebot → Markt ← Nachfrage

Ausgleich der Interessengegensätze über den

Preis

→ Faktormärkte
→ Gütermärkte

Angebotsüberhang
↓
Preissenkung
↓
Gleichgewichtspreis
↑
Preissteigerung
↑
Nachfrageüberhang

Voraussetzung:
Bedingungen des vollkommenen Marktes:
- vollständige Konkurrenz
- homogene Güter
- vollkommene Marktübersicht
- keine Präferenzen (persönlich, zeitlich, sachlich, räumlich)

Merkmale:
Angebot = Nachfrage
größter Absatz

Märkte unterscheiden sich nach der Zahl der Teilnehmer.

Übungsaufgaben

1. Erklären Sie den Begriff „Markt" und erläutern Sie die Aufgaben, die er übernimmt.

2. Welche Marktarten können auf den Güter- und Faktormärkten unterschieden werden?

3. Um welche Marktart handelt es sich?
   a) Stellenanzeige: „Suche gut ausgebildete Fachkraft für Lagerlogistik für die Leitung des Ersatzteillagers."
   b) Werbeprospekt einer Bank: „Bei einer Laufzeit von zehn Jahren bieten wir Ihnen einen effektiven Jahreszins von 1,75 %."
   c) Zeitungsinserat: „Wir übernehmen sämtliche Kurierdienste für Ihre Firma."
   d) Anzeige einer Computerfirma: „Installation und Wartung einer vernetzten EDV-Anlage in Ihrem Unternehmen ..."
   e) Aus der Warenterminbörse: Kurs für Silber 570 cts/oz* *(cts = cents, oz = ounces)
   f) Heute im Sonderangebot: „Fruchtsaft der Marke Dick & Dünn 1,99 €!"
   g) Werbetafel einer Kommune: „Gewerbefläche in verkehrsgünstiger Lage zu verkaufen."

4. Gehen Sie mithilfe einer Suchmaschine im Internet unter dem Stichwort „Märkte" auf die Suche nach verschiedenen Marktarten und versuchen Sie, die Märkte systematisch einzuordnen.

5. Erläutern Sie, warum für die Untersuchung der Preisbildung Modellannahmen erforderlich sind.

6. Welche Modellannahme der Preisbildung im vollkommenen Markt passt zu den jeweiligen Beschreibungen unter a) bis f)?
   a) Für den Kunden spielt es keine Rolle, wie weit das Geschäft entfernt liegt.
   b) Der Käufer ist vollkommen darüber informiert, welche Produkte zu welchem Preis angeboten werden.
   c) Dem Käufer ist es egal, ob das Verkaufspersonal besonders nett und zuvorkommend ist.
   d) Angebote können von vielen Geschäften eingeholt werden, auch sind viele Kaufinteressenten auf dem Markt zu finden.
   e) Wann die Ware gekauft werden kann, ist für den Käufer und Verkäufer ohne Bedeutung.
   f) Die auf dem Markt gehandelten Güter unterscheiden sich weder in der Art oder der Ausführung noch in der Qualität.

7. Finden Sie die richtige Ergänzung der nachfolgenden Erklärungen.
   a) Nachfrager, die danach streben, für ein Gut einen möglichst niedrigen Preis zu bezahlen, nennt man ...
   b) Anbieter, die nach maximalem Gewinn streben, bezeichnet man als ...
   c) Je ... der Marktpreis, umso höher ist die Nachfrage.
   d) Je höher der Marktpreis, umso ... ist das Angebot.
   e) ... nennt man den Preis, bei dem die angebotene und nachgefragte Menge übereinstimmen.
   f) Die ... ist die zum Gleichgewichtspreis gehörige Menge.
   g) Der Gleichgewichtspreis ... den Markt, weil zu diesem Preis alle angebotenen Waren verkauft und alle nachgefragten Waren gekauft werden können.
   h) Bei einer Marktsituation, bei der die Nachfrage größer als das Angebot ist, spricht man von einem ... oder ...
   i) Ist in einer Marktsituation das Angebot größer als die Nachfrage, so herrscht ein ... oder ...

Markt und Preisbildung

8. Nach einer Umfrage bei verschiedenen Kaufinteressenten und Anbietern von Vollkornreis konnte bei unterschiedlichen Preisvorgaben das Anbieter- und Nachfrageverhalten ermittelt werden:

Preis (Euro)	Angebot (kg)	Nachfrage (kg)	Absatz (kg)	Umsatz (Euro)
2,00	0	14	?	?
4,00	2	12	?	?
6,00	4	10	?	?
8,00	6	8	?	?
9,00	7	7	?	?
10,00	8	6	?	?
12,00	10	4	?	?
14,00	12	2	?	?
16,00	14	0	?	?

a) Ermitteln Sie für die einzelnen Preissituationen den Absatz und Umsatz, der am Markt jeweils erzielt wird.
b) Zeichnen Sie ein Koordinatensystem
   y-Achse: (Preis in Euro) 1,00 € = 0,5 cm
   x-Achse: (Menge in kg) 1 kg = 0,5 cm
   und tragen Sie den Verlauf der Angebots- und Nachfragekurve ein.
c) Beschriften Sie Gleichgewichtspreis und Gleichgewichtsmenge.
d) Wählen Sie je eine Preissituation im Bereich des Käufer- und Verkäufermarktes und beschriften Sie den Angebots- und den Nachfrageüberhang.
e) Zur Unterstützung der Reisbauern wird ein staatlicher Mindestpreis von 14,00 € vorgeschrieben. Diskutieren Sie die Folgen dieser Maßnahme. Müssen weitere Eingriffe vorgenommen werden?
f) Damit die Grundversorgung der Bevölkerung sichergestellt wird, beschließt die Regierung, dass für 1 kg Reis nur noch ein Höchstpreis von 6,00 € gefordert werden darf. Diskutieren Sie Folgen und notwendige weitere Eingriffe dieser Maßnahme.
g) Suchen Sie nach konkreten Beispielen für staatliche Eingriffe in den Preismechanismus.

9. Die Nachfrage nach einem Gut wird nicht nur vom Preis dieses Gutes bestimmt. Auch andere Faktoren beeinflussen das Nachfrageverhalten wie beispielsweise:
a) Dringlichkeit des Bedürfnisses nach dem Gut
b) Höhe des verfügbaren Einkommens
c) Preise anderer Güter
d) Zukunftserwartungen
e) Güterangebot
Ordnen Sie die Faktoren des Nachfrageverhaltens den Beschreibungen zu.
1. Nach der Beförderung zum Lagerleiter steigt das Gehalt des kaufmännischen Angestellten Murr um 20 %. Er beschließt, sich ein neues Auto zu kaufen.
2. Die Beförderungskosten für den öffentlichen Nahverkehr stiegen zum Teil um über 30 %. Trotz Umweltbewusstseins fährt Herr Murr nun öfter mit dem Pkw.
3. Herrn Murr wurde wegen Eigenbedarfs gekündigt. Weil der Auszugstermin schon sehr nah ist, gibt er sich mit einer weniger komfortablen Wohnung zufrieden.
4. Beeindruckt von der neuen Technik, kauft sich Herr Murr ein neues Fernsehgerät mit Flachbildschirm.

5. Der gesicherte Arbeitsplatz und die Aussicht auf ein Familienleben mit Kindern verleiten Herrn Murr zum Kauf eines Baugrundstücks.

10. Das Angebot eines Gutes wird ebenfalls nicht nur vom Preis, sondern auch von weiteren Faktoren beeinflusst:
    a) Produktionskosten
    b) Bedarf des Marktes
    c) Gewinnerwartung
    Suchen Sie nach Beispielen für die genannten Faktoren.

11. Das Bekanntwerden der Rinderseuche BSE führte zu einem erheblichen Nachfragerückgang nach Rindfleisch. Beeinflussen andere Faktoren die Nachfrage, führt dies nicht zu einer Bewegung auf der Nachfragekurve, sondern zu einer Verschiebung der Nachfragekurve (Nachfrage 0 zu Nachfrage 1).

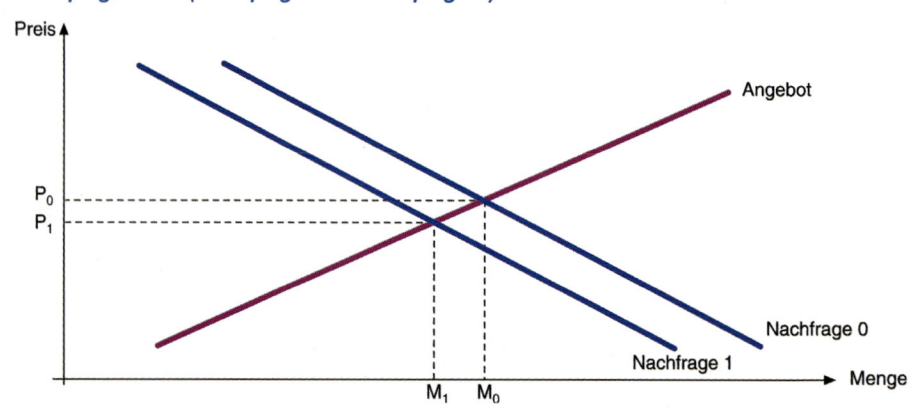

    a) Beschreiben Sie die Auswirkungen dieses Nachfragerückgangs auf den Gleichgewichtspreis.
    b) Welche Auswirkung hätte nach diesem Modell die Erhöhung des Einkommens durch Lohnerhöhungen auf die Nachfrage nach Konsumgütern, wenn das Angebot gleich bliebe? Wie würden sich die Nachfragekurve und der Gleichgewichtspreis verändern?

12. Der Wohnungsbau wurde durch die Bundesregierung in den neuen Bundesländern mithilfe von Sonderabschreibungsmöglichkeiten gefördert.

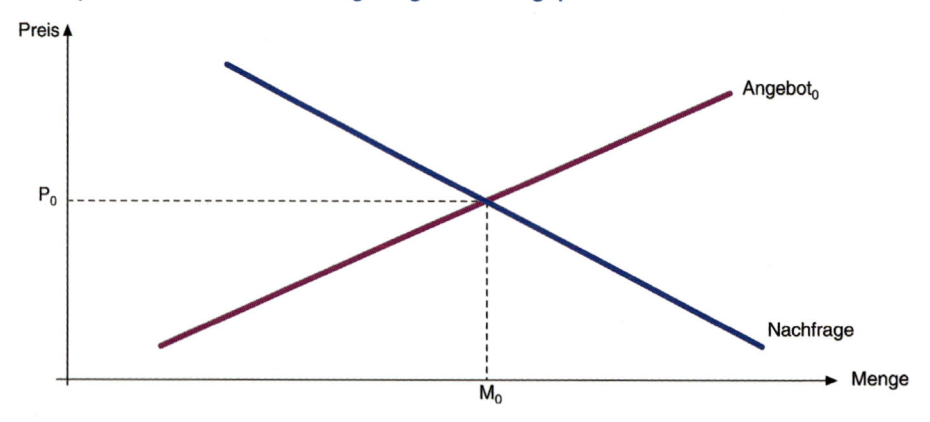

    a) Welche Auswirkungen hätte diese Maßnahme bei angenommener gleichbleibender Nachfrage in diesem Modell?

b) Zeichnen Sie die Skizze wie oben und vervollständigen Sie in der Zeichnung die Auswirkungen auf die Angebotskurve und den Gleichgewichtspreis. Beschreiben Sie die Entwicklung zum neuen Gleichgewichtspreis.

13. Finden Sie die richtige Ergänzung.
    a) Die Marktform mit wenigen Marktteilnehmern auf der Anbieter- oder Nachfragerseite nennt man ...
    b) Als ... bezeichnet man eine Marktform mit vielen Anbietern und Nachfragern.
    c) Beherrscht ein einziger Anbieter oder Nachfrager das Marktgeschehen, spricht man von einem ...

14. Um welche Marktform handelt es sich in diesen Beispielen?
    a) Mineralölfirmen bieten Benzin an Tankstellen an.
    b) Gewerkschaft und Arbeitgeberverband handeln die neuen Tariflöhne aus.
    c) Energieversorgungsunternehmen liefern Strom für die Haushalte.
    d) Speditionen bieten Unternehmen Transportleistungen in Deutschland an.
    e) Alle Bauern einer Region liefern ihre Milch an die einzige Molkerei.

15. Ordnen Sie nachfolgenden Sachverhalten die entsprechende Marktform zu:
    a) Vor den Ferien erhöhen die Mineralölkonzerne gerne gleichzeitig die Benzinpreise. Welche Marktform liegt vor?
    b) Die Deutsche Post AG hatte früher keine Konkurrenz bei der Briefbeförderung. Welche Marktform lag damals vor?

1. Angebotsmonopol 2. Angebotsoligopol 3. Polypol 4. Nachfragemonopol 5. Nachfrageoligopol	Tragen Sie die richtige Ziffer ein. Lösung a) .... Lösung b) ....

16. Beschreiben Sie die Nachteile, die sich aus einer Monopolstellung für die Kunden und die Gesamtwirtschaft ergeben können.

2.6 Soziale Marktwirtschaft in Deutschland

Situation

Der Auszubildende Tom hört in der Rede eines Politikers den Satz: „Nur durch eine weitere konsequente Liberalisierung der Marktwirtschaft kann der stotternde Konjunkturmotor wieder in Richtung Wirtschaftswachstum in Fahrt gebracht werden, um die Voraussetzungen für neue Arbeitsplätze unter Beibehaltung eines gesamtwirtschaftlichen Gleichgewichts zu schaffen!"
Tom überlegt sich, ob das nicht auch einfacher ausgedrückt werden kann.

Handlungsaufträge

1. Was meint der Politiker mit „Liberalisierung der Marktwirtschaft"?
2. Umschreiben Sie den Begriff „Konjunktur".

3. Informieren Sie sich über die vier Zielgrößen zur Sicherung eines gesamtwirtschaftlichen Gleichgewichts nach dem Stabilitätsgesetz. In welchem Rahmen sollten sich diese Größen bewegen?
4. Beschreiben Sie wirtschafts- und sozialpolitische Mittel, mit denen der Politiker das Ziel eines gesamtwirtschaftlichen Gleichgewichts erreichen könnte.
5. Nehmen Sie kritisch Stellung zu der Aussage des Politikers.

2.6.1 Gesellschaftsordnung und Modelle einer Wirtschaftsordnung

```
Rechtsordnung                                    Sozialordnung
                    Gesellschaftsordnung
politische Ordnung                               Wirtschaftsordnung
```

Aufgaben einer Wirtschaftsordnung

Aufgabe einer **Wirtschaftsordnung** ist es, unter Einbeziehung der anderen Bereiche der Gesellschaftsordnung, die **Regeln vorzugeben**, nach denen das **Wirtschaftsgeschehen einer Volkswirtschaft ablaufen soll**. Das heißt, in welcher Art und Weise die einzelnen Wirtschaftssubjekte ihr wirtschaftliches Handeln aufeinander abstimmen, um eine bestmögliche Versorgung der Gesellschaft mit den benötigten Gütern zu gewährleisten.

Eine Wirtschaftsordnung ist die Gesamtheit der Regeln, die für das Zusammenwirken der Wirtschaftssubjekte gelten.

Individualismus und Kollektivismus

Entscheidend für die Wirtschaftsordnung eines Landes ist das Menschenbild einer Gesellschaft, also die Grundeinstellung über das Wesen des Menschen und seine Stellung in der Gesellschaft. Zwei grundlegende weltanschauliche Richtungen lassen sich dabei unterscheiden: Individualismus und Kollektivismus.

- **Individualismus:** Grundidee des Individualismus ist die absolute **Freiheit des Einzelnen**. Staat und Gesellschaft sind nur Hilfsmittel zum Erreichen der Ziele des Individuums. Gleichzeitig mit dem Streben nach seinem maximalen Nutzen (z. B. Gewinn, Einkommen, Güter zur Bedürfnisbefriedigung) trägt der Einzelne auch zum Gemeinwohl bei. Auf der politischen Ebene mündet der Individualismus in die politische Denkrichtung des Liberalismus (liber = frei), in der die freie Entfaltung der Persönlichkeit vor der Staatsgewalt steht.
- **Kollektivismus:** Im Gegensatz dazu stehen beim Kollektivismus **die Interessen der Gesellschaft vor den Interessen des einzelnen Menschen**. Das Denken und Handeln wird vom Kollektiv (Staat, Partei) bestimmt und der Einzelne hat sich unterzuordnen. Auf der politischen Ebene führt die kollektivistische Weltanschauung in die Gesellschaftsform des Sozialismus, Kommunismus.

Idealtypische Modelle der Wirtschaftsordnungen

Auf der wirtschaftlichen Ebene finden die beiden gegensätzlichen Gesellschaftsauffassungen ihren Niederschlag in zwei grundverschiedenen Wirtschaftsordnungen:

| Individualismus | → | freie Marktwirtschaft |
| Kollektivismus | → | Zentralverwaltungswirtschaft |

Freie Marktwirtschaft

In diesem Modell planen und entscheiden die Wirtschaftssubjekte völlig selbstständig. Die Wirtschaft bleibt sich selbst überlassen – es herrscht **Wirtschaftsliberalismus**. Entwickelt wurde dieses Modell von den englischen Ökonomen Adam Smith (1723–1790) und David Ricardo (1772–1823).

Die **wesentlichen Kennzeichen** dieses Modells sind:
- das **erwerbswirtschaftliche Prinzip**
- die **freie Marktpreisbildung** und
- der **freie Wettbewerb**

Der **Staat** greift in keiner Weise in das Wirtschaftsgeschehen ein. Seine Aufgabe besteht lediglich darin, die Voraussetzungen für eine ungestörte Marktwirtschaft zu schaffen und die Aufrechterhaltung der Rechtsordnung zu sichern. Für eine ungehinderte marktwirtschaftliche Ausübung müssen verschiedene **ordnungspolitische Rahmenbedingungen** wie beispielsweise **Privateigentum, Vertragsfreiheit, Gewerbefreiheit, Produktions- und Handelsfreiheit, Konsumfreiheit, Freihandel, freie Berufswahl und freie Wahl des Arbeitsplatzes** gewährleistet werden.

Mängel der freien Marktwirtschaft

Das Modell der freien Marktwirtschaft entwickelte sich in seiner ausgeprägtesten Form im Frühkapitalismus des 19. Jahrhunderts. Trotz der großen Erfolge, die der Wirtschaftsliberalismus im Zeitalter der Industrialisierung mit sich brachte (wirtschaftlicher Aufschwung, neue Technologien, Steigerung von Arbeitsproduktivität, Qualität), zeigten sich während dieser Zeit auch die Mängel dieses Systems:

- Güter werden in diesem System nur produziert, wenn die Aussicht auf Gewinn besteht. **Kollektivbedürfnisse** wie Umweltschutz, medizinische Versorgung, Bildung usw. **werden** deshalb **nur eingeschränkt berücksichtigt**.

- Mit der industriellen Fertigung entstanden wenige Großunternehmen mit einer starken Marktstellung. Die zunehmende **Vermögenskonzentration** beispielsweise im Bereich Bergbau, Eisen und Stahl erzeugende Industrie und die damit verbundene **Marktmacht** führten zu einer **Beschränkung des Wettbewerbs**. Monopolbildung und Kartelle verhinderten eine freie Preisbildung zulasten der Verbraucher.

- Ein **Überangebot an Arbeitskräften** führte zu einem **Absinken des Lohnniveaus** auf das Existenzminimum und zu unzumutbaren Arbeitsbedingungen. Übermäßig lange Arbeitszeiten, Kinderarbeit, unzureichender Arbeitsschutz, Massenentlassungen waren die Folge. Die fehlende Absicherung gegen Krankheit, Arbeitslosigkeit und Alter führte zu einer steigenden wirtschaftlichen Abhängigkeit der Arbeiterschaft – die soziale Frage des 19. Jahrhunderts entstand.

Zentralverwaltungswirtschaft

Im Modell der Zentralverwaltungswirtschaft übernimmt der **Staat** die **Ausgleichsfunktion des Marktes**. Eine staatliche **Planungsbehörde** legt zentral fest, welche Güter wo und in welcher Menge produziert werden und welche Arbeitskräfte eingesetzt werden.

Ebenso wie die Produktion unterliegt auch die Verteilung der produzierten Güter der staatlichen Kontrolle.

Weil eine **Preisbildung** wegen fehlenden Wettbewerbs **nicht möglich** ist, werden auch die **Preise staatlich festgesetzt**. Voraussetzung für eine Zentralverwaltungswirtschaft ist die **Aufhebung des Privateigentums an Produktionsmitteln**, die Produktion findet also überwiegend in Staatsbetrieben statt.

Die gravierenden **Mängel der Zentralverwaltungswirtschaft** wie beispielsweise **unrealistische Planvorgaben, Bürokratisierung, fehlende Koordinierung der Pläne** usw. führten in vielen sozialistisch geprägten Staaten zu einer schlechten Versorgungslage. Gleichzeitig mit einer politischen Neuorientierung entwickelte sich deshalb auch auf der wirtschaftlichen Ebene eine Umorientierung in die Richtung eines marktwirtschaftlichen Systems.

2.6.2 Begriff der sozialen Marktwirtschaft

Die „soziale Marktwirtschaft" ist die Wirtschaftsordnung in Deutschland. Geprägt wurde der Begriff der sozialen Marktwirtschaft von dem Wirtschaftswissenschaftler **Alfred Müller-Armack**, der als der „geistige Vater" dieser Wirtschaftsordnung bezeichnet wird. Ihre politische Umsetzung gelang 1948 dem ersten Wirtschaftsminister und späteren Bundeskanzler der Bundesrepublik Deutschland, **Ludwig Erhard** (1897–1977), mit der Währungsreform.

„Sinn der sozialen Marktwirtschaft ist es, das Prinzip der Freiheit auf dem Markt mit dem des sozialen Ausgleichs zu verbinden."[1]

Grundlegende Zielsetzung der **sozialen Marktwirtschaft** ist somit, die **Elemente der freien Marktwirtschaft mit Teilen einer Zentralverwaltungswirtschaft zu verbinden und damit möglichst viel positive Merkmale beider Wirtschaftsordnungen umzusetzen** und ihre Nachteile so gering wie möglich zu halten. Die soziale Marktwirtschaft ist also ein **Mischsystem**, in dem die freiheitlichen Prinzipien wie Privateigentum, Vertragsfreiheit, Gewinnstreben mit dem Prinzip des sozialen Ausgleichs verbunden werden. Zwei grundsätzliche Leitideen bestimmen somit das staatliche Handeln:

- Sicherung eines störungsfreien Wirtschaftsgeschehens in einer marktwirtschaftlichen Ordnung
- Gewährleistung sozialer Gerechtigkeit und sozialer Sicherheit

Die Elemente der individuellen Freiheit einerseits und der sozialen Gebundenheit andererseits finden sich auch im Grundgesetz.

---

[1] Quelle: Alfred Müller-Armack: Wirtschaftsordnung und Wirtschaftspolitik. Haupt Verlag: Bern, 2. Aufl. 1976, S. 243.

2.6.3 Merkmale der sozialen Marktwirtschaft

Kernelemente der sozialen Marktwirtschaft

Rolle des Staates – aktive Wirtschafts- und Sozialpolitik
„So viel Staat wie nötig, so viel Freiheit wie möglich." So lautet ein Grundgedanke der sozialen Marktwirtschaft. Dies bedeutet, dass der Staat aktiv in das Wirtschaftsgeschehen eingreift, um Fehlentwicklungen einer freien Marktwirtschaft zu korrigieren. Der Staat setzt nicht nur die Rahmenbedingungen für eine marktwirtschaftliche Ordnung, sondern versucht mit wirtschafts- und sozialpolitischen Maßnahmen im Interesse der Allgemeinheit und der sozial Schwachen steuernd tätig zu werden (vgl. Kapitel 2.6.5 „Wirtschafts- und sozialpolitische Maßnahmen").

Erwerbswirtschaftliches Prinzip mit gemeinwirtschaftlichen Elementen
Der Unternehmer versucht, wie in der freien Marktwirtschaft, höchstmöglichen Gewinn zu erwirtschaften – er ist Gewinnmaximierer. Der Konsument strebt nach möglichst hoher Bedürfnisbefriedigung, indem er versucht, mit seinen Geldmitteln durch Preis- und Qualitätsvergleiche die Güter mit dem höchsten Nutzen zu erwerben – er ist Nutzenmaximierer.

Im **Gegensatz zur freien Marktwirtschaft** übernehmen allerdings **staatliche Unternehmen** und **öffentliche Einrichtungen die Versorgung mit Gütern und Dienstleistungen**, die für eine **Volkswirtschaft von lebenswichtigem Interesse** sind und von privatwirtschaftlich geführten Unternehmen aus Kostengründen nicht übernommen werden.

Beispiele
Schulen, Krankenhäuser, Altenpflegeheime, kommunale Stromversorgung

Freie Marktpreisbildung
Der Markt ist der Steuerungsmechanismus, auf dem die Entscheidungen der Konsumenten und Produzenten koordiniert werden. Angebot und Nachfrage treffen hier aufeinander, Preise bilden sich und sorgen dadurch für einen Ausgleich zwischen Anbietern und Nachfragern. Die Preisbildung ist somit die „unsichtbare Hand", die das Angebots- und Nachfrageverhalten der Wirtschaftsteilnehmer lenkt.

In bestimmten Ausnahmen kann allerdings der Verkaufspreis nicht frei ausgehandelt werden.

Beispiele
- *Preise für öffentliche Güter (Eintrittspreise in Museen, Gebühren für behördliche Leistungen)*
- *garantierte Mindestpreise in der Landwirtschaft oder gesetzlich begrenzte Höchstpreise bei Mieten (sozialer Wohnungsbau)*

Freier Wettbewerb
Durch den **freien Wettbewerb** sind die Marktteilnehmer gezwungen, sich ständig den **Gegebenheiten des Marktes anzupassen**, er ist praktisch die **Antriebskraft einer Volkswirtschaft**. Die Unternehmen müssen sich auf die Wünsche der Verbraucher einstellen, um am Markt bestehen zu können. Art, Qualität und Preis der Güter müssen den Vorstellungen der Konsumenten entsprechen. Gewinnstreben und der Druck des Wettbewerbs lassen die Unternehmen in einen Konkurrenzkampf treten, von dem der Verbraucher den Nutzen zieht.

> **Tipp**
>
> Im Rahmen der sozialen Marktwirtschaft ist ein regulierendes Eingreifen des Staates dann vorgesehen, wenn die Unternehmen versuchen, durch Preisabsprachen oder durch Unternehmenskonzentration diesen Wettbewerb zu beeinträchtigen. Mehr zu diesem Thema erfahren Sie im Kapitel 3.5.

Ordnungspolitische Rahmenbedingungen der sozialen Marktwirtschaft

Privateigentum

Art. 14 GG gewährleistet das Recht auf Privateigentum an Produktionsmitteln und Konsumgütern. Allerdings findet sich gleichzeitig im Art. 14 Abs. 2 GG die Aussage, dass Eigentum verpflichtet und sein Gebrauch zugleich dem Wohle der Allgemeinheit dienen soll. Nach Art. 14 Abs. 3 GG ist eine Enteignung zum Wohle der Allgemeinheit zulässig.

Beispiel
Sozialbindung des Eigentums in der betrieblichen Mitbestimmung (Mitspracherechte der Mitarbeiter)

Vertragsfreiheit

Vertragspartner können ihre Verträge frei und unabhängig ausgestalten. Einschränkungen der Vertragsfreiheit sind möglich, besonders durch Vorschriften, mit denen einzelne Teilnehmer des Wirtschaftsgeschehens geschützt werden sollen.

Beispiele
- *Verträge mit Minderjährigen*
- *Verträge, die verboten oder sittenwidrig sind (Drogenhandel)*
- *Verbraucherschutzvorschriften, Vorschriften zu Haustürgeschäften*

Tarifautonomie

> **Tipp**
>
> Mehr erfahren Sie im Kapitel 1.6.

Gewerbefreiheit, Produktions- und Handelsfreiheit

Das Recht, ein Unternehmen zu gründen und in freier Entscheidung Güter und Dienstleistungen zu produzieren und damit Handel zu betreiben kann beschränkt werden, wenn der Schutz der Allgemeinheit dies erfordert.

Beispiel
Bestimmte Gewerbebetriebe dürfen nur mit staatlicher Genehmigung und unter staatlicher Aufsicht betrieben werden (Banken, Versicherungen). Die Handwerksordnung schreibt für einzelne Branchen vor, dass nur Personen einen Handwerksbetrieb führen dürfen, die einen Meistertitel besitzen.

Konsumfreiheit

Die Konsumenten sind in ihren Kaufentscheidungen absolut frei und ungebunden. Es gibt wenige Einschränkungen zum Schutz des Einzelnen und der Allgemeinheit.

Beispiele
Drogen- und Medikamentenkonsum, Besitz und Gebrauch von Waffen

Freihandel
Export und Import müssen grundsätzlich ohne Beschränkung erlaubt sein, Ausnahmen sind beispielsweise staatliche Ein- und Ausfuhrbeschränkungen.

Beispiele
Kriegswaffen, Agrarprodukte oder Verstöße gegen Verbraucherschutzvorschriften (Lebensmittel)

Freie Berufswahl und freie Wahl des Arbeitsplatzes
Arbeitnehmer können den von ihnen gewünschten Beruf ergreifen und einen Arbeitsplatz nach freier Wahl antreten, der Staat greift aber durch verschiedene Maßnahmen ein, um Fehlentwicklungen auf dem Arbeitsmarkt zu vermeiden.

Beispiele
Umschulungen, Berufsberatung, Stellenvermittlung

2.6.4 Wirtschafts- und sozialpolitische Ziele

Hauptziel wirtschaftspolitischer Maßnahmen ist nach dem Stabilitätsgesetz vom 8. Juni 1967 **die Sicherung des gesamtwirtschaftlichen Gleichgewichts**. Um dieses Ziel zu erreichen, wurden vier Unterziele formuliert:

- Preisniveaustabilität
- hoher Beschäftigungsstand
- außenwirtschaftliches Gleichgewicht
- stetiges und angemessenes Wirtschaftswachstum

Eine genaue Festlegung der Ziele ist im Stabilitätsgesetz nicht enthalten. Dazu legt die Bundesregierung dem Bundestag und Bundesrat jedes Jahr den Jahreswirtschaftsbericht vor. Dieser enthält ein Jahresgutachten des Sachverständigenrats (= die sog. „Fünf Weisen") und die angestrebten wirtschaftspolitischen Ziele sowie die Maßnahmen zu deren Verwirklichung.

Preisniveaustabilität

Das **Preisniveau** ist die **durchschnittliche Höhe der Preise für Güter und Dienstleistungen in einer Volkswirtschaft**. Weil man nicht alle Preise einer Volkswirtschaft messen kann, werden für die Erfassung von Änderungen des Preisniveaus verschiedene sog. **Warenkörbe** verwendet. Der für die Haushalte interessante **Warenkorb ist der Warenkorb für die Kosten der Lebenshaltung**. Dazu ermittelt das Statistische Bundesamt für einen Durchschnittshaushalt alle Waren und Dienstleistungen, die eine Familie typischerweise in Anspruch nimmt (etwa 600 Güterarten). Die Gewichtung dieses Warenkorbes (Wägungsschema) wird für ein bestimmtes Basisjahr ermittelt (zuletzt: Basisjahr 2015). Berechnet man für ein späteres Jahr den Warenkorb mit den aktuellen Preisen erneut, so kann man die Preissteigerung ermitteln. Zur Berechnung der Preissteigerungsrate wird der Preis des Warenkorbes im Basisjahr = 100 gesetzt und mit dem aktuellen Jahr verglichen. Die ermittelte Zahl wird auch als **Verbraucherpreisindex** bezeichnet.

Beispiel
Basisjahr 2015   100,0 %
Preisindex 2017   102,00 % → Gegenüber dem Basisjahr sind die Preise also um 2 % gestiegen
Preisindex 2018   103,8 % → Gegenüber dem Vorjahr sind die Preise um 1,8 % gestiegen
*   (= Preissteigerungsrate)*

Die ermittelte **Preissteigerungsrate** bezeichnet man auch als **Inflationsrate**. Absolute Preisniveaustabilität liegt vor, wenn die Inflationsrate bei null liegt. Dies bedeutet aber nicht, dass sich die Preise überhaupt nicht verändern. Es ist auch möglich, dass die Preiserhöhungen einzelner Güter durch Preissenkungen anderer Güter ausgeglichen werden. Eine Inflationsrate von 2 % bis 3 % wird noch als relativ preisstabil bezeichnet. Steigen die Preise der Güter, so können für einen gleichbleibenden Geldbetrag (z. B. 100,00 €) weniger Güter gekauft werden. Die **Kaufkraft** des Geldes sinkt.

Hoher Beschäftigungsstand

Der **Beschäftigungsstand** wird mithilfe der **Arbeitslosenquote** ermittelt. Sie gibt an, wie viel Prozent der Erwerbspersonen arbeitslos sind, die arbeitswillig und arbeitsfähig sind und bei der Arbeitsagentur registriert wurden.

$$\text{Arbeitslosenquote} = \frac{\text{Zahl der registrierten Arbeitslosen} \cdot 100}{\text{Zahl der (abhängigen) Erwerbspersonen}}$$

Die Arbeitslosenquote wird auf zweifache Weise errechnet:

- Erwerbspersonen = alle arbeitswilligen selbstständigen **und** nichtselbstständigen Personen
- abhängige Erwerbspersonen = **nur** die arbeitswilligen nicht selbstständigen Personen

Innerhalb einer Volkswirtschaft wird wegen saisonaler Schwankungen oder natürlicher Fluktuation (Arbeitsplatzwechsel) immer ein gewisses Maß an Arbeitslosigkeit existieren. Als Vollbeschäftigung, also als hoher Beschäftigungsstand, gilt deshalb schon eine Arbeitslosenquote von 2 % bis 3 %.

Außenwirtschaftliches Gleichgewicht

Unter **Außenwirtschaft** versteht man **sämtliche wirtschaftlichen Beziehungen Deutschlands zu anderen Staaten**. Erfasst werden die außenwirtschaftlichen Vorgänge in der **Zahlungsbilanz**. Sie enthält alle grenzüberschreitenden Geld- und Kapitalströme.

Die Zahlungsbilanz gliedert sich auf in die Teilbilanzen:

- **Leistungsbilanz**. Diese setzt sich zusammen aus:
    - Handelsbilanz (= alle Exporte und Importe von Waren)
    - Dienstleistungsbilanz (= gewährte und erhaltene Dienstleistungen wie Reiseverkehr)
    - Übertragungsbilanz oder Schenkungsbilanz (= die nicht aus Handelsgeschäften bestehenden Zahlungen wie Gastarbeiterüberweisungen, Entwicklungshilfe)
- **Kapitalbilanz** (Kapitalverkehrsbilanz)
  Die Kapitalbilanz beinhaltet Kapitalbewegungen wie beispielsweise Kredite, Devisen und Sorten oder die Veränderung von Forderungen oder Verbindlichkeiten gegenüber dem Ausland.

Zahlungsüberschüsse oder Zahlungsdefizite gegenüber dem Ausland werden über die Devisenbestände ausgeglichen. Dadurch können beispielsweise längerfristige Zahlungsbilanzdefizite dazu führen, dass die Devisenreserven abnehmen und notwendige Importe nicht mehr finanziert werden können. Das Land muss sich im Ausland verschulden und kann evtl. seine internationale Zahlungsfähigkeit verlieren.

Ein **Hauptgrund für Zahlungsbilanzungleichgewichte** ist ein **unausgeglichenes Verhältnis** von **Exporten** und **Importen**, weshalb dieses Verhältnis als Maßstab für das außenwirtschaftliche Gleichgewicht verwendet wird.

Der **Außenbeitrag** ist die Differenz zwischen Exporten und Importen von Waren und Dienstleistungen:

```
Exporte ←  Waren und       Waren und        ← Importe
           Dienstleistungen Dienstleistungen
                            Außenbeitrag
```

Ein ausgeglichenes außenwirtschaftliches Gleichgewicht wird noch bei einem positiven Außenbeitrag von höchstens 2% des Bruttoinlandsprodukts angenommen.

Stetiges und angemessenes Wirtschaftswachstum

Als **Maßstab** für das allgemeine **Wirtschaftswachstum** wird das **reale Bruttoinlandsprodukt (BIP)** herangezogen.

Bruttoinlandsprodukt = Wert aller im Inland produzierten Güter und Dienstleistungen

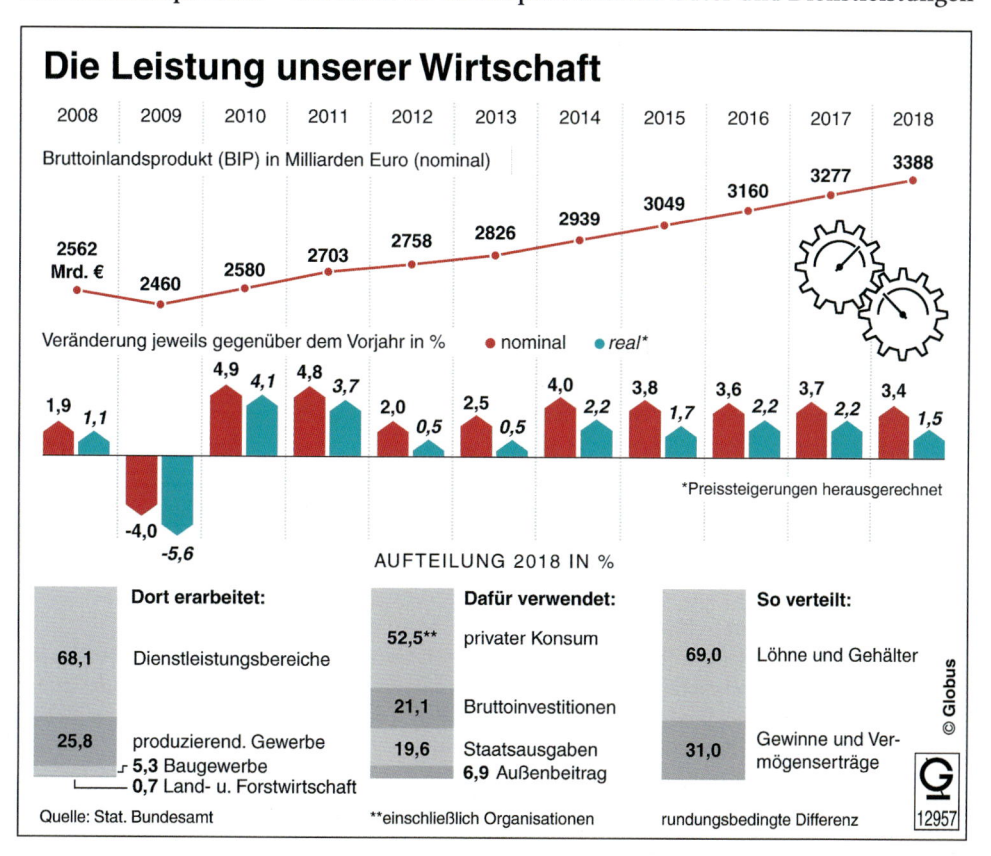

Die Leistung unserer Wirtschaft

Bruttoinlandsprodukt (BIP) in Milliarden Euro (nominal)

Jahr	2008	2009	2010	2011	2012	2013	2014	2015	2016	2017	2018
BIP Mrd. €	2562	2460	2580	2703	2758	2826	2939	3049	3160	3277	3388
Veränderung nominal (%)	1,9	-4,0	4,9	4,8	2,0	2,5	4,0	3,8	3,6	3,7	3,4
Veränderung real* (%)	1,1	-5,6	4,1	3,7	0,5	0,5	2,2	1,7	2,2	2,2	1,5

*Preissteigerungen herausgerechnet

AUFTEILUNG 2018 IN %

Dort erarbeitet:
- 68,1 Dienstleistungsbereiche
- 25,8 produzierend. Gewerbe
- 5,3 Baugewerbe
- 0,7 Land- u. Forstwirtschaft

Dafür verwendet:
- 52,5** privater Konsum
- 21,1 Bruttoinvestitionen
- 19,6 Staatsausgaben
- 6,9 Außenbeitrag

So verteilt:
- 69,0 Löhne und Gehälter
- 31,0 Gewinne und Vermögenserträge

Quelle: Stat. Bundesamt **einschließlich Organisationen   rundungsbedingte Differenz

© Globus 12957

Weil das Bruttoinlandsprodukt zu den Marktpreisen ermittelt wird, wirken sich Preissteigerungen in einer Erhöhung des **nominalen-Bruttoinlandsproduktes** aus. Um den tatsächlichen Zuwachs des Sozialprodukts erfassen zu können, werden die Preise auf ein Basisjahr bezogen (= reales Bruttoinlandsprodukt).

Stetig bedeutet, dass das Wirtschaftswachstum keinen größeren Schwankungen unterliegen sollte. Als angemessen werden Zuwachsraten von etwa 3 % bis 4% jährlich angesehen.

Das magische Viereck

```
hoher Beschäftigungsstand  ←→  außenwirtschaftliches Gleichgewicht
              ↕                            ↕
        magisches Viereck (Stabilitätsgesetz)
              ↕                            ↕
    Preisniveaustabilität  ←→  stetiges und angemessenes Wirtschaftswachstum
              ↕                            ↕
            magisches Sechseck
              ↕                            ↕
       Schutz der Umwelt  ←→  gerechte Einkommens- und Vermögensverteilung
```

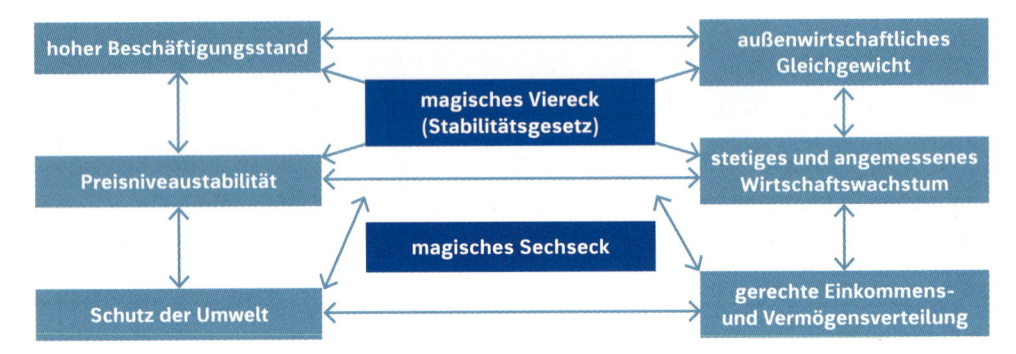

Das **Stabilitätsgesetz** fordert, diese **vier Ziele** im Rahmen der Wirtschaftspolitik **anzustreben**. Eine Rangordnung wurde nicht vorgegeben. Die Erfahrungen zeigen jedoch, dass zwischen den einzelnen Zielen Abhängigkeiten bestehen. Die Verwirklichung eines Zieles führt gleichzeitig zu einer Gefährdung eines anderen Zieles. Die **Ziele stehen in Konkurrenz** zueinander – es bestehen **Zielkonflikte**. Man müsste „zaubern" können, um alle vier Ziele gleichzeitig zu verwirklichen. Deshalb nennt man die Kombination dieser vier Ziele auch „**Das magische Viereck**".

Beispiel
Preisniveaustabilität – Hoher Beschäftigungsstand
als konkurrierende Ziele. Befindet sich die Volkswirtschaft in einer Vollbeschäftigungssituation (hoher Beschäftigungsstand), herrscht ein geringes Angebot an freien Arbeitskräften. Dies führt zu hohen Lohnforderungen. Der starke Anstieg der Löhne erhöht die Produktionskosten. Können die erhöhten Produktionskosten über die Preise auf die Verbraucher abgewälzt werden, weil die gestiegenen Einkommen zu einer höheren Nachfrage führen, ist das Ziel der Preisniveaustabilität gefährdet. Gestiegene Verbraucherpreise können wieder die Gewerkschaften dazu veranlassen, erhöhte Lohnforderungen zu stellen: Eine sog. **Lohn-Preisspirale** *entsteht.*

Es gibt aber nicht nur konkurrierende Ziele, sondern auch sich gegenseitig verstärkende Ziele.

Beispiel
Wirtschaftswachstum – Hoher Beschäftigungsstand
Ein Anstieg des Wirtschaftswachstums mit höherer Güterproduktion führt zu einem verstärkten Arbeitskräfteeinsatz und somit zu einem höheren Beschäftigungsniveau. Ist allerdings die Steigerung des Bruttoinlandsprodukts durch Rationalisierungsmaßnahmen verursacht, kann dies auch höhere Arbeitslosigkeit auslösen.

Das magische Sechseck

Das Stabilitätsgesetz von 1967 enthält nur die vier oben genannten wirtschaftspolitischen Zielsetzungen. Seit der Einführung des Gesetzes haben sich die wirtschafts- und sozialpolitischen Rahmenbedingungen aber stark verändert, weshalb aus verschiedenen politischen und gesellschaftlichen Richtungen auf weitere Ziele hingewiesen wurde, die in einer modernen Wirtschafts- und Sozialpolitik berücksichtigt werden müssen:

- gerechte Einkommens- und Vermögensverteilung
- Schutz der Umwelt

Aus dem magischen Viereck ist mit diesen beiden qualitativen Zielen das magische Sechseck mit seinen gegenseitigen Abhängigkeiten entwickelt worden.

2.6.5 Wirtschafts- und sozialpolitische Maßnahmen des Staates

Die Rolle des Staates in der Wirtschaftsordnung der sozialen Marktwirtschaft bedingt ein aktives Eingreifen in den marktwirtschaftlichen Prozess, wenn der freie Wettbewerb gefährdet ist oder der Schutz des Einzelnen und das Gesamtwohl der Gemeinschaft dies erfordern. **Träger der wirtschafts- und sozialpolitischen Maßnahmen**, mit denen Wirtschaftsprozesse und soziale Rahmenbedingungen gestaltet, beeinflusst oder stabilisiert werden, sind beispielsweise:

- **staatliche Institutionen** (Regierungen und Parlamente des Bundes und der Länder sowie die Verwaltungen der Kommunen, Gerichte, Deutsche Bundesbank)
- **internationale Gremien** (Europäische Zentralbank, IWF [Internationaler Währungsfonds] und Weltbank)
- **Verbände** (Gewerkschaften, Unternehmerverbände, Industrie- und Handelskammern)
- **Träger der Sozialversicherungen** (Deutsche Rentenversicherung und Krankenkassen)

Einkommens-, Vermögens- und Sozialpolitik

Das im **Grundgesetz** verankerte **Sozialstaatsprinzip** verpflichtet den Staat, für soziale Sicherheit und soziale Gerechtigkeit innerhalb der Gesellschaft zu sorgen. Die aus einer freien Marktwirtschaft entstandenen Einkommen (Gewinne, Löhne, Zinsen, Mieten) führen häufig zu sozialen Ungerechtigkeiten. Durch Maßnahmen der Einkommensumverteilung und der sozialen Sicherung versucht der Staat, die Folgen für wirtschaftlich benachteiligte oder schutzbedürftige Gesellschaftsmitglieder abzumildern.

Traditionelle soziale Absicherung durch die gesetzlichen Sozialversicherungen

Beispiele
Renten-, Kranken-, Arbeitslosen-, Unfall- und Pflegeversicherung

> **Tipp**
> *Mehr zu diesen Versicherungen erfahren Sie im Kapitel 1.8.*

Direkte Einkommensumverteilung durch Zahlung von Transfereinkommen

Beispiele
- *Sozialhilfe, Wohngeld, Kindergeld, BAföG, Wohnungsbauförderung*
- *Einkommenssicherung im Agrarbereich*

Indirekte Einkommensumverteilung durch steuerliche Maßnahmen

Beispiele
- *Kinderfreibeträge, Ausbildungsfreibeträge, Behinderten- oder Altersfreibeträge*

- *Progression des Einkommensteuertarifs (Niedrige Einkommen werden nur gering besteuert, hohe Einkommen unterliegen einer verhältnismäßig höheren Besteuerung)*
- *Sonderausgabenabzug und außergewöhnliche Belastungen im Einkommensteuerrecht*

Vermögenspolitische Maßnahmen

Beispiele
- *staatliche Sparförderung durch Wohnungsbauprämien und Arbeitnehmersparzulagen*
- *tarifliche Sparförderung durch Arbeitgeberzuschüsse vermögenswirksamer Leistungen*
- *betriebliche Vermögensbeteiligungen durch Ausgabe von Belegschaftsaktien*

Wettbewerbspolitik

Zentrales Element der sozialen Marktwirtschaft ist die Wettbewerbspolitik mit ihren Hauptzielen Erhaltung eines funktionsfähigen, fairen Wettbewerbs und Schutz vor Wettbewerbsbeschränkungen.

Gesetzliche Grundlagen im Rahmen der Wettbewerbspolitik sind beispielsweise:

- Gesetz gegen Wettbewerbsbeschränkungen (GWB) gegen die Einschränkung des Wettbewerbs durch Formen der Unternehmenskonzentration wie Kartelle oder Fusionen
- Gesetz gegen den unlauteren Wettbewerb (UWG) für faire Verhaltensweisen im Wettbewerb

> **Tipp**
>
> *Mehr zu diesem Themenbereich erfahren Sie im Kapitel 3.6.*

Strukturpolitik

Unter der Wirtschaftsstruktur einer Volkswirtschaft versteht man den inneren Aufbau und die Aufgliederung einer Wirtschaft. (Verteilung der Beschäftigten auf bestimmte Wirtschaftsregionen, Berufe, Wirtschaftszweige, vorhandene Infrastruktur, Produktionsschwerpunkte usw.)

Mit Strukturpolitik versucht der Staat auf langfristige Veränderungen positiven Einfluss zu nehmen, um die Anpassung an veränderte Bedingungen zu erleichtern und Wirtschaftswachstum zu fördern.

Beispiele
- **Infrastrukturpolitik**
  (Ausbau der Verkehrssysteme, Informationssysteme, Energieversorgung, Bildungseinrichtungen als Grundvoraussetzung für gesamtwirtschaftliche Entwicklung)
- **Umweltschutzpolitik**
  Der Schutz der Umwelt nimmt einen immer größer werdenden Stellenwert sowohl im Bewusstsein der Verbraucher als auch der Unternehmen ein. Trotzdem reicht diese Bewusstseinsveränderung nicht aus, um den Schutz der Natur als öffentliches Gut auch für spätere Generationen zu erhalten. Staatliche Maßnahmen verschiedenster Art sind notwendig geworden, damit der Schutz einer intakten Natur gewährleistet wird:
  - gesetzliche Verbote (Verbote bei der Verwendung von Rohstoffen)
  - Festlegung von Grenzwerten (Filteranlagen, Kläranlagen)

– *finanzielle Anreize durch Subventionen, Steuerersparnisse, Umweltsteuern (CO$_2$-Steuer, Erhöhung der Mineralölsteuer)*

- **Sektorale Strukturpolitik**
  Darunter versteht man die Unterstützung einzelner Wirtschaftszweige oder Wirtschaftssektoren wie beispielsweise die Förderung des Steinkohlebergbaus oder der Werften durch Subventionen oder die Unterstützung der Landwirtschaft durch Förderprogramme.
- **Regionale Strukturpolitik**
  Ziel dieses Bereiches ist die Unterstützung einzelner Wirtschaftsregionen, die beispielsweise aufgrund ihrer geografischen Lage benachteiligt sind (strukturschwache Räume):
  – *Förderung der Randgebiete*
  – *Förderung von Gebieten in den neuen Bundesländern*
  – *EU-Förderung durch sog. Strukturfonds*

Konjunkturpolitik

Die **Entwicklung der wirtschaftlichen Lage eines Landes** (= Konjunktur) verläuft nicht gleichmäßig, sondern **unterliegt Schwankungen**. Dieses Auf und Ab weist einen typischen Verlauf auf, der untergliedert werden kann. Stärke der Schwankungen und die Dauer kann jedoch in der Realität sehr unterschiedlich sein.

Aufgabe der Konjunkturpolitik ist es, diese **Konjunkturschwankungen** möglichst **gering zu halten**, weil sie zu gesamtwirtschaftlichen Ungleichgewichten (hohe Arbeitslosigkeit, hohe Preissteigerungsraten usw.) führen können.

Die Träger der Konjunkturpolitik mit den zur Verfügung stehenden Maßnahmen sind

Staat
- fiskalpolitische Maßnahmen
- außenwirtschaftliche Maßnahmen

Europäische Zentralbank, Deutsche Bundesbank
- geldpolitische Maßnahmen (vgl. Kapitel 2.6.6)

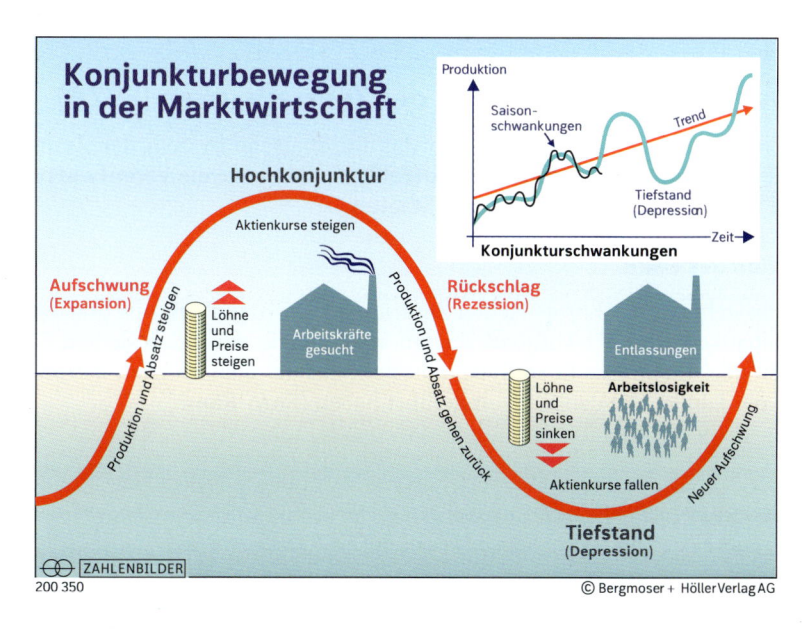

Konjunkturbewegung in der Marktwirtschaft

Aufschwung (Expansion) – Produktion und Absatz steigen, Löhne und Preise steigen, Arbeitskräfte gesucht – Hochkonjunktur – Aktienkurse steigen – Rückschlag (Rezession) – Produktion und Absatz gehen zurück, Löhne und Preise sinken, Entlassungen, Arbeitslosigkeit, Aktienkurse fallen – Tiefstand (Depression) – Neuer Aufschwung

Konjunkturschwankungen: Produktion, Saisonschwankungen, Trend, Tiefstand (Depression), Zeit

ZAHLENBILDER 200 350 © Bergmoser + Höller Verlag AG

Fiskalpolitik

Fiskalpolitik ist die **Einnahmen- und Ausgabenpolitik des Staates** (Fiskus = Staatskasse) mit dem Ziel, die Konjunkturschwankungen in Richtung eines gesamtwirtschaftlichen Gleichgewichtes zu beeinflussen.

```
                    Fiskalpolitik
                   /            \
            Steuerpolitik    Haushaltspolitik
```

Steuerpolitik

Beispiele

Werden die Einkommens- und Körperschaftsteuersätze gesenkt, kann dies zu einer Belebung der Nachfrage bei den privaten Haushalten (Konsum) und bei den Unternehmen führen (Investitionen). Werden die Abschreibungsmöglichkeiten für Unternehmen verbessert (höhere Abschreibungssätze oder Sonderabschreibungen), kann dies Unternehmen zu Investitionen anregen oder ausländische Investoren anlocken.

Beide Beispiele wirken konjunkturbelebend, wenn eine Phase der Rezession oder Depression überwunden werden soll. Diese Instrumente können auch entgegengesetzt bei einer überhitzten Konjunkturphase konjunkturdämpfend eingesetzt werden, indem Steuersätze erhöht und Abschreibungsmöglichkeiten verschlechtert werden.

Haushaltspolitik

Beispiel

Erhöht der Staat seine Ausgaben, indem er neue Investitionen tätigt (Baumaßnahmen öffentlicher Gebäude) oder die Einkommen im öffentlichen Dienst anhebt, kann dies die Nachfrage anregen und sich somit belebend auf einen Konjunkturverlauf auswirken.

Damit die fiskalpolitischen Maßnahmen ausgleichend auf den Konjunkturverlauf wirken, werden sie **antizyklisch** eingesetzt, d. h., in einer Phase der Hochkonjunktur verwendet man konjunkturdämpfende Mittel und in einer Phase der Rezession oder Depression konjunkturbelebende.

2.6.6 Das Europäische System der Zentralbanken (ESZB)

Mit der Einführung des Euro übernahm das Europäische System der Zentralbanken (ESZB) mit der **Europäischen Zentralbank (EZB)** an der Spitze die **Verantwortung** für die **Geld- und Währungspolitik** in den **Euro-Staaten**.

Organisation des ESZB

Das **ESZB** besteht aus der Europäischen Zentralbank (EZB) in Frankfurt und den nationalen Zentralbanken **aller** EU-Mitgliedsstaaten, unabhängig davon, ob sie den Euro eingeführt haben oder nicht. Das **Euro-System** besteht aus der EZB und den nationalen Zentralbanken der Länder, die den Euro eingeführt haben **(Euro-Raum)**.

> *Tipp*
>
> *Recherchieren Sie im Internet, welche Staaten aktuell der Europäischen Union angehören und welche Staaten den Euro eingeführt haben. Halten Sie dies auf einer Landkarte fest.*

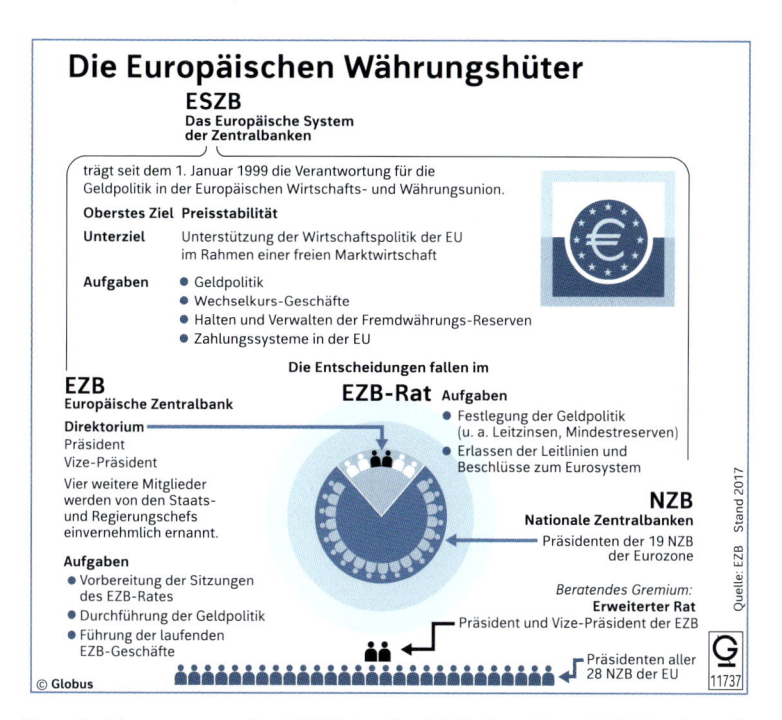

Die Europäischen Währungshüter

ESZB
Das Europäische System der Zentralbanken

trägt seit dem 1. Januar 1999 die Verantwortung für die Geldpolitik in der Europäischen Wirtschafts- und Währungsunion.

Oberstes Ziel Preisstabilität

Unterziel Unterstützung der Wirtschaftspolitik der EU im Rahmen einer freien Marktwirtschaft

Aufgaben
- Geldpolitik
- Wechselkurs-Geschäfte
- Halten und Verwalten der Fremdwährungs-Reserven
- Zahlungssysteme in der EU

Die Entscheidungen fallen im

EZB
Europäische Zentralbank

Direktorium
Präsident
Vize-Präsident
Vier weitere Mitglieder werden von den Staats- und Regierungschefs einvernehmlich ernannt.

Aufgaben
- Vorbereitung der Sitzungen des EZB-Rates
- Durchführung der Geldpolitik
- Führung der laufenden EZB-Geschäfte

EZB-Rat Aufgaben
- Festlegung der Geldpolitik (u. a. Leitzinsen, Mindestreserven)
- Erlassen der Leitlinien und Beschlüsse zum Eurosystem

NZB
Nationale Zentralbanken
Präsidenten der 19 NZB der Eurozone

Beratendes Gremium:
Erweiterter Rat
Präsident und Vize-Präsident der EZB
Präsidenten aller 28 NZB der EU

Quelle: EZB Stand 2017

© Globus 11737

Zentrales Entscheidungsorgan des ESZB ist der **EZB-Rat**. Der EZB-Rat besteht aus sechs Mitgliedern des Direktoriums und den derzeit 19 Präsidenten der nationalen Notenbanken der Länder des Euro-Raums. Er trifft grundlegende Entscheidungen hinsichtlich der Geldpolitik und der Leitzinssätze. Der EZB-Rat tagt i. d. R. alle sechs Wochen. Jedes Mitglied hat gleiches Stimmrecht. Bei Stimmengleichheit entscheidet die Stimme des Präsidenten.

Das **Direktorium**, das aus dem Präsidenten, dem Vizepräsidenten und vier weiteren Mitgliedern besteht, wird auf Empfehlung des Ministerrats unter Anhörung des Europäischen Parlaments einvernehmlich von den Staats- und Regierungschefs ernannt. Das Direktorium führt die laufenden Geschäfte der EZB und ist für die einheitliche Geldpolitik im ESZB gemäß den Leitlinien des EZB-Rates verantwortlich.

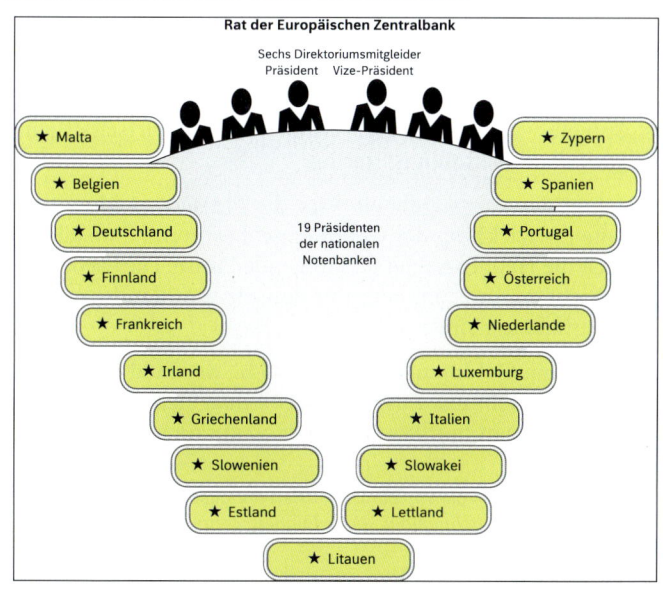

Rat der Europäischen Zentralbank

Sechs Direktoriumsmitglieder
Präsident Vize-Präsident

19 Präsidenten der nationalen Notenbanken

★ Malta
★ Belgien
★ Deutschland
★ Finnland
★ Frankreich
★ Irland
★ Griechenland
★ Slowenien
★ Estland
★ Litauen
★ Zypern
★ Spanien
★ Portugal
★ Österreich
★ Niederlande
★ Luxemburg
★ Italien
★ Slowakei
★ Lettland

Unabhängigkeit des ESZB

Das Europäische System der Zentralbanken ist von den Regierungen der Teilnehmerländer vollkommen unabhängig. Dazu gehören:

- **Funktionelle Unabhängigkeit**: Oberstes Ziel der EZB ist die Geldwertstabilität. Erst nachrangig darf die Wirtschaftspolitik der Gemeinschaft unterstützt werden. Die Preisstabilität darf dabei aber nicht in Gefahr geraten.
- **Institutionelle Unabhängigkeit**: Die EZB und die nationalen Notenbanken dürfen keine Weisungen von einzelnen Regierungen entgegennehmen. Die EZB darf der Gemeinschaft und den Teilnehmerländern auch keine Kredite zum Ausgleich von Haushaltsdefiziten bereitstellen.
- **Personelle Unabhängigkeit**: Die Mitglieder des EZB-Rates werden für eine Amtszeit von acht Jahren gewählt, sind nicht wiederwählbar und können nur bei schweren Verfehlungen des Amtes enthoben werden.
- **Finanzielle Unabhängigkeit**: Die EZB erhält ihr Kapital und ihre Währungsreserven von den Notenbanken der Teilnehmerländer und nicht von den Regierungen.

Ziele des ESZB

Dazu zählen:

- **Preisstabilität**: Hauptziel des ESZB ist die Erhaltung der Preisstabilität der neuen europäischen Währung, also die Verhinderung von **Inflation**. Unter einer Inflation versteht man eine wirtschaftliche Situation, in der ein Missverhältnis zwischen der volkswirtschaftlich vorhandenen Geldmenge und dem Angebot an Gütern herrscht. Dies führt zur Erhöhung der Güterpreise und zur Senkung der Kaufkraft. Dabei geht man davon aus, dass Preisstabilität die Voraussetzung für ein reibungsloses Funktionieren der Wirtschaft ist und nur so auch Wachstum und hohe Beschäftigung erreicht werden können.
- **Förderung** eines funktionierenden **Zahlungsverkehrs**
- **Verwaltung der Währungsreserven** der Teilnehmerländer
- **Beratung der EU-Organe** und der **Mitgliedstaaten** im Bereich der **Bankenaufsicht** und in Fragen der **Stabilität des Finanzsystems**

Geldpolitik der ESZB

Eine Inflation kann verschiedene Ursachen haben: Lohnpolitik der Tarifpartner, Steuerpolitik des Staates, Anbieter- und Nachfragerverhalten, außenwirtschaftliche Faktoren. Der Einfluss des ESZB auf diese Faktoren ist gering.

Nach den Erfahrungen der Vergangenheit wird die Preisentwicklung langfristig jedoch vorwiegend durch die **Entwicklung der Geldmenge**[1] bestimmt. Eine übermäßige Geldvermehrung ist demnach die Hauptursache für steigende Preise. Dies bedeutet, dass die Geldmenge auf längere Sicht nur im Einklang mit dem Bruttoinlandsprodukt wachsen darf, wenn Preisstabilität erhalten bleiben soll.

Das ESZB gibt deshalb ein **Geldmengenziel** vor, d. h., die Geldmenge soll nur um einen bestimmten Prozentsatz zunehmen. Zusätzlich setzt man sich ein **Inflationsziel**, d. h., die Preissteigerungen sollen einen bestimmten Prozentsatz nicht übersteigen. Insbesondere

---

[1] Unter Geldmenge wird hauptsächlich die von der Deutschen Bundesbank so benannte Geldmenge M 3 verstanden. Sie errechnet sich aus Bargeldumlauf, Sichteinlagen, Termineinlagen unter vier Jahren und Spareinlagen mit dreimonatiger Kündigungsfrist.

das Geldmengenziel gilt als Signal an Tarifparteien, Staat und Unternehmen für die Entscheidung über Löhne und Preise.

Neben der Kontrolle der Geldmenge zieht das ESZB aber auch die Entwicklung des Euro zum Dollar und Yen, die Konjunkturentwicklung sowie die Lage auf den Finanzmärkten bei seinen geldpolitischen Entscheidungen mit ein.

Geldpolitische Instrumente des ESZB

Eckpfeiler der Preisstabilitätspolitik des ESZB ist die **Kontrolle der Geldmenge** durch verschiedene geldpolitische Maßnahmen. Grundgedanke ist dabei, dass die Kreditinstitute für die Kreditgewährung Geld benötigen, das sie sich bei anderen Kreditinstituten, aber auch bei den Notenbanken besorgen können. Zu den geldpolitischen Maßnahmen des ESZB zählen:

Offenmarktgeschäfte

Bei den Offenmarktgeschäften verpfänden Kreditinstitute bei den Notenbanken **Wertpapiere** und **Handelswechsel** und erhalten dafür flüssige Mittel für ihren Geldbedarf. Über diese Offenmarktgeschäfte kann der EZB-Rat die **Zinssätze** und die **Liquidität**[1] am Geldmarkt steuern. Verkauft die EZB Wertpapiere an Geschäftsbanken, sinkt die Geldmenge. Kauft die EZB Wertpapiere von den Banken, steigt die Geldmenge.

Die Abwicklung der Offenmarktgeschäfte übernehmen die nationalen Notenbanken, in unserem Land also die Deutsche Bundesbank.

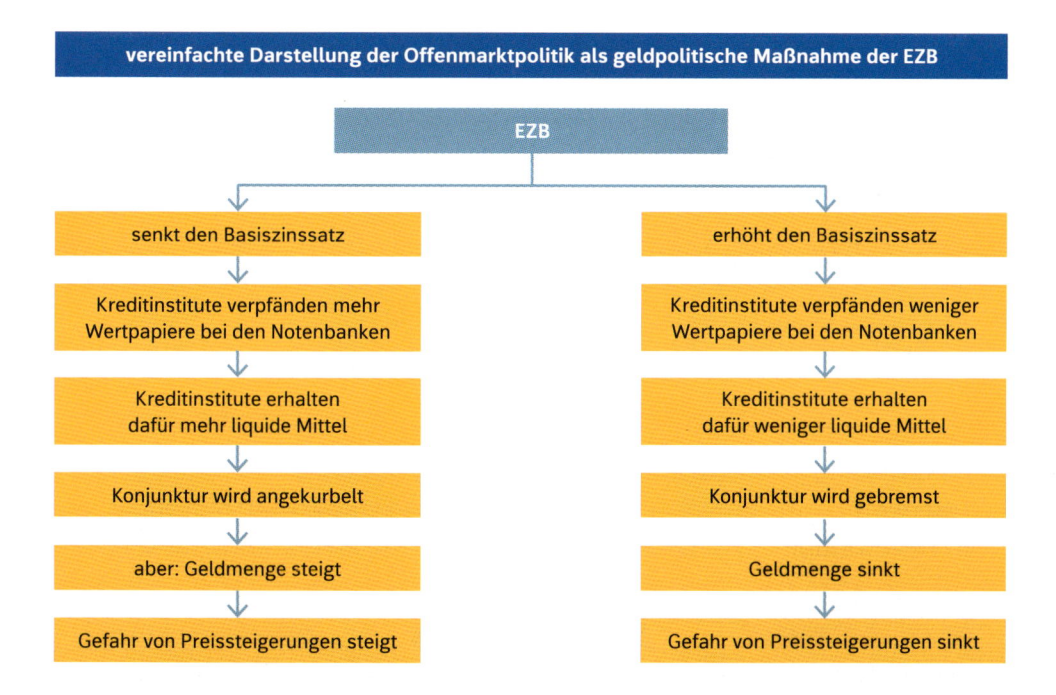

vereinfachte Darstellung der Offenmarktpolitik als geldpolitische Maßnahme der EZB

EZB

senkt den Basiszinssatz	erhöht den Basiszinssatz
Kreditinstitute verpfänden mehr Wertpapiere bei den Notenbanken	Kreditinstitute verpfänden weniger Wertpapiere bei den Notenbanken
Kreditinstitute erhalten dafür mehr liquide Mittel	Kreditinstitute erhalten dafür weniger liquide Mittel
Konjunktur wird angekurbelt	Konjunktur wird gebremst
aber: Geldmenge steigt	Geldmenge sinkt
Gefahr von Preissteigerungen steigt	Gefahr von Preissteigerungen sinkt

[1] *liquide = flüssig, verfügbar, zahlungsfähig*

Offenmarktgeschäfte kommen vor als:

- wöchentliche Wertpapierpensionsgeschäfte mit 14-tägiger Laufzeit (Hauptfinanzierungsinstrument)
- monatliche Wertpapierpensionsgeschäfte mit dreimonatiger Laufzeit (längerfristige Refinanzierungsgeschäfte)

Spitzenfinanzierungsfazilität[1]
Kreditinstitute nehmen für einen Tag („über Nacht") unbegrenzt Kredite zu festen Konditionen bei der EZB auf. In diesem Fall zahlen die Kreditinstitute Soll-Zinsen, sodass die Geldmenge steigt.

Einlagefazilität
Kreditinstitute können überschüssige Gelder für einen Tag („über Nacht") bei der EZB verzinslich anlegen. Dadurch soll ein starkes Sinken des Zinssatzes für Tagesgeld verhindert werden.

Verzinsliche Mindestreserve
Kreditinstitute müssen einen Teil ihrer kurzfristigen Nichtbankeneinlagen als verzinsliche Guthaben bei den nationalen Notenbanken unterhalten. Über die Erhöhung und Senkung des Mindestreservesatzes besitzt die EZB die Möglichkeit, auf die Liquidität und damit auf die Geldmenge der Kreditinstitute einzuwirken. Eine Erhöhung des Mindestreservesatzes vermindert den Kreditvergabespielraum der Kreditinstitute und umgekehrt.

Tipp
Erkundigen Sie sich, wie hoch derzeit der Mindestreservesatz ist.

Kernwissen

- **Gesellschaftsordnung** = Gesamtheit aller Verhaltensregeln, die für den Einzelnen und die Gesellschaft gelten
- **Wirtschaftsordnung** = Gesamtheit der Regeln, die für das Zusammenwirken der Wirtschaftssubjekte gelten

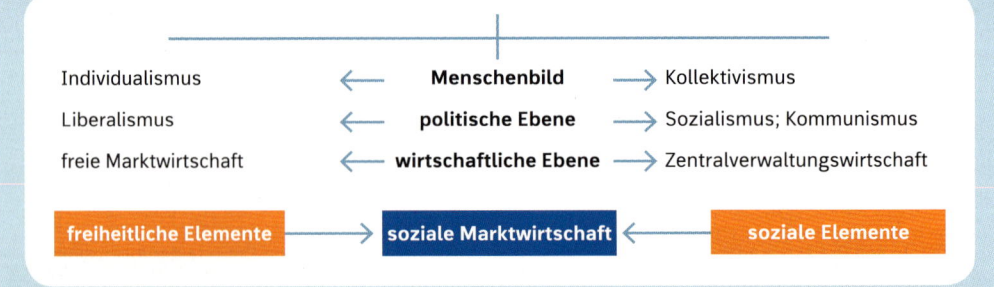

Individualismus	← **Menschenbild** →	Kollektivismus
Liberalismus	← **politische Ebene** →	Sozialismus; Kommunismus
freie Marktwirtschaft	← **wirtschaftliche Ebene** →	Zentralverwaltungswirtschaft
freiheitliche Elemente →	**soziale Marktwirtschaft** ←	**soziale Elemente**

---

[1] *Fazilität = Gewandtheit, Leichtigkeit, hier: Gesamtheit der Kreditmöglichkeiten, die einem Kunden zur Deckung eines Kreditbedarfs bei Banken zur Verfügung steht*

- Erwerbswirtschaftliches Prinzip mit gemeinwirtschaftlichen Elementen
- freie Marktpreisbildung
- freier Wettbewerb
- Gewährung von Freiheitsrechten durch die Ordnungspolitik (Privateigentum)
- Eingriffe des Staates bei Fehlentwicklungen einer freien Marktwirtschaft

Beispiele
- *Gefährdung des Wettbewerbs*
- *Sicherung der sozialen Gerechtigkeit*
- *Bereitstellung öffentlicher Güter*
- *Umweltschutz, Verbraucherschutz*

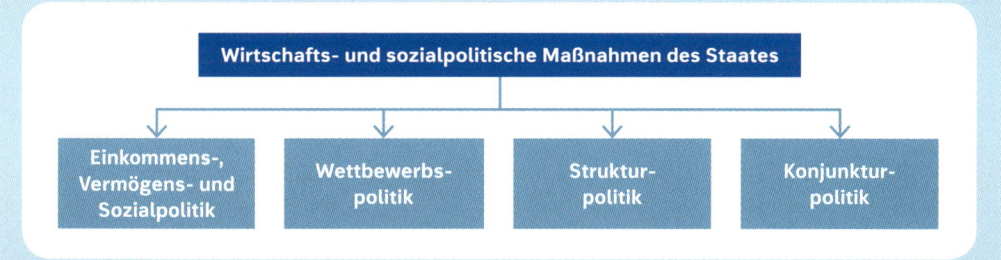

Wirtschafts- und sozialpolitische Maßnahmen des Staates

Einkommens-, Vermögens- und Sozialpolitik	Wettbewerbspolitik	Strukturpolitik	Konjunkturpolitik

Europäisches Zentralbankensystem
- Das **ESZB** besteht aus der **EZB** und den nationalen **Notenbanken**.
- Der **EZB-Rat** besteht aus dem **Direktorium** und den **Präsidenten** der nationalen Notenbanken, die den Euro eingeführt haben.
- Das **ESZB** ist von den Teilnehmerländern vollkommen **unabhängig**.
- **Oberstes Ziel** der ESZB ist die Erhaltung der **Preisstabilität** des Euro.
- Die **Preisentwicklung** ist abhängig von der Entwicklung der **Geldmenge**.
- Die EZB nimmt über ihre **geldpolitischen Instrumente** Einfluss auf die Geldmenge.
- Zu den geldpolitischen Instrumenten der EZB zählen die **Offenmarktpolitik**, die **Fazilitäten** sowie die **Mindestreserve**.

Übungsaufgaben

1. *Welche Ziele verfolgen in einer freien Marktwirtschaft die Unternehmen und Haushalte?*
2. *Beschreiben Sie die Mängel einer freien Marktwirtschaft.*
3. *Vergleichen Sie das Modell der freien Marktwirtschaft mit dem der Zentralverwaltungswirtschaft. Zeigen Sie Vor- und Nachteile beider Modelle auf.*
4. *Auf welches Wirtschaftsordnungsmodell treffen die folgenden Aussagen zu?*
   a) Das Privateigentum an Produktionsmitteln ist garantiert.
   b) Einfuhren und Ausfuhren werden staatlich überwacht und bedürfen einer Genehmigung.
   c) Die Preise bilden sich durch das freie Aufeinandertreffen von Angebot und Nachfrage.

d) Verbraucher entscheiden selbst im Rahmen ihrer Einkommen über die Verteilung der Güter.
e) Der Produktionsplan wird von einer staatlichen Behörde festgelegt.
f) Eine Einschränkung des Wettbewerbs ist durch Monopolbildung möglich.
g) Wenn ein Unternehmer an den Bedürfnissen des Marktes vorbei produziert, scheidet er aus dem Marktgeschehen aus.
h) Die Preise werden von staatlicher Stelle festgelegt.

5. Zeigen Sie die Kernelemente und ordnungspolitischen Rahmenbedingungen der sozialen Marktwirtschaft auf. Worin bestehen die Unterschiede zur freien Marktwirtschaft? Welche Rolle übernimmt der Staat in der sozialen Marktwirtschaft?

6. Nennen und erläutern Sie die vier im Stabilitätsgesetz genannten wirtschaftspolitischen Ziele.

7. Was ist unter dem Oberziel „gesamtwirtschaftliches Gleichgewicht" zu verstehen?

8. Erläutern Sie die Begriffe a) Warenkorb, b) Inflationsrate, c) Arbeitslosenquote, d) Zahlungsbilanz, e) Außenbeitrag, f) Bruttoinlandsprodukt.

9. Warum nennt man die Kombination der wirtschaftspolitischen Ziele „magisches Viereck"?

10. Welche zusätzlichen Ziele erweitern dieses magische Viereck zum „magischen Sechseck"?

11. Ein Zitat des ehemaligen Bundeskanzlers Helmut Schmidt lautete, 5 % Inflation sei ihm lieber als 5 % Arbeitslosigkeit. Was meinte er mit dieser Aussage?

12. Als Politiker sollen Sie sich dafür einsetzen, dass ein wirtschaftspolitisches Ziel Ihrer Wahl in einem möglichen neuen Stabilitätsgesetz als vorrangig eingestuft wird. Bilden Sie dazu sechs Gruppen. Jede Gruppe wählt ein wirtschaftspolitisches Ziel und sammelt Argumente für die Vorrangigkeit dieses Zieles. Tauschen Sie anschließend die Argumente aus und diskutieren Sie, welchem Ziel die größte Bedeutung zukommt.

13. Wie beurteilen Sie die gegenwärtige gesamtwirtschaftliche Lage? Informieren Sie sich dazu über die aktuellen Messgrößen der wirtschaftspolitischen Ziele.

14. Nennen Sie verschiedene Schwerpunkte staatlicher Wirtschafts- und Sozialpolitik und beschreiben Sie deren Aufgaben im Rahmen einer sozialen Marktwirtschaft.

15. Zählen Sie die wichtigsten Träger staatlicher Wirtschafts- und Sozialpolitik auf.

16. Die Volkswirtschaft Deutschlands steht vor einer Phase des Abschwungs und rechnet mit einer steigenden Arbeitslosigkeit. Die Bundesregierung schlägt vor, diese Gefahr mit verschiedenen Mitteln zu bekämpfen. Welcher der nachfolgenden Vorschläge ist mit der Wirtschaftsordnung Deutschlands nicht vereinbar?
a) Die Regierung schlägt vor, die Qualifizierungsmöglichkeiten für Arbeitslose zu verbessern.
b) Die Regierung schlägt vor, die Arbeitgeber zu einem Ausbildungspakt zur Erhaltung von Ausbildungsplätzen zu bewegen.
c) Die Regierung schlägt vor, die Qualifizierungsmöglichkeiten für Arbeitslose zu erleichtern.
d) Die Regierung schlägt Steuerentlastungen für Unternehmen, aber nicht für Arbeitnehmer vor.
e) Die Regierung schlägt vor, die Tarifpartner zu verpflichten, die Löhne und Gehälter auf eine Höhe von 25 % über dem Hartz-IV-Niveau zu begrenzen.

17. Suchen Sie Beispiele für
a) direkte Transferzahlungen,
b) indirekte Umverteilungen,
c) vermögenspolitische Förderungen.

18. Welche Umverteilungs- und Fördermaßnahmen nehmen Sie als Auszubildender in Anspruch?

Soziale Marktwirtschaft in Deutschland **179**

19. Nennen Sie verschiedene Möglichkeiten staatlicher Umweltschutzpolitik und begründen Sie deren Notwendigkeit

20. Erläutern Sie die Begriffe „sektorale" und „regionale" Strukturpolitik.

21. Beschreiben Sie mithilfe des Schaubildes „Konjunkturbewegung in der Marktwirtschaft" die Kennzeichen einer Boomphase und einer Phase der Depression.

22. Welche der Maßnahmen wirken konjunkturbelebend (+), welche konjunkturdämpfend (–)?
    a) Senkung der Einkommensteuersätze
    b) Erhöhung der Mineralölsteuer
    c) Senkung der Sozialversicherungsbeiträge
    d) Anhebung der Gehälter des öffentlichen Dienstes
    e) Gewährung einer Investitionszulage
    f) Verbesserung der Abschreibungsmöglichkeit (höhere Abschreibungssätze und Sonderabschreibungen)

23. Sie werden mit Ihrer Gruppe beauftragt, dem neuen Wirtschaftsminister fünf Vorschläge zu unterbreiten, wie er eine Phase der Rezession mit steigender Arbeitslosigkeit und sinkendem Wirtschaftswachstum überwinden könnte. Stellen Sie die Vorschläge den anderen Gruppen vor und diskutieren Sie die Ergebnisse der einzelnen Gruppen.

24. Suchen Sie nach Möglichkeiten in der Wirtschaftspolitik, wie wirtschaftliches Wachstum unter Beachtung ökologischer Aspekte gefördert werden könnte.

25. Betrachten Sie das Schaubild auf Seite 171.
    a) Beschreiben Sie die Phasen eines typischen Konjunkturverlaufes.
    b) Welche kurzfristigen Schwankungen und welche langfristigen Entwicklungen sind aus dem Schaubild erkennbar?
    c) Überlegen Sie sich mögliche Ursachen für diese unterschiedlichen Bewegungen.

26. Beschreiben Sie den Aufbau des Europäischen Systems der Zentralbanken (ESZB).

27. Nennen Sie die Organe des EZB-Rats.

28. Erklären Sie die Unabhängigkeit des ESZB.

29. Nennen Sie die Ziele des ESZB.

30. Nennen Sie die geldpolitischen Instrumente, die das ESZB einsetzt, um die Geldmenge kontrollieren zu können.

31. Erklären Sie, welche Folgen eine Senkung des Basiszinssatzes auf Konjunktur, Geldmenge und Preisentwicklung haben kann.

32. Beschreiben Sie die Entwicklung des Leitzinssatzes und nennen Sie die volkswirtschaftlichen Auswirkungen.

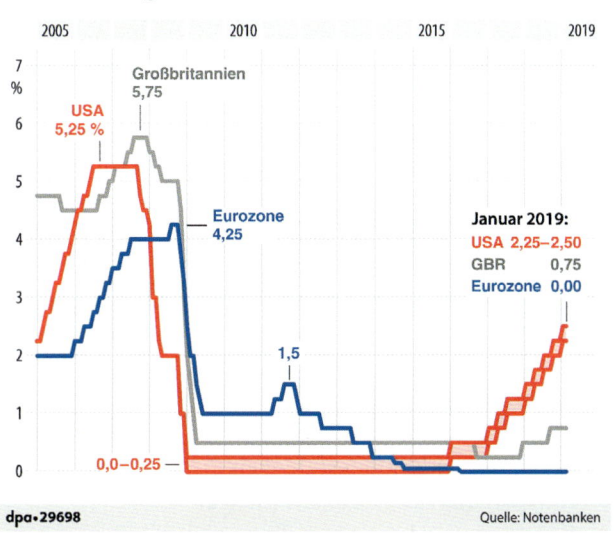

2.7 Der Betrieb in der Gesamtwirtschaft

Situation

Während seiner Ausbildungszeit zur Fachkraft für Lagerlogistik lernte der Azubi Tom in der Spedition, in der er ausgebildet wurde, viele Kunden kennen. Da ihn der Aufgabenbereich einer Spedition fasziniert, setzt sich Tom das Ziel, nach seiner Abschlussprüfung ein kleines Fuhrunternehmen zu gründen. Gleichzeitig gibt ihm sein Vater die Möglichkeit, im elterlichen Metallbauunternehmen Einkauf und Lager zu übernehmen, mit dem Hinweis, dass dies wesentlich rentabler für ihn sei.

Handlungsaufträge

1. Von welchen Zielen könnte sich Tom in seiner Entscheidung leiten lassen?
2. Welche Art von Leistung wird in den jeweiligen Betrieben erbracht und welche Faktoren sind für die Erbringung der jeweiligen betrieblichen Leistung einzusetzen?
3. Überlegen Sie sich, welche gemeinsamen Aufgabenbereiche trotz der völlig unterschiedlichen Betriebstätigkeit in Unternehmen erkennbar sind.
4. Was meint der Vater mit „rentabler"?
5. Welchen Standort halten Sie für das Fuhrunternehmen für geeignet? Begründen Sie.

2.7.1 Betriebliche Zielsetzungen

Am Beginn jedes wirtschaftlichen Handelns muss immer die Zielsetzung stehen. Diese Zielsetzung richtet sich nach den Aufgaben, die ein Unternehmen jeweils zu erfüllen hat.

Erwerbswirtschaftliche Ziele

Oberstes Ziel von Betrieben, die nach dem erwerbswirtschaftlichen Prinzip geführt werden, ist die **Gewinnmaximierung**, also eine möglichst hohe Spanne zwischen betrieblichen Aufwendungen und Erträgen anzustreben. Dieses Streben nach einer „finanziellen Entlohnung" ist Antriebsmotor unseres wirtschaftlichen Systems, weil nur dort neue Investitionen vorgenommen werden, wo auch Gewinne erwartet werden. Umgekehrt werden Kapazitäten abgebaut, wenn Gewinne ausbleiben, gleichzeitig können diese frei gewordenen Mittel wieder in „gefragten" Projekten investiert werden. Einzelwirtschaftlich gesehen ist das Gewinnstreben zwar egoistisch, gesamtwirtschaftlich betrachtet ist es dadurch aber außerordentlich wünschenswert und notwendig, dass der Unternehmer mit dem Gewinn erkennt, ob es ihm gelungen ist, bedarfsgerechte Güter anzubieten oder ob er an der Nachfrage „vorbei produziert" (Steuerungsfunktion).

Um das **Oberziel der Gewinnmaximierung** zu erreichen, können vom Unternehmen „Unterziele" formuliert werden wie beispielsweise:
- Kostensenkung (Kostenminimierung)
- Umsatzmaximierung
- Erhöhung des Marktanteils
- Sicherung der Zahlungsfähigkeit
- Verbesserung des Ansehens (Image)
- ökologische und soziale Ziele

Für das Unternehmen selbst ist die Gewinnerzielung Voraussetzung für das langfristige Überleben. Nur wenn nachhaltig Gewinne erwirtschaftet werden, können die Existenz eines Unternehmens und damit die Arbeitsplätze gesichert werden.

Gemeinwirtschaftliche Ziele

Gemeinwirtschaftliche Betriebe richten ihren Leistungsprozess auf die bestmögliche Deckung des Bedarfs an Sachgütern und Dienstleistungen der Gemeinschaft. Ihre Tätigkeit ist am Gemeinwohl ausgerichtet und hat das **oberste Ziel**, die **soziale Sicherheit der Bevölkerung zu gewährleisten**.

Beispiele
Öffentliche Versorgungseinrichtungen wie Krankenhäuser, Verkehrsbetriebe, Klärwerke, Abfallentsorgung, öffentliche Verwaltungseinrichtungen wie Finanzämter, Gerichte sowie sonstige staatliche Einrichtungen wie Museen

Wird die Kostendeckung mit den Preisen nicht erreicht, sind staatliche Subventionen notwendig, um den Betrieb aufrechtzuerhalten. Ein Beispiel dafür ist die Deutsche Bahn AG.

Genossenschaftliche Ziele

Die Aufgabe von Genossenschaften ist primär nicht auf Gewinnerzielung ausgerichtet, sondern auf die gegenseitige Förderung ihrer Mitglieder (Solidaritätsgedanke). Ziel der Genossenschaften ist es, durch den Zusammenschluss die wirtschaftliche Tätigkeit der einzelnen Genossen zu fördern.

Beispiele
- *Einkaufsgenossenschaften (gemeinschaftlicher Einkauf durch Landwirte oder Einzelhändler)*
- *Betriebsgenossenschaften (gemeinschaftliche Nutzung von Maschinen wie Mähdreschern)*

2.7.2 Betriebswirtschaftliche Produktionsfaktoren

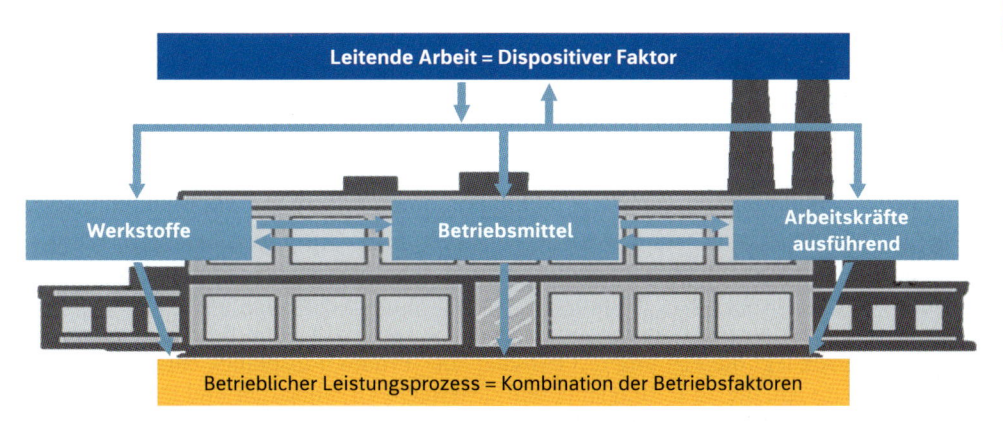

Leitende Arbeit = Dispositiver Faktor

Werkstoffe — **Betriebsmittel** — **Arbeitskräfte ausführend**

Betrieblicher Leistungsprozess = Kombination der Betriebsfaktoren

Grundlage für die Produktion von Gütern und Dienstleistungen in einer Volkswirtschaft sind die volkswirtschaftlichen Produktionsfaktoren Arbeit, Boden und Kapital. Um den Produktionsprozess auf der betrieblichen Ebene genauer untersuchen zu können, müssen die volkswirtschaftlichen Produktionsfaktoren den betrieblichen Fragestellungen angepasst werden.

Beispiel
So ist der Faktor Kapital für die Erklärung des betrieblichen Produktionsprozesses zu weit gefasst, weil damit sowohl ein Lkw als auch ein EDV-Programm gemeint sein können.

Ebenso wie in einer Volkswirtschaft besteht der Zweck der Betriebstätigkeit in der Herstellung von Gütern und Dienstleistungen zur Bedürfnisbefriedigung. Dazu müssen die betriebswirtschaftlichen Produktionsfaktoren kombiniert werden:

Werkstoffe

Hierbei handelt es sich um alle **Produktionsmaterialien**, die im Fertigungsprozess be- und verarbeitet werden und somit die Grundlage für die späteren Fertigerzeugnisse bilden. Sie lassen sich untergliedern in:

- *Rohstoffe* als Hauptbestandteil des neuen Produktes, z. B. Bleche in der Fahrzeugherstellung
- *Hilfsstoffe* als Nebenbestandteile des neuen Produktes, z. B. Schrauben oder Lacke bei Pkw
- *Betriebsstoffe* als notwendige Verbrauchsstoffe, die nicht Bestandteil des Produktes selbst werden, z. B. Kraftstoffe, Motoröl, Strom
- *Reparaturmaterial* zur Instandhaltung der Anlagen
- *fertige Einbauteile*, die von außen bezogen werden, z. B. Türschlösser, Antennen
- *Handelswaren*, die ohne Be- oder Verarbeitung weiter veräußert werden, z. B. Sitzbezüge

Betriebsmittel

beinhalten alle Einrichtungen und Anlagen, mit deren Hilfe die betrieblichen Leistungen erbracht werden:

- Maschinen, Werkzeuge
- Transport- und Lagereinrichtung
- Grundstücke
- Geschäftsausstattung

Arbeitskräfte

können nach der Art ihrer Tätigkeit unterschieden werden.

- **Ausführende Arbeitskräfte** sind die Mitarbeiter, die mithilfe der Werkstoffe und Betriebsmittel die eigentlichen Betriebsleistungen erstellen. Dazu zählen z. B. die Sachbearbeiterin in der Einkaufsabteilung oder der Lkw-Fahrer.
- **Leitende Arbeit** wird häufig sogar als eigener betriebswirtschaftlicher Produktionsfaktor ausgewiesen, weil er für den betrieblichen Produktionsprozess von entscheidender Bedeutung ist. Aufgabe dieses sog. **dispositiven Faktors** (lat.: dispositiv = anordnend, verfügend) ist die Leitung, Planung, Organisation und Überwachung des Betriebsablaufs. Diese Steuerungsfunktion übernimmt die Geschäfts- und Betriebsleitung. Sie gibt Ziele vor, legt die Planung fest (Absatzpläne, Produktionspläne), entscheidet über die Maßnahmen, die zu treffen sind, und überwacht Organisation und Durchführung der Leistungserstellung. Der dispositive Faktor ist somit für die optimale Kombination der Betriebsfaktoren verantwortlich.

Je nach Art des Betriebes bzw. des herzustellenden Produktes werden diese Produktionsfaktoren in unterschiedlichem Maße eingesetzt. Nach dem Einsatz der Produktionsfaktoren unterscheidet man deshalb *anlageintensive (kapitalintensive), arbeitsintensive (lohnintensive), materialintensive oder energieintensive Betriebe.*

2.7.3 Arten der Betriebe

Je nachdem, welche Leistungen in einem Betrieb erstellt werden, lassen sich zwei große Gruppen unterscheiden:

LOP LF2, 10

| Sachleistungsbetriebe | ← | Betrieb | → | Dienstleistungsbetriebe |

Sachleistungsbetriebe

Zielsetzung der Sachleistungsbetriebe ist die **Herstellung von Sachgütern**. Auf dem Weg vom Rohstoff bis zum fertigen Endprodukt durchlaufen die Sachgüter i. d. R. mehrere **Produktionsstufen** von der Urerzeugung über die Weiterverarbeitung bis zur Verteilung (vgl. volkswirtschaftliche Arbeitsteilung). Entsprechend dieser Produktionsstufen können die Sachleistungsbetriebe auch eingeteilt werden in:

- **Gewinnungsbetriebe** zum Abbau der Naturschätze. Dies können sein:
  - Betriebe zum Abbau von Bodenschätzen wie Kohle, Edelmetalle, Kies, Erdgas
  - Betriebe zur Erzeugung von Naturprodukten wie Obstplantagen, Fischzucht
- **Verarbeitungsbetriebe** zur stufenweisen Umwandlung der gewonnenen Rohstoffe in:
  - Grundstoffe (nicht oder nur wenig bearbeitete Werkstoffe)
  - halbfertige oder fertige Werkstoffe zur Weiterverarbeitung in einer nachfolgenden Produktionsstufe
  - ge- oder verbrauchsfertige Waren für den Endverbraucher

  Verarbeitungsbetriebe können in der Organisationsform eines
  - **Handwerksbetriebes** oder
  - **Industriebetriebes** geführt werden.

  Entsprechend der Güterart, die verarbeitet wird, teilt man Industriebetriebe auch ein in:
  - **Grundstoffindustrie** (z. B. Energie, Stahlerzeugung)
  - **Investitions-** oder **Produktionsgüterindustrie** (z. B. Lkw, Computer)
  - **Konsumgüterindustrie** (z. B. Nahrungsmittel, Bekleidung)

Dienstleistungsbetriebe

Im Unterschied zu Sachleistungsbetrieben besitzen **Dienstleistungsbetriebe keinen Fertigungsbereich** im engeren Sinne. Die Leistungserstellung dieser Betriebe liegt in der Bereitstellung von Diensten unterschiedlichster Art. Trotz der Vielfalt im Dienstleistungsbereich lassen sich nach der Art der erbrachten Leistung grundlegende Dienstleistungszweige abgrenzen:

- *Handelsbetriebe* für den Güteraustausch zwischen den am Wirtschaftsgeschehen Beteiligten. Sie lassen sich in drei grundlegende Arten einteilen:
  - **Einzelhandelsbetriebe** übernehmen den Güteraustausch zwischen Hersteller bzw. Großhändler und dem Endverbraucher.
  - **Großhandelsbetriebe** übernehmen den Güteraustausch zwischen Hersteller und Einzelhändler oder Großabnehmer.
  - **Außenhandelsbetriebe** spezialisieren sich auf den Güteraustausch zwischen den einzelnen Staaten.
- *Transport und Verkehrsbetriebe* übernehmen den Transport von Gütern bzw. Personen oder vermitteln derartige Dienstleistungen gegen Entgelt. Dazu werden Transportkapazitäten beschafft und Beförderungsleistungen angeboten.

- **Kreditinstitute** bieten schwerpunktmäßig Leistungen in den Bereichen:
  - Abwicklung des Zahlungsverkehrs z. B. Kontoführung
  - Beratung und Abwicklung von Kapitalanlagegeschäften z. B. Kauf von Wertpapieren
  - Beratung und Abwicklung von Kreditgeschäften z. B. Darlehensaufnahme für Investitionen
  - Abwicklung von Auslandsgeschäften z. B. Kauf ausländischer Zahlungsmittel
- **Versicherungsbetriebe** übernehmen die Absicherung eines möglichen Schadensfalles gegen Zahlung von Prämien. Die Gefahr eines größeren, evtl. existenzgefährdenden Vermögensschadens kann dadurch auf viele Prämienzahler einer Risikogemeinschaft verteilt werden.
- **Betriebe des Nachrichten- und Telekommunikationsbereiches** stellen Übertragungskapazitäten für Nachrichten und Informationen gegen Entgelt bereit.
- **Sonstige Dienstleistungsbetriebe umfassen** eine Vielzahl verschiedenster Leistungsanbieter, insbesondere die freien Berufe wie beispielsweise Steuerberatung, Werbeagenturen, Unternehmensberater.

Öffentliche Verwaltung als eigener Dienstleistungsbereich übernimmt mit ihren Behörden und öffentlich-rechtlichen Institutionen Aufgaben, die entweder von privaten Betrieben nicht übernommen werden oder gesetzlich nicht übernommen werden dürfen.

Beispiele
Hoheitliche Aufgaben wie die Abwicklung von Zollformalitäten, Eintragungen in das Handelsregister oder das Grundbuch, die Müllabfuhr usw.

2.7.4 Grundfunktionen eines Betriebes

Gleichgültig, um welche Art von Betrieb es sich handelt, lassen sich gemeinsame Aufgabenbereiche erkennen, die in einem Unternehmen für die Erstellung eines Produktes oder für die Bereitstellung einer Dienstleistung vorhanden sein müssen:

| Beschaffung und Lagerung | Produktion (Leistungserstellung) | Absatz (Leistungsverwertung) |

Finanzierung

Beschaffung und Lagerung

Für die **Herstellung von Erzeugnissen** oder die **Erbringung einer Dienstleistung** müssen betriebliche **Produktionsfaktoren eingesetzt werden**. Aufgabe der **Beschaffung** ist es, die für die Leistungserstellung notwendigen Produktionsfaktoren
- Arbeitskräfte,
- Betriebsmittel,
- Werkstoffe

aus den Beschaffungsmärkten (vgl. Marktarten) zum richtigen Zeitpunkt und in der notwendigen Menge und Qualität bereitzustellen. Zu den wesentlichen Tätigkeiten des Beschaffungsbereichs zählen:

Beispiele
- *Bezugsquellen ausfindig machen*
- *Auswahl und Einkauf der geeigneten betrieblichen Mittel*
- *Auswahl und Einstellung geeigneter Arbeitskräfte*

Beschaffte Materialien können nicht immer sofort weiterverarbeitet werden. Ebenso müssen halbfertige oder fertige Erzeugnisse bis zur Weiterverarbeitung oder bis zum Verkauf zwischengelagert werden. Hauptaufgabe des Teilbereiches **Lagerung**, der dem Beschaffungsbereich zugeordnet wird, aber auch als selbstständiger Funktionsbereich gesehen werden kann, ist die Lagerhaltung und Verwaltung der betrieblichen Mittel bis zur Leistungsverwertung.

Produktion (Leistungserstellung)

Der Leistungsprozess zur Erstellung der Güter und Dienstleistungen geschieht durch die Kombination der betrieblichen Produktionsfaktoren. Je nachdem, um welche Art von Betrieb es sich handelt, ist dieser Funktionsbereich unterschiedlich aufgebaut (vgl. Arten der Betriebe).

Absatz (Leistungsverwertung)

Aufgabe dieses Bereichs ist der Verkauf der erstellten Erzeugnisse auf den Absatzmärkten. Als Absatzmärkte sind dabei nicht nur die Endverbraucher der Haushalte, sondern auch Unternehmen oder staatliche Stellen zu sehen.

Gefördert wird die Vermarktung der Erzeugnisse durch das sog. absatzpolitische Instrumentarium eines Betriebes:

- Marktforschung
- Kommunikationspolitik (Werbung, Verkaufsförderung)
- Preispolitik
- Produkt- und Sortimentspolitik
- Distributionspolitik (Verteilung)

Finanzierung

Die Geldzuflüsse durch die Absatzleistung und die Geldabflüsse bei der Beschaffung der Betriebsmittel, Werkstoffe und Arbeitskräfte klaffen zeitlich auseinander.

Für die Beschaffung der Betriebsmittel wie Büroausstattung, Lkw, Computer usw. müssen zunächst Geldmittel zur Verfügung stehen. Erst wenn eine Leistung erbracht wurde, kann auch wieder mit einem Geldzufluss gerechnet werden.

Für die **Überbrückung** dieser **Zeitspanne zwischen Zahlungsausgängen und Zahlungseingängen** besteht **Kapitalbedarf**. Aufgabe des Funktionsbereiches **Finanzierung** ist somit

- die Sicherstellung des Kapitalbedarfs eines Betriebes,
- die Sicherung des finanziellen Gleichgewichts eines Betriebes.

Koordinierung und Organisation der Grundfunktionen durch Leitung und Verwaltung

Die **Hauptaufgaben** der **Geschäftsleitung** bestehen darin, das gesamte **Unternehmen zu führen**, den Prozess der betrieblichen Leistungserstellung zu planen und die Grundfunktionen optimal zu koordinieren und zu organisieren.

Zur Unterstützung des optimalen Betriebsablaufes ist auch eine gut funktionierende Verwaltung wie beispielsweise der Bereich Rechnungswesen für die Erfassung der Kosten oder der Personalbereich für die Bearbeitung von Personalfragen erforderlich.

Wertekreislauf eines Betriebes

Ähnlich wie im Wirtschaftskreislauf einer Volkswirtschaft kann auch der betriebliche Leistungsprozess als ein Kreislauf von Güter- und Geldströmen gesehen werden.

Güterströme in Form von Produktionsfaktoren fließen von den Beschaffungsmärkten über die betrieblichen Leistungsprozesse zum Absatzmarkt. Entgegengesetzt fließen die Geldmittel vom Absatzmarkt in den Betrieb, um die erforderlichen Geldabflüsse bei der Beschaffung der betrieblichen Produktionsfaktoren wieder ausgleichen zu können (siehe Zusammenfassung).

2.7.5 Betriebliche Kennzahlen

Damit sich ein Unternehmen im Wettbewerb mit Konkurrenten behaupten kann, muss es regelmäßig kontrollieren, ob die betriebliche Tätigkeit erfolgreich verläuft und die gesetzten Ziele erreicht werden. Mit **betrieblichen Kennzahlen** können die **Leistungen eines Unternehmens** im Zeitvergleich (z. B. jährlich oder monatlich) oder im Vergleich mit anderen Betrieben (bzw. der Branche) **gemessen** werden.

Produktivität

Sie erfasst die mengenmäßige Ergiebigkeit einer wirtschaftlichen Tätigkeit (z. B. die Stückzahl hergestellter Pkw-Ersatzteile) bezogen auf die dafür eingesetzten Produktionsfaktoren (z. B. Anzahl der dafür benötigten Arbeitsstunden oder die Mitarbeiterzahl); (vgl. Kapitel 2.2.1).

$$\text{Produktivität} = \frac{\text{hergestellte Menge}}{\text{eingesetzte Mittel}} \quad \text{oder} \quad \text{Produktivität} = \frac{\text{Ausbringungsmenge}}{\text{Einsatzmenge}}$$

Als Einsatzmenge kann neben den Arbeitsstunden (Arbeitsproduktivität) auch die Maschinenlaufzeit in Stunden oder die Kosten der insgesamt dafür eingesetzten Betriebsmittel in Euro zugrunde gelegt werden (= Kapitalproduktivität).

Die Produktivität ist nur eine mengenmäßige Verhältniszahl, die nichts darüber aussagt, ob ein Betrieb auch wirtschaftlich und rentabel arbeitet.

Wirtschaftlichkeit

Sie ist das **Verhältnis von Ertrag zu Aufwand**. Um zufällige Schwankungen auszuschließen, werden für die Berechnung auch die Zahlen der Kosten- und Leistungsrechnung verwendet. Damit wird die wertmäßige Leistung (= Menge · Marktpreis) auf den Wert der eingesetzten Produktionsfaktoren (= Kosten) bezogen.

$$\text{Wirtschaftlichkeit} = \frac{\text{Ertrag}}{\text{Aufwand}} \quad \text{oder} \quad \text{Wirtschaftlichkeit} = \frac{\text{Leistungen}}{\text{Kosten}}$$

Mit dieser Kennzahl wird auf betrieblicher Ebene das Streben nach dem ökonomischen Prinzip mit ihren Ausprägungen Maximal- und Minimalprinzip als Messgröße erfasst (vgl. Kapitel 2.1.3). Da in dieser Größe aber der Kapitaleinsatz nicht berücksichtigt ist, kann daraus nicht abgeleitet werden, ob das in das Unternehmen investierte Kapital auch rentabel eingesetzt wird.

Rentabilität

Bei der Berechnung der **Rentabilität** wird der **Gewinn in ein prozentuales Verhältnis zum eingesetzten Kapital oder zum Umsatz gesetzt.**

$$\text{Rentabilität} = \frac{\text{Gewinn} \cdot 100}{\text{Eingesetztes Kapital}}$$

Dabei wird unterschieden in:

$$\text{Eigenkapitalrentabilität} = \frac{\text{Gewinn} \cdot 100}{\text{Eigenkapital}}$$

$$\text{Gesamtkapitalrentabilität} = \frac{(\text{Gewinn} + \text{Fremdkapitalzinsen}) \cdot 100}{(\text{Eigenkapital} + \text{Fremdkapital})}$$

$$\text{Umsatzrentabilität} = \frac{\text{Gewinn} \cdot 100}{\text{Umsatz}}$$

2.7.6 Kriterien der Standortauswahl eines Betriebes

Gleichzeitig mit der Neugründung eines Unternehmens oder mit der Verlegung eines Betriebsteiles muss genau überlegt werden, welcher Standort geeignet ist. Verschiedenste Aspekte sind bei dieser Entscheidung zu berücksichtigen.

LOP LF 2, 8

Arbeitskräfte

Ein Aspekt für Standortüberlegungen ist die **Gesamtzahl der verfügbaren Arbeitskräfte**, die in einer Region direkt oder als Pendler zur Verfügung stehen.

Ebenso müssen auch die **Arbeitskosten** in die Betrachtung einbezogen werden. Die Höhe des Lohnniveaus und Lohnzusatzkosten wie Arbeitgeberbeiträge zu Sozialversicherungen oder Urlaubsgeld können Grund für eine Betriebsverlagerung sein. Besonders im internationalen Vergleich wird dieses Kriterium als Argument für Betriebsverlegungen von Deutschland in das Ausland angeführt. Neben der Lohnhöhe ist aber auch die **Qualifikation der Arbeitskräfte** nicht zu vernachlässigen.

Rohstoffe

Rohstoffgewinnende Betriebe wie Bergwerke oder Kiesgruben müssen ihre Standortauswahl nach den natürlichen Gegebenheiten richten. Typisches Beispiel dafür ist das Ruhrgebiet. Rohstoffverarbeitende Betriebe wie die Stahlindustrie siedelten sich aus Transportgründen in der Nähe der Rohstoffgewinnung an. Zulieferbetriebe der Schwerindustrie und andere Industriezweige folgten wegen der kurzen Transportwege und der hohen Bevölkerungsdichte. So lässt sich die Entstehung der großen Industriezentren Europas mit ihren Ballungsräumen erklären.

Absatzmöglichkeiten

Der Standort kann auch von der räumlichen Nähe zum Abnehmer abhängen. Besonders Handwerksbetriebe und Handels- und Dienstleistungsbetriebe wie Einzelhandel, Banken und Versicherungen suchen die Nähe der Kunden, um ihre Absatzmöglichkeiten zu verbessern.

Verkehrsanbindung

Ein Großteil der Industriebetriebe und vor allem Unternehmen mit Leistungen im Transport- und Lagerbereich (Speditionen, Lagerhausgesellschaften, Luftfrachtumschlag), Betriebe, die auf einen schnellen Warentransport angewiesen sind, werden in ihrer Standortentscheidung die Anbindung an vorhandene Verkehrswege und Verkehrsmittel stärker gewichten.

Energieversorgung

Jedes Unternehmen hat einen mehr oder weniger hohen Energiebedarf. Es stellt sich somit bei einer Betriebsansiedlung unmittelbar die Frage nach der Art der Energieversorgung. Welche Energiequellen können genutzt werden und welche Kosten verursachen sie?

Belastung mit Steuern und Abgaben

Im internationalen Vergleich werden häufig die Steuersätze der Ertragssteuern wie Einkommensteuer oder Körperschaftsteuer als Vergleichskriterium herangezogen. Zusätzlich sind aber auch Möglichkeiten der steuerlichen Gestaltung wie beispielsweise Abschreibungen oder die Verrechnung von Verlusten zwischen beteiligten Unternehmen einzubeziehen.

Innerhalb eines Landes kann die Steuerbelastung zwischen Städten und Gemeinden sehr unterschiedlich sein, weil die Kommunen bei Gewerbesteuer und Grundsteuer das Recht haben, die sog. Hebesätze eigenständig festzulegen. Unterschiede in der Steuerbelastung entstehen auch durch Sonderabschreibungsmöglichkeiten in geförderten Regionen oder durch niedrigere Sozialversicherungsabgaben (z. B. verschiedene Beitragsbemessungsgrenzen Ost-West).

Bei den Abgaben für Müllentsorgung und Wasserversorgung bzw. Abwasserbeseitigung sind zwischen den Kommunen ebenfalls erhebliche Preisunterschiede feststellbar, die sich auf die Kostenstruktur eines Unternehmens auswirken können.

Staatliche Förderung

Vielfältige staatliche Fördermaßnahmen auf europäischer, nationaler oder regionaler Ebene können Standortentscheidungen beeinflussen. Fördergelder bei der Ansiedlung in strukturschwachen Räumen, Investitionszulagen, zinsgünstige Existenzgründungsdarlehen, Schaffung von Gründerzentren sind nur wenige Beispiele, mit denen die Ansiedlung von Unternehmen erleichtert werden soll.

Umweltschutz und behördliche Auflagen

Mit der Zunahme des Umweltbewusstseins in der Bevölkerung steigt auch die Bedeutung des Umweltschutzes für die betriebliche Tätigkeit. Politisch umgesetzt wird dieses Umdenken im Verhältnis zur Umwelt durch eine Ausdehnung und Verschärfung der Umweltschutzvorschriften. Konkret führen verschärfte Gesetze und Verordnungen im Umweltbereich zu notwendigen betrieblichen Maßnahmen.

Beispiele
Einbau von Filteranlagen, Begrenzung des Schadstoffausstoßes, Bau von Klärbecken, Entsorgung von Sondermüll, Maßnahmen gegen Bodenversiegelung

Neben dem Umweltbereich müssen Betriebe noch andere behördliche Auflagen in ihrer Standortauswahl berücksichtigen:
- Bauvorschriften bei Neu- oder Umbauten (z. B. Flächennutzungspläne)
- Genehmigungsverfahren für Industrieanlagen

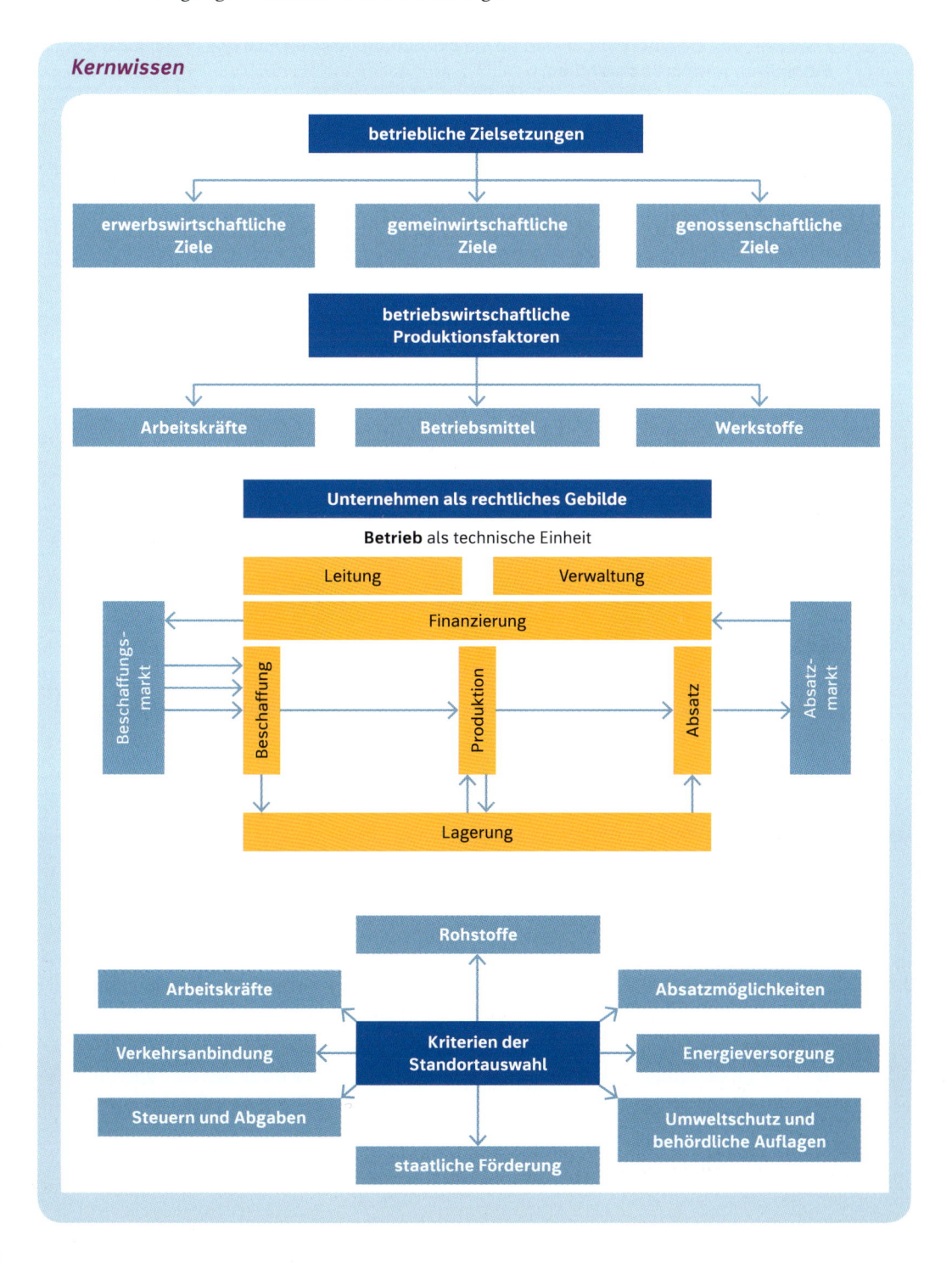

Kernwissen

betriebliche Zielsetzungen
- erwerbswirtschaftliche Ziele
- gemeinwirtschaftliche Ziele
- genossenschaftliche Ziele

betriebswirtschaftliche Produktionsfaktoren
- Arbeitskräfte
- Betriebsmittel
- Werkstoffe

Unternehmen als rechtliches Gebilde

Betrieb als technische Einheit

- Leitung
- Verwaltung
- Finanzierung
- Beschaffungsmarkt → Beschaffung → Produktion → Absatz → Absatzmarkt
- Lagerung

Kriterien der Standortauswahl
- Rohstoffe
- Arbeitskräfte
- Absatzmöglichkeiten
- Verkehrsanbindung
- Energieversorgung
- Steuern und Abgaben
- Umweltschutz und behördliche Auflagen
- staatliche Förderung

Übungsaufgaben

1. Welche Ziele verfolgen
   a) erwerbswirtschaftliche Betriebe,
   b) gemeinwirtschaftliche Betriebe,
   c) genossenschaftliche Betriebe?

2. Erstellen Sie eine Übersicht, in der Sie die Bedeutung des Gewinns aus verschiedenen Betrachtungswinkeln darstellen.

Der Gewinn bedeutet für		
die Gesamtwirtschaft	das Unternehmen	den Unternehmer

3. Informieren Sie sich über Beispiele, in denen öffentlich-rechtliche Institutionen in privatwirtschaftliche Unternehmen übergeführt wurden.

4. Beschreiben Sie mögliche Vorteile der Mitgliedschaft in einer Einkaufsgenossenschaft.

5. Beschreiben Sie die betriebswirtschaftlichen Produktionsfaktoren und nennen Sie Beispiele aus Ihrem Ausbildungsbetrieb.

6. Zu welchem Produktionsfaktor zählen die folgenden Beispiele? Notieren Sie sich die Abkürzungen: AL = Arbeit leitend, AA = Arbeit ausführend, B = Betriebsmittel, W = Werkstoffe
   a) Lackieranlage
   b) Heckscheibe
   c) Schweißroboter
   d) Lagerleiter
   e) Staplerfahrer
   f) Fußmatte
   g) Heizöl
   h) Geschäftsführer

7. Erläutern Sie anhand eines Beispiels, wie der Produktionsfaktor Arbeit durch den Faktor Betriebsmittel in einem Lager ersetzt werden kann.

8. Was ist der „dispositive Faktor" eines Betriebes und welchen Stellenwert ordnen Sie ihm im betrieblichen Leistungsprozess zu?

9. Welcher Produktionsfaktor überwiegt bei den folgenden Betrieben?
   a) Wasserkraftwerke
   b) Chemische Grundstoffe
   c) Zementwerk
   d) Software-Programmierung kaufmännischer Anwendersoftware

10. Worin liegt der Hauptunterschied zwischen Sachleistungsbetrieben und Dienstleistungsbetrieben?

11. Nennen Sie verschiedene Arten von Sachleistungsbetrieben und ordnen Sie diese den Wirtschaftsstufen einer Volkswirtschaft (vgl. volkswirtschaftliche Arbeitsteilung) zu.

12. Nennen Sie verschiedene Dienstleistungszweige. Können Sie diese Betriebe ebenfalls den einzelnen Wirtschaftsstufen einer Volkswirtschaft eindeutig zuordnen?

13. Beschreiben Sie den Leistungsprozess der nachfolgenden Dienstleistungsbetriebe:
    a) Rechtsanwaltskanzlei
    b) Paket-Express-Service
    c) Mobilfunknetzbetreiber
    d) Haftpflichtversicherer
    e) Kreditinstitut
    f) Öffentliche Verwaltung

14. Welcher Dienstleistungszweig oder Sachleistungsbetrieb ist angesprochen?
    a) Ölraffinerie
    b) Fitness-Studio
    c) Omnibusunternehmen
    d) Telefonladen
    e) Automobilindustrie
    f) Salzbergwerk
    g) Baumwollspinnerei
    h) Notar

15. Nennen Sie die wesentlichen Grundfunktionen eines Betriebes. Zeichnen Sie in einer Skizze die Grundfunktionen auf. Ordnen Sie die unten durcheinander aufgelisteten Beispiele eines Kfz-Herstellers den betrieblichen Grundfunktionen zu und tragen Sie die Beispiele in die Skizze ein. Suchen Sie weitere Beispiele, die Sie eintragen können.

    Endmontage, Werkarbeiter, Schweißroboter, Karosseriebau, Motor, Vertragshändler, Industriemeister, Darlehen, Werbekampagne, Zwischenlager, Lackiererei, Frontscheiben

    Alternative: Suchen Sie statt der oben genannten Beispiele aus der Kfz-Herstellung Beispiele des eigenen Ausbildungsbetriebes und ordnen Sie diese zu.

16. Beschreiben Sie die einzelnen Aufgabenbereiche eines Betriebes und ihre Zusammenhänge im Betriebsablauf.

17. Suchen Sie nach Gemeinsamkeiten und Unterschieden bei den Grundfunktionen von Sach- und Dienstleistungsbetrieben und listen Sie diese in einer Übersicht auf.

18. Ein Automobil-Zulieferbetrieb stellt in einem Zeitraum 25 000 Stück eines Kfz-Ersatzteils her. Dafür müssen 1 500 Arbeitsstunden aufgewendet werden. Lohnkosten fallen pro Arbeitsstunde in Höhe von 30,00 € an, die Materialkosten betragen 8,00 € pro Stück, sonstige Kosten werden in Höhe von 115 000,00 € erfasst. Pro Ersatzteil können am Markt 16,00 € erzielt werden. Investiert wurde Eigenkapital in Höhe von 1,6 Mio. €.
    Ermitteln Sie
    a) die Arbeitsproduktivität,
    b) die Wirtschaftlichkeit,
    c) den Gewinn in Euro,
    d) die Eigenkapitalrentabilität,
    e) die Umsatzrentabilität,
    f) die Kennziffern von a) bis e), wenn im Rahmen einer Rationalisierungsmaßnahme in eine neue Maschine investiert wurde und daraufhin nur noch 900 Arbeitsstunden für die gleiche Herstellungsmenge benötigt werden. Die sonstigen Kosten erhöhen sich auf 125 000,00 €, das Eigenkapital, das investiert wurde, stieg auf 1,65 Mio. €, die übrigen Zahlen bleiben unverändert.

19. Ordnen Sie den betriebswirtschaftlichen Produktionsfaktoren einer Automobilfabrik je eines der sieben Beispiele zu.

Beispiele	Betriebswirtschaftliche Produktionsfaktoren	
a) fertig produzierte Pkws b) Strom für die Herstellung c) Spende an die örtlichen Vereine d) Schweißer in der Produktion e) Tätigkeit des Geschäftsführers f) Schmierstoffe der Fertigungsanlagen g) Schweißroboter im Karosseriebau	Dispositiver Faktor: Betriebsmittel: Ausführende Arbeit:	Lösung .... Lösung .... Lösung ....

20. In welchem Fall handelt es sich um die Substitution eines betriebswirtschaftlichen Produktionsfaktors?
    a) Eine Automobilfabrik erweitert ihre Fertigungskapazitäten durch computergesteuerte Fräsmaschinen.
    b) Ein Automobilzulieferer stellt für eine Sonderschicht zusätzliche Arbeitskräfte und Betriebsmittel zur Verfügung.
    c) Ein Logistik- und Transportunternehmen investiert in ein neues EDV-System, wodurch zwei Verwaltungskräfte eingespart werden können.
    d) Ein Bauunternehmen setzt zusätzliche Lkws ein, um einen Bauauftrag termingerecht fertigstellen zu können.
    e) Ein Transportunternehmen erhöht die Zahl der eingesetzten Sattelzüge, um die erhöhte Nachfrage befriedigen zu können.

21. Als Auszubildender werden Sie in den verschiedenen Organisationsbereichen Ihres Autohauses eingesetzt. Ordnen Sie den beiden Organisationsbereichen „Beschaffung" und „Absatz" je eine der insgesamt sechs Tätigkeiten zu.

Tätigkeit	Organisationsbereich
a) Sie verkaufen einen Gebrauchtwagen an einen Kunden. b) Sie führen die Inventur in Ihrem Ersatzteillager durch. c) Sie fordern Ersatzteile bei Ihrem Großhändler an, weil die Bestände nicht mehr reichen. d) Sie berechnen die Überstundenzuschläge für Ihre Mitarbeiter. e) Sie führen einen Service-Check durch. f) Sie händigen Ersatzteile an die Mechaniker aus.	Beschaffung: Lösung .... Absatz: Lösung ....

22. Sie sollen in Ihrem Logistikunternehmen betriebliche Kennzahlen auswerten. Ihnen liegen die Daten verschiedener Aufträge vor:

Auftrag	Erlös	Kosten
1	1 650,00 €	1 600,00 €
2	1 820,00 €	1 750,00 €
3	1 533,00 €	1 400,00 €

    Beurteilen Sie die Wirtschaftlichkeit dieser Aufträge.
    a) Auftrag 1 ist am wirtschaftlichsten.
    b) Auftrag 2 ist am wirtschaftlichsten.
    c) Auftrag 3 ist am wirtschaftlichsten.
    d) Auftrag 1 und 2 sind wirtschaftlicher als Auftrag 3.
    e) Auftrag 2 und 3 haben die gleiche Wirtschaftlichkeit.

23. Nach der Auswertung der Zahlen zur Arbeitsproduktivität Ihres Logistikunternehmens erwartet der Geschäftsführer Vorschläge, wie Sie diese Kennzahl verbessern könnten. Mit welcher der folgenden Maßnahmen können Sie eine Steigerung der Arbeitsproduktivität erreichen?
    a) Mit zusätzlichen Arbeitskräften sollen anstehende Verladeaufträge abgearbeitet werden.
    b) Kurzarbeit soll eingeführt werden.
    c) Ein günstigerer Stromanbieter lässt die Stromkosten für die Flurförderfahrzeuge um 10 % sinken.

d) Der Einsatz eines neuen Förderbandes verkürzt die Verladezeiten um 20 %.
e) Die Mautgebühren werden durch die Umgehung von Autobahnen um 5 % gesenkt.

24. Durch welche Maßnahme können Sie die Arbeitsproduktivität in Ihrem Betrieb steigern?
a) Durch eine Erhöhung der Löhne bei unveränderter Leistung.
b) Durch die Einstellung zusätzlicher Mitarbeiter bei unveränderter Leistung.
c) Durch eine Vergrößerung des Maschinenparks bei konstant erbrachter Leistung.
d) Durch die Erhöhung der Leistung bei konstanter Mitarbeiterzahl.
e) Durch die Einstellung neuer Mitarbeiter bei gleichzeitiger Senkung der Leistung.

3 Grundlagen des Wirtschaftsrechts

3.1 Die Rechtsordnung

Situation

Robert hat vor zwei Monaten eine Ausbildung zum Fachlageristen bei einer Elektrogroßhandlung in Emden begonnen. Kürzlich beobachtete er einen Kollegen, der in einer Ecke im Lager eine Zigarettenpause machte. Da er selbst ein starker Raucher ist, konnte er trotz der Rauchverbotsschilder der Versuchung nicht widerstehen, dort ebenfalls eine Zigarette zu rauchen.
Er hatte sich die Zigarette gerade angezündet, als der Lagermeister um die Ecke kam und ihn sofort auf sein Fehlverhalten hinwies. Robert antwortete darauf: „Das tun doch alle, das ist Gewohnheitsrecht!" Der Lagermeister wollte davon nichts wissen und erinnerte Robert daran, dass er sich noch in der Probezeit befinde, und was das bedeute, wisse er ja wohl.

Handlungsaufträge

1. Klären Sie die folgenden Fragen:
   a) Was hat der Hinweis des Lagermeisters auf die Probezeit zu bedeuten?
   b) Gibt es tatsächlich Gewohnheitsrechte?
2. Diskutieren Sie mit Ihren Mitschülern die Notwendigkeit von Gesetzen und Vorschriften.

3.1.1 Rechtsquellen

Die obige Situation zeigt, dass es im Zusammenleben der Menschen immer wieder zu Konflikten kommen kann. So klar wie in diesem Fall liegen die Verhältnisse allerdings nicht immer. Die Freiheit des Einzelnen (z. B. Roberts Rauchfreiheit) findet immer dort Grenzen, wo die Freiheit der anderen eingeschränkt wird oder wo die Sicherheit gefährdet ist, wie hier im Lager. Das Rauchverbot ist Bestandteil der von den Berufsgenossenschaften erlassenen Unfallverhütungsvorschriften. Sie dienen der Sicherheit am Arbeitsplatz und sind von allen Arbeitnehmern einzuhalten.

Das **Gewohnheitsrecht**, auf das sich Robert beruft, gibt es tatsächlich. Es handelt sich hier um übliches Verhalten, das allgemein als rechtmäßig anerkannt ist. Gewohnheitsrechte sind nicht schriftlich festgehalten. Auch sog. Sitten, wie z. B. Kleiderordnungen oder Gebräuche, wie z. B. die Vertreibung des Winters durch Osterfeuer in manchen Regionen, sind nicht schriftlich niedergelegt. Sie werden auch als **ungeschriebenes Recht** bezeichnet. Wir beurteilen unser Handeln oder die Handlungen unserer Mitmenschen nach dem, was allgemein als rechtens oder legitim angesehen wird. Dabei orientieren wir uns natürlich auch und vor allem am sog. **geschriebenen Recht**, den Gesetzen, Verordnungen, Satzungen, Erlassen oder Richtlinien. Auch wenn nicht alle denkbaren Konflikte durch entsprechende Gesetze und Vorschriften zu regeln sind, hat sich im Laufe der Menschheitsgeschichte eine umfangreiche **Rechtsordnung** entwickelt. Man kann sich leicht vorstellen, dass die Auslegung der Gesetze und Rechte zum Streit führen kann. Es ist dann Aufgabe der Gerichte, Recht zu sprechen.

Das Gerichtswesen in Deutschland

	1. Senat	2. Senat		VERFASSUNGSGERICHTE DER LÄNDER	
	BUNDESVERFASSUNGSGERICHT				

	Ordentliche Gerichtsbarkeit		Arbeits-gerichtsbarkeit	Sozial-gerichtsbarkeit	Verwaltungs-gerichtsbarkeit	Finanz-gerichtsbarkeit
	Gemeinsamer Senat der Obersten Gerichtshöfe des Bundes					
oberste Instanz	Bundesgerichtshof		Bundesarbeitsgericht	Bundessozialgericht	Bundesverwaltungsgericht	Bundesfinanzhof
mittlere und untere Instanz	Bundespatentgericht	Oberlandesgerichte	Landesarbeitsgerichte	Landessozialgerichte	Oberverwaltungsgerichte	Finanzgerichte
		Landgerichte	Arbeitsgerichte	Sozialgerichte	Verwaltungsgerichte	
		Amtsgerichte				

Als Rechtsquellen können wir ansehen:

- das **ungeschriebene Recht (Gewohnheitsrecht)**,
- das **geschriebene Recht (Gesetze und Verordnungen)** und
- die jeder Rechtsordnung zugrunde liegenden **allgemeinen Rechtsgedanken**.

Diese **Rechtsquellen** ändern sich ständig, wie sich auch die Gesellschaft verändert. Immer wieder neue Verhältnisse und Bedingungen machten es notwendig und werden es auch in Zukunft notwendig machen, neue Regeln und Vorschriften zu entwickeln.

Beispiel
Das Internet hat ganz neue Probleme beim Urheberrecht mit sich gebracht. Mittlerweile ist das „Herunterladen" von Musik und Filmen fast zu einer Selbstverständlichkeit geworden, das „Knacken" oder Umgehen des Kopierschutzes gilt als Herausforderung.

3.1.2 Rechtsgebiete

Das geschriebene Recht, also die Gesamtheit der vom Gesetzgeber bzw. den Behörden festgesetzten Rechtsvorschriften und -regeln wird unterschieden in **öffentliches** und **privates** Recht.

```
                        ┌─────────────────┐
                        │  Rechtsgebiete  │
                        └─────────────────┘
                         /               \
        ┌──────────────────┐       ┌──────────────────┐
        │ öffentliches Recht│      │   privates Recht  │
        └──────────────────┘       └──────────────────┘
```

umfasst u. a.
- Verfassungsrecht
- Verwaltungsrecht
- Strafrecht
- Verfahrens- und Prozessrecht
- Steuerrecht
- Schulrecht

umfasst u. a.
- Bürgerliches Recht (Bürgerliches Gesetzbuch – BGB)
- Handelsrecht (Handelsgesetzbuch – HGB)

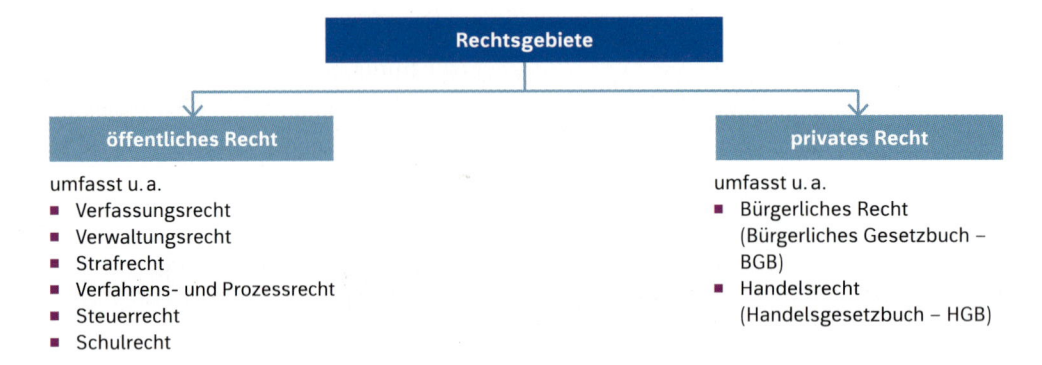

Das **öffentliche Recht** regelt die Beziehungen der Bürger zum Staat. Der Staat ist hierbei als Träger der öffentlichen Gewalt den einzelnen Bürgern übergeordnet.

Allerdings soll auch der Bürger vor staatlichem Machtmissbrauch geschützt werden. Dies wird vor allem in den Grundrechten (Art. 1–19) des Grundgesetzes (GG) deutlich. Jedem ist der Artikel 1 GG bekannt: „Die Würde des Menschen ist unantastbar."

Zuwiderhandlungen werden vom Staat verfolgt. So ermittelt beispielsweise die Staatsanwaltschaft bei Straftaten.

Das **private Recht**, auch Zivilrecht genannt, regelt die Rechtsbeziehungen der Privatpersonen oder privaten Einrichtungen untereinander. Die Beteiligten treten sich dabei als gleichberechtigte Partner gegenüber.

Ein Wesensmerkmal des **Zivilrechts** ist es, dass das **Gesetz nur den Rahmen vorgibt**, der dann von den Vertragspartnern frei ausgestaltet werden kann **(Vertragsfreiheit)**. Die gesetzlichen Vorschriften werden nur angewendet, wenn die Beteiligten keine einzelvertraglichen Vereinbarungen getroffen haben.

Beispiel
Die Kfz-Handlung May OHG aus Emden kauft bei der Reifengroßhandlung Franzen KG in Oldenburg einen Posten Sommerreifen. Sie vereinbaren nicht, wer die Beförderungskosten tragen soll. In diesem Fall bestimmt das BGB, dass diese zulasten des Käufers, also der Emder Kfz-Handlung May, gehen.

In Streitfällen entscheiden Gerichte nur, wenn sie angerufen werden, z. B. durch die Klage eines Käufers, der mit der Qualität der Ware nicht zufrieden ist. Hier gilt das Prinzip „Wo kein Kläger, da kein Richter". Da Gerichtsprozesse oft sehr langwierig sind und zudem mit erheblichen Kosten verbunden sein können, ist es häufig sinnvoll, sich gütlich zu einigen, statt auf seinem Recht zu bestehen.

Kernwissen
- Als **Rechtsquellen** unterscheiden wir das ungeschriebene und das geschriebene Recht sowie die der Rechtsordnung zugrunde liegenden allgemeinen Rechtsgedanken.
- Das **öffentliche Recht** regelt die Beziehungen der Bürger zum Staat. Es handelt sich um ein Über-/Unterordnungsverhältnis.
- Das **private Recht** regelt die Rechtsbeziehungen privater Personen oder Einrichtungen untereinander. Es handelt sich um ein Verhältnis gleichberechtigter Partner.

Übungsaufgaben

1. Nennen Sie Beispiele ungeschriebenen Rechts.
2. Schildern Sie zu erwartende technische oder gesellschaftliche Entwicklungen, die sich auch auf unser Rechtsempfinden und schließlich unsere Rechtsordnung auswirken könnten.
3. Was versteht man unter dem
   a) öffentlichen Recht und   b) dem privaten Recht?
   Ordnen Sie die folgenden Rechtsgebiete zu:
   Bürgerliches Recht, Verfassungsrecht, Verwaltungsrecht, Steuerrecht, Handelsrecht, Strafrecht, Schulrecht, Verfahrens- und Prozessrecht.

3.2 Möglichkeiten rechtlicher Bindung

Situation

Seit Beginn seiner Ausbildung zum Fachlageristen hat Robert von seiner Ausbildungsvergütung etwas zurückgelegt. Jetzt hat er endlich genügend Geld zusammen, um sich einen Blu-ray-Player kaufen zu können. Freudestrahlend erzählt er es seiner Freundin. Diese ist skeptisch und sagt: „Du weißt doch, dass deine Eltern meinen, du solltest für ein ordentliches Fahrrad sparen und ohne Einwilligung deiner Eltern kannst du keinen Blu-ray-Player kaufen, weil du erst 17 Jahre alt bist."

Handlungsauftrag

Klären Sie die rechtliche Situation von 17-Jährigen im Hinblick auf ihre Fähigkeit rechtswirksam Geschäfte abschließen zu können.

3.2.1 Rechtssubjekte

Natürliche Personen

Robert ist juristisch gesehen eine natürliche Person. Er ist seit seiner Geburt **rechtsfähig**. Dies bedeutet, dass er Rechte hat. Er kann z. B. erben. Er hat aber auch Pflichten. Er müsste z. B. für sein Erbe Steuern zahlen. Die **Rechtsfähigkeit** natürlicher Personen endet mit dem Tod.

Rechte und Pflichten in jungen Jahren
Ab Vollendung des/der ...

Zeugung	Geburt	1. Lebensjahres	6. Lebensjahres	12. Lebensjahres
Erbberechtigung	Rechtsfähigkeit (Mensch ist als Mensch existent)	Anspruch auf Kindergartenplatz	Bis 20 Uhr ins Kino, danach nur in Begleitung I.d.R. Beginn der allgemeinen Schulpflicht	Maximale Geltungsdauer des Kinderreisepasses Kein Religionswechsel gegen den Willen

14. Lebensjahres	15. Lebensjahres	16. Lebensjahres	17. Lebensjahres	18. Lebensjahres
Widerspruch gegen Organspende nach dem Tod Einwilligung in eigene Adoption und Widerspruch dagegen Freiwilliger Sex unter Minderjährigen straffrei	I.d.R. Ende der allgemeinen Schulpflicht Anträge auf Sozialleistungen stellen	Möglichkeit zu heiraten, wenn Ehepartner schon volljährig ist Testament machen Einwilligung in Organspende nach dem Tod	Eintritt in die Bundeswehr möglich Einfuhr von zollfreien Waren (Tabak, Alkohol) als Reisender	Volljährigkeit Recht auf Waffenscheinerwerb Aktives und passives Wahlrecht*

Stand September 2014
Quelle: Gesetzbücher
*aktives Wahlrecht bereits ab 16 bei Kommunal- und/oder Landtagswahlen in einigen Bundesländern möglich
Auswahl © Globus 6643

Juristische Personen

Personenvereinigungen, wie z. B. Vereine, haben auch eine Rechtspersönlichkeit. Durch ihre Organe (z. B. Vereinsvorstand) können sie tätig werden. Sie können Verträge schließen, Rechte erwerben und Pflichten eingehen. Sie erlangen die Rechtsfähigkeit, indem sie sich in ein entsprechendes öffentliches Register eintragen lassen. (Der Verein z. B. führt dann den Zusatz „e. V." – eingetragener Verein.) Die Rechtsfähigkeit endet mit Erlöschen der Vereinigung bzw. des Vereins.

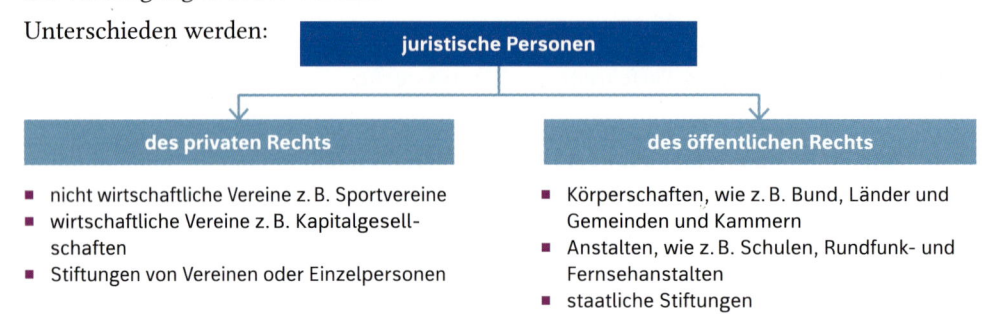

Unterschieden werden:

juristische Personen

des privaten Rechts	des öffentlichen Rechts
▪ nicht wirtschaftliche Vereine z. B. Sportvereine ▪ wirtschaftliche Vereine z. B. Kapitalgesellschaften ▪ Stiftungen von Vereinen oder Einzelpersonen	▪ Körperschaften, wie z. B. Bund, Länder und Gemeinden und Kammern ▪ Anstalten, wie z. B. Schulen, Rundfunk- und Fernsehanstalten ▪ staatliche Stiftungen

Geschäftsfähigkeit

- Juristische Personen sind von Anfang an voll geschäftsfähig.
- Natürliche Personen sind
  - in den ersten sieben Lebensjahren **geschäftsunfähig**,
  - ab ihrem siebten Geburtstag bis zur Vollendung des 18. Lebensjahres **beschränkt geschäftsfähig**,
  - ab ihrem 18. Geburtstag **voll geschäftsfähig**,
  - unabhängig vom Alter **beschränkt** bzw. **vollständig geschäftsunfähig**, wenn ihre freie Willensbildung durch vorübergehende oder dauernde Geistesstörung eingeschränkt bzw. unterbunden ist.

Geschäftsunfähige können keine rechtsgültigen Verträge abschließen. Ein sechsjähriges Mädchen ist rechtlich nicht in der Lage, eine Tafel Schokolade am Kiosk zu kaufen. Bei beschränkt Geschäftsfähigen, zu denen auch der 17-jährige Robert zählt, ist der Sachverhalt etwas komplizierter.

Grundsätzlich benötigen **beschränkt Geschäftsfähige** für Rechtsgeschäfte die **Zustimmung ihrer gesetzlichen Vertreter**. Allerdings gibt es eine Reihe von **Ausnahmen**. Sie benötigen nicht die Zustimmung,

- wenn der angestrebte Vertrag **nur einen rechtlichen Vorteil** für den beschränkt Geschäftsfähigen bringt: die Annahme eines Geschenkes, das zu keiner Gegenleistung verpflichtet.
- wenn die Verträge mithilfe des **Taschengeldes** erfüllt werden können. Dabei ist nicht die Höhe des Taschengeldes von Bedeutung sondern die Tatsache, dass es wirklich zur freien Verfügung überlassen worden ist.
- wenn Verträge im Zusammenhang mit einem **Arbeitsverhältnis** geschlossen werden, das der beschränkt Geschäftsfähige mit Zustimmung der gesetzlichen Vertreter eingegangen war.

Beispiel
Eröffnung eines Gehaltskontos

Liegt in Fällen, die nicht unter die o. a. Ausnahmen fallen, keine Genehmigung der gesetzlichen Vertreter vor, so ist der von einem beschränkt Geschäftsfähigen abgeschlossene

Vertrag zunächst **schwebend unwirksam**. Erteilt der gesetzliche Vertreter nachträglich seine Zustimmung, wird der Vertrag wirksam. Wird die Zustimmung verweigert, ist der Vertrag unwirksam.

Im Ausgangsfall des 17-jährigen Robert kommt es also darauf an, ob die Eltern ihm die Ausbildungsvergütung – sein erstes selbst verdientes Geld – zur freien Verfügung überlassen haben. Ist dies der Fall, braucht er sie nicht mehr zu fragen, ob er sich den DVD-Player kaufen darf.

3.2.2 Rechtsobjekte

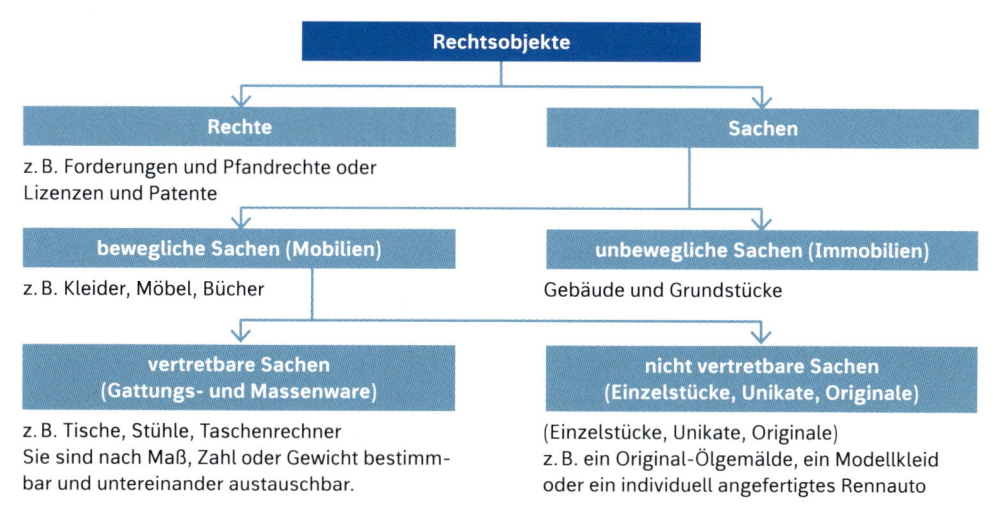

Rechtsobjekte

Rechte
z. B. Forderungen und Pfandrechte oder Lizenzen und Patente

Sachen

bewegliche Sachen (Mobilien)
z. B. Kleider, Möbel, Bücher

unbewegliche Sachen (Immobilien)
Gebäude und Grundstücke

vertretbare Sachen (Gattungs- und Massenware)
z. B. Tische, Stühle, Taschenrechner
Sie sind nach Maß, Zahl oder Gewicht bestimmbar und untereinander austauschbar.

nicht vertretbare Sachen (Einzelstücke, Unikate, Originale)
(Einzelstücke, Unikate, Originale)
z. B. ein Original-Ölgemälde, ein Modellkleid oder ein individuell angefertigtes Rennauto

Die in der vorangegangenen Übersicht unterteilten **Rechtsobjekte** sind Gegenstand der von den **Rechtssubjekten** geschlossenen Rechtsgeschäfte.

Tiere werden den Sachen zugeordnet, auch wenn es sich um Lebewesen handelt.

3.2.3 Besitz und Eigentum

Beispiel
Mehmet ist stolz auf sein neues Auto. Weil er nicht genügend Geld gespart hatte, musste er einen Bankkredit in Anspruch nehmen. Die Bank verlangte, dass er ihr den Kfz-Brief überließe. Außerdem musste er eine Kaskoversicherung abschließen, damit die Bank abgesichert sei, falls er das Auto zu Schrott führe. Dies alles kostet viel Geld. Mehmet meint aber: „Hauptsache ist, dass ich mit dem Auto fahren kann. Man sieht ihm ja nicht an, dass es noch nicht bezahlt ist."

Weil Mehmet mit dem Auto fahren kann, hat er die tatsächliche Herrschaft darüber. Er ist **Besitzer** des Autos.

- Der **Besitzer** einer Sache hat die **tatsächliche Herrschaft** über die Sache.

Die Bank kann zwar nicht mit dem Auto fahren. Wenn Mehmet aber seinen Kredit nicht zurückzahlen kann, ist sie berechtigt, mithilfe des Kfz-Briefes das Auto zu verkaufen. Sie hat die rechtliche Herrschaft über das Auto, sie ist **Eigentümerin**.

- Der **Eigentümer** einer Sache hat die **rechtliche Herrschaft** über die Sache.

Ähnlich verhält es sich bei Mietern und Vermietern. Der Vermieter ist Eigentümer der Wohnung, während der Mieter Besitzer ist. Sollte aber die Wohnung dem Bewohner selbst gehören, spricht man von einer Eigentumswohnung.

Meistens sind Eigentümer und Besitzer die gleiche Person. Wenn Frauke ein Kleid gekauft und mit nach Hause genommen hat, ist sie Eigentümerin und Besitzerin des Kleides. Im täglichen Leben werden diese Begriffe oft nicht exakt auseinandergehalten.

Übertragung von Eigentum und Besitz

Mehmet ist **Besitzer** des Autos **(bewegliche Sache)** geworden, nachdem ihm das Auto vom Händler übergeben worden ist.

Der Mieter einer Wohnung **(unbewegliche Sache)** wird **Besitzer** der Wohnung, indem ihm die Wohnung vom Vermieter zur Nutzung überlassen wird. Er erhält z. B. den Schlüssel.

- Das **Eigentum** an **beweglichen Sachen** wird durch **Einigung und Übergabe** übertragen.

    Beispiel
    *Der Verkäufer einer Hose und der Kunde werden sich einig, dass die Hose an den Käufer verkauft werden soll **und** wird dann dem Käufer die Hose übergeben, ist er Eigentümer der Hose, auch wenn er sie noch nicht bezahlt haben sollte.*

- Bei **unbeweglichen Sachen**, wie Häusern und Grundstücken, wird das **Eigentum** durch **Auflassung und Eintragung** im Grundbuch übertragen.

    Mit Auflassung ist die Einigung über die Eigentumsübertragung gemeint. Die Eintragung im Grundbuch erfolgt, nachdem der Verkäufer die Übertragung bewilligt und der Käufer die Eintragung beantragt hat. Dies erfordert eine notarielle Beurkundung.

Wenn jemand eine Sache verkauft, ohne Eigentümer zu sein, kann der Käufer dennoch das Eigentum an der Sache erwerben, wenn er davon ausgehen konnte, dass der Verkäufer Eigentümer ist **(gutgläubiger Erwerb)**. Dies ist z. B. grundsätzlich zu vermuten, wenn der Verkäufer ein Kaufmann ist. Handelt es sich jedoch um gestohlene oder verloren gegangene Sachen, kann kein Eigentum erworben werden.

Rechte und Pflichten

Ein **Eigentümer** kann grundsätzlich mit seinem Eigentum machen, was er will. Er kann es verkaufen, benutzen, verändern oder gar vernichten. Er darf allerdings nicht in die Eigentumsrechte anderer eingreifen. Das Eigentum bringt auch eine soziale Verpflichtung mit sich (GG, Art. 14). In diesem Artikel wird das Eigentumsrecht ausdrücklich geschützt und mit der Verpflichtung verknüpft, dass der Gebrauch des Eigentums zugleich dem Wohle der Allgemeinheit zu dienen hat. Das Eigentum eines Fabrikanten z. B. bezieht sich auch auf die in der Fabrik vorhandenen Arbeitsplätze. Der Eigentümer von Geld darf seine Macht nicht missbrauchen, indem er sein Geld zu einem Wucherzins verleiht.

> **Tipp**
> *Lesen Sie im Grundgesetz den Artikel 14 im Original nach.*

Ein Besitzer kann die ihm überlassene Sache nutzen. Er ist jedoch verpflichtet, pfleglich damit umzugehen und dem Eigentümer die Sache vereinbarungsgemäß wieder zurückzugeben.

3.2.4 Rechtsgeschäfte

Zustandekommen

Das Zustandekommen von Rechtsgeschäften setzt Willenserklärungen voraus. Seinen Willen kann man auf verschiedene Weise zum Ausdruck bringen:

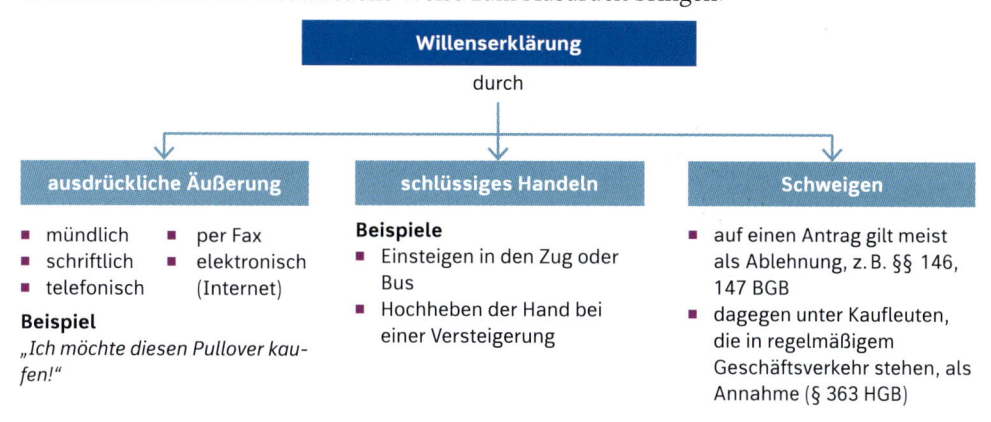

Willenserklärung durch

ausdrückliche Äußerung
- mündlich
- schriftlich
- telefonisch
- per Fax
- elektronisch (Internet)

Beispiel
„Ich möchte diesen Pullover kaufen!"

schlüssiges Handeln
Beispiele
- Einsteigen in den Zug oder Bus
- Hochheben der Hand bei einer Versteigerung

Schweigen
- auf einen Antrag gilt meist als Ablehnung, z. B. §§ 146, 147 BGB
- dagegen unter Kaufleuten, die in regelmäßigem Geschäftsverkehr stehen, als Annahme (§ 363 HGB)

Arten der Rechtsgeschäfte

Grundsätzlich werden einseitige und zweiseitige Rechtsgeschäfte unterschieden.

- Bei **einseitigen Rechtsgeschäften** ist lediglich die Willenserklärung einer Partei nötig. Wenn die Willenserklärung vom Empfänger zur Kenntnis genommen werden muss, sprechen wir von einem **empfangsbedürftigen** einseitigen Rechtsgeschäft. Typisches Beispiel hierfür ist die Kündigung.

- Beispiel für ein **nicht empfangsbedürftiges** einseitiges Rechtsgeschäft ist das Testament. Das Testament erlangt Gültigkeit, ohne dass die Erben überhaupt etwas davon wissen müssen.

- **Zweiseitige Rechtsgeschäfte** sind wesentlich häufiger. Jeder Vertrag ist ein zweiseitiges Rechtsgeschäft, bei dem sich zwei Partner einigen, gewissermaßen „vertragen" müssen. Die Willenserklärungen der Vertragspartner müssen übereinstimmen.

In seltenen Fällen führt ein Vertrag nur für einen Partner zu Verpflichtungen, wie z. B. beim Schenkungsvertrag oder bei der Übernahme einer Bürgschaft. Normalerweise führen Verträge aber für beide Partner zu Verpflichtungen. Sie begründen ein **Schuldverhältnis**. So schuldet z. B. beim Kaufvertrag der Lieferer die Ware und der Kunde das Geld.

Formvorschriften

Grundsätzlich ist die Abgabe einer Willenserklärung an keine besondere Form gebunden. Bei einigen Rechtsgeschäften sind gesetzlich bestimmte Formvorschriften einzuhalten. Dies kann mit der Bedeutung der Rechtsgeschäfte zusammenhängen (z. B. Berufsausbildungsvertrag) oder der Beweisbarkeit (z. B. Arbeitsverträge gemäß dem sog. Nachweisgesetz). Es ist auch möglich, dass damit übereilte Entschlüsse verhindert werden sollen (z. B. Abzahlungsgeschäfte).

- **Schriftform** (unterschriebene Urkunde) wird u. a. bei Schuldversprechen, Bürgschaftserklärungen von Privatpersonen, Ausbildungsverträgen oder beim Testament vorgeschrieben.

- **Öffentliche Beglaubigung** (vom Notar beglaubigte Unterschriften auf einer Urkunde) wird z. B. bei Anmeldungen zur Eintragung in das Handels- oder Vereinsregister gefordert.
- **Notarielle Beurkundung**: Ein Notar fertigt eine Verhandlungsniederschrift an, die den Betroffenen vorgelesen, von ihnen genehmigt und unterschrieben wird. Der Notar unterschreibt seinerseits.

Beispiele
Grundstücksverkäufe, Eheverträge, Schenkungsversprechen

Nichtigkeit von Rechtsgeschäften

Nicht alle abgeschlossenen Rechtsgeschäfte sind rechtsgültig. Wenn ein Rechtsgeschäft z. B. schwere Mängel aufweist, ist es von Anfang an nichtig. Folgende Rechtssituationen sind denkbar:

Rechtssituationen	Nichtig wegen	Beispiele
Eine Willenserklärung wurde von einem Geschäftsunfähigen abgegeben.	**Geschäftsunfähigkeit (§ 105 Abs. 1 BGB)**	Der sechsjährige Tim kauft sich ein ferngesteuertes Auto.
Ein Vertrag wurde im Zustand vorübergehend eingeschränkter Geistestätigkeit abgeschlossen.	**vorübergehender Geschäftsunfähigkeit (§ 105 Abs. 2 BGB)**	Walter verkauft im Vollrausch seine teure Armbanduhr für eine Runde Bier.
Das Rechtsgeschäft wurde nur zum Scherz abgeschlossen.	**Scherzgeschäft (§ 118 BGB)**	Wilhelm bietet an einem Kegelabend seinem Tischnachbarn an, jede Woche dessen Rasen zu mähen, wenn dieser „alle Neune" schaffe.
Das Rechtsgeschäft wurde nur zum Schein abgeschlossen.	**Scheingeschäft (§ 117 BGB)**	Um Grunderwerbssteuer zu sparen, vereinbart Richard einen offiziellen Grundstückspreis, der nur der Hälfte des tatsächlichen Wertes entspricht.

Rechtssituationen	Nichtig wegen	Beispiele
Zwingende Formvorschriften wurden nicht eingehalten.	**Formmangels (§ 125 BGB)**	Gunter kauft von Margot ein Haus. Sie fertigen einen einfachen schriftlichen Kaufvertrag aus.
Das Rechtsgeschäft verstößt gegen die guten Sitten.	**Verstoß gegen die guten Sitten (§ 138 BGB)**	Unter Ausnutzung der Zwangslage eines wohnungslosen Ausländers verlangt der Vermieter Krause den dreifachen Mietpreis für eine Wohnung.
Das Rechtsgeschäft verstößt gegen ein Gesetz.	**Verstoß gegen Gesetz (§ 134 BGB)**	Rudolf kauft von einem Dealer 2 g Heroin.

> *Tipp*
>
> *Schlagen Sie die angegebenen Paragrafen im Bürgerlichen Gesetzbuch (BGB) nach.*

Anfechtbarkeit von Rechtsgeschäften

Während bei den zuvor beschriebenen Fällen die Rechtsgeschäfte von Anfang an keine Rechtskraft hatten, sind auch Fälle möglich, bei denen ein Rechtsgeschäft später angefochten wird, um es rückwirkend ungültig werden zu lassen.

Rechtssituationen	Anfechtbar wegen	Beispiele
Eine Willenserklärung wurde irrtümlich abgegeben.	**Irrtums in der Erklärung (§ 119 BGB)**	Am Telefon wird einem Kunden versehentlich ein falscher Preis für eine Ware genannt.
Die Willenserklärung wurde durch einen Übermittlungsfehler verfälscht.	**Irrtums in der Übermittlung (§ 120 BGB)**	Ein Händler bestellt ein bestimmtes Ersatzteil per Fax. Bei der Übertragung der Bestellung wird die Teilenummer so verstümmelt, dass ein anderes Teil geliefert wird.
Bei Abgabe der Willenserklärung bestand ein Irrtum über die Eigenschaft der zum Kauf stehenden Sache.	**Irrtums über wesentliche Eigenschaften einer Sache (§ 119 BGB)**	Eine Auszubildende kauft ein Modearmband in der Meinung, ein echtes Goldarmband erworben zu haben.
Das Rechtsgeschäft kommt aufgrund arglistiger Täuschung zustande.	**arglistiger Täuschung (§ 123 BGB)**	Dem Käufer eines Gebrauchtwagens wurde verheimlicht, dass es sich bei diesem Wagen um ein Unfallfahrzeug handelt.
Das Rechtsgeschäft kommt durch widerrechtliche Gewaltandrohung zustande.	**widerrechtlicher Drohung (§ 123 BGB)**	Ein vermögender Rentner wird durch Bedrohung mit der Pistole dazu gezwungen, ein bestimmtes Testament zu schreiben.

Bei Anfechtung wegen Irrtums, die unverzüglich nach Entdeckung zu erfolgen hat, muss der Anfechtende damit rechnen, dass er einen eventuellen Schaden ersetzen muss, der durch seinen Irrtum entstanden ist (z. B. erhöhte Frachtkosten).

Anfechtungen wegen arglistiger Täuschung oder widerrechtlicher Drohung müssen innerhalb eines Jahres nach Kenntnis der Täuschung bzw. Wegfall der Zwangslage erfolgen.

Für alle Anfechtungsgründe gilt: **Nach zehn Jahren ist keine Anfechtung mehr möglich.**

3.2.5 Wichtige Vertragsarten

Auch wenn uns das nicht bewusst ist, schließen wir täglich Verträge ab oder bemühen uns, Verträge zu erfüllen.

Beispiel
Der Kauf des Brötchens in der Kantine am Morgen ist ein Kaufvertrag. Mit der Arbeit an unserem Arbeitsplatz versuchen wir unsere Verpflichtungen aus dem Dienstvertrag zu erfüllen. Selbst das Ausleihen eines Rasenmähers an einen Nachbarn stellt einen Leihvertrag dar und wenn wir zum Geburtstag etwas geschenkt bekommen, liegt ein Schenkungsvertrag zugrunde.

Diese Verträge des täglichen Lebens werden zumeist mündlich geschlossen. In der folgenden Übersicht sind die wichtigsten **Vertragstypen** zusammengestellt:

Veräußerungsverträge

Vertragsart	Vertragsinhalt	Beispiele
Kaufvertrag	Veräußerung von Sachen oder Rechten gegen Entgelt	Heinrich kauft im Elektrogeschäft ein Smartphone.
Schenkungsvertrag	unentgeltliche Zuwendung von Sachen oder Rechten	Der Opa schenkt seinem Enkel eine Briefmarkensammlung.
Tauschvertrag	gegenseitige Überlassung von Rechten oder Sachen	Tausch zweier Tageszeitungen mit den Nachbarn

Tipp
Im Kapitel 3.3 erfahren Sie mehr über den Kaufvertrag.

Betätigungsverträge

Vertragsart	Vertragsinhalt	Beispiele
Dienstvertrag	Leistung von Diensten gegen Entgelt (z. B. Lohn)	Karl schließt einen Arbeitsvertrag als Lagerist mit einem Großhändler.
Gesellschaftsvertrag	Verpflichtung von Gesellschaftern zur Zusammenarbeit, um ein gemeinsames Ziel zu erreichen	Gründung eines Einzelhandelsbetriebes für Kfz-Zubehör durch den Kfz-Meister Werner und den Einzelhandelskaufmann Klaus

Vertragsart	Vertragsinhalt	Beispiele
Werkvertrag	entgeltliche Herstellung eines Werkes (Herstellung bzw. Veränderung einer Sache oder Herbeiführung eines bestimmten Erfolges)	Laura lässt sich ein Möbelstück anfertigen. In der Werkstatt wird Ritas Auto repariert. Frank erstellt einen Bauplan.
Maklervertrag	entgeltliche Vermittlung von Vertragsabschlüssen	Ein Maklerbüro vermittelt den Abschluss eines Mietvertrages zwischen Wolfgang und einem Vermieter.

Überlassungsverträge

Vertragsart	Vertragsinhalt	Beispiele
Mietvertrag	entgeltliche Überlassung von Sachen zum Gebrauch	Vermietung einer Wohnung an den 20-jährigen Wolfgang
Pachtvertrag	entgeltliche Überlassung von Sachen zum Gebrauch und Genuss der Früchte bzw. Erträge	Pachtung eines Obstgartens mit dem Recht, das Obst selbst verwerten zu dürfen
Darlehensvertrag	Überlassung von Geld oder Sachen mit der Verpflichtung zur späteren Rückgabe von Sachen gleicher Menge, Art und Güte	Gerd borgt sich von einem Mitschüler mehrere Blätter Papier und verpflichtet sich, in der nächsten Woche von einem neuen Block eine entsprechende Blätterzahl zurückzugeben.
Leihvertrag	unentgeltliche Überlassung von Sachen zum Gebrauch	Gerda leiht sich in der Bibliothek ein Buch aus.

> *Kernwissen*
>
> - **Natürliche Personen** sind von Geburt an rechtsfähig. Die Geschäftsfähigkeit wird nach dem Lebensalter in geschäftsunfähig (bis sechs Jahre), beschränkt geschäftsfähig (bis 17 Jahre) und geschäftsfähig (ab 18 Jahren) unterteilt.
> - **Juristische Personen** sind Personenvereinigungen mit eigener Rechtspersönlichkeit. Sie sind rechtsfähig und durch ihre Organe geschäftsfähig.
> - **Rechtsobjekte** sind Rechte, bewegliche und unbewegliche sowie vertretbare und nicht vertretbare Sachen.
> - **Besitzer** einer Sache haben die **tatsächliche** Herrschaft über diese Sache.
> - **Eigentümer** einer Sache haben die **rechtliche** Herrschaft über diese Sache.
> - Das **Eigentum** an beweglichen Sachen wird durch Einigung und Übergabe **übertragen**. Bei unbeweglichen Sachen erfolgt die Eigentumsübertragung durch Auflassung und Eintragung im Grundbuch.
> - Einseitige **Rechtsgeschäfte** kommen durch die Willenserklärung einer Person zustande. Sie sind entweder **empfangsbedürftig** (z. B. Kündigung) oder **nicht empfangsbedürftig** (z. B. Testament).
> - Grundsätzlich sind Rechtsgeschäfte an keine bestimmte **Form** gebunden. Bei einigen Rechtsgeschäften ist allerdings
>   - die Schriftform (z. B. Bürgschaftserklärung),
>   - öffentliche Beglaubigung (z. B. Anmeldung ins Handelsregister) oder
>   - notarielle Beurkundung (z. B. Grundstückskäufe)
>
>   vorgeschrieben.

- Rechtsgeschäfte können **nichtig** sein wegen
  - Geschäftsunfähigkeit (evtl. nur vorübergehend),
  - mangelnder Ernsthaftigkeit (Schein- und Scherzgeschäfte),
  - Formmangels oder
  - Verstoßes gegen Gesetze oder die guten Sitten.
- Rechtsgeschäfte können **angefochten** werden wegen Irrtums, arglistiger Täuschung oder widerrechtlicher Drohung.
- Wichtige **Vertragsarten** sind
  - Veräußerungsverträge wie Kaufvertrag, Schenkungsvertrag und Tauschvertrag,
  - Betätigungsverträge wie Dienstvertrag, Gesellschaftsvertrag, Maklervertrag, Werkvertrag,
  - Überlassungsverträge wie Mietvertrag, Pachtvertrag, Darlehens- und Leihvertrag.

Übungsaufgaben

1. *Erklären Sie, wann die Rechts- und Geschäftsfähigkeit bei*
   a) natürlichen Personen und
   b) juristischen Personen
   beginnt und endet.

2. *Schildern Sie, unter welchen Umständen beschränkt Geschäftsfähige gültige Rechtsgeschäfte abschließen können.*

3. *Nennen Sie Beispiele für folgende Rechtsobjekte:*
   a) Rechte
   b) bewegliche und unbewegliche Sachen
   c) vertretbare und nicht vertretbare Sachen

4. *Erklären Sie an einem Beispiel, wodurch sich Besitz und Eigentum voneinander unterscheiden.*

5. *Schildern Sie, wie das Eigentum übertragen wird bei*
   a) beweglichen Sachen,
   b) unbeweglichen Sachen.

6. *Sie haben sich ein Fahrrad von einem Freund geliehen. Welche Rechte und Pflichten haben Sie als Besitzer und Ihr Freund als Eigentümer?*

7. *Wie kommen Rechtsgeschäfte zustande?*

8. *Unterscheiden Sie die Arten der Rechtsgeschäfte und nennen Sie jeweils Beispiele.*

9. *Erläutern Sie, warum bestimmte Rechtsgeschäfte Formvorschriften unterliegen, zählen Sie die (drei) Formvorschriften auf und nennen Sie je ein Beispiel.*

10. *Beurteilen Sie folgende Fälle hinsichtlich der Nichtigkeit oder Anfechtbarkeit von Rechtsgeschäften.*
    a) Ein Elektrohändler verkauft eine Musikanlage als neu, obwohl sie bereits benutzt worden ist.
    b) Ein Schüler fordert einen Mitschüler auf, ihm sein Smartphone für 10,00 € zu verkaufen, andernfalls würde er ihn auf dem Nachhauseweg verprügeln.
    c) Der Großhandelsbetrieb Sanitär & Technik GmbH und der 18-jährige Helmut schließen einen mündlichen Ausbildungsvertrag, den sie per Handschlag besiegeln.

d) Nachdem Walter reichlich Alkohol genossen hat, unterschreibt er einen Vertrag, in dem er sich verpflichtet, einen Zuschuss zu Rudis neuem Wagen zu zahlen.
e) Renate benötigt dringend Geld. Ihr wird ein Darlehen angeboten, das mit 25 % zu verzinsen ist.
f) Hubert bestellt für seinen Sportverein 51 statt 15 neue Trikots.
g) Die fünfjährige Marina kauft sich von dem Geld, das ihr die Oma zum Geburtstag geschenkt hatte, am Kiosk eine Tüte Süßigkeiten.

11. Klären Sie, welche Rechtsfolgen es hat, wenn
    a) ein Rechtsgeschäft schwere Rechtsmängel aufweist,
    b) ein rechtsgültig zustande gekommenes Rechtsgeschäft später begründet angefochten wird.

12. Worin besteht der grundsätzliche Unterschied zwischen Veräußerungs- und Überlassungsverträgen?

13. Zu welcher Vertragskategorie gehört der Arbeitsvertrag und welche Grundpflichten ergeben sich für Arbeitgeber und Arbeitnehmer aus dem Arbeitsvertrag?

14. Erklären Sie den Unterschied zwischen einem
    a) Mietvertrag und einem Pachtvertrag,
    b) Darlehensvertrag und einem Leihvertrag.

3.3 Der Kaufvertrag

Situation

Auf dem Weg zu seinem Ausbildungsbetrieb kommt Werner an einem Kiosk vorbei. Heute nimmt er sich wie jeden Morgen eine Tageszeitung vom Stapel, legt den entsprechenden Geldbetrag auf den Tresen, grüßt die Verkäuferin und geht weiter zum Betrieb.

Handlungsauftrag

Klären Sie, ob hier ein Kaufvertrag zustande gekommen ist, welche Verpflichtungen sich für beide Seiten daraus ergeben und wie diese Verpflichtungen erfüllt worden sind.

3.3.1 Antrag und Annahme

Werner hat beim täglichen Kauf der Tageszeitung noch nie darüber nachgedacht, ob er einen Kaufvertrag mit der Kioskbesitzerin geschlossen hat. Und dennoch ist es so. Abschluss und Erfüllung des Kaufvertrages fallen hier zeitlich zusammen. Da der Kaufvertrag ein **zweiseitiges Rechtsgeschäft** ist, gilt:

- Ein Kaufvertrag kommt durch **zwei übereinstimmende Willenserklärungen** zustande, die **Antrag** und **Annahme** genannt werden.

In diesem Fall besteht der Antrag darin, dass Werner sich die Zeitung vom Stapel nimmt. Die Annahme durch den Kioskbesitzer besteht in der Entgegennahme des Geldes. Die Erfüllung des Vertrages erfolgt unmittelbar: Die Zeitung wird von Werner gleich mitgenommen, das Geld legt er auf den Tresen.

3.3.2 Informationen vor Kaufabschluss

Da Werner sich jeden Morgen diese Zeitung kauft, brauchte er nicht lange zu überlegen. Beabsichtigt er jedoch, sich z. B. einen neuen Blu-ray-Player zu kaufen, muss er zuvor klären: Welches Gerät ist für mich das richtige? Wo bekomme ich das Gerät meiner Wahl am günstigsten?

Die Beantwortung dieser Fragen ist nicht einfach, wenn man an die Vielzahl der Modelle mit unterschiedlichen Leistungsmerkmalen denkt. Werner weiß auch, dass er sich nicht allein auf die Werbeprospekte verlassen kann.

> **Tipp**
>
> *Unabhängige Informationen über Produkte und Leistungen geben die Verbraucherzentralen, die es in allen größeren Städten gibt. Dort liegen auch die Tests aus, die z. B. von der Stiftung Warentest als unabhängiges Institut laufend durchgeführt und veröffentlicht werden.*

Auch Werner hat sich einen Test über Blu-ray-Player besorgt und sich für ein Modell entschieden, das seinen Bedürfnissen entspricht und nicht zu teuer ist. Das nächste Problem besteht für ihn nun darin, ein Geschäft zu finden, bei dem er dieses Gerät am günstigsten bekommen kann. Dabei will er nicht nur auf den Preis schauen, sondern auch berücksichtigen, welchen Service (z. B. bei Reparaturen) das Geschäft bietet.

Anfrage

Bei den täglichen Einkäufen im Einzelhandel werden die Kaufverträge überwiegend mündlich geschlossen und die Erfüllung (Lieferung und Bezahlung) erfolgt unmittelbar. Im Geschäftsverkehr unter Kaufleuten ist dies nicht der Fall. Häufig kommen neue Geschäftsverbindungen zwischen Kaufleuten durch eine Anfrage zustande.

- Eine Anfrage ist **unverbindlich**, sie verpflichtet den Anfragenden nicht zum Kauf.

Anfragen sind **an keine Form gebunden**. Wird nach dem Preis, den Liefer- und Zahlungsbedingungen für ein bestimmtes Produkt gefragt, sprechen wir von einer **speziellen Anfrage**.

Möchte sich der Anfragende einen Überblick über das Sortiment eines Lieferers verschaffen, liegt eine **allgemeine Anfrage** vor. (Anforderung von Preislisten und Katalogen, Bitte um Vertreterbesuch)

3.3.3 Angebot

Der Anfragende erhält zumeist als Reaktion auf seine Anfrage ein Angebot.

- Ein Angebot ist die Willenserklärung gegenüber einer bestimmten Person oder Firma, unter den angegebenen Bedingungen Waren zu liefern oder Leistungen zu erbringen.

Zeitungsanzeigen mit sog. Sonderangeboten sind im rechtlichen Sinne keine Angebote, weil sie sich nicht an bestimmte Personen richten. Auch Schaufensterauslagen oder das Auslegen des Zeitungsstapels durch den Kioskbesitzer (Kapitel 3.3.1) sind Anpreisungen und keine Angebote. Das Angebot ist an keine Form gebunden.

Verbindlichkeit von Angeboten

Angebote müssen **unverzüglich** angenommen werden, andernfalls ist der Anbieter nicht mehr an sein Angebot gebunden. Ausnahme: Der Anbieter legt eine Gültigkeitsdauer ausdrücklich fest („Das Angebot gilt bis zum 31. März d. J."). Fehlt eine solche Frist, sind folgende Regeln üblich: Schriftliche Angebote müssen innerhalb einer Woche angenommen werden, mündliche Angebote während des Gesprächs.

Gelegentlich finden sich in Angeboten Klauseln wie „… *biete Ihnen freibleibend an …*", *„Das Angebot ist unverbindlich"*, *„Preise freibleibend"* oder *„solange der Vorrat reicht"*. In diesen Fällen ist das Angebot teilweise (z. B. der Preis) oder ganz unverbindlich. Der Lieferer behält sich also vor, bestimmte Bedingungen zu ändern. Ebenfalls nicht an sein Angebot gebunden ist der Anbieter, wenn in einer Bestellung die Bedingungen des Angebotes abgeändert worden sind oder wenn er sein Angebot rechtzeitig widerruft. Der Widerruf muss jedoch spätestens mit dem Angebot beim Kunden eintreffen.

Wesentliche Bestandteile eines Angebotes

Wie bereits im Kapitel 3.1.2 „Rechtsgebiete" dargestellt, geben die Gesetze (BGB und HGB) einen Rahmen vor, der durch vertragliche Vereinbarungen ausgestaltet werden kann. In der nachfolgenden Tabelle sollen daher der gesetzlichen Regelung mögliche vertragliche Regelungen gegenübergestellt werden.

Angebotsinhalte	Gesetzliche Regelungen	Mögliche vertragliche Regelungen
Art, Beschaffenheit und Güte der Ware	mittlere Art und Güte	kann wie folgt bestimmt werden: - nach Augenschein - nach Proben oder Mustern - gemäß Beschreibung oder Abbildung - Handelsmarken oder Güteklassen
Menge	Angabe in handelsüblichen Maßeinheiten	Mindest- oder Höchstbestellmengen
Preis	bezieht sich auf Maßeinheit	Preisabzüge wie Skonto oder Rabatt[1]
Verpackungskosten	zulasten des Käufers	im Preis enthalten (z. B. brutto für netto oder Preis einschließlich Verpackung)
Versandkosten	- Übergabekosten zulasten des Verkäufers - Transportkosten zulasten des Käufers (bei Versandkauf: „unfrei"); „Warenschulden sind Holschulden."	Lieferungsbedingungen: - ab Werk oder Lager - ab Versandstation (ab hier, unfrei) - frei Empfangsstation (frei dort, frachtfrei) - frei Haus oder Lager

---

[1] **Skonto** ist ein Preisnachlass für vorzeitige Zahlung. (Beispiel für eine entsprechende Zahlungsbedingung: „Bei Zahlung innerhalb 10 Tagen 3 % Skonto oder innerhalb 30 Tagen ohne Abzug")
Rabatt ist ein Preisnachlass, der aus unterschiedlichen Anlässen gewährt wird, z. B. Mengenrabatt bei Abnahme größerer Mengen. Durch die Aufhebung von Rabattgesetz und Zugabeverordnung können die Vertragspartner Preisnachlässe frei vereinbaren.

Angebotsinhalte	Gesetzliche Regelungen	Mögliche vertragliche Regelungen
Lieferzeit	Lieferung sofort	- Lieferung innerhalb eines bestimmten Zeitraumes - Lieferung bis zu einem bestimmten Termin - Fixkauf (genau bestimmter Liefertermin)
Zahlungs-bedingungen	sofortige Zahlung Kunde hat Zahlung auf seine Kosten und Gefahr zu leisten. „Geldschulden sind Schickschulden."	- Anzahlung - Vorauszahlung - Zahlung Zug um Zug - Zahlungsziel - Ratenzahlung
Erfüllungsort	- für die Warenschuld = Wohnsitz des Verkäufers - für die Geldschuld = Wohnsitz des Käufers	nur ein Erfüllungsort, meist Wohnsitz des Verkäufers
Gerichtsstand	wie Erfüllungsort Bei Abzahlungsgeschäften ist der Gerichtsstand immer der Wohnsitz des Käufers.	Kaufleute können einen Gerichtsstand vereinbaren.

Gefahrenübergang

Am Erfüllungsort geht mit der Übergabe der Ware die Gefahr der zufälligen Vernichtung bzw. Verschlechterung der Ware auf den Käufer über.

Beispiel

Swantje hat für ihre Oma zum Geburtstag eine Vase in einem Porzellanladen gekauft. Als sie mit der als Geschenk verpackten Vase den Laden verlassen hat, stolpert sie und fällt hin. Die Vase geht dabei kaputt. Swantje kann jetzt vom Verkäufer keinen Ersatz des Schadens mehr verlangen.

Auch im internationalen Güterverkehr sind die Aufteilung der Beförderungskosten und der Gefahrenübergang in den sog. Incoterms®[1] geregelt. Die Abkürzung „fob" (free on board) z.B. bedeutet, dass die Kosten bis zur Übernahme der Ware an Bord des Schiffes vom Verkäufer übernommen werden. Die Gefahr geht an den Käufer über, wenn die Ware über der Reling schwebt.

Im Buch Logistische Prozesse oder im Band II der Reihe Gut-Güter-Logistik finden Sie im Lernfeld 11 eine ausführliche Darstellung der Incoterms®.

Allgemeine Geschäftsbedingungen (AGB)

Wie man sich leicht vorstellen kann, kommt es täglich zu einer Vielzahl von Verträgen. Müssten jedesmal die vertraglichen Regelungen neu vereinbart werden, würde dies sehr viel Zeit kosten. Die Vertragsbedingungen sind daher im Laufe der Zeit vereinheitlicht und in den sog. **Allgemeinen Geschäftsbedingungen** zusammengefasst worden.

- Allgemeine Geschäftsbedingungen sind für eine Vielzahl von Verträgen vorformulierte Vertragsbedingungen, die nach Anerkennung durch den Vertragspartner Gegenstand des Vertrages werden.

---

[1] *Die aktuelle Fassung der Incoterms® 2020 ist seit 01. Januar 2020 in Kraft. Incoterms® ist ein eingetragenes Markenzeichen der Internationalen Handelskammer ICC – International Chamber of Commerce; www.iccgermany.de.*

In fast jedem Wirtschaftszweig, wie Banken, Handel, Transportwesen oder Industrie sind typische, regelmäßig wiederkehrende Probleme des Geschäftsverkehrs in für diese Branche entsprechenden AGB geregelt worden. Es sind Tausende solcher spezieller AGB im Umlauf. Weil die AGB wegen ihres Umfanges oft klein gedruckt auf der Rückseite von Verträgen zu finden sind, spricht man auch vom „Kleingedruckten".

Hierin liegt eine gewisse Gefahr für Verbraucher, die sich kaum die Mühe machen, diese AGB durchzulesen. Um den Verbraucher jedoch vor AGB-Regelungen zu schützen, die ihn unangemessen benachteiligen, sind im BGB (§ 305 ff.) entsprechende Regelungen aufgenommen worden (ehemaliges AGB-Gesetz).

> **Tipp**
>
> *Mehr über die AGB erfahren Sie im Kapitel 3.6.*

3.3.4 Widerspruchsrecht des Verbrauchers

Ebenfalls zum Schutz des Verbrauchers gibt es ein Widerspruchsrecht (§ 355 BGB) innerhalb von zwei Wochen bei:

- **Haustürgeschäften** (§ 312 BGB): Geschäfte im eigenen Heim, auf Kaffeefahrten oder z. B. in der Fußgängerzone, sofern die Vertreter nicht ausdrücklich angefordert wurden
- **Abzahlungsgeschäften** (Verbraucherkreditgesetz): Der Kaufpreis für die bereits gelieferte Ware wird in Teilzahlungen entrichtet.
- **Fernabsatzverträgen** (§ 312b ff. BGB): Verträge über Lieferung von Waren oder Erbringung von Leistungen, die mithilfe von Fernkommunikationsmitteln (E-Mail, Telefon, Internet) abgeschlossen wurden

Der Kunde muss bei Vertragsabschluss ausdrücklich auf das Widerspruchsrecht hingewiesen werden. Er hat jetzt die Möglichkeit, binnen zwei Wochen den Vertrag zu widerrufen, also rückgängig zu machen.

3.3.5 Abschluss

Wie bereits im Kapitel 3.3.1 „Antrag und Annahme" beschrieben, kommt ein Kaufvertrag durch zwei übereinstimmende Willenserklärungen zustande. Es müssen also zwei rechtsverbindliche Erklärungen vorliegen, die Antrag und Annahme genannt werden.

Beispiel
Ein Einzelhändler schickt eine Anfrage an einen Großhändler. Dieser macht daraufhin dem Einzelhändler ein verbindliches Angebot. Der Einzelhändler bestellt gemäß Angebot.

Antrag ist in diesem Fall das (verbindliche) Angebot, Annahme die Bestellung. Die Anfrage spielt hier keine Rolle, da sie unverbindlich ist. Wenn der Großhändler ein unverbindliches Angebot gemacht hätte, wäre der Kaufvertrag erst durch eine Bestellungsannahme oder Lieferung zu den Bestellbedingungen zustande gekommen. Antrag ist in diesem Fall die Bestellung, Annahme die Bestellungsannahme bzw. die Lieferung gemäß Bestellung.

Verpflichtungsgeschäft

Durch den Abschluss eines Kaufvertrages verpflichten sich beide Vertragspartner zu bestimmten Leistungen.

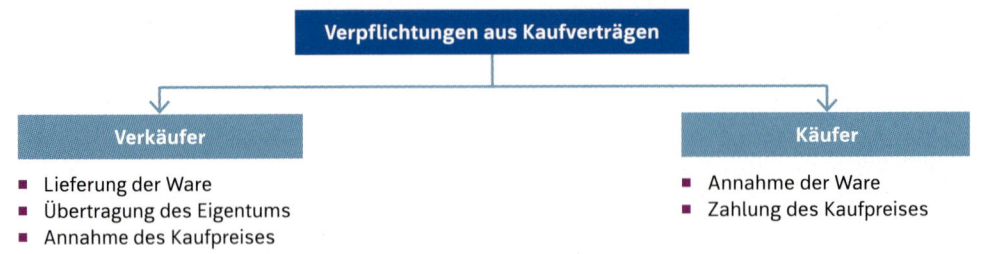

Verpflichtungen aus Kaufverträgen

Verkäufer
- Lieferung der Ware
- Übertragung des Eigentums
- Annahme des Kaufpreises

Käufer
- Annahme der Ware
- Zahlung des Kaufpreises

Erfüllungsgeschäft

Das durch den Abschluss des Kaufvertrages entstandene Schuldverhältnis erlischt, indem die Vertragspartner ihre Verpflichtungen erfüllen.

Der Verkäufer erfüllt, indem er …	Der Käufer erfüllt, indem er …
■ die Ware – rechtzeitig, – einwandfrei und – an den richtigen Ort liefert; ■ das Eigentum auf den Käufer überträgt; ■ den Kaufpreis annimmt.	■ die Ware annimmt und ■ den Kaufpreis rechtzeitig zahlt.

Bei den alltäglichen Kaufverträgen (wie der Kauf einer Zeitung) fallen Verpflichtungsgeschäft und Erfüllungsgeschäft zeitlich zusammen. Es kann aber auch ein längerer Zeitraum dazwischen liegen.

Beispiel
Barbara bestellt einen Pkw mit ganz bestimmten Ausstattungsmerkmalen. Mit der Lieferung des Wagens kann sie erst nach drei Monaten rechnen.

Der Kaufvertrag ist hier bereits zustande gekommen, als Barbara das Auto bestellt und der Händler die Bestellung angenommen hat. Das Zustandekommen des Kaufvertrages ist nicht von der späteren Erfüllung abhängig.

3.3.6 Arten des Kaufvertrages

Folgende Arten der Kaufverträge lassen sich unterscheiden:

Nach dem Lieferzeitpunkt:

Sofortkauf	Die Lieferung muss unmittelbar nach Abschluss erfolgen.	Klausel lautet: „Lieferung sofort"
Terminkauf	Lieferung innerhalb einer bestimmten Frist oder zu einem bestimmten Termin	„Lieferung im Juni" oder „Lieferung bis Ende Mai"
Fixkauf	Die Lieferung hat an einem genau bestimmten Zeitpunkt zu erfolgen.	„Lieferung am 10.10. d. J."
Kauf auf Abruf	Der Käufer bestimmt den Zeitpunkt der Lieferung später. Der Käufer ruft Teilmengen nach und nach ab.	Ein Bauunternehmer kauft Baustoffe, die er nach Bedarf nach und nach abruft.

Nach Art und Beschaffenheit der Ware:

Kauf auf Probe	Die Ware kann zunächst ausprobiert werden. Nur, wenn der Käufer die Ware behalten will, kommt der Kaufvertrag zustande.	Ein Kunde lässt sich einen Fernseher liefern, den er ausprobieren möchte, ehe er sich für den Kauf entscheidet.
Kauf nach Probe	Der Käufer bestellt nach ihm vorliegenden Mustern oder Proben. Die gelieferte Ware muss diesen Mustern entsprechen.	Ein Textileinzelhändler bestellt Stoffe nach ihm vorliegenden Stoffmustern.
Kauf zur Probe	Es wird zunächst eine kleine Menge zum Ausprobieren gekauft. Bei Gefallen wird dann eine größere Menge bestellt.	Ein Weinhändler bestellt von verschiedenen Weinsorten je eine Flasche. Nach dem Probieren bestellt er größere Mengen von den Weinsorten, die ihm gefallen haben.
Gattungskauf	Die Ware wird nur der Art nach bestimmt (gleichartige, vertretbare Ware). Die Lieferung hat dann in mittlerer Art und Güte zu erfolgen.	Ein Bäcker bestellt eine bestimmte Menge Mehl.
Stückkauf	Es wird eine ganz bestimmte Ware gekauft (nicht vertretbar).	Ein Politiker kauft einen Maßanzug.
Bestimmungskauf (Spezifikationskauf)	Der Käufer behält sich die nähere Bestimmung der gekauften Ware (Form, Farbe, Motive) für einen späteren Zeitpunkt vor.	Ein Bekleidungswerk kauft Stoffe und bestimmt je nach Bedarf später die Farbe oder das Muster des Stoffes.
Ramschkauf	Kauf eines bestimmten Warenpostens zu einem Pauschalpreis ohne Zusicherung einer bestimmten Beschaffenheit und Güte für die einzelnen Waren	Auf einer Versteigerung wird ein Posten Textilien gekauft.

Nach dem Zahlungszeitpunkt:

Kauf gegen Anzahlung	Der Käufer muss bereits vor der Lieferung einen Teil des Kaufpreises zahlen.	Ein dem Verkäufer unbekannter Käufer bestellt ein Elektrogerät. Der Verkäufer verlangt zur Sicherheit eine Anzahlung.
Barkauf	Die Ware ist bei Lieferung zu zahlen.	Kauf von Lebensmitteln im Supermarkt
Zielkauf	Die Zahlung hat innerhalb einer bestimmten Frist nach Lieferung zu erfolgen.	Zahlungsbedingung: „Zahlung innerhalb 30 Tagen ohne Abzug"
Abzahlungskauf (Ratenkauf)	Die Bezahlung erfolgt in mehreren Raten, häufig nach einer Anzahlung.	Ein Möbelstück wird in fünf gleichen Monatsraten bezahlt.
Kommissionskauf	Der Einzelhändler verkauft die ihm vom Großhändler überlassenen Waren im eigenen Namen und auf Rechnung des Großhändlers. Zahlung erfolgt erst, wenn der Einzelhändler die Ware verkauft hat.	Ein Fahrradgroßhändler überlässt einem Einzelhändler Fahrräder in Kommission.

3.3.7 Störungen bei der Erfüllung des Kaufvertrages

Wir hatten bereits festgestellt, dass das durch den Kaufvertrag entstandene Schuldverhältnis erlischt, wenn die Vertragspartner ihre Verpflichtungen erfüllen. Leider kommt es immer wieder vor, dass dies nicht oder nur unvollständig geschieht. Die folgende Tabelle zeigt, welche Störungen bei der Erfüllung des Kaufvertrages vorkommen können:

Verpflichtung des a) Verkäufers	Ereignis	Störungsart
Lieferung einwandfreier Ware	Die gelieferten Waren weisen Mängel auf.	**Schlechtlieferung**
rechtzeitige Lieferung der Ware	Die Ware wird nicht innerhalb der vereinbarten Lieferzeit geliefert.	**Nicht-Rechtzeitig-Lieferung (Lieferungsverzug)**
b) Käufers		
Annahme der gelieferten Ware	Der Kunde verweigert die Annahme der ordnungsgemäß und rechtzeitig angelieferten Ware.	**Annahmeverzug**
rechtzeitige Bezahlung der Ware	Der Kunde kann oder will die Ware nicht bezahlen.	**Nicht-Rechtzeitig-Zahlung (Zahlungsverzug)**

Mangelhafte Lieferung (Schlechtlieferung)

Mängelarten

Grundsätzlich wird zwischen **Sach- und Rechtsmangel** unterschieden. Von einem **Rechtsmangel** (§ 435 BGB) ist z. B. die Rede, wenn ein Händler die gekaufte Ware nicht weiterverkaufen kann, weil Dritte (z. B. Erfinder) Rechte an dieser Ware geltend machen. Im Hinblick auf die Ansprüche des Käufers bei Mängeln sind Sach- und Rechtsmängel gleichgestellt. Deshalb wird im Folgenden nur noch auf Sachmängel eingegangen.

Folgende **Sachmängel** werden unterschieden:

- Nach ihrer Erkennbarkeit:

Offener Mangel	Kratzer am Lack eines Autos
Versteckter Mangel	Ein Fernseher funktioniert nach einer Woche Nutzung nicht mehr.
Arglistig verschwiegener Mangel	Der Verkäufer verschweigt dem Käufer eines Gebrauchtwagens, dass dieser bei einem früheren Unfall beschädigt worden ist.

- Bezüglich des Zustands der Ware:

Mangel in der Güte bzw. Qualität	Der gelieferte Teppich weist nicht die erforderliche Anzahl von Knoten pro Quadratmeter auf.
Mangel in der Beschaffenheit	Die Porzellanvase ist zerbrochen.

- Bezüglich der Art und Menge:

Falsch-(Aliud-)Lieferung	Statt Stühlen mit Armlehnen werden Stühle ohne Armlehnen geliefert.
Manko-Lieferung (Quantitätsmangel)	Statt 100 Luftfiltern werden nur 90 geliefert.

Zusammenfassend kann gemäß § 434 BGB festgestellt werden: **Ein Sachmangel** liegt vor, wenn die **Kaufsache nicht** die **vertragsmäßige Beschaffenheit** aufweist.

Vielfach wird aber zwischen Verkäufer und Käufer nicht ausdrücklich vereinbart, welche Beschaffenheit erwartet werden kann. Im § 434 BGB findet sich hierzu folgende Regelung:

Die Sache ist frei von Sachmängeln, wenn sie

- sich für die gewöhnliche Verwendung eignet, also **funktionsfähig** ist. Ein Blu-ray-Player muss z. B. das störungsfreie Abspielen von Blu-rays ermöglichen.
- den durch Verkaufsgespräch oder Werbung **erweckten Erwartungen entspricht**. Wird z. B. eine Jacke als absolut regendicht angepriesen, so kann der Käufer erwarten, dass selbst bei starken Regenfällen keine Nässe durchdringt.

Ein Sachmangel liegt auch bei unsachgemäßer Montage oder mangelhafter Montageanleitung (sog. IKEA-Klausel) vor.

Ansprüche und Rechte des Käufers bei Schlechtlieferung

Vorrangig hat der Käufer zunächst das Recht auf **Nacherfüllung** (§§ 437 (1) und 439 BGB).

Der Käufer hat grundsätzlich ein Recht auf Nacherfüllung.
Je nach Mangel und Sache kann die Nacherfüllung bestehen aus:

- Reparatur des Kaufgegenstandes oder
- Neulieferung[1] mangelfreier Ware oder
- Neulieferung der richtigen Ware oder
- Nachlieferung zu wenig gelieferter Ware

Die entstehenden Kosten (z. B. auch für den Rücktransport der reklamierten Ware) hat der Verkäufer zu tragen. Er kann die vom Käufer gewählte Art der Nacherfüllung nur ablehnen, wenn diese mit unverhältnismäßig hohen Kosten verbunden ist (§ 439 Abs. 3 BGB).

Beispiele
- *Die Reparatur eines Toasters wäre teurer als ein neuer Toaster.*
- *Der Umtausch eines bereits mehrere Monate genutzten Rasenmähers in einen gleichwertigen Rasenmäher wäre teurer als dessen Reparatur.*

Nachrangig stehen dem Käufer weitere Rechte unter folgenden Bedingungen zu: Dem Verkäufer wurde eine angemessene Frist zur Nacherfüllung gegeben und diese lief ergebnislos ab (§ 437 Abs. 2 BGB). Auf die **Nachfrist** kann allerdings nach § 440 BGB verzichtet werden, wenn

- der Verkäufer die Nacherfüllung ablehnt,
- die Nacherfüllung fehlgeschlagen ist (z. B. zwei vergebliche Reparaturversuche) oder
- die Nacherfüllung für den Käufer nicht zumutbar ist.

Der Käufer hat jetzt folgende Rechte:

- **Rücktritt vom Vertrag**
  Beim Rücktritt wird die reklamierte Ware zurückgegeben und der Kaufpreis erstattet. Problematisch ist dies allerdings, wenn die Ware bereits längere Zeit genutzt worden

---

[1] *Im Gegensatz zu **Neulieferung** bei mangelhafter Ware spricht man von **Umtausch**, wenn mangelfreie Ware zurückgegeben oder gegen andere Ware getauscht wird (z. B. bei Geschenken).*

ist. Unter bestimmten Bedingungen muss es sich der Käufer dann gefallen lassen, dass er nicht den vollen Kaufpreis zurückerhält (§ 346 Abs. 1 BGB). Wenn der Mangel nur gering ist, hat der Käufer kein Rücktrittsrecht (§ 323 Abs. 5 BGB).

- **Minderung des Kaufpreises**
  Wie beim Rücktritt ist Voraussetzung für die Minderung eine erfolglos abgelaufene Nachfrist. Im Gegensatz zum Rücktritt kann die Minderung auch bei geringfügigen Mängeln in Anspruch genommen werden (§ 441 BGB).

- **Schadenersatz**
  Der Käufer kann Schadenersatz verlangen,
  – wenn der Lieferer vorsätzlich oder fahrlässig seine Lieferpflichten verletzt hat **und**
  – ein Schaden eingetreten ist und
  – eine angemessene Nachfrist erfolglos verstrichen ist (§§ 280 und 281 BGB).

Die **Pflicht** kann auch durch die Erfüllungsgehilfen des Lieferers (z. B. Fahrer) verletzt worden sein. Eine Nachfrist muss nicht gesetzt werden, wenn der Lieferer die Leistung verweigert. Ein **Schaden** ist z. B. einem Einzelhändler in Höhe des entgangenen Gewinns entstanden, der die mangelhafte Ware nicht verkaufen konnte. Wird die mangelhafte Ware zu einem erheblich niedrigeren Preis verkauft, entsteht ein Schaden in Höhe des Mindererlöses. Der Käufer wird in diesen Fällen

- **Schadenersatz neben der Leistungserfüllung** verlangen.

Will der Kunde die Ware überhaupt nicht mehr haben und sind ihm z. B. Mehrkosten bei der Ersatzbeschaffung bei einem anderen Lieferer entstanden, wird er

- **Schadenersatz statt der Leistung** verlangen.

Verjährung von Mängelansprüchen
Zunächst einmal muss grundsätzlich unterschieden werden zwischen **Garantie** und **Gewährleistung**:

Garantie:

Hersteller garantieren häufig, dass ihre Produkte für eine bestimmte Zeit die zugesicherte Beschaffenheit haben. Käufer können im Fall von Mängeln gegenüber dem Hersteller entsprechend den Garantiebedingungen Ansprüche z. B. auf Beseitigung der Mängel stellen (§ 443 BGB). Die Garantie kann sich auch auf Teile des Produktes, z. B. nur den Motor, beschränken.

Gewährleistung:

Im Gegensatz zu den vertraglichen Verpflichtungen eines Herstellers bei der Garantie hat der Käufer einen gesetzlich zugesicherten Anspruch auf Beseitigung der Mängel (siehe Rechte des Käufers bei Schlechtlieferung), den er unabhängig von Garantien (zusätzlich) geltend machen kann (§ 443 BGB).

Der Käufer kann nicht unbegrenzt lange warten, wenn er seine Rechte aus mangelhafter Lieferung in Anspruch nehmen will.

Die **Verjährungsfrist für Mängelansprüche** beträgt **grundsätzlich zwei Jahre** nach Übergabe der Ware (§ 438 BGB).

Nach Ablauf dieser Frist kann der Käufer die zuvor beschriebenen Ansprüche nicht mehr geltend machen. Abweichend von dieser Frist gelten längere Verjährungsfristen, und zwar eine

- **dreijährige Verjährungsfrist**, wenn der Mangel vom Verkäufer arglistig verschwiegen wurde. Im Gegensatz zu den anderen Verjährungsfristen beginnt diese Frist erst am Ende des Jahres, in dem man vom Mangel Kenntnis erhielt, zu laufen.

Beispiel
Der Verkäufer eines Gebrauchtwagens verschweigt wider besseres Wissen, dass es sich um ein Unfallfahrzeug handelt (§ 438 Abs. 3 BGB).

- **fünfjährige Verjährungsfrist** bei Bauwerken und Sachen für Bauwerke.

Aber auch eine **Verkürzung** der Verjährungsfrist ist möglich. Beim Handel mit **gebrauchten Gegenständen** darf die Frist auf **ein Jahr** reduziert werden (§ 475 Abs. 2 BGB).

Beim Handel mit neuen Sachen darf gegenüber Verbrauchern (also Privatpersonen) die Frist vertraglich nicht verkürzt werden.

Will der Käufer seine Rechte in Anspruch nehmen, muss er grundsätzlich beweisen, dass die Ware mangelhaft geliefert wurde. Für Verbraucher gilt nach § 476 BGB eine Ausnahme:

Wenn bei einem Verbrauchsgüterkauf der Mangel innerhalb von **sechs Monaten** nach Übergabe der Ware reklamiert wird, liegt die **Beweislast** beim Verkäufer. In diesem Fall wird nämlich grundsätzlich davon ausgegangen, dass der Mangel bereits von Anfang an vorhanden war (§ 476 BGB).

Kaufleute sind verpflichtet, angelieferte Ware **unverzüglich** zu prüfen (§ 377 HGB). Offene Mängel sind unverzüglich, versteckte Mängel unverzüglich nach Entdeckung zu rügen. Kaufleute, die Ansprüche ihrer Kunden wegen mangelhafter Lieferung erfüllt haben, haben ihrerseits **Rückgriffsansprüche** gegen ihre Lieferanten oder den Hersteller, die frühestens zwei Monate nach dem Zeitpunkt der Inanspruchnahme durch die Kunden verjähren, jedoch spätestens nach fünf Jahren (§§ 478 und 479 BGB).

> *Tipp*
>
> *Vergleichen Sie die Ausführungen zum Lernfeld 1 im Buch „Logistische Prozesse" oder dem Band I der Reihe „Gut-Güter-Logistik" zum Umgang mit beanstandeter Ware.*

Nach dem **Produkthaftungsgesetz** hat der Verbraucher gegenüber dem Hersteller eines Produktes grundsätzlich einen Schadenersatzanspruch, wenn durch den Fehler des Produktes jemand getötet oder verletzt wird oder eine Sache beschädigt worden ist. Auf das Verschulden des Herstellers kommt es hierbei nicht an.

Um die Rechte von Verbrauchern, insbesondere im immer wichtiger werdenden Onlinehandel, zu stärken, wurde das **Verbraucherstreitbeilegungsgesetz** (VSBG) geschaffen. Der Verbraucher hat durch dieses Gesetz eine schnelle, kostengünstige Möglichkeit erhalten, Streitigkeiten mit Onlinehändlern außergerichtlich beizulegen. Der Onlinehändler muss den Käufer auf seiner Webseite auf entsprechende Verbraucherschlichtungsstellen hinweisen (§ 36 VSBG).

Lieferungsverzug (Nicht-Rechtzeitig-Lieferung)

Voraussetzungen
- Die Lieferung muss **fällig** sein (§ 286 BGB).
  Dies ist der Fall, wenn der Verkäufer nicht in der vereinbarten Zeit geliefert hat. Ist der Liefertermin kalendermäßig genau vereinbart (Terminkauf) oder liegt ein Fixkauf vor (vgl. Pkt. 3.3.6 – Arten des Kaufvertrages), bedarf es keiner Mahnung. Ist der Liefertermin kalendermäßig nicht genau bestimmbar, gerät der Lieferer erst durch eine **Mahnung** mit angemessener **Nachfrist** in Verzug. Eine Mahnung erübrigt sich, wenn der Verkäufer ausdrücklich erklärt, dass er nicht liefern kann oder will (Selbstinverzugsetzung).

- Den Verkäufer muss **Verschulden** treffen (§ 276 ff. BGB).
  Ein Verschulden liegt vor, wenn der Lieferer **vorsätzlich** oder **fahrlässig** gehandelt hat.

  Beispiel
  Ein Lieferer hat bei Annahme des Auftrages nicht genügend geprüft, ob er überhaupt in der Lage ist, rechtzeitig liefern zu können.

  Auch das Verhalten der Mitarbeiter **(Erfüllungsgehilfen)** des Lieferers kann diesem angelastet werden.

  Beispiel
  Ein Lkw-Fahrer verursacht in betrunkenem Zustand einen Unfall, bei dem die Ware vernichtet wird.

  Kein Verschulden liegt bei sog. **höherer Gewalt** vor. Dies wäre der Fall, wenn in das Lager des Verkäufers der Blitz einschlägt und es niederbrennt.

Rechte des Käufers
Ohne Nachfristsetzung könnte der Käufer

- **auf Lieferung bestehen** (§ 286 BGB).
  Dies wird er tun, wenn er die Ware nirgendwo sonst oder nirgendwo sonst so günstig bekommen kann.

- auf Lieferung bestehen und **Schadenersatz wegen Leistungsverzögerung** verlangen (§ 280 BGB).

  Beispiel
  Dem Käufer ist durch die verspätete Lieferung ein Schaden (entgangener Gewinn) entstanden, weil die Ware nicht wie geplant im Weihnachtsgeschäft verkauft werden konnte.

Nach erfolglosem **Ablauf einer angemessenen Nachfrist** könnte der Käufer:

- **vom Vertrag zurücktreten** (§ 323 BGB).
  Wenn für den Käufer die Lieferung nicht mehr von Interesse ist, weil z. B. die Saison für ein bestimmtes Produkt vorbei ist, kann es sinnvoll sein, zurückzutreten. Eine spätere Lieferung braucht er dann nicht mehr anzunehmen. Eventuell erbrachte Leistungen (z. B. Vorauszahlung des Käufers oder eine bereits erbrachte Teillieferung) müssen zurückgegeben werden.
  Ein Rücktritt ist allerdings ausgeschlossen, wenn
    – die Pflichtverletzung des Lieferers nur gering ist,
    – der Käufer selbst die Verantwortung für die ausbleibende Lieferung trägt.

  Nach § 325 BGB schließt der Rücktritt eine Schadenersatzforderung nicht aus.

- **Schadenersatz wegen Leistungsverzögerung verlangen** (§ 280 BGB).
  Ist dem Käufer durch die verspätete Lieferung ein Schaden entstanden, weil die Ware z. B. nicht wie geplant im Weihnachtsgeschäft verkauft werden konnte oder weil der Käufer seinerseits Kunden nicht rechtzeitig beliefern konnte, so wird er einen Ersatz dieses Schadens verlangen.

- **Schadenersatz statt der Leistung verlangen** (§ 281 BGB).
  Mit dieser Forderung verliert der Käufer den Anspruch auf Lieferung. Er wird sich aber dafür entscheiden, wenn er sich die Ware z. B. bei einem anderen Lieferer teurer beschaffen musste.

- **Ersatz vergeblicher Aufwendungen verlangen** (§ 284 BGB).
  Dies könnte sinnvoll sein, wenn der Käufer z. B. in Erwartung der Lieferung Lagerraum angemietet hatte und ihm dadurch vergebliche Aufwendungen in Höhe der Lagermiete entstanden sind.

Der Schadenersatzanspruch kann sich auf einen **konkreten Schaden** (z. B. die Preisdifferenz beim Deckungskauf) oder auf einen abstrakten Schaden beziehen. Beim **abstrakten Schaden** ist der Nachweis schwierig zu führen.

Beispiel
*Dem Käufer sind durch die verspätete oder ausgebliebene Lieferung Kunden verloren gegangen. Weil die Höhe des Schadens schwer festzustellen ist (häufig ist dies nur in einem gerichtlichen Verfahren möglich), wird in der Praxis oft eine **Vertragsstrafe** (Konventionalstrafe) vereinbart. Sie wird fällig, sobald der Verkäufer im Verzug ist.*

Annahmeverzug

Voraussetzungen

- Die Lieferung muss **fällig** sein.
  Ist ein bestimmter Liefertermin fest vereinbart worden, ist dies eindeutig bestimmbar. Ist kein genauer Termin vereinbart, muss der Verkäufer zuvor dem Käufer rechtzeitig die Lieferung ankündigen.

- Die Ware muss **ordnungsgemäß angeliefert** werden.
  Der Verkäufer hat die Ware zur richtigen Zeit am richtigen Ort in der vereinbarten Menge, Art und Beschaffenheit bzw. Qualität angeliefert.

- Der Käufer hat die Annahme der ordnungsgemäß angelieferten Ware abgelehnt.
  Auch wenn Abholung vereinbart ist, gerät der Käufer in Annahmeverzug, wenn er die Ware nach Aufforderung nicht abholt.

Rechte des Verkäufers

Grundsätzlich trägt der **Käufer alle Kosten**, die dem Verkäufer aus dem Annahmeverzug entstehen. Außerdem trägt er das **Risiko**, dass die Ware beschädigt oder vernichtet werden könnte. Der Verkäufer haftet lediglich bei Vorsatz oder grober Fahrlässigkeit.

Ohne Fristsetzung könnte der Verkäufer

- **auf Vertragserfüllung bestehen** (§ 433 Abs. 2 BGB).
  Wenn der Verkäufer die Ware anderweitig nicht oder nur mit großen Verlusten verkaufen kann, wird er auf Abnahme bestehen. Inzwischen nimmt er die Ware auf Kosten und Gefahr des Käufers in Verwahrung (§ 373 HGB).
- **Ersatz der Mehraufwendungen verlangen** (§ 304 BGB).
  Insbesondere die Verwahrung der Ware, z. B. bei einem Lagerhalter, kann zu Mehraufwendungen führen.

Nach erfolglosem Ablauf einer angemessenen Frist könnte der Verkäufer

- **einen Selbsthilfeverkauf vornehmen** (§ 383 ff. BGB).
  Er kann die Waren – nach vorheriger Androhung – **öffentlich versteigern** lassen oder frei am Markt verkaufen (§ 373 HGB). Der Verkäufer hat den Käufer über die Versteigerung zu informieren. Bei einem sog. **Notverkauf** verderblicher Ware entfällt die Benachrichtigungspflicht. Ein evtl. Mehrerlös ist nach Abzug der Kosten an den Käufer auszuzahlen.
- **vom Vertrag zurücktreten** (§ 323 BGB).
  Dieses Recht wird der Verkäufer in Anspruch nehmen, wenn
  – er die Ware anderweitig günstiger verkaufen kann oder
  – der Wert der Ware nur gering ist.

Zahlungsverzug (Nicht-Rechtzeitig-Zahlung)

Voraussetzungen
Ein Schuldner (Käufer) gerät in **Zahlungsverzug** (§ 286 BGB), wenn er
- **schuldhaft**,
- trotz **Mahnung** durch den Gläubiger
- nach **Eintritt der Fälligkeit**

die Zahlung nicht leistet.

Auf eine Mahnung kann verzichtet werden, wenn
- der Zahlungstermin kalendermäßig genau bestimmt ist,
- der Zahlungstermin kalendermäßig nicht genau bestimmbar ist und nach Fälligkeit und Zugang der Rechnung 30 Tage vergangen sind (ist der Schuldner Verbraucher, muss er in der Rechnung besonders hierauf hingewiesen werden.),
- der Schuldner die Leistung ernsthaft und endgültig verweigert.

Rechte des Gläubigers (Verkäufers)
Der Gläubiger könnte

- **auf Zahlung bestehen**. Außer dem nicht bezahlten Forderungsbetrag stehen ihm die Erstattung der Mahnkosten und Verzugszinsen zu. Die Höhe der Verzugszinsen beträgt 5 % (bei Verbrauchern) bzw. 9 % (bei Kaufleuten) über dem gültigen Basiszinssatz (§ 288 BGB). Der Basiszinssatz wird von der Deutschen Bundesbank bekannt gegeben. Um seine Forderung durchzusetzen, wird der Gläubiger dem Schuldner Mahnungen in bestimmten Zeitabständen und stets verschärftem Ton schicken. Sollte er damit keinen Erfolg haben, wird er beim zuständigen Amtsgericht einen Mahnbescheid gegen den Schuldner beantragen.

Nach Setzen einer angemessenen Nachfrist (Ausnahmen s. o.) könnte der Gläubiger:
- **vom Vertrag zurücktreten**. Er kann die Rückgabe der Ware verlangen.
- **Schadenersatz (statt Leistung) verlangen**. Entstehen beim anderweitigen Verkauf der vom Kunden zurückgegebenen Waren Kosten oder/und ein Mindererlös, muss der ursprüngliche Käufer den Schaden ersetzen.

Kernwissen

- Der **Kaufvertrag ist ein zweiseitiges Rechtsgeschäft**, das durch zwei übereinstimmende Willenserklärungen zustande kommt. Die Willenserklärungen können mündlich, schriftlich oder durch schlüssiges Handeln abgegeben werden.
- Durch **Anfragen** können **unverbindlich** und **formlos** Informationen eingeholt werden über
  a) das Sortiment und die Leistungsfähigkeit eines Lieferers (**allgemeine Anfrage**),
  b) Preise und Lieferbedingungen für bestimmte Produkte (**spezielle Anfrage**).
- **Angebote** sind grundsätzlich verbindliche Willenserklärungen gegenüber **bestimmten** Personen/Personengruppen, unter den angebotenen Bedingungen Waren zu liefern oder Leistungen zu erbringen.
- Die **Bindung** des Anbietenden an sein Angebot dauert bei **unbefristeten Angeboten**, die
  a) mündlich abgegeben werden, so lange wie das Gespräch,
  b) schriftlich abgegeben werden, ca. eine Woche.

- **Befristete Angebote** sind bis zum Ablauf der Frist bindend.
  Angebote mit sog. Freizeichnungsklauseln sind ganz oder teilweise unverbindlich. Die Bindung an das Angebot erlischt auch, wenn das Angebot abgelehnt wird, die Bestellung verspätet eintrifft oder vom Angebot abweicht oder das Angebot rechtzeitig widerrufen wurde.
- **Inhalte des Angebotes** sind Angaben über
  - Art, Beschaffenheit und Güte der Ware,
  - Menge und Preis,
  - Verpackungs- und Versandkosten,
  - Lieferzeit und Zahlungsbedingungen,
  - Erfüllungsort und Gerichtsstand.
- Mit der Übergabe der Ware am Erfüllungsort geht die **Gefahr** des zufälligen Untergangs oder Verschlechterung **auf den Käufer** über.
- **Allgemeine Geschäftsbedingungen** sind vorformulierte vereinheitlichte Vertragsbedingungen, die durch Anerkennung des Vertragspartners Bestandteil eines Vertrages werden.
- Bei **Haustür-, Fernabsatz- und Abzahlungsgeschäften** hat der Kunde ein **Widerspruchsrecht** innerhalb von zwei Wochen nach Abschluss des Vertrages.
- Durch den **Abschluss** des Kaufvertrages **verpflichtet** sich
  a) der **Verkäufer**, die Ware rechtzeitig an den rechten Ort und einwandfrei zu liefern sowie das Eigentum an der Ware zu übertragen und den Kaufpreis anzunehmen,
  b) der **Käufer**, die Ware anzunehmen und zu bezahlen.
- **Arten des Kaufvertrages** werden unterschieden
  a) nach dem **Lieferzeitpunkt**: Sofortkauf, Terminkauf, Fixkauf, Kauf auf Abruf.
  b) nach **Art und Beschaffenheit** der Ware: Kauf auf, nach und zur Probe, Gattungs- und Stückkauf, Bestimmungskauf, Ramschkauf.
  c) nach dem **Zahlungszeitpunkt**: Kauf gegen Anzahlung, Barkauf, Zielkauf, Abzahlungs- und Kommissionskauf.
- **Störungen bei der Erfüllung des Kaufvertrages**:
  a) Pflichtverletzungen des Verkäufers:

Störungen	Voraussetzungen	Rechte des Käufers
Schlechtlieferung (mangelhafte Lieferung)	Die Ware weist Mängel auf. (Mängelarten und Rügefristen siehe unten)	**Vorrangiges Recht:** - Nacherfüllung (Reparatur, Neulieferung oder Nachlieferung) nach ergebnisloser Nachfrist für Nacherfüllung **Nachrangige Rechte:** - Rücktritt vom Kaufvertrag - Minderung des Kaufpreises - Schadenersatz bei Pflichtverletzung durch Lieferer und entstandenem Schaden
Nicht-Rechtzeitig-Lieferung (Lieferungsverzug)	- Fälligkeit der Lieferung - Anmahnung der Lieferung, wenn Liefertermin kalendermäßig nicht genau bestimmt - Verschulden des Lieferers und seiner Erfüllungsgehilfen	**Ohne Nachfristsetzung:** - auf Lieferung bestehen oder - Lieferung und Schadenersatz wegen Pflichtverletzung **Nach erfolglosem Ablauf der Nachfrist:** - Schadenersatz statt der Leistung - Ersatz vergeblicher Aufwendungen - Rücktritt vom Kaufvertrag

b) Pflichtverletzungen des Käufers:

Störungen	Voraussetzungen	Rechte des Verkäufers
Annahmeverzug	▪ Fälligkeit der Lieferung ▪ Ordnungsgemäße Anlieferung der Waren ▪ Ablehnung der Warenannahme	**Ohne Fristsetzung:** ▪ auf Abnahme der Ware bestehen ▪ Ersatz der Mehraufwendungen verlangen **Nach erfolglosem Ablauf der Nachfrist:** ▪ Selbsthilfeverkauf vornehmen ▪ Rücktritt vom Vertrag
Nicht-Rechtzeitig-Zahlung (Zahlungsverzug)	Käufer zahlt schuldhaft, trotz Mahnung nach Fälligkeit nicht. **Mahnung entbehrlich,** wenn der Zahlungstermin a) kalendermäßig genau bestimmt ist, b) kalendermäßig nicht genau bestimmt ist, aber 30 Tage nach Rechnungserhalt vergangen sind, oder wenn c) der Schuldner die Zahlung verweigert.	**Bei Fälligkeit der Zahlung:** ▪ auf Zahlung bestehen und die Kosten des Mahnverfahrens sowie Verzugszinsen (5 % bzw. 9 % über Basiszinssatz) verlangen. **Nach erfolglosem Ablauf der Nachfrist:** ▪ Rücktritt vom Vertrag oder/und ▪ Schadenersatz

▪ **Mängelarten:**
Rechtsmangel: Kaufsache ist mit Rechten Dritter behaftet.
Sachmangel: Kaufsache weist nicht die vertragsmäßige Beschaffenheit auf.
 – Nach der Erkennbarkeit werden offene und versteckte Mängel unterschieden.
 – Wurden andere als die bestellten Waren geliefert, liegt eine Falschlieferung vor.
 – Wurden falsche Waren geliefert, liegt eine sog. Aliud-Lieferung vor.
 – Wurde zu wenig geliefert, heißt es Manko-Lieferung oder Quantitätsmangel.

▪ **Rügefristen (Verjährung von Mängelansprüchen)**
Wenn der Käufer seine Rechte bei Schlechtlieferung geltend machen will, muss er bestimmte Fristen einhalten:

	Offene Mängel	Versteckte Mängel
Privatleute einseitiger Handelskauf § 438 BGB (Verbrauchsgüterkauf)	**grundsätzlich innerhalb zwei Jahren** (§ 438 BGB) **Ausnahme:** ein Jahr bei gebrauchten Waren (§ 475 BGB) fünf Jahre bei Bauwerken bzw. Baustoffen drei Jahre bei arglistig verschwiegenen Mängeln **Beachte:** Bei Rügen innerhalb von **sechs Monaten** muss der Lieferer beweisen, dass die Ware bei Lieferung in Ordnung war (**Beweislastumkehr § 476 BGB**), danach hat der Käufer die Beweislast. Abweichende (längere) Garantiezeiten durch Hersteller sind hiervon unberührt.	
Kaufleute zweiseitiger Handelskauf §§ 377 und 378 HGB	**unverzüglich**	**unverzüglich nach Entdeckung,** jedoch innerhalb von zwei Jahren

	Offene Mängel	Versteckte Mängel
Rückgriffsrechte von Kaufleuten gegenüber ihren Lieferanten §§ 478 und 479 HGB	zwei Monate nach dem Zeitpunkt der Inanspruchnahme durch ihre Kunden, jedoch spätestens nach fünf Jahren	

- Garantie ist eine vertragliche Verpflichtung eines Herstellers/Verkäufers, Leistungen (z.B. Ersatzlieferung) im Falle von Mängeln an dem Produkt innerhalb einer bestimmten Frist zu erbringen. Die Ansprüche können unabhängig von der gesetzlichen Gewährleistung geltend gemacht werden.

Übungsaufgaben

1. Ist der Kaufvertrag an eine bestimmte Form gebunden?
2. Fritz möchte ein Motorrad kaufen. Welche Überlegungen sollte er vor diesem Kauf anstellen?
3. Erläutern Sie den Zweck von Anfragen und unterscheiden Sie allgemeine und spezielle Anfrage.
4. Wie lange ist ein Anbieter an sein Angebot gebunden, das er
   a) in einem Gespräch macht,
   b) in schriftlicher Form einem Kunden zuleitet?
5. Erklären Sie an Beispielen, wie die Bindung an ein Angebot ganz oder teilweise eingeschränkt werden kann.
6. Schildern Sie Möglichkeiten, Art und Güte von Waren genau zu bestimmen.
7. Erläutern Sie die Begriffe „Skonto" und „Rabatt".
8. Begründen Sie, welche Lieferungsbedingung für den Lieferer bzw. den Kunden am günstigsten ist.
9. Nehmen Sie Stellung zu folgenden Merksätzen: „Warenschulden sind Holschulden" und „Geldschulden sind Schickschulden".
10. Begründen Sie, welche Zahlungsbedingung aus Sicht des Kunden am günstigsten ist.
11. Erklären Sie an einem Beispiel, welche Folgen der Gefahrenübergang am Erfüllungsort haben kann.
12. Erläutern Sie den Zweck allgemeiner Geschäftsbedingungen (AGB).
13. Kreuzen Sie die Fälle an, bei denen ein Kaufvertrag zustande gekommen ist.
    a) Ein Einzelhändler richtet eine spezielle Anfrage an einen Großhändler, der daraufhin ein verbindliches Angebot zuschickt.
    b) Jens stellt ein Paket Nudeln aus einem Einkaufswagen auf das Kassenband, bezahlt und steckt die Nudeln in eine Tragetasche.
    c) Ein Kunde bestellt Waren aufgrund eines verbindlichen Angebotes, ändert aber die Lieferungsbedingung von „ab Werk" in „frei Haus" ab.
    d) Der Einzelhändler K. bestellt Waren ohne zuvor ein Angebot erhalten zu haben. Der Lieferer schickt daraufhin eine Auftragsbestätigung.

e) Jenny bestellt einen Kleinwagen beim Autohändler. Mit der Lieferung des Autos wird in sechs Wochen gerechnet.

f) Ein Händler bestellt aufgrund eines Angebotes mit der Klausel „Preise unverbindlich". Der Anbieter liefert daraufhin die Waren zu den Bedingungen seines Angebotes.

14. Erklären Sie, warum dem Verbraucher bei Haustür-, Fernabsatz- und Abzahlungsgeschäften ein Widerspruchsrecht eingeräumt wird.

15. Zählen Sie die Pflichten auf, die sich aus dem Kaufvertrag ergeben
    a) für den Verkäufer und
    b) für den Käufer.

16. Unterscheiden Sie „Kauf auf Probe", „Kauf zur Probe" und „Kauf nach Probe".

17. Erläutern Sie, warum der Kauf auf Abruf für den Käufer vorteilhaft sein kann.

18. Erklären Sie den Begriff „Fixkauf" und nennen Sie Beispiele, wo er angebracht ist.

19. Tammo möchte sich einen Motorroller kaufen. Zahlt er bar, kostet der Roller 2 000,00 €. Außerdem bietet der Händler folgende Ratenkaufbedingungen an: Anzahlung 600,00 € und vier Monatsraten à 400,00 €. Wie sollte Tammo sich entscheiden.
Gibt es weitere Finanzierungsmöglichkeiten?

20. Entscheiden Sie, welche Mangelart vorliegt.
    a) Ein Schrank ist an der Seite verkratzt.
    b) In einer Dose Erbsensuppe findet sich ein Nagel.
    c) Statt Rotwein wird Weißwein geliefert.
    d) Statt der bestellten 100 Luftfilter werden 110 geliefert.
    e) Die gelieferten Stoffe sind minderwertiger als die Muster, nach denen bestellt wurde.
    f) Das Besteck ist an einigen Stellen verrostet.

21. Sind die Rügefristen eingehalten worden?
    a) Wolfram bringt einen beschädigten Pullover acht Monate nach Kaufdatum zurück.
    b) Waltraud reklamiert einen gebrauchten Pkw 14 Monate nach Kaufdatum wegen eines Motorschadens.
    c) Die Kfz-Werkstatt rügt defekte Fußmatten einen Monat nach Anlieferung.
    d) Ein Kunde der Kfz-Werkstatt reklamiert kurz vor Ablauf von zwei Jahren nach Kauf ein defektes Autoradio. Die Kfz-Werkstatt nimmt das Radio zurück und reklamiert ihrerseits diesen Mangel bei ihrem Lieferer nach einem Monat.

22. Erklären Sie, was unter Nacherfüllung verstanden wird. Nennen Sie entsprechende Beispiele für die Formen der Nacherfüllung.

23. Unter welchen Voraussetzungen und in welchen Fällen kann ein Kunde
    a) vom Kaufvertrag zurücktreten,
    b) Minderung oder
    c) Schadenersatz verlangen?

24. In welchem Fall wird ein Kunde bei Nicht-Rechtzeitig-Lieferung das Recht des Rücktritts vom Vertrag in Anspruch nehmen?

25. Nennen Sie die Pflichten eines Lieferers beim Annahmeverzug, der einen Selbsthilfeverkauf durchführen (lassen) will.

26. Befindet sich der Käufer mit seiner Zahlung in Verzug, wenn er bei folgenden Fällen am 15. März noch nicht gezahlt hat?

	Rechnungsdatum (Lieferzeitpunkt)	Zahlungsbedingung	Lösung (ja/nein)
a)	18. Februar	zahlbar nach Lieferung	
b)	20. Februar	Zahlung bis 28. Februar	
c)	25. Februar	sofort	
d)	10. März	zahlbar bis Ende März	

27. Wie viel Verzugszinsen kann ein Verkäufer beim Zahlungsverzug berechnen und ab wann stehen sie ihm zu?

28. In welchem Fall sollte der Verkäufer die Waren zurückverlangen, wenn der Kunde nicht rechtzeitig gezahlt hat?

29. Erläutern Sie die Möglichkeiten eines Verkäufers beim Zahlungsverzug gegenüber einem Käufer, der die gelieferten Waren längst weiterverkauft hat.

30. Welche Aussage ist hinsichtlich einer Schlechtlieferung richtig?
    a) Beim einseitigen Handelskauf muss der Käufer den Mangel immer beweisen.
    b) Bestimmte Rechte des Käufers können vertraglich ausgeschlossen werden. Dies gilt auch bei arglistig verschwiegenen Mängeln.
    c) Beim zweiseitigen Handelskauf ist der Käufer zur unverzüglichen Prüfung nach Anlieferung verpflichtet. Das Rügen des Mangels gegenüber seinem Lieferer muss dann bis zum Ablauf des Monats erfolgen.
    d) Beim Verbrauchsgüterkauf wird zugunsten des Käufers innerhalb der ersten 6 Monate nach Lieferung vermutet, dass die Sache bereits bei Lieferung mangelhaft war. Der Verkäufer muss das Gegenteil beweisen. (Beweislastumkehr)
    e) Die Gewährleistungsfristen für neue und gebrauchte Waren sind gleich, nur bei Bauwerken und Baustoffen sind sie länger.

31. Prüfen Sie, welche Aussage, bezogen auf die Rechte des Käufers bei Schlechtlieferung zutrifft.
    a) Der Käufer kann nur Schadenersatz statt der Leistung verlangen, nicht Schadenersatz neben der Leistungserfüllung.
    b) Der Käufer kann die Nacherfüllung ablehnen, wenn zwei Reparaturversuche gescheitert waren.
    c) Der Käufer kann ohne Rücksicht auf den Wert der Ware immer vom Kaufvertrag zurücktreten.
    d) Der Käufer kann immer Schadenersatz verlangen, auch wenn den Verkäufer kein Verschulden trifft.
    e) Der Käufer kann ohne Rücksicht auf die für den Verkäufer entstehenden Kosten immer Nacherfüllung verlangen.

3.4 Unternehmungsformen

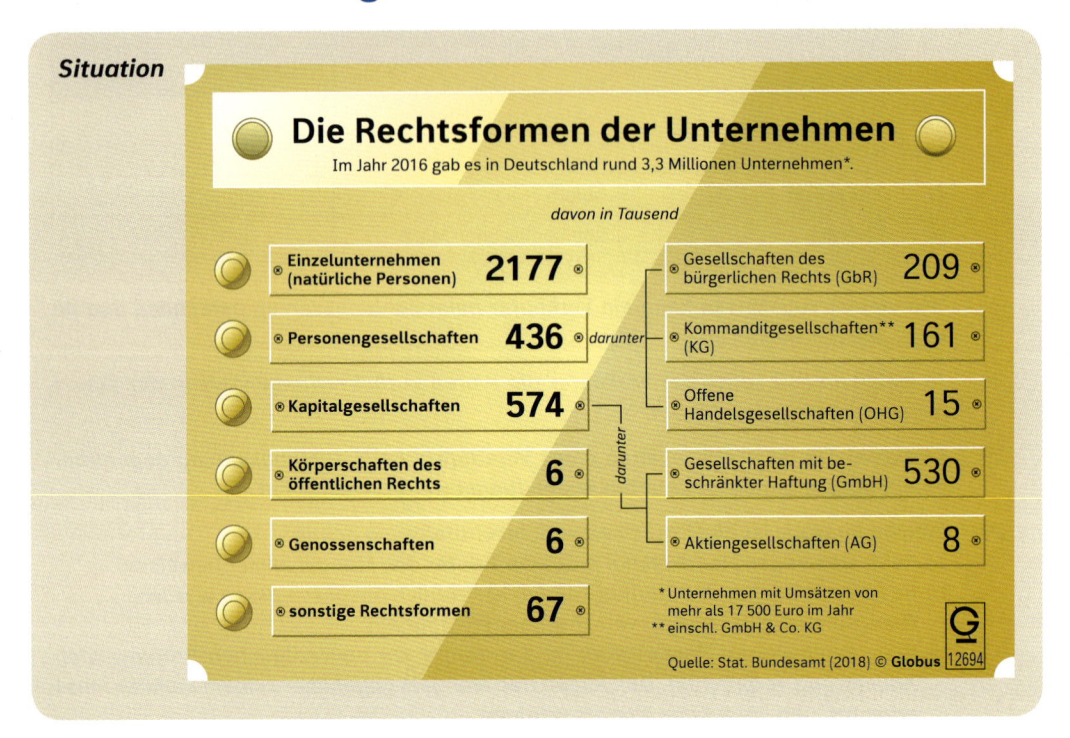

Situation

Die Rechtsformen der Unternehmen
Im Jahr 2016 gab es in Deutschland rund 3,3 Millionen Unternehmen*.

davon in Tausend

- Einzelunternehmen (natürliche Personen): **2177**
- Personengesellschaften: **436** *darunter*
  - Gesellschaften des bürgerlichen Rechts (GbR): **209**
  - Kommanditgesellschaften** (KG): **161**
  - Offene Handelsgesellschaften (OHG): **15**
- Kapitalgesellschaften: **574** *darunter*
  - Gesellschaften mit beschränkter Haftung (GmbH): **530**
  - Aktiengesellschaften (AG): **8**
- Körperschaften des öffentlichen Rechts: **6**
- Genossenschaften: **6**
- sonstige Rechtsformen: **67**

* Unternehmen mit Umsätzen von mehr als 17 500 Euro im Jahr
** einschl. GmbH & Co. KG

Quelle: Stat. Bundesamt (2018) © Globus 12694

Handlungsaufträge

1. a) Was versteht man unter Einzelunternehmen?
   b) Begründen Sie, warum die Anzahl der Einzelunternehmer relativ hoch ist.
2. a) Welche Rechtsformen gehören zu den Personengesellschaften?
   b) Welche Rechtsformen gehören zu den Kapitalgesellschaften?
3. Wodurch unterscheiden sich die Personengesellschaften von den Kapitalgesellschaften?

3.4.1 Überlegungen auf dem Weg zur Selbstständigkeit

Gründe für die Selbstständigkeit

Die Gründe, sich selbstständig zu machen und ein eigenes Gewerbe anzumelden, können vielschichtig sein:

- bestehende oder drohende **Arbeitslosigkeit**
- staatliche **Fördermittel** für Existenzgründung
- **Unabhängigkeit** von einem Arbeitgeber
- **Erwartung höheren Einkommens**
- Erkennen einer **Marktlücke**
- höheres **Ansehen**

Ein eigenes **Gewerbe** liegt vor, wenn es sich um eine selbstständige, auf Dauer angelegte und nach außen in Erscheinung tretende Tätigkeit handelt und die Absicht besteht, einen Gewinn zu erzielen.

Kaufmann – Nichtkaufmann

Erfordert das neu gegründete Unternehmen nach Art und Umfang einen in kaufmännischer Weise eingerichteten Geschäftsbetrieb, so liegt ein **Handelsgewerbe** vor. Wer ein solches Handelsgewerbe betreibt, ist **Kaufmann** (§ 1 HGB). Die pflichtgemäße Eintragung in das Handelsregister hat nur noch rechtsbekundende (deklaratorische) Wirkung.

Die Tätigkeit freier Berufe (Steuerberater, Arzt, Kunstmaler usw.) gilt dabei nicht als Handelsgewerbe.

Land- und forstwirtschaftliche Unternehmen mit kaufmännisch eingerichtetem Geschäftsbetrieb können sich in das Handelsregister eintragen lassen, müssen es aber nicht.

Unternehmen, die zwar ein Gewerbe ausüben, jedoch nach Art und Umfang keinen kaufmännischen Geschäftsbetrieb erfordern (Kleingewerbetreibende), sind nach dem Gesetz **Nichtkaufleute**.

Beispiele
Zeitschriftenkiosk, Würstchenbude

Durch Eintragung der Firma in das **Handelsregister** besteht für sie die Möglichkeit, die Kaufmannseigenschaft freiwillig zu erwerben. Die Eintragung hat somit rechtserzeugende (konstitutive) Wirkung. Mit der Eintragung übernehmen sie alle Rechte und Pflichten eines vollkaufmännischen Unternehmens.

Beispiele
Recht, eine Firma zu führen; unverzügliche Rügepflicht bei Mängeln an der gekauften Ware

Firma

Die **Firma** ist im juristischen Sinn der **Name des Kaufmanns**, unter dem er sein Unternehmen führt und seine Unterschrift abgibt. Das Recht, eine Firma zu führen, haben danach alle Kaufleute sowie alle Kleingewerbetreibenden, die in das Handelsregister eingetragen sind.

Die Firma ist wichtiger **Werbeträger** und **Visitenkarte des Unternehmens**. Deshalb soll ein wohlklingender, einprägsamer Firmenname gewählt werden. Nach neuem Recht ist bei allen Unternehmungsformen als Name der Firma ein Personenname, ein Sachname, aber auch ein Fantasiename oder eine Mischform hieraus möglich.

Jedoch sind bei der Firmenbildung folgende **Vorschriften** zu beachten:

- Die Firma muss zur **Kennzeichnung des Kaufmanns geeignet sein** und Unterscheidungskraft besitzen (§ 18 HGB). Damit soll eine Irreführung oder eine Verwechslungsgefahr mit anderen bereits bestehenden Firmen vermieden werden.

  ### Beispiel
  Gründung einer neuen Firma mit dem Namen „adidas"

- Die **Gesellschaftsverhältnisse müssen ersichtlich sein**. Der Firmenname muss einen Zusatz zur Rechtsform der Firma enthalten, z. B. e. K., OHG, KG, AG. Auf allen Geschäftsbriefen der Gesellschaft müssen die Rechtsform und der Sitz der Gesellschaft, das Registergericht und die Nummer, unter der die Gesellschaft in das **Handelsregister** eingetragen ist, angegeben werden.

- Die **Haftungsverhältnisse müssen offengelegt sein**.

Beispiel
Aus der Firmenbezeichnung Schmidt & Co. lassen sich nicht die Rechtsform und die Haftungsverhältnisse erkennen.

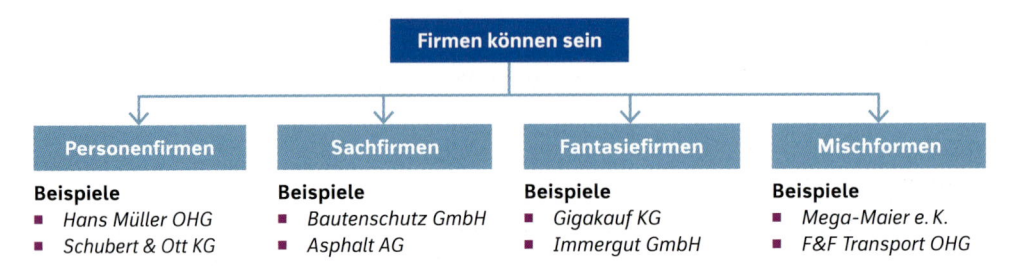

```
                    Firmen können sein
         ┌──────────────┼──────────────┬──────────────┐
   Personenfirmen    Sachfirmen    Fantasiefirmen   Mischformen
```

Beispiele
- Hans Müller OHG
- Schubert & Ott KG

Beispiele
- Bautenschutz GmbH
- Asphalt AG

Beispiele
- Gigakauf KG
- Immergut GmbH

Beispiele
- Mega-Maier e. K.
- F&F Transport OHG

Anmeldung der Unternehmung

Die Unternehmensgründung ist bei der zuständigen Ordnungsbehörde durch eine Gewerbeanmeldung anzuzeigen. Die Ordnungsbehörde meldet die Gewerbeanmeldung weiter

- an die zuständige Kammer (IHK, HWK),
- an das zuständige Finanzamt,
- an die zuständige Berufsgenossenschaft,
- an die gesetzliche Krankenkasse, sofern Arbeitnehmer beschäftigt werden,
- an das Gewerbeaufsichtsamt,
- an das Amtsgericht, sofern das zu gründende Unternehmen in das Handelsregister eingetragen werden soll.

3.4.2 Überlegungen bei der Wahl der Rechtsform der Unternehmung

Vor der Gründung ist zu entscheiden, welche Rechtsform das Unternehmen haben soll. Dafür sind folgende Fragen zu klären:

- **Firmenname**: Unter welchem Namen soll das Unternehmen auf den Markt kommen?
- **Eigentumsverhältnisse**: Möchte der Gründer als alleiniger Eigentümer das Unternehmen führen oder noch weitere Eigentümer in das Unternehmen aufnehmen?
- **Kapitalaufbringung**: Ist ein Mindestkapital vorgeschrieben? Wie viel Eigenkapital ist vorhanden und wie viel Fremdkapital ist zusätzlich erforderlich? Das **Eigenkapital** kann aufgebracht werden in Form
  - von Barmitteln (Bargeld, Bankguthaben),
  - von Sachwerten (Grundstücke, Gebäude, Maschinen),
  - von Rechten (Patente, Konzessionen, Lizenzen).

Das Fremdkapital wird häufig in Form eines Bankkredits aufgenommen.

- **Haftung**: Sollen der oder die Eigentümer nur mit ihrem Anteil am Eigenkapital oder auch mit ihrem Privatvermögen für die Verbindlichkeiten des Unternehmens haften?
- **Geschäftsführung/Vertretung**: Wie viel und welche Personen sollen bei der Geschäftsführung mitwirken? Soll die Geschäftsführung auf bestimmte Eigentümer beschränkt werden?
- **Gewinn- und Verlustverteilung**: Wie wird ein erzielter Gewinn oder Verlust unter den Eigentümern aufgeteilt oder wird er – wenigstens zum Teil – im Unternehmen einbehalten?
- **Entnahme- und Einlagerechte**: Haben der oder die Eigentümer das Recht, dem Unternehmen jederzeit Kapital zuzuführen oder zu entnehmen?
- **Veröffentlichungspflicht**: Ist der Unternehmer bei der gewählten Rechtsform verpflichtet, den **Jahresabschluss** (Bilanz, Gewinn- und Verlustrechnung) zu veröffentlichen?
- **Steuerbelastung**: Welcher Steuer unterliegt das Unternehmen bei der gewählten Rechtsform?

Der Unternehmer ist bei der Wahl der Rechtsform frei. Die Wahl der Rechtsform sollte jedoch anhand der Fragen wohl überlegt sein.

Kernwissen

- **Kaufmann** ist, wer ein **Handelsgewerbe** betreibt.
- Hat ein Gewerbebetrieb keinen nach Art und Umfang eingerichteten Geschäftsbetrieb, ist er **Nichtkaufmann**.
- Nichtkaufleute werden durch Eintragung in das Handelsregister zu Kaufleuten.
- Die **Firma** ist der Name des Kaufmanns, unter dem er sein Unternehmen führt und seine Unterschrift abgibt.
- Die **Firmenart** kann eine Personenfirma, Sachfirma, Fantasiefirma oder eine Mischform davon sein.
- Aus dem **Firmennamen** muss die Rechtsform der Firma erkennbar sein.
- Die Unternehmensgründung ist beim zuständigen Ordnungsamt durch eine **Gewerbeanmeldung** anzuzeigen.
- Vor der **Wahl der Rechtsform** sind zu klären: Firmenname, Eigentumsverhältnisse, Kapitalaufbringung, Haftung, Geschäftsführung/Vertretung, Ergebnisverteilung.

Übungsaufgaben

1. *Ihnen kommt die Idee, in Ihrer Stadt einen Fahrradkurierdienst als Gewerbe anzumelden.*
   a) *Wohin müssen Sie sich wenden?*
   b) *Werden Sie durch die Anmeldung automatisch zum Kaufmann?*
   c) *Was müssen Sie als Nichtkaufmann tun, um Kaufmann zu werden?*

2. Um sich bekannt zu machen, suchen Sie einen passenden Firmennamen.
   a) Welche Möglichkeiten haben Sie?
   b) Welche Vorschriften müssen Sie aber bei der Wahl des Firmennamens beachten?
   c) Überlegen Sie sich einige Firmennamen.

3. Neben der Wahl des Firmennamens müssen Sie noch weitere Fragen klären. Welche sind das?

4. Mehmet möchte sich mit einem Fitnessstudio selbstständig machen. Sein Freund Jens sagt dazu: „Als Selbstständiger arbeitet man selbst und ständig. Willst du das wirklich?" Darauf antwortet Mehmet: „Ich will aber meinen Traum verwirklichen!"
   a) Welche Gründe sprechen für eine Selbstständigkeit?
   b) Welche Gründe sprechen gegen eine Selbstständigkeit?

3.4.3 Einzelunternehmung

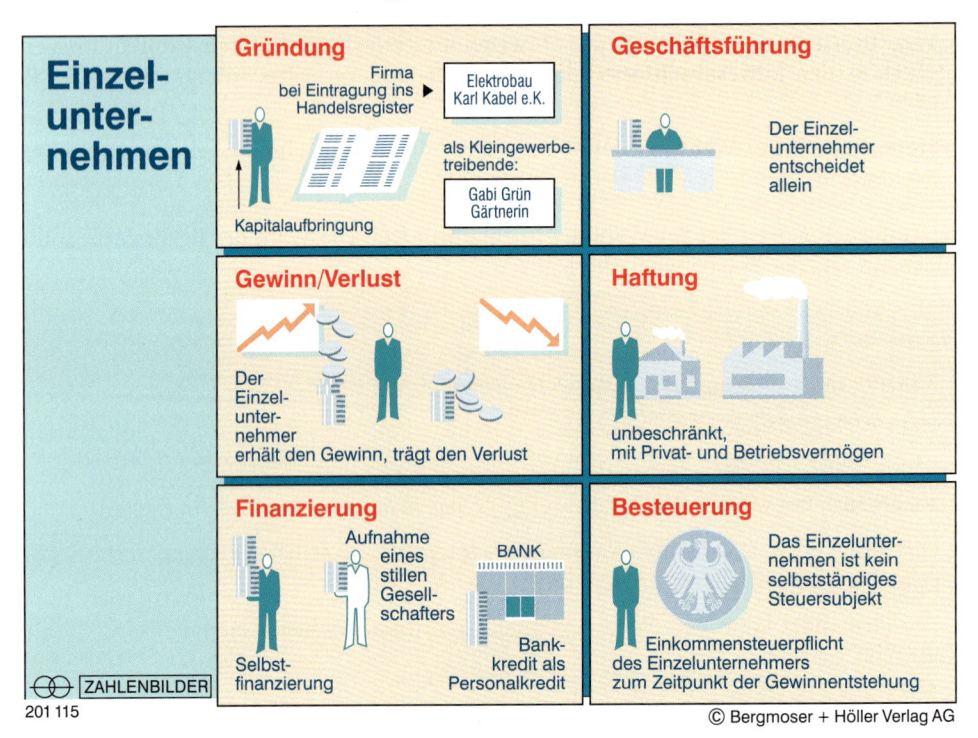

Einzelunternehmen

Gründung
- Firma bei Eintragung ins Handelsregister ▶ Elektrobau Karl Kabel e.K.
- als Kleingewerbetreibende: Gabi Grün Gärtnerin
- Kapitalaufbringung

Geschäftsführung
Der Einzelunternehmer entscheidet allein

Gewinn/Verlust
Der Einzelunternehmer erhält den Gewinn, trägt den Verlust

Haftung
unbeschränkt, mit Privat- und Betriebsvermögen

Finanzierung
- Selbstfinanzierung
- Aufnahme eines stillen Gesellschafters
- Bankkredit als Personalkredit

Besteuerung
Das Einzelunternehmen ist kein selbstständiges Steuersubjekt
Einkommensteuerpflicht des Einzelunternehmers zum Zeitpunkt der Gewinnentstehung

ZAHLENBILDER 201 115 © Bergmoser + Höller Verlag AG

- **Gesetzliche Grundlage:** Handelsgesetzbuch (HGB)

- **Kennzeichen:** Eine einzelne natürliche Person ist Eigentümer der Unternehmung. Sie trägt allein das unternehmerische Risiko, fällt Entscheidungen und übernimmt dafür die Verantwortung. Die Einzelunternehmung ist die häufigste Rechtsform in Deutschland und ist besonders für kleinere Unternehmen geeignet.

- **Firma:** Hat der Einzelunternehmer nach Art und Umfang einen in kaufmännischer Weise eingerichteten Geschäftsbetrieb, ist er Kaufmann und damit verpflichtet, eine Firma im Handelsregister anzumelden. Der frei wählbare Firmenname muss den Zusatz „eingetragener Kaufmann", „eingetragene Kauffrau" oder eine erkennbare Abkürzung („e.K.", „e.Kfm.") beinhalten.

Beispiele
Peter Strunner e.K., Moltobene e.Kffr., Walk & Bike eingetragene Kauffrau

- **Kapital:** Die Höhe des Kapitals, das der Unternehmer in das Unternehmen einbringen muss, ist nicht vorgeschrieben.
- **Geschäftsführung und Vertretung:** Die Geschäftsführung und Vertretung liegen allein beim Einzelunternehmer. Als Kaufmann kann er Mitarbeitern Prokura und Handlungsvollmacht erteilen.
- **Haftung:** Der Einzelunternehmer haftet für alle Schulden des Unternehmens allein, persönlich und unbeschränkt mit seinem Geschäfts- und Privatvermögen.
- **Ergebnisverteilung:** Der durch den Geschäftsbetrieb erzielte Gewinn steht dem Einzelunternehmer allein zu, wie er auch einen Verlust allein zu tragen hat.
- Vorteile und Nachteile der Einzelunternehmung:

Vorteile	Nachteile
▪ alleinige Entscheidungsbefugnis ▪ schnelle Entscheidungsmöglichkeit ▪ alleiniger Gewinnanspruch	▪ alleinige Haftung mit Geschäfts- und Privatvermögen ▪ Gefahr von Fehlentscheidungen ▪ alleinige Verlustübernahme ▪ Die Existenz des Unternehmens hängt von einer Person ab. ▪ begrenzte Kapitalaufbringung durch nur eine Person ▪ begrenzte Kreditwürdigkeit bei Kreditaufnahme durch alleinige Haftung

3.4.4 Personengesellschaften

Sind mindestens zwei Personen als Gesellschafter und Eigentümer an einem Unternehmen beteiligt, handelt es sich um eine **Personengesellschaft**.

Für die Gründung einer Personengesellschaft spricht:

- Die Haftung, das Risiko sowie ein möglicher Verlust werden auf mehrere Personen verteilt.
- Die Eigenkapitalbasis und die Kreditaufnahmemöglichkeit vergrößern sich.
- Der Arbeitsanfall und das Fachwissen sind auf mehrere Personen verteilt.
- Die Existenz des Unternehmens ist bei Tod oder Ausscheiden eines Gesellschafters weniger gefährdet, als wenn nur ein Eigentümer vorhanden wäre.

Personengesellschaften eignen sich besonders für Klein- und Mittelbetriebe. Es werden folgende Personengesellschaften unterschieden:

Personengesellschaften
- offene Handelsgesellschaft (OHG)
- Kommanditgesellschaft (KG)
- Gesellschaft bürgerlichen Rechts (GbR)
- Partnerschaftsgesellschaft
- Stille Gesellschaft

Die beiden wichtigsten Personengesellschaften sind die **offene Handelsgesellschaft** und die **Kommanditgesellschaft**.

Offene Handelsgesellschaft (OHG)

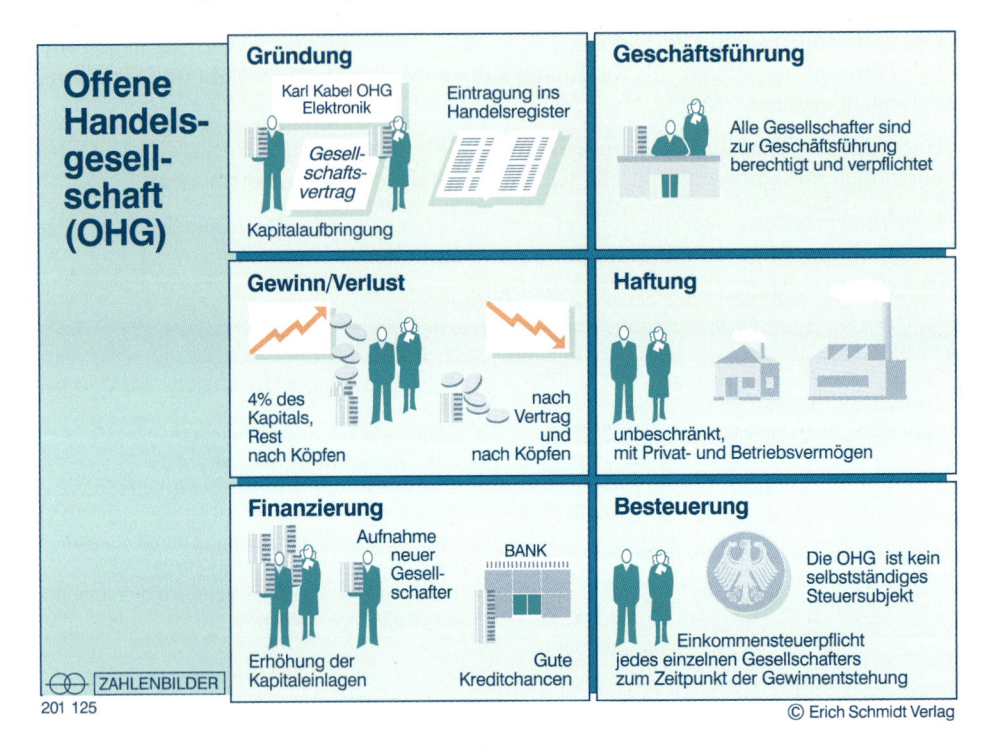

Offene Handelsgesellschaft (OHG)

Gründung
Karl Kabel OHG Elektronik
Gesellschaftsvertrag
Eintragung ins Handelsregister
Kapitalaufbringung

Geschäftsführung
Alle Gesellschafter sind zur Geschäftsführung berechtigt und verpflichtet

Gewinn/Verlust
4% des Kapitals, Rest nach Köpfen
nach Vertrag und nach Köpfen

Haftung
unbeschränkt, mit Privat- und Betriebsvermögen

Finanzierung
Erhöhung der Kapitaleinlagen
Aufnahme neuer Gesellschafter
BANK
Gute Kreditchancen

Besteuerung
Die OHG ist kein selbstständiges Steuersubjekt
Einkommensteuerpflicht jedes einzelnen Gesellschafters zum Zeitpunkt der Gewinnentstehung

ZAHLENBILDER 201 125 © Erich Schmidt Verlag

- **Gesetzliche Grundlage:** §§ 105–160 HGB, §§ 705–740 BGB

- **Kennzeichen:** Eine OHG ist eine Gesellschaft, deren Zweck auf den Betrieb eines Handelsgewerbes unter gemeinschaftlicher Firma gerichtet ist. Ihre **Gesellschafter** sind gleichberechtigte Personen, die unbeschränkt mit ihrem Geschäfts- und Privatvermögen für die Schulden der OHG haften.
  Die Gesellschafter der OHG können natürliche oder juristische Personen (siehe Seite 197/198) sein. Das bedeutet, dass nicht nur natürliche Personen, sondern auch andere offene Handelsgesellschaften oder Gesellschaften mit beschränkter Haftung Gesellschafter der OHG sein können. Die Gesellschafter erstellen einen Gesellschaftsvertrag, in dem die Rechte und Pflichten der Gesellschafter geregelt sind.

- **Firma:** Die OHG ist bei dem Amtsgericht, in dessen Bezirk die OHG ihren Firmensitz hat, in das Handelsregister einzutragen.
  Der Firmenname der OHG muss den Zusatz „offene Handelsgesellschaft", meist abgekürzt „OHG", enthalten.

  Beispiele
  Megatrend OHG, Peter & Paul OHG, Franz Meier OHG

- **Kapital:** Die Höhe des Kapitals, das die Gesellschafter in die OHG einbringen, ist nicht vorgeschrieben.

Die Kapitaleinlage kann in Form von Geld, Grundstücken, Gebäuden, Maschinen, Patenten usw. erfolgen. Für jeden Gesellschafter wird dazu ein **Kapitalkonto** geführt. Jeder Gesellschafter ist damit anteilig am Gesellschaftsvermögen der OHG beteiligt. Über das Vermögen können die Gesellschafter aber nur gemeinschaftlich verfügen.

- **Geschäftsführung**: Die Geschäftsführung bezieht sich auf das **Innenverhältnis** der Gesellschafter.

Nach dem Gesetz sind alle Gesellschafter der OHG zur Geschäftsführung berechtigt und verpflichtet.

Geht es um Handlungen, die der gewöhnliche Betrieb des Handelsgewerbes mit sich bringt, kann jeder einzelne Gesellschafter allein tätig werden.

Beispiele
Waren einkaufen und verkaufen, Zahlungen an Lieferanten leisten

Bei Geschäften, die jedoch über den gewöhnlichen Betrieb der Gesellschaft hinausgehen, ist stets die Zustimmung aller Gesellschafter notwendig.

Beispiele
Errichtung einer neuen Filiale, Kauf eines Grundstücks

Vertraglich kann Art und Umfang der Geschäftsführung beliebig geregelt werden. So kann der Gesellschaftsvertrag z. B. bestimmen,

- dass die Geschäftsführung nur von einem Gesellschafter ausgeübt wird,
- dass ein oder mehrere Gesellschafter von der Geschäftsführung ausgeschlossen sind,
- dass die Befugnis eines Gesellschafters auf einen bestimmten Geschäftsbereich beschränkt ist (z. B. Beschaffung).

Der Bestellung eines **Prokuristen** müssen alle geschäftsführenden Gesellschafter zustimmen. Ein Prokurist ist ein Bevollmächtigter eines Vollkaufmanns, der mit der Vertretungsmacht (Prokura) ausgestattet ist.

- **Vertretung**: Nach dem Gesetz kann **jeder** Gesellschafter die OHG **nach außen** (Außenverhältnis) gegenüber einem Dritten (unternehmensfremde Person) **allein** vertreten. Das bedeutet, dass Vertragsabschlüsse eines Gesellschafters mit Dritten die OHG an den Vertrag binden. Damit soll für den Dritten sichergestellt sein, dass Vereinbarungen und Verträge auch mit nur einem Gesellschafter rechtswirksam werden.

Beispiele
Einstellung eines neuen Mitarbeiters, Kauf eines Firmenwagens

Diese alleinige Vertretungsmacht erstreckt sich auf alle gewöhnlichen und ungewöhnlichen Geschäfte, nicht jedoch auf den Kernbereich des Unternehmens.

Beispiele
Verkauf des gesamten Unternehmens, Aufnahme eines weiteren Gesellschafters

Wird von der Einzelvertretung abgewichen, muss dies in das Handelsregister eingetragen werden.

Beispiele
Gesellschafter dürfen nur gemeinschaftlich vertreten, Gesellschafter darf nur mit einem Prokuristen zusammen die OHG vertreten, Gesellschafter ist von der Vertretung ausgeschlossen.

- **Haftung**: Die Gesellschafter haften den Gläubigern für alle Verbindlichkeiten der Gesellschaft als Gesamtschuldner. Dies bedeutet:
  - Jeder Gesellschafter haftet persönlich und **unbeschränkt** mit seinem Geschäfts- und Privatvermögen.
  - Ein Gläubiger kann **unmittelbar** von jedem Gesellschafter die Befriedigung seiner gesamten Ansprüche verlangen, d.h., er kann direkt eine Zwangsvollstreckung in das Vermögen eines Gesellschafters erwirken, wenn er eine Forderung gegen die OHG hat.
  - Alle Gesellschafter haften **gesamtschuldnerisch** (solidarisch), d.h., ein Gläubiger kann seine Forderung gegenüber dem Gesellschafter B geltend machen, auch wenn die Forderung aus einem Geschäft mit dem Gläubiger A entstanden ist.
  - Laut § 159 HGB haftet ein austretender Gesellschafter noch weitere fünf Jahre für die bei seinem Austritt vorhandenen Verbindlichkeiten der OHG.

Haftung bei der OHG

- unbeschränkt
- unmittelbar
- gesamtschuldnerisch (solidarisch)

- **Ergebnisverteilung**: Nach dem Gesetz erhält jeder Gesellschafter vom Jahresgewinn 4 % auf seine Einlage (Kapitalanteil), der Rest wird nach Köpfen auf die Gesellschafter verteilt.

Beispiel
Jahresgewinn 38 000,00 €, Einlagen: Gesellschafter A: 150 000,00 €
Gesellschafter B: 250 000,00 €

	4 % auf die Einlage	Restgewinn	Gesamtanteil am Gewinn	Neue Einlage
Gesellschafter A	6 000,00 €	11 000,00 €	17 000,00 €	167 000,00 €
Gesellschafter B	10 000,00 €	11 000,00 €	21 000,00 €	271 000,00 €
Summe	16 000,00 €	22 000,00 €	38 000,00 €	438 000,00 €

Die Gewinnverteilung wird in der Praxis meist vertraglich geregelt, um z. B. die erbrachte Arbeitsleistung der Gesellschafter zu berücksichtigen. Sehr häufig erfolgt auch die Verteilung des Gewinns im Verhältnis der Kapitaleinlagen der Gesellschafter.

Im Gesellschaftsvertrag ist außerdem auch meist das Recht auf Entnahme des Gewinns und des Kapitals der Gesellschafter aus der OHG geregelt. Erhalten doch die Gesellschafter für ihre Arbeitsleistung in der OHG keinen Lohn, sondern leben vom erzielten Gewinn.

- **Vorteile und Nachteile der OHG**:

Vorteile	Nachteile
■ kein Mindestkapital vorgeschrieben ■ Verteilung des Unternehmerrisikos	■ direkte, unbeschränkte, gesamtschuldnerische Haftung

Unternehmungsformen

Vorteile	Nachteile
▪ erhöhte Kreditwürdigkeit durch Vollhaftung mehrerer Gesellschafter	▪ Meinungsverschiedenheiten der Gesellschafter verzögern notwendige Entscheidungen.
▪ leichte Umwandlung einer Einzelunternehmung zu einer OHG durch Aufnahme neuer Gesellschafter	▪ Verringerung des Haftungsvolumens bei hohen Kapitalentnahmen durch die Gesellschafter
▪ Kenntnisse mehrerer Gesellschafter verbessern und erleichtern die Geschäftsführung.	▪ keine Kontrolle der Gesellschafter durch ein Aufsichtsorgan
	▪ Gewinn wird aufgeteilt.

Kommanditgesellschaft (KG)

Kommanditgesellschaft (KG)

Gründung
Karl Kabel KG Elektronik
Gesellschaftsvertrag
Eintragung ins Handelsregister
Kapitalaufbringung

Geschäftsführung
Komplementär

Gewinn/Verlust
4% des Kapitals, Rest nach Risikoanteilen
nach Vertrag oder angemessenen Anteilen

Haftung
Komplementär: unbeschränkt, mit Privat- und Betriebsvermögen
Kommanditist: beschränkt, nach Höhe der Einlage

Finanzierung
Aufnahme neuer Kommanditisten
Erhöhung der Kapitaleinlagen
BANK
Gute Kreditchancen

Besteuerung
Die KG ist kein selbstständiges Steuersubjekt
Einkommensteuerpflicht jedes einzelnen Gesellschafters zum Zeitpunkt der Gewinnentstehung

Komplementär (Vollhafter)
Kommanditist (Teilhafter)

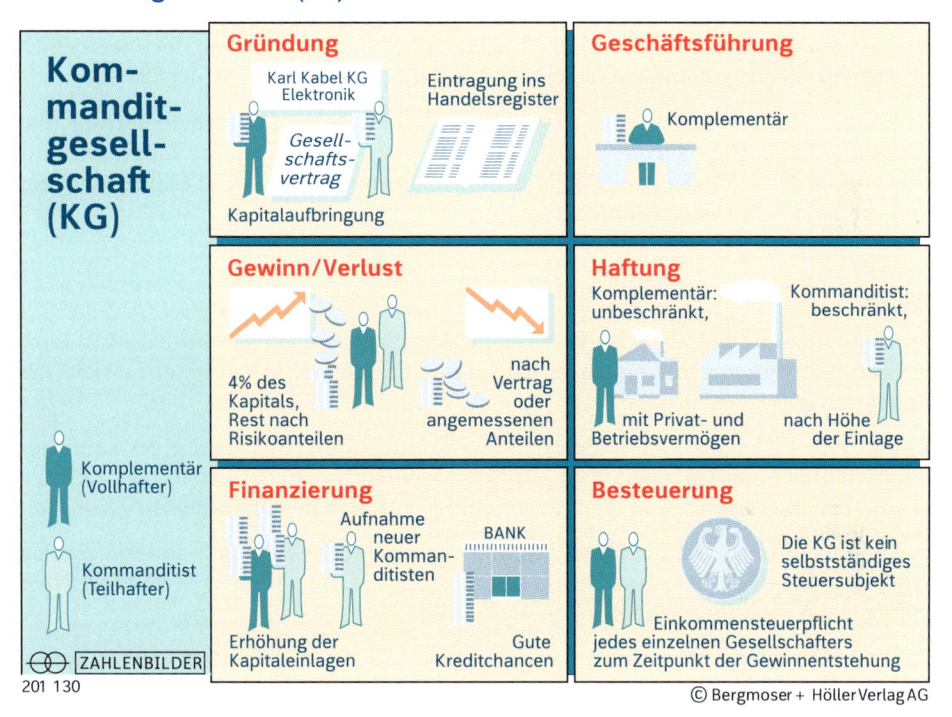

ZAHLENBILDER
201 130
© Bergmoser + Höller Verlag AG

- **Gesetzliche Grundlagen:** §§ 705–740 BGB, §§ 161–177a HGB
- **Kennzeichen:** Die KG ist wie die OHG eine Gesellschaft, in der die Gesellschafter als Firma ein Handelsgewerbe betreiben. An der KG müssen jedoch beteiligt sein:
mindestens ein Gesellschafter als **Komplementär** (Vollhafter), der mit seinem Geschäfts- und Privatvermögen haftet, und
mindestens ein Gesellschafter als **Kommanditist** (Teilhafter), der nur mit seiner Einlage, d. h. seinem Geschäftsvermögen, haftet.

Haftung bei der KG
↓ ↓
Komplementäre (Vollhafter) | Kommanditisten (Teilhafter)

- **Firma**: Der Firmenname der Kommanditgesellschaft muss den Zusatz „Kommanditgesellschaft", meist abgekürzt „KG", enthalten.

  Beispiele
  Giga 3000 KG, Fritz & Franz KG, Wilhelm Hild KG

- **Kapital**: Für die Komplementäre gelten die gleichen Regelungen wie für die Gesellschafter bei der OHG. Für die Kommanditisten sind ebenfalls eigene Kapitalkonten in Höhe des Haftungskapitals zu führen. Das Haftungskapital der Kommanditisten sowie jede Veränderung sind im Handelsregister einzutragen.

- **Geschäftsführung und Vertretung**: Nach dem HGB sind nur die Komplementäre verpflichtet und berechtigt, die Geschäfte zu führen. Sie haben dabei im Wesentlichen dieselben Rechte und Pflichten wie die Gesellschafter der OHG. So kann jeder einzelne geschäftsführende Komplementär die Gesellschaft **nach außen** einzeln vertreten. Auch vertraglich bestehen dieselben Gestaltungsmöglichkeiten wie für die Gesellschafter der OHG.

  Die Kommanditisten haben weder das Recht noch die Pflicht zur Geschäftsführung und Vertretung. Ihnen steht auch nicht das Recht zu, den gewöhnlichen geschäftlichen Entscheidungen der Komplementäre zu widersprechen, ausgenommen, es handelt sich um den Kernbereich des Unternehmens.

  Beispiel
  Verkauf der KG

  Der Kommanditist hat aber das Recht, eine Abschrift des Jahresabschlusses (Bilanz, Gewinn- und Verlustrechnung) zu verlangen und dessen Richtigkeit unter Einsicht der Bücher und Papiere zu prüfen.

  Sind an einer Kommanditgesellschaft viele Kommanditisten beteiligt, so kann der Gesellschaftsvertrag vorsehen, dass ein Beirat gebildet wird, der neben oder anstelle der Kommanditisten deren Zustimmungs- und Kontrollrechte wahrnimmt.

  Da Kommanditisten von der Geschäftsführung ausgeschlossen sind, unterliegen sie nicht dem Wettbewerbsverbot. Durch Gesellschaftervertrag können Kommanditisten aber jederzeit Prokura erhalten.

- **Haftung**: **Komplementäre** haften wie Gesellschafter der OHG unmittelbar, unbeschränkt und solidarisch. **Kommanditisten** haften bis zur Höhe der Kapitaleinlage, die im Gesellschaftervertrag vereinbart wurde und im Handelsregister eingetragen ist. Vor der Eintragung der Einlage in das Handelsregister haftet der Kommanditist wie ein Komplementär.

  Tritt ein Kommanditist in eine bestehende Kommanditgesellschaft ein, so haftet er mit seiner Kapitaleinlage auch für die vor seinem Eintritt entstandenen Verbindlichkeiten der Gesellschaft.

> **Tipp**
>
> *Achten Sie als Kommanditist stets darauf, dass Sie als Kommanditist mit Ihrer Einlage umgehend in das Handelsregister eingetragen werden. Ansonsten haften Sie im Falle eines Konkurses der KG wie ein Vollhafter.*

Hat der Kommanditist seine Einlage noch nicht voll geleistet, haftet er trotzdem mit seiner vollen Haftungssumme.

Beispiel
Vereinbarte Einlage 100 000,00 €, bisherige Einzahlung 60 000,00 €, Haftung bei Konkurs der KG 100 000,00 €

- **Ergebnisverteilung**: Nach dem Gesetz erhalten alle Komplementäre und Kommanditisten vom Jahresgewinn zunächst 4% Zinsen auf ihre Kapitaleinlage, der Rest wird im angemessenen Verhältnis, d.h. im Verhältnis der Kapitalanteile, auf alle Gesellschafter verteilt.

Beispiel
Jahresgewinn 150 000,00 €, Kapitaleinlage Komplementär A 500 000,00 €, Kapitaleinlage Kommanditist B 300 000,00 €

	Kapitalanteil	4% Zinsen	Anteil Restgew.	Gesamtanteil am Gewinn	Neues Kapital
Komplementär A	500 000,00	20 000,00	73 750,00	93 750,00	593 750,00
Kommanditist B	300 000,00	12 000,00	44 250,00	56 250,00	356 250,00
Summe	800 000,00	32 000,00	118 000,00	150 000,00	950 000,00

In der Praxis wird die Gewinnverteilung meist vertraglich geregelt.

Dem Kommanditisten werden die Gewinnanteile nur so lange auf seinem Kapitalkonto gutgeschrieben, bis die vereinbarte Kapitaleinlage erreicht ist. Danach werden die Gewinnanteile einem Verrechnungskonto des Kommanditisten gutgeschrieben. Der Kommanditist hat nur Anspruch auf Entnahme des ihm zustehenden Gewinns, wenn die vertraglich vereinbarte Kapitaleinlage voll eingezahlt ist.

Am Verlust nimmt der Kommanditist nur bis zum Betrage seiner Kapitaleinlage teil.

- **Rechte und Pflichten des Kommanditisten:**

Rechte	Pflichten
- Gewinnanteilsrecht - Kontrollrecht - Widerspruchsrecht	- Kapitaleinlage - Verlustbeteiligung - Haftung bis zur Höhe der Einlage

- **Vorteile und Nachteile der KG gegenüber der OHG:**

Vorteile	Nachteile
- Erweiterung der Kapitalbasis der Gesellschaft durch Aufnahme von Kommanditisten, ohne die Entscheidungsrechte der Komplementäre einzuschränken - Haftungsbegrenzung für die Kommanditisten - Beteiligungsmöglichkeit für den Kommanditisten an einem Unternehmen ohne Mitarbeiterverpflichtung - geeignet für Familienunternehmen, die ihre Geschäftsführungs- und Vertretungsbefugnis nicht aufteilen wollen (Kinder werden Kommanditisten, Vater bleibt Komplementär)	- Kreditwürdigkeit der KG sinkt, je mehr Gesellschafter Kommanditisten sind, die nur mit ihrer Kapitaleinlage haften. - Kommanditisten: Wegen der „Einzelvertretungsmacht" der Komplementäre ist ein starkes Vertrauensverhältnis unter den Gesellschaftern erforderlich.

Gesellschaft bürgerlichen Rechts (GbR)

Gesellschaft bürgerlichen Rechts (GbR)

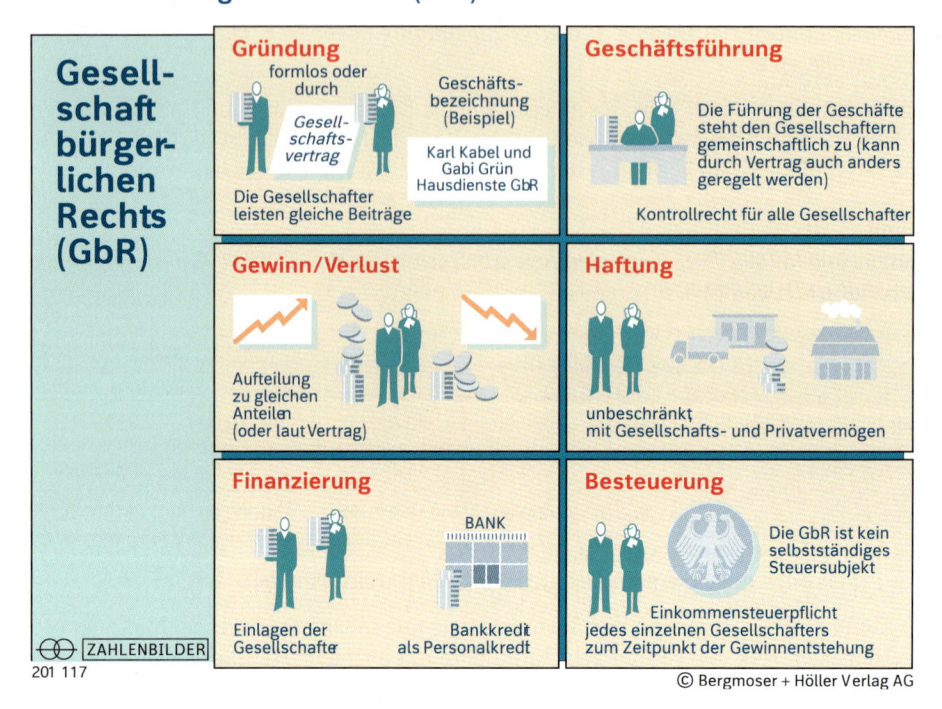

Gründung
formlos oder durch Gesellschaftsvertrag
Geschäftsbezeichnung (Beispiel): Karl Kabel und Gabi Grün Hausdienste GbR
Die Gesellschafter leisten gleiche Beiträge

Geschäftsführung
Die Führung der Geschäfte steht den Gesellschaftern gemeinschaftlich zu (kann durch Vertrag auch anders geregelt werden)
Kontrollrecht für alle Gesellschafter

Gewinn/Verlust
Aufteilung zu gleichen Anteilen (oder laut Vertrag)

Haftung
unbeschränkt mit Gesellschafts- und Privatvermögen

Finanzierung
Einlagen der Gesellschafter
Bankkredit als Personalkredit

Besteuerung
Die GbR ist kein selbstständiges Steuersubjekt
Einkommensteuerpflicht jedes einzelnen Gesellschafters zum Zeitpunkt der Gewinnentstehung

ZAHLENBILDER 201 117
© Bergmoser + Höller Verlag AG

Mindestens **zwei Personen** schließen sich zum **Erreichen eines bestimmten Zwecks** zu einer Gesellschaft des bürgerlichen Rechts zusammen. GbR sind Arbeitsgemeinschaften in der Bauwirtschaft, Kreditkonsortien zur Gewährung eines Großkredits, aber auch Fahrgemeinschaften zum Arbeitsplatz oder Tippgemeinschaften beim Toto oder Lotto.

Der **Gesellschaftsvertrag ist formfrei**, d. h., er kann mündlich, aber auch schriftlich erfolgen.

Die Gesellschaft des bürgerlichen Rechts ist keine Handelsgesellschaft und darf deshalb auch keine Firma führen.

In der Praxis kommen GbR häufig vor, ohne dass ihre Gesellschafter wissen, dass eine Gesellschaft vorliegt. Jeder kann sich aber ausmalen, wie wichtig die meist mündlich getroffenen Vereinbarungen sein können, wenn z. B. eine Tippgemeinschaft einen großen Gewinn erzielt, der verteilt werden soll.

GbR sind meist nicht auf Dauer, sondern nur für einen bestimmten Zeitraum und Zweck angelegt.

Die Rechtsgrundlagen der GbR finden sich im BGB §§ 705–740.

Partnerschaftsgesellschaft

In der **Partnerschaftsgesellschaft** schließen sich **Angehörige von freien Berufen** zur **gemeinschaftlichen Ausübung** ihres **Berufes** zusammen. Sie üben dabei kein Handelsgewerbe aus.

Beispiele
Rechtsanwälte bilden eine Gemeinschaftskanzlei, Ärzte eine Gemeinschaftspraxis, Architekten ein gemeinschaftliches Architekturbüro.

Gesetzliche Grundlage ist das Gesetz über Partnerschaftsgesellschaften Angehöriger Freier Berufe.

Stille Gesellschaft

Bei der Stillen Gesellschaft **beteiligt** sich **eine Person** mit einer **Kapitaleinlage** am **Handelsgewerbe eines Kaufmanns**. Der Kaufmann kann Einzelunternehmer oder eine Personengesellschaft sein.

Der **stille Gesellschafter tritt nach außen nicht in Erscheinung** und wird auch nicht in das Handelsregister eingetragen. Für einen Außenstehenden ist somit nicht erkennbar, ob an einem Unternehmen ein stiller Gesellschafter beteiligt ist.

Mit der Aufnahme eines stillen Gesellschafters hat der Kaufmann die Möglichkeit, das Eigenkapital seines Unternehmens zu erhöhen. Je nach Gesellschaftsvertrag ist der stille Gesellschafter am Gewinn, gegebenenfalls aber auch am Verlust der Gesellschaft beteiligt. Die **Stille Gesellschaft** ist im **HGB §§ 230–237** geregelt.

Kernwissen

Übersicht über Einzelunternehmung, OHG und KG

	Einzelunternehmung	OHG	KG
Kennzeichen	Einzelkaufmann	Personengesellschaft mit mindestens zwei Gesellschaftern	Personengesellschaft mit mindestens einem Komplementär und einem Kommanditisten
Firma	Zusatz: e. K., e. Kfm., e. Kffr.	Zusatz: OHG	Zusatz: KG
Kapital	kein Mindestkapital vorgeschrieben	kein Mindestkapital vorgeschrieben	kein Mindestkapital vorgeschrieben
Gründung	formfrei	durch formfreien Gesellschaftervertrag	durch formfreien Gesellschaftervertrag
Geschäftsführung und Vertretung	Inhaber zur Geschäftsführung verpflichtet und berechtigt	jeder Gesellschafter allein = Einzelvertretungsbefugnis	jeder Komplementär allein = Einzelvertretungsbefugnis
Teilhafter und ihre Rechte	keine Teilhafter vorhanden	keine Teilhafter vorhanden	Widerspruchsrecht, Kontrollrecht, Gewinnanteilsrecht
Haftung	unbeschränkt mit Geschäfts- und Privatvermögen	jeder Gesellschafter haftet unbeschränkt mit dem Geschäfts- und Privatvermögen, unmittelbar und solidarisch	Komplementär: unbeschränkt mit Geschäfts- und Privatvermögen, solidarisch und unmittelbar Kommanditist: beschränkt in Höhe der Einlage

	Einzelunternehmung	OHG	KG
Gewinnverteilung/ Verlustverteilung	fällt allein dem Eigentümer zu	Laut gesetzlicher Regelung: 4 % auf die Kapitaleinlage, Rest nach Köpfen, Verlust nach Köpfen; Gewinnverteilung kann vertraglich verändert werden	Laut gesetzlicher Regelung: 4 % auf die Kapitaleinlage, Rest in angemessenem Verhältnis, Verlust in angemessenem Verhältnis; Gewinnverteilung kann vertraglich verändert werden

Übungsaufgaben

1. Erarbeiten Sie allein oder in vier Gruppen in der Klasse
   a) die Vorteile der Einzelunternehmung,
   b) die Nachteile der Einzelunternehmung,
   c) die Vorteile von Personengesellschaften,
   d) die Nachteile von Personengesellschaften.
   Tragen Sie Ihre jeweiligen Ergebnisse vor und diskutieren Sie darüber.

2. Thomas Meier und Olaf Schmidt sind Freunde. Thomas hat eine kaufmännische Ausbildung in einem Elektrofachhandel gemacht und mehrere Jahre in diesem Bereich gearbeitet, Thomas Meier dagegen nicht. Da die Marktsituation im Elektrohandel günstig ist, beschließen sie, zusammen einen Elektrogroßhandel zu eröffnen. Thomas möchte eine Einlage von 700 000,00 € in die Gesellschaft einbringen.
   Olaf hingegen möchte nur 300 000,00 € einbringen und außerdem von der Haftung gegenüber den Gesellschaftsgläubigern auf seine Einlage beschränkt sein.

   Für welche Personengesellschaft könnten Thomas und Olaf sich entscheiden? Begründen Sie Ihre Entscheidung.

3. Ein Bekannter erzählt Ihnen, er könnte in die Kommanditgesellschaft seines Vaters als Komplementär oder auch als Kommanditist einsteigen und fragt Sie, was er machen soll. Erklären Sie ihm die Rechte und Pflichten, die er als Komplementär bzw. als Kommanditist hat, und sagen Sie ihm, wie Sie sich entscheiden würden.

4. Erstellen Sie für eine OHG die Eröffnungsbilanz, wenn die Gesellschafter bei der Gründung folgende Einlagen leisten:

Gesellschafter A	40 000,00 € Bankguthaben
Gesellschafter B	Gebäude im Wert von 300 000,00 €
Gesellschafter C	Fahrzeug im Wert von 60 000,00 €

5. Angenommen, die OHG aus Aufgabe 4 erzielt im ersten Geschäftsjahr einen Gewinn von 100 000,00 €.
   a) Wie viel Euro erhält jeder vom Gewinn, wenn die gesetzliche Gewinnverteilung gilt?
   b) Wie viel Euro erhält jeder vom Gewinn, wenn im Gesellschaftervertrag vereinbart wird, dass der Gewinn im Verhältnis der Kapitaleinlagen auf die Gesellschafter verteilt werden soll?

c) Für welche der beiden Lösungen werden bei der Erstellung des Gesellschaftsvertrags die Gesellschafter A und C sein, für welche Lösung stimmt der Gesellschafter B (mit Begründung)?

6. Welche Unternehmungsform/Gesellschaftsform schlagen Sie in den folgenden Fällen vor?
a) Zwei Tiefbauunternehmen bauen gemeinsam einen Straßentunnel für ein Autobahnteilstück.
b) Zwei Rechtsanwälte eröffnen gemeinsam eine Kanzlei.
c) Eine Privatperson beteiligt sich an einer Einzelunternehmung, ohne selbst in Erscheinung treten zu wollen.

3.4.5 Kapitalgesellschaften

Abgrenzung

Personengesellschaften
- Gründung durch mindestens zwei Personen
- üblicherweise natürliche Personen
- Geschäftsführung und Vertretung durch Gesellschafter
- meist starke Bindung zwischen Gesellschaftern und Unternehmen
- Haftung der Gesellschafter mit Geschäfts- und Privatvermögen (Ausnahme: Kommanditisten)
- Gläubiger wenden sich an die Gesellschafter.
- Einkommensteuerpflichtig sind die Gesellschafter.

Kapitalgesellschaften
- Gründung durch eine oder mehrere Personen
- juristische Personen
- Geschäftsführung und Vertretung nicht durch Anteilseigner, sondern durch eigene Leitungsorgane (Geschäftsführer, Vorstand)
- meist geringe persönliche Verbindung zwischen Anteilseignern und Unternehmen
- Haftung der Anteilseigner auf die Einlage beschränkt
- Gläubiger wenden sich an die juristische Person.
- Körperschaftsteuerpflichtig ist die Unternehmung.

Kapitalgesellschaften

- **GmbH** (Gesellschaft mit beschränkter Haftung)
- **AG** (Aktiengesellschaft)
- **KGaA** (Kommanditgesellschaft auf Aktien)

In der Praxis kommen vorwiegend Gesellschaften mit beschränkter Haftung und Aktiengesellschaften vor.

Gesellschaft mit beschränkter Haftung (GmbH)

Gesellschaft mit beschränkter Haftung (GmbH)

Gründung
Karl Kabel GmbH — Gesellschaftsvertrag — Eintragung ins Handelsregister
Stammeinlagen (zusammen mindestens 25 000 €)

Geschäftsführung
Gesellschafterversammlung — Weisung Kontrolle — Geschäftsführer
bei mehr als 500 Arbeitnehmern: Aufsichtsrat

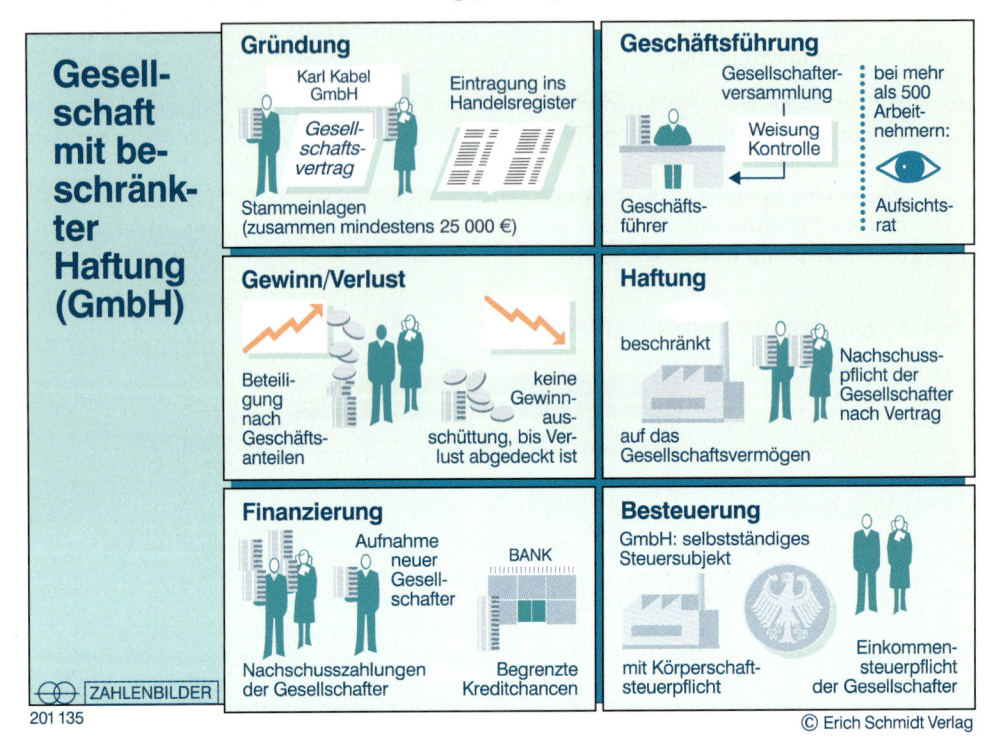

Gewinn/Verlust
Beteiligung nach Geschäftsanteilen
keine Gewinnausschüttung, bis Verlust abgedeckt ist

Haftung
beschränkt auf das Gesellschaftsvermögen
Nachschusspflicht der Gesellschafter nach Vertrag

Finanzierung
Aufnahme neuer Gesellschafter — BANK
Nachschusszahlungen der Gesellschafter — Begrenzte Kreditchancen

Besteuerung
GmbH: selbstständiges Steuersubjekt
mit Körperschaftsteuerpflicht
Einkommensteuerpflicht der Gesellschafter

ZAHLENBILDER 201 135 © Erich Schmidt Verlag

- **Gesetzliche Grundlagen:** Handelsgesetzbuch, Gesetz betreffend die Gesellschaften mit beschränkter Haftung (GmbHG), reformiert durch das Gesetz zur Modernisierung des GmbH-Rechts und zur Bekämpfung von Missbräuchen (MoMiG) vom 01.11.2008. Durch dieses Gesetz sollen Unternehmensgründungen erleichtert, beschleunigt und kostengünstiger werden. Auch soll sich dadurch die Wettbewerbsfähigkeit der GmbH im internationalen Vergleich verbessern. Damit gibt es nach dem neuen GmbH-Recht zwei Möglichkeiten, eine GmbH zu gründen.

- **Gegenüberstellung der beiden GmbH-Varianten:**

	GmbH nach altem GmbH-Recht	**GmbH nach dem MoMiG**
Firmenname	Die Firma muss die Bezeichnung „Gesellschaft mit beschränkter Haftung", meist abgekürzt „GmbH", enthalten. Als Firmenname ist eine Personen-, Sach- oder Fantasiefirma möglich.	Die Firma muss die Bezeichnung „Unternehmergesellschaft (haftungsbeschränkt)" oder „UG (haftungsbeschränkt)" enthalten. Beim Firmennamen gilt altes GmbH-Recht.
Zahl der Gesellschafter	ein oder mehrere Gesellschafter	ein bis drei Gesellschafter

	GmbH nach altem GmbH-Recht	**GmbH nach dem MoMiG**
Kapital	Das **Stammkapital** der Gesellschaft muss mindestens 25 000,00 € betragen. Der Nennbetrag jedes Geschäftsanteils (Stammeinlage) muss auf volle Euro lauten. Die Summe der Nennbeträge aller Geschäftsanteile muss mit dem Stammkapital übereinstimmen.	Kein bestimmtes Mindeststammkapital. Gesellschafter können die Höhe ihrer Stammeinlage gemäß ihren finanziellen Möglichkeiten bestimmen. Jeder Geschäftsanteil muss nur noch auf einen Betrag von mindestens einem Euro lauten. Die UG darf ihre Gewinne aber nicht voll ausschütten, sondern muss sie als Rücklage nach und nach ansparen, bis das Mindestkapital der normalen GmbH erreicht ist.
Anmeldung zur Eintragung in das Handelsregister, Abteilung B	Die Anmeldung darf erst erfolgen wenn auf jeden Geschäftsanteil ein Viertel des Nennbetrages eingezahlt ist. Insgesamt muss so viel eingezahlt sein, dass die Hälfte des Mindeststammkapitals erreicht ist.	Die Anmeldung darf erst erfolgen, wenn das Stammkapital in voller Höhe eingezahlt ist. Sacheinlagen sind ausgeschlossen.
Inhalt der Anmeldung	Gesellschaftsvertrag in notarieller Form sowie eine Namensliste aller Gesellschafter mit ihren Unterschriften und ihren jeweils übernommenen Geschäftsanteilen	Notariell beurkundetes Musterprotokoll, in dem Gesellschaftsvertrag, Geschäftsführerbestellung und Gesellschafterliste zusammengefasst sind

Die nachfolgenden Ausführungen gelten für beide GmbH-Varianten.

- **Haftung:** Die Haftung der Gesellschafter ist auf die Höhe der vertraglich vereinbarten Stammeinlage beschränkt. Betreibt eine GmbH bereits vor Eintragung in das Handelsregister Geschäfte, so haften die Gesellschafter für diese Geschäfte persönlich und gesamtschuldnerisch.

- **Gewinnverteilung:** Der Jahresüberschuss ist im Verhältnis der Geschäftsanteile zu verteilen. Im Gesellschaftervertrag können andere Regelungen vereinbart werden. So kann der Jahresüberschuss auch zur Bildung von Rücklagen oder zur Zahlung von Tantiemen an die Geschäftsführer und Aufsichtsratsmitglieder verwendet werden. Unter einer Tantieme versteht man einen vom Unternehmenserfolg abhängigen variablen Anteil an der Vergütung.

- **Kaduzierung (Ausschluss von Mitgliedern einer Gesellschaft):** Zahlt ein Gesellschafter seinen rückständigen Geschäftsanteil trotz erneuter Aufforderung nicht ein, kann er seines Geschäftsanteils für verlustig erklärt werden.

- **Nachschusspflicht:** Im Gesellschaftsvertrag kann bestimmt werden, dass die Gesellschafter zur Kapitalbeschaffung weitere Einzahlungen (Nachschüsse) einfordern können. Möchte ein Gesellschafter seiner Nachschusspflicht nicht nachkommen, kann er seinen Geschäftsanteil der Gesellschaft zur Verfügung stellen (Abandonrecht).

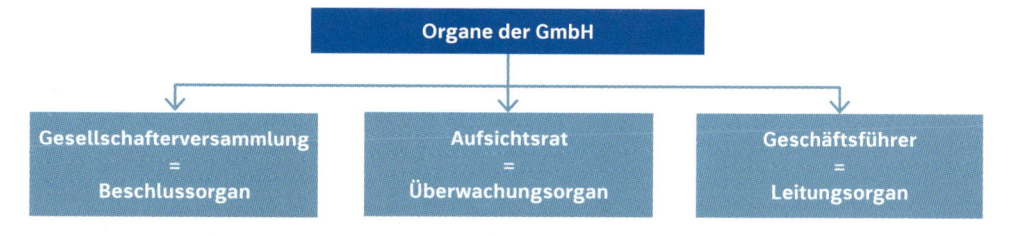

Organe der GmbH

| Gesellschafterversammlung = Beschlussorgan | Aufsichtsrat = Überwachungsorgan | Geschäftsführer = Leitungsorgan |

- **Gesellschafterversammlung**: Die Gesellschafterversammlung ist das oberste Geschäftsorgan der GmbH und entspricht der Hauptversammlung der Aktiengesellschaft. Die Gesellschafter der GmbH bilden die Gesellschafterversammlung und haben je einem Euro Geschäftsanteil eine Stimme. Beschlüsse erfordern die einfache Mehrheit der abgegebenen Stimmen. Für Änderungen des Gesellschaftsvertrages ist eine Dreiviertelmehrheit und notarielle Beurkundung erforderlich.

  Eine Gesellschafterversammlung kann unterbleiben, wenn die Gesellschafter mit schriftlicher Stimmabgabe einverstanden sind.

  Zu den **Aufgaben** der Gesellschafterversammlung gehören:
  - Bestellung, Abberufung und Entlassung von Geschäftsführern
  - Maßregeln zur Prüfung und Überwachung der Geschäftsführung
  - Feststellung des Jahresabschlusses und die Verwendung des Ergebnisses (Gewinns)
  - Einforderung von Einzahlungen auf die Stammeinlagen sowie von Nachschüssen
  - Bestellung von Prokuristen und Handlungsbevollmächtigten

Rechte der Gesellschafter	Pflichten der Gesellschafter
■ Mitwirkungsrecht durch Teilnahme an der Gesellschafterversammlung und Stimmrecht ■ Informationsrecht in Form der Einsichtnahme in Bücher und Belege ■ Anspruch auf Gewinnanteil ■ Anspruch auf Anteil am Liquidationserlös bei Auflösung der GmbH	■ Einzahlung der vereinbarten Stammeinlage ■ Zahlung von Verzugszinsen bei verspäteter Einzahlung ■ Nachschusspflicht bei vertraglicher Vereinbarung ■ Übernahme von Geschäftsführung, wenn vertraglich vereinbart ■ Wettbewerbsverbot, wenn vertraglich vereinbart

- **Aufsichtsrat**: Die Gesellschafterversammlung kann im Gesellschaftsvertrag einen Aufsichtsrat bestimmen. Bei mehr als 500 Arbeitnehmern muss ein Aufsichtsrat bestellt werden. Der Aufsichtsrat hat die Aufgabe, die Geschäftsführung zu überwachen.

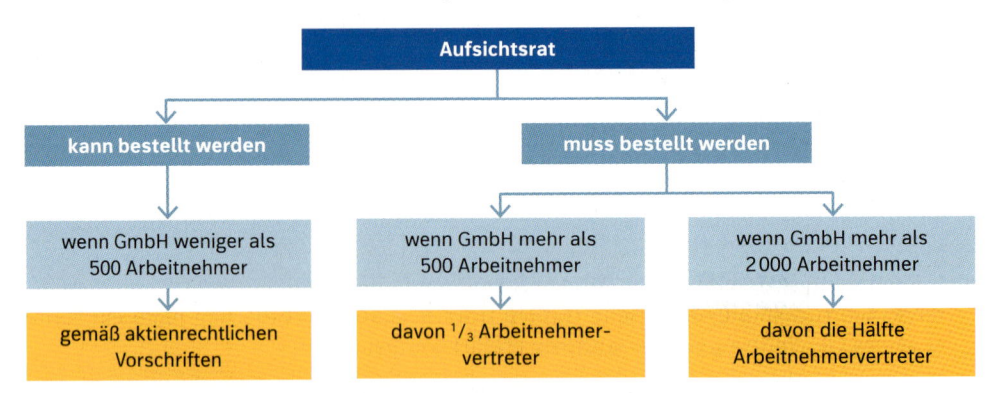

Aufsichtsrat

kann bestellt werden	muss bestellt werden	
wenn GmbH weniger als 500 Arbeitnehmer	wenn GmbH mehr als 500 Arbeitnehmer	wenn GmbH mehr als 2 000 Arbeitnehmer
gemäß aktienrechtlichen Vorschriften	davon $1/3$ Arbeitnehmervertreter	davon die Hälfte Arbeitnehmervertreter

- **Geschäftsführung**: Die Bestellung der Geschäftsführung erfolgt im Gesellschaftsvertrag oder durch Beschluss der Gesellschafter. Die GmbH muss einen oder mehrere Geschäftsführer haben. Dies kann nur eine natürliche, unbeschränkt geschäftsfähige Person sein. Als Geschäftsführer können Gesellschafter oder dritte Personen eingesetzt werden.

Unternehmungsformen

Geschäftsführer (einer oder mehrere)

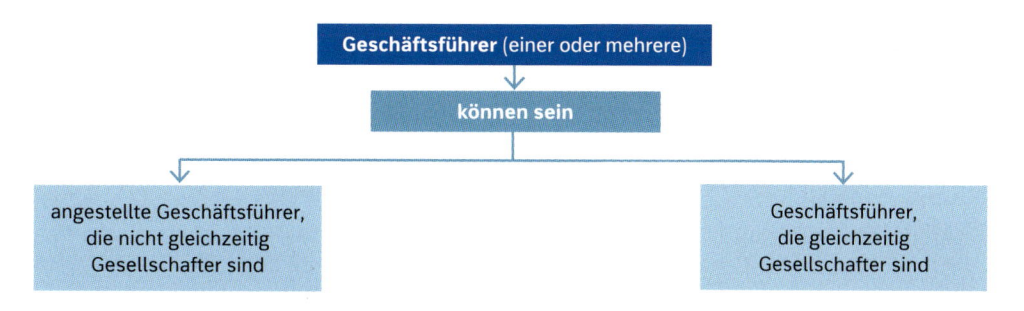

können sein:
- angestellte Geschäftsführer, die nicht gleichzeitig Gesellschafter sind
- Geschäftsführer, die gleichzeitig Gesellschafter sind

Zu den Aufgaben des Geschäftsführers als Leitungsorgan der GmbH zählen	
im Innenverhältnis	**im Außenverhältnis**
▪ das Unternehmen entsprechend den Weisungen der Gesellschafter und des Gesellschaftsvertrags managementsmäßig zu führen ▪ den Geschäftsbetrieb zu organisieren und zu überwachen ▪ den Jahresabschluss vorzubereiten und zu erstellen ▪ Gesellschafterversammlungen einzuberufen ▪ den Gesellschaftern auf Verlangen Auskünfte zu erteilen ▪ Steuererklärungen für die GmbH abzugeben	▪ die GmbH gegenüber Dritten in allen gerichtlichen und außergerichtlichen Angelegenheiten zu vertreten

Die Geschäftsführer sind Angestellte der GmbH und erhalten ein Gehalt.

■ **Vorteile und Nachteile der GmbH:**

Vorteile	Nachteile
▪ Gründung mit wenig Kapital möglich ▪ Haftung auf die Stammeinlage beschränkt ▪ geringere Veröffentlichungspflicht als bei der AG ▪ mehr Mitverwaltungsrecht der Gesellschafter als die Aktionäre bei der AG	▪ geringe Kreditwürdigkeit ▪ möglicherweise Nachschusspflicht ▪ Gesellschaftsanteile nicht an der Börse handelbar

Nach der Einzelunternehmung ist die GmbH in Deutschland die am meisten gewählte Unternehmungsform. Man trifft sie häufig als Familienunternehmen oder als Ein-Mann-GmbH an. Die UG ist nach der Reform des GmbH-Rechts besonders für Existenzgründer vorteilhaft, die zu Beginn ihrer Tätigkeit wenig Stammkapital haben oder benötigen, wie z. B. ein Fahrradkurierdienst.

Aktiengesellschaft (AG)

Aktiengesellschaft (AG)

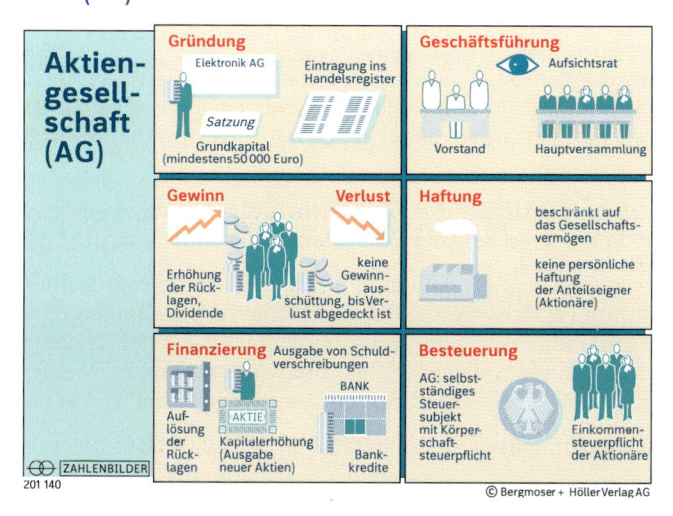

Gründung: Elektronik AG, Satzung, Grundkapital (mindestens 50 000 Euro), Eintragung ins Handelsregister

Geschäftsführung: Vorstand, Aufsichtsrat, Hauptversammlung

Gewinn: Erhöhung der Rücklagen, Dividende
Verlust: keine Gewinnausschüttung, bis Verlust abgedeckt ist

Haftung: beschränkt auf das Gesellschaftsvermögen; keine persönliche Haftung der Anteilseigner (Aktionäre)

Finanzierung: Auflösung der Rücklagen, Kapitalerhöhung (Ausgabe neuer Aktien), Ausgabe von Schuldverschreibungen, Bankkredite

Besteuerung: AG: selbstständiges Steuersubjekt mit Körperschaftsteuerpflicht; Einkommensteuerpflicht der Aktionäre

© Bergmoser + Höller Verlag AG

- **Gesetzliche Grundlagen**: Aktiengesetz (AktG), Handelsgesetzbuch (HGB)
- **Kennzeichen**: Die Aktiengesellschaft ist eine Gesellschaft mit eigener Rechtspersönlichkeit (= juristische Person). Für die Verbindlichkeiten der Gesellschaft haftet den Gläubigern nur das Gesellschaftsvermögen.

  Die Aktiengesellschaft hat ein in Aktien zerlegtes **Grundkapital**.

  An der Gründung und Feststellung des Gesellschaftsvertrages (= Satzung) müssen sich eine oder mehrere Personen (= Aktionäre) beteiligen, welche auch die Aktien gegen ihre Einlagen übernehmen.

  ```
                      Grundkapital
       2    ↗  ↗  ↗        ↖  ↖  ↖    2
          1   1  2   1  2   1  2   1
        Aktionär Aktionär Aktionär Aktionär Aktionär
  ```

  Der **Aktionär** als Eigentümer der Aktie ist somit im **Nennwert** der Aktie am Grundkapital beteiligt und **Miteigentümer** an der AG. Seine Haftung beschränkt sich auf den Nennwert seiner Aktien.

  Die **Rechte** des Aktionärs sind:
  - Recht auf Anteil am Bilanzgewinn in Form einer Dividende
  - Recht am Liquidationserlös bei Auflösung der AG
  - Recht auf Teilnahme an der Hauptversammlung und Ausübung des Stimmrechts. Jede Aktie verkörpert eine Stimme.
  - Recht auf Bezug neuer Aktien bei einer Kapitalerhöhung der AG
  - Anspruch auf Auskunftserteilung bei der Hauptversammlung
  - Recht auf Anfechtung eines Hauptversammlungsbeschlusses bei Verletzung des Gesetzes oder der Satzung

- **Firma**: Der Firmenname muss die Bezeichnung „Aktiengesellschaft" oder die Abkürzung „AG" enthalten. Auch bei der AG kann als Firmenname eine Personenfirma, Sachfirma oder Fantasiefirma gewählt werden.
- **Kapital**: Die Summe der Nennwerte aller ausgegebenen Aktien ergibt das Grundkapital der AG. Die Höhe des Grundkapitals wird in der Satzung festgelegt.

  Der Mindestnennbetrag je Aktie beträgt 1,00 €. Der Einlagebetrag muss mindestens dem Nennwert der Aktie entsprechen. Liegt der Einlagebetrag über dem Nennwert der Aktie, ist das Aufgeld (Agio) in die Kapitalrücklage einzustellen.

  Seit Einführung des Euro ist die Stückaktie die am häufigsten verwendete Aktienform. Sie stellt eine nennwertlose Aktie dar und verkörpert einen bestimmten Anteil am Grundkapital, der sich aus dem Grundkapital geteilt durch die Anzahl der ausgegebenen Stückaktien ergibt.

  Vom Nennwert einer Aktie ist der **Kurs** einer Aktie, den diese an der Börse kostet, zu unterscheiden. In der Regel liegt der Börsenkurs einer Aktie weit über ihrem Nennwert.

  Die Aktie ist ein **Wertpapier**. Aktien der großen Aktiengesellschaften können an der **Börse** gekauft und verkauft werden (börsenfähige Aktien). In den meisten Fällen sind Aktien Inhaberpapiere, d. h., die Aktie lautet nicht auf den Namen des Aktionärs (= Namens-aktie), sondern der jeweilige Inhaber der Aktie ist Miteigentümer an der Aktiengesellschaft. Dies erleichtert den börsenmäßigen Kauf und Verkauf von Aktien.

  Der Mindestnennbetrag des Grundkapitals beträgt 50 000,00 €.

- Organe:

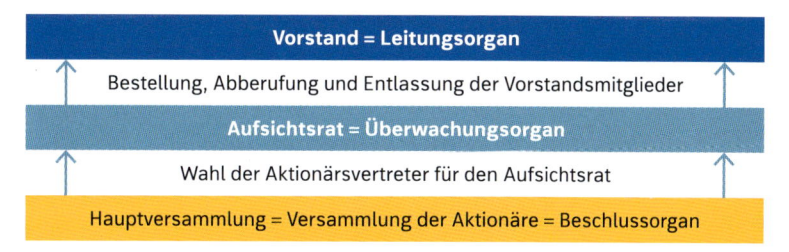

Vorstand = Leitungsorgan
↑ Bestellung, Abberufung und Entlassung der Vorstandsmitglieder ↑
Aufsichtsrat = Überwachungsorgan
↑ Wahl der Aktionärsvertreter für den Aufsichtsrat ↑
Hauptversammlung = Versammlung der Aktionäre = Beschlussorgan

- **Vorstand**: Der Vorstand besteht aus mindestens einer natürlichen Person und wird für jeweils fünf Jahre vom Aufsichtsrat bestellt. Sind mehrere Vorstände bestellt, kann der Aufsichtsrat einen Vorstandsvorsitzenden ernennen.

  Zu den **Aufgaben** des Vorstandes gehören:
  - Geschäftsführung und Vertretung
  - vierteljährliche Berichterstattung an den Aufsichtsrat
  - Erstellung des Jahresabschlusses mit dem Lagebericht
  - Einberufung der Hauptversammlung
  - Ausführung der Beschlüsse aus der Hauptversammlung
  - Vorschlag Gewinnverwendung
  - Antragstellung im Insolvenzfall

  Die Vorstandsmitglieder sind Angestellte der AG. Sie erhalten ein festes Gehalt sowie einen Anteil am Gewinn.

- **Aufsichtsrat**: Der Aufsichtsrat besteht aus mindestens drei und höchstens 21 Mitgliedern und muss durch 3 teilbar sein. Die Zahl der Mitglieder hängt ab von der Höhe des Grundkapitals. Die Aufsichtsratsmitglieder werden von der Hauptversammlung und der Belegschaft für jeweils vier Jahre gewählt.

```
                    Aufsichtsrat
                   ↗          ↖
        wählt die Aktionärs-    wählt die Arbeitnehmer-
        vertreter für den       vertreter für den
              ↑                        ↑
        Hauptversammlung         Belegschaft
```

Nach dem **Mitbestimmungsgesetz** von 1976 setzt sich der Aufsichtsrat in Aktiengesellschaften mit mehr als 2 000 Beschäftigten paritätisch aus der gleichen Anzahl von Mitgliedern der Aktionäre und der Arbeitnehmer zusammen.

Ein Aufsichtsrat darf nicht zugleich Vorstand, Prokurist oder Generalbevollmächtigter in derselben AG sein.

Sehr häufig sind aber Vorstandsmitglieder großer Aktiengesellschaften im Aufsichtsrat anderer Aktiengesellschaften vertreten.

Beispiel
Der Vorstandssprecher einer Großbank ist gleichzeitig Aufsichtsrat eines Automobilherstellers. Erklärung: Die Großbank ist Hauptaktionärin bei diesem Automobilhersteller und kann so in der Hauptversammlung ihr Vorstandsmitglied in den Aufsichtsrat des Automobilunternehmens wählen.

Wie funktioniert eine Aktiengesellschaft?

Den **Aktionären** gehört die Firma: Wer viele Aktien hat, dem gehört ein großer Teil, wer wenige Aktien hat, dem gehört nur ein kleiner Teil.

Auf der Hauptversammlung wählen die Aktionäre einen Aufsichtsrat.

Der Aufsichtsrat kontrolliert den Vorstand.

Der Vorstand leitet das Geschäft der Firma.

Kindergrafik 0385

Zu den **Aufgaben** des Aufsichtsrates gehören:
- Bestellung, Abberufung und Entlassung des Vorstandes
- Überwachung der Geschäftsführung des Vorstandes
- Prüfung des Jahresabschlusses, des Lageberichtes und des Vorschlages zur Verwendung des Bilanzgewinns des Vorstandes

- **Hauptversammlung**: Die Hauptversammlung ist die Versammlung der Aktionäre. Zur jährlich einmal stattfindenden Hauptversammlung werden die **Aktionäre** eingeladen. Ihnen steht je Aktie ein **Stimmrecht** zu. Für gewöhnliche Beschlüsse der Hauptversammlung ist die einfache Mehrheit, für satzungsändernde Beschlüsse ist eine qualifizierte Mehrheit (Dreiviertelmehrheit) erforderlich.

Beispiele
Beschluss über Kapitalerhöhung, Auflösung der Gesellschaft, Fusion

Zu den **Aufgaben** der Hauptversammlung gehören:
- Bestellung der Aktionärsvertreter für den Aufsichtsrat
- Beschluss über die Verwendung des Bilanzgewinns (Ausschüttung oder Rücklagenbildung)
- Entlastung des Vorstandes und des Aufsichtsrates
- Beschlussfassung über Satzungsänderungen
- Bestellung der Abschlussprüfer
- **Gewinnverwendung**: Jahresüberschuss (= Saldo aus Erträgen und Aufwendungen in der Gewinn- und Verlustrechnung)
  - Einstellung in die gesetzlichen Rücklagen
  - Einstellung in freiwillige Gewinnrücklagen durch den Vorstand bis zur Hälfte des Jahresüberschusses = Bilanzgewinn

Die Hauptversammlung beschließt, welcher Anteil des Bilanzgewinns als weitere Rücklagen in der Aktiengesellschaft zur Stärkung des Kapitals und damit zur Erweiterung des Unternehmens verbleiben soll und welcher Anteil des Bilanzgewinns an die Aktionäre ausgeschüttet werden soll.

Die Anteile der Aktionäre am Bilanzgewinn richten sich nach dem jeweiligen Aktiennennbetrag. Den auf die einzelne Aktie entfallenden Gewinnanteil nennt man **Dividende**.

Beispiel
Ein Kunde hat über die Börse 200 BMW-Aktien zum Kurs von 25,00 € erworben und erhält pro Aktie eine Dividende von 0,75 €.

- **Eignung**: Die Aktiengesellschaft ist die geeignete Unternehmungsform für Großunternehmen der Industrie, des Handels, der Banken und Versicherungen mit hohem Kapitalbedarf. Aktiengesellschaften können sich leichter als andere Unternehmen Kapital beschaffen durch Ausgabe neuer Aktien wie auch durch die Ausgabe von Anleihen (Fremdkapital).

Durch den niedrigen Nennwert ist die Kapitalbeteiligung an Aktiengesellschaften durch Aktienkauf auch für den „kleinen Anleger" erleichtert worden. Auch das Risiko der Kapitalbeteiligung ist gering, da die Aktien jederzeit über die Börse wieder verkauft werden können. Allerdings muss ein Aktionär mit Kursverlusten rechnen.

Beispiel
Viele Kleinanleger kauften Aktien der Deutschen Telekom AG bei deren Privatisierung. Der Kurs der Telekomaktie liegt heute weit unter dem damaligen Ausgabekurs.

Von den gesamten Unternehmen in Deutschland werden weniger als 1 % in der Rechtsform der AG geführt. In den Aktiengesellschaften sind jedoch ca. 20 % aller Arbeitnehmer beschäftigt und werden ca. 20 % der Gesamtumsätze aller Unternehmen in Deutschland erzielt.

Vorteile	Nachteile
- Haftung des Aktionärs auf den Nennwert der Aktie beschränkt - leichter Verkauf der Aktie über die Börse - keine persönliche Bindung zwischen Aktionären und der Gesellschaft - breite Streuung des Eigentums an der Gesellschaft durch Stückelung des Kapitals in viele kleine Kapitalanteile - einfache Kapitalbeschaffung durch Ausgabe junger Aktien an der Börse - Trennung von Unternehmensleitung und Kapital - Die starke Marktstellung ermöglicht hohe soziale Leistungen für die Mitarbeiter. - Die weitgehenden Mitbestimmungsrechte schaffen soziale Sicherheit für die Mitarbeiter. - Die starke Marktstellung ermöglicht Investitionen in Forschung und Entwicklung. - Die Unternehmensgröße schafft häufig weltweite Konkurrenzfähigkeit.	- hohe formale Anforderungen bei der Gründung - hohe Publizitätspflichten (Unterrichtung der Öffentlichkeit über das Betriebsgeschehen) - ausgeweitete Rechnungslegungs- und Prüfungsvorschriften - Weitreichende Mitbestimmung durch die Arbeitnehmer bremst die Entscheidungsfähigkeit.

Seit 1994 ist es möglich, „Kleine Aktiengesellschaften" zu gründen. Für sie gelten vereinfachte Vorschriften

- bei der Gründung (ein Gründer genügt),
- bei der Gewinnverwendung,
- bei der Hauptversammlung,
- bei der Mitbestimmung.

Kommanditgesellschaft auf Aktien (KGaA)

Die Kommanditgesellschaft auf Aktien ist eine Sonderform der Aktiengesellschaft, die Merkmale einer Personengesellschaft aufweist. Die KGaA verbindet Elemente der Aktiengesellschaft und der Kommanditgesellschaft miteinander. Mindestens ein Gesellschafter haftet den Gläubigern der Gesellschaft unbeschränkt. Dieser Gesellschafter entspricht dem Komplementär der Kommanditgesellschaft. Er übernimmt die Geschäftsführung und Vertretung der Gesellschaft vergleichbar dem Vorstand bei der AG. Er wird nicht vom Aufsichtsrat gewählt und ist auch nicht absetzbar.

Durch die persönliche Haftung des Komplementärs erhöht sich die Kreditwürdigkeit der Gesellschaft.

Die übrigen Gesellschafter (= Kommanditaktionäre) entsprechen ihrer Rechtsstellung nach den Aktionären der AG.

In der Praxis hat die KGaA nur geringe Bedeutung.

Kernwissen

	GmbH	AG
Kennzeichen	Kapitalgesellschaft mit eigener Rechtspersönlichkeit (juristische Person)	Kapitalgesellschaft mit eigener Rechtspersönlichkeit (juristische Person)
Firma	Zusatz: GmbH oder UG (haftungsbeschränkt) Unternehmensgesellschaft; Sonderform der GmbH	Zusatz: AG
Kapital	Stammkapital mind. 25 000,00 €, bei UG mind. 1,00 €	Grundkapital mind. 50 000,00 € Mindestnennwert je Aktie 1,00 €, nennwertlose Aktien seit Euro-Einführung möglich
Gründung	■ eine oder mehrere Personen, bei UG maximal 3 Personen ■ notarielle Beurkundung des Gesellschaftervertrages bzw. des Musterprotokolls	■ eine oder mehrere Personen ■ notarielle Beurkundung der Satzung
Geschäftsführung und Vertretung	durch den Geschäftsführer oder durch die Geschäftsführer gemeinsam	durch alle Vorstandsmitglieder gemeinsam
Teilhafter und ihre Rechte	Gesellschafter: Stimmrecht in Gesellschafterversammlung, Informationsrecht, Anspruch auf Gewinnanteil	Aktionäre: Stimmrecht in der Hauptversammlung, Informationsrecht, Anspruch auf Gewinnanteil (Dividende)

	GmbH	AG
Haftung	beschränkt auf das Gesellschaftsvermögen, Gesellschafter haften in Höhe ihrer Stammeinlage	beschränkt auf das Gesellschaftsvermögen, Aktionäre haften in Höhe ihrer Aktieneinlage
Gewinnverteilung/ Verlustverteilung	Laut gesetzlicher Regelung: im Verhältnis der Gesellschaftsanteile; die Gewinnverteilung kann vertraglich verändert werden	im Verhältnis der Aktiennennbeträge
Organe	<ul><li>Geschäftsführer, einer oder mehrere</li><li>Aufsichtsrat, bei mehr als 500 Arbeitnehmern</li><li>Gesellschafterversammlung, je 1,00 € Geschäftsanteil eine Stimme</li></ul>	<ul><li>Vorstand, einer oder mehrere</li><li>Aufsichtsrat, mind. 3 Mitglieder</li><li>Hauptversammlung, je Aktie eine Stimme</li></ul>

Übungsaufgaben

1. Erstellen Sie mithilfe des nachfolgenden Lückentextes eine Zusammenfassung zur GmbH.
   a) Die GmbH kann von ... oder ... Personen gegründet werden, eine UG von maximal ... Personen.
   b) Die Haftung der Gesellschafter ist auf die Höhe der vertraglich vereinbarten ... beschränkt.
   c) Das ... einer GmbH beträgt 25 000,00 €. Bei der UG beträgt es ... €.
   d) Die Gesellschafter können im Gesellschaftsvertrag zur Kapitalbeschaffung eine ... beschließen.
   e) Zu den Organen der GmbH zählen die ... als Beschlussorgan, der Aufsichtsrat als ... organ und der/die ... als ... organ.
   f) Zu den Aufgaben der Gesellschafterversammlung gehört die Bestellung, Abberufung und Entlassung von ...
   g) Zu den Aufgaben des Aufsichtsrats gehört die Überwachung der ...
   h) Zu den Aufgaben der Geschäftsführung gehört die ... und ...
   i) Der Jahresüberschuss ist im Verhältnis der ... an die ... zu verteilen.

2. Max Weber, ein gelernter Kfz-Mechaniker mit Meisterprüfung in Ihrem Heimatort, eröffnet eine Reparaturwerkstatt in der Rechtsform einer GmbH. Er spezialisiert sich auf Pannenbehebung, Unfallinstandsetzung, Scheibenwechsel.
   a) Welche Firmennamen könnte Max Weber wählen? Nennen Sie Beispiele.
   b) Suchen Sie mit Ihren Mitschülern nach Firmennamen, die die Firma mit Ihrer Tätigkeit werbewirksam zum Ausdruck bringen.

3. Ein Gesellschafter zahlt trotz erneuter Aufforderung seinen rückständigen Geschäftsanteil nicht ein. Welche Folge kann dieses Verhalten haben?
   a) Die GmbH muss aufgelöst werden.
   b) Die übrigen Gesellschafter müssen für den rückständigen Geschäftsanteil aufkommen.
   c) Der rückständige Geschäftsanteil wird als Verlust für dieses Geschäftsjahr verbucht.
   d) Der Geschäftsanteil kann für den Gesellschafter für verlustig erklärt werden.
   e) Der Gesellschafter wird dadurch vom Teilhafter zum Vollhafter.

4. Lösen Sie das folgende Silbenrätsel zu den Kapitalgesellschaften:
   Ak – Auf – de – dels – den – Di – du – füh – Ge – gis – Grund – Han – Haupt – ka – Ka – lung – Nach – nä – o – pflicht – pi – rat – re – re – rer – rung – samm – schäfts – schuss – sichts – stand – tal – ter – ti – ver – vi – Vor – zie
   a) Eigentümer der Aktiengesellschaft
   b) Summe der Nennwerte aller ausgegebenen Aktien
   c) Geschäftsführendes Organ der Aktiengesellschaft
   d) Interessenvertretung der Aktionäre
   e) Organ der AG mit mindestens 3 und höchstens 21 Mitgliedern
   f) Anteil der Aktionäre am Bilanzgewinn
   g) Verzeichnis beim Amtsgericht, in das Gründungen von Kapitalgesellschaften eingetragen werden müssen
   h) Leitungsorgan in der GmbH
   i) Verpflichtung der Gesellschafter der GmbH, weitere Einzahlungen leisten zu müssen
   j) Verlustigerklärung des Geschäftsanteils säumiger Gesellschafter

5. Lesen Sie im Text noch einmal den Abschnitt über die Vorteile der Aktiengesellschaft nach. Versuchen Sie diese Vorteile einzuteilen in Vorteile
   a) für die Aktionäre,
   b) für die AG selbst,
   c) für die Arbeitnehmer der AG,
   d) für die Gesamtwirtschaft.

6. a) Bei welcher der nachfolgenden Unternehmensformen muss ein gesetzlich vorgeschriebenes Mindestkapital vorhanden sein?
   1. Einzelunternehmer
   2. Offene Handelsgesellschaft
   3. Kommanditgesellschaft
   4. Gesellschaft mit beschränkter Haftung
   5. Eingetragene Genossenschaft
   b) In einer Aktiengesellschaft gibt es verschiedene gesetzlich vorgeschriebene Organe. Wählen Sie aus folgenden Personengruppen die drei Organe der Aktiengesellschaft aus.
   1. Gesellschafterversammlung
   2. Betriebsrat
   3. Vorstand
   4. Hauptversammlung
   5. Aufsichtsrat
   6. Betriebsversammlung
   7. Personalrat
   8. Genossen

7. Ihre zwei ehemaligen Kollegen Wilfried Kofoet und Sven Busker eröffnen ein Unternehmen für KEP-Dienste in der Rechtsform der GmbH.
   a) Geben Sie das gesetzliche Mindeststammkapital für eine GmbH an.
   b) Die Gesellschafter entscheiden, das Unternehmen als „WKSB-KEP" in das Handelsregister eintragen zu lassen. Prüfen Sie, warum die gewählte Firmenbezeichnung nicht zulässig ist.
   c) Geben Sie an, wo das Handelsregister geführt wird.
   d) Die Gesellschafter bringen folgende Kapitalanteile in das Unternehmen ein:

Wilfried Kofoet	31 000,00 €
Sven Busker	28 000,00 €

Im ersten Geschäftsjahr erwirtschaftete das Unternehmen einen Gewinn von 23 450,00 €. Die Gewinnverteilung ist im Gesellschaftsvertrag wie folgt geregelt:

> **Gewinnverteilung**
> Alle Gesellschafter bekommen 7,5 % Zinsen auf ihre Kapitalanteile. Der Rest soll für Investitionen im Unternehmen verbleiben.

Ermitteln Sie den Rest in Euro, der im Unternehmen verbleiben soll.

3.4.6 Sonstige Unternehmungsformen

Eingetragene Genossenschaft

- **Kennzeichen**: Eingetragene Genossenschaften sind juristische Personen. Zur Gründung sind drei Personen (= Genossen) notwendig, die einen Gesellschaftsvertrag (= Statut) erstellen. Die Genossenschaft wird in das Genossenschaftsregister eingetragen.

  Beispiele
  - *Kreditgenossenschaften (Volks- und Raiffeisenbanken)*
  - *Baugenossenschaften (Wohnungsbau)*
  - *Produktionsgenossenschaften (gemeinsame Verarbeitung, z. B. Milch, Wein)*

- **Firma**: Der Firmenname muss den Zusatz „eingetragene Genossenschaft (e. G.)" enthalten.
- **Kapital**: Die Genossen zeichnen Geschäftsanteile, deren Höhe sich nach dem Statut bestimmt. Es bestehen keine Mindestkapitalvorschriften wie bei der AG oder GmbH. Es müssen aber mindestens 10 % des Geschäftsanteils eingezahlt sein. Die erfolgten Einzahlungen ergeben das Geschäftsguthaben.
- **Organe**: Der **Vorstand** leitet die Genossenschaft und vertritt sie nach außen. Er muss aus mindestens zwei Genossen bestehen. Bei weniger als 20 Mitgliedern genügt eine Person als Vorstand.
  Der **Aufsichtsrat** überwacht die Geschäftsführung des Vorstandes und prüft den Jahresabschluss.
  Die **Generalversammlung** ist die Versammlung der Genossen. Jeder Genosse hat eine Stimme, auch wenn er mehrere Geschäftsanteile besitzt. Die Generalversammlung wählt den Vorstand und den Aufsichtsrat.
- **Haftung**: Für die Verbindlichkeiten haften den Gläubigern nur das Gesellschaftsvermögen. Die Genossen haften nur bis zur Höhe ihrer Geschäftsanteile. Das Statut kann aber im Konkursfall für die Genossen eine Nachschusspflicht bis zu einer bestimmten Haftsumme vorsehen.
- **Ergebnisverteilung**: Der Gewinn oder Verlust werden im Verhältnis der Geschäftsguthaben auf die Genossen verteilt. Ein Gewinn wird so lange dem Geschäftsguthaben zugeschrieben, bis der Geschäftsanteil erreicht ist.
- **Bedeutung der Genossenschaften**: Ursprünglicher Zweck der Genossenschaften war es, dass sich Landwirte und andere kleinere Gewerbebetriebe zusammenschlossen, um gemeinsam günstiger einkaufen und verkaufen zu können. Im Vordergrund stand die Förderung ihrer Mitglieder (Solidargemeinschaft, „Vereint sind auch die Schwachen mächtig"). Heute ist bei den meisten Genossenschaften wie auch bei anderen Unternehmen die Gewinnerzielung vorrangiges Unternehmensziel.

GmbH & Co. KG

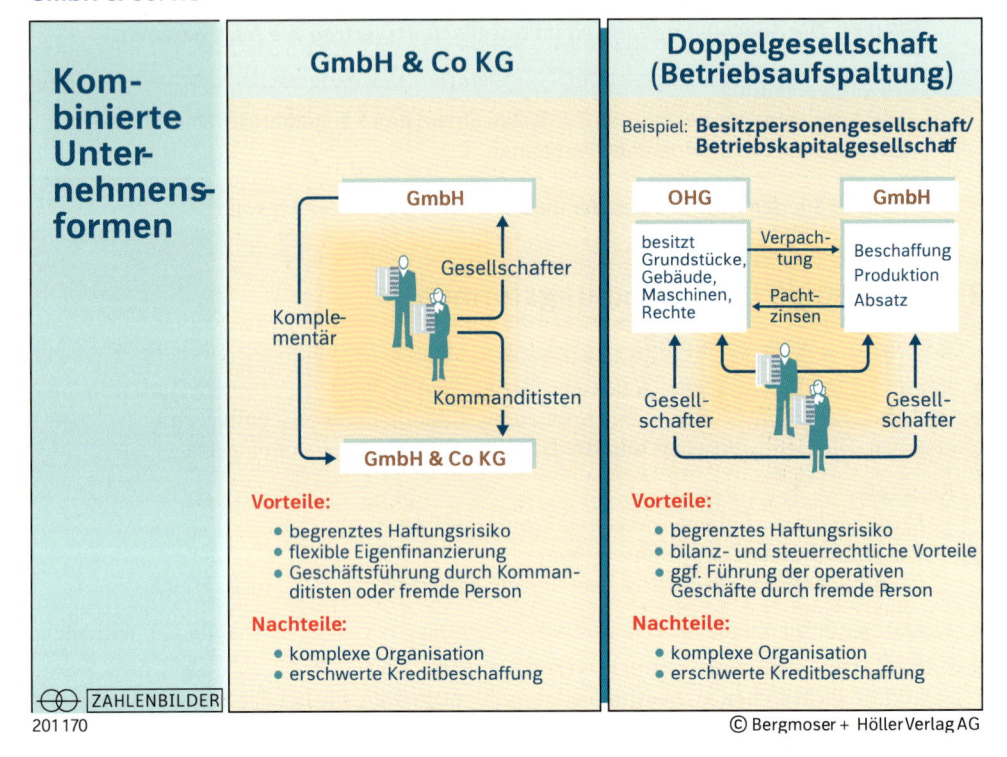

Kombinierte Unternehmensformen

GmbH & Co KG

- Komplementär → GmbH
- Gesellschafter
- Kommanditisten → GmbH & Co KG

Vorteile:
- begrenztes Haftungsrisiko
- flexible Eigenfinanzierung
- Geschäftsführung durch Kommanditisten oder fremde Person

Nachteile:
- komplexe Organisation
- erschwerte Kreditbeschaffung

Doppelgesellschaft (Betriebsaufspaltung)

Beispiel: **Besitzpersonengesellschaft/Betriebskapitalgesellschaft**

- OHG besitzt Grundstücke, Gebäude, Maschinen, Rechte
- Verpachtung / Pachtzinsen
- GmbH: Beschaffung, Produktion, Absatz
- Gesellschafter / Gesellschafter

Vorteile:
- begrenztes Haftungsrisiko
- bilanz- und steuerrechtliche Vorteile
- ggf. Führung der operativen Geschäfte durch fremde Person

Nachteile:
- komplexe Organisation
- erschwerte Kreditbeschaffung

ZAHLENBILDER 201 170 © Bergmoser + Höller Verlag AG

Die GmbH & Co. KG ist eine Personenhandelsgesellschaft in Form einer Kommanditgesellschaft. Komplementär (= Vollhafter) der Kommanditgesellschaft ist aber keine natürliche Person, sondern eine GmbH. Da aber eine GmbH nur mit ihrem Gesellschaftsvermögen haftet und die beteiligten Kommanditisten auch nur Teilhafter sind, liegt hier eine Personengesellschaft vor, in der jedoch kein Gesellschafter unbeschränkt mit seinem Privatvermögen haftet.

Diese Rechtsform wird in der Praxis relativ häufig gewählt, da auch die steuerliche Belastung der GmbH & Co. KG i. d. R. günstiger ist als bei der GmbH und der AG. Allerdings ist durch die beschränkte Haftung die Kreditwürdigkeit geringer.

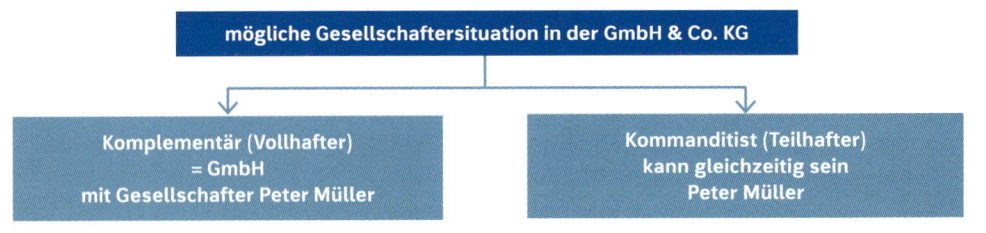

mögliche Gesellschaftersituation in der GmbH & Co. KG

- Komplementär (Vollhafter) = GmbH mit Gesellschafter Peter Müller
- Kommanditist (Teilhafter) kann gleichzeitig sein Peter Müller

Für die GmbH-Gesellschafter und die KG-Gesellschafter muss jeweils ein eigener Gesellschaftervertrag erstellt werden. Die GmbH ist als juristische Person in das Handelsregister Abteilung B, die KG als Personengesellschaft in Abteilung A einzutragen.

Die Geschäftsführung steht nur den persönlich haftenden Gesellschaftern zu, also den Komplementären. Ist der Komplementär eine GmbH, so leitet der Geschäftsführer der GmbH die Geschäfte der KG.

UG (haftungsbeschränkt) & Co. KG

Die UG (haftungsbeschränkt) & Co. KG ist eine **Mischform aus Personen- und Kapitalgesellschaft**. Dabei ist sie in erster Instanz eine Personengesellschaft, nämlich eine KG (Komplementärgesellschaft), wobei der Komplementär nicht zwingend eine natürliche Person sein muss. Die UG (Unternehmergesellschaft) übernimmt bei der UG & Co. KG die Funktion des Komplementärs. Der Komplementär haftet in diesem Fall mit seinem kompletten Vermögen für die Verbindlichkeiten der KG, jedoch ist bei der UG die Haftung nur auf das Gesellschaftsvermögen geschränkt, also mindestens 1,00 €. Folglich ist eine private Haftung für einen Teilhaber der UG & Co. KG grundsätzlich ausgeschlossen, obwohl es sich um eine Personengesellschaft handelt. Die UG (haftungsunbeschränkt) & Co. KG ist besonders reizvoll, weil die Komplementärgesellschaft (UG) mit einem Mindestkapital von 1,00 € gegründet werden kann.

> *Kernwissen*
>
> - Die **eingetragene Genossenschaft**
>   - ist eine juristische Person und benötigt zur Gründung drei Personen,
>   - trägt den Zusatz „e. G.",
>   - hat kein Mindestkapital.
> - Zu den Organen der Genossenschaft gehören Vorstand, Aufsichtsrat und Generalversammlung.
> - Die **Genossen** haften nur bis zur Höhe ihrer Geschäftsanteile.
> - Der **Gewinn** wird im Verhältnis der Geschäftsguthaben auf die Genossen verteilt.
> - Die **GmbH und Co. KG** ist eine Kommanditgesellschaft mit einer GmbH als Komplementär.
> - Die **Kommanditisten** der Kommanditgesellschaft sind meist gleichzeitig die Gesellschafter der GmbH.
> - Die **UG (haftungsbeschränkt) & Co. KG** ist eine Kommanditgesellschaft mit einer UG als Komplementär.

Übungsaufgaben

1. Welche Unternehmen in der Rechtsform der Genossenschaften sind Ihnen bekannt?
2. Ergänzen Sie die bereits für die Personen- und Kapitalgesellschaften erstellte Zusammenfassung für die Genossenschaften. Verwenden Sie dieselben Kennzeichen wie bei AG und GmbH.
3. Worin unterscheiden sich die Aufgaben der Hauptversammlung bei der AG und der Generalversammlung bei der Genossenschaft?
4. Worin unterscheiden sich Geschäftsguthaben und Geschäftsanteil bei der Genossenschaft?
5. Worin besteht der Solidargedanke der Genossenschaften? Schlagen Sie dazu im Duden die Bedeutung der Begriffe „solidarisch" und „Solidarität" nach.
6. Diskutieren Sie, ob ein Unternehmen heute noch allein nach dem Solidarprinzip führbar ist.
7. Aus welchen zwei Gründen entscheiden sich viele Unternehmensgründer für die Rechtsform der GmbH & Co. KG?

8. Welche Vorteile hat die UG (haftungsunbeschränkt) & Co. KG?

9. Spielen Sie Unternehmensberater. Zu Ihnen kommen Kunden, die ein Unternehmen gründen wollen und dabei die jeweils aufgeführten Vorstellungen haben. Schlagen Sie den Kunden die passende Unternehmungsform vor und geben Sie Ihnen auch eine kleine Erklärung. Die Aufgabe ist auch als Rollenspiel ausbaubar.
   a) „Alleiniger Inhaber – Haftung auch mit dem Privatvermögen – vorhandenes Kapital 12 500,00 €"
   b) „Unternehmensgründung zusammen mit einem Freund – beide sollen die Geschäftsführung erhalten – vorhandenes Kapital zusammen 15 000,00 €"
   c) „Unternehmensgründung zusammen mit der Freundin – beide sollen die Geschäftsführung erhalten – vorhandenes Kapital zusammen 30 000,00 € – Haftung soll auf die Einlage beschränkt bleiben."
   d) „Beteiligung an einem Unternehmen mit 10 000,00 €, ohne selbst mitarbeiten zu müssen – Verzinsung der Einlage mit 4 % – angemessener Gewinnanteil – Recht, Bücher einsehen zu dürfen"
   e) „Alleiniger Inhaber – Haftung nur mit der Einlage – vorhandenes Kapital 40 000,00 € – Kapitalgesellschaft"
   f) „Alleiniger Inhaber – Haftung nur mit der Einlage – vorhandenes Kapital 300,00 € – Kapitalgesellschaft"
   g) „Drei Geschwister mit Erbschaft 250 000,00 € – Haftung auf Einlage beschränkt – eigene Mitarbeit denkbar – spätere Kapitalerhöhung durch Aufnahme weiterer Gesellschafter denkbar – Beschaffung des Kapitals auf dem Kapitalmarkt – in ferner Zukunft auch Gang an die Börse denkbar"
   h) „30 Weinbauern – gemeinsame Herstellung und Vermarktung des Weins – Haftungsgrenze bei Geschäftsguthaben – gemeinsame Wahrnehmung wirtschaftlicher Interessen"

3.5 Unternehmenszusammenschlüsse

Hamburg

Hapag-Lloyd fusioniert mit arabischer Reederei

So wird Hamburgs Traditionsreederei fünftgrößte Containerlinienreederei der Welt. Finanzsenator spricht von einem „wichtigen Schritt".

Hamburg. Der Zusammenschluss von Hamburgs Traditionsreederei Hapag-Lloyd mit dem arabischen Konkurrenten United Arab Shipping Company (UASC) ist perfekt. Die für den Zusammenschluss der beiden Unternehmen erforderliche Handelsregistereintragung sei erfolgt, teilten beide Unternehmen am Mittwochmittag mit. Mit der Verkündung der Fusion stieg die Hapag-Lloyd-Aktie um etwa fünf Prozent. [...]

Hapag-Lloyd bleibt aber ein in Deutschland registriertes, börsennotiertes Unternehmen mit Hauptsitz in Hamburg. Das Unternehmen wird zusätzlich eine neue Regionszentrale für die Region Mittlerer Osten einrichten. Mit dem Zusammenschluss werden Einsparungen von jährlich 435 Millionen US-Dollar angestrebt. Ein guter Teil dieser Einsparungen soll bereits 2018 realisiert werden, die volle Summe soll erstmals 2019 erreicht werden.

Der erste Liniendienst von UASC werde Mitte Juli ins Netzwerk von Hapag-Lloyd integriert, heißt es in einer Mitteilung. Die Zusammenführung der Flotten soll bis Ende September abgeschlossen sein. „Das ist ein wichtiger strategischer Meilenstein und ein großer Schritt nach vorn für Hapag-Lloyd", sagte Rolf Habben Jansen,

Vorstandsvorsitzender von Hapag-Lloyd. „Wir verfügen künftig nicht nur in Lateinamerika und auf dem Atlantik über eine ausgesprochen starke Marktposition, sondern auch im Mittleren Osten, wo wir zu einem der führenden Anbieter werden."

„Mit dem Vollzug der Fusion zwischen den beiden Reedereien ist ein weiterer wichtiger Schritt gelungen, Hapag-Lloyd im internationalen Wettbewerb noch stärker aufzustellen", sagte Finanzsenator Peter Tschentscher (SPD). Die Hamburger Traditionsreederei erhalte damit auch Zugriff auf die nächste Generation sehr großer und effizienter Containerschiffe, ohne diese selbst erwerben zu müssen. „Bei der Nutzung der Synergien aus dem Zusammenschluss profitiert Hapag-Lloyd von der Erfahrung aus den bereits erfolgten Konsolidierungsschritten mit CP Ships und CSAV", so Tschentscher. „Mit der Fusion wird es noch besser gelingen, Hapag-Lloyd dauerhaft einen Platz an der Spitze der weltweit operierenden Containerreedereien zu sichern." [...]

Quelle: mk (Martin Kopp)/HA: Hapag-Lloyd fusioniert mit arabischer Reederei. In: Hamburger Abendblatt, 24.05.2017, www.abendblatt.de/hamburg/article210684643/Hapag-Lloyd-fusioniert-mit-arabischer-Reederei.html [27.08.2019].

Handlungsaufträge

1. Stellen Sie die Vorteile heraus, die sich aus der Fusion der beiden Unternehmen ergeben.
2. Suchen Sie weitere Beispiele für Zusammenschlüsse von Unternehmen.
3. Stellen Sie fest, welche Form des Zusammenschlusses dabei vorliegt.

Zu einer funktionierenden Marktwirtschaft gehört der Wettbewerb. Der Wettbewerb zwingt die Unternehmen als Anbieter, auf die Wünsche der Nachfrager (Kunden, Verbraucher, Konsumenten) einzugehen und die Güter und Dienstleistungen herzustellen, die nach Art, Qualität und Preis den Vorstellungen der Kunden entsprechen.

Der Wettbewerb führt somit zum Konkurrenzkampf um die Kunden mit friedlichen Mitteln. Solche erlaubten Mittel sind heute der Preis, die Produktqualität, die Konditionen (Rabatt, Skonto, Lieferung frei Haus usw.), Garantien, Serviceleistungen, Werbung.

Nutznießer des Wettbewerbs sind somit die Kunden. Sie können unter den verschiedenen Angeboten das preisgünstigste auswählen, Produkte auf dem neuesten Stand der Technik erwerben, mit dem Anbieter über Liefer- und Zahlungsbedingungen verhandeln.

Um sich dem Wettbewerb und damit dem Konkurrenzdruck zu entziehen, schließen sich Unternehmen immer häufiger zusammen. Damit nimmt die Zahl der kleinen Anbieter am Markt ab und dem Nachfrager stehen wenige große Anbieter am Markt gegenüber.

Unternehmenszusammenschlüsse können in sehr lockerer Form, z. B. als Werbegemeinschaften erfolgen, sie können aber auch bis zu einer Fusion (= Verschmelzung) führen, bei der sich zwei bisher selbstständige Unternehmen zu einem neuen Unternehmen zusammenschließen.

Unternehmenszusammenschlüsse

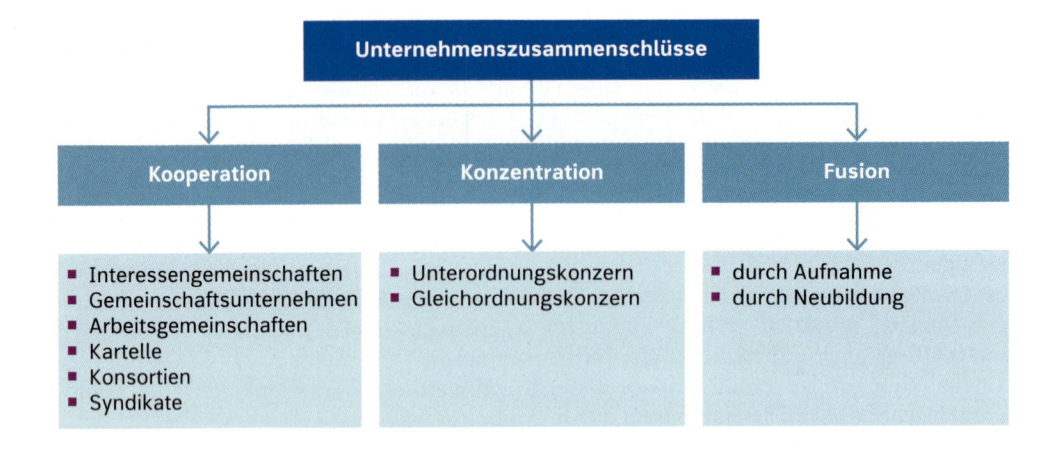

Kooperation
- Interessengemeinschaften
- Gemeinschaftsunternehmen
- Arbeitsgemeinschaften
- Kartelle
- Konsortien
- Syndikate

Konzentration
- Unterordnungskonzern
- Gleichordnungskonzern

Fusion
- durch Aufnahme
- durch Neubildung

Tipp

Welche Unternehmenszusammenschlüsse fallen Ihnen spontan ein? Ordnen Sie diese einer konkreten Form in der Übersicht zu. Schreiben Sie sich diese kurz auf, um sie später als Beispiele für die folgenden Themen verwenden zu können.

3.5.1 Arten der Unternehmenszusammenschlüsse

Vergleicht man, aus welchen Branchen die sich zusammenschließenden Unternehmen stammen, so können drei verschiedene Arten von Zusammenschlüssen unterschieden werden.

	Horizontale Zusammenschlüsse	Vertikale Zusammenschlüsse	Diagonale (anorganische) Zusammenschlüsse
Kennzeichen	Zwei oder mehrere Unternehmen der gleichen Branche und derselben Wirtschaftsstufe schließen sich zusammen.	Zwei oder mehrere Unternehmen der gleichen Branche, aber aus verschiedenen Wirtschaftsstufen schließen sich zusammen.	Zwei oder mehrere Unternehmen verschiedener Branchen und/oder verschiedener Wirtschaftsstufen schließen sich zusammen.
Beispiele	Automobilhersteller A fusioniert mit Automobilhersteller B, Kreditinstitut C kauft Kreditinstitut D.	Stahlwerk E schließt sich zusammen mit Maschinenfabrik F.	Chemiewerk G kauft Elektronikunternehmen H und Brauerei K.

3.5.2 Ziele der Unternehmenszusammenschlüsse

Allgemeine Ziele von Unternehmenszusammenschlüssen können sein:
- den Wettbewerb zu beschränken oder ganz auszuschalten
- die Marktmacht zu erhöhen
- das wirtschaftliche Risiko zu senken
- die Kosten zu senken
- die eigene Wettbewerbsfähigkeit zu erhalten oder zu verbessern
- den Gewinn zu erhöhen
- den Umsatz zu steigern

In den einzelnen betrieblichen Teilbereichen werden durch Kooperation (siehe Kapital 3.5.3) und Konzentration (siehe Kapitel 3.5.4) spezielle Ziele angestrebt:

Im Beschaffungsbereich	Im Produktionsbereich	Im Absatzbereich	Im Bereich Finanzierung und Investition	Im Verwaltungsbereich
▪ bessere Einkaufsbedingungen ▪ sichere Lieferung ▪ günstigere Einkaufspreise ▪ einheitliche Liefer- und Zahlungsbedingungen	▪ höhere Produktivität ▪ bessere Kapazitätsauslastung ▪ höhere Stückzahlen ▪ niedrigere Produktionskosten durch Massenfertigung ▪ gemeinsame Forschung und Entwicklung ▪ gemeinsame Normung und Typung ▪ Stilllegung von unrentablen Produktionsbereichen	▪ Verminderung des Wettbewerbs ▪ gemeinsame Werbung ▪ gemeinsame Marktforschung ▪ einheitliche Liefer- und Zahlungsbedingungen ▪ einheitlicher Kundendienst ▪ gemeinsame Vertriebseinrichtungen ▪ gemeinsame Ausnutzung von Marktchancen, z. B. auf Auslandsmärkten	▪ breitere Kapitalbasis ▪ bessere Kreditwürdigkeit ▪ günstigere Möglichkeit der Kapitalbeschaffung ▪ Nutzung von Steuervorteilen	▪ gemeinsame Datenverarbeitung ▪ gemeinsame Verwaltungseinrichtungen ▪ gemeinsames Rechnungswesen ▪ Austausch betrieblicher Erfahrungen ▪ gemeinsame Aus- und Weiterbildung

3.5.3 Formen der Kooperation

Erfolgen Zusammenschlüsse in sehr lockerer Form aufgrund vertraglicher Vereinbarungen, so spricht man von **Kooperation**. Bei einer Kooperation behalten die betreffenden Unternehmen ihre **wirtschaftliche** und **rechtliche Selbstständigkeit**.

Wichtige Formen der Kooperation sind:

- Interessengemeinschaften
- Gemeinschaftsunternehmen
- Arbeitsgemeinschaften
- Kartelle
- Konsortien
- Syndikate

Interessengemeinschaft

Unternehmen, die rechtlich selbstständig bleiben, schließen sich vertraglich zusammen, um gemeinsame Interessen (= Ziele) zu verfolgen. Als Rechtsform wird eine BGB-Gesellschaft (GbR), aber auch ein eingetragener Verein (e. V.) gewählt.

Gemeinsame Interessen können sein:

- Werbung und Öffentlichkeitsarbeit
- Durchführung von Marktuntersuchungen
- Aus- und Weiterbildung der Mitarbeiter
- gemeinsame Nutzung der Datenverarbeitungsanlage

Beispiele
- *Werbegemeinschaft Dingolfing e. V.*
- *Bundesverband der Deutschen Industrie e. V.*
- *Förderwerk des deutschen Einzelhandels e. V.*

Arbeitsgemeinschaft (ARGE)

Unternehmen, die rechtlich selbstständig bleiben, schließen sich vertraglich für die Dauer der Durchführung eines gemeinsamen Auftrages – meist als BGB-Gesellschaft – zusammen. In der Regel liegen Großaufträge vor, die von einzelnen Unternehmen nicht zu bewältigen sind. Nach Ausführung des Auftrages endet meist auch wieder die Arbeitsgemeinschaft.

Beispiele
- *Bau eines Staudammes*
- *Errichtung eines Flughafens*
- *Bau eines Autobahnabschnittes*

Konsortien

Ein Konsortium liegt vor, wenn sich Kreditinstitute vorübergehend zusammenschließen, um neu herausgegebene Wertpapiere (Aktien, Schuldverschreibungen) zu übernehmen und an die Kunden weiterzuverkaufen. Hohe Finanzkraft und Risikoverteilung stehen dabei im Vordergrund.

Beispiel
Platzierung der Telekom-Aktie am Markt, d. h. Verkauf der Telekom-Aktie an viele Kleinanleger

Gemeinschaftsunternehmen (Joint Ventures)

Gemeinschaftsunternehmen werden von zwei oder mehr voneinander unabhängigen Unternehmen gegründet mit dem Ziel, Aufgaben im gemeinsamen Interesse der Gesellschafterunternehmen auszuführen. Gemeinschaftsunternehmen stehen unter der gemeinsamen Leitung der Gesellschafterunternehmen.

Die Gründung von Gemeinschaftsunternehmen ist häufig bei Investitionen im Ausland anzutreffen, insbesondere in Staaten, die eine Beteiligung von Ausländern an nationalen Unternehmen untersagen und eine Zusammenarbeit mit einheimischen Unternehmen fordern. Gemeinschaftsunternehmen sind bekannt unter dem Namen Joint Ventures.

Kartelle

Kartelle sind Absprachen zwischen Unternehmen derselben Branche, z. B. über Preise, Absatz- und Geschäftsbedingungen, Produktionsmengen. Die Unternehmen bleiben zwar rechtlich selbstständig. Im Bereich, der Gegenstand der Kartellabsprache ist, verlieren sie aber ihre wirtschaftliche Selbstständigkeit und müssen sich den Kartellbedingungen unterwerfen.

Hauptziel von Kartellverträgen ist die Marktbeherrschung durch Beschränkung oder gar Beseitigung des Wettbewerbes.

Das Gesetz gegen Wettbewerbsbeschränkungen (Kartellgesetz) vom 1. Juli 2005 bestimmt in § 1, dass Vereinbarungen zwischen Unternehmen, Beschlüsse von Unternehmensvereinigungen und aufeinander abgestimmte Verhaltensweisen, die eine Verhinderung, Einschränkung oder Verfälschung des Wettbewerbs bezwecken oder bewirken, verboten sind.

Demnach zählen zu den **verbotenen Absprachen**:

Preisabsprachen	Unternehmen sprechen untereinander Höchst- oder Mindestpreise, Rabatte aber auch Zeitpunkte von Preisänderungen ab. Dazu zählen auch preisbegleitende Absprachen über Zahlungsbedingungen, Kreditziele oder Verzugszinsen.
Gebietsabsprachen	Unternehmen sprechen miteinander die Absatzgebiete ab.
Quotenabsprachen	Unternehmen sprechen die Herstellungsmengen untereinander ab.
Kundenabsprachen	Unternehmen sprechen miteinander ab, wer welche Kunden beliefern soll. **Beispiel:** Baustoffhändler A beliefert alle Kunden mit einer Abnahmemenge über 100 000 qm Beton, Baustoffhändler B die übrigen Kunden.
Preisbindungen der zweiten Hand	Lieferanten schreiben ihren Händlern vor, welche Preise sie von den weiteren Abnehmern verlangen müssen.

Freistellung

Vom Kartellverbot **freigestellt** sind nach § 2 des Kartellgesetzes in Anlehnung an das **EU-Kartellrecht** wettbewerbsbeschränkende Vereinbarungen zwischen Unternehmen, wenn sie bestimmte Voraussetzungen erfüllen:

- Die Verbraucher sind angemessen an dem entstehenden Gewinn zu beteiligen.
- Die Vereinbarung trägt zu einer Verbesserung der Warenerzeugung und -verteilung oder zur Förderung des technischen oder wirtschaftlichen Fortschritts bei.

Beispiele
- *Mehrere Einzelhändler schließen sich zu einer Einkaufsgemeinschaft zusammen und geben die Preisvorteile an ihre Kunden weiter.*
- *Mehrere Autohersteller betreiben gemeinsam Forschung für umweltfreundliche, rohstoffarme Fahrzeuge.*

Ob das Verhalten eines Unternehmens kartellrechtlich unzulässig ist oder vom Verbot freigestellt wird, hängt auch vom **Marktanteil** des Unternehmens ab.

Beispiel
Ein marktbeherrschendes Unternehmen mit einem Marktanteil von mehr als einem Drittel verkauft Waren unter Einstandspreis, um Wettbewerber auszuschalten.

Nach altem Kartellrecht mussten Unternehmen wettbewerbsbeschränkende Vereinbarungen anmelden und genehmigen lassen. Nach dem aktuellen Gesetz hat das Unternehmen die Pflicht, **selbst zu prüfen**, ob das Verhalten mit dem Kartellrecht vereinbar ist.

Bei **Kartellverstößen** drohen dem Unternehmer:

- Nichtigkeit der Vereinbarung
- Bußgeld
- Vorteilsabschöpfung
- strafrechtliche Verfolgung

Syndikat

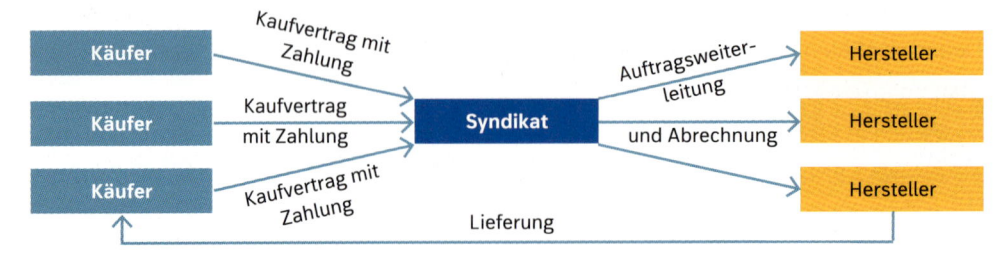

Unternehmen der gleichen Branche vereinbaren den Verkauf ihrer Produkte über ein gemeinsames Unternehmen (= Verkaufskontor, = Syndikat), das meist in der Rechtsform einer GmbH geführt wird.

Diese Zentralisierung des Absatzes hat für die angeschlossenen Unternehmen Vorteile und Nachteile.

Vorteile	Nachteile
■ straffe Absatzorganisation ■ starke Marktposition gegenüber Konkurrenten und Käufern ■ gemeinsame Werbung ■ gemeinsame Absatzpolitik	■ starke Abhängigkeit vom Syndikat ■ fehlender Kontakt zum Kunden

Syndikate kommen besonders in Wirtschaftszweigen vor, die weitgehend standardisierte Produkte haben (Kohle, Eisen, Stahl).

Legt das Syndikat Produktionsquoten und Verkaufspreise fest, so wird der Wettbewerb eingeschränkt und es gelten die Vorschriften des Kartellgesetzes.

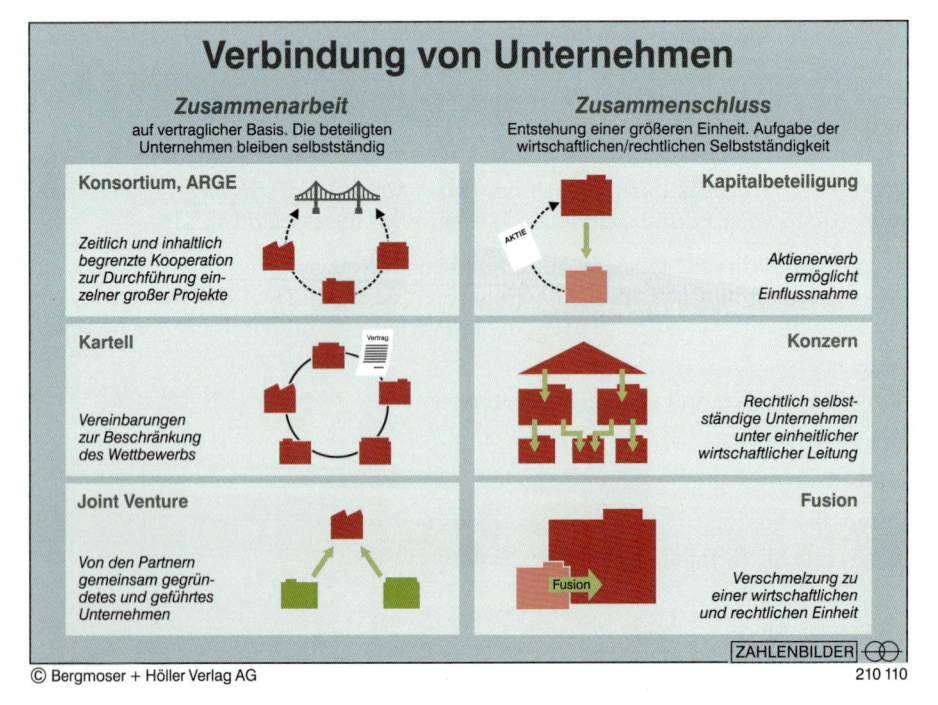

Verbindung von Unternehmen

Zusammenarbeit
auf vertraglicher Basis. Die beteiligten Unternehmen bleiben selbstständig

Zusammenschluss
Entstehung einer größeren Einheit. Aufgabe der wirtschaftlichen/rechtlichen Selbstständigkeit

Konsortium, ARGE
Zeitlich und inhaltlich begrenzte Kooperation zur Durchführung einzelner großer Projekte

Kapitalbeteiligung
Aktienerwerb ermöglicht Einflussnahme

Kartell
Vereinbarungen zur Beschränkung des Wettbewerbs

Konzern
Rechtlich selbstständige Unternehmen unter einheitlicher wirtschaftlicher Leitung

Joint Venture
Von den Partnern gemeinsam gegründetes und geführtes Unternehmen

Fusion
Verschmelzung zu einer wirtschaftlichen und rechtlichen Einheit

© Bergmoser + Höller Verlag AG

3.5.4 Formen der Konzentration

Konzentration liegt vor, wenn Unternehmen ihre **rechtliche** und/oder **wirtschaftliche Selbstständigkeit aufgeben** und einer zentralen Leitung unterstellt werden.

Man unterscheidet zwei Formen der Konzentration:

Konzern	Trust/Fusion
Zusammenschluss von Unternehmen, die ihre rechtliche Selbstständigkeit (Unternehmensform) behalten, ihre wirtschaftliche Selbstständigkeit aber aufgeben und unter einer einheitlichen Konzernleitung geführt werden	Zusammenschluss von Unternehmen, die ihre rechtliche und wirtschaftliche Selbstständigkeit aufgeben und sich zu einem neuen Unternehmen vereinigen

Konzern

Konzerne treten in **zwei** Formen auf:

- **Unterordnungskonzern**: Im Unterordnungskonzern kauft ein Unternehmen ein oder mehrere Unternehmen auf und stellt diese Unternehmen unter seine Leitung. Man spricht in diesem Fall von einem **Mutter-Tochter-Verhältnis**. Die Konzernmutter als herrschendes Unternehmen bindet die Tochterunternehmen durch einen Beherrschungsvertrag oder einen Gewinnabführungsvertrag.

  Die Leitung der Tochterunternehmen wird dem Mutterunternehmen übertragen. Die Gewinne der Tochterunternehmen werden an das Mutterunternehmen abgeführt.

- **Gleichordnungskonzern**: Beim Gleichordnungskonzern tauschen zwei oder mehr Unternehmen, die rechtlich selbstständig bleiben, ihre Kapitalbeteiligungen gleichmäßig aus, ohne neues Kapital aufbringen zu müssen. Man spricht von **Schwesterunternehmen** mit gleichgewichtigem gegenseitigem Einfluss. Die Leitung des Konzerns wird miteinander abgestimmt.

Die **Holding** ist eine Sonderform im Konzernbereich und wird häufig als **Dachgesellschaft** bezeichnet. Sie verwaltet die angeschlossenen Konzernunternehmen, ohne selbst Produktions- und Absatzaufgaben zu übernehmen. Die Holding hält (engl. to hold) Kapitalbeteiligungen an den organisatorisch und rechtlich selbstständigen Konzernunternehmen.

Gleichordnungskonzern mit Holding

Unterordnungskonzern

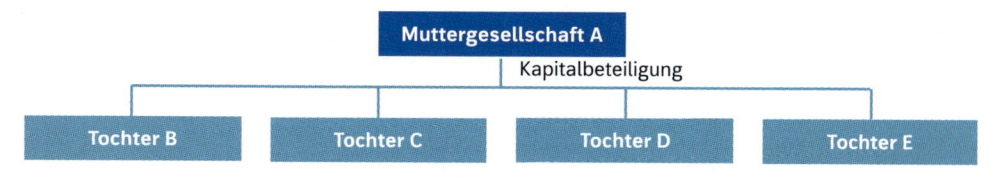

Trust/Fusion

Ein Trust ist ein Zusammenschluss von zwei oder mehr Unternehmen, die dabei ihre rechtliche und wirtschaftliche Selbstständigkeit aufgeben. Nach der Fusion besteht nur noch **ein** rechtlich selbstständiges Unternehmen.

Die **Fusion** kann erfolgen

- durch **Aufnahme**. Ein schwächeres Unternehmen wird durch ein stärkeres Unternehmen aufgekauft. Das Vermögen des schwächeren Unternehmens wird auf das stärkere Unternehmen übertragen. Die Firma des übertragenden Unternehmens wird gelöscht, die Firma des stärkeren aufnehmenden Unternehmens wird weitergeführt.
- durch **Neubildung**. Aus zwei oder mehr Unternehmen wird ein neues Unternehmen gegründet, auf das die Vermögen der sich vereinigenden Unternehmen übertragen werden. Eine neue Firma entsteht, die Firmen der übertragenden Unternehmen erlöschen.

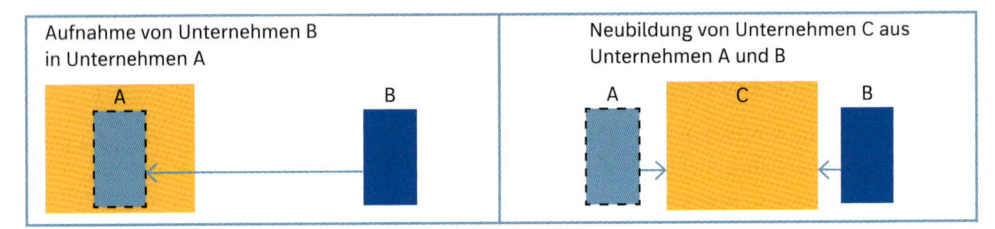

Aufnahme von Unternehmen B in Unternehmen A	Neubildung von Unternehmen C aus Unternehmen A und B
A ← B	A → C ← B

Kernwissen

- Zu einer **funktionierenden Marktwirtschaft** gehört der Wettbewerb mit friedlichen Mitteln.
- **Unternehmenszusammenschlüsse** können zu einer Einschränkung des Wettbewerbs führen.
- Nach der **Art der Zusammenschlüsse** unterscheidet man horizontale, vertikale und diagonale Zusammenschlüsse.
- Zu den **Zielen** der Unternehmenszusammenschlüsse gehören Wettbewerbsbeschränkung, Erhöhung der Marktmacht, Risiko- und Kostensenkung, Verbesserung der eigenen Wettbewerbsfähigkeit, Steigerung des Gewinns.
- Unternehmenszusammenschlüsse können als **Kooperation** oder **Konzentration** erfolgen.
- Kooperation liegt vor, wenn Unternehmen aufgrund **vertraglicher Vereinbarungen** zusammenarbeiten.
- **Formen der Kooperation** sind Interessengemeinschaften, Arbeitsgemeinschaften, Konsortien, Gemeinschaftsunternehmen, Kartelle und Syndikate.
- Die **Zusammenarbeit** kann im Beschaffungs-, Produktions-, Absatz-, Finanz- und Verwaltungsbereich erfolgen.
- Zu den **verbotenen Kartellen** gehören u. a. Preis-, Quoten- und Gebietskartelle.
- Unternehmen der gleichen Branche können über ein **Syndikat** den Verkauf ihrer Produkte durchführen lassen.
- **Konzentration** liegt vor, wenn Unternehmen ihre wirtschaftliche und/oder rechtliche Selbstständigkeit verlieren.
- Formen der Konzentration sind der **Konzern** und der **Trust/Fusion**.
- Man unterscheidet **Unterordnungs-** und **Gleichordnungskonzerne**.
- Eine Fusion kann durch **Aufnahme** und durch **Neubildung** erfolgen.

Übungsaufgaben

1. Welche Ziele verfolgen Unternehmen, wenn sie sich mit anderen Unternehmen zusammenschließen?
2. Erklären Sie den Unterschied zwischen horizontalen, vertikalen und diagonalen Zusammenschlüssen von Unternehmen und nennen Sie dazu auch ein treffendes Beispiel.
3. Unterscheiden Sie die Begriffe Kooperation und Konzentration im Rahmen von Unternehmenszusammenschlüssen.
4. Nennen Sie die verschiedenen Formen der Kooperation sowie der Konzentration.
5. Unterscheiden Sie die Kartellarten.
6. Erklären Sie, warum in Deutschland bestimmte Kartelle verboten sind.
7. Erklären Sie die beiden Konzernarten.
8. Erklären Sie die beiden Möglichkeiten der Fusionierung.
9. Bei welchen Unternehmenszusammenschlüssen verlieren die Unternehmen ihre rechtliche Selbstständigkeit?
    a) Konzern
    b) Kartell
    c) Fusion
    d) Interessengemeinschaft
    e) Konsortium
10. Diskutieren Sie die nachfolgenden Argumente für und gegen den Zusammenschluss von Unternehmen. Suchen Sie nach treffenden Beispielen aus der Praxis, die Ihnen zu den jeweiligen Argumenten einfallen.

Stichwort	Argumente gegen Zusammenschlüsse von Unternehmen	Argumente für Zusammenschlüsse von Unternehmen
Wettbewerb	Durch Zusammenschlüsse wird der Wettbewerb eingeschränkt.	Ohne Zusammenschlüsse könnten kleine Unternehmen am Markt/Weltmarkt nicht mehr bestehen, sodass der Wettbewerb auch nicht mehr gegeben ist.
Preise	Durch Preisabsprachen oder durch Monopolstellung eines Anbieters steigen die Preise.	Durch Massenfertigung von Konzernen kann preiswert produziert werden.
Arbeitsmarkt	Durch Zusammenschlüsse werden Arbeitskräfte eingespart.	Scheiden kleine Unternehmen aus dem Wettbewerb, droht für die Beschäftigten Entlassung.
Technischer Fortschritt	Bei fehlender Konkurrenz verzichten die Unternehmen auf technische Neuerungen, Qualitätsverbesserungen, Produktinnovationen.	Forschungsvorhaben, neue Entwicklungen sind nur bei Großunternehmen oder in Kooperation möglich.
Markt, Staat und Gesellschaft	Wirtschaftliche Macht führt oft auch zu politischer Macht.	Unternehmen mit hohen Umsätzen und Gewinnen sind auch gute Steuerzahler und bieten häufig überdurchschnittliche soziale Leistungen an ihre Arbeitnehmer.

3.6 Maßnahmen zur Erhaltung des Wettbewerbs

> **Situation**
>
> TOP-Prämie: Tablet für ein Zeitschriften-ABO
> Sie bestellen von einem Zeitschriftenwerber an der Haustür eine Fernsehillustrierte für ein Jahr.
> Am nächsten Tag stellen Sie fest, dass der Ladenpreis weit darunter liegt.

Handlungsaufträge

1. Aus welchen Gründen haben Sie den Abonnementsvertrag abgeschlossen?
2. Was können Sie machen, um den Abonnementsvertrag wieder aufzulösen?
3. Nennen Sie weitere Beispiele, wo Sie nach Abschluss des Vertrages noch ein Widerrufsrecht haben.

Damit in unserem Wirtschaftssystem der **Wettbewerb** funktionieren kann, müssen zwei **Voraussetzungen** erfüllt sein:

- Jeder Wettbewerber muss auf dem Markt seine Leistung ungehindert anbieten und für sie werben können.
- Jeder Käufer muss auf dem Markt die Leistung wählen können, die ihm nach Preis, Qualität und Leistung als die günstigste erscheint.

Der Wettbewerb ist somit **gestört**,

- wenn Wettbewerber mit unlauteren Mitteln andere Wettbewerber daran hindern, ihre Leistungen anbieten zu können,
- wenn Wettbewerber ihre Leistungen den Käufern nicht wahrheitsgemäß anbieten.

Das Ziel der staatlichen Wettbewerbspolitik ist deshalb, mit geeigneten Maßnahmen für einen **funktionsfähigen** und **fairen** Wettbewerb zu sorgen. Der Gesetzgeber hat dazu zahlreiche Gesetze und Verordnungen erlassen.

Ziele staatlicher Wettbewerbspolitik in der sozialen Marktwirtschaft

funktionsfähiger Wettbewerb	fairer Wettbewerb
Beispiel	**Beispiele**
▪ Gesetz gegen Wettbewerbsbeschränkungen	▪ Gesetz gegen den unlauteren Wettbewerb ▪ Gesetz zur Modernisierung des Schuldrechts ▪ Preisangabenverordnung ▪ Produkthaftungsgesetz

3.6.1 Gesetz gegen Wettbewerbsbeschränkungen

Ein freier und wirksamer Wettbewerb hat den größten Nutzeffekt für die Gesamtwirtschaft und ist auch für den Verbraucher am vorteilhaftesten. Aus diesem Grund soll durch das Gesetz

- die künstliche Entstehung von Marktmacht und
- der Missbrauch bestehender Marktmacht
  verhindert werden.

Das Gesetz unterscheidet dazu verschiedene Tatbestände der Wettbewerbsbeschränkung:

- **Horizontalvereinbarungen**: Vereinbarungen zwischen konkurrierenden Unternehmen, Beschlüsse von Unternehmensvereinigungen und aufeinander abgestimmte Verhaltensweisen, die eine Verhinderung, Einschränkung oder Verfälschung des Wettbewerbs bezwecken oder bewirken, sind verboten (§ 1 GWB). Horizontale Wettbewerbsbeschränkungen werden auch als Kartelle bezeichnet.

> **Tipp**
>
> *Lesen Sie noch einmal die verschiedenen Kartellarten im Kapitel 3.5.3 nach.*

- **Vertikalvereinbarungen**: Dem Hersteller ist es verboten, dem Handel eine feste Preisvorgabe zu machen, welchen Preis er vom Kunden zu verlangen hat (Preisbindung der zweiten Hand). Ausnahme: Verlagsartikel wie Zeitungen und Bücher

  Hersteller von Markenartikeln dürfen sich aber mit unverbindlichen Preisempfehlungen an den Verbraucher wenden. Dem Handel bleibt somit ein Preisspielraum.

- **Zusammenschlusskontrolle (Fusionskontrolle)**: Beim Bundeskartellamt sind Unternehmenszusammenschlüsse anzumelden, wenn im letzten Geschäftsjahr vor dem Zusammenschluss die beteiligten Unternehmen insgesamt weltweit **Umsatzerlöse** von mehr als 500 Mio. € und mindestens ein beteiligtes Unternehmen im Inland Umsatzerlöse von mehr als 25 Mio. € erzielt haben.

  Der Zusammenschluss ist vom Bundeskartellamt zu untersagen, wenn dadurch eine marktbeherrschende Stellung begründet oder verstärkt wird, es sei denn, die beteiligten Unternehmen weisen nach, dass durch den Zusammenschluss auch Verbesserungen der Wettbewerbsbedingungen eintreten, die die Nachteile der Marktbeherrschung überwiegen.

- **Missbrauchsaufsicht**: Als marktbeherrschend gelten Unternehmen, die keinem wesentlichen Wettbewerb ausgesetzt sind oder im Verhältnis zu ihren Mitbewerbern eine überragende Marktstellung besitzen. **Marktbeherrschung** wird vermutet, wenn ein Unternehmen einen Marktanteil von mindestens einem Drittel hat.

Das Bundeskartellamt kann Unternehmen, die eine solche Stellung auf dem Markt ausnutzen, ihr missbräuchliches Verhalten untersagen und Verträge für unwirksam erklären.

Beispiel
Die Deutsche Telekom AG ist verpflichtet, ihr Telekommunikationsnetz gegen angemessenes Entgelt auch anderen Kommunikationsgesellschaften zur Verfügung zu stellen.

Kartellrecht
Vorrang für den Wettbewerb

Grundregel:

- Vereinbarungen zwischen Unternehmen,
- Beschlüsse von Unternehmensvereinigungen und
- abgestimmte Verhaltensweisen,

die den Wettbewerb einschränken, sind **verboten**

Sie können ausnahmsweise dennoch **zulässig** sein, wenn ihre Vorteile die wettbewerbswidrigen Nachteile überwiegen (z.B. durch höhere Produktqualität, technische Neuerungen, niedrigere Verbraucherpreise).	Vom Verbot **freigestellt** sind deshalb u.a. *Forschungs- und Entwicklungs-, Spezialisierungs-, Technologietransfer-vereinbarungen, Vertriebsvereinbarungen und einzelne Branchen* (durch EU-Gruppenfreistellungsverordnungen) *Mittelstandskartelle* (nach deutschem Recht)	Im Übrigen müssen die beteiligten Unternehmen selbst beurteilen, ob ihre Absprachen zulässig sind. Sie unterliegen der **Wettbewerbskontrolle** durch die Kartellbehörden und müssen bei Verstößen gegen das Kartellverbot mit Geldbußen und mit Schadensersatzforderungen benachteiligter Konkurrenten oder Abnehmer rechnen.

ZAHLENBILDER
200 295
© Bergmoser + Höller Verlag AG

3.6.2 Gesetz gegen den unlauteren Wettbewerb (UWG)

Dieses Gesetz dient dem Schutz der Mitbewerber und Verbraucher vor unlauterem Wettbewerb.

Generalklausel: Unlautere Wettbewerbshandlungen, die geeignet sind, den Wettbewerb zum Nachteil der Mitbewerber und der Verbraucher erheblich zu beeinträchtigen, sind unzulässig (§ 3 UWG).

Tipp
Lesen Sie die Gesetzestexte im Gesetz gegen den unlauteren Wettbewerb (UWG) nach.

Beispiele unlauteren Wettbewerbs (Auszug aus § 4 UWG)

Unlauter handelt, wer
- Wettbewerbshandlungen vornimmt, die geeignet sind, die geschäftliche Unerfahrenheit insbesondere von Kindern und Jugendlichen, die Leichtgläubigkeit, die Angst oder die Zwangslage von Verbrauchern auszunutzen;
- bei Preisausschreiben und Gewinnspielen mit Werbecharakter die Teilnahmebedingungen nicht klar und eindeutig angibt;
- bei Verkaufsförderungsmaßnahmen wie Preisnachlässen, Zugaben oder Geschenken die Bedingungen für ihre Inanspruchnahme nicht klar und eindeutig angibt;
- die Kennzeichen, Waren, Dienstleistungen, Tätigkeiten oder persönlichen oder geschäftlichen Verhältnisse eines Mitbewerbers herabsetzt oder verunglimpft;
- über die Waren, Dienstleistungen oder das Unternehmen eines Mitbewerbers Tatsachen behauptet oder verbreitet, die den Mitbewerber schädigen, soweit diese Tatsachen nicht nachweislich wahr sind;
- Waren oder Dienstleistungen anbietet, die eine Nachahmung der Waren oder Dienstleistungen eines Mitbewerbers sind;
- Mitbewerber gezielt behindert.

Beispiel
Ein Händler bietet Hosen, Jacken, Taschen und Uhren als Markenware an, obwohl er weiß, dass die Ware imitiert ist (Imitation = Nachbildung, Nachahmung).

Irreführende Werbung (Auszug aus § 5 UWG)

Unlauter handelt, wer irreführend wirbt. Irreführende Werbung liegt u. a. vor,
- wenn über die Beschaffenheit, die Herstellungsart und den Herstellungszeitpunkt, die geografische und betriebliche Herkunft, die Ausführung der Ware falsche Angaben gemacht werden;
- wenn für eine Ware geworben wird, die nicht in angemessener Menge vorhanden ist. Angemessen ist ein Vorrat von zwei Tagen, es sei denn, der Unternehmer weist Gründe nach, die eine geringere Bevorratung rechtfertigen.

Beispiel
Ein Sportgeschäft bietet in einer Zeitungsbeilage ein Skimodell zu einem günstigen Preis an, hat aber nur zwei Paar Skier dieses Modells vorrätig (Lockvogelangebot).

Vergleichende Werbung (Auszug aus § 6 UWG)

Vergleichende Werbung ist grundsätzlich erlaubt. Sie ist aber unlauter,
- wenn der Vergleich sich nicht auf Waren oder Dienstleistungen für den gleichen Bedarf oder dieselbe Zweckbestimmung bezieht;
- wenn der Vergleich nicht objektiv auf nachprüfbare Eigenschaften oder den Preis dieser Waren bezogen ist.

Unzumutbare Belästigungen (Auszug aus § 7 UWG)

Unlauter handelt, wer einen Marktteilnehmer in unzumutbarer Weise belästigt. Unzumutbare Belästigung liegt vor,
- bei einer Werbung, die der Empfänger nicht wünscht, z. B. Werbung an der Haustüre;

- bei Werbung mit unerwünschten Telefonanrufen, Faxmitteilungen, E-Mails;
- bei Werbung, bei der die Identität des Absenders verschleiert wird.

Beispiel
Der Absender gibt in seiner Werbung keine Adresse an, an die sich der Empfänger ohne Kosten wenden kann, um den Absender aufzufordern, die Werbung einzustellen.

Keine unzumutbare Werbung liegt vor,
- wenn der Unternehmer die Adresse des Kunden über den Verkauf einer Ware erhalten hat;
- wenn der Kunde der Verwendung seiner Adresse nicht widersprochen hat.

Beispiel
Beim Kauf einer Ware stimmt der Kunde auf dem Bestellformular zu, dass seine Adresse weitergegeben werden darf.

Rechtsfolgen bei unlauteren Handlungen (Auszüge aus §§ 8, 9, 10 UWG)

Beseitigung und Unterlassung: Wer unerlaubte Handlungen nach §3 UWG vornimmt, kann auf Beseitigung und im Wiederholungsfall auf Unterlassung in Anspruch genommen werden. Diese Ansprüche stehen zu:
- Mitbewerbern
- Verbänden, die die Mitbewerber vertreten
- Einrichtungen, die die Verbraucherinteressen vertreten
- Industrie- und Handelskammern sowie Handwerkskammern

Schadenersatz: Wer vorsätzlich oder fahrlässig unlauter handelt, muss den Mitbewerbern den entstandenen Schaden ersetzen.

Gewinnabschöpfung: Wer durch unlautere Handlungen zulasten einer Vielzahl von Abnehmern einen Gewinn erzielt hat, kann auf Herausgabe des Gewinns in Anspruch genommen werden. Der Gewinn ist an den Bundeshaushalt abzuführen. Die geschädigten Gläubiger können von der zuständigen Stelle des Bundes (Bundesverwaltungsamt) eine Erstattung ihres Schadens verlangen, soweit sie vom Schuldner keinen Ausgleich erhalten. Der Erstattungsanspruch ist auf die Höhe des abgeführten Gewinns beschränkt.

Verjährung: Ansprüche auf Unterlassung verjähren nach sechs Monaten, Schadenersatzansprüche spätestens nach 30 Jahren.

Strafvorschriften (Auszug aus §§ 16–19 UWG)
Strafbare Werbung: Wer durch unwahre Angaben irreführend öffentlich wirbt, wird mit Freiheitsstrafe bis zu zwei Jahren oder Geldstrafe bestraft.

Verrat von Betrieb- und Geschäftsgeheimnissen: Wer als Mitarbeiter – sei es aus Eigennutz oder um das Unternehmen zu schädigen – Betriebs- oder Geschäftsgeheimnisse weitergibt, wird mit Freiheitsstrafe bis zu drei Jahren oder Geldstrafe bestraft.

Die Strafe kann auf fünf Jahre erhöht werden, wenn der Mitarbeiter
- die Betriebs- und Geschäftsgeheimnisse gewerbsmäßig nutzt oder
- ihre Verwertung im Ausland vornimmt.

Beispiele
Weitergabe von Kundenverzeichnissen, Preiskalkulationen, Herstellverfahren, Modelle, Rezepte, Schablonen, Schnitte und Zeichnungen

3.6.3 Verbraucherschutz nach dem Gesetz zur Modernisierung des Schuldrechts im BGB

Die Modernisierung des Schuldrechts ist zum 1. Januar 2002 in Kraft getreten. Wesentliche Schwerpunkte dieser Gesetzesänderungen sind Änderungen im Kaufrecht, das nach der EU-Vorgabe wesentlich verbraucherfreundlicher wird. Im neuen Schuldrecht im BGB ist der Verbraucherschutz bei Haustürgeschäften, Fernabsatzverträgen, Verbraucherdarlehensverträgen und Ratenlieferungsverträgen geregelt. Auch das AGB-Gesetz wurde mit kleinen Änderungen in das BGB eingefügt.

Geschäfts-art	Vorkommen	Widerrufs- und Rückgaberecht	Kein Widerrufs- und Rückgaberecht
Haustürgeschäft (§ 312 BGB)	Vertrag über Kauf einer Ware: – in der Privatwohnung – am Arbeitsplatz – bei einer Freizeitveranstaltung – auf der Straße – in Verkehrsmitteln	ja, nach – § 355 BGB, – § 356 BGB	– bei Versicherungsverträgen – wenn eine Bestellung des Käufers vorausgeht – wenn das Entgelt 40,00 € nicht übersteigt
Fernabsatzvertrag (§ 312b–e BGB)	Vertrag über die Lieferung von Ware, die – per Brief, – per Telefon, – per E-Mail usw. bestellt wird	ja, nach – § 355 BGB, – § 356 BGB	– wenn gelieferte Ware nach Wünschen des Kunden angefertigt wurde – wenn Software vom Kunden entsiegelt wurde – wenn Zeitungen, Zeitschriften bestellt wurden
Verbraucherdarlehensvertrag (§ 488 ff. und § 491 ff. BGB)	Darlehensvertrag zwischen einem Unternehmer (meist Kreditinstitut) und einem Verbraucher	ja, nach – § 355 BGB, – § 356 BGB, wenn – Vertrag nicht schriftlich – eine der folgenden Angaben fehlen: Nettodarlehensbetrag, effektiver Jahreszins, Gesamtbetrag der Teilzahlungen, zu bestellende Sicherheiten	– bei Darlehen unter 200,00 € – bei Existenzgründerdarlehen über 50 000,00 € – bei Arbeitgeberdarlehen – bei Krediten des Staates zur Förderung des Wohnungsbaus
Ratenlieferungsvertrag (§ 505 BGB)	Vertrag über die Lieferung mehrerer zusammengehörend gekaufter Sachen in Teilleistungen; Beispiel: Zeitschriftenabonnement	ja, nach – § 355 BGB	– wenn die vom Verbraucher bis zur ersten Kündigungsmöglichkeit zu zahlenden Raten 200,00 € nicht übersteigen

Widerrufsrecht und Rückgaberecht bei Verbraucherverträgen (§§ 355, 356 BGB)

- **Widerrufsrecht**: Wird einem Verbraucher ein Widerrufsrecht eingeräumt, so ist er an seine Willenserklärung, die er bei Vertragsabschluss gemacht hat, nicht mehr gebunden, wenn er fristgerecht widerruft. Dabei ist zu beachten:
  - Die **Widerrufsfrist** beträgt **zwei Wochen**.
  - Der Widerruf muss **schriftlich** erfolgen, eine Begründung ist **nicht** erforderlich.
  - Zur Wahrung der Widerrufsfrist genügt die **rechtzeitige** Absendung.
  - Die Widerrufsfrist beginnt zu dem Zeitpunkt, zu dem der Verbraucher über sein Widerrufsrecht **belehrt** wurde.
  - Bei schriftlichen Kaufverträgen beginnt die Widerrufsfrist erst mit **Erhalt** des Kaufvertrags.
  - Bei Warenlieferungen beginnt die Widerrufsfrist erst mit **Erhalt** der Ware.
  - Ist der Fristbeginn streitig, trifft die **Beweislast** den Unternehmer.

Beispiel
Vertragsabschluss des Haustürgeschäfts: *4. Oktober*
Belehrung über das Widerrufsrecht: *4. Oktober*
Erhalt des Kaufvertrags per Postsendung: *10. Oktober*
Erhalt der Ware per Kurierdienst: *16. Oktober*
Letzter Tag der Widerrufsfrist: *30. Oktober*

Aus Beweisgründen sollte der Widerruf als Einschreiben mit Rückschein gesendet werden.

- **Rückgaberecht**: Das Widerrufsrecht kann durch ein Rückgaberecht mit **gleicher Frist** ersetzt werden. Dem Verbraucher muss dafür das Rückgaberecht im Verkaufsprospekt eingeräumt worden sein. Das Rückgaberecht kann durch Rücksendung der Ware per Post oder – wenn eine Rücksendung per Post nicht möglich ist – durch ein Rücknahmeverlangen ausgeübt werden.

Gestaltung rechtsgeschäftlicher Schuldverhältnisse durch allgemeine Geschäftsbedingungen (§ 305 ff. BGB)

Beispiel
Auszug aus allgemeinen Geschäftsbedingungen:
Eine vereinbarte Lieferzeit gilt als annähernd und bis zu einem Zeitraum von zwei Wochen als nicht überschritten. Sie beginnt mit dem Tage der Absendung der Auftragsbestätigung. Die Lieferzeit verlängert sich angemessen beim Eintritt eines unvorhersehbaren Hindernisses. Dies gilt insbesondere bei Betriebsstörungen – sowohl in unserem als auch in fremden Betrieben, von denen die Herstellung und der Transport abhängig ist – verursacht etwa durch Krieg, Streik, Aussperrung, Aufruhr, Kohle- und Energiemangel, Versagen der Verkehrs- und Transportmittel, Arbeitseinschränkungen sowie bei allen sonstigen Fällen höherer Gewalt.

Dem Abschluss von Verträgen mit Handelsgeschäften, Banken, Versicherungen, Reiseveranstaltern, Transportunternehmen liegen i. d. R. die jeweiligen allgemeinen Geschäftsbedingungen zugrunde. Es handelt sich dabei um vorformulierte Vertragsbedingungen, die der Anbieter dem Kunden als **Kleingedrucktes** auf der Vertragsrückseite weitergibt oder in den Geschäftsräumen zur Einsicht aushängt. Wer liest das schon?

Tipp

Besorgen Sie sich die allgemeinen Geschäftsbedingungen Ihres Ausbildungsbetriebes oder eines Lieferanten Ihres Ausbildungsbetriebes und lesen Sie sich diese einmal durch. Vergleichen Sie diese allgemeinen Geschäftsbedingungen mit den Vorschriften im BGB und im HGB.

Die **allgemeinen Geschäftsbedingungen** vereinfachen zwar für beide Vertragspartner den Abschluss von Verträgen. Sie begrenzen aber meist auch das Risiko des Anbieters

- durch Einschränkung seiner Vertragspflichten bei
- gleichzeitiger Einschränkung der Rechte des Käufers.

Die gesetzlichen Vorschriften im BGB schützen den Verbraucher vor unangemessenen Benachteiligungen durch die allgemeinen Geschäftsbedingungen, indem sie bestimmte Klauseln **verbieten**. Dazu zählen u. a.:

- Kleingedrucktes gehört nicht automatisch zum Vertrag. Das Unternehmen muss ausdrücklich auf die AGB hinweisen.
- Persönliche Absprachen haben Vorrang vor abweichenden AGB.
- Bei Verträgen, die eine Lieferung innerhalb von vier Monaten vorsehen, ist eine Preiserhöhung nicht erlaubt.

Beispiel
keine Preiserhöhung innerhalb einer viermonatigen Lieferfrist beim Autokauf

- Der Lieferer darf die Rechte des Käufers bei einem Lieferungsverzug nicht einschränken.
- Der Lieferer darf die gesetzlichen Gewährleistungsansprüche des Käufers nicht völlig ausschließen.
  Dem Kunden steht zumindest ein Recht auf Nachbesserung oder Ersatzlieferung zu. Alle damit zusammenhängenden Kosten muss der Lieferer tragen.
- Eine Verkürzung der gesetzlichen Gewährleistungspflicht ist nicht gestattet.

3.6.4 Preisangabenverordnung

Damit der Verbraucher beim Einkauf die Möglichkeit des Preisvergleichs hat, sind Unternehmen verpflichtet, die Preise für Waren und Dienstleistungen einschließlich Umsatzsteuer und sonstiger Preisbestandteile, z. B. Lieferkosten, Montagekosten, anzugeben oder auszuzeichnen.

Waren in Schaufenstern, in Schaukästen, auf Verkaufsständern sind durch Preisschilder oder durch Beschriftung an der Ware auszuzeichnen. Die Preise bei Waren in Katalogen sind bei den Warenabbildungen und -beschreibungen anzugeben. Die **Preisauszeichnung** bei Dienstleistungsbetrieben wie Friseure, Kinos, Kreditinstitute erfolgt durch Preisverzeichnisse.

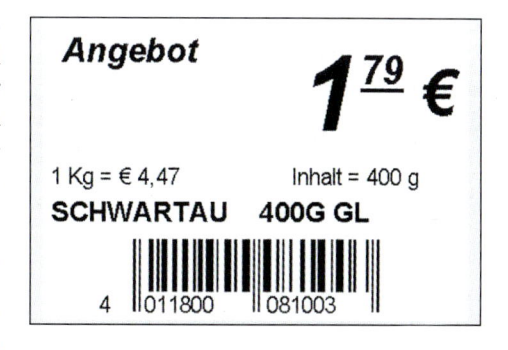

Bei nach Gewicht verkaufter Ware ist auch der Preis für 1 kg bzw. je 100 g oder 1 l anzugeben, damit ein Preisvergleich möglich ist.

Die Vorschriften dieser Verordnung sind nicht anzuwenden auf Waren, die z. B. in Getränke- und Verpflegungsautomaten angeboten werden, auf Kunstgegenstände, Sammlungsstücke und Antiquitäten oder auf Warenangebote bei Versteigerungen.

3.6.5 Produkthaftungsgesetz

Durch das Produkthaftungsgesetz haben Verbraucher einen **Schadenersatzanspruch** gegenüber dem Hersteller eines fehlerhaften Produktes, wenn das Produkt nicht die Sicherheit bietet, die man unter Berücksichtigung aller Umstände berechtigterweise vom Produkt erwarten kann.

Beispiel
Durch ein defektes Haushaltsgerät entsteht ein Zimmerbrand mit Rauchvergiftung.

Bei einem Schadensfall muss der Hersteller nachweisen, dass der Schaden nicht durch das Produkt entstanden ist. Andernfalls haftet er für Folgeschäden, unabhängig davon, ob ein Verschulden vorliegt.

3.6.6 Verbraucherberatung

Grundregeln für ein überlegtes **Verbraucherverhalten**:

Planen → Informieren → Kaufen

Über 50 % des Bruttoinlandsproduktes konsumieren Verbraucher. Sie treten meist als Nachfrager am Markt auf und befinden sich häufig in der schwächeren Position.

Zu einem fairen Wettbewerb gehören deshalb Verbraucher mit Marktübersicht, überlegtem Kaufverhalten und Kenntnis über ihre Verbraucherrechte.

Aus diesem Grund bieten **Verbraucherschutzverbände** und **Verbraucherzeitschriften** den Verbrauchern Hilfen, indem sie
- Preis- und Leistungsvergleiche durchführen, auswerten und veröffentlichen,
- über Verbraucherrechte informieren und Ratschläge zu vernünftigem Verbraucherverhalten geben,
- neue Gesetze und Urteile zum Verbraucherschutz veröffentlichen,
- Verkäufertricks und Verbraucherfallen veröffentlichen und davor warnen.

Verbraucherzentralen sind **eingetragene Vereine**, die sich um eine verbraucherorientierte Gesetzgebung bemühen und die Verbraucher durch Informationsveranstaltungen, Broschüren, Testberichte aufklären. In vielen Städten unterhalten sie **Beratungsstellen** und beraten auch telefonisch. Mitgliedern gewähren sie Rechtsschutz.

Neue Lebensmittel-Kennzeichnung

Für Lebensmittel gelten ab dem 13.12. neue, EU-weite Kennzeichnungs-Vorschriften:

Neu (Auswahl):

- **Schriftgröße** auf Verpackungen mindestens 1,2 mm, auf kleinen Packungen 0,9 mm
- 14 wichtige **Auslöser** für **Allergien** müssen in der Zutatenliste hervorgehoben werden
- **Kalorien-** und **Nährwertangaben** in einer Tabelle, auf 100 g oder ml bezogen*
- Bei **Imitaten** wie „Analogkäse" muss der Ersatzstoff groß auf der Vorderseite der Verpackung stehen

Verbraucherschützer kritisieren:

- viel zu klein und unleserlich
- offen ist, wie das bei unverpackten Lebensmitteln geschehen soll
- die verbraucherfreundliche „Ampel"-Bewertung fehlt
- weiter schwierig zu erkennen

dpa • 22008

*ab Ende 2016 verpflichtend

Stiftung Warentest
Die Stiftung Warentest wurde 1964 auf Beschluss des Bundestages gegründet und führt vorwiegend vergleichende Tests von Waren und Dienstleistungen durch, die u. a. in den Zeitschriften „Test" und „Finanztest" monatlich veröffentlicht werden. Außerdem erscheinen Testjahrbücher und zahlreiche Sonderhefte. Die Testergebnisse werden häufig auch in anderen Zeitungen und Zeitschriften publiziert.

Beispiel
Test: Sonnenschutzmittel. So schützen Sie Ihre empfindliche Haut.

Kernwissen

- Ziel einer staatlichen **Wettbewerbspolitik** ist ein funktionsfähiger und fairer Wettbewerb.
- Der **Wettbewerb** ist gestört, wenn Wettbewerber gehindert werden, ihre Leistungen anzubieten und Verbraucher unter verschiedenen Angeboten nicht frei wählen können.

- Zu den Maßnahmen zum **Verbraucherschutz** gehören verschiedene Gesetze und die Verbraucherberatung.
- Die wichtigsten **Verbraucherschutzgesetze** und **-verordnungen** sind:
  - Gesetz gegen Wettbewerbsbeschränkungen (Kartellgesetz)
  - Gesetz gegen den unlauteren Wettbewerb
  - Preisangabenverordnung
  - Produkthaftungsgesetz
- Über das Gesetz zur Modernisierung des Schuldrechts wurde das Widerrufsrecht bei Haustürgeschäften, Fernabsatzverträgen, Verbraucherdarlehensverträgen und Teilzahlungsgeschäften in das BGB übernommen. Die Widerrufsfrist beträgt in allen Fällen 14 Tage.
- Das **Kartellgesetz** regelt die Kartell- und Vertikalvereinbarungen, die **Fusionskontrolle** und die Missbrauchsaufsicht.
- Das **Gesetz gegen den unlauteren Wettbewerb** beinhaltet unlautere Verhaltensweisen, die Mitbewerber und Verbraucher benachteiligen und deshalb zu unterlassen und schadenersatzpflichtig sind.
- **Verbraucherberatung** findet statt durch die Verbraucherzentralen und durch die Testzeitschriften und Testberichte der Stiftung Warentest.

Übungsaufgaben

1. Welche zwei Grundvoraussetzungen müssen erfüllt sein, damit es zu einem funktionsfähigen Wettbewerb kommt?

2. Nennen Sie je ein Beispiel für
   a) eine verbotene Kartellvereinbarung,
   b) eine verbotene Vertikalvereinbarung,
   c) eine anzeigepflichtige Fusion,
   d) ein marktbeherrschendes Unternehmen.

3. a) Am 03.01. kaufen Sie von einem Vertreter an der Haustüre ein Elektrogerät. Sie erhalten am 07.01. per Post den Kaufvertrag mit Belehrung über das Widerrufsrecht und am 10.01. per Kurierdienst das Elektrogerät. Bis zu welchem Termin müssen Sie den Kaufvertrag widerrufen, wenn Sie das Gerät zurückgeben möchten?
   b) In welchen Fällen würde das Widerrufsrecht nicht gelten?

4. Stellen Sie fest, ob die folgenden Anzeigen des Fahrradhauses Fuchs erlaubt oder verboten sind. Mit Begründung und Angabe der jeweiligen gesetzlichen Vorschriften mit Paragrafen.
   a) „Sensationell: Mountainbike 24 Gänge, Alurahmen, Federgabel, Markenprodukt, 199,00 €". Fuchs hat davon drei Stück zum Verkauf vorrätig.
   b) „Wir sind das größte Fachgeschäft am Platz". Fuchs verkauft doppelt so viele Fahrräder im Jahr als der nächstgrößte Händler am Ort.
   c) „Wir verwenden nur Originalersatzteile". Tatsächlich werden auch Billigimporte aus Südostasien eingebaut.
   d) „Der Maler kommt! Räumungsverkauf wegen Umbau! Enorme Preisnachlässe!"
   e) „Kaufen Sie nicht bei der Konkurrenz. Dort erhalten Sie nur billige Importräder!"
   f) „10 Jahre Fahrradhaus Fuchs. Alle Artikel zum Jubiläum um 20% gesenkt!"
   g) „Bei uns erhalten Sie bei Barzahlung 10% Rabatt!"
   h) „Wir verzichten auf eine Preisauszeichnung. Wir sprechen die Preise mit Ihnen ab!"

    i) „Beim Kauf eines Fahrrades schenken wir Ihnen einen Fahrradhelm im Wert von 30,00 €!"
    j) „Rennräder mit günstiger Finanzierung! Zahlbar in 12 bis 24 Monatsraten!"

5. a) Was versteht man unter allgemeinen Geschäftsbedingungen?
   b) Warum ist gesetzlich geregelt, wie die allgemeinen Geschäftsbedingungen gestaltet werden dürfen?

6. Herr Weber, 35 Jahre, 75 kg schwer, kauft sich ein neues Fahrrad. Bei erster Benutzung bricht die Vordergabel. Herr Weber stürzt vom Rad und bricht sich den Arm. Wie ist die Rechtslage?

7. In welcher Form führen Verbraucherverbände und die Stiftung Warentest Verbraucherschutz und Verbraucherberatung durch?

4 Zahlungen im logistischen Prozess

4.1 Aufgaben des Geldes

Situation

Aus dem EU-Land Polen kommt ein Lkw-Fahrer zu Ihnen, um für seine Firma Ware abzuholen. Sie stellen bei der Eingabe der Daten in den PC fest, dass Sie die Ware an diese Firma nur gegen sofortige Bezahlung abgeben dürfen. Der Fahrer hat auch Geld dabei, doch leider nur Polnische Zloty, die Sie aber als Fremdwährung nicht annehmen können. Der Fahrer muss also zuerst zu einem nahegelegenen Kreditinstitut, um das Geld in Euro einzutauschen. Danach erhält er Ware gegen Geld.

Handlungsauftrag

Beschreiben Sie anhand der geschilderten Situation, welche Funktion das Geld hier übernimmt.

In der heutigen arbeitsteiligen Wirtschaft können wir uns gar nicht vorstellen, wie unsere Vorfahren ohne Geld auskommen konnten. Früher wurden benötigte Waren gegen selbst hergestellte Waren getauscht. Es war somit erforderlich, den entsprechenden Tauschpartner zu finden, was nicht immer leicht war. Diese Situation hatten wir auch nach dem Zweiten Weltkrieg, als das bis dahin geltende Geld (Reichsmark) für die Menschen nichts mehr wert war.

Heute gibt es diese Tausch- oder Naturalwirtschaft bei sog. Naturvölkern und im Freundes- und Bekanntenkreis. In einigen Städten gibt es auch organisierte Nachbarschaftshilfe, die nach diesem Prinzip funktioniert, sog. Tauschringe. Da sich aber nicht immer der passende Tauschpartner findet, bedienen sich die Menschen in diesen Fällen alternativer Währungen (z. B. Tauschring-Taler). Im großen Stil betrieben sprechen wir auch von sog. Bartender-Geschäften, in welchen Betriebe beispielsweise Maschinen gegen Rohstoffe tauschen (Angola – China).

Anstatt irgendein Produkt selbst herzustellen, das wir auf einem Markt anbieten könnten, stellen wir Menschen unsere Arbeitskraft zur Verfügung und erhalten dafür einen Lohn in Form von Geld. Für dieses Geld können wir uns sofort oder später die zum Leben erforderlichen Güter und Dienstleistungen kaufen.

Das Geld übernimmt somit in unserer heutigen, arbeitsteiligen Gesellschaft verschiedene Aufgaben:

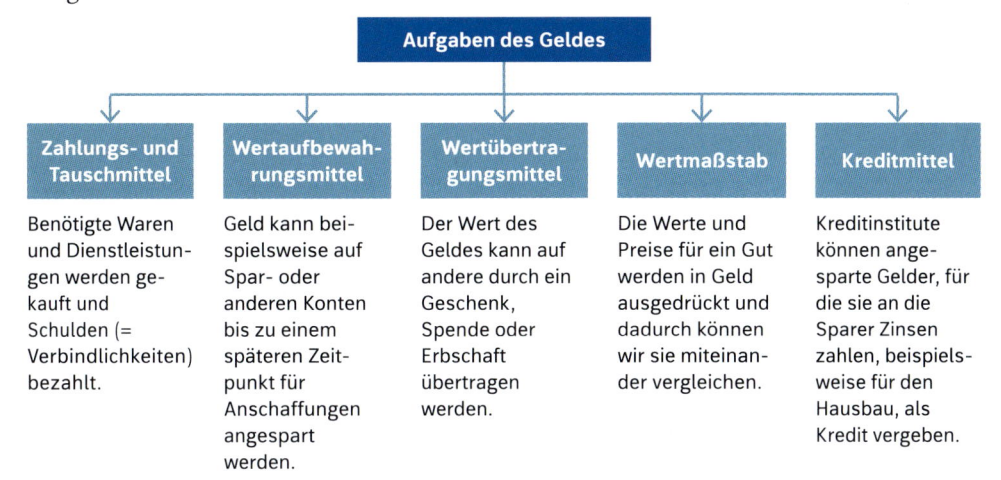

Aufgaben des Geldes					
Zahlungs- und Tauschmittel	**Wertaufbewahrungsmittel**	**Wertübertragungsmittel**	**Wertmaßstab**	**Kreditmittel**
Benötigte Waren und Dienstleistungen werden gekauft und Schulden (= Verbindlichkeiten) bezahlt.	Geld kann beispielsweise auf Spar- oder anderen Konten bis zu einem späteren Zeitpunkt für Anschaffungen angespart werden.	Der Wert des Geldes kann auf andere durch ein Geschenk, Spende oder Erbschaft übertragen werden.	Die Werte und Preise für ein Gut werden in Geld ausgedrückt und dadurch können wir sie miteinander vergleichen.	Kreditinstitute können angesparte Gelder, für die sie an die Sparer Zinsen zahlen, beispielsweise für den Hausbau, als Kredit vergeben.

4.2 Die verschiedenen Erscheinungsformen des Geldes

Geld hat in unserer Wirtschaft mehrere **Erscheinungsformen**:

Das Bargeld in Form von **Münzen** und **Noten** (Euro und Cent) ist unser gesetzliches **Zahlungsmittel**. Die Noten werden von der Deutschen Bundesbank und die Münzen von der Bundesregierung (sog. Münzregal) in Abstimmung mit der Europäischen Zentralbank (EZB) herausgegeben.

> *Tipp*
>
> *Zum Thema Euro erfahren Sie mehr in Kapitel 4.3.*

In einigen Gebieten Deutschlands gibt es lokale/regionale Zahlungsmittel, z. B. der Chiemgauer, der Regio in Darmstadt und Roland in Bremen. Genau wie mit dem Euro kann man Güter und Dienstleistungen in dieser Region kaufen. Ziel dieser lokalen Zahlungsmittel ist es, die Kaufkraft für den heimischen Wirtschaftsraum zu erhalten und zu stärken. Diese Art von Geld gibt es in verschiedenen Ländern Europas seit dem letzten Jahrhundert und hat bisher noch zu keiner Störung der Notenbankpolitik dieser Länder geführt (siehe auch: www.regionetzwerk.blogspot.com/p/blog-page_22.html).

Buch- oder Giralgeld auf Konten bei Kreditinstituten entsteht dadurch, dass wir Geld auf unseren Konten einzahlen, um es für Zahlungsvorgänge, z. B. Überweisungen zur Verfügung zu haben. Es wird von einem Konto zum anderen Konto übertragen. Es ist kein gesetzliches Zahlungsmittel, aber da wir uns jederzeit das Guthaben auf einem Konto in Bargeld auszahlen lassen können, sprechen wir auch von einem **Bargeld-Ersatz**.

Werden Zahlungen mit **Scheck**, **girocard/Bankcard** oder **Kreditkarte** sowie Mobilzahlverfahren durchgeführt, so stellen diese **Geldersatzmittel** (sog. Geldsurrogate) dar. Mit diesen können wir bei ihrer Einlösung entweder über Buchgeld verfügen oder uns den Betrag in Bargeld auszahlen lassen. So lange dienen sie als Geldersatz.

Seit dem 1. Januar 2002 ist der Euro gesetzliches Zahlungsmittel in den Staaten der Europäischen Union (EU), sofern sie Mitglied der EWU (Europäischen Währungsunion) sind. Ihr gehören zurzeit 19 europäische Staaten an; zuletzt wurde in Litauen am 1. Januar 2015 der Euro eingeführt. Schweden und Dänemark haben die Einführung des Euro abgelehnt. Großbritannien stimmte im EU-Referendum im Juni 2016 für den Austritt aus der EU (Brexit) und entschied sich damit auch gegen die Einführung des Euro.

Vorhandene DM-Banknoten und -Münzen behalten weiterhin ihre Gültigkeit und können in Euro eingetauscht werden. Die Länder Andorra, Monaco, San Marino und der Vatikan dürfen aufgrund einer Sondervereinbarung ebenfalls Euro-Münzen herausgeben.

Die restlichen neu beigetretenen Staaten können den Euro erst dann einführen, wenn sie die dafür erforderlichen Bedingungen erfüllen (Maastrichter Kriterien[1]).

4.3 Der Euro

Mit der Einführung des Euro als alleiniges gesetzliches Zahlungsmittel wurde mit der Ausgabe der neuen Banknoten und Münzen begonnen. Die Euro-Banknotenserie besteht aus sieben unterschiedlichen Werten. Die Banknotenserie beginnt mit der 5-Euro-Banknote und endet mit der 500-Euro-Banknote.

> *Tipp*
>
> *Weitere Informationen zu den Euro-Banknoten und Euro-Münzen erhalten Sie im Internet, z. B. unter www.ecb.europa.eu/euro/banknotes/html/index.de.html sowie www.bundesbank.de.*

4.3.1 Euro-Banknoten

Die Euro-Banknotenscheine zeigen jeweils unterschiedliche Fenster und Portale auf der Vorderseite und auf der Rückseite verschiedene Brücken. Jede der sieben verschiedenen Banknoten symbolisiert eine Epoche der europäischen Kulturgeschichte. Die Bezeichnung Euro erscheint in griechischer und lateinischer Schrift.

---

[1] Siehe zum Maastrichter Vertrag im Internet: www.bundesfinanzministerium.de/Web/DE/Themen/Oeffentliche_Finanzen/Stabilitaetspolitik/Fiskalregeln/fiskalregeln.html

Die Geldscheine unterscheiden sich hinsichtlich der Größe, Farbe, tastbarer Elemente, Erkennbarkeit und Lesbarkeit der Ziffern. Durch das Prinzip „Sehen/Kippen/Fühlen" kann auch der Laie in einem ersten Schritt die Echtheit der Banknoten prüfen. Alle Banknoten weisen noch weitere Sicherheitsmerkmale wie z. B. Sicherheitsfaden, Kinegram (Sicherheitsfolie), Mikroschriften und fluoreszierende Stellen auf. Schließlich sind auf den Scheinen noch Sicherheitsmerkmale versteckt, die nur durch spezielle Geräte überprüft werden können.

Für das Staatsgebiet der Bundesrepublik Deutschland werden die Banknoten von der Europäischen Zentralbank (EZB) mit Sitz in Frankfurt am Main und der Deutschen Bundesbank ebenfalls mit Sitz in Frankfurt ausgegeben. In allen europäischen Staaten, die an der Währungsunion teilnehmen, haben die Euro-Banknoten dasselbe Aussehen.

Die EZB hat im Jahre 2013 damit begonnen, eine „zweite Generation" von Euro-Banknoten (Europa-Serie) auszugeben. Mit der Europa-Serie sollen die einzelnen Banknoten noch fälschungssicherer sein (erweiterte Sicherungsmerkmale) und die durchschnittliche Haltbarkeitsdauer der Banknoten verlängert werden. Als erste einzelne Banknote wurde 2013 der 5-Euro-Schein in Umlauf gebracht. In den Jahren 2014 und 2015 folgten die neue 10-Euro- bzw. die neue 20-Euro-Banknote. Die 50-Euro-Note wurde 2017 erstmals ausgegeben, die 100- und 200-Euro Scheine folgten 2019.

Der neue 100-Euro-Schein

Ab Mai 2019 kommt eine neue 100-Euro-Note in Umlauf. Die wichtigsten neuen Sicherheitsmerkmale:

Wasserzeichen
der Mythenfigur Europa und des Wertes

Weitere Sicherheitsmerkmale:
- nur Teile des Scheins leuchten unter UV- und Infrarotlicht
- winzige Schriftzeichen an einigen Stellen

fühlbares Relief
bei Zahl und Hauptmotiv

Streifen
zeigt beim Kippen Hologramme der Europa, des Hauptmotivs, des €-Symbols und des Werts

Porträtfenster
gegen das Licht durchsichtig, beidseitig erkennbar

Zahl
verändert beim Kippen die Farbe von Grün zu Blau, enthält kleine €-Symbole

Sicherheitsfaden
erscheint im Gegenlicht als dunkler Streifen mit €-Symbol und Wert

tastbare Linien

schematische Darstellung Vorderseite — Quelle: Europäische Zentralbank — © Globus 13025

Damit sind alle Banknoten der Europa-Serie im Umlauf, die die erste Serie der Banknoten ersetzen. Denn der 500-Euro-Schein gehört nicht zu der Serie. Er wird nicht neu aufgelegt, da die EZB Bedenken hat, diese Banknote leiste illegalen Aktivitäten Vorschub. Alle Banknoten der ersten Serie bleiben jedoch ohne zeitliche Begrenzung als gesetzliches Zahlungsmittel gültig.

Die Einführung der Europa-Serie lief nicht ohne Probleme ab, denn die Umstellung der Automaten für Parkscheine, Fahrkarten und Kantinen verursachte teilweise erhebliche Probleme, da sich die erweiterten Sicherheitsmerkmale, wie Riffelung auf der Vorderseite und das Gewicht, stark von denen der alten Serie unterscheiden.

4.3.2 Euro-Münzen

Insgesamt acht verschiedene Euro-Münzen sind im Umlauf. Die Münzfolge umfasst die drei kleinen Münzen im Wert von 1 Euro-Cent, 2 Euro-Cent und 5 Euro-Cent; die drei mittleren Münzen: 10 Euro-Cent, 20 Euro-Cent und 50 Euro-Cent und die zwei großen Münzen 1 Euro und 2 Euro. Die Euro-Cent- und Euro-Münzen sind unterschiedlich in Größe, Gewicht, Farbe, Material, Rändelung und Dicke.

Im Gegensatz zu den Euro-Banknoten sind die Euro-Münzen nur auf der Vorderseite (Europäische Seite) einheitlich gestaltet. Auf ihr ist der Münzwert und Europa in unterschiedlich stilisierter Form zu sehen. Die ersten drei Münzen (1, 2 und 5 Cent) zeigen auf der Vorderseite die Europäische Union auf der Weltkugel. Auf den übrigen Münzen wird seit 2007 Europa ohne Landesgrenzen abgebildet. Durch den Beitritt weiterer Staaten zur EU war eine Neugestaltung der europäischen Seite notwendig geworden.

Die Rückseite der Euro-Münzen ist von Staat zu Staat mit unterschiedlichen Symbolen versehen. Deutschland verwendet auf der Rückseite der 1- und 2-Euro-Münze den Bundesadler, bei den drei mittleren Euro-Cent-Münzen das Brandenburger Tor und bei den drei kleinen Münzen einen Eichenzweig. Eingerahmt werden diese Symbole von einem Kranz mit zwölf Europa-Sternen. Daneben können die einzelnen Nationalstaaten für die Rückseite (nationale Seite) der 2-Euro-Münze unterschiedliche Motive wählen. In Deutschland schlägt jedes Jahr ein anderes Bundesland ein neues Motiv für die „besondere deutsche 2-Euro-Umlaufmünze" vor, im Jahr 2020 ist dies Brandenburg mit dem Schloss Sanssouci. Zusätzlich gab es 2015 eine Sondermünze zum Thema „25 Jahre Wiedervereinigung Deutschlands". Die europäische Seite muss aber gleich gestaltet bleiben. Des Weiteren gibt es von allen EU-Ländern gemeinsam herausgegebene Gedenkmünzen, wie zu „Römischen Verträgen", „10 Jahre Wirtschafts- und Währungsunion, zur „Euro-Bargeld-Einführung"und 2015 zum Thema „30 Jahre EU-Flagge". Die Auswahl dieses Motivs erfolgte europaweit durch Abstimmung im Internet.

2013 kam eine weitere Besonderheit hinzu, denn Frankreich und Deutschland gaben zum 50. Jahrestag der Unterzeichnung des Elysée-Vertrags eine gemeinsam gestaltete 2-Euro-Münze heraus.

Anders die 10-Euro-Gedenkmünzen in Deutschland. Diese sind nur im Inland gültig, nicht dagegen in anderen Euro-Ländern. Denn obwohl es sich um offizielle Zahlungsmittel handelt, gelten diese 10-Euro-Sondermünzen nur in dem jeweiligen Ausgabeland. Weitere Informationen bietet die Webseite www.bundesbank.de.

Handlungsauftrag

Benennen Sie die bisher in Deutschland neu gestalteten Motive der 2-Euro-Gedenkmünzen, und recherchieren Sie, welche Motive es demnächst geben wird.

Das Recht, Münzen zu prägen (Münzregal), verbleibt bei den einzelnen Mitgliedstaaten, die an der Währungsunion teilnehmen. Die Ausgabe der Euro-Münzen erfolgt durch die einzelnen Länder, die der Währungsunion angehören. Die Europäische Zentralbank (EZB) muss dies jedoch jeweils genehmigen, da es u. a. zu ihren Aufgaben gehört, die umlaufende Euro-Geldmenge zu überwachen und zu steuern.

Tipp

Mehr über die Europäische Zentralbank erfahren Sie im Kapitel 2.6.6.

4.4 Zahlungsmittel und Zahlungsformen

Bar oder mit Karte?
Umsatzanteil nach Zahlungsart im stationären Einzelhandel in Deutschland

2009: bar 59,1 %, Karte 37,5 %
2018: bar 48,3 %, Karte 48,6 %

Karte:
- 30,1 Girocard
- 10,0 SEPA-Lastschrift
- 6,9 Kreditkarte
- 1,6 andere

bar: 48,3 %
andere*: 3,1

Studie mit 435 Unternehmen mit rund 85 000 Betrieben aus 35 Branchen des Handels mit einem Bruttoumsatz in Höhe von rund 275 Milliarden Euro

Quelle: EHI *Rechnungen, Finanzkäufe, Gutscheine © Globus 13229

Situation

In Ihrem Ausbildungsbetrieb, der Firma Manderscheid Lagerlogistik GmbH, fallen verschiedene Zahlungsvorgänge an:
a) Briefmarkenkauf für die Poststelle
b) Thekenverkauf von Einwegpaletten
c) Haftpflichtversicherung für den Firmenwagen
d) Bestellung und Zahlung der Eintrittskarte für die Verpackungsmesse in Paris
e) Klaus Gross, Fernfahrer der Firma Manderscheid Lagerlogistik GmbH, sitzt auf einer Autobahn-Raststätte in Lyon, Frankreich, fest, da er die Geldtasche mit sämtlichem Bargeld und Zahlkarten verloren hat. Veranlassen Sie, dass er schnellstens zu Bargeld für Tanken, Übernachtung, Mautgebühr etc. kommt.

Handlungsauftrag

Sie sind mit der Abwicklung dieser Zahlungsvorgänge betraut.
Wie und wo würden Sie die entsprechenden Zahlungen schnell und kostengünstig vornehmen?

4.4.1 Barzahlung

Die Barzahlung durch Übergabe von Münzen und Banknoten ist nach wie vor weit verbreitet. Insbesondere die Geschäfte des täglichen Bedarfs, Einkaufen von Waren (Lebensmittel) und Dienstleistungen (Fahrkartenautomat), werden mit Bargeld getätigt.

Die Bargeldzahlung mit Münzen ist dabei begrenzt, um zeitraubende Verzögerungen bei der Abwicklung des Zahlungsvorgangs zu vermeiden. Niemand ist verpflichtet, Münzen im Wert von mehr als 100,00 € oder mehr als 50 Stück anzunehmen.

Als Beweis für seine Zahlung kann der Kunde eine Quittung verlangen (§ 368 BGB). Ein Kassenbon, ein Kassenzettel, Kontoauszug oder eine auf einem besonderen Quittungsvordruck vermerkte Zahlung gelten als Zahlungsbeleg. Wird eine schriftlich erstellte Rechnung bar bezahlt, so kann der Quittungsvermerk auf der Rechnung erfolgen.

	Quittung
Netto €	850,00
+19 %MwSt./€	161,50
Gesamt €	1011,50

Nr.

€ in Worten: Eintausendelf Cent wie oben

von: Manderscheid Lagerlogistik GmbH

für: Markierungsarbeiten im Lager III

dankend erhalten.

Ort/Datum: Berlin, 10. Januar 20..

Buchungsvermerke Stempel/Unterschrift des Empfängers

Weitere Formen der Barzahlung sind der „Bargeldtransfer" der Postbank/Western Union und die Barzahlung mittels **Express-Brief**. Diese Formen der Barzahlung kommen in Betracht, wenn weder der Zahler noch der Zahlungsempfänger über ein Konto verfügen und eine unmittelbare Barzahlung nicht möglich ist. Zum Beispiel wohnt der Zahler in München und der Zahlungsempfänger in Frankfurt/Oder.

Geldtransfer (Bargeldtransfer)

In Kooperation mit dem Finanzdienstleister Western Union bietet neben anderen die Postbank den Geldtransfer (Bargeldtransfer) für die schnelle Übermittlung von Bargeld an. Der Geldtransfer kann darüber hinaus in über 200 Ländern mit mehr als 525 000 Western Union Agenturen genutzt werden.

Der Zahler füllt ein Auftragsformular (Geldversand) aus und zahlt unter Vorlage eines gültigen Ausweisdokumentes, wie Reisepass, in einer Filiale der Postbank den zu übermittelnden

Geldbetrag am Schalter bar ein. Der Auftrag wird nun mit einer individuellen Geldtransferkontrollnummer (MTCN) versehen. In manchen Ländern sind die MTCN und/oder ein Codewort für die Auszahlung an den Empfänger notwendig. Diese werden ihm vom Einzahler mitgeteilt. Damit und unter Vorlage eines gültigen Ausweisdokuments bekommt der Zahlungsempfänger den vereinbarten Betrag durch die Serviceagentur (Banken, Hotels, Tankstellen, Tabakläden usw.) in der jeweiligen Landeswährung bar ausbezahlt. In Deutschland kann die Auszahlung auch ohne Geldtransfernummer erfolgen, der Empfänger muss aber auf alle Fälle den Empfang auf einem Formular (siehe Seite 286) quittieren. Ein Vorteil dabei ist, dass viele Serviceagenturen nicht an die üblichen Banköffnungszeiten gebunden sind und teilweise rund um die Uhr über das Geld verfügt werden kann. Vor allem in Situationen, in denen man plötzlich ohne Geld dasteht, wird man diesen Service nutzen.

Einen ähnlichen Service bietet MoneyGram in Kooperation mit Einzelhändlern, Reisebüros, Wechselstuben sowie Banken und Sparkassen an. Auch hier kann Bargeld innerhalb von Minuten in über 200 Ländern übermittelt werden.

Hawala-Banking

Der Begriff „Hawala-Banking" leitet sich von „Hawala", dem arabischen Begriff für Vertrauen ab. Dabei handelt es sich um ein jahrhundertealtes arabisches Zahlungssystem. Es funktioniert ohne Bankkonto und technische Hilfsmittel. Da bei diesem System weder Konten und Einzahlungsscheine noch Quittungen oder andere Papiere existieren, ist der Lauf des Geldes nur sehr schwer zu verfolgen. Deshalb ist dieses Verfahren auch bei kriminellen Transaktionen (Geldwäsche, Terrorismus, Drogen, Korruption etc.) höchst beliebt. Dieses rein auf Vertrauen basierende System wird auch von ausländischen Mitbürgern oder Reisenden vor allem im Zahlungsverkehr mit arabischen oder asiatischen Ländern ohne organisiertes Banksystem genutzt, weil es sehr einfach im Handling sowie billiger und schneller als eine Banküberweisung ist.

Ein ausländischer Arbeiter, der Geld an Angehörige auf der anderen Seite des Globus überweisen will, sucht einen ihm bekannten Hawala-Händler auf. Diesem gibt er eine bestimmte Summe Bargeld. Per Fax, E-Mail oder SMS teilt der Händler seinem Partner in dem Zielland mit, welche Summe dieser an den Adressaten des Einzahlers auszahlen soll. Der Einzahler zahlt sein Geld mit einem Codewort ein, und die Adressaten holen das Geld mit dem gleichen Codewort ab. Name und Adresse spielen keine Rolle.

Da beim Hawala-System immer wieder Geld von einem Land in das andere angewiesen wird, gleichen sich die Transaktionen der beiden Hawala-Partner im Laufe der Zeit aus. Die Händler (häufig Reisebüros, Imbissbuden oder Einzelhändler) nehmen für ihre Dienstleistung eine Kommission (Provision).

Als derzeit bekanntestes Dreieck für Hawala-Aktivitäten gelten die Vereinigten Arabischen Emirate, Indien und Pakistan. Dieses „Schattenbanken"-System wird in Indien und Pakistan „hundi", in Südostasien „huikuan" bzw. „fei-chien" genannt. Nach Schätzungen von Finanzexperten übertreffen die Umsätze dieser Systeme bisweilen sogar die der offiziellen Banküberweisungen.

In Deutschland haben etwa 60 Institute die Zulassung vom Bundesaufsichtsamt für das Kreditwesen, um Finanztransfers nach dem Hawala-Prinzip völlig legal und dauerhaft anzubieten. Gibt es in einem Land keine geordnete Bankenszene oder herrschen Devisenbeschränkungen wie z.B. im Iran, ist Hawala-Banking oft die einzige Möglichkeit Geld verlässlich zu übertragen.

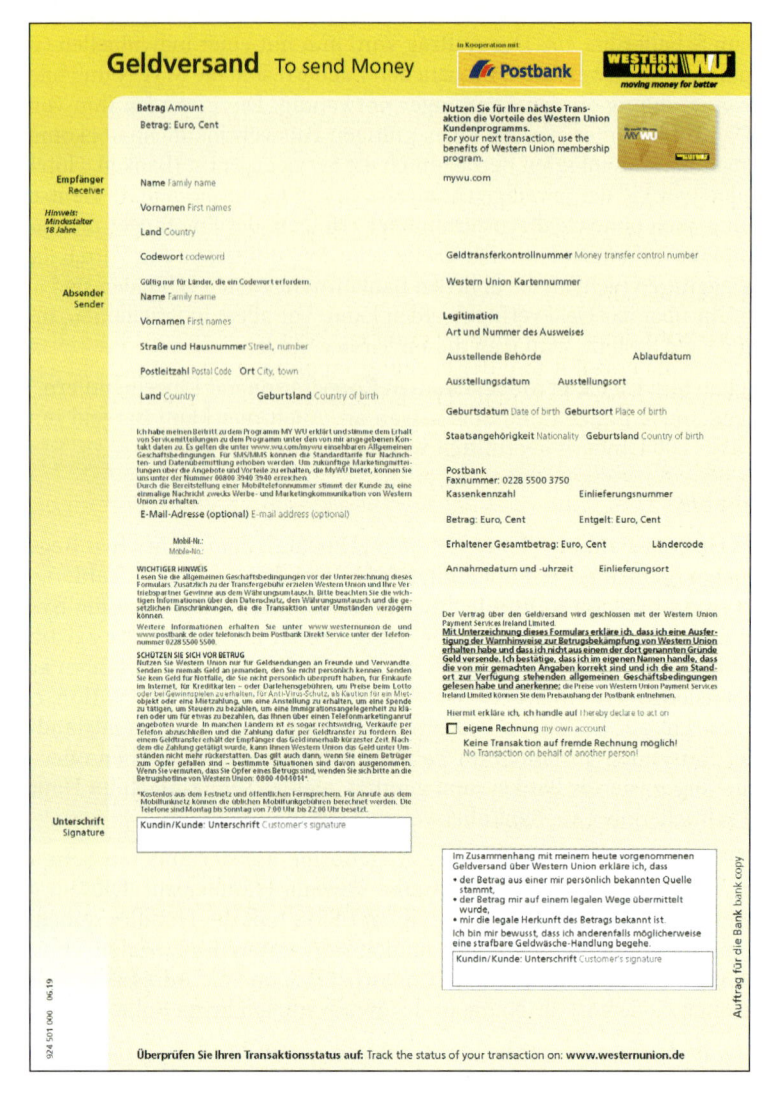

The WESTERN UNION name, logo and related trademarks and service marks, owned by Western Union Holdings, Inc., are registered and/or used in the US. and many foreign countries and are used with permission

> **Tipp**
>
> *Besorgen Sie sich aktuelle Informationen über Leistungen und Preise der Deutschen Post DHL und das Preis- und Leistungsverzeichnis der Deutschen Postbank im Internet.*

Express-Brief

Mit einem Express-Brief kann Bargeld bis zu 500,00 € versandt werden. Der Express-Brief wird bei der Postfiliale aufgegeben und über das Netz des Postunternehmens DHL versandt. Die Zustellung erfolgt am nächsten Werktag. Gegen ein zusätzliches Entgelt können weitere Service-Leistungen vereinbart werden, die u. a. auch eine Zustellung an Sonn- und Feiertagen garantieren. Grundsätzlich werden die Gebühren nach dem Gewicht der Briefsendung ermittelt und müssen bar am Schalter eingezahlt werden. Eine Freimachung mit Briefmarken ist nicht möglich.

4.4.2 Halbbare Zahlung

Bei dieser Zahlungsform hat entweder der Zahlungsempfänger oder der Zahlungspflichtige ein Konto bei einem Kreditinstitut (Banken, Sparkassen, Postbank).

Einzahlung (Zahlschein)

Ein Zahlschein wird dann verwendet, wenn der Zahlungspflichtige Bargeld am Schalter eines Kreditinstituts einzahlt und der Zahlungsempfänger den Betrag auf seinem Konto gutgeschrieben (Buchgeld) bekommt. Die Einzahlung mittels Zahlschein kann dabei bei allen Geldinstituten vorgenommen werden.

Sehr unterschiedlich sind dabei die Gebühren, die die jeweiligen Kreditinstitute für diese Dienstleistung berechnen. Ein Preisvergleich zwischen den einzelnen Instituten lohnt allemal.

In der betrieblichen Praxis des Warenversands wird der Zahlschein in Verbindung mit der besonderen Versendungsform „Nachnahme" verwendet. Betriebe aus dem Bereich Teleshopping, Versandhäuser und kleinere Händler vereinbaren diese Zahlungsbedingung, um sich gegen Forderungsverluste zu schützen. Der Auftraggeber füllt einen besonderen Durchschreibesatz für ein DHL-Paket/Service Inkasso (Nachnahme) aus. Pakete mit „Nachnahme" werden nur gegen Bezahlung des auf der Sendung angegebenen „Nachnahmebetrags" dem Empfänger ausgehändigt, da es ein besonderes Inkassoverfahren darstellt. Die DHL-Frachtpost veranlasst dann, dass der Betrag dem Versender auf seinem Konto gutgeschrieben wird. Der Höchstbetrag für ein Nachnahme-Paket ist unterschiedlich (bis 3 500,00 € möglich), für Nachnahme-Briefsendungen oder -Postkarten 1 600,00 €. Für den Nachnahme-Versand durch Privatpersonen gibt es einschränkende Bedingungen für den Versand von Paketen.

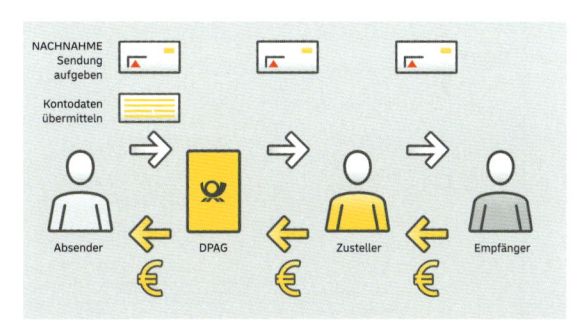

Geldtransfer

Bei Geldtransfer-Anbietern wie Western Union besteht die Möglichkeit, Geld weltweit halbbar zu versenden, indem der Sender Geld online oder per App anweist. Das heißt, dass der Sender Geld mit seinem Bankkonto oder seiner Kreditkarte einzahlt und der Empfänger dieses Minuten später in bar unter Vorlage einer Transaktionsnummer und eines Identitätsnachweises an einem Western Union Standort abholen kann.

Zahlungen im logistischen Prozess

> **Tipp**
> Die Höhe des Betrages bei Überweisung ist begrenzt. Die aktuelle Höchstgrenze erfragen Sie bei der Postbank.

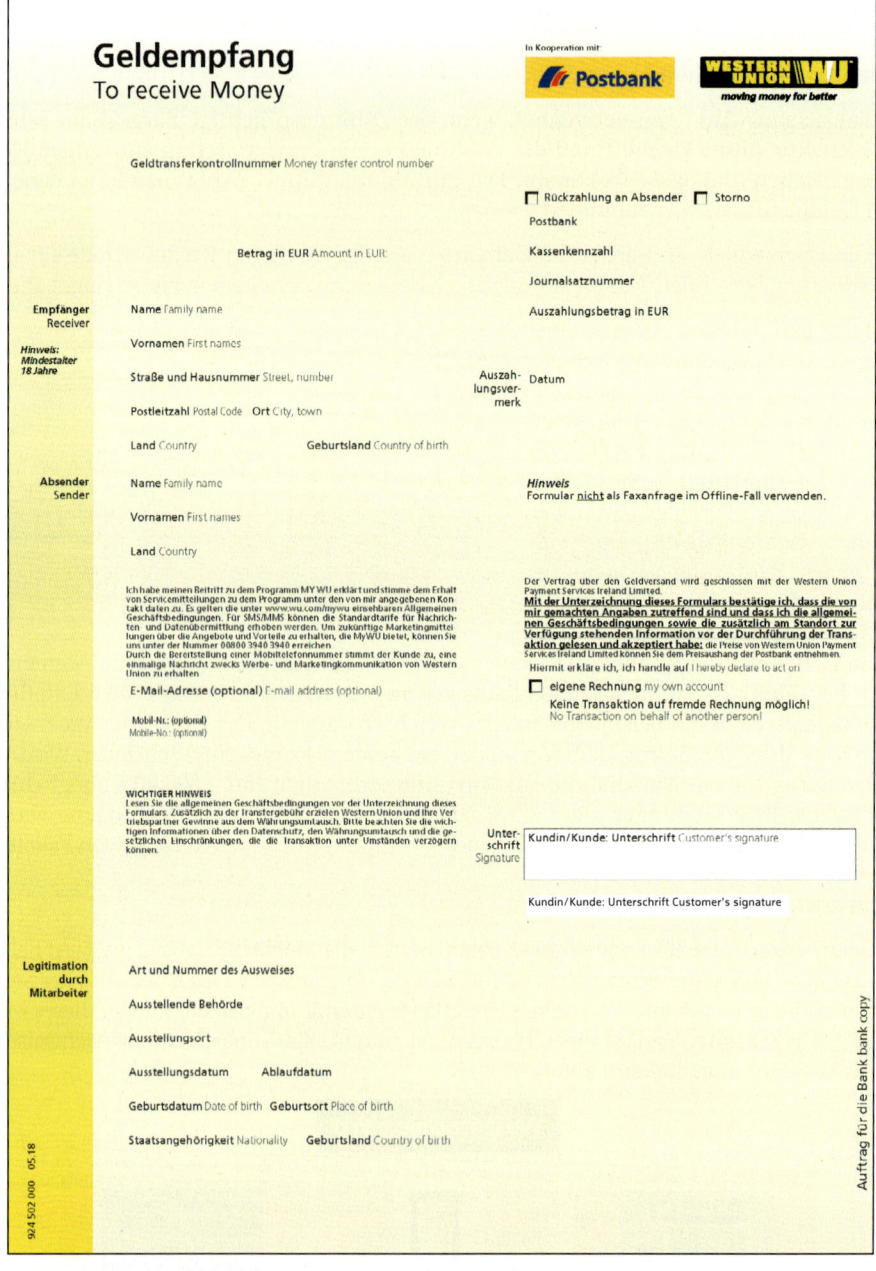

Geldempfang / To receive Money

In Kooperation mit: Postbank / WESTERN UNION – moving money for better

Geldtransferkontrollnummer / Money transfer control number

☐ Rückzahlung an Absender   ☐ Storno
Postbank
Kassenkennzahl
Journalsatznummer

Betrag in EUR / Amount in EUR

Auszahlungsbetrag in EUR

Empfänger / Receiver
Hinweis: Mindestalter 18 Jahre

Name / family name
Vornamen / First names
Straße und Hausnummer / Street, number
Postleitzahl / Postal Code   Ort / City, town
Land / Country   Geburtsland / Country of birth

Auszahlungsvermerk   Datum

Absender / Sender
Name / family name
Vornamen / First names
Land / Country

Hinweis
Formular **nicht** als Faxanfrage im Offline-Fall verwenden.

Ich habe meinen Beitritt zu dem Programm MY WU erklärt und stimme dem Erhalt von Servicemitteilungen zu dem Programm unter den von mir angegebenen Kontaktdaten zu. Es gelten die unter www.wu.com/mywu einsehbaren Allgemeinen Geschäftsbedingungen. Für SMS/MMS können die Standardtarife für Nachrichten- und Datenübermittlung erhoben werden. Um zukünftige Marketingmitteilungen über die Angebote und Vorteile zu erhalten, die MyWU bietet, können Sie uns unter der Nummer 08000 3940 3940 erreichen. Durch die Bereitstellung einer Mobiltelefonnummer stimmt der Kunde zu, eine einmalige Nachricht zwecks Werbe- und Marketingkommunikation von Western Union zu erhalten.

E-Mail-Adresse (optional) / E-mail address (optional)
Mobil-Nr. (optional) / Mobile-No. (optional)

Der Vertrag über den Geldversand wird geschlossen mit der Western Union Payment Services Ireland Limited.
Mit der Unterzeichnung dieses Formulars bestätige ich, dass die von mir gemachten Angaben zutreffend sind und dass ich die allgemeinen Geschäftsbedingungen sowie die zusätzlich am Standort zur Verfügung stehenden Information vor der Durchführung der Transaktion gelesen und akzeptiert habe: die Preise von Western Union Payment Services Ireland Limited können Sie dem Preisaushang der Postbank entnehmen.
Hiermit erkläre ich, ich handle auf I hereby declare to act on

☐ eigene Rechnung / my own account
Keine Transaktion auf fremde Rechnung möglich!
No Transaction on behalf of another person!

WICHTIGER HINWEIS
Lesen Sie die allgemeinen Geschäftsbedingungen vor der Unterzeichnung dieses Formulars. Zusätzlich zu der Transfergebühr erzielen Western Union und ihre Vertriebspartner Gewinne aus dem Währungsumtausch. Bitte beachten Sie die wichtigen Informationen über den Datenschutz, den Währungsumtausch und die gesetzlichen Einschränkungen, die die Transaktion unter Umständen verzögern können.

Unterschrift / Signature
Kundin/Kunde: Unterschrift / Customer's signature

Kundin/Kunde: Unterschrift / Customer's signature

Legitimation durch Mitarbeiter
Art und Nummer des Ausweises
Ausstellende Behörde
Ausstellungsort
Ausstellungsdatum   Ablaufdatum
Geburtsdatum / Date of birth   Geburtsort / Place of birth
Staatsangehörigkeit / Nationality   Geburtsland / Country of birth

Auftrag für die Bank / bank copy

The WESTERN UNION name, logo and related trademarks and service marks, owned by Western Union Holdings, Inc., are registered and/or used in the US. and many foreign countries and are used with permission

Barscheck

Auch die Zahlung mit einem Barscheck stellt eine halbbare Zahlung dar (siehe Seite 295).

Zahlungsanweisung zur Verrechnung

Die Postbank bietet ihren Kunden die Möglichkeit die Zahlungsanweisung zu nutzen. Der Kunde weist damit die Postbank an, einen bestimmten Betrag von seinem Postbankgirokonto abzubuchen und **bar** an den Zahlungsempfänger auszuzahlen. Die **Zahlungsanweisung zur Verrechung (ZzV)** wird von Unternehmen und staatlichen Einrichtungen verwendet, wenn jeden Tag umfangreiche Zahlungen an viele verschiedene Empfänger zu leisten sind und man von diesen keine Kontoverbindung hat oder einen Nachweis für die Einlösung benötigt. Hierzu zählt z. B. Verlags-Prämie; Arbeitslosengeld-Zahlungen; Bezahlung des Schadens durch die Kfz-Haftpflicht-Versicherung an den Geschädigten. Eine Zahlungsanweisung zur Verrechnung (ZzV) kann bis zu einem Betrag von 1 500,00 € vom Zahlungsempfänger bei jedem Postamt bar eingelöst werden.

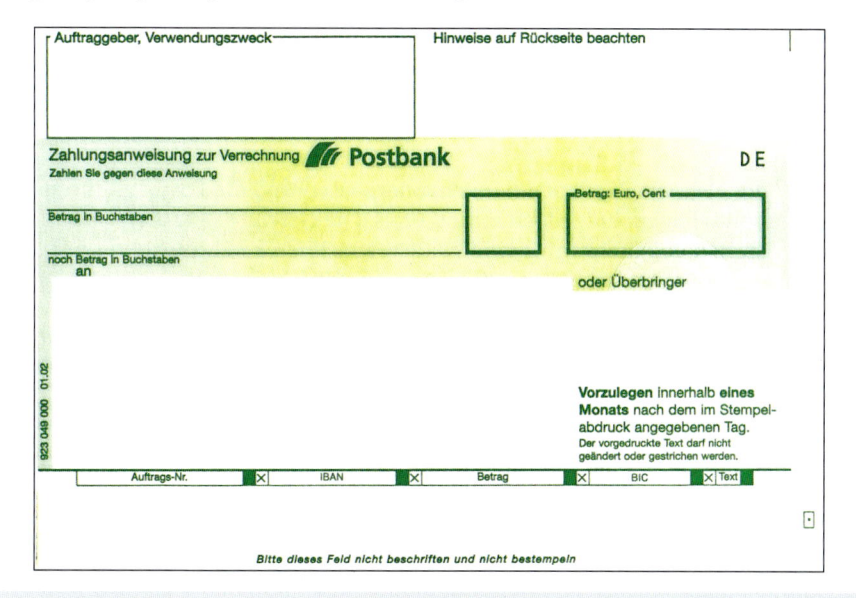

> *Tipp*
>
> *Die aktuellen Kosten erfahren Sie im Preis- und Leistungsverzeichnis der Deutschen Postbank.*

4.4.3 Bargeldlose Zahlung

Um den bargeldlosen Zahlungsverkehr zu nutzen, muss der Zahlungspflichtige und der Zahlungsempfänger über ein Girokonto bei einem Kreditinstitut verfügen. Im Gegensatz zur Barzahlung und halbbaren Zahlung wird bei dieser Form des Zahlungsverkehrs nur Buchgeld bewegt. Buchgeld (Giralgeld) sind jederzeit fällige Guthaben bei Kreditinstituten (Sichteinlagen). Buchgeld ist also eine zwingende Voraussetzung, um die Instrumente des bargeldlosen Zahlungsverkehrs zu nutzen. Veranlasst der Zahlungspflichtige z. B. eine Überweisung von seinem Girokonto auf ein anderes Konto, so wird das Konto des Zahlungspflichtigen mit dem zu zahlenden Betrag belastet (Lastschrift) und der Zahlungsempfänger bekommt den Überweisungsbetrag auf seinem Konto gutgeschrieben (Gutschrift). Die zunehmende Bedeutung des bargeldlosen Zahlungsverkehrs spiegelt sich auch in dieser Geldmenge wider. Der rechnerische Bestand an Giralgeld übersteigt um ein Vielfaches den Bargeldumlauf.

Beispiel
In Deutschland betrugen im ersten Halbjahr 2018 der Bargeldumlauf und die Sichteinlagen der deutschen Privathaushalte rund 1 542 Mrd. €.

Die Abwicklung des bargeldlosen Zahlungsverkehrs erfolgt in Deutschland über die entsprechenden Gironetze der einzelnen Bankengruppen: Gironetz der Deutschen Bundesbank, Sparkassengironetz, Genossenschaftsring (z. B. Volks- und Raiffeisenbanken) und Gironetze der Großbanken. Diese Netze sind wiederum untereinander verknüpft.

Weitere Rahmenbedingungen für den bargeldlosen Zahlungsverkehr sind:

- die Verwendung von standardisierten Zahlungsvordrucken
- Abkommen und Vereinbarungen zwischen den Spitzenverbänden der Kreditinstitute über den beleglosen elektronischen Zahlungsverkehr
- Einsatz der elektronischen Datenverarbeitung bis hin zur Nutzung des Internets (Electronic Banking)

Der Service, den die verschiedenen Banken, Sparkassen und die Postbank ihren Kunden mit dem Girokonto bieten, hat jedoch seinen Preis. Die Gebühren für die vielfältigen Nutzungsmöglichkeiten des Girokontos sind bei den einzelnen Kreditinstituten unterschiedlich hoch. Trotz aller Schwierigkeiten sollte man bei der Einrichtung eines Girokontos auf einen Preisvergleich nicht verzichten.

Tipp
Auszubildende zahlen i. d. R. keine Kontoführungsgebühren. Informationen bieten Verbraucherberatungsstellen, örtliche Tageszeitungen und Preisagenturen. Achten Sie bei der Einrichtung eines Girokontos auf die Festlegung des Überziehungsrahmens. Denn wenn Sie Ihr Konto überziehen, werden in jedem Fall Zinsen fällig. Informieren Sie sich z. B. unter www.schuldnerberatung.de/konto-ueberziehen.

SEPA-Überweisung

Durch die SEPA-Überweisung beauftragt der Kontoinhaber sein Kreditinstitut, einen bestimmten Betrag von seinem Girokonto abzubuchen und auf ein anderes Konto zu übertragen. Der Kontoinhaber füllt dazu den nachfolgenden SEPA-Überweisungsvordruck aus. Der Vordruck besteht i. d. R. aus zwei Teilen, dem Original (Deckblatt) und einem Durchschlag für den Auftraggeber. Das Original verwendet das beauftragte Kreditinstitut als Buchungsbeleg. Die Daten des Überweisungsauftrags werden elektronisch erfasst und beleglos an das Kreditinstitut des Zahlungsempfängers weitergeleitet. Der Durchschlag dient dem Auftraggeber als Beleg. Der Zahlungsempfänger erhält somit keinen besonderen Gutschriftsbeleg (Gutschrift) mehr. Der Zahlungsempfänger kann nur mithilfe seines Kontoauszugs feststellen, wer welchen Betrag überwiesen hat.

SEPA-Überweisungsvordruck

Seit dem 01.02.2014 ist der SEPA-Überweisungsvordruck für Inlandszahlungen und seit dem 01.02.2016 für grenzüberschreitende Zahlungen verpflichtend. Viele Firmen, die direkt an den Endverbraucher liefern, fügen den Sendungen bereits vorbereitete Überweisungsträger bei, sodass der Kunde nur noch seinen Namen, die IBAN und die Unterschrift mit Datum eintragen muss. Ein besonderer Beleg für den Auftraggeber ist dabei teilweise nicht mehr vorgesehen. Der Kunde kann dann nur mittels seines Kontoauszugs die Zahlung (Lastschrift) beweisen. Erforderlich ist auf dem Überweisungsträger die IBAN (internationale Kontonummer mit Bankleitzahl) des Zahlungsempfängers und BIC (internationaler Bank-Identitätscode) der Empfängerbank.

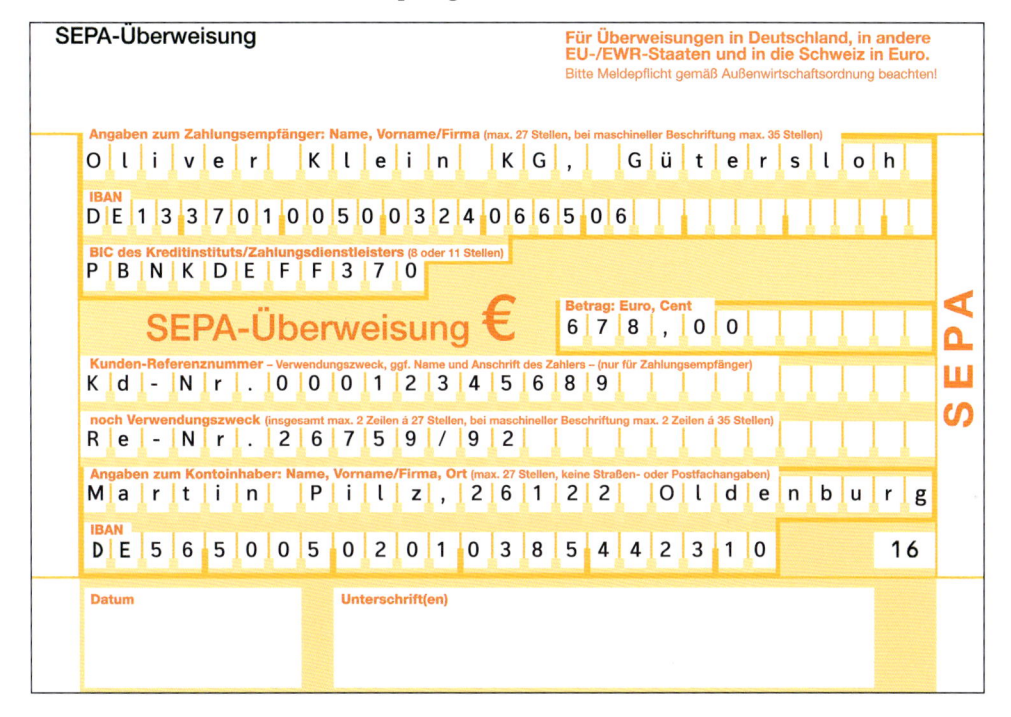

SEPA-Überweisung	Für Überweisungen in Deutschland, in andere EU-/EWR-Staaten und in die Schweiz in Euro. Bitte Meldepflicht gemäß Außenwirtschaftsordnung beachten!

Angaben zum Zahlungsempfänger: Name, Vorname/Firma (max. 27 Stellen, bei maschineller Beschriftung max. 35 Stellen)
Oliver Klein KG, Gütersloh

IBAN
DE13 3701 0050 0324 0665 06

BIC des Kreditinstituts/Zahlungsdienstleisters (8 oder 11 Stellen)
PBNKDEFF370

SEPA-Überweisung €

Betrag: Euro, Cent
678,00

Kunden-Referenznummer – Verwendungszweck, ggf. Name und Anschrift des Zahlers – (nur für Zahlungsempfänger)
Kd-Nr. 0001234 5689

noch Verwendungszweck (insgesamt max. 2 Zeilen á 27 Stellen, bei maschineller Beschriftung max. 2 Zeilen á 35 Stellen)
Re-Nr. 26759/92

Angaben zum Kontoinhaber: Name, Vorname/Firma, Ort (max. 27 Stellen, keine Straßen- oder Postfachangaben)
Martin Pilz, 26122 Oldenburg

IBAN
DE56 5005 0201 0385 4423 10   16

Datum   **Unterschrift(en)**

Mit **Sammelüberweisungen** (Zahlungen von Löhnen und Gehältern) können mehrere Überweisungsaufträge gleichzeitig ausgeführt werden. Das spart Zeit (nicht jede einzelne Überweisung muss z. B. unterschrieben werden) und Kosten. Kosteneinsparungen bringt auch der Einsatz von Eletronic Banking.

Bei **Überweisung innerhalb des SEPA-Raumes** bewegen sich die Kosten auf der Höhe der Inlandsgebühren. Zu SEPA siehe Kap. 4.4.5. Überweisungen ins Ausland ab 12 500,00 € sind an die Deutsche Bundesbank zu melden. Auslandsüberweisungen von privat zu privat sind auch per Kreditkarte möglich. Voraussetzung ist, dass Zahler und Empfänger über eine entsprechende Kreditkarte (z. B. VISA) bzw. Debitkarte (girocard/Bankcard) verfügen.

Bei Überweisungen im übrigen internationalen Zahlungsverkehr (weltweit) bedarf es weiterhin besonderer Formulare. Die Abwicklungskonditionen wie Entgelte, Fristen und Formulare sind bei der Hausbank zu erfragen oder auf www.geldtransfair.de.

Weitere Serviceleistungen werden von den einzelnen Kreditinstituten in unterschiedlicher Art und Weise angeboten (z. B. Terminierung von Überweisungsaufträgen, Eilüberweisung, telegrafische Überweisung).

Dauerauftrag und SEPA-Lastschriftverfahren

Überweisungen über gleichbleibende, regelmäßig wiederkehrende Beträge (z. B. Miete, Einzahlungen auf das Sparbuch) an denselben Zahlungsempfänger zu einem bestimmten Zeitpunkt können mittels **Dauerauftrag** erledigt werden. Der Kunde (Zahler) füllt einmal einen entsprechenden Vordruck seines Kreditinstituts aus und beauftragt damit das Kreditinstitut, regelmäßig von seinem Girokonto einen bestimmten Geldbetrag zu überweisen. Der Zahlungspflichtige spart Zeit, Wege und vor allen Dingen muss er sich keine Termine merken.

Der Kunde kann jederzeit einen Dauerauftrag ändern bzw. widerrufen. Ein vom Kreditinstitut bereits ausgeführter Auftrag kann jedoch nicht rückgängig gemacht werden.

Für **regelmäßig wiederkehrende Zahlungen, deren Höhe sich aber ständig ändert** (z. B. Telefongebühren, Rechnungen über Strom, Gas und Wasser, Versicherungsprämie), kann der Zahlungspflichtige das **Lastschriftverfahren** benutzen. Bei diesem Instrument des bargeldlosen Zahlungsverkehrs ermächtigt der Zahlungspflichtige schriftlich den Zahlungsempfänger, von seinem Girokonto den jeweils fälligen Betrag abbuchen zu lassen (Einzugsermächtigung) oder der Zahlungspflichtige beauftragt sein Kreditinstitut, von einem bestimmten Zahlungsempfänger vorgelegte Lastschriften einzulösen (Abbuchungsauftrag).

Seit 2009 ist dieses Lastschriftverfahren auch im EU-Raum grenzüberschreitend möglich, siehe SEPA-Lastschriftverfahren im Kapitel 4.4.5. Beispielsweise kann der spanische Vermieter die Miete in Euro für die Ferienwohnung beim deutschen Mieter von dem Bankkonto in Deutschland einziehen.

Das **SEPA-Lastschriftmandat** kann der Zahlungspflichtige **jederzeit widerrufen**. Einer im Einzugsermächtigungsverfahren vorgenommenen SEPA-Lastschrift kann der Zahlungspflichtige innerhalb von acht Wochen, einer unberechtigten (unbeauftragten) Lastschrift sogar innerhalb 13 Monte widersprechen. Mit seinem Widerspruch wird die Belastung rückgängig gemacht, d.h., der zuvor von seinem Girokonto abgebuchte Betrag wird wieder gutgeschrieben.

Wie ausführlich unter 4.4.4 beschrieben, werden heute viele Bankgeschäfte online und/oder telefonisch abgewickelt. So werden Überweisungen, Erteilung von Daueraufträgen usw. am PC erledigt. Ein Beleg ist dann nicht mehr erforderlich. Es ist aber sinnvoll, sich diesen Beleg zu Hause auszudrucken, um einen Nachweis für die Unterlagen zu haben.
Ein Teil der Bankkunden scheut sich aber immer noch wegen Sicherheitsbedenken vor den Onlinebankgeschäften. Inzwischen nutzen 50 % der Deutschen schon Onlinebanking (Stand: 2018), Tendenz steigend (Zum Vergleich: Im Jahr 2010 lag der Nutzeranteil noch bei 35 %.)!
Seit die SEPA-Überweisungen in Deutschland endgültig umgesetzt werden mussten, ist es wegen der langen IBAN viel bequemer, dies am PC zu machen.

Erteilung einer Einzugsermächtigung und eines SEPA-Lastschriftmandats

Wiederkehrende Zahlungen/ Recurrent Payments

Name und Anschrift des Zahlungsempfängers (Gläubiger)

Name und Anschrift des Kontoinhabers

Gläubiger-Identifikationsnummer (CI/Creditor Identifier)

Mandatsreferenz

Einzugsermächtigung
Ich/Wir ermächtige(n) Sie widerruflich, die von mir/uns zu entrichtenden Zahlungen bei Fälligkeit durch Lastschrift von meinem/unserem Konto mit der

| Kto.-Nr. | Bankleitzahl |

genaue Bezeichnung des kontoführenden Kreditinstituts

einzuziehen.

SEPA-Lastschriftmandat
Ich/Wir ermächtige(n) Sie, Zahlungen von meinem/unserem Konto mittels Lastschrift einzuziehen. Zugleich weise(n) ich/wir mein/unser Kreditinstitut an, die von [Name des Zahlungsempfängers] auf mein/unser Konto gezogenen Lastschriften einzulösen.
Hinweis: Ich kann/Wir können innerhalb von acht Wochen, beginnend mit dem Belastungsdatum, die Erstattung des belasteten Betrags verlangen. Es gelten dabei die mit meinem/unserem Kreditinstitut vereinbarten Bedingungen.

| Kreditinstitut | BIC |

| IBAN |
| DE |

| Ort, Datum | Unterschrift(en) |

Vor dem Einzug einer SEPA-Basis-Lastschrift werden Sie mich/uns über den Einzug in dieser Verfahrensart unterrichten.

1 Hinweis: Ab 01.02.2014 kann die Angabe des BIC entfallen, wenn die IBAN mit DE beginnt.

Vereinfachte Darstellung der Abwicklung des SEPA-Lastschriftverfahrens

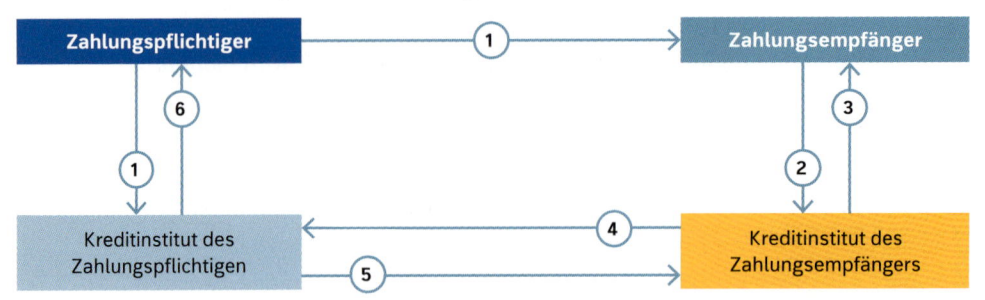

① Der Zahlungspflichtige erteilt dem Zahlungsempfänger ein SEPA-Lastschriftmandat.
② Der Zahlungsempfänger reicht die SEPA-Lastschrift bei seinem Kreditinstitut ein.
③ Das Kreditinstitut schreibt den Betrag – Eingang vorbehalten (E. v.) – auf dem Girokonto des Zahlungsempfängers gut.
④ Das Kreditinstitut des Zahlungsempfängers leitet die SEPA-Lastschrift an das Kreditinstitut des Zahlungspflichtigen weiter.
⑤ Das Kreditinstitut des Zahlungspflichtigen schreibt dem Kreditinstitut des Zahlungsempfängers den Betrag gut.
⑥ Auf dem Kontoauszug kann der Zahlungspflichtige feststellen, welcher Betrag durch die SEPA-Lastschrift abgebucht wurde.

Der Scheck

Wesen des Schecks

Der Scheck ist ein besonderes Wertpapier, das eine Anweisung des Kontoinhabers an seine Bank ist, eine bestimmte Summe aus seinem Guthaben oder eingeräumten Kredit an den Überbringer des Schecks zu zahlen.

In der Regel wird er dem Überbringer von der Bank in bar ausgezahlt (Barscheck). Wurde er zugesandt und mit dem Vermerk „Nur zur Verrechnung" versehen, kann er nur dem Konto des Empfängers gutgeschrieben werden (Verrechnungsscheck). Auch jeder andere Scheck kann auf Wunsch einem Konto des Scheckeinreichers gutgeschrieben werden.

Der Scheck stellt ein Zahlungsmittel in Form einer Schuldverschreibung dar. Mit Einlösung des Schecks durch den Scheckinhaber wird die Schuld des Ausstellers endgültig getilgt.

Bei Einkäufen braucht der Händler, z. B. ein Autohändler, die Zahlung mit Scheck nur dann anzunehmen, wenn dies vorher vereinbart war.

Bestandteile des Schecks

```
                    ①                    ②
                BANK IN MUSTERSTADT


  Zahlen Sie gegen disen Scheck ④                    Betrag: Euro, Cent
  ③ Einhundertzwanzig -----------------     €        120,00
     Betrag in Buchstaben
     - - - - - - - - - - - - - - - - - -
  noch Betrag in Buchstaben
  an  Papiergeschäft Bauer                                        ©
                                                          oder Überbringer

              ⑤                            ⑥
  Sieburg, 10.August 20..
  Austellungsort, Datum              Unterschrift des Austellers
  Verwendungszweck
                (Mitteilung für den Zahlungsempfänger)
  Der vorgedruckte Schecktext darf nicht geändert oder gestrichen werden. Die Angabe einer Zahlungsfrist auf dem Scheck gilt als nicht geschrieben.
        Schecker-Nr.      X     IBAN      X     Betrag      X    Text     X Text
     0000007003000    DE19123412341234123412           01          01
          Ⓐ                 Ⓑ                          ©
                Bitte dieses Feld nicht beschriften und nicht bestempeln
```

Im Scheckgesetz sind für die Gültigkeit eines Schecks folgende Bestandteile vorgeschrieben:

① Name des Kreditinstitutes, das zahlen soll (= Bezogener)
② Zahlungsort (= Geschäftssitz des Kreditinstitutes)
③ unbedingte Anweisung, eine bestimmte Geldsumme zu zahlen (Betrag in Buchstaben)
④ die Bezeichnung Scheck im Text der Urkunde (= Scheckklausel)
⑤ Ort und Tag der Ausstellung des Schecks
⑥ handschriftliche Unterschrift des Ausstellers

Fehlt einer dieser gesetzlichen Bestandteile, ist der Scheck ungültig. Neben diesen gesetzlichen gibt es noch einige kaufmännische Bestandteile, wie **A** Schecknummer, **B** IBAN und **C** die Überbringerklausel, die die Handhabung erleichtern sollen.

Der Scheck darf nur ausgestellt werden, wenn das Konto des Ausstellers das Guthaben aufweist oder ein Kreditrahmen vereinbart wurde (Guthabenklausel). Ist kein Guthaben oder Kreditrahmen vorhanden, dann muss die Bank diesen Scheck nicht einlösen.

Vorlegefristen

Schecks sind bei Sicht zahlbar, eine Zahlungsfrist bei vordatierten Schecks ist nicht verbindlich. Sie müssen aber innerhalb bestimmter Vorlegefristen dem bezogenen Kreditinstitut vorgelegt werden:

Die Fristen betragen bei

- im Inland ausgestellten Schecks acht Tage,
- im europäischen Ausland und Mittelmeerraum ausgestellten Schecks 20 Tage und
- im außereuropäischen Ausland ausgestellten Schecks 70 Tage.

Dies ist wichtig zu beachten, wenn ein Scheck einem Transporteur/Fahrer mitgegeben wird, denn bei später vorgelegten Schecks kann, muss aber das Kreditinstitut diesen Scheck nicht mehr einlösen.

Scheckeinlösung/Regress
Wird ein Scheck innerhalb dieser Fristen vorgelegt und weist das Konto kein entsprechendes Guthaben und keinen Kreditrahmen aus, dann muss sich der Scheckinhaber die Nichteinlösung durch einen „Nicht-bezahlt-Vermerk" auf dem Scheck bestätigen lassen.

Der Scheckinhaber kann nun auf den Scheckaussteller Rückgriff (Regress) nehmen und neben der Schecksumme alle entstandenen Kosten zzgl. Zinsen verlangen. Notfalls muss er diese Forderungen vor Gericht einklagen.

Scheckverlust
Bei Scheckverlust muss das bezogene Kreditinstitut sofort benachrichtigt und der Scheck gesperrt werden, damit er nicht unberechtigt eingelöst werden kann.

> **Tipp**
> *Bei Verlust von Scheck-Formularen lassen Sie diese sofort durch einen Anruf bei Ihrem Kreditinstitut sperren! Die Telefonnummer erhalten Sie von Ihrem Kreditinstitut (24-Stunden-Service).*

Arten des Schecks
Schecks werden nach der Art ihrer Einlösung, dem Zahlungsempfänger bzw. der Art der Übertragung und nach dem bezogenen Kreditinstitut unterschieden.

Nach der Art der Einlösung: Schecks können sofort in bar eingelöst oder zur Gutschrift auf das Konto eingereicht werden.

- **Barschecks:** Der Scheckbetrag wird dem Überbringer bei dem bezogenen Kreditinstitut in bar ausgezahlt, wenn er es wünscht. Bei Vorlage bei einem anderen Kreditinstitut wird der Scheck dem Konto des Vorlegers gutgeschrieben.
- **Verrechnungsschecks:** Jeder Barscheck lässt sich durch das Anbringen des Vermerks „Nur zur Verrechnung" auf der Vorderseite zu einem Verrechnungsscheck machen. Auch das nachträgliche Anbringen dieses Vermerkes durch den Scheckempfänger ist möglich, um bei Verlust seine Barauszahlung zu verhindern. Rückgängig lässt sich dieser Vermerk aber nicht mehr machen, die Streichung „gilt als nicht erfolgt", wie es im Scheckgesetz heißt. Dieser Vermerk ist auch wichtig, wenn der Aussteller zur Begleichung einer Schuld den Scheck dem Empfänger per Post übersenden will, aber bei Verlust oder Diebstahl der Postsendung wissen will, wer den Scheckbetrag erhalten hat.

Nach dem Zahlungsempfänger bzw. Art der Übertragung
- **Inhaberschecks:** Durch den Zusatz „oder Überbringer" auf den Scheckvordrucken ist der Scheck ein Inhaberpapier, d.h., die Bank ist berechtigt, an jeden, der den Scheck zur Auszahlung vorlegt, auszuzahlen. Eine Streichung dieser Überbringerklausel gilt als nicht erfolgt, d.h., die Bank muss die Streichung nicht beachten und kann den Scheck einlösen. Eine Angabe des Namens des Scheckempfängers ist deshalb nicht erforderlich, da auch kein Übergabevermerk in irgendeiner Form erfolgen muss.
- **Namens-/Orderscheck:** In besonderen Fällen, bei hohen Summen, im Auslandszahlungsverkehr oder wenn es wichtig ist zu erfahren, wer den Scheck einlöste, kann ein

spezielles Scheckformular (Scheckvordruck) verwendet werden, der Orderscheck. Dieser hat anstelle des Vermerkes „oder Überbringer" den Zusatz „oder Order". Der Scheckempfänger kann diesen Scheck nur durch ein sog. Indossament (Weitergabevermerk) auf der Rückseite des Schecks an einen Dritten übertragen. Das Kreditinstitut ist in allen Fällen verpflichtet, die Legitimation des Vorlegers zu prüfen. Daher sind die Kreditinstitute nicht sehr an dieser Scheckart interessiert. Versicherungsgesellschaften zahlen i. d. R. Entschädigungen im Schadensfall per Orderscheck.

Nach dem bezogenen Kreditinstitut: Ein Scheck ist entweder auf eine Bank, eine Sparkasse, eine Kreditgenossenschaft oder die Postbank bezogen. Diese erfüllen aber alle die gleichen Aufgaben.

Bestätigter Scheck durch Bundesbank: In besonderen Fällen, wie bei Versteigerung von Grundstücken oder Gebäuden, ist es erforderlich, sofort eine größere Summe Bargeld zu zahlen. Um nicht einen Koffer voller Geld mitnehmen zu müssen, können die Filialen der Deutschen Bundesbank Schecks mit einem Bestätigungsvermerk versehen, durch den die Deutsche Bundesbank die Haftung für die Einlösung dieses Schecks übernimmt. Der Scheck wird von ihr bzw. der Landeszentralbank eingelöst, wenn er innerhalb von acht Tagen nach Ausstellung zur Zahlung vorgelegt wird. Dieser Scheck ist so gut wie Bargeld.

Zahlung mit Karte

girocard/Bankcard

Die girocard/Bankcard als Multifunktionskarte dient immer mehr dazu, noch stärker im täglichen Zahlungsverkehr bargeldlos zu zahlen.

Mit ihr kann ein Kontoinhaber, der von der Bank als kreditwürdig angesehen wurde und diese Karte erhalten hat,

- in Verbindung mit der PIN-Nummer (Geheimzahl) an den Geldautomaten der Kreditinstitute jederzeit Bargeld abheben (Deutsches Geldautomaten-System),
- Rechnungen in Verbindung mit der PIN-Nummer (electronic cash) bzw. ohne diese Nummer, dann aber durch eine Unterschrift unter ein besonderes Formular zur Abbuchung von seinem Konto (ELV), bei Einkäufen bezahlen,
- Kontoauszüge ausdrucken lassen,
- je nach girocard/Bankcard-Variante weltweit, europaweit oder innerhalb Deutschlands Bargeld am Geldautomaten abheben.
- auf den Chip der girocard/Bankcard kleinere Geldbeträge (bis 200,00 €) laden (mit Zeichen „GeldKarte"). Man kann damit an vielen Terminals zahlen. Je nach Institut werden weitere Services angeboten, z.B. Gutscheine, Bonusangebote, Altersbestätigung, Parkberechtigungen und Eintrittskarten. Auch einige Volksbanken bieten diesen Service an.
- Für das Onlinebanking ist der Chip auf der giro-/Bankcard von großer Bedeutung, denn dort sind alle wichtigen Daten zur TAN-Generierung gespeichert. Dem Magnetstreifen kommt bei Einsatz der girocard/Bankcard im Ausland Bedeutung zu.
- Die seit 2012 ausgegebenen giro-/Bankcards der Sparkassen sind standardmäßig auch mit einer NFC-Schnittstelle (NFC = Near Field Communication) ausgestattet, die das kontaktlose Bezahlen über den integrierten Chip ermöglicht. Dieser Service nennt sich girogo.
 Auch Kreditkartengesellschaften, wie Visa mit payWave oder MasterCard mit PayPass, bieten einen ähnlichen Service an.

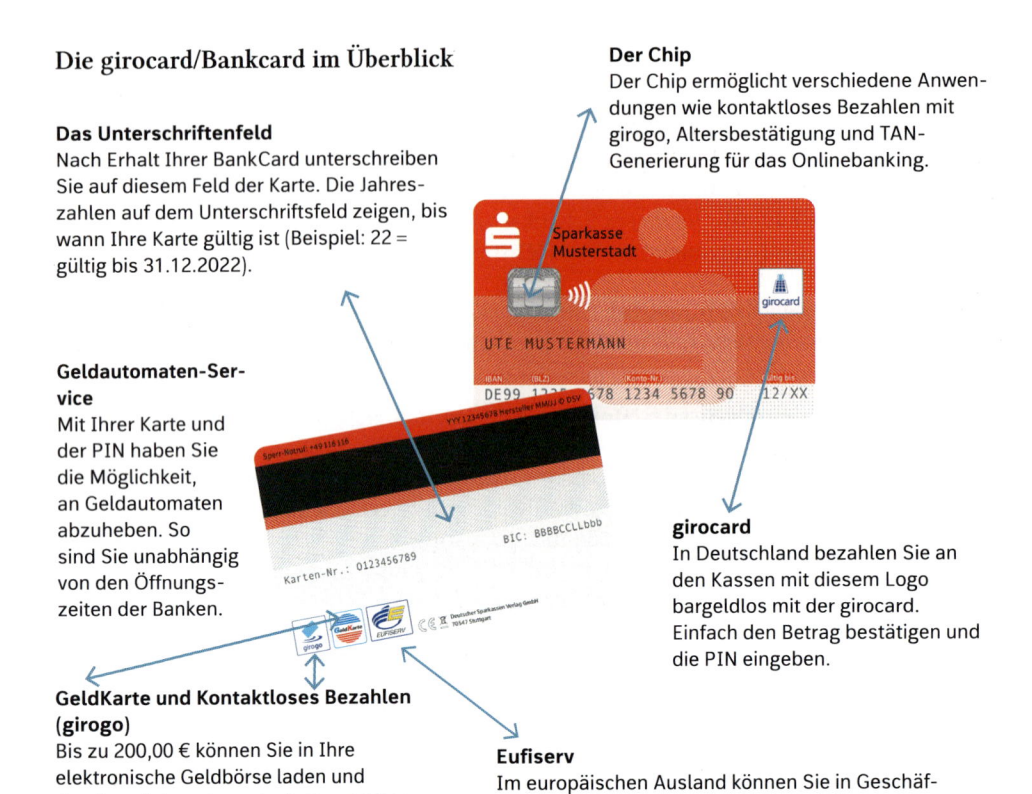

Die girocard/Bankcard im Überblick

Das Unterschriftenfeld
Nach Erhalt Ihrer BankCard unterschreiben Sie auf diesem Feld der Karte. Die Jahreszahlen auf dem Unterschriftsfeld zeigen, bis wann Ihre Karte gültig ist (Beispiel: 22 = gültig bis 31.12.2022).

Der Chip
Der Chip ermöglicht verschiedene Anwendungen wie kontaktloses Bezahlen mit girogo, Altersbestätigung und TAN-Generierung für das Onlinebanking.

Geldautomaten-Service
Mit Ihrer Karte und der PIN haben Sie die Möglichkeit, an Geldautomaten abzuheben. So sind Sie unabhängig von den Öffnungszeiten der Banken.

girocard
In Deutschland bezahlen Sie an den Kassen mit diesem Logo bargeldlos mit der girocard. Einfach den Betrag bestätigen und die PIN eingeben.

GeldKarte und Kontaktloses Bezahlen (girogo)
Bis zu 200,00 € können Sie in Ihre elektronische Geldbörse laden und damit an Automaten oder in Geschäften kleinere Beträge bis 25,00 € schnell, bequem und kontaktlos mit girogo bezahlen. Ihre PIN benötigen Sie für das Bezahlen nicht.

Eufiserv
Im europäischen Ausland können Sie in Geschäften mit diesem Symbol mit Ihrer Karte und der PIN an automatisierten Kassen bezahlen sowie am Geldautomat Bargeld beziehen.

Tipp

Sicherer und sorgsamer Umgang mit der Karte:
- *Unterschreiben Sie die Karte unmittelbar nach Erhalt.*
- *Überlassen Sie die Karte niemals Dritten und bewahren Sie die PIN stets getrennt auf.*
- *Geben Sie Ihre PIN niemals an einem Türöffner eines Kreditinstituts ein.*
- *Achten Sie darauf, dass Ihnen bei der Bargeldabhebung niemand über die Schulter schaut. Sorgen Sie für einen angemessenen Sicherheitsabstand zum nächsten Kunden und verdecken Sie die Sicht auf die Tastatur mit der freien hand.*
- *Unterschreiben Sie nie einen Kartenbeleg blanko, also grundsätzlich nie ohne die Rechnungssumme bzw. ohne den eingetragenen Gesamtbetrag.*
- *Lassen Sie Ihre Karte nie unbeaufsichtigt im Büro oder im Auto liegen.*
- *Kontrollieren Sie sorgfältig die Umsätze auf dem Girokonto und reklamieren Sie Fehler sofort.*
- *Bitte beachten Sie: Wer seine PIN auf der Karte vermerkt, sie im Portemonnaie zusammen mit der Karte aufbewahrt oder seine Karte unbeaufsichtigt lässt, handelt grob fahrlässig und haftet für den entstandenen Schaden.*
- *Behandeln Sie Ihre Karte genau so sorgsam wie Bargeld.*

Verlust oder Diebstahl
Bei Verlust oder Diebstahl der Karte rufen Sie bitte umgehend den Sperr-Notruf an. Stellen Sie sicher, dass Sie immer schnellen Zugriff auf die Notrufnummer (116 116) des zuständigen Sperr-Notrufs haben. Das gilt besonders im Urlaub oder auf Geschäftsreisen.

Verdacht auf Missbrauch
Wenn Sie missbräuchlichen Einsatz Ihrer Karte, etwa unrechtmäßige Abbuchungen, vermuten, informieren Sie bitte Ihre Bank oder Sparkasse und sperren Sie Ihre Karte umgehend (siehe dazu Tipp auf Seite 303). Dies gilt auch bei Reklamationen wegen unrechtmäßiger Abbuchungen gegenüber einem Händler.

4.4.4 Electronic-Banking-Systeme und Kreditkarten

girocard zum Bezahlen im girocard-System (Point of Sale-Banking/POS-System)

Wie oben beschrieben, kann die girocard zur bargeldlosen Zahlung verwendet werden, da sie mit einem Chip versehen ist, auf dem die zum Bezahlen relevanten Daten gespeichert sind und in immer mehr Fällen auch mit der NFC-Technik für kontaktloses Bezahlen (i. d. R. ohne PIN-Eingabe für Beträge bis maximal 25,00 €) ausgestattet ist.

Mit der girocard kann auch an einem Geldautomaten nach Eingabe der PIN (Persönliche Identifikations-Nummer) Geld abgehoben werden.

> *Tipp*
>
> *Informieren Sie sich im Internet über die aktuellen Voraussetzungen und Möglichkeiten der mobilen Auszahlung.*

In vielen Geschäften, Tankstellen usw. stehen die mit girocard und ggf. mit einem Wellensymbol gekennzeichneten Händler-Terminals, über die dann mithilfe der girocard und der PIN oder ggf. mit dem Smartphone bargeldlos die Einkäufe bezahlt werden. Das oben abgebildete Terminal ist sowohl für den Einschub der Karte (girocard, Kreditkarte etc.) als auch für das kontaktlose Bezahlen mit der Bezahlkarte im Smartphone geeignet. Der Rechnungsbetrag wird sofort vom Konto des Karteninhabers abgebucht.

Damit deutsche Karteninhaber ihre Karten auch über die Grenzen hinaus benutzen können, befinden sich auf den girocards/Bankcards sog. Co-Brands, wie Maestro (MasterCard) oder V-Pay (VISA). Wie die girocard auch, ist V-Pay ein rein Chip&PIN-basiertes Verfahren, welches höchste Sicherheit für Kunden und Händler verspricht. Maestro basiert außerhalb von Europa noch auf der Magnetstreifen-Technologie. Diese ist zwar deutlich unsicherer als der Chip, kann aber dafür weltweit eingesetzt werden.

Unterschied girocard/Bankcard und SEPA-ELV

Die Deutsche Kreditwirtschaft bietet Kunden einer Bank oder Sparkasse mit der **girocard/Bankcard** ein hochsicheres Bezahlverfahren im Handel an.

Der Händler erhält durch das Bezahlen mit PIN (girocard/electronic cash) eine sog. 100%ige Zahlungsgarantie, da bei diesem Verfahren sofort geprüft wird, ob für die gewünschte Transaktion auch ausreichend Deckung auf dem entsprechenden Girokonto existiert, ob die Karte evtl. gesperrt oder gestohlen gemeldet wurde. Dem Händler entsteht somit durch dieses Verfahren niemals ein Zahlungsausfall und der Kunde kann beim Bezahlen auf die hohen Sicherheitsstandards der Deutschen Kreditwirtschaft vertrauen.

Zusätzlich zu diesem sicheren Bezahlverfahren der deutschen Kreditwirtschaft bieten einige Händler auch das sog. **Elektronische Lastschriftverfahren (SEPA-ELV)** als Bezahloption an.

Die Händler wollen sich mit diesem handelseigenen Verfahren die Kosten für Terminals, Telefonleitung und den Einzug sparen. Da hier komplett auf eine Prüfung der Daten verzichtet wird, ist dieses Zahlverfahren mit einem hohen Risiko sowohl für den Kunden als auch den Handel verbunden.

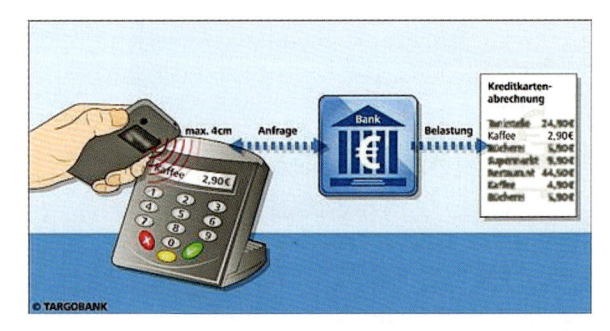

Der durch Unterschrift des Kunden autorisierte Zahlbetrag wird im Nachhinein vom Kundenkonto eingezogen. Die dafür benötigten Daten werden aus dem frei auslesbaren Teil der girocard/Bankcard ermittelt. Der Kunde unterschreibt eine Einzugsermächtigung über den Betrag und gestattet zudem, dass der Händler bei fehlender Deckung auf dem Girokonto die persönlichen Kontaktdaten des Kunden von der Bank erfragen darf.

An die Stelle der Prüfung der Kontoverbindung bei dem Kreditinstitut des Zahlers ist auch die Überprüfung durch ein elektronisches Prüfsystem „KUNO-Sperrdatei" (www.kuno-sperrdienst.de) getreten. Dieses System überprüft aber lediglich, ob die Karte nicht gesperrt ist. Durch die fehlende Bonitätsprüfung geht der Händler dabei das Risiko eines Zahlungsausfalls ein.

Welche Option des Bezahlens dem Kunden angeboten wird, entscheidet der Händler individuell.

Kontakloses Bezahlen

Die „neuen" kontaktlosen Bezahlverfahren (oft auch als NFC-Technologie bezeichnet) stehen in Deutschland noch am Anfang. Allerdings wird kontaktloses Bezahlen mit Karte (PayPass, payWave, girogo oder girocard kontaktlos) in Deutschland immer beliebter. So bezahlte z. B. rund jeder Fünfte im Jahr 2018 mit der girocard. Beim Bezahlen mit dem

Smartphone (Mobile Payment) herrschte bisher noch Zurückhaltung. Seit 2018 sind Google Pay und Apple Pay in Deutschland auf dem Markt. Auch immer mehr Banken und Sparkassen bieten entsprechende Apps an, sodass hier mit Bewegung zu rechnen ist.

Für viele Einzelhändler stellt das kontaktlose mobile Bezahlen mit NFC-Technologie eine neue schnelle Alternative (siehe Seite 297 ff.) zur girocard etc. mit PIN oder Unterschrift dar. Die neuen Händlerterminals können die Karten kontaktlos lesen. Um zu bezahlen, muss der Kunde seine Karte direkt an das Terminal halten. Der Zahlbetrag wird dann von dem auf der Karte gespeicherten Guthaben oder Konto des Karteninhabers abgebucht. Ähnlich funktioniert das kontaktlose Bezahlen mit dem Smartphone. Voraussetzung dafür ist allerdings eine App, die entweder mit Geld aufgeladen oder mit einem Zahlungsmittel verbunden werden muss. Wenn diese Funktion eingerichtet wurde, reicht es aus, das Smartphone im Laden direkt an das Lesegerät zu halten. Bei Beträgen über 25,00 € fragt das Gerät dann nach einer PIN, einer Bestätigung mittels Fingerabdruck oder Gesichtserkennung.

Auch bei der neuen Kontaktlos-Technologie verspricht sich der Handel einen weiteren Schub hin zu der Stärkung der bargeldlosen Transaktionen und weg vom Bargeld.

Der Handel sieht in einer Kombination dieser Bezahlverfahren einen Vorteil, denn mobiles kontaktloses Bezahlen ist gerade bei den technisch aufgeschlossenen Käufern von Interesse.

So funktioniert das bargeldlose Bezahlen

Wer auf Münzen und Scheine verzichten will, kann dies tun - dank Smartphone-Apps und NFC-Technik. Ein Überblick über aktuelle technische Lösungen.

QR-Code
Per Kamera scannt man den QR-Code und überweist den Betrag via Bezahl-App

NFC-Funk
Überträgt Bezahldaten per Nahfeld-Funk, eignet sich für schnelles kontaktloses Bezahlen

Bluetooth
NFC-Alternative mit höherer Reichweite; zudem geringerer Energieverbrauch als NFC-Chips

Audio-Signale
Per Mikrofon kann das Handy auch akustisch übertragene Bezahldaten empfangen

NFC-Systeme für Geldkarten
Die NFC-Technologie kommt auch auf den neuen Geldkarten zum Einsatz, die zurzeit von Geldinstituten ausgegeben werden

girogo (u.a. Sparkasse, Volksbanken) NFC-Chip mit maximal 200 Euro Guthaben für kontaktloses Bezahlen an Kassen

PayPass (Mastercard) Bis zu 25 Euro kann man damit ohne PIN-Eingabe (Tap&Pay) an NFC-Kassen bezahlen

PayWave (Visa) Selbes Angebot wie bei Mastercard, auch hier ist das Bezahlen bis 25 Euro ohne PIN oder Unterschrift möglich

Brieftasche im Handy
In den "Wallet-Apps" der Provider verwaltet man sein Konto

Smart Pass (Vodafone) 9,90 Euro Jahresgebühr bei Umsatz unter 600 Euro; Gebühren fürs Aufladen (1% oder 1 Euro) und Versenden an mehrere SmartPass-Nutzer (0,10 Euro)

MyWallet (Telekom) 0,99 Euro monatlich bei Jahresumsatz unter 600 Euro (ab 2016); 2,95% Aufladegebühr

Base Wallet (Base) Nutzung der App ist kostenlos

Mpass (O$_2$) Nutzung kostenlos; nur mit NFC-Sticker am Handy möglich

Mit freundlicher Genehmigung von CHIP (2015)

CASHBACK

Bei einigen Handelsorganisationen kann mit der girocard/Bankcard bis zu einem begrenzten Barbetrag Bargeldbeschaffung durchgeführt werden.

Kundenkarten

Um Kunden personalisierte, also direkt an sie gerichtete Angebote schicken zu können und sie zu treuen Kunden zu machen, bieten verschiedene Einzel-, Großhändler und Dienstleistungsunternehmen ihren Kunden eine Kundenkarte an. Nach Angabe von persönlichen Daten und gegebenenfalls der Bankverbindung erhält der Kunde seine Karte und bekommt dann für seine Einkäufe z. B. einen Barzahlungsnachlass oder sonstige Vergünstigungen, u. a. kann er Punkte – z.B. bei PAYBACK oder bei der DeutschlandCard – in Prämien, Warengutscheine, Vielfliegermeilen einlösen oder sie auch spenden. Bonusprogramme ermöglichen den Unternehmen zusätzlich zu ihren traditionellen Werbemaßnahmen (Anzeigen, TV Spots) eine direktere Art des Marketing über postalische, digitale und mobile Kanäle.

Beispiele
Galeria Kaufhof, TchiboCard, IKEA und andere

Eine Kundenkarte kann auch in Verbindung mit einer Zahlkarte ausgegeben werden. Entweder als Debitkarte, also mit sofortiger Abbuchung vom Konto des Inhabers, oder auch als Kreditkarte, d. h., die Abbuchung erfolgt i. d. R. nur einmal monatlich. Die Firmen wollen ihre Kunden als Stammkunden an sich binden und gleichzeitig Kosten des Zahlungsverkehrs sparen.

Kreditkarten

In Deutschland sind alle wichtigen Kreditkartenorganisationen vertreten und geben an Personen mit einem bestimmten Jahreseinkommen und geprüfter Kreditwürdigkeit i. d. R. gegen Zahlung einer Jahresgebühr ihre Kreditkarte aus. Bei Master Card und Visa wird diese Karte i. d. R. mit dem Namen des Kreditinstituts des Kunden versehen. Auch hier setzt sich das PIN-Verfahren immer mehr durch.

Die Kreditkarte kann von dem Kreditkartenkunden zur Bezahlung von Rechnungen von Vertragsunternehmen, wie Hotels, Restaurants, Tankstellen usw. im In- und Ausland verwendet werden. Der Karteninhaber ist somit stets zahlungsfähig, ohne Bargeld, einen Scheck oder eine Geldkarte zu haben. Die Zahlung an das Kreditkartenunternehmen erfolgt mittels Lastschrifteinzug meist einmal im Monat vom Konto des Kunden.

Die Bezahlung einer Rechnung erfolgt durch die Unterschrift auf einem Leistungsbeleg oder kontaktlos mittels NFC-Funktion (siehe „Kontaktloses Bezahlen" auf Seite 300). Visa nennt diesen Service „payWave", Mastercard „PayPass" und American Express

„ExpressPay". Erfolgt die Bezahlung per Unterschrift auf dem Beleg, wird dieser an das Kreditkartenunternehmen zur Abrechnung gesandt und das Vertragsunternehmen erhält diesen Betrag abzüglich einer Umsatzprovision nach ca. einem Monat gutgeschrieben. Der Karteninhaber erhält von seinem Kreditkartenunternehmen monatlich eine genaue Aufstellung aller Transaktionen und wird mit dem Endbetrag per Lastschriftverfahren belastet. Bei sog. „Revolving Credit Cards" kann der Kunde gegen entsprechende Kreditzinsen die Abrechnungssumme in Raten zahlen. Kreditkartenfirmen wie Mastercard geben auch Debitkarten oder Prepaidkarten heraus, die sich von Kreditkarten dadurch unterscheiden, dass der fällige Betrag direkt vom Konto bzw. vom Guthaben abgebucht wird, anstatt die Beträge gesammelt, i. d. R. einmal monatlich, abzubuchen.

Tipp

Vor Abschluss eines Kreditkartenvertrags vergleichen und informieren Sie sich genau über die Kosten bei den verschiedenen Anbietern, und überlegen Sie genau, ob Sie überhaupt eine Kreditkarte benötigen und welche Art von Kreditkarte.

Bei Verlust oder Diebstahl muss sofort die ausgebende Stelle, das Kreditkartenunternehmen oder eine Organisation informiert werden, dann haftet der Inhaber nur bis zur Höhe eines bestimmten Betrages.

Tipp

Bei Verlust Ihrer girocard, Kredit- oder Kundenkarte rufen Sie sofort bei Ihrem Kreditinstitut oder dem zentralen Sperr-Notruf an, damit sie gesperrt wird!

Stand: 11.10.2019
Hinweis: Die aktuelle Version des SOS-Infopasses ist stets online unter www.kartensicherheit.de zu finden

In manchen Fällen ist die Karte mit gewissen Vorteilen, wie Miles-and-more-Punkten, besseren Guthabenzinsen, Versicherungen usw. ausgestattet.

Ein weiterer, wenn auch teurer Vorteil ist, dass mit der Karte in Verbindung mit einer Geheimnummer (PIN) weltweit an Automaten Geld abgehoben werden kann.

Zahlungen im Internet

Da heutzutage schon sehr viele Geschäfte im Internet abgewickelt werden und dieser Markt stark wächst, steigt auch das Bedürfnis nach sicherem und schnellem Geldtransfer. Deshalb hat die Internetplattform eBay einen schnellen und sicheren Zahlungsweg per PayPal entwickelt. Vielen Käufern war und ist es zu unsicher, im Internet ihre Kreditkartendaten bekannt zu geben. Die Abwicklung läuft bei diesem System über die E-Mail-Adresse und ein

Passwort bei PayPal, das den Betrag vom Girokonto des Käufers abbucht und dem Verkäufer gutschreibt. Kosten fallen nur für den Verkäufer an. Weitere Anbieter drängen auf den Markt, wie Google Pay, Apple Pay und Amazon Pay. Seit 2015 gibt es mit paydirekt auch ein Onlinebezahlverfahren deutscher Banken und Sparkassen.

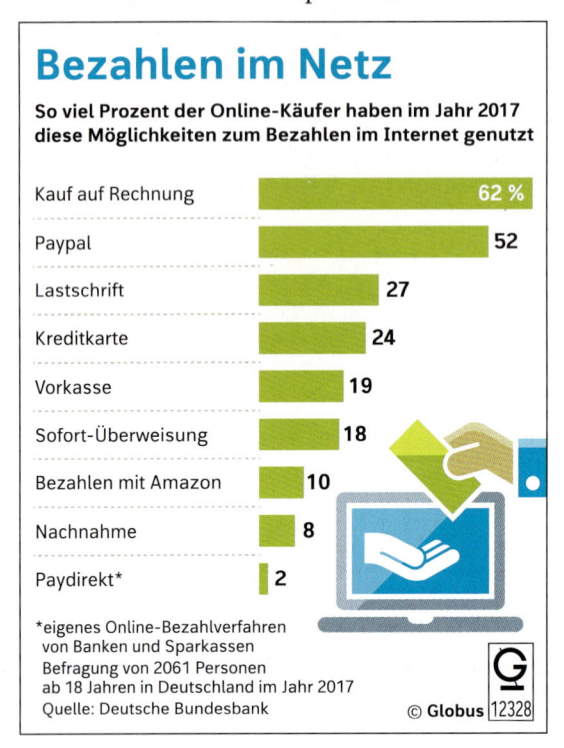

Bezahlen im Netz

So viel Prozent der Online-Käufer haben im Jahr 2017 diese Möglichkeiten zum Bezahlen im Internet genutzt

Zahlungsart	Prozent
Kauf auf Rechnung	62 %
Paypal	52
Lastschrift	27
Kreditkarte	24
Vorkasse	19
Sofort-Überweisung	18
Bezahlen mit Amazon	10
Nachnahme	8
Paydirekt*	2

*eigenes Online-Bezahlverfahren von Banken und Sparkassen
Befragung von 2061 Personen ab 18 Jahren in Deutschland im Jahr 2017
Quelle: Deutsche Bundesbank
© Globus 12328

Kryptowährungen

Eine weitere Möglichkeit zum digitalen Bezahlen sind Kryptowährungen. Diese digitalen Zahlungsmittel existieren nur im Internet und werden von keinem Staat der Welt reguliert.

Das bekannteste digitale Zahlungsmittel ist der Bitcoin. Im Jahr 2018 gab es über 4 500 verschiedene Kryptowährungen. Auch Facebook plant, mit einer eigenen Währung ab 2020 in den Markt einzusteigen. Während es bei Bitcoin in der Vergangenheit zu erheblichen Kursschwankungen kam, soll die von Facebook geplante Digitalwährung „libra" unter anderem an den Kurs des US-Dollar und des Euro gekoppelt werden.

Homebanking

Wie alle Geschäftsleute kann auch jeder private Bankkunde seine Bankgeschäfte (Kontoführung, Überweisung, Wertpapiergeschäfte usw.) zu jeder Zeit telefonisch oder per Internet (online) erledigen. Der Kunde spart sich die Zeit, die Bank aufzusuchen, und ist dabei an keine bestimmten Zeiten mehr gebunden. Er bestimmt, wann er zum Telefonhörer greift oder den Computer einschaltet. Es gibt vor allem zwei technische Möglichkeiten für den privaten Bankkunden, mit seiner Bank zu kommunizieren:

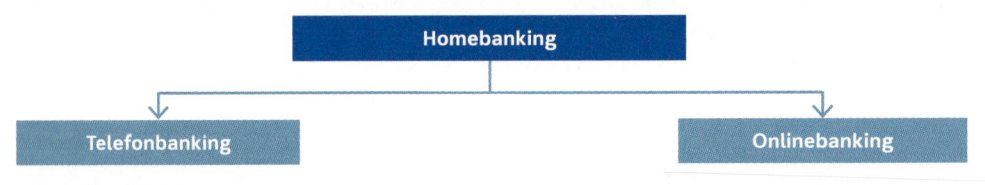

Homebanking
→ Telefonbanking
→ Onlinebanking

Telefonbanking: Hier kommuniziert der Bankkunde mit seiner Bank schnell über Telefon/Smartphone. Bei Anruf überprüft die Bank die Angaben des Kunden zur Kontonummer und ein vereinbartes Kennwort oder eine PIN-Nummer. Danach kann der Kunde je nach Vereinbarung seine Kontostände aller Anlage- und Kreditkonten abrufen, Umbuchungen auf und Überweisungen von seinen Konten vornehmen sowie Daueraufträge oder Lastschriftaufträge erteilen, ändern oder löschen. Bei Vereinbarung kann er auch Wertpapierkauf- oder -verkaufaufträge (Order) erteilen. Weiter kann er alle von der Bank zur Verfügung gestellten Formulare anfordern. Er kann also alle Bankgeschäfte bequem von zu Hause führen.

In vielen Fällen bieten die Banken hier besondere telefonische Zugangsmöglichkeiten zu günstigen telefonischen Gebühren oder kostenfrei!

Onlinebanking: Dies geschieht zwar auch über die Telefonleitung, doch es ist der Zugang über einen Internetanbieter (Provider) erforderlich. In der Regel wird ein Computer mit Internetzugang benötigt. Auch hier sind mehrere Sicherheitsvorkehrungen zu treffen, damit die zu übertragenden Daten nicht von anderen verwendet werden können. Um die Ausführung eines Auftrags – z. B. einer Überweisung – zu legitimieren, wird der Kunde aufgefordert, eine TAN (Transaktionsnummer) einzugeben. Eine TAN kann über verschiedene Verfahren generiert werden. Die meisten Banken bieten ihren Kunden zwei Verfahren zur Auswahl an. Eines davon ist üblicherweise mTAN (mobileTAN/smsTAN). Dabei wird die Transaktionsnummer per SMS an das Smartphone geschickt. Ebenfalls häufig angeboten wird das chipTAN-Verfahren. Dazu wird ein spezieller Generator benötigt, in den die girocard eingesteckt wird. Das Gerät erzeugt dann eine TAN. Ein relativ neues Verfahren ist photoTAN. Hier werden die Überweisungsdaten des Onlinebankings in eine Mosaikgrafik chiffriert, die nur mit einer App oder einem speziellen Lesegerät entschlüsselt und in eine Transaktionsnummer umgewandelt werden kann. Ein weiteres Verfahren nennt sich pushTAN. Dazu muss eine App auf dem Smartphone installiert werden. Die TAN-Nummer wird generiert, sobald der Kunde sich bei der App angemeldet und die Überweisungsdaten beim Onlinebanking eingegeben hat.

Grundsätzlich gilt: Je mehr Geräte beim Onlinebanking genutzt werden, desto sicherer ist der Vorgang. Sie sollten also auch bei den Verfahren mTAN und pushTAN, bei denen es theoretisch möglich ist, alles über ein Smartphone abzuwickeln, ein weiteres Gerät benutzen.

Der Vorteil beim Electronic Banking ist, dass die Banken meist Vorzugskonditionen für diese Art der Kontoführung einräumen, da der Kunde ja alle Transaktionen selbst vornimmt. Hinzu kommt für den Bankkunden, dass er alle Vorgänge im Computer speichern und auch ausdrucken kann.

Eine noch sicherere Form des Onlinebankings ist das **HBCI-Verfahren**. Hier werden die Daten mithilfe eines Kartenlesegerätes zusätzlich elektronisch verschlüsselt. Dieser höhere Sicherheitsstandard hat aber seinen zusätzlichen Preis, weswegen es nur von wenigen Privatkunden genutzt wird.

Tipp

Für den technischen Ablauf zu den neuen Verfahren siehe beispielsweise den Informationstext der Verbraucherzentrale Nordrhein-Westfalen unter www.verbraucherzentrale.nrw/wissen/geld-versicherungen/sparen-und-anlegen/onlinebanking-wie-sicher-ist-welches-tanverfahren-21921 oder die Webseiten verschiedener Kreditinstitute.

Eine weitere Form des Onlinebankings, den beleglosen Datenträgeraustausch, nutzen fast ausschließlich Unternehmen, die entweder die Daten der Überweisungen oder anderer Zahlungsgeschäfte per **Datenfernübertragung (DFÜ)** zur Bank senden. Hierbei benötigt der Nutzer das von der Bank zur Verfügung gestellte DFÜ-Passwort (PIN) als Unterschrift.

> *Tipp*
>
> *Bevor Sie sich für eine Bank mit Homebanking entscheiden, vergleichen Sie unbedingt die Kosten und Gebühren sowie die Bedienungsmöglichkeiten.*

4.4.5 Zahlungsverkehr in Europa

Europa befindet sich im ständigen Wandel. Ländergrenzen verlieren immer mehr an Bedeutung. Daher wurde nach dem Willen der Europäischen Kommission ein europaweiter Zahlungsverkehrsraum (Single Euro Payments Area = **SEPA**) geschaffen, in dem alle inländischen und grenzüberschreitenden Überweisungen, Lastschriften oder auch Kartenzahlungen in Euro nach gemeinsamen Standards und Regeln abgewickelt werden. Ziel ist dabei, die Gebühren für die Unternehmungen und die Verbraucher zu senken. Für die umfassende Nutzung reicht ein Girokonto bei einem Kreditinstitut in einem der zum SEPA-Raum gehörenden Länder aus. Die Zahlungen können ausschließlich in Euro erfolgen. Der SEPA-Raum besteht aus allen Ländern der Europäischen Union und des Europäischen Wirtschaftsraums. SEPA ist aber ein Vertrag zwischen den Kreditinstituten des europäischen Zahlungsverkehrsraumes, nicht der Länder.

SEPA-Überweisung

Die SEPA-Überweisung, nur in Euro-Währung, wird heute im inländischen und grenzüberschreitenden Zahlungsverkehr genutzt. Sie hat die nationale Überweisung ersetzt.

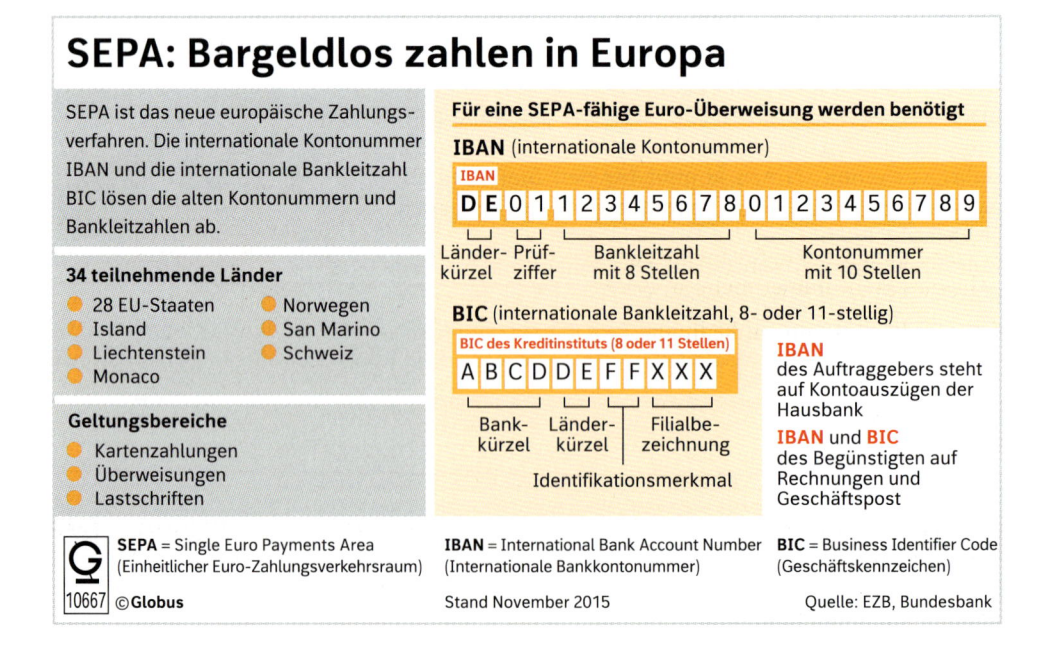

SEPA: Bargeldlos zahlen in Europa

SEPA ist das neue europäische Zahlungsverfahren. Die internationale Kontonummer IBAN und die internationale Bankleitzahl BIC lösen die alten Kontonummern und Bankleitzahlen ab.

34 teilnehmende Länder
- 28 EU-Staaten
- Island
- Liechtenstein
- Monaco
- Norwegen
- San Marino
- Schweiz

Geltungsbereiche
- Kartenzahlungen
- Überweisungen
- Lastschriften

SEPA = Single Euro Payments Area
(Einheitlicher Euro-Zahlungsverkehrsraum)

10667 ©**Globus**

Für eine SEPA-fähige Euro-Überweisung werden benötigt

IBAN (internationale Kontonummer)

IBAN
D E 0 1 1 2 3 4 5 6 7 8 0 1 2 3 4 5 6 7 8 9

Länder-kürzel | Prüfziffer | Bankleitzahl mit 8 Stellen | Kontonummer mit 10 Stellen

BIC (internationale Bankleitzahl, 8- oder 11-stellig)

BIC des Kreditinstituts (8 oder 11 Stellen)
A B C D D E F F X X X

Bankkürzel | Länderkürzel | Filialbezeichnung

Identifikationsmerkmal

IBAN des Auftraggebers steht auf Kontoauszügen der Hausbank

IBAN und **BIC** des Begünstigten auf Rechnungen und Geschäftspost

IBAN = International Bank Account Number
(Internationale Bankkontonummer)

Stand November 2015

BIC = Business Identifier Code
(Geschäftskennzeichen)

Quelle: EZB, Bundesbank

SEPA-Lastschriftverfahren

Auch die SEPA-Lastschrift kann in Euro sowohl für Transaktionen im Inland als auch zwischen den SEPA-Ländern verwendet werden. Sie ist also grenzüberschreitend. Die Widerspruchsfrist beträgt acht Wochen. Wurde ungerechtfertigt abgebucht, sogar 13 Monate (siehe auch www.bundesbank.de/de/aufgaben/unbarer-zahlungsverkehr/sepa).

SEPA-Kartenzahlung

Auch für die Verwendung von Debit-Karten in den SEPA-Ländern ist eine einheitliche Regelung in Arbeit. Dadurch sollen der Wettbewerb angekurbelt und die Kosten für die Verbraucherinnen und Verbraucher gesenkt werden.

Kernwissen

- Funktionen (Aufgaben des Geldes) sind:
  - Zahlungs- und Tauschmittel
  - Wertaufbewahrungsmittel
  - Wertübertragungsmittel
  - Wertmaßstab
  - Kreditmittel
- Seit 2002 ist der **Euro gesetzliches Zahlungsmittel** in Deutschland.
- Bei der **Barzahlung** zahlt der Zahler mit Banknoten oder Münzen (Bargeld) und der Zahlungsempfänger erhält Bargeld. Die Barzahlung wird überwiegend im privaten Bereich eingesetzt.
- Bei der **halbbaren Zahlung** hat entweder der Zahler oder nur der Zahlungsempfänger ein Girokonto. Bei der halbbaren Zahlung wird Bargeld in Buchgeld oder Buchgeld in Bargeld umgewandelt. Für die halbbare Zahlung werden der Zahlschein, der Barscheck, die Zahlungsanweisung oder Geldtransfer verwendet.
- Bei der **bargeldlosen Zahlung** haben Zahler und Zahlungsempfänger ein Girokonto. Es wird Buchgeld von einem Konto auf ein anderes Konto übertragen. Dem Zahlungspflichtigen wird sein Konto belastet (Lastschrift) und der Zahlungsempfänger erhält auf seinem Konto eine Gutschrift.
- Formen des bargeldlosen Zahlungsverkehrs sind SEPA-Überweisung, Verrechnungsscheck, Dauerauftrag, SEPA-Lastschrift-Verfahren, Sammelüberweisungen und Kredit-/Debitkarten.
- Über die **Gironetze der beteiligten Banken** wird der bargeldlose Zahlungsverkehr schnell und kostengünstig abgewickelt. Dabei gewinnt der beleglose elektronische Zahlungsverkehr immer mehr an Bedeutung.
- Der Scheck ist eine unbedingte Zahlungsanweisung auf eine bestimmte Geldsumme.
- Bestandteile des Schecks: Es gibt gesetzliche und kaufmännische Bestandteile. Wenn ein gesetzlicher Bestandteil fehlt, dann ist der Scheck ungültig.
- Der Scheck muss innerhalb der Vorlegefristen beim bezogenen Kreditinstitut vorgelegt werden. Er ist bei Sicht fällig.
- Barschecks werden bei Vorlage bar ausgezahlt, Verrechnungsschecks werden dem Konto des Einreichers gutgeschrieben.
- Bei Verlust eines Schecks muss dem Kreditinstitut das sofort mitgeteilt werden, um den Scheck zu sperren.

- Im Ausland kann man mit der Multifunktionskarte girocard/Bankcard fast überall bargeldlos bezahlen und an Geldautomaten Bargeld bekommen. Dies gilt auch für die Kreditkarten. Sogar berührungslose Bezahlung ist damit möglich (girogo).
- Im Inland kann die girocard/Bankcard auch für weitere Geldgeschäfte verwendet werden, wie bargeldlose Zahlung an Terminals (POS-/ELV-System) in Geschäften, Barabhebung an Geldautomaten, bei Verwendung als GeldKarte zur Zahlung in Parkhäusern usw.
- Inhaber von Kreditkarten können bei vielen Geschäften, z. B. Tankstellen, mit der betreffenden Karte bargeldlos bezahlen.
- Homebanking (Telefonbanking, Onlinebanking) ermöglicht die Erledigung der Bankgeschäfte von zu Hause.
- SEPA soll für Unternehmungen und Verbraucher den bargeldlosen Zahlungsverkehr im Inland und in Europa kostengünstiger und bequemer machen.

Übungsaufgaben

1. Ordnen Sie die nachfolgenden Beispiele den Funktionen (Aufgaben) des Geldes zu:
   a) Durch einen Unfall auf dem Weg zur Arbeit ist das Auto völlig demoliert worden. Um schnell ein neues Auto zur Verfügung zu haben, müssen Sie einen Kredit aufnehmen.
   b) Zum guten Zwischenprüfungsergebnis erhalten Sie von Ihrem Großvater einen Betrag von 250,00 € als Zuschuss zu Ihrem Urlaub in der Türkei.
   c) Sie wollen einen neuen Computer kaufen und sparen dafür monatlich von Ihrer Ausbildungsvergütung 150,00 €.
   d) Sie erben eine Münzsammlung, haben aber wenig Interesse daran. Für das Geld, das Ihnen der Münzhändler zahlen will, könnten Sie sich einen Tablet-PC kaufen.

2. Beschreiben Sie den Ablauf der Barzahlung.

3. Welche verschiedenen Formen der Barzahlung werden unterschieden?

4. Welche Nachteile hat der Barzahlungsverkehr?

5. Herr Hugo Manderscheid, Am Bächelchen 13, 70188 Stuttgart, will seinem Enkelsohn Siegfried Sieger, der auf Klassenfahrt in 18069 Rostock, Kahler Damm 5 ist, 130,00 € senden.
   Welche Form der Bezahlung sollte Herr Manderscheid wählen? Begründen Sie Ihre Wahl.

6. Herr Manderscheid will das Geld mit dem Postbank Geldtransfer übermitteln. Ist dies sinnvoll?

7. Senden Sie dem in Frankreich gestrandeten Fernfahrer Ihrer Firma, Herr Gross (siehe Situation auf Seite 283, Adresse: 34, Rue Generale, F-69005 Lyon, Frankreich) Bargeld in Höhe von 250,00 € mit dem Geldtransfer der Postbank/Western Union und füllen Sie das entsprechende Formular aus. Adresse der Firma Manderscheid wie bei Aufgabe 5.

8. Ermitteln Sie die Höhe des Entgelts für den Geldtransfer.

9. Frau Frauke Wolf, Herrenhausstraße 15, 30566 Hannover, beauftragt den Gärtnermeister Ferdinand Bökel, Kurze Kampstraße 235, 30565 Hannover, in ihrem Garten verschiedene Arbeiten zu erledigen. Diese Gartenarbeiten führt Herr Bökel am 23.04.20.. durch. Nach Abschluss der Arbeiten verlangt er die sofortige Bezahlung in Höhe von 120,00 € + Umsatzsteuer von Frau Wolf. Frau Wolf bezahlt bar, besteht jedoch auf einer Quittung.
   a) Erstellen Sie die erforderliche Quittung. Verwenden Sie dazu, sofern vorhanden, einen Quittungsvordruck.
   b) Welche Angaben muss eine Quittung enthalten?
   c) Wer ist Schuldner, wer ist Gläubiger in diesem Fall?

10. Bis zu welchem Betrag kann man mit einem Expressbrief Bargeld versenden?

11. Herr Hugo Manderscheid, Am Bächelchen 13, 70188 Stuttgart, hat beim Versandhaus Schöne Welt GmbH, 60555 Frankfurt am Main, Wetterauer Straße 5–8, Textilien in einem Warenwert von insgesamt 180,00 € bestellt und unter der Rechnungsnummer 481234 geliefert bekommen. Bei Zahlung innerhalb von 14 Tagen gewährt das Versandhaus (Bankverbindung: Postbank Frankfurt, BIC: PBNKDEFXXX, IBAN: DE30 5001 0060 0105 9518 06) 3 % Skonto. Herr Manderscheid nimmt den Skontoabzug in Anspruch und zahlt mit Zahlschein/Einzahlung. Füllen Sie den entsprechenden Vordruck aus.
   a) Wie hoch ist der zu zahlende Betrag?
   b) Wo kann Herr Manderscheid die Bareinzahlung vornehmen?
   c) Wie kann Herr Manderscheid beweisen, dass er bezahlt hat?
   d) Ermitteln Sie, welche Gebühren ihre örtlichen Kreditinstitute für diese Zahlung mit Zahlschein erheben würden.

12. Beschreiben Sie den Ablauf der Zahlung mit Zahlschein/Einzahlung.

13. Welche der folgenden Zahlungsformen gehören zur halbbaren Zahlung?
    a) Geldtransfer
    b) Nachnahme
    c) Zahlungsanweisung zur Verrechnung
    d) Barscheck
    e) Zahlung durch Expressbrief
    f) Zahlschein/Einzahlung
    Begründen Sie Ihre Meinung.

14. Welche Vorteile bietet die besondere Versendungsform „Nachnahme" für einen Betrieb?

15. Welchen Vorteil bietet die Postbank ihren Kunden mit der Zahlungsanweisung?

16. Vergleichen Sie Barzahlung und halbbare Zahlung hinsichtlich Kosten, Risiken und Zeitaufwand.

17. Bei der halbbaren Zahlung wird Bargeld in Buchgeld und Buchgeld in Bargeld umgewandelt.
    Erläutern Sie diesen Sachverhalt anhand von Beispielen.

18. Welche Voraussetzungen sind für den Einsatz des bargeldlosen Zahlungsverkehrs notwendig und welche Vorteile ergeben sich für den Zahler und den Zahlungsempfänger?

19. Welche Formen des bargeldlosen Zahlungsverkehrs würden Sie in den folgenden Fällen verwenden? Begründen Sie Ihre Wahl.
    a) Von Ihrer Ausbildungsvergütung wollen Sie jeden Monat 50,00 € sparen.
    b) Die monatliche Mietzahlung soll pünktlich zum Monatsanfang erfolgen.
    c) Zahlung des vierteljährlichen Mitgliedsbeitrags für den Sportverein.

d) Die monatliche Telefonrechnung soll fristgerecht bezahlt werden.
e) Sie erhalten den Kfz-Steuerbescheid für Ihr Motorrad.
f) Ein Betrieb zahlt die monatlichen Löhne und Gehälter an seine Mitarbeiter.
g) Zahlung der Rundfunk- und Fernsehgebühren

20. Wie erfolgt die Zustimmung des Zahlungspflichtigen zum SEPA-Lastschriftverfahren? Beschreiben und erläutern Sie dabei die Möglichkeit für den privaten Verbraucher.

21. Welche Vorteile ergeben sich für den Zahlungspflichtigen im Lastschriftverkehr?

22. Welche wesentlichen Unterschiede bestehen zwischen einem Dauerauftrag und einer SEPA-Lastschrift?

23. Sie kaufen am Samstag im Baumarkt Holzleisten ein. Mit welchen Zahlungsmitteln können Sie an der Kasse bezahlen?

24. Nennen Sie die gesetzlichen und kaufmännischen Bestandteile eines Schecks.

25. Unterscheiden Sie Bar- und Verrechnungsscheck.

26. Sie sind im Ersatzteilverkauf eingesetzt und ein Kunde möchte seinen Einkauf über 1 276,05 € mit einem Scheck bezahlen.
a) Worauf müssen Sie bei der Entgegennahme des Schecks achten?
b) Können Sie diesen Scheck bedenkenlos annehmen?

27. Ihr Unternehmen legt den Scheck erst nach zwölf Tagen dem bezogenen Kreditinstitut vor. Wird er noch eingelöst?

28. Sie sind an einer Kreditkarte interessiert. Unter welchen Voraussetzungen können Sie von Ihrem Kreditinstitut bzw. dem Kreditkartenunternehmen eine Kreditkarte erhalten?

29. Werden Kreditkarten von allen Geschäften anerkannt?

30. Bei einer Auslandsfahrt verlieren Sie Ihre Kreditkarte. Was müssen Sie sofort unternehmen, um sich vor größeren Schäden zu schützen?

31. Was verstehen Sie unter den Electronic-Banking-Systemen? Unterscheiden Sie SEPA-ELV- und POS-Systeme.

32. Warum geben immer mehr Firmen Kundenkarten an ihre Stammkunden aus? Was ist dabei zu beachten?

33. Erläutern Sie die Vor- und Nachteile des Telefon- und Onlinebankings für die Bank und ihre Kunden.

Sachwortverzeichnis

A
Abbauboden 134
Abfindung 33
Absatz 185
Abschlussprüfung 13
Abteilungsbildung 140
Akkord 73
Allgemeine Geschäftsbedingungen (AGB) 210, 273
Allgemeinverbindlichkeit 62
Anbauboden 134
Anfechtbarkeit von Rechtsgeschäften 203
Anfrage 208
Angebot 208
Angebotsmonopol 154
Angebotsoligopol 154
Angebotsüberhang 153
Annahme 211
Annahmeverzug 219
Antrag 211
Arbeit 134
Arbeitgeberverband 61
Arbeitnehmer 25
Arbeitnehmersparzulage 83
Arbeitsgericht 45
Arbeitsgerichtsbarkeit 44
Arbeitskampf 65
Arbeitslosenquote 166
Arbeitspflicht 28
Arbeitsplatzbeschreibung 88
Arbeitsplatzschutzgesetz 39
Arbeitsproduktivität 134, 186
Arbeitsteilung 139
Arbeitsunfall 109
Arbeitsvertrag 25
Arbeitszeugnis 29
arglistige Täuschung 204
Aufgaben des Geldes 278
Aufhebungsvertrag 18
Aufsichtsrat 244, 247
Ausbildende 15
Ausbildungsberufsbild 13
Ausbildungsnachweis 16
Ausbildungsrahmenplan 13
Auslandsüberweisungen 291
Außenbeitrag 167
außenwirtschaftliches Gleichgewicht 166
Aussperrung 65
Auszubildende 15

B
Bankcard 279, 291, 297, 300
Bargeld 279
bargeldlose Zahlung 289
Bargeldtransfer 284
Barkauf 213
Barscheck 289, 296
Barzahlung 284
Basiszinssatz 220
Bedarf 126
Bedürfnisse 124
Beendigung von Arbeitsverhältnissen 32
Beitragsbemessungsgrenze 82
Berichtsheft 17
Berufsausbildungsvertrag 14
Berufsbildung 139
Berufsbildungsgesetz 12, 39
Berufsgenossenschaften 110
Berufsschulpflicht 11
Berufsspaltung 139
Berufung 46, 114
Beschaffung 184
Beschlussverfahren 46
Beschwerde 46
Besitz 199
besonderer Kündigungsschutz 39
Bestandteile des Schecks 295
bestätigter LZB-Scheck 297
betriebliche Arbeitsteilung 140
betriebliche Kennzahlen 186
betriebliche Zielsetzung 180
Betriebsmittel 182
Betriebsrat 32, 50
Betriebsvereinbarung 55
Betriebsverfassungsgesetz 49
betriebswirtschaftliche Produktionsfaktoren 181
BetrVG 49
Beweislastumkehr 217
BIC 291
Bitcoin 304
Boden 134
Bruttoeinkommen 77
Bruttoinlandsprodukt 167

Bruttolohn 77
Bruttoverdienst 77
Buchgeld 279
Bundesdatenschutzgesetz 119
Bundeselterngeld- und Elternzeitgesetz 40

C
CASHBACK 301

D
Darlehensvertrag 205
Datenfernübertragung 306
Datenschutzbeauftragter 119
Datensicherung 122
Dauerauftrag 292
Debitkarte 291
Deutsches Geldautomaten-System 297
Dienstleistungen 126
Dienstleistungsbetriebe 183
Dienstleistungsbilanz 166
Dienstvertrag 204
duales Ausbildungssystem 10

E
Eigenbeteiligung 96
Eigenkapitalrentabilität 187
Eigentum 199
Eigenverantwortung 97
Einkommensgruppe 88
Einkommensteuererklärung 84
Einzahlung 287
Einzelunternehmung 231
Electronic-Banking-Systeme 299
ELStAM 86
Elterngeld 41
Elternzeit 40
Entgelt 70
Entgeltgruppen 89
Entgeltpflicht 28
Erfüllungsgeschäft 212
Erfüllungsort 210
Erscheinungsformen des Geldes 279
erwerbswirtschaftliches Prinzip 163
erwerbswirtschaftliche Ziele 180
Euro 280
Euro-Banknoten 280
Euro-Münzen 282
Europäische Währungsunion 280
Europäische Zentralbank (EZB) 281, 283
EWU 280

Existenzbedürfnisse 124
Express-Brief 284, 286

F
Faktormärkte 150
Fälligkeit 220
Familienleistungsausgleich 81
Familienstand 80
Fernabsatzvertrag 271
Finanzierung 185
Firma 229
Fiskalpolitik 172
Fixkauf 212
Fixum 74
Fortbildung 20
freie Marktwirtschaft 161
Friedenspflicht 66
Frührente 96
Fürsorgepflicht 29
Fusion 264
Fusionskontrolle 267

G
Garantie 216
Gattungskauf 213
Gebrauchsgüter 128
Gefahrenübergang 210
Gehaltstarifverträge 62
Geldautomaten 297
Geldersatzmittel 279
Geldströme 146
gemeinwirtschaftliche Ziele 181
Generalstreik 65
genossenschaftliche Ziele 181
Gerichtsstand 210
Gesamtkapitalrentabilität 187
Geschäftsfähigkeit 198
Gesellschaft bürgerlichen Rechts 238
Gesellschafterversammlung 244
Gesellschaft mit beschränkter Haftung 242
Gesellschaftsordnung 160
Gesellschaftsvertrag 204
Gesetz gegen den unlauteren Wettbewerb 268
Gesetz gegen Wettbewerbsbeschränkungen 267
Gewährleistung 216
Gewerbefreiheit 164
Gewerkschaften 59

Gewinnungsbetriebe 183
Gewohnheitsrecht 194
Giralgeld 279
Girocard 279, 291, 297, 300
girocard (siehe auch Bankcard) 279, 291, 297
girogo 297, 298
Gleichgewichtsmenge 153
Globalisierung 141
GmbH 242, 245
Gratifikation 77
Grundfreibetrag 80
Grundfunktionen eines Betriebes 184
Grundversorgung 108
Günstigkeitsprinzip 61
Güter 126
Gütermärkte 150
Güterströme 146
Güteverhandlung 46
gutgläubiger Erwerb 200

H

halbbare Zahlung 287
Handelsbilanz 166
Handelsregister 227
Hauptversammlung 248
Haushaltspolitik 172
häusliche Pflege 108
Haustarifvertrag 61
Haustürgeschäft 271
Hawala-Banking 285
HBCI-Verfahren 305
höherer Gewalt 218
Homebanking 304
homogene (gleichartige) Güter 150

I

IBAN 291, 292
IKEA-Klausel 215
Incoterms® 210
Individualbedürfnisse 125
Individualismus 160
Individualversicherungen 111
Industrialisierung 94
„Industrie 4.0" 19
Inflation 174
Inflationsrate 166
Infrastrukturpolitik 170
Inhaberscheck 296
Integrationsamt 39

Internationale Arbeitsteilung 141
Investitionsgüter 127

J

JArbSchG 36
JAV 54
Jugendarbeitsschutzgesetz 36
Jugend- und Auszubildendenvertretung 54
Juristische Personen 198

K

Kapital 134
Kapitalbilanz 166
Kapitalgesellschaften 241
Kapitalproduktivität 186
Kartelle 260
Kauf auf Abruf 212
Kauf auf Probe 213
Käufermarkt 149
Kauf gegen Anzahlung 213
Kaufkraft 166
Kaufmann 227
Kauf nach Probe 213
Kaufvertrag 204, 207
Kauf zur Probe 213
Kennzahlen 186
Kinderfreibetrag 80
Kollektivbedürfnisse 125
Kollektivismus 160
Kombination und Substitution der Produktionsfaktoren 135
Kommanditist 236
Kommissionskauf 213
Komplementärgüter 128
Konjunkturpolitik 171
Konjunkturschwankung 171
Konsortium 260
Konsumgüter 127
kontaktloses Bezahlen 297, 299, 300
Konzentration 263
Konzern 263
Kreditkarten 299, 302
Kreislaufmodell 145
Kryptowährung 304
Kulturbedürfnisse 125
Kundenkarte 302
Kündigung des Arbeitsverhältnisses 32
Kündigungsschutzgesetz 32, 38

L

Lagerung 184
Lastschriftverfahren 292, 303
latente Bedürfnisse 126
Leihvertrag 205
Leistungserstellung 185
Leistungslohn 73
Leistungsverwertung 185
Lieferungsbedingungen 209
Lieferungsverzug 217
Lieferzeit 210
Lohnsteuerbescheinigung 86
Lohnsteuerkarte 86
Lohnsteuerklassen 77
Luxusbedürfnisse 125

M

Maastrichter Kriterien 280
magisches Sechseck 168
magisches Viereck 168
Mahnung 220
Maklervertrag 205
Markt 148
Marktarten 149
Marktformen 154
Marktmacht 155
Marktmechanismus 153
Markttransparenz 151
Master Card 302
Maximalprinzip 128
Mengenanpasser 150
Mietvertrag 205
Mindestprinzip 61
Minimalkostenkombination 135
Minimalprinzip 129
Mitbestimmungsrecht 52
Mitwirkungsrecht 52
Mobile Payment 301
Mobilität 95
Monopol 154
Motivation 89
Münzregal 279, 283
Mutterschutzgesetz 39

N

Nachfrage 126
Nachfragemonopol 154
Nachfrageoligopol 154
Nachfrager 151
Nachfrageüberhang 153
Nachfrageverhalten 151
Nachfrist 217
Nachnahme 287
Nachweisgesetz 26
natürliche Personen 197
Nettolohn 77
Neulieferung 215
NFC-Technik 297, 299
Nichtigkeit von Rechtsgeschäften 202
Nicht-Rechtzeitig-Lieferung 217
Notverkauf 219
Nutzenmaximierer 151

O

offene Handelsgesellschaft 232
ökonomisches Prinzip 128, 129
Oligopol 154
Onlinebanking 305
Orderscheck 296
ordnungspolitische Rahmenbedingungen 164

P

Pachtvertrag 205
Partnerschaftsgesellschaft 238
PayPal 303
Pendler-Pauschale 87
Personengesellschaften 231
Personenversicherungen 112
persönliche Daten 119
Pflegekassen 106
Pflegeversicherung 105
Pflichten des Arbeitgebers 28
Pflichten des Arbeitnehmers 28
Pflichten des Ausbildenden 16
Pflichten des Auszubildenden 17
photoTAN 305
PIN 297
Point of Sale-Banking 299
Polypol 154
POS-System 299
Präferenzen 151
Prävention 110
Preisangabenverordnung 273
Preisbildung 148
Preismechanismus 150
Preisniveaustabilität 165
primärer Sektor 140

privates Recht 196
Produkthaftungsgesetz 217, 274
Produktion 185
Produktionsfaktoren 133
Produktionsgüter 127
Produktivität 186
Prozesskostenhilfe 114
Prüfungsanforderungen 13
pushTAN 305

Q
Qualität 72
Quittung 284

R
Rahmentarifvertrag 62
Ramschkauf 213
Ratenkauf 213
Rationalprinzip 128
Rechtsbehelfsbelehrung 113
Rechtsbeschwerde 47
Rechtsfähigkeit 197
Rechtsgeschäfte 201
Rechtsmangel 214
Rechtsmittel 46
Rechtsobjekte 199
Rechtsquellen 194
Rechtssubjekte 197, 199
Regionale Strukturpolitik 171
Regress 296
Rehabilitation 101
Rentabilität 187
Rentenalter 96
Revision 47, 114
Rückstellungen 76

S
Sachgüter 127
Sachleistungsbetriebe 183
Sachmängel 214
Sachversicherungen 112
Schaden 219
Scheck 294
Scheckeinlösung 296
Scheckgesetz 295
Scheckverlust 296
Schenkungsvertrag 204
Schlechtlieferung 214
Schlichtung 65
Schweigepflicht 28
Schwerbehindertengesetz 39

Schwerpunktstreik 65
Sektorale Strukturpolitik 171
Sektoren 145
sekundärer Sektor 140
Selbsthilfeverkauf 219
SEPA-ELV 300
SEPA-Kartenzahlung 307
SEPA-Lastschriftverfahren 292, 307
SEPA-Überweisung 306
SEPA-Überweisungsvordruck 290
Sofortkauf 212
Solidaritätsprinzip 96
Sonderausgaben 88
soziale Marktwirtschaft 74, 159
soziale Sicherung 94
Sozialgericht 112
Sozialgerichtsbarkeit 112
Sozialgerichtsgesetz 112
Sozialgesetz 94
Sozialleistung 74
Sozialpartner 59
Sozialpolitik 169
Sozialversicherungsbeiträge 75
Spezifikationskauf 213
Spitzensteuersatz 80
Splitting-Tarif 90
Stabilitätsgesetz 165
Stammkapital 243
Standortauswahl 187
Standortboden 134
Steuerpolitik 172
Steuerprogression 80
Steuertarif 90
Stiftung Warentest 275
stille Gesellschaft 239
Stimmrecht 248
Streik 65
Strukturpolitik 170
Stückgeldakkord 73
Stückkauf 213
Stückzeitakkord 73
Subsidiaritätsprinzip 97
Substitution des Produktionsfaktors 136
Substitutionsgüter 128
Sympathiestreik 65

T
Tarifautonomie 59
Tarifgebundenheit 61
Tariflohn 89
Tarifvertrag 59

Tarifvertragsgesetz 61
Tauschvertrag 204
technische Aufsichtsbeamte 111
technischer und sozialer Wandel 19
TelefonBanking 305
Terminkauf 212
tertiärer Sektor 140
Treuepflicht 28

U

Übertragungsbilanz 166
Überweisung 290
UG (haftungsbeschränkt) & Co. KG 255
Umsatzrentabilität 187
Umtausch 215
Umweltschutzpolitik 170
Unfallverhütungsvorschriften 109
Unternehmergesellschaft 242
Urabstimmung 65
Urerzeugung 140
Urlaub 29
Urteil 45
Urteilsverfahren 46

V

Verarbeitungsbetriebe 183
Verbandstarifvertrag 61
Verbraucherberatung 274
Verbraucherpreisindex 165
Verbraucherschutz 274
Verbraucherstreitbeilegungsgesetz 217
Verbrauchsgüter 128
Verbrauchsgüterkauf 217
Verjährung von Mängelansprüchen 216
Verkäufermarkt 149
vermögenspolitische Maßnahmen 170
Vermögensversicherungen 112
vermögenswirksamen Leistungen 82
Vernetzung 118
Verpflichtungsgeschäft 212
Verrechnungsscheck 296
Verschulden 218
Versicherungspflicht 96
Versicherungspflichtgrenze 98
Vertragsstrafe (Konventionalstrafe) 219
Verzugszinsen 220
VISA 302

volkswirtschaftliche Arbeitsteilung 140
volkswirtschaftliche Produktionsfaktoren 133
vollkommener Markt 150
Vorstand 247
Vorstellungsgespräch 25

W

Warenkorb 165
Warnstreik 65
Weiterbildung 20
Werbungskosten 87
Werkstoffe 182
Werkvertrag 205
Wertekreislauf eines Betriebes 186
Wettbewerb 267
Wettbewerbsbeschränkung 267
Wettbewerbspolitik 170
Wettbewerbsverbot 28
Widerrufsrecht 272
Widerspruch 113
Widerspruchsrecht des Verbrauchers 211
wilder Streik 65
Wirtschaftlichkeit 186
Wirtschaftskreislauf 144
Wirtschaftsliberalismus 161
Wirtschaftsordnung 160
Wirtschafts- und sozialpolitische Maßnahmen 169
Wirtschafts- und sozialpolitische Ziele 165

Z

Zahlschein 287
Zahlungen im Internet 303
Zahlungsanweisung zur Verrechnung 289
Zahlungsbedingungen 210
Zahlungsbilanz 166
Zahlungsformen 283
Zahlungsmittel 279, 283
Zahlungsverzug 220
Zeitlohn 72
Zentralverwaltungswirtschaft 161
Zeugnispflicht 29
Zielkauf 213
Zielkonflikt 168
Zuzahlung 96
Zwischenprüfung 13

Bildquellenverzeichnis

Bergmoser + Höller Verlag AG, Aachen: Zahlenbilder S. 13.1, 43.1, 50.1, 52.1, 96.1, 111.1, 137.1, 138, 143.1, 147.1, 171.2, 230, 232, 235, 238, 242, 245, 254, 262, 268.1

Bundesinstitut für Bevölkerungsforschung (BiB), Wiesbaden: S. 115.2

Bundesministerium der Finanzen, Berlin: S. 83

Bundesministerium für Bildung und Forschung, Bonn: S. 22

CHIP Communications GmbH, München: S. 301

Deutsche Post AG, Bonn: S. 287

Deutscher Sparkassen Verlag GmbH, Stuttgart: S. 298, 298, 302.3

Deutsches Forschungszentrum für Künstliche Intelligenz (DFKI), Saarbrücken: S. 17.1

EURO Kartensysteme GmbH, Frankfurt am Main: S. 299.7, 299.8, 299.9, 303

fotolia.com, New York: Arto 202.1; Emir Simsek 145.1, 148, 148, 148, 148, 148.1; eyewave 291; janvier 282.1; REDPIXEL 299.1; sahua d 148.2

Handelsverband Deutschland – HDE – e. V., Berlin: S. 299.2

iStockphoto.com, Calgary: gkuchera 287; Susie_h_24 133

MasterCard Europe SPRL, Frankfurt am Main: 299.2, 299.3, 299.4

Picture-Alliance GmbH, Frankfurt/M.: dpa-infografik 7, 7.2, 8.1, 12, 18, 19, 39, 49, 55, 56, 58, 58.1, 59, 61, 63, 64 2, 66, 66.1, 68, 69, 73, 77.1, 78.1, 80, 84, 88.1, 91, 94, 97, 100, 100.1, 105, 114, 115.1, 116, 118, 120.1, 122.1, 123.1, 138.1, 167, 173.1, 179, 197.1, 226, 248.1, 275.1, 281, 283, 304.1, 306. 1; SPA 302.1

Postbank – eine Niederlassung der DB Privat- und Firmenkundenbank AG, Bonn: S. 286, 288, 289.1, 302.2

Shutterstock.com, New York: Ditty_about_summer 287; sdecoret 287.

stock.adobe.com, Dublin: bluedesign 280; Chlorophylle Titel; dreamer29 299; hacohob Titel; Jürgen Fälchle 305.1; Raths, Alexander 1

TARGOBANK AG, Düsseldorf: S. 300

ullstein bild, Berlin: BPA 162.1

VISA Europe Service Inc., Frankfurt: 299.6

Western Union International, Wien: 287

Wir arbeiten sehr sorgfältig daran, für alle verwendeten Abbildungen die Rechteinhaberinnen und Rechteinhaber zu ermitteln. Sollte uns dies im Einzelfall nicht vollständig gelungen sein, werden berechtigte Ansprüche selbstverständlich im Rahmen der üblichen Vereinbarungen abgegolten.